W0229667

TAGEBUCH DER STRASSE

Eine Publikation der Wiener Stadt- und Landesbibliothek

Direktor: Hofrat Mag. Dr. Franz Patzer

Redaktion	Autoren	Gestaltung
Bernhard Denscher	Gerda Barth Otto Brusatti Bernhard Denscher Michael Kalwoda Edith Koll Josef Kucera Johann Luger	Fritz Vesely

TAGEBUCH DER STRASSE

GESCHICHTE IN PLAKATEN

HERAUSGEGEBEN VON DER WIENER STADT- UND LANDESBIBLIOTHEK

ÖSTERREICHISCHER BUNDESVERLAG
JUGEND UND VOLK

Inhalt

Arbeiter!

Ihr Männer wißt, daß es die Studenten mit Euch immer gut gemeint haben.

So denken sie noch und erwarten von Euch, daß Ihr mit uns Ruhe und Ordnung erhalten werdet, die uns Allen jetzt Noth thut, und zu deren Erhaltung die Studenten, Bürger und Nationalgarden sich brüderlich verbunden haben. Ihr werdet Euren Geschäften, wie sonst nachgehen, und dadurch zeigen, daß wir uns nicht irren, wenn wir sagen, daß Ihr wahrhaft gute und brave Leute seyn wollet. Glaubet den Studenten, daß es so am besten ist, für unsern guten Kaiser, für Euch und für uns Alle.

Für die Studenten:

Dr. Goldmark. Dr. Fischhof. Dr. Giskra. Unger.

Jugend & Volk, Wien

Lektor: Ingeborg Kaufmann
Umschlag- und Innentitelgestaltung: Pink House Studio, Wien
Reproduktionen: Hanke & Csöngei Ges.m.b.H., Wien
Satz und Druck: G. Gistel & Cie. Ges.m.b.H., Wien
Bindung: Gerald Frauenberger, Neudörfl a. d. Leitha
Schrift: English Times, Compugraphic
Papier: Euromatt 115 g
ISBN: 3 215 **04658**-x

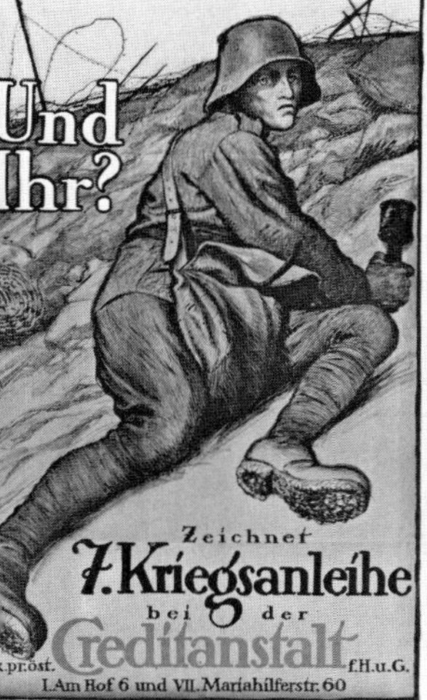

Die einzelnen Beiträge in diesem Buch stammen von:

G.B. Dr. Gerda Barth
O.B. Dr. Otto Brusatti
B.D. Mag. Bernhard Denscher
M.K. Dr. Michael Kalwoda
E.K. Dr. Edith Koll
J.K. Josef Kucera
J.L. Dr. Johann Luger

DIE WELT DER PLAKATE · VON KARL KRAUS

Schon als Kind war ich weniger darauf erpicht, das Leben aus den großen Werken der Kunst zu empfangen, als aus den kleinen Tatsachen des Lebens es zu ergänzen. Unbewußt ging ich den rechten Weg ins Leben, indem ich es mit jedem Schritt eroberte, anstatt es als eine Überlieferung an mich zu nehmen, mit der der junge Sinn nichts zu beginnen weiß. Die Erwachsenen, die noch immer eine kindische Freude daran haben, den vor der Tür des Lebens Wartenden den Christbaum mit den Geschenken einer fertigen Bildung zu behängen, wissen nicht, wie unempfänglich sie die Kinder für alles das machen, was die wahre Überraschung des Lebens bedeutet. Meine Neugierde war immer stärker als solche Befriedigung. Instinktiv wich ich der Verlockung aus, in mich aufzunehmen, was weisere Leute gedacht hatten, und während meine Kameraden schlechte Sittennoten bekamen, weil sie unter der Bank Bücher lasen, war ich ein Musterschüler, weil ich auf jedes Wort der Lehrer paßte, um ihre Lächerlichkeiten zu beobachten. Ich war früh darauf aus, vom Menschen Aufschluß über den Menschen zu verlangen, und ich ließ eigentlich nur eine Form künstlerischer Mitteilung gelten, die mir das Wissenswerte unaufdringlich an den Mann zu bringen schien: das Plakat. Ein sentimentaler Gassenhauer, den am Sommersonntag ein Leierkasten vor unserem Landhaus spielte, hatte Macht über mein Gemüt; ich ließ ab, Fliegen zu fangen, und die Mysterien der Liebe gingen mir auf. Andere, die sich rühmen, daß der Tristan eine ähnliche Wirkung auf sie geübt habe, fangen noch heute Fliegen. Ich war stets anspruchslos, wenn es die Wahl der äußeren Eindrücke galt, um zu inneren Erlebnissen zu gelangen, und ich verschmähte jene starken Reizmittel, welche die schwachen Seelen brauchen, um eine trügerische Wirkung mit vermehrtem Schaden zu erkaufen. Kurzum, die vielen Bibliotheken und Museen, an denen ich im Leben vorübergekommen bin, werden sich am Ende über meine Aufdringlichkeit nicht zu beklagen haben. Dagegen zog mich von jeher das Leben der Straße an, und den Geräuschen des Tages zu lauschen, als wären es die Akkorde der Ewigkeit, das war eine Beschäftigung, bei der Genußsucht und Lernbegier auf ihre Kosten kamen. Und wahrlich, wem der dreimal gefährliche Idealismus eingeboren ist, die Schönheit an ihrem Widerspiel bestätigt zu sehen, den kann ein Plakat zur Andacht stimmen!

Es sind wertvolle Aufschlüsse, die ich den Affichen jener Zeit zu danken habe, da die ersten Versuche gemacht wurden, das geistige Leben ausschließlich auf die Bezugsquellen des äußeren Lebens zu lenken. Denn immer deutlicher wurde das Bestreben, dem Betrachter, dessen Denken von höheren Interessen abgelenkt war, einen vollgültigen Ersatz in den Plakaten selbst zu bieten. Die geistigen Werte, von denen er scheinbar entwöhnt wurde, sollte er eben dort wiederfinden, wo er sie am wenigsten vermutete, und umso größer mußte seine Überraschung sein, die Schuhwichse, deren Beachtung er eben noch Kunst und Literatur geopfert hatte, just in Verbindung mit diesen unentbehrlichen Lebensgütern anzutreffen. Als ob man einen lieben Bekannten, von dem man sich in Europa verabschiedet hat, in Amerika wiedersähe: man kann sich vor Staunen nicht fassen und bleibt umso lieber, weil die unverhoffte Gesellschaft zur Empfehlung der Gegend beiträgt. Bis dahin war also die Erkenntnis von der Zweckdienlichkeit und Billigkeit eines Hosenstreckers eine Angelegenheit, die mit der Malerei, mit der Spruchweisheit, mit dem Gefühlsleben nichts zu schaffen hatte. Wenn wir aber den Hosenstrecker in der Verpackung künstlerischer oder geistiger Werte erhalten, warum sollten wirs nicht zufrieden sein? Warum sollten wir zwei Wege machen, wenn die Seligkeit auf einem zu erreichen ist? Warum sollten wir für kulturelle Ideale zahlen, die als Emballage für einen Hosenstrecker nicht einen Pfennig kosten! Aber mag immerhin bei der Monopolisierung der Lebensgüter durch den Kaufmann die bildende Kunst noch da und dort die Freiheit behaupten, selbst Ware zu sein, anstatt der Ware zu dienen. Daß das Wort des Schriftstellers seine Berechtigung außerhalb der industriellen Reklame verlieren wird, scheint gewiß. Nicht als ob das geistige Leben eine Verdrängung durch die merkantilen Interessen zu befürchten hätte; aber es wird aus seiner brotlosen Beschaulichkeit zu einem sozialen Beruf geführt werden, und manche artistische Begabung, die im Nebel undankbarer Probleme erstickt wäre, wird leben, um der Überzeugung zu dienen, daß „für die Ewigkeit" bloß ein Eßbesteck geschaffen sei und noch dazu staunend billig zu haben.

Als man anfing, das geistige Leben in die Welt der Plakate zu verbannen, habe ich vor Planken und Annoncentafeln kaum eine Lernstunde versäumt. Und lange ehe ich das Wesen des Plakats als die

Empfehlung einer Ware erkannte, empfand ich es als eine Warnung vor dem Leben. Ich wußte bald um den Stand des Geistes Bescheid. Mit der Offenbarungskraft eines Erlebnisses wirkte es auf mich, als ich einmal in einem Schaufenster die Darstellung zweier Männer sah, deren einer sich mit seiner Kravatte plagte, während der andere triumphierend danebenstehend, auf ein fertiges Werk zeigte und schadenfroh ausrief: „Aber lieber Freund, warum ärgern Sie sich so? Kaufen Sie sich Pollitzers Kragenhalter, der hält ihnen Kragen und Kravatte fest!" Daß die Menschheit einen Anschauungsunterricht in diesem Punkte nötig habe, bedachte ich nicht. Ich nahm vielmehr an, daß es eine realistische Darstellung sei, daß in der guten Gesellschaft täglich solche Dialoge geführt werden und daß es viele Menschen geben müsse, deren Zentrum jenes Problem ist und deren Leben bloß einen Vorwand bedeutet, um den endlichen Zusammenschluß von Kragen und Kravatte zu erreichen. Und plötzlich sah ich es auf der Straße von solchen Leuten wimmeln, überall sah ich diese Gesichter, den verdrossenen Kämpfer und den fröhlichen Sieger des Lebens, ich lernte den Choleriker vom Sanguiniker unterscheiden, wiewohl beide einen aufgewichsten Schnurrbart und Schnabelschuhe hatten. Den ersten, entscheidenden Eindruck von einer Menschheit also, die in ihrer überwiegenden Majorität aus Ladenschwengeln besteht, empfing ich von jenem Bilde, und mit einemmale war ich es, vor dem sie sich alle zu der Frage einigten: Aber lieber Freund, warum ärgern Sie sich so? . . .
Dies trieb mich wieder zu den Plakaten, die mir den Schreckensgehalt des Lebens wenigstens im Extrakt darboten. Gern stellte ich mir vor, daß alle Geistigkeit übernommen sei, daß alles, was die Literatur an Zitaten, die Sprache an Sprüchen, das Herz an Empfindungen bietet, nur mehr dort verwendet werde und daß das Leben außerhalb der Annoncen ein leerer Schein sei und höchstens eine wirksame Reklame für den Tod. Eines Tages brach die Sintflut des Merkantilismus über die Menschheit herein, Gevatter Schneider und Handschuhmacher gebärdeten sich als die Vollstrecker eines göttlichen Willens, und es entstand die Mode, die Köpfe dieser Leute an den Straßenecken zu konterfeien. Da verfolgte mich durch all die Jahre ein Gesicht, in dessen Zügen ich mindestens den Stolz auf eine gewonnene Schlacht zu lesen vermeinte. Ich wurde älter, aber das Gesicht bekam keine Runzeln und ich wußte, daß es mich überleben und dem Jahrhundert das Gepräge geben wird. Einst war es ja die Physiognomie Napoleons, die auf die schwangeren Frauen der Zeit so nachhaltig wirkte, daß noch das Gesicht der Urenkel sie der ehelichen Untreue verdächtigt hat. Das Antlitz, das heute einen ähnlichen Eindruck in den Seelen der zeitgenössischen Welt hinterläßt, gehört einem Uhrmacher. Weil er sich rühmt, daß seine Uhren die besten seien, hat er auch den Mut der Persönlichkeit; er gibt seinen Kopf zum Pfand und seinen treuen Blick als Garantieschein . . . Wo tue ich das Gesicht nur hin? fragte sich manch einer, sann und kam nicht darauf. Er war einem Mann begegnet, hatte ihn wie einen alten Bekannten gegrüßt, und wußte doch nicht, wer es gewesen sei. An der nächsten Straßenecke aber grüßte ihn ein Plakat zurück. Ein Gastwirt war's oder ein Hutmacher oder der uns allen liebgewordene Schmierölerzeuger, von dem wir nur nicht vermutet hätten, daß er uns leibhaftig begegnen könnte, weil ja auch Beethoven nicht von seinem Sockel steigt. Gibt's denn ein Leben außerhalb der Plakate? Wenn uns die Eisenbahn aus der Stadt holt, so sehen wir freilich eine grüne Wiese — aber die grüne Wiese ist nur ein Anschlag, den der Schmierölerzeuger im Bunde mit der Natur ausgeführt hat, um uns auch dort seine Aufwartung zu machen.
Kein Entrinnen! So wollen wir die Augen schließen und in das Paradies der Träume flüchten . . . Aber wir haben selbst hier die Rechnung ohne den Gastwirt gemacht, der gerade das Traumleben für eine passende Gelegenheit hält, sein Gesicht in unsere Nähe zu bringen. Fürchterliches wird offenbar. Der Merkantilismus hat es gewagt, noch die Schwelle unseres Bewußtseins als Planke zu benutzen! Die Welt des Tages bot nicht Raum genug, und so ist die grausige Möglichkeit, deren bloße Ahnung einem die Kehle zuschnürt, betreten worden: man hat als jene hypnagogischen Gestalten, die im Halbschlaf unser Lager umstehen, Reklamegesichter verwendet! Und da es auch hypnagogische Geräusche gibt, Gehörshalluzinationen, denen der schlaftrunkene Sinn leicht geneigt ist, so hat man dazu — ein Schauder erfaßt mich — alle jene Devisen und Rufe bestimmt, die unser Bewußtsein bei Tage erfüllen. Welch eine Mahnung! Wir liegen da und büßen für Makbeths Schuld. Es erscheinen der Reihe nach die Könige des Lebens: der Knopfkönig, der Seifenkö-

nig, der Manufakturkönig, der Getreidekönig, der Ansichtskartenkönig, der Teppichkönig, der Kognakkönig, und als letzter der Gummikönig. Seine Augen mahnen uns an unsere Sünden, aber seine Züge sprechen für die Unzerreißbarkeit menschlichen Vertrauens. Und doch, und doch! . . . Ein buschiges Haupt taucht auf und stöhnt: „Ich war kahl!" Und wieder: Hier sind noch Gesichtspickeln, dort sind sie nach dem Gebrauch verschwunden. Ach, ein andres Antlitz, eh' sie geschehen, ein anderes zeigt die vollbrachte Tat . . . Ein „heller Kopf" erscheint. Es ist jener, der nur Dr. Ötkers Backpulver verwendet. „Wo ißt und trinkt man gut?" summt's in der Luft und schon öffnet sich ein Maul, um ein Gullasch zu verschlingen, und schon zeigt eines, wie man Bier trinkt. Vor mir steht der „Wolf aus Gersthof" und heult mir das Wiegenlied: Drahn ma um und drahn ma auf, es liegt nix dran . . . Wer kommt denn dort herein? Wilhelm Tell mit seinem Sohne? „Ich soll vom Haupte meines Kindes . . ." Da schwankte er, aber zur Schutzmarke einer Schokoladefirma gibt er sich her! . . . Seht, seht, wer bricht sich Bahn? Ein Weib, dessen Haar länger ist als sie selbst, ein Weib also, das Grund hat, seine Persönlichkeit zu betonen; sie ruft: Ich, Anna . . . Aber ihre Rede verhallt im Gerassel eines Wagens, dessen Lenker mir zuruft: „Sie fahren gut — wenn Sie Feigenkaffee . . ." „Entfernung ist kein Hindernis!", unterbricht ihn ein Weltweiser, der der Welt von Herrschaften abgelegte Kleider gönnt. Und nun ist das Chaos der Maximen entfesselt: „Verlangen Sie überall . . . Schönheit ist Reichtum, Schönheit ist Macht . . . Verblüffend rasch heilt . . . Das Entzücken der Frau ist . . . Fort mit den Hosenträgern! . . . Geben Sie eine Krone . . . Wer probt, der lobt . . . Überzeugen Sie sich . . . Haben Sie schon Kinderwäsche? . . . Jeder Firmling wünscht . . . Weltberühmte prämiierte Olmützer Quargel . . . Das ist's, was Sie brauchen . . . Ihr Magen verdaut schlecht . . . Wollen Sie stark und gesund werden? . . . Reizend schön wird jede Dame . . . So sehe ich in einem meiner Korsetts mit rationeller Front aus, ohne dasselbe zu fühlen . . . Das Geheimnis des Erfolges . . . So sicher wie 2 x 1 = 2 . . . Ein wahrer Schatz . . . Der weiße Rabe spricht . . . Rasiere dich im Dunkeln! . . . Wenn eine Mutter nicht in der Lage ist . . . Gratis 10.000 Kronen . . . Wanzen und Insekten jeder Art . . . Musik erfreut des Menschen Herz . . ." Ja, sie will mir den Schlaf bringen und lockt zu erotischem Traum. Es erklingt das Lied: „Ich liebe die Eine, die Feine, die Kleine . . ." Aber ich bin genarrt, denn es handelt sich bloß um eine Pastille. Was tanzt dort in der Luft? „Ich bin ein Gummihandschuh! Kennen Sie mich noch nicht, gnädige Frau?" Romulus und Remus erscheinen unter einem Regenschirm. Wie? Ist die Gründung Roms wegen ungünstiger Witterung abgesagt? „Ein Verbrechen!" brüllt es — begeht jeder, der nicht . . . Ich habe Fieber. Aber schon stehen ein Hofrat und fünf Ärzte an meinem Lager, die eidlich begutachten . . . „Männerschwäche!" murmelt einer von ihnen verächtlich. „Ein Griff, ein Bett!" antwortet es verständnisinnig. „Trinken Sie Sodawasser . . ." rät ein Unberufener. „Das ist der gute Krondorfer, der fehlt nie auf unserem Tische!" entgegenet es . . . „Trinken Sie Geßlers Altvater!" höre ich und spüre, wie ein Bart mich kitzelt. „Kauen Sie schon Ricci?" fragt ein Kobold. „Wie werde ich energisch?" wimmert einer, dem in diesem Zimmer selbst angst und bang wird. Und ein Alp, der mir auf der Brust kauert, glotzt mich an und hat nur den einen Wunsch: „Wenn ich Sie persönlich sprechen könnte!" . . . Hilfe, Hilfe! Ach, wer ruft dort um Hilfe? Wer rennt mit dem Kopf durch die Wand? Rauft sich das Haar? Verzweifelt und frohlockt wieder, jubelt und klagt, springt herum und bearbeitet das Fenster mit den Fäusten? Oh, es ist einer, der unglücklich ist, weil man ihn seine Kleider nicht beim Gerstl einkaufen läßt, und der schließlich doch seinen Willen durchsetzt. „Ich bring mich um —!" droht er, wenn man ihn hält; „Wa — —s? ists möglich!!!" ruft er, weil er die Preise zu billig findet; „Freiheit der Wahl!" brüllt er und bringt damit auch die Demokratie auf seine Seite, wiewohl es sich sofort herausstellt, daß er nur die Wahl der Stoffe meint. Und nun tobt alles durcheinander, ich unterscheide die Branchen nicht mehr, hundert Fratzen tauchen auf, hundert Rufe werden laut. Ich verstehe nur noch Ratschläge wie: Koche mit Gas! Wasche mit Luft! Bade zuhause! . . . Und da das Leben in solcher Fülle mein Schmerzenslager umbrandet und alle Bequemlichkeiten, alle automatischen Wonnen bietet, deren man um diese Stunde nur habhaft werden kann, so merkt ein Waffenhändler, daß ich mich nicht mehr auskenne, und übertönt den Lärm mit der Reklame: Morde dich selbst!

Die Fackel. (1899—1936). 922 Nummern in 37 Jgg. 39 Bde. Hrsg. v. Karl Kraus. Hrsg. des photomech. Nachdrucks Heinrich Fischer. Kösel-Verlag, München Reprint ab 1968, Nr. 283—284, 26. Juni 1909, S. 19—25.

TAGEBUCH DER STRASSE

„Das Plakat ist mir in seiner Gesamtheit ein überaus faszinierendes Zeitdokument — ein ohne Unterbrechung geführtes Tagebuch der Stadt, ein noch viel zu wenig beachtetes Kapitel unserer Tage“, schrieb im Jahre 1954 der damalige Wiener Kulturstadtrat Hans Mandl in der Einleitung zu einer neu gegründeten Monatsschrift „plakat“. Für die zweite Nummer der gleichen Zeitschrift verfaßte Kurt Moldovan ein „Kritisches ABC vor der Wiener Plakatwand“, in dem er unter T den Stadtrat falsch — oder in diesem Fall treffender — zitiert: „‚Tagebuch der Straße, das ohne Unterbrechung geführt wird‘, nennt Stadtrat Mandl das Plakat in seiner Vorrede zur ersten Nummer von ‚plakat‘.“

Für das vorliegende Buch erschien kaum ein anderer Titel passender als dieses Mandl-Moldovan-Zitat, das auf so bildliche Weise die Intentionen, die dieser Zusammenstellung zugrunde liegen, wiedergibt.

Hier soll das menschliche Leben in seiner ganzen Vielfalt gezeigt werden, wie es sich in den letzten 150 Jahren auf den Plakatwänden widerspiegelte — von der „hohen Politik“ bis zur Entwicklung der Zahnpaste oder der Waschmittel. Dabei soll aber auch deutlich werden, daß diese Bereiche nicht voneinander abzugrenzen sind, daß also nicht nur Butter und Kanonen, sondern auch Politik und Margarine durchaus etwas miteinander zu tun haben.

Der Vorteil des Plakates als Quelle ist, daß es uns auf sehr direkte und anschauliche Weise das Leben vergangener Zeiten vergegenwärtigt. Denn gerade Plakate bieten, einfach von ihrer Aufgabe her, wichtige Aussagen möglichst eindrucksvoll und werbewirksam in Schlagworten und Bildern zu formulieren, sehr oft mehr Information über eine Zeit als andere Quellen.

Die Eigenart dieser Quelle erfaßt auch der Satz sehr treffend, den Max Gallo seiner „Geschichte der Plakate“ vorangestellt hat: „Kurz gesagt: hier soll das Plakat als Spiegel, der sowohl reflektieren als auch verzerren kann, vorgestellt werden. Doch auch die Verzerrungen sind Aspekte der menschlichen Geschichte — möglicherweise sind sie es, die letzten Endes am meisten enthüllen.“

Alle hier gezeigten Plakate stammen ausschließlich aus der Wiener Stadt- und Landesbibliothek. Es war natürlich nicht leicht, einerseits aus der Unzahl von Objekten eine charakteristische Auswahl zu treffen, andererseits wieder mit der Beschränkung auszukommen, sich ausschließlich auf eine — wenn auch große — Sammlung zu stützen. Bei der Auswahl wurden verschiedene Gesichtspunkte berücksichtigt, die sich allerdings nicht widersprechen müssen. Für die Aufnahme eines bestimmten Plakates in die vorliegende Dokumentation konnten also durchaus mehrere Aspekte bestimmend gewesen sein.

Das Grundgerüst bilden die Plakate zur politischen Geschichte Österreichs von den Anschlägen der napoleonischen Truppen aus dem Jahre 1805 bis zu Wahlplakaten der Zweiten Republik. Dabei kann jedoch auch die kommerzielle Werbung als wertvolle Quelle zur Wirtschafts- und Sozialgeschichte sowie zur Darstellung der politischen Entwicklung dienen.

Den kulturhistorischen Aspekt illustrieren Anschläge zu Musikfesten, Konzerten, Theater- und Filmaufführungen.

Die Auswahl sollte aber auch den ästhetischen Reiz dieser Objekte nicht außer acht lassen und einen Überblick zur Entwicklung der Plakatkunst geben. Dies besonders in dem Sinn, daß nicht nur der künstlerisch außerordentlich wertvolle „Ausnahmsfall“ gesucht wurde, da es doch auch sonst bei diesen Kunstwerken des Alltags eine große Zahl von wirklich ansprechenden und originellen Leistungen gibt. Von der herkömmlichen Kunstgeschichtsschreibung werden bisher Plakate als Kunstwerke eigentlich nur dann akzeptiert, wenn sie Nebenprodukte anerkannter bildender Künstler sind. Plakatentwurf und Gebrauchsgraphik selbst werden bestenfalls als „Kunsthandwerk“ eingestuft, obwohl sie oftmals auf die Geschmacksbildung mehr Einfluß hatten und haben als die Werke der sogenannten „hohen Kunst“.

Vom werbewissenschaftlichen und publizistischen Standpunkt soll auch die Entwicklung des Mediums Plakat deutlich werden — der Weg etwa von den Kundmachungen als Mittel der reinen Information zum modernen Bildplakat, dem wirkungsvollsten Mittel der emotionalen Beeinflussung in der Reklame der Jahrhundertwende. In den dreißiger Jahren zeichnete sich die Entwicklung ab, daß das Plakat in der Werbung immer mehr zum nur begleitenden Werbeträger abglitt, als nämlich Kino und Radio zu den wichtigsten Beeinflussungsinstrumenten wurden, bis auch diese Medien durch das Aufkommen des Fernsehens an Bedeutung verloren.

Die moderne Industriegesellschaft kann ohne Propaganda, Werbung und Reklame offenbar nicht existieren. Die Qualität eines in ungeheuren Mengen produzierten Produktes kann sich nicht mehr „herumsprechen“, wie etwa die gute Arbeit eines kleinen Handwerksbetriebes. Die Massengesellschaft, die moderne Demokratie wie die Diktatur, sie benötigt die Information und die oft damit verbundene Manipulation. Das mehr oder weniger deutlich erklärte Ziel ist es, die Menschen gegen die Werbung wehrlos zu machen, sie dazu zu bewegen, freudig in den Krieg zu ziehen, eine bestimmte Zigarettenmarke zu rauchen, den Kandidaten X zu wählen oder nur Benzin einer bestimmten Marke zu fahren. Das Wissen um die erfolgreiche Werbung und Manipulation wurde zu einer Wissenschaft entwickelt, die Psyche des Menschen wurde durchleuchtet und seziert, um leichter eine Beeinflussung seiner Entscheidungen zu erreichen.

Plakate als Mittel der Werbung bemühen sich also, auf Menschen einzuwirken. Es ist ein wesentlicher Schritt zur persönlichen Freiheit des einzelnen, wenn er auch selbst weiß, daß und wie er manipulierbar ist. Auch zu dieser Erkenntnis möge die vorliegende Arbeit beitragen.

Bernhard Denscher

Vor 1848

Anfänge

In der Antike verwendete man Holz-, Stein- und Metalltafeln, um den Bürgern Gesetzestexte u. ä. mitzuteilen; diese Tafeln gelten heute allgemein als Vorläufer der Plakate. Eine andere Art der öffentlichen Bekanntmachung war das Beschreiben von Mauern und Hauswänden — Wahlparolen, Suchmeldungen über entlaufene Pferde, verlorengegangene oder gestohlene Gegenstände sind auf diese Weise erhalten geblieben. Die Aufschriften, heute Dipinti genannt, wurden zumeist von gewerbsmäßigen Schriftmalern angebracht; in Pompeji fand man die Anzeige eines Gladiatorenkampfes, unterschrieben mit „Scr. Aemilius Celer singulus ad lunam“ (das schrieb Aemilius Celer allein bei Mondschein).

Der Verfall der antiken Kultur und der damit verbundene Niedergang der Allgemeinbildung brachte diesen Prozeß im Mittelalter zum Stillstand. Amtliche Bekanntmachungen erfolgten durch Ausrufer oder von der Kanzel aus, gewerbliche Reklame war durch die Wirtschaftsstruktur, die bis zur Mitte des 18. Jahrhunderts Produktion und Handel im allgemeinen auf die lokalen Gegebenheiten beschränkte und kaum Überschuß produzierte, nicht erforderlich. In erster Linie bedienten sich reisende Kaufleute und Unternehmer der öffentlichen Bekanntmachung als Werbemittel. Aus der zweiten Hälfte des 15. Jahrhunderts sind Buchhändleranzeigen bekannt, auf welchen die verfügbaren Titel verzeichnet waren; der Ort bzw. das Haus, in dem der Händler abgestiegen war, wurde jeweils an Ort und Stelle eingetragen. Diese meist kleinformatigen Blätter (etwa 20x25 cm), die manchmal auch beidseitig bedruckt waren, wurden sowohl an Interessenten direkt abgegeben, als auch an gut sichtbaren öffentlichen Plätzen ausgehängt. Aus dem Jahre 1482 stammt ein bereits illustriertes Buchhändlerplakat, mit dem Erhart Ratdolt eine Neuausgabe des mathematischen Werkes Euklids ankündigte. Lotterien, Heilmittel, Schaustellungen und akrobatische Darbietungen wurden ebenfalls auf diese Weise bekannt gemacht, auch sie gehörten zu jenen Erwerbszweigen, die sich laufend des öffentlichen Anschlags als Werbemittel bedienten.

Gegen Ende des 14. Jahrhunderts war in Europa der Holzschnitt aufgekommen; damit wurde die mechanische Vervielfältigung der beliebten, in großer Zahl hergestellten Heiligenbilder ermöglicht, auch Spielkarten konnten so relativ billig und rasch hergestellt werden. Der teure und in der Zahl der Abzüge begrenzte Metallschnitt wurde für diese Art von Druckerzeugnissen weniger oft gebraucht. Die Heiligenbilder erschienen vorerst ohne Text, später wurde dieser spiegelverkehrt vom Formschneider ebenfalls in Holz geschnitten und die so entstandenen Blockbilder vor dem Verkauf eventuell noch vom Briefmaler koloriert. Solche Bilder wurden massenhaft hergestellt und von den Käufern entweder als Merkzeichen in die Gebetbücher eingelegt, an Wände oder Kirchengestühle oder in Bücher geklebt. Die Blätter dienten rein religiösen Zwecken, konnten aber durch kurze Informationen, bei welcher Gelegenheit der betreffende Heilige den Menschen Schutz gewähre, auch Nachrichtencharakter annehmen. Da sich diese Art von fliegenden Blättern als Erfolg erwies, machten sich die Briefmaler auch die Erfindung des Letterndruckes zunutze. Die Einblattdrucke, die nun in großer Zahl erschienen, werden gleichfalls in die Gesamtentwicklung, die schließlich zum modernen Plakat führte, mit einbezogen. Sie bestanden meist aus einem illustrativen Holzschnitt, der als Informationsträger diente, und dem erläuternden Text. Die selbständige Bildaussage ist charakteristisch für die Einblattdrucke dieser Zeit, die sich ja an ein Publikum, das zum Teil noch aus Analphabeten bestand, wandten, und auch hier verstanden wurden. Die Aussagekraft des Bildes stand für sich und konnte durch den zwangsläufig relativ kurzen Text nicht erheblich gesteigert werden. Allerdings waren auch andere Formen möglich, wie zum Beispiel in den religiösen Kampfschriften, in denen das Bild eine untergeordnete Funktion hatte — der Text konnte auch für sich allein stehen — und in erster Linie zum Kauf anreizen sollte.

Der weitaus umfangreichste Teil der fliegenden Blätter in der zweiten Hälfte des 15. Jahrhunderts besteht aus Ablaßbriefen. Der Abwehrkampf der europäischen Christen gegen die angreifenden Türken bedingte einen ausgedehnten Ablaßhandel, der in Deutschland von Mainz aus geleitet wurde und sich vorteilhaft der neuen Erfindung des Letterndruckes bediente.

Eine weitere Sparte der Einblattdrucke sind die Kalenderblätter; neben dem Kalendarium und astronomischen Hinweisen enthielten sie für weit wichtiger gehaltene astrologische Informationen und die Bestimmung jener Tage, an denen man am besten den Aderlaß vornehmen könne. Die Kalender waren zum Ankleben an die Wand bestimmt und erschienen sowohl in einfacher typographischer Gestalt als auch als schön ausgestattete Bilderbogen.

Amtliche Kundmachungen, Bücher- und Vorlesungsverzeichnisse sind ebenfalls Erscheinungsformen der fliegenden Blätter des ausgehenden 15. Jahrhunderts. Die amtlichen Bekanntmachungen nehmen im Rahmen der Frühdrucke eine Sonderstellung ein. Wurden Heiligenbilder, Kalender und Buchanzeigen von den Briefmalern, Druckern oder Buchhändlern hergestellt, die also oft Verfasser, Verleger und Verkäufer in einer Person waren und den Verkauf der Blätter als Geschäft auf eigenes Risiko betrieben, so fungierten die Drucker bei amtlichen oder kirchlichen Aufträgen als Unternehmer, die derartige Bestellungen gegen Lohn ausführten. Vorladungen, Achtserklärungen, Steuern u. a. m. konnten durch den Druck rasch und in großer Anzahl vervielfältigt werden und am Rathaus, an der Kirche, dem Amtshaus, der Schule, der Dorflinde und anderen Orten, an denen die Menschen zusammenkamen, angeschlagen werden. Die sogenannten Falsche-Gulden-Blätter, Warnungen vor falschen oder ungültigen Münzen, die auch die Abbildungen jener Geldstücke zeigten, wirkten sich günstig auf die wirtschaftliche Lage der jeweiligen Region aus und zählen damit zu den ältesten Bekanntmachungen im Bereich des Geschäftslebens.

Der regelmäßige Anschlag behördlicher Kundmachungen ließ den Begriff Placat, später Plakat, zum Gattungsnamen werden, allerdings bis weit ins 19. Jahrhundert hinein nur für amtliche Mitteilungen. Bereits 1578 lautet die Erklärung dazu „obrigkeitlicher Anschlag", in den Lexika des 18. Jahrhunderts ausführlicher „eine Obrigkeitliche schrifftliche Verordnung, welche den Unterthanen publiciret wird", um 1820: „ein obrigkeitlicher Anschlagzettel".

Die Hersteller von Einblattdrucken griffen nun auch andere Themen auf. Der Glaube an den Einfluß der Gestirne auf das menschliche Schicksal war allgemein verbreitet, die Astrologie eine anerkannte Wissenschaft; deshalb fanden Drucke, auf denen Himmelserscheinungen dargestellt waren, einen großen Interessentenkreis. Der gesamte Ablauf der Natur war Gottes Willen unterworfen, ungewöhnlichen Erscheinungen am Firmament, aber auch in der Tier- und Pflanzenwelt und im menschlichen Leben mußte also eine göttliche Absicht zu Grunde liegen, die meist dahingehend gedeutet wurde, die Menschen möchten aufhören, gottlos zu handeln und Buße tun. So sind auch die Berichte über tierische und menschliche Wundergeburten zu interpretieren.

Eine weitere äußerst umfangreiche Sparte war bis in die Neuzeit die Nachricht über Hinrichtungen von Verbrechern, Hexen, Ketzern usw. Die realistische, ja sadistische bildliche Darstellung sollte abschrecken, daher wurde das Ereignis durch die Drucklegung möglichst vielen Menschen mitgeteilt und die Leute dazu verhalten, die Blätter an der Wand oder Haustür anzuschlagen, damit ihnen „nichts gleiches begegnen möge". Diese die grausamsten Einzelheiten bis ins Detail schildernden Bildberichte lebten in der Greuelpropaganda der Weltkriege wieder auf.

In der Zeit der Reformation fand der Einblattdruck als publizistisches Kampfmittel starke Verbreitung, ein weiteres Motiv war die Darstellung des Teufels und seiner Verführungskünste. Einen sehr großen Bereich der frühen Plakate nehmen die Ankündigungen von Schaustellern, Akrobaten und ähnlichen Veranstaltungen ein. Seltene Tiere aus fremden Ländern, aber auch Menschen fremder Rasse wurden gezeigt; auf den Plakaten war eine kurze Beschreibung bzw. Aufzählung der einzelnen Programmpunkte zu finden. Die Darstellung von Löwen, Tigern, Hyänen, Bären oder Seehunden verfehlte ihre Wirkung ebenso wenig wie die Ankündigung von Taschenspielern oder Quacksalbern.

Neben Einblattdrucken mit religiösem, historischem, sensationellem, polemischem Inhalt etc. gab es eine ganze Reihe von Drucken, die nicht nur für die Entwicklung des modernen Plakatwesens, sondern auch der Zeitungssparten bedeutsam sind. Parlaments- und Gerichtssaalberichterstattung, Feuilleton und Anzeigenteil haben hier ihre Vorläufer. Ein wichtiger Zweig der Wirtschaftswerbung, der zu den sogenannten Dauerplakaten zu rechnen ist, gleichzeitig jedoch eine eigenständige Entwicklung genommen hat, ist das Geschäftsschild. Diese Art der Außenwerbung läßt sich ebenfalls bis in die Antike zurückverfolgen; ihren Höhepunkt erlebte sie im Mittelalter. Heute sind solche Embleme bei manchen Kaufhausketten, zur Bezeichnung von Tankstellen etc., üblich.

Die Entwicklung zum modernen Plakat stagnierte nun einige Zeit. Mit den alten Druckerpressen konnten nur relativ kleine Formate bearbeitet werden, meist in Schwarzdruck, nur in seltenen Fällen wurde Rotdruck verwendet. Der Holzschnitt ließ sich zwar gut für Plakate gebrauchen, doch war die Größe der Abbildungen begrenzt, Kupferstiche kamen für derartige Zwecke zu teuer. Daher blieben die Plakate noch bis zur Mitte des 19. Jahrhunderts im allgemeinen kleinformatig, erschienen aber nun in immer größerer Menge. Mauern, Hauswände, Toreinfahrten, Pfeiler wurden von „wilden" oder gewerbsmäßigen „Zettelanpappern" mit Plakaten beklebt. Über die Plakatflut im Wien der Biedermeierzeit berichtet ein Zeitgenosse: „Das ganze liebe Jahr hindurch gibt es öffentliche Unterhaltungen, Schmausereien, Musik und Tanz. Daher mag es kommen, daß der Karneval . . . sich von der übrigen Zeit des Jahres höchstens durch die größere Anzahl der öffentlichen Anschlagzettel unterscheidet, die da an allen Straßenecken hangen und mit riesengroßen Lettern all die Herrlichkeiten des heutigen oder morgenden Abends im verlockendsten Stile anpreisen und verkünden . . ." (Wien und die Wiener, Pesth 1844, S. 387.)

Um dem ungeregelten Plakatieren ein Ende zu bereiten, erhielten Ankündigungsexpeditionen Privilegien zum Aufstellen eigener Anschlagtafeln, die dann für Werbezwecke zur Verfügung gestellt wurden. Nach eigenen Angaben war die Firma Mauczka eines der ältesten derartigen Unternehmen in Wien, ein Inserat aus dem Jahre 1900 bezeichnet 1826 als Gründungsjahr des Unternehmens.

1796 erfand Aloys Senefelder die Lithographie (Steindruck) und eröffnete damit dem Druck völlig neue Möglichkeiten. Nach verschiedenen Schicksalsschlägen unternahm er mehrere mißlungene Versuche, sich eine Existenz aufzubauen. Schließlich entdeckte er ein neues Druckverfahren mittels Steinplatte und Fettkreide, den Vorläufer des heutigen Offsetdruckes. Anfang bis Mitte des 19. Jahrhunderts war das Verfahren so weit entwickelt, daß die Illustrationen der Plakate auf lithographischem Wege gedruckt werden konnten, Textplakate wurden allerdings nach wie vor im Buchdruck hergestellt. Die Buchdruckereien versuchten nun, durch neue, schöne Schriften, Zierleisten und Weiterentwicklung der Pressen konkurrenzfähig zu bleiben und trugen auch damit viel zur Perfektion graphischer Produkte bei. Lithographische Plakate wurden bis etwa 1870 zumeist in Schwarzdruck auf weißem oder gefärbtem Papier hergestellt.

Einen weiteren großen Fortschritt bildete die Erfindung der Farblithographie. Der Franzose Jules Chéret war maßgeblich an der Entwicklung des modernen Plakates beteiligt, indem er um 1870 seine mehrfarbigen Affichen herausbrachte und die Plakatgestaltung zugleich dadurch erneuerte, daß er auffallende Farben, vereinfachte Formen und kurze, schlagkräftige Texte zu einem wirkungsvollen Ganzen verband. Diese Maximen wurden von den Reklamekünstlern der folgenden Jahrzehnte aufgenommen und weitergeführt. G.B.

Phylidors natürliche Geistererscheinungen.

Heute Mitwoch den 13. April 1791. wird der

Physikus Phylidor

die Ehre haben unter anderen vielen auffallenden und sehr unterhaltenden Experimenten, auch die mit so lauten Beyfall aufgenommene

Schröpferische Geister Erscheinung

zu produzieren, und lebt der zuversichtlichsten Hofnung, daß diese so lebhafte und täuschende Darstellung die Erwartung seiner unschätzbaren Zuschauer gänzlich übertreffen wird.

Um den Beweis seiner unbegränzten Hochachtung und Dankbarkeit für den bisherigen ungetheilten Beyfall mit welchen er von den edeln Bewohnern Wiens theilhaft wurde, thätig an Taggzu legen, wird auch er diese Woche hindurch in seinem physikalischen Kabinet diese so lebhafte und täuschende Schröpferische Erscheinung inzwischen die bereits allhier bewürkten sogenannten Geister Erscheinungen zeigen, in der Hofnung, daß Kenner und Liebhaber seinen Bemühungen werden Gerechtigkeit widerfahren lassen, und sich dadurch gänzlich überzeigen, wie manche Menschen vor einiger Zeit auf die betrüglichste Art getäuscht worden sind.

In jeder Vorstellung wird er sich besonders angelegen seyn lassen, durch die mannigfaltige und täuschende Ausführung der neuesten Experimenten die Erwartung der unschätzbaren Zuschauer zu übertreffen. Non verbis, sed operibus, probantur artes.

Die Eintrittspreise sind im ersten Rang . . . . 40 kr.
Im zweyten . . . . 20 kr.
Für einen abgesonderten Platz aber, der besonders in voraus bestellt und gesperrt werden kann, zahlt die Person . . . . 1 fl.

Der Schauplatz oder das Kabinet ist im kleinen Loprestischen Hause am Kärntnerthor über dem Kaffeehause Nro. 1190. von der Bastey hinein, allwo auch die gesperrten Plätze und Eintrittbillets vor jede Vorstellung abzulangen und die Privatvorstellungen täglich zu machen sind.

Der Anfang ist präcise um 7 Uhr und dauert 1½ Stunde.

1

1 *Phylidors natürliche Geistererscheinungen*
1791, 45x37 cm, D 65 522

Aberglaube und Geisterfurcht waren der Nährboden, auf dem das Geschäft der Geisterbeschwörer gedeihen konnte. Eine Laterna magica, sinnreich angeordnete Hohlspiegel und ähnliches täuschten einem ungebildeten, wundergläubigen Publikum die Erscheinungen Verstorbener vor. Auch als die Menschen kritischer wurden und den Betrug durchschauten, wurde diese Art von Schaustellungen gern besucht; die Zauberkünstler nannten sich nun Physiker, Optiker oder Mechaniker und kündigten ihre Vorstellungen als physikalische Experimente an.

Der umherreisende Physikus Phylidor betonte zwar immer wieder, er sei lediglich bestrebt, das Publikum vor Betrug zu schützen und durch seine Illusionen zur Aufklärung und Belehrung beizutragen, doch verdiente auch er recht gut an der Leichtgläubigkeit seiner Zuschauer. Die Ankündigung in der „Wiener Zeitung" strich den wissenschaftlichen Charakter der Experimente hervor: „Herr Phylidor seit langer Zeit beschäftiget den künstlichen Geistererscheinungen mehrere Vollkommenheit zu geben, hat nach vielen Versuchen eine ganz neue Methode erfunden, die besonders in ihrer Bewürkungsart noch nie in einem Werk beschrieben, noch öffentlich dargestellt worden, welche in der Vollkommenheit alles das, was bisher gesehen worden ist, übertrifft, um den kunstliebenden Einwohnern Wiens auch eine Idee der berüchtigten Schröpferischen und Kaljostroischen Geisterschwärmerey zu geben, wird er die Ehre haben diese Woche hindurch in seinem physikalischen Kabinett, diese so lebhafte und täuschende Erscheinung . . . zu zeigen, in der Hofnung das Kenner und Liebhaber seinem Bemühen werden Gerechtigkeit wiederfahren lassen, und sich dadurch gänzlich überzeugen, wie manche Menschen vor einiger Zeit auf die betrüglichste Art getäuscht worden sind." (30. 3. 1791, S. 820)

Über den Erfolg von Phylidors Vorstellungen berichtet ein Zeitgenosse: „Seine Geister-Erscheinungen fielen ins komische, besser waren die phisikalischen Experimente, die er zeigte, und die Würkungen der Natur, die er durch die Electricität und den Druck der Luft hervorbrachte — leztere waren werth, gesehen zu werden, erstere dienten nicht blos zum Blendwerk vor den Pöbel in allen Ständen, sondern bestärkten sie nur zu oft in ihrem übernatürlichen Glauben an Geister, und unsichtbare Wesen, die mit ihren geistigen Kräften auf körperliche schwache Wesen electrisch würken sollten. Philidor wollte zwar die Absicht haben, solche Menschen zu belehren, daß sie durch Betrüger irre geleitet würden, . . . aber eine solche Belehrung verfehlt fast immer ihren Zweck, da es so schwer hält, den verblendeten Verstand eine andere Richtung zu geben . . ." (Vertraute Briefe zur Charakteristik von Wien, Görlitz 1793, 2. Bd., S. 60 f.) G.B.

2 *Heute, wenn es die Witterung zuläßt*
D: [Wien]
[1792], 58x46 cm, C 15 384

Der geborene Schwabe und Wahlwiener Johann Georg Stuwer (eigentlich Stubenrauch) war das älteste Mitglied einer Feuerwerkerfamilie, die den Wienern durch vier Generationen hindurch mit ihren brillanten Kunstfeuerwerken Freude bereitete. 1773 brannte er im Prater sein erstes Feuerwerk ab. Seit 1777 fanden die Veranstaltungen in der Nähe der heutigen Stuwerstraße, auf der sogenannten Feuerwerkswiese, statt. Im Prater führte er auch 1784 mehrere Versuche mit einem Heißluftballon durch, zwei mit einem Fesselballon und einen unfreiwilligen Freiflug, den vier „Aeronauten" mitmachten.

Ab 1776 feierte er den Tag Annens, den 26. Juli, durch eine Vorstellung, die den Schönen Wiens gewidmet war. Den Annentag, der bis in die theresianische Zeit offizieller Feiertag war, feierten nicht nur alle Annen, sondern alle Mädchen und Frauen Wiens. Man veranstaltete Ausflüge ins Grüne, machte Besuche, traf einander bei Tanzveranstaltungen usw.

Für viele bildete den Höhepunkt dieses

Heute, wenn es die Witterung zuläßt, werde ich die Ehre haben,

mein dießjähriges erstes Feuerwerk abzubrennen,

unter dem Titel:

Das Freuden-Monument

für das schöne Geschlecht, am Tage Annens.

Noch war es jedes Jahr eine angenehme Pflicht für mich, am Tag Annens den Schönen Wiens, welche diesen reizenden Namen führen, einen Beweis meiner vorzüglichen Aufmerksamkeit und Hochachtung zu geben; und immer noch bin ich, vorzüglich an diesem Tage, mit dem schmeichelhaftesten Beyfalle für meine Künstlermühe belohnt worden. Dieß muß mich auffodern, auch dem dießjährigen festlichen Annentage eines meiner besten Feuerwerke zu weihen, welches je die Edlen und Verehrungswürdigen Bewohner Wiens in ihrem Lieblingspark, dem Prater, gesehen haben mögen. Da auch, wegen bekannten, und für mich höchst ehrenvollen Verhinderungen, dieses Feuerwerk das erste ist, welches ich in gegenwärtigem Jahre abzubrennen im Stande bin, so habe ich um so mehr alle meine Kräfte aufbieten wollen, um durch neue, überraschende und mit wahrhaft malerischer Kunst, ausgeführte Vorstellungen, dem für dieses Schauspiel immer mit besondern Theilnahme sich interressirenden Publikum eine angenehme Abendunterhaltung zu verschaffen.

Es ist bekanntlich bei Schauspielen dieser Art nicht möglich, in einer Ankündigung die vorzustellenden Gegenstände in ihrem ganzen detaillirten Umfange auseinander zu setzen. Ich begnüge mich daher nur bei der Anzeige jeder Fronte einige kurze Erklärung beizusetzen.

Erste Fronte.
Der Prachtglanz des Brillant-Feuers.

Neun Wirbelsonnen zeigen sich zuerst in einem vielfältigen Feuer; sie machen eine zweymalige Abwechslung, dann entzünden sich fünf Haupt-Maschinen, die durch mehrere überraschende Abänderungen fortspielen, und sowohl durch ihre Gleichheit und Heftigkeit, als vorzüglich durch die ganz besondere und prachtvolle Art des Feuers, die Augen der Zuschauer gewiß über alle Erwartung ergötzen werden.

Zweyte Fronte.
Der Granatapfel.

Diese mit unverkennbarer Genauigkeit gezeichnete Fronte ist das erste Opfer, welches ich den Schönen Nanetten weihe; der Granatapfel erscheint in Mitte der Fronte, um welchen in einander geschlungene Ringe und Rosen, die Sinnbilder treuer Freundschaft, sich leicht bewegend im schönsten Koloritfeuer spielen. Sobald der Granatapfel sich entzündet hat, wird auch mein Wunsch sichtbar, welchen ich durch einige Buchstaben auszudrücken gesucht habe.

Dritte Fronte.
Das Sonnenfest.

Eine sehr weit ausgedehnte, aus 92 Maschinen zusammengesetzte Zeichnungs-Fronte strahlt und schimmert in mannigfaltigen Abwechslungen das herrlichste Brillantfeuer von sich; als sie zu erloschen anfängt, verwandelt sich die ganze Ansicht in ein gewiß sehr unerwartetes Lustphänomen von hellglänzenden Gestirnen, die nicht anders als dem Auge sehr angenehm seyn können.

Vierte Fronte.
Nannette an der Toilette.

Ein prächtiges tapeziertes Zimmer stellt sich dar; man sieht in der Mitte desselben einen Tisch, und darauf eine Uhr, woran sich der Zeiger nach dem gehörigen Zeitmasse bewegt. Am Tische sizt Nannette mit einem zärtlichen Ansehen; ein flinker Haarkräusler steht hinter ihrem Stuhl, und ist geschäftig die schönen Haare für den festlichen Tag in eine bezaubernde Frisur zu richten; es wird geklopft, und der Liebling des Herzens, Alexis tritt zur Thür ein, macht seine sanfte Verbeugung, und stammelt den zärtlichsten Glückwunsch; seine Gebieterin winkt, und Lisette das Stubenmädchen, trägt das Frühstück auf. Die angenehme Conversation dauert so lange, bis die ganze Fronte erlöscht.

Fünfte Fronte.
Die orientalischen Schmucknadeln.

Eine sehr reizende, ganz im orientalischen Geschmack verzierte Fronte, wo sich in verschiedenen Abwechslungen die benannten Schmucknadeln darstellen; nebst dem über die ganze Breite hin sich erstreckenden Koloritfeuer, spielt aus der Mitte heraus das täuschendste Brillantgeschmeide — ein Anblick, der gewiß vorzüglich für alle Schönen überraschend und angenehm sein wird.

Sechste Fronte.
Das Fest der Liebe.

In einer äusserst prachtvollen und mit mannigfaltigen Feuergestalten durchschimmerten Glorie zeiget sich der Chiffre des Gottes der Liebe, darunter erscheint auf einem Stufenpiedestal ein Opfertisch, worauf die Liebesflamme brennt, rings um, auf einem runden Platze brennen im schönsten Koloritfeuer mehrere Blumentöpfe und Guirlanden. Die Scene schließt mit mehreren beweglichen Piramiden, aus deren einigen das schönste Funkenfeuer entspringt. Die Zeichnung dieser Fronte kann nicht ohne den Beyfall des Verehrungswürdigen Publikums gesehen werden, um aber diesem Feuerwerk nebst dem Schönen, Anmuthigen und Reizvollen, die möglichste Pracht zu verschaffen, habe ich demselben eine grosse Menge von Luftstücken beygefügt, daß damit während Umlegung der Frontengerüste, zur Unterhaltung der Zuseher öftere Abwechslungen zu sehen sein werden.

Die Dekoration.
Das Freuden-Monument für das schöne Geschlecht, am Tage Annens.

Der Raum gestattet nicht, von dieser herrlichen Dekoration eine umständliche Beschreibung zu geben, es ist alles angewendet worden, was Kunst und Geschmack vermögen, um den Anblick dieser Dekoration überraschend und prachtvoll zu machen. Ein hoher Obelisk, woran der Namen Anna glänzt, verliert sich mit seiner Spitze in einen halben Feuerzirkel, eine hohe Säulenreihe zieht sich rings herum, und ergiest einen Strom von vielfärbigem Feuer aus verschiedenen darauf stehenden Vasen; eine Reihe Stufen führen zu dem Säulengange hinan, und ein an den Säulen sanft hinab hangendes Blumengewinde erhöht den Schimmer des Ganzen noch mehr; kurz ich glaube durch diese Dekoration mir die Ehre eines lauten und verdienten Beyfalls sowohl für jetzt, als auch auf das künftige zu erwerben.

Zur Bequemlichkeit des Publikums hab ich in Rücksicht der Retourbillete, die diesmal auf allerhöchsten Befehl bis Schlag 7 Uhr zurückbezahlet werden, eine ganz neue Einrichtung bei den Kassen dahin getroffen, daß Jedermann, der in den Prater eintritt, er möge bei dem Feuerwerk bleiben wollen, oder nicht, nebst dem Kassebillete ein Retourbillet gegeben werden solle; ich ersuche demnach ein verehrungswürdiges Publikum, das Kassebillet bei den Billieteurs abzugeben, das Retourbillet aber auf alle Fälle zu behalten, und wer sonach Abends bis zur gesetzten Stunde sein Geld wieder zurück erhalten will, kann solches gegen Abgebung des in Handen behaltenen Retourbilletes baar erhalten, nur wird gebeten bey jeder zum Entrée bestimmten Kasse, gegen über eigends errichteten Retourkasse sein Geld zu fordern, weil bey jener Kasse, wo man das Eintrittsgeld erlegt, zu Vermeidung alles Gedränges, und Unordnung weder Fahrenden noch Reitenden ein Retourbillet ausgewechselt werden wird.

NB. Diese Retourbillets gelten auch im Falle, daß diesen Tag das Feuerwerk nicht gegeben werden könnte, auf den nächstfolgenden Feuerwerkstag.

Beim Eingang zahlt jede Person mit Ausnahme der Vorreiter und Kutscher . 20 kr.
Auf der ersten Gallerie . . 1 fl. Auf der zweyten . . . 20 kr.
Kinder bis neun Jahre, wenn jemand Erwachsener mit ihnen geht, sind sowohl beym Eintritt, als auf der Gallerie frei. Im Prater, wenn es nöthig wäre, wird gewiß ausgiebig aufgespritzet werden.

Nachricht. Wenn jemand zur Landunterhaltung sich kleiner Feuerwerke zu bedienen Belieben tragen sollte, so sind solche den ganzen Sommer hindurch in meinem Laboratorio theils alsogleich zu haben, theils zu bestellen, gegen billige Zahlung, nach dem bereits in Druck herausgegebenen Tarif.

Johann Georg Stuwer,
k. k. privilegirten Kunst- und Lustfeuerwerker.

Der Anfang ist mit Endigung des Tages.

2

Festtages jedoch erst der Abend. In der „Wiener Zeitung" kündigte Stuwer sein Feuerwerk folgendermaßen an: „Nächsten Donnerstag, den 26. July, oder wenn die Witterung ungünstig seyn sollte, Donnerstag den 2. August, werde ich die Ehre haben, mein diesjähriges erstes Feuerwerk abzubrennen, unter dem Titel: Das Freuden-Monument für das schöne Geschlecht am Tage Annens. Da ich wegen bekannten . . . Verhinderungen vor diesem Tage den verehrungswürdigen Bewohnern Wiens noch kein Feuerwerk weihen konnte, so bot ich nun alle meine Kunst auf, den diesjährigen festlichen Anna-Tag für die Schönen Wiens mit verherrlichen zu helfen. — Das Feuerwerk, welches ich für diesen Tag bestimmte, besteht nebst der überraschenden und prachtvollen Dekoration aus 6 verschiedenen Fronten, die sich durch Neuheit und Pracht vorzüglich auszeichnen. Während der Umlegung der Frontengerüste ist für eine grosse Menge von Luststücken gesorgt worden, um den Schönen, Anmuthigen und Reizvollen die möglichste Abwechslung zu verschaffen. Das übrige enthält der Anschlagzettel." (21. 7. 1792, S. 2038) Das Wetter hielt, und die Veranstaltung mußte nicht verschoben werden. „Vorgestern feyerte H. Stuwer das Annenfest mit einem großen Feuerwerke, welches einen zahlreichen Zuspruch und den gewohnten Beyfall erhielt." (WZ, 28. 7. 1792, S. 2098) Es dürfte sich also um einen jener Abende gehandelt haben, an denen Stuwer 5000 bis 6000 fl. einnahm. Am 28. September 1799 brannte Stuwer sein letztes Feuerwerk ab. Nachdem er den Wienern 26 Jahre lang Freude bereitet hatte, zog er sich in den Ruhestand zurück. G.B.

Lit.: Pemmer, Hans: Die Wiener Feuerwerker-Dynastie Stuwer, in: Stadt Wien 1968/26, S. 16 f. u. 1968/27, S. 26 f.

3 *Feuerwerk*
D: [Wien]
1778, 36x23 cm, C 15 384

Dieses Kleinplakat aus dem Jahre 1778 zeigte durch seine ursprünglich fehlenden, nunmehr restaurierten Ecken und Mauerreste auf der Rückseite deutlich, daß es einst von einer Hausmauer abgerissen worden war, bevor es auf heute nicht mehr feststellbaren Umwegen in die Wiener Stadt- und Landesbibliothek gelangte. G.B.

3

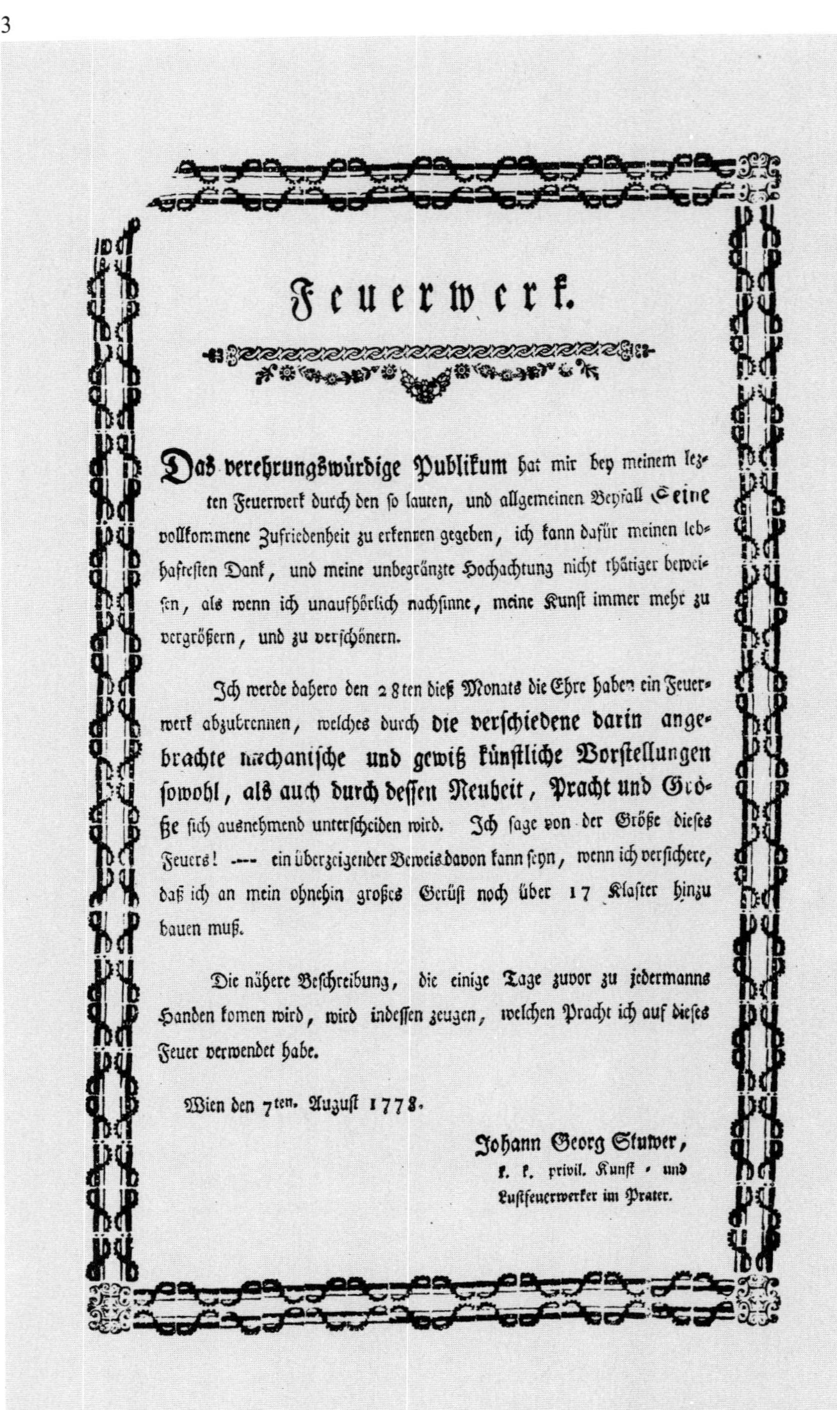

Feuerwerk.

Das verehrungswürdige Publikum hat mir bey meinem lezten Feuerwerk durch den so lauten, und allgemeinen Beyfall Seine vollkommene Zufriedenheit zu erkennen gegeben, ich kann dafür meinen lebhaftesten Dank, und meine unbegränzte Hochachtung nicht thätiger beweisen, als wenn ich unaufhörlich nachsinne, meine Kunst immer mehr zu vergrößern, und zu verschönern.

Ich werde dahero den 28ten dieß Monats die Ehre haben ein Feuerwerk abzubrennen, welches durch die verschiedene darin angebrachte mechanische und gewiß künstliche Vorstellungen sowohl, als auch durch dessen Neubeit, Pracht und Größe sich ausnehmend unterscheiden wird. Ich sage von der Größe dieses Feuers! --- ein überzeigender Beweis davon kann seyn, wenn ich versichere, daß ich an mein ohnehin großes Gerüst noch über 17 Klafter hinzu bauen muß.

Die nähere Beschreibung, die einige Tage zuvor zu jedermanns Handen komen wird, wird indessen zeugen, welchen Pracht ich auf dieses Feuer verwendet habe.

Wien den 7ten. August 1778.

Johann Georg Stuwer,
k. k. privil. Kunst- und
Lustfeuerwerker im Prater.

4 *Befehl des General*
Gouverneurs von
Oesterreich
D: Wien
1805, 36x47 cm, E 74 529

5 *Kundmachung*
D: Wien
1805, 36x23 cm, E 74 529

Amtliche Kundmachungen zählten in der Frühzeit des Plakat- und Anschlagwesens zu den am häufigsten verwendeten Formen. Die beiden hier ausgewählten Plakate zeigen einerseits eine „Verordnung" für Wiener Kaufleute und Gewerbetreibende, andererseits einen „Befehl" des französischen Generals Clarke an die französischen Besatzungssoldaten, den Lebensmittel- und Warenverkehr von und nach Wien unangetastet zu lassen.

Die Besetzung Wiens stand im Zusammenhang mit dem sogenannten dritten Koalitionskrieg zwischen Österreich und Rußland und dem napoleonischen Frankreich, wobei Österreich und Rußland in der „Dreikaiserschlacht" bei Austerlitz zu Beginn des Monats Dezember 1805 eine schwere Niederlage erlitten.

Im Gegensatz zum zweiten Koalitionskrieg von 1799 bis 1802 litt die österreichische Bevölkerung in diesem Krieg zum Teil schon an Kriegsmüdigkeit. Dies wurde noch verstärkt durch die verhältnismäßig milde Herrschaft der französischen Armee in Wien, wovon die beiden Plakate zeugen. Napoleon zog am 13. November 1805 in Wien ein, bereits zwei Tage später verkündete der Wiener Bürgermeister namens der französischen Besatzung, daß kein Händler oder Gewerbetreibender Waren ohne Bezahlung an die fremden Truppen abgeben dürfe und jede „Unordnung" der Truppen zu melden sei. In dieselbe Richtung weist der Befehl des französischen Oberbefehlshabers in Wien, der den freien Warenverkehr nach und von Wien garantierte. Inwieweit diese Verordnungen und Befehle von den französischen Besatzungstruppen befolgt worden sind, läßt sich nicht eindeutig belegen, doch wird die Besetzung allgemein als nicht beschwerlich und opferreich für die Wiener Bevölkerung beschrieben. Einzelne Berufssparten, wie Lieferanten für die Armee, aber auch Freudenmädchen, erlebten durch die Besetzung eine Art Konjunktur.

Die dargestellten Kundmachungen wurden in für die damalige Zeit verhältnismäßig großer Zahl affichiert und stellten vor allem in Krisenzeiten und in

ORDRE

du

Gouverneur Général de l'Autriche.

Il est ordonné de laisser librement passer les Cultivateurs et les Meuniers qui se rendront dans la ville de Vienne avec leurs voitures et leurs chevaux chargés de subsistances, comme aussi de les laisser librement retourner chez eux.

Les Militaires, qui auroient enlevé les chevaux ou voitures des Cultivateurs, seront arretés et conduits dans les prisons militaires.

Tout individu qui auroit achêté un cheval ou une voiture enlevée à un Cultivateur sera arrêté pour être jugé comme complice de vol.

Il est ordonné à toutes les autorités civiles et militaires de tenir la main à l'exécution des presentes dispositions.

A Vienne le 5. Frimaire An 14.

Le General de Division,
Gouverneur général de l'Autriche.

Clarke.

Befehl

des

General Gouverneurs von Oesterreich.

Es wird hiemit verordnet: jene Landleute und Müller, welche mit ihren Wägen und Pferden von Lebensmitteln beladen, nach der Stadt Wien sich begeben, nicht nur frey passiren zu lassen, sondern ihnen auch in der Rückkehr nicht hinderlich zu seyn.

Daher werden jene Soldaten, welche den Bauersleuten Pferde oder Wägen wegnehmen, eingezogen, und in militärischen Arrest gebracht werden.

Derjenige, der ein dem Bauer abgenommenes Pferd oder Wagen ankauft, wird verhaftet, und als Mitschuldiger des Diebstahls abgeurtheilt werden.

Allen Civil- und Militärbehörden wird nun aufgetragen, die Befolgung der gegenwärtigen Verordnung zu handhaben.

Wien den 26. November 1805.
(5. Frimaire Jahr 14.)

Der General der Division,
General-Gouverneur von Oesterreich

Clarke.

4

dringenden Fällen neben Aufrufen das wichtigste Mittel dar, um staatliche oder kommunale Entscheidungen und Anordnungen der Bevölkerung rasch mitzuteilen. J.K.

Lit.: Mayr, Josef Carl: Wien im Zeitalter Napoleons. Staatsfinanzen, Lebensverhältnisse, Beamte und Militär, Wien 1940; Schimmer, Karl August: Die französischen Invasionen in Österreich und die Franzosen in Wien in den Jahren 1805 und 1809, Wien 1846.

5

Kundmachung.

Von dem Magistrate der k. auch k. k. Hauptstadt Wien wird auf Veranlassung des kommandirenden k. k. Französischen Herrn Generalen allen Handels- und Gewerbsleuten hiemit bedeutet keine Waaren, oder Feilschaften von was immer für einer Gattung ohne sogleiche Bezahlung an die hiesigen Truppen hindanzugeben, es wäre dann, daß sich letztere mit einer von dem unterzeichneten Bürgermeister gefertigten Anweisung ausweisen könnten.

Da es übrigens auch der ausdrückliche Wille Sr. k. k. Majestät des französischen Kaisers ist, daß jede geringste Unordnung seiner Truppen dem oberwähnten kommandirenden k. k. Französischen Herrn Generalen angezeigt werde, so wird solches sämmtlichen Handels- und Gewerbsleuten zu ihren Benehmen mit der Erinnerung bekannt gemacht, daß sich diejenigen welche wider gegenwärtige Verordnung handeln, den für sie hieraus allfällig entstehenden Nachtheil nur selbst zuzuschreiben haben würden.

Wien den 15. November 1805.

Stephan Edler v. Wohlleben,
Bürgermeister.

Alois Schwinner,
Magistrats-Rath und Stadtoberkämmerer.

6 *Mit hoher und gnädiger Bewilligung*

D: [Wien]
1808, 46x37 cm, C 64 520

Akrobaten- und Kunstreitertruppen, die auf ihren Reisen nach Wien kamen, blieben oft lange Zeit, manche auch für immer, wenn sie auch zwischendurch auf Auslandstourneen gingen. Sie produzierten sich unter freiem Himmel, in Höfen, in den gedeckten Reitbahnen vornehmer Bürger oder auch in der Hofreitschule; viele traten später in eigenen, ausschließlich zu diesem Zweck

Mit hoher und gnädiger Bewilligung.

Wird heute Donnerstag den 2. Juny 1808.

zum Besten der Armen=Anstalten zu Herrnhals

Die hier angekommene Gesellschaft gymnastischer Künste von Sailtänzer, Sailschwinger, Luftspringer, und Voltragier, unter der Direktion des Johann Porte die Ehre haben ihre sehenswürdigen Stücken zu produziren.

1tens: Werden sich heute die Luftspringer in Springen besonders auszeichnen, Herr Porte wird mit grossen Trempolin=Springen die Ehre haben aufzuwarten, so wie auch durch Pallanzierung und Forsen Herkules allgemeine Bewunderung erregen, nicht minder sich

2tens: Durch die schwersten und sehenswürdigsten Stücken auf dem Schwungseil bestens empfehlen.

3tens: Wird der Pajazo Mademoiselle Schmidt; und Madame Porte mit verschiedenen der schwersten Stücken auf den Steifseil abwechseln, zum Beschluß wird Madame Porte die feurige Kollazion auf dem Seil halten wo sie mitten im Feuer sitzen wird.

Herr Porte und die ganze Gesellschaft werden alle Mühe anwenden, um durch ihre Kunst was in ihren Kräften stehet auch etwas zur Linderung der Leidenden Menschheit beizutragen.

NB. Hoher Adel, löbl. k. k. Militair, Verehrungswürdigstes Publikum, ich mache meine ergebenste Einladung auf heute, denn diese Einnahme gehöret zum Besten der Armen in Herrnhals, und da es für Nothleidende ist, so brauche ich nichts zu sagen, da Ihre Großmuth zu sehr durch Proben bekannt ist, wie eigen es Ihnen ist Bedrangte zu unterstützen, so bitte ich um Ihren gnädigen Zuspruch.

Der Schauplatz ist in Herrnhals auf dem Zimmerplatz neben der Schule.

Preise der Plätze.

Erster Platz 30 kr. Zweiter 24 kr. Dritter 18 kr. Vierter 12 kr. Letzter 6 kr.

Der Anfang ist um 6 Uhr, die Kasse wird um 4 Uhr eröffnet.

6

errichteten Gebäuden auf. Der Wahlwiener Johann Porte gehörte einer bekannten Akrobaten- und Kunstreiterfamilie an, die in den zwanziger Jahren des 19. Jahrhunderts links und rechts der Neulerchenfelder Linie in einem eigenen Amphitheater beziehungsweise Circus gymnasticus Vorstellungen gab. In dieser Benefizvorstellung zeigte die Truppe equilibristische Kunststücke und Kraftakte; Seiltänzer und „Luftspringer", die Trampolinnummern, Salti etc. vorführten, begeisterten das Publikum. Wohltätigkeitsvorstellungen waren ein beliebtes Mittel, Zuschauer herbeizuziehen. Bei der Familie Porte wurde es später üblich, Schnallen, Uhren und Ketten als Gewinne für die Besucher auszusetzen, und so manches volle Haus wurde durch diese Maßnahme erzielt. G.B.

Circus gymnasticus im Prater.

Freie Einnahme

für einen hohen Orts bekannten wohlthätigen Zweck.

Mit hoher Bewilligung
wird der kaiserl. königl. privilegirte

Kunst- und Schulbereiter de Bach,

mit seiner ansehnlichen Gesellschaft
heute Donnerstag den 5. Juni 1817, eine Vorstellung in der edlen Reitkunst
zu geben die Ehre haben.

Da de Bach mit seiner Gesellschaft zu dieser, großmüthige Absichten bezweckenden, Vorstellung sich ganz bestimmt hat, so enthebt er sich aller nähern Bezeichnung der Stücke die gegeben werden; und nimmt sich hier nur noch die Ehre zu versichern, daß er keine Mühe sparen, und alles was Kunst darbietet in Anspruch nehmen werde, um die Anwesenden desto angenehmer zu unterhalten, ja selbst zu überraschen.

Um dem edlen Zwecke vollkommen zu entsprechen, wird die heutige Vorstellung eine der prachtvollsten seyn. De Bach und sämmtliche Mitglieder seiner Gesellschaft werden alle Kunst aufbiethen, um vollen Beyfall zu erhalten. Vorzüglich auszeichnen werden sich hierbey:

Madame Gerhardo,	Herr Simoncelly,
Mademoiselle De Bach,	Herr Dupuy,
Mademoiselle Jartoux,	Herr le Picq,
Madame le Picq,	Herr Gerhardo, und
Herr Guera,	Herr De Bach.

Den Beschluß der heutigen prachtvollen Vorstellung macht:

Eine römische Gruppe oder Tableaux.

Preise der Plätze.

Eine grosse Loge zu 7 Personen	18 fl.	Noble Gallerie, die Person	2 fl.	Gesperrter Sitz daselbst	2 fl.	Letzter Platz	20 kr.
Eine kleine Loge zu 5 Personen	10 fl.	Noble Parterre	1 fl. 20 kr.	Zweites Parterre	40 kr.		

Die Billetren sind zu jeder Stunde im Circus zu haben.

Der Anfang ist präcise um halb 6 Uhr. Die Kasse wird um 3 Uhr geöffnet.
Ein hochgeehrtes Publikum wird höflichst ersucht, um jede mögliche Störung zu verhindern, keine Hunde mitzubringen.

7

7 *Circus gymnasticus im Prater*
D: [Wien]
1817, 54x44 cm, C 64 520

Der aus Mitau in Kurland gebürtige Christoph de Bach war der erste, der einen längere Zeit hindurch bestehenden Zirkus mit einem eigenen Gebäude in Wien gründete. 1802 wurde er erstmals urkundlich erwähnt. 1807 erhielt er die Erlaubnis, Vorführungen in einem eigenen Amphitheater zu geben und auch Unterricht zu erteilen. 1808 wurde der Circus gymnasticus, der 3 000 Zuschauern Platz bot, auf der sogenannten Zirkuswiese im Prater eröffnet. Es durfte nur nachmittags gespielt werden, da sonst die Konkurrenz für die Theater zu groß gewesen wäre; auch die Praterbudenbesitzer drangen darauf, daß die

Vorstellungen de Bachs um 6 Uhr beendet werden sollten. Aus diesen Auflagen geht hervor, daß der Circus sehr gut besucht war. De Bach engagierte Mitglieder der bedeutendsten Kunstreiterfamilien seiner Zeit und fand stets ein dankbares Publikum, wenn auch manchmal etwas nicht recht gelingen wollte; C. Klatte schreibt: „Obgleich es ausgemacht bleibt, daß Herr de Bach nicht allein selbst ein geschickter gymnastischer Reiter ist, sondern auch seine Gesellschaft mehrere sehr geschickte Individuen enthält, so bleiben doch für den Kenner dieser Sachen Wünsche übrig, deren Erfüllung das Ganze erst auf diejenige Stufe von Vollkommenheit bringen können, zu der die Anlagen gemacht worden.

Der erste dieser Wünsche ist eine größere Präcision in den gymnastischen Künsten. Sobald diese Künste aufhören, blosse Versuche zu seyn, und als eine vollendete Uebung, jedem Auge dargestellt werden sollen, müssen sie auch aufhören, vom Glücke und Zufalle abzuhängen. So wie jeder vollendete Kampagne-Reiter mit Gewißheit wird sagen können, ob sein zugerittenes Pferd rechts oder links anspringt, eben so gewiß muß auch der gymnastische Künstler mit Präcision seine Uebung ausführen. Verunglückte Sprünge, wohl gar vom Pferde fallen, sind Dinge, die dem vollendeten Künstler nur selten und nicht so wie bey der Gesellschaft des Herrn de Bach, fast täglich vorfallen."

Klatte wünschte sich weiters, die Künstler möchten freundlicher zum Publikum sein und die Schulpferde besser gearbeitet. Er machte auch einen deutlichen Unterschied zwischen gymnastischen Reitern und Schulreitern, während sich die Zirkusreiter jener Zeit selbst Kunst- und Schulbereiter nannten und oft auch das Privileg zum Unterricht erhielten.

Das Programm einer Kunstreitertruppe bestand aus gymnastischen Kunststücken, lustigen Einlagen, Pantomimen und Nummern, die früher nur auf dem Seil ausgeführt worden waren und nun auf dem galoppierenden Pferd gezeigt wurden. Viele Akrobaten und Seiltänzer waren ja zur publikumswirksamen Kunstreiterei übergewechselt, sie waren häufig nur mäßig gute Schulreiter, aber ausgezeichnete Gymnastiker, deren tollkühne Reitdarbietungen viel Beifall fanden.

De Bach ging mehrmals jahrelang auf Auslandsreisen; während dieser Zeit gastierten dann andere Gruppen im Zirkusgebäude, so zum Beispiel Alexander Guerra, der sogar abwechselnd und auch zusammen mit seiner Schwiegermutter Laura de Bach, Christophs Witwe und Nachfolgerin, Vorstellungen gab. G.B.

Lit.: Klatte, C.: Neues Wiener Taschenbuch für Freunde der Pferde und der Reitkunst, Wien 1810, S. 122 f.

8 *In dem neu gebauten*

D: [Wien]

1827, 54x47 cm, P 9631

In der Zeit des Biedermeier wurden in Wien zahlreiche neue Tanzsäle eröffnet, die gegenüber den Gasthäusern, die ebenfalls berechtigt waren, Tanzmusik abzuhalten, manchen Vorteil hatten. So durfte zum Beispiel das ganze Jahr und die ganze Nacht hindurch getanzt werden. Zahlreiche Ballfeste aller nur erdenklichen Vereinigungen und Bürgergruppen füllten den Fasching aus; und obwohl Wien zu jener Zeit erst an die 300 000 Einwohner zählte, waren alle großen Ballokale der Stadt — und ihrer gab es eine ganze Menge — stets überfüllt. Und das erst recht, als unter den Tanzkapellmeistern zwei neue Sterne aufgingen: Lanner und Strauß (Vater).

Das wohl berühmteste Lokal war der „Feenpalast am Brillantengrund", der Apollosaal in Mariahilf, der hinsichtlich Luxus, Eleganz und Größe der Räumlichkeiten rund dreißig Jahre lang zu den führenden Wiener Etablissements zählte. Nach dem Apollosaal galten das „Sperl" in der Leopoldstadt als eines der vornehmsten Vergnügungslokale, ebenso die Sträußelsäle in der Josefstadt oder Dommayers Kasino in Hietzing.

Im Kettenbrückensaal (2. Bezirk, Obere Donaustraße 105) begründete Johann Strauß Vater seinen Walzerruhm, als sein „Kettenbrückenwalzer" zum erstenmal erklang. 1904/05 wurde das Gebäude demoliert. E.K.

Lit.: Grünsteidl, Edith: Als der Strauß-Schani beim Dommayer debütierte. Wiener Fasching im Biedermeier, in: wien aktuell 1974/8, S. 13.

9 *Ankündigung*

D: [Wien]

[1826], 56x42 cm, D 64522

Der uralte Traum der Menschheit, sich Maschinen zunutze zu machen, um unabhängig von tierischer oder menschlicher Muskelkraft Fahrzeuge zu bewegen, fand zwar erst durch die Erfindung und Weiterentwicklung des Verbrennungsmotors eine wirtschaftlich vertretbare Lösung, doch wurden auch in den vergangenen Jahrhunderten hin und wieder Erfindungen vorgestellt, die eine Teillösung dieses Problems darstellten. Derartige Bestrebungen wurden auch durch den Geschmack, den die Menschen damals an mechanischen und physikalischen Experimenten und Spielereien fanden, positiv beeinflußt. 1826 zeigte der Mailänder Mechaniker Johann Baptist Tosi — übrigens auch der Erfinder des Tosischen Schlosses — in Wien „jenen neuerfundenen Wagen, welcher nicht durch die Anwendung der gewöhnlichen Thierkräfte, sondern lediglich durch die außerordentliche Kraftäußerung eines künstlichen Mechanismus in Bewegung gesetzt wird . . . Am Hinterwagen befindet sich nähmlich unter einer zierlichen Verdeckung die Maschine selbst, welche durch eine einzige Person mit vieler Leichtigkeit in ihre Wirksamkeit gesetzt wird. Am Vorderwagen ist ein Sitz für den Lenker angebracht, der mittelst einer sehr einfachen Vorrichtung die Wendungen des Fuhrwerkes nach Willkühr und Erforderniß bestimmt. Damit aber der Wagenlenker auch zur Nachtszeit im Stande ist, den Vorderrädern die nothwendige unfehlbare Richtung zu geben, so werden auf den sogenannten Rungenstangen des Rungenschemmels, welcher auf dem Axenbaume ruht, ein Paar Laternen aufgesteckt, welche durch ihren beweglichen Standpunkt mit der größten Genauigkeit die jedesmahlige Richtung der Räder bezeich-

In dem neu gebauten, geschmackvoll decorirten

Salon zur Kettenbrücke

(in der Leopoldstadt an der Donau nächst dem Diana=Bade Nr. 4)

wird heute Sonntag den 11. Februar 1827

eine

öffentliche Tanz=Musik

abgehalten.

Dem allgemeinen Wunsche des verehrungswürdigen Publikums zu entsprechen, hat der Unterzeichnete sein mit allen Kosten und dem seltensten Aufwande, dann mit jeder Bequemlichkeit versehenes Locale zu dem gewähltesten Vergnügen in gegenwärtigen Carnevale hergerichtet. Er wird sich bestreben hier den Fasching die schönsten Feste zu geben, für Tafel und Weine, Bedienung und Eleganz die beste Sorge zu tragen, und hinsichtlich der Musik und Ordnung allen verehrlichen Wünschen zu enlsprechen.

Er schmeichelt sich, daß ihm, wie bisher, die Theilnahme und der gnädige Beyfall der Bewohner Wiens wird geschenkt werden. Er ist beflissen, sein ohnehin mit wohlwollendem Zuspruche beehrtes Locale immer beliebter zu machen, und glaubt deßhalb hier weniger versprechen zu dürfen, da sich von seinen Leistungen als Gastwirth Jedermann zu überzeugen, eingeladen wird.

Der Eintrittspreis ist ohne Unterschied des Geschlechtes ein Gulden W. W.

Es wird ersucht in anständiger Kleidung zu erscheinen.

Tafeln für größere Gesellschaften sind gefälligst früher zu bestellen. Hinsicht der Fiaker ist die Ordnung getroffen, daß die festgesetzten Preise bey der Cassa eingesehen werden können.

Adam Dämling,
Gastwirth zur Kettenbrücke.

Der Anfang ist vm 8 Uhr Abends, das Ende um 5 Uhr Morgens.

Mittoch den 14. Februar ist großer Gesellschafts=Ball.

8

nen . . . Der Terain des Schaulokales hat eine solche Einrichtung erhalten, daß eben die Experimente, wie auf einer natürlichen Straße daselbst ausgeführt werden können, und wobey die Beschauer von der künstlichen Einrichtung des Wagens, von seiner Lenksamkeit, und der Nutzanwendung im Leben, die augenscheinlichste Ueberzeugung empfangen. Hr. Tosi hat auch auf natürlichen Straßen zu verschiedenen Mahlen, mit dieser Fahrmaschine Proben angestellt und Excursionen um den ganzen Glacis, durch die Stadt, nach Schönbrunn, Laxenburg und anderen Ortschaften in der Nähe von Wien mit glücklichem Erfolge unternommen. Dergleichen Experimente konnten aber aus leicht einzusehenden Ursachen nur zur Nachtszeit geschehen." G.B.

Lit.: Wiener Theaterzeitung, 27. 10. 1826, S. 503 f.

Ankündigung,

den k. k. priv. neuerfundenen mechanischen Wagen betreffend,

Dem verehrungswürdigen Publikum sind die angestrengten Bemühungen von mehreren mit den gründlichsten Erfahrungen ausgerüsteten Künstlern, um durch mechanische Wagen die Thierkraft zu ersetzen, nicht unbekannt. Man trat mit vielen solchen Erfindungen auf, doch konnten sie nur auf sehr ebenen festen, und von Steinen freyen Straßen angewendet werden. Eine Anzahl dieser Wagen sogar war nicht ohne aller Lebensgefahr zu gebrauchen, obschon sie vermög ihres Baues nur zwey Personen zu tragen im Stande waren.

Endlich ist es nach rastlosen Bemühungen und wiederholten Erfahrungen gelungen, einen mechanischen Wagen zu erbauen, auf welchen Se. k. k. Majestät ein ausschließendes Privilegium zu ertheilen allergnädigst geruht haben.

Dieser Wagen, durch seine Eigenheiten merkwürdig, vereinigt in sich alle erforderliche Mittel, um vorwärts sowohl als ruckwärts, bergauf oder bergab zu fahren, und um alle Unebenheiten kothiger und steiniger Straßen überwinden zu können, welche bisher diesen Maschienen unübersteigliche Hinderniße entgegen setzten. Nebst dem ist bey diesem Wagen auch die entfernteste Gefahr beseitiget, da jede sich darauf befindende Person ihn nach Belieben und auch augenblicklich aufzuhalten vermag, und daher schmeichelt man sich, daß diese Erfindung zur öffentlichen aufmerksamen Besichtigung ausgestellt zu werden verdiene.

Dieser privilegirte mechanische Wagen ist in einem eigends dazu bestimmten Lokale, Anfangs der Prater-Allee zu sehen. Um die Zweckmäßigkeit aller dabey angewandten Vorrichtungen und den Gebrauch, der davon gemacht werden kann, augenscheinlich darzuthun, wird man mit demselben folgende Bewegungen ausführen:

1) Wird derselbe von fünf Personen bestiegen oder mit einem gleichen Gewichte belastet werden, und dann auf einem natürlichen, den gewöhnlichen Straßen ganz ähnlichen Boden, verschiedene Wendungen vornehmen.
2) Geschieht mit demselben die sehr beträchtliche Auffahrt zu einer in dem Lokale selbst angelegten Anhöhe.
3) Wird der Wagen mit eisernen Gewichten belastet, die bezeichnet sind, wovon jedermann sich überzeugen wird. Mit dieser Belastung werden dann auf den natürlichen Terain verschiedene Wendungen ausgeführt.
4) Wird der Wagen nebst den vorigen Gewichten noch mit bedeutenden neuen belastet, und sodann auf einer hölzernen, mitten im Lokale angebrachten Bahn, sich vorwärts und rückwärts ohne Wendung bewegen.

Diese mit der größten Leichtigkeit ausgeführte Bewegung, wird das verehrungswürdige Publikum vollends von der außerordentlichen Lenksamkeit, dieses Wagens in Vor- und Zurückfahren, ohne daß man ihn zu wenden brauche, überzeugen.

Alle obenbeschriebene Lenkungen werden bloß durch die Leitung eines einzigen darauf bequem sitzenden Mannes ausgeführt. Dieser Wagen hat die Gestalt eines sogenannten Steyerwagens; seine Länge ist 11 Wiener Fuß, und sein eigenes Gewicht beträgt 12 Zentner, welches mit jenen der Ladung eine äußerst beträchtliche Belastung bildet. Diese Erfindung, worauf schon lange die allgemeine Erwartung gespannt ist, indem die geschicktesten Mechaniker sich bisher immer vergebens damit beschäftiget haben, ist gewiß, in ihrer Art einzig zu nennen. Aus diesem Grunde ist der Erfinder uberzeugt, bey dem hochorständigen und verehrungswürdigen Publikum eine ehrenvolle Anerkennung seiner Bemühung zu finden, um so mehr, da Vortheil und Bequemlichkeit für einen jeden damit verbunden sind.

Preise der Plätze: Erster Platz 1 fl. — Zweyter Platz 40 kr. — Dritter Platz 20 kr. C. M.

Der Schauplatz ist in der Franzens-Brückenallee, rechts in der großen Hütte.

Zu sehen von Früh acht Uhr bis zur Abenddämmerung, an Sonn- und Feyertagen aber von 4 Uhr Nachmittags.

9

SEE TIGER

Mit hoher Bewilligung.

Unter den vielen Seltenheiten, die heut zu Tage von verschiedenen Reisenden zur Schau gestellt werden, ist gewiß kein Thier an Sehenswürdigkeit mit jenem zu vergleichen, welches man diesem hohen Adel und geehrten Publicum hier zu zeigen die Ehre hat, und welches die Wißbegirde der gelehrtesten Naturforscher von Europa im hohen Grade reitzet.

Dieses seltene Thier ist ein lebender

See=Tiger

von außerordentlicher Schönheit,

welcher im Eismeere mittelst eines eigens dazu verfertigten Netzes gefangen wurde. Er wiegt 400 Pfund. Seine Haut ist zum Theile tigerfärbig, und fein, wie Sammet; sein Kopf wie der eines Leoparden; er hat Schnautzborsten, wie ein Tieger, Augen, wie ein Löve; zwey Vorderfüße, gleich Händen mit fünf Fingern, diese sind abgegliedert, wie bey der Menschenhand, und durch eine Floßhaut verbunden; er bedient sich derselben zum Schwimmen. Am Ende des Hintertheils hat er einen dreyfachen Schweif, wovon die zwey äußersten die Gestalt eines Fächers, der mittlere aber die einer Lanze hat.

Diese seltenen Thiere sind von Natur sehr wild; allein der Mensch kann sie zahn, gelehrig, und seinen Befehlen gehorsam machen. Das gegenwärtige ist mit ungeheurer Mühe gezähmt, und so abgerichtet worden, daß es seinen ganzen Körper zeigt und seine Stinme hören läßt.

Wenn ein solches Benehmen von vierfüßigen Landthieren, als: Hunden, Katzen Affen ꝛc. Verwunderung erregt, so muß es bey einem Meer-Thiere, das an sich wild und menschenscheu ist, in Erstaunen setzen.

Seine tägliche Nahrung besteht in 50 Pfund lebenden Fischen, wovon man ihm alle Stunden etwas gibt, damit ihn Jedermann fressen sehen könne. Zu seiner gänzlichen Sättigung würden übrigens nicht 100 Wiener-Pfund genügen.

Dieses seltene Thier hat die Aufmerksamkeit der höchsten Personen in verschiedenen Hauptstädten auf sich gezogen, und macht die erste Reise nach Deutschland. Der Eigenthümer schmeichelt sich daher, auch von dem hiesigen hohen Adel und geehrten Publicum mit einem zahlreichen Besuche beehrt zu werden.

Domenico Ferretti, aus Venedig.

Zu sehen täglich von 9 Uhr Früh bis Abends drey Viertel auf 7 Uhr, doch wird an Sonn- und Feyertagen erst Nachmittags um 4 Uhr eröffnet.

1. Platz 10 kr. 2. Platz 6 kr. C. M. Kinder zahlen auf beyden Plätzen die Hälfte.

Der Schauplatz ist am Anfange der Jägerzeile, rechts, neben der Apotheke Nr. 59.

Gedruckt in der Praterstraße Nr. 415.

10

10

See-Tiger
D: [Wien]
[ca. 1825], 72x50 cm,
D 64 519

In den Wandermenagerien des 18. und frühen 19. Jahrhunderts wurden entweder wohlbekannte Tiere mit Mißbildungen, wie z. B. Kälber mit zwei Köpfen, Schafe mit drei oder fünf Beinen etc. gezeigt, oder die Neugier und der Wissensdurst der Besucher wurden durch die Zurschaustellung seltener, teilweise bisher in natura noch nicht gesehener Tiere befriedigt.

Präparierte oder auch lebende Meerestiere waren in Wien schon früher von Zeit zu Zeit zu sehen gewesen. 1778 soll eine Robbe hier ausgestellt worden sein, und 1791 berichtete die „Wiener Zeitung" über einen Meer-Tiger, den Johann Golombo hier gezeigt hatte, „da in dem aufgeklärten Deutschlande die Seltenheit der Natur zu sehen und zu bewundern ein Lieblingsgeschäft geworden". (21. 5. 1791, S. 1365)

Die meisten Schausteller bemühten sich um eine wissenschaftliche oder doch recht genaue Beschreibung ihrer Tiere, um dem Publikum einen besseren Eindruck vom Gesehenen zu vermitteln; mitunter trachteten sie auch, sie „verschiedene sehenswürdige Spiele zu lehren" (WZ, 1791, ebd.), und bildeten so ein Bindeglied zwischen Menagerie und Zirkus. G.B.

Lit.: Pemmer, Hans: Privatmenagerien und ihre Attraktionen, in: Stadt Wien, 1968/3 S. 18.

11

Große, vermehrte Menagerie
[1828], 58x44 cm, D 64 519

Schausteller, die mit einem oder mehreren Tieren reisten, und Menagerien erfüllten im 18. und 19. Jahrhundert neben der Befriedigung der Schaulust einen anderen wichtigen Zweck, konnten doch die Menschen dadurch Tiere kennenlernen, die sie sonst nie zu Gesicht bekommen hätten oder bestenfalls von bildlichen Darstellungen her kannten.

Van Dinter zeigte 1828 in Wien insgesamt neun Schlangen, neun Vögel, sieben Affen, acht Löwen, zwei Leoparden, eine Hyäne und eine Antilope. Sämtliche Tiere wurden wegen ihrer Schönheit und Interessantheit sehr gelobt, auch die öffentliche Fütterung der Schlangen fand große Beachtung: „Nimmt in der van Aken'schen Menagerie die zahlreiche Sammlung der Säugethiere unsere Aufmerksamkeit in Anspruch, so verdient doppelt unsere Beachtung die schöne Amphibien-Sammlung in der van Dinter'schen Menagerie. Sind die Amphibien an und für sich selbst schon interessant, so steigert sich doch noch dieß Interesse durch die Fütterung derselben . . . Van Dinter füttert seine Riesenschlangen fast täglich mit Kaninchen, und Ref. hat sich überzeugt, daß sie 3—5 auf eine Mahlzeit zu sich nahmen . . . Wir laden alle Freunde der Naturgeschichte zum Besuche dieser schönen Menagerie ein, überzeugt, daß sie Niemand unbefriedigt lassen wird." G.B.

Lit.: Wiener Theaterzeitung, 28. 8. 1828, Beilage S. 2 f.

12

Eine junge,
lebende Eskimo
D: [Wien]
[1830], 59x44 cm,
D 64 522

Viele Schausteller schreckten nicht davor zurück, nicht nur seltene Tiere, sondern auch Menschen exotischer Rassen gegen Geld zu zeigen.

So waren in Wien mehrmals Eskimos zu sehen gewesen, die sicherlich großes Interesse fanden, denn der Veranstalter Vinzenz Paganini besuchte Wien mindestens zweimal. Bei seinem zweiten Besuch 1833 erschien eine große Ankündigung in der „Wiener Zeitung": „Vincenz Paganini aus Italien, Begleiter einer jungen . . . Grönlands-Bewohnerinn (Eskimo), stellt dieselbe dem verehrten hiesigen Publicum zur Schau aus. Sie ist nach dem dortländigen Costüme gekleidet, und besitzt einige Sachen, als: Grönländische Waffen,

welche dieselbe mitbrachte, dann Früchte aus Canada etc., wo sie in Gefangenschaft gerieth. Die Gedachte . . . kann sich rücksichtlich ihrer Abstammung mit Zeugnissen mehrerer großer Hauptstädte Europa's ausweisen, wo sie stets die Aufmerksamkeit sowohl der Einwohner als der Fremden auf sich gezogen hat. Diese Escimo ist in der Stadt . . . zu sehen." (5. 11. 1833, S. 1024) G.B.

13

Donnerstags
den 6. November
D: [Wien]:
J. B. Wallishansser
1834, 55x45 cm, P 13 371

Die Winterreitschule in der Hofburg wurde nicht nur in dem ursprünglich vorgesehenen Sinn verwendet, sondern es produzierten sich dort auch Kunstreiter, wie de Bach und Porte, Bälle und Musikfeste fanden statt, der Uhrmacher Jakob Degen führte hier seinen selbstgebauten Schwingenflieger vor und konnte sich wirklich mittels eines Gegengewichtes von 75 Wiener Pfund (à 56 dag) mit 34 Flügelschlägen bis zur Decke emporheben und sodann wieder sicher landen.

Das Musikfest in der Reitschule war ein gewaltiger Erfolg, Saphir bezeichnete es in einem Bericht in der „Wiener Theaterzeitung" als „großartig, imposant und voll unaussprechlicher Wirkung . . . Ganz im Geiste der Composition hat Hr. v. M. diese Instrumentirung und die Substitution der Orgel vorgenommen, hat alles Moderne und dem Urgeiste des Ganzen Widerstrebende vermieden, und im großen Style des Meisters diese Bearbeitung vollendet . . . Die Wirkung dieses unsterblichen Werkes, das von der Gesellschaft der Musikfreunde mit aller Vollkommenheit und mit allem Aufwande ihrer herrlichen Kräfte . . . unter der energischen, feurigen und übersichtig besonnenen Leitung des hochverdienten k.k. Vice-Hof-Capellmeisters, Hrn. J. Weigl, war, wie es sich erwarten läßt . . . das Ganze war ein herz- und geisterquickender grandioser Genuß, tausendfach entschädigend für die unzähligen Mißhandlungen, die der reine Geschmack seit einem Decennium erlitt und erleidet: ein Genuß würdig der Kaiserstadt, in welcher noch so viele Herzen dem wahren Schönen und Erhabenen offen stehen; würdig eines Kunstvereines, dessen Streben dahin gehen soll, mit geistigen Waffen dem Landsturm des hereinbrausenden Ungeschmacks entgegen zu treten." (14. 11. 1834, S. 512 f.) G.B.

Große,
vermehrte
Menagerie
von
Säugethieren
und
Riesen-
schlangen
des J. van
Dinter,
dann von anderen
merkwürdigen
Thieren,
welche hier
noch nie
lebendig
zu sehen
waren.
Der Schauplatz
ist nächst dem
Prater
in der zweyten
unangestrichenen
Hütte,
wo die
großen
Riesen-
schlangen
nur allein
zu sehen sind.
Preise der
Plätze:
Erster Platz
1 fl. W. W.
Zweyter Platz
30 kr. W. W.
Dritter Platz
15 kr. W. W.

11

1830

Eine junge, lebende Eskimo.

Mit hoher Bewilligung hat Vinzenz Paganini die Ehre, dem hochgeehrten Publicum dieser k.k. Haupt- und Residenz-Stadt eine lebende, 23jährige Eskimo von dem Gestade des nördlichen Eismeeres, welche wegen ihrer National-Tracht und anderer National-Eigenheiten eine besondere Aufmerksamkeit verdient, öffentlich zur Schau auszustellen.

Dieselbe wurde in einem Alter von dritthalb Jahren von jenen wilden Indianern gefangen genommen, welche im Jahr 1827 vom Capitän Hunt sammt ihr nach Paris gebracht, und daselbst der königl. Familie vorgestellt wurden. In Italien wiederfuhr ihr die Ehre, Ihren Majestäten Maria Theresia, verwitweten Königinn von Sardinien, Maria Louise, Erzherzoginn von Oesterreich ꝛc., und Seiner königl. Hoheit dem Herzoge Franz von Modena vorgestellt, und des Allerhöchsten Wohlgefallens gewürdiget zu werden. Auch wurde sie sowohl in Paris, als in verschiedenen anderen Haupt- und Provinzial-Städten von dem Publicum mit ausgezeichnetem Beyfalle aufgenommen.

Der Schauplatz ist in der Stadt, vom Stock im Eisenplatze und vom Graben hinein, in der Seilergasse, im neu erbauten Hause Nr. 1093, und er ist von 9 Uhr Morgens bis Abends vor 7 Uhr eröffnet.

Preise der Plätze: Erster Platz 20 kr. C. M. Zweyter Platz 10 kr. C. M.

Gedruckt in der Praterstraße Nr. 415.

12

Donnerstags den 6. November, und Sonntags den 9. November 1834
wird
zur glorreichen Nahmensfeyer
Ihrer Majestät unserer allergnädigsten Kaiserinn,
in der k. k. Winterreitschule,
welche Seine k. k. Majestät hiezu allergnädigst bewilliget haben,
ein
großes Musikfest
abgehalten werden,
wobei das hier noch nie gehörte große Oratorium
Belsazer,
von G. F. Händel,
in der Art wie „Samson,“ „Jephta“ und „Salomon,“ von Herrn von Mosel bearbeitet,
von mehr als 800 Tonkünstlern und Musikfreunden
aufgeführt werden wird.

Die Eintrittspreise sind:

Ein Sperrsitz auf der ersten Gallerie . 4 fl. C. M.	Der Eintritt in das Parterre . 1 fl. C. M.
Ein Sperrsitz im Parterre . . 2 fl. = =	Der Eintritt in die zweite Gallerie . 40 kr. C. M.
Der Eintritt in die erste Gallerie . 2 fl. = =	

Die Eintrittskarten und Sperrsitze auf der ersten Gallerie sind in der Wohnung des Herrn Secretärs der Gesellschaft der Musikfreunde des österr. Kaiserstaates, Regierungsrathes Sonnleithner (Graben Nr. 1133, 2. Stock), die übrigen Eintrittskarten und Sperrsitze im Parterre in der k. k. Hof-Musikalienhandlung des Herrn Tobias Haslinger, und in den Kunst- und Musikalienhandlungen der Herren Artaria, Bermann, Diabelli und Mecchetti, dann an den Tagen der Aufführung bei den bestehenden Kassen zu haben.

Die Textbücher sind in der Wallishausser'schen Buchhandlung und an den Kassen für 6 kr. C. M. zu haben.

An den Tagen der Aufführung werden die Kassen an den beiden Eingängen zur Reitschule, am Michaels- und Josephsplatze um 11 Uhr eröffnet werden.

Die erste Aufführung am Donnerstage beginnt präcise um 12, die zweite am Sonntage um halb 1 Uhr Mittags.

Ordnung der Zu- und Abfahrt.

Zufahrt.

Für die erste Gallerie links ist die Zufahrt vom Graben über den Kohlmarkt, auf den Michaelsplatz zur kleinen Thüre des Burgtheaters, an der Rückseite der Winterreitschule: die leeren Wagen stellen sich in der obern Breunerstraße und am Vogelmarkte auf. Für alle übrigen Plätze ist die Zufahrt vom Graben durch die untere Breunerstraße auf den Josephsplatz, zum Hauptthore der Sommerreitschule. Die fahrenden P. T. Mitglieder des Chors und des Orchesters folgen eben diesem Wege, steigen aber beym Thore in den Schweizerhof ab. Die Wagen stellen sich am Josephsplatze auf.

Abfahrt.

Für die erste Gallerie links ist die Abfahrt vom Michaelsplatze über den Kohlmarkt: für alle übrigen Plätze aber, so wie für die P. T. Mitglieder des Chors und Orchesters, vom Josephsplatze durch die untere Breunerstraße über den Graben.

Gedruckt bei J. B. Wallishausser.

13

Du moderner Brot-Dieb bringst mich um mein Verdienst, und um mein ganze Reputation.

Karikatur auf die Einführung von Ankündigungsunternehmungen, aus: Neue komische Briefe des Hans-Jörgels von Gumpoldskirchen an seinen Schwager Maxel in Feselau, . . . Wien 1837, 4. Bd., 1. H.

Jetzt ist sogar für die Anpikzetteln eine eigene Expeditionskanzlei erricht worden, wo noch und noch 150 ungeheure große Tafeln verfertiget, und in den Straßenecken aufghängt werden sollen, in welche alle Theater und Ballzetteln, so wie alle möglichen Kundmachungen hineinkummen, welche von einer eigenen Druckerei besorgt werden — die Unternehmung gfallet mir, denn nachher künnen d'Buben do nit in aller Fruh schon die Zetteln abreißen, daß die Ecke von den Häusern mit den picken bliebenen Papierfetzen ausschauen wie in einer Lumpenfabrik; und die Hausherren werden do gwiß so splendid seyn, die Pappfleck an den Mauern verweißen z'lassen; zugleich soll durch die neue Zettel-Anschaulichkeits-Compagnie auch ein Ersparung an Papier und Druckkosten erzielt werden. — Ein solche Einrichtung gfallt mir recht gut, hab i gsagt, der Herr v. Wolferl aber, der überall seine gspitzte Zunge dabei haben muß — meint, daß wieder eine Menge Leut um ihner Brot kummen werden, für dö das Zettelanpicken do ein bißel ein Verdienst abgworfen hat. Es kummt ihm, sagt er, hietzt bei den meisten Geschäften vor, als wann man ein Bein auf d'Straßen wirft, wo glei drei, vier Hund daher kummen, dö so lang drum raufen und beißen, bis auf d'Letzt keiner was hat. Aber was versteht denn, denk i mir, der Herr v. Wolferl von solchen Sachen.

1848
Revolution

Karikatur auf die Pressefreiheit von Johann Christian Schoeller

Die Revolution brachte eine Flut von Presseerzeugnissen, vor allem von Zeitungen und Flugblättern, aber auch von Plakaten und Anschlägen. Diese Materialien, hier die Plakate, stellen eine wichtige Quelle für die Beurteilung der sozialen und politischen Strömungen des Revolutionsjahres dar. Die Berichte und Analysen dieses Jahres füllen Bibliotheken, und es kann hier nicht Aufgabe sein, umfassende Darstellung zu geben. Notwendig ist aber, einen gedrängten Überblick zu bieten, um die Fülle von Plakaten, die damals erschienen, in einen historischen Kontext zu stellen. Überdies gilt, daß gerade die Beschäftigung mit solch einschneidenden Ereignissen wie Revolutionen, ob siegreich oder verloren, wertvolle Lehren für die Gegenwart vermitteln kann.

Wien war zu dieser Zeit eine Festung, die Innenstadt umgeben von alten Basteien und dem Glacis aus der Türkenzeit, die Vorstädte umgeben vom Linienwall aus der Zeit der Kuruzzenkriege. Die Bevölkerungszahl stieg in den Jahrzehnten des Vormärz über 400 000, und es bestand eine ungeheure Wohnungsnot. Wien war in diesen Jahren eine Stadt des Kleinbürgertums, das mit seiner Produktion an die Interessen des Hofes und des Adels gebunden war. Dieser Adel gab in der Kaiserzeit den gesellschaftlichen Ton an und bestimmte weitgehend das politische Leben. Es gab noch wenige Fabriken, die sich vor allem in den westlichen Vororten befanden, oft bestanden sie aus kleinen Werkstätten mit sechs bis zehn Gesellen. Großbetriebe siedelten sich meist um die schon bestehenden Bahnhöfe an.

Österreich war damals noch hauptsächlich ein Agrarland, doch setzte schon in einigen Gebieten die Industrialisierung ein, und die Grundherrschaften, die damals übliche Organisation der landwirtschaftlichen Produktion, begannen sich aufzulösen. Dies setzte ein fluktuierendes Proletariat frei, das sich zum Grundstock der industriellen Arbeiterschaft entwickelte — neben den Handwerksgesellen und den kleinen Meistern, die zum Teil auch schon ins Proletariat absanken. Wolfgang Häusler schreibt zu dieser Entwicklung: „Die Massen der österreichischen Bevölkerung litten im Vormärz unter einem doppelten Druck: dem des sich zersetzenden Feudalismus und dem beginnenden Frühkapitalismus."

In den vierziger Jahren des vorigen Jahrhunderts verschärfte sich die durch diese Entwicklung angeregte Krise durch landwirtschaftliche Mißwirtschaft, die von schlechten Ernten begleitet war. Es sind damals viele Menschen buchstäblich an Hunger gestorben, auch in Wien. Dazu kam die von England ausgehende Handelskrise.

Aufgrund der wirtschaftlichen und sozialen Ursachen waren politische und ideologische Spannungen vorhanden, die dann im Verlauf der Revolution oft im Vordergrund standen, wenngleich sie nicht treibende Ursachen gewesen waren. Zu den politischen und ideologischen Ursachen der Revolution gehörte etwa die Forderung des Bürgertums nach Mitspracherechten im Staate gegenüber der feudal-absolutistischen Regierung. Aufhebung der Zensur, Aufnahme in die Ständevertretung und Veröffentlichung des Staatshaushaltes waren solche konkrete Forderungen des Bürgertums. Als Avantgarde für diese Bestrebungen formierten sich die Wiener Studenten als unzufriedene Schicht im vormärzlichen Ausbildungssystem, in dem ihnen keine entsprechenden beruflichen Möglichkeiten geboten wurden, und eine „frei schwebende" bürgerliche Intelligenz, wie kleine Beamte, Freischaffende, Journalisten und Künstler.

In anderen westeuropäischen Ländern herrschten ähnliche Zustände, gab es ähnlichen revolutionären Zündstoff. So brach in den ersten Monaten des Jahres 1848 in Frankreich, Preußen und anderen deutschen Staaten die sogenannte „bürgerliche" Revolution aus.

Im Vielvölkerstaat Österreich waren es charakteristischerweise zuerst nationale Forderungen, die artikuliert wurden, und der Ruf nach Bauernbefreiung vom grundherrschaftlichen Joch. Von Anfang an waren die sozialen Forderungen der Revolution in Österreich von nationalen Anliegen überlagert. Das macht es manchmal schwer, von nationalen Programmen die tieferliegenden sozialen Wurzeln zu finden.

Die vielfältigen konkreten Ereignisse der Revolution in Österreich und im speziellen in Wien ausführlich darzustellen, fehlt hier der Platz. Es soll nur versucht werden, das politische Umfeld aufzureißen und die wichtigsten Ereignisse anzuführen, wo ein Medium — das Plakat — seinen Aufschwung nehmen konnte. Aufschwung deshalb, da es durch die Pressefreiheit eine wahre Explosion der Tagespublizistik gab, „deren Vielfalt und Differenzierung noch heute beeindruckt und sie zur wichtigsten Quelle für die Geschichte der politischen Ideen, aber auch für viele Aspekte der Sozialgeschichte macht", wie Wolfgang Häusler feststellt.

Am 24. Februar 1848 brach die Revolution in Paris aus, dies kann als Beginn der europäischen bürgerlichen Revolution des Jahres 1848 bezeichnet werden. In Wien begann es am 13. März als spontane Auflehnung gegen den vormärzlichen Polizeistaat. Anläßlich einer Tagung der niederösterreichischen Landstände kam es zu einer Demonstration in der Herrengasse, an der sich vorerst fast ausschließlich Studenten beteiligten. Arbeiter kamen dazu, am Nachmittag wurde Militär gegen die Volksmenge eingesetzt, es gab die ersten Todesopfer („Märzgefallene"). Die Demonstranten bewaffneten sich, Barrikaden wurden errichtet, das Vorstadtproletariat stürmte und zerstörte Fabriken und Maschinen. In den nächsten Tagen bildeten sich Nationalgarde und akademische Legion, bewaffnete Formationen der Aufständischen. Als erstes konnte die Aufhebung der Zensur und die Gewährung der Pressefreiheit erkämpft werden. In der Folge versprach Kaiser Ferdinand I. eine konstitutionelle Verfassung zu gewähren. Fürst Metternich, der Inbegriff der Reaktion, mußte aus Wien flüchten.

Im April wurden das neue provisorische Gemeindestatut und eine Gemeindewahlordnung beschlossen, außerdem der Verfassungsentwurf veröffentlicht (Pillersdorfsche Verfassung). Darin wurde volle Glaubens-und Gewissensfreiheit gewährt und eine Neuordnung der

Gemeinden zugesichert. Der Entwurf ging aber den liberalen Kräften nicht weit genug und rief heftige Kritik hervor — letztlich wurde er niemals verwirklicht. Im Mai fanden dann die ersten Wahlen für den Wiener „Gemeindeausschuß“ statt. Die Kritik an der Verfassung wurde immer heftiger, und es kam am 15. Mai zum sogenannten „zweiten“ Aufstand in Wien, der „Sturmpetition“ von Nationalgarde, Studenten und Arbeitern in der Hofburg. Es wurde die Zurücknahme der Verfassung und die Einberufung eines konstituierenden Reichstages mit in allgemeiner, direkter und freier Wahl gewählten Abgeordneten gefordert. Daraufhin wurde die Verfassung für provisorisch erklärt, und der Kaiser und seine Familie flohen nach Innsbruck. Dennoch versuchte die Regierung am 25. Mai die akademische Legion aufzulösen. Dagegen kam es zu großen Demonstrationen. Nationalgarde und akademische Legion errichteten unter starker Beteiligung der Wiener Bevölkerung in der Inneren Stadt 160 Barrikaden. Man war entschlossen, für den Fortbestand der Legion zu kämpfen, die Regierung nahm ihre Verfügung zurück und anerkannte die Forderungen der Revolutionäre. Es konstituierte sich der „Sicherheitsausschuß von Wiener Bürgern, Nationalgarde und Studenten zur Aufrechterhaltung von Ruhe und Sicherheit und zur Wahrung der Volksrechte“ zur Übernahme der Vermittlerrolle zwischen Volk und Regierung.

Die Monate Juni und Juli standen dann im Zeichen des Reichstages und des Erzherzogs Johann, der vom Frankfurter Parlament zum Reichsverweser gewählt worden war. Der Reichstag wurde am 22. Juli in der Winterreitschule eröffnet, und der schlesische Bauernsohn Hans Kudlich stellte bald darauf seinen ersten Antrag zur Auflösung des Untertänigkeitsverhältnisses der Bauern.

Der August war von sozialen Auseinandersetzungen geprägt. Am 12. kam der Hof wieder nach Wien zurück, und es wurde versucht, soziale Errungenschaften der Arbeiter zurückzunehmen, vor allem durch Herabsetzung der Löhne für Notstandsarbeiten. Die Demonstrationen gegen diese Versuche führten zur sogenannten „Praterschlacht“ am 23. August, wobei die Nationalgarde gegen einen Demonstrationszug der Arbeiter vorging und es 22 Tote und 338 Verwundete gab. Daraufhin löste sich der „Sicherheitsausschuß“ auf.

Im September kam die kaiserliche Sanktion des Reichstagsbeschlusses zur Aufhebung der bäuerlichen Untertanenlasten. Die Bauernschaft wurde dadurch wieder für die Krone gewonnen und fiel als Mitkämpfer für die Revolution aus.

Der Entscheidungsmonat Oktober begann noch verhältnismäßig ruhig mit den Wahlen zum Wiener Gemeinderat, doch bald darauf verhinderten Arbeiter, Studenten und meuternde Truppen den Abmarsch kaiserlicher Soldaten, die gegen ungarische Aufständische eingesetzt werden sollten. Es kam zu Straßenkämpfen, Kriegsminister Latour wurde von einer empörten Menge getötet. Die Lage spitzte sich weiter zu, als das kaiserliche Zeughaus in der Renngasse gestürmt wurde. Der Kaiser floh wieder, diesmal nach Olmütz.

Nun begann die militärische Einkreisung Wiens. Jellačić, der Banus von Kroatien, traf mit Truppen vor Wien ein, und sie vereinigten sich mit dem aus der Stadt geflohenen Militär. Auch Feldmarschall Windischgrätz führte seine böhmischen Truppen der Belagerungsarmee zu. In Wien übernahm der Schriftsteller Wenzel Messenhauser das Oberkommando über die Nationalgarde und bildete die Mobilgarde, die er in aller Eile aus den bisher unbewaffneten Teilen der Bevölkerung zusammenrief.

Am 26. Oktober begann der Kampf um Wien.

Zuerst wurden die Taborschanze, der Nordbahnhof, der Prater und Teile der Leopoldstadt von den Belagerungstruppen besetzt. Am 28. traten die kaiserlichen Truppen zum Hauptangriff an, sie beschossen die Stadt, in der zahlreiche Brände ausbrachen. Das aufständische ungarische Entsatzheer traf zu spät ein und wurde bei Schwechat zurückgeschlagen. Am 31. war die Lage der Verteidiger aussichtslos, die Stadtmauer, auf die sie sich zurückgezogen hatten, war nur schwach besetzt, es fehlte an Waffen, Munition und auch an Menschen. Am Nachmittag des 31. wurde die Stadt nochmals beschossen, die kaiserlichen Truppen sprengten das Burgtor und zogen in die Stadt ein.

Die Wiener Revolution war eine großstädtische, die vom Land isoliert war. Mit der Niederlage und Unterdrückung von Wien war auch die Revolution in den österreichischen Kernländern liquidiert. Im Gegensatz dazu wurde in Ungarn ein revolutionärer Volkskrieg geführt, der, von den Bauern getragen, der Reaktion noch bis 1849 hartnäckigen Widerstand leistete.

So groß die Hoffnungen und Ziele der Revolutionäre waren, so grausam war die Rache der Sieger nach der militärischen Niederlage. Auf die militärische Unterdrückung folgte die politische. Alle demokratischen und Arbeitervereine wurden sofort aufgelöst. Es folgten exemplarische Hinrichtungen. Die reaktionären Kräfte richteten einzelne Repräsentanten der verschiedenen revolutionären Körperschaften, um das folgende Terrorsystem gegen die demokratische Bewegung zu stabilisieren. Die historische Entwicklung konnte aber nicht aufgehalten werden. Die Sieger, die damals ihre Herrschaft mit Galgen und Kanonen errichtet hatten, wurden dann, zwar widerwillig, aber doch, zu Vollstreckern der Revolution. Das heißt, sie mußten die Ziele einer Verbürgerlichung der Gesellschaft durchführen. Daß dies dann alles auf undemokratischem Weg erfolgte, war sehr verhängnisvoll für die weitere Entwicklung. J.K.

Lit.: Häusler, Wolfgang: Von der Massenarmut zur Arbeiterbewegung, Wien 1979; Helfert, Joseph Alexander: Die Wiener Journalistik im Jahre 1848, Wien 1877; Otruba, Gustav: Wiener Flugschriften zur Sozialen Frage 1848, 2 Bde., Wien 1978 und 1980; Reschauer, Heinrich/Moritz Smets: Das Jahr 1848. Geschichte der Wiener Revolution, 2 Bde., Wien 1872; Zenker, Ernst Victor: Geschichte der Wiener Journalistik, 2. Bd., Wien 1893.

Manifest der Schriftsteller Wiens.

Unlautere, vielleicht auch böswillige Gerüchte suchen den Bewohnern Wiens die Meinung beizubringen, als sei die **Preßfreiheit** nicht ertheilt oder nicht im eigentlichen Sinne des Wortes gemeint worden. Wir, die unterzeichneten **Schriftsteller** Wiens, ergreifen von dem uns durch unsern Allergnädigsten Monarchen gewährten Rechte der freien Presse hiermit förmlich Besitz und fordern alle Intelligenzen der Monarchie auf, mit uns die **Preßfreiheit**, diese festeste Grundlage alles politischen Fortschrittes zum Wohle des Vaterlandes und zur Beruhigung der Gemüther durch thätige Betheiligung zu verwirklichen.

Es lebe unser Kaiser Ferdinand!

Wien den 15. März 1848.

Dr. **J. F. Castelli.**
Bauernfeld.
Dr. **Ludw. Aug. Frankl.**
Dr. **A. Adolph Schmidl.**
Dr. **J. N. Berger.**
Joseph Rank.
Prof. **Joseph Fischhof.**
Dr. **Siegfried Kapper.**
Dr. **Leopold v. Mayer.**
Eginhard.
Baron **Lanoya.**
Sigmund Engländer.
Dr. **Anton Heidmann.**
Dr. **Carl Taufenau.**
Dr. **Carl Baldamus.**

Simon Deutsch.
J. S. Tauber.
Ludwig Förster.
Joseph Szantó.
Dr. **Adolph Pichler.**
Gustav Remellay.
Leopold Fischer Edl. von Wildensee.
Dr. Robert Zimmermann.
Dr. Sigmund,
Primararzt und akademischer Lehrer.
Gustav Barth.
M. E. Stern.
Leopold Breuer.
Karl Rick.
E. N. Frühauf.

Druck von U. Klopf sen. und Alex. Eurich in Wien, Wollzeile Nr. 782.

14

14

Manifest der Schriftsteller Wiens
D: Wien: U. Klopf — A. Eurich
[1848], 48x31 cm, P 50 835

Eine der wichtigsten Forderungen zu Beginn der Revolution war die Abschaffung der Zensur. Die Pressefreiheit wurde als Vorbedingung und wirksames Mittel zu Erreichung der allgemeinen sozialen und politischen Forderungen verstanden.

Die Kritik an der vormärzlichen Zensur war schon Jahre vor 1848 unüberhörbar geworden. Schon 1845 forderten Wiener Schriftsteller in einer Petition Pressefreiheit. Aufgrund des ständig wachsenden Unmuts an den bestehenden Zensurbestimmungen wurde dann im Jänner 1848 ein neues Zensurgesetz erlassen — wie Zeitgenossen urteilten, aber mit solchen Paragraphen zum Inhalt, die die diesbezüglichen Forderungen „verhöhnten" und öffentliche Entrüstung hervorriefen. Die Wiener Buchhändler, die von der Zensur wirtschaftlich arg betroffen waren, überreichten dem Kaiser sofort eine Bittschrift in der Form eines Vaterunsers, in der die Abschaffung des neuen Gesetzes verlangt wurde. Ähnliche Proteste kamen wieder von den Schriftstellern.

Zu Beginn der Revolution hatten viele Petitionen und Forderungen eine gemeinsame erste Losung: „Pressefreiheit!" Die Regierung versuchte noch zu taktieren, doch am 15. März erschien das berühmte kaiserliche Patent, das als ersten Punkt enthielt: „Die Pressefreiheit ist durch unsere Erklärung der Aufhebung der Censur in derselben Weise gewährt, wie in allen Staaten, wo sie besteht."

Durch ihre Erfahrungen gewarnt, erklärten darauf die Wiener Schriftsteller im hier abgebildeten Manifest ihre Bereitschaft, die Pressefreiheit wahrzunehmen, „vom Recht der freien Presse Besitz zu ergreifen". J.K.

Lit.: Zenker, Ernst Victor: Geschichte der Wiener Journalistik, 2. Bd., Wien 1893.

15

Arbeiter!
D: [Wien]
[1848], 45x58 cm, P 50 835

Dieses Plakat erschien am 18. Mai, drei Tage nach der berühmten Sturmpetition, der „zweiten Revolution".

In der Dynamik der Revolution wurden neue Forderungen zur Demokratisierung des Staates erhoben. Vor allem ging es um ein demokratischeres Wahlrecht: für das Abgeordnetenhaus sollte überhaupt kein Zensus gelten, es sollte vom Volk selbst gewählt werden. Auch sollte der Monarch nicht das Ernennungsrecht von Mitgliedern dieser Kammer besitzen. Außerdem wurde in diesen Tagen die Räumung der Stadt vom Militär gefordert.

Der Aufmarsch der akademischen Legion, großer Teile der Nationalgarde und größerer Gruppen von Arbeitern in geschlossenen Massen vor der Hofburg, wo der Ministerrat tagte, bewirkte ein Nachgeben des Ministeriums in allen Punkten. Die Familie des Kaisers entführte daraufhin in der Nacht des 17. Mai den schwachen Monarchen nach Innsbruck.

Von den politischen Rechten der Arbeiter, deren Eingreifen wesentlich zum Erfolg der Sturmpetition beigetragen hatte, war in der Folgezeit allerdings wenig die Rede. Im Gegenteil, beschwichtigende Worte kamen sogar von den Studenten, der Gruppe, die den Arbeitern noch am nächsten stand.

Gegenüber den Arbeitern waren auch

Arbeiter!

Ihr Männer wißt, daß es die Studenten mit Euch immer gut gemeint haben.

So denken sie noch und erwarten von Euch, daß Ihr mit uns Ruhe und Ordnung erhalten werdet, die uns Allen jetzt Noth thut, und zu deren Erhaltung die Studenten, Bürger und Nationalgarden sich brüderlich verbunden haben. Ihr werdet Euren Geschäften, wie sonst nachgehen, und dadurch zeigen, daß wir uns nicht irren, wenn wir sagen, daß Ihr wahrhaft gute und brave Leute seyn wollet. Glaubet den Studenten, daß es so am besten ist, für unsern guten Kaiser, für Euch und für uns Alle.

Für die Studenten:

Dr. Goldmark. Dr. Fischhof. Dr. Giskra. Unger.

15

AUFERSTEHUNG DER PRESSE UND BEGRÄBNISS DER CENSUR.

Neues Oppositions-Blatt

Das billigste Journal mit Karikaturen.

Wiener Katzenmusik

(Charivari.)

Politisch literarisches Tagsblatt für Spott und Ernst, mit Karikaturen.

Kapellmeister: Sigmund Engländer und Willi Beck.

Mitpfeifer: Ganz Wien. Motto: Miau! Miau!

Die Wiener, von jeher berühmt durch ihren musikalischen Sinn, haben sich in letzter Zeit in seltener Eintracht und Dis-Harmonie für die Katzenmusiken ausgesprochen. Wir wollen den Text dazu liefern. Wäre es nicht überhaupt gut, wenn die Katzenmusiken in Wirklichkeit aufhörten, und Jeder, welcher eine solche zu bringen beabsichtigte, ganz einfach auf unser Blatt abonnirte und sich dann durch einen Pränumerationsschein als Mitpfeifer auswiesen könnte? Wir hielten dieß, und zwar in vollem Ernst gesprochen, für sehr gut und wünschenswerth, und versprechen unseren Pränumeranten hinzugeben: allen Schlechten, Reactionären, Schwarzgelben, aller Adelswirthschaft, Beamtentyrannei und Pfaffenherrschaft, allen Hofschranzen, schwachen und untauglichen Ministern, allen Unentschiedenen und Censoren ihres eigenen Innern in unseren Katzenmusiken ein so heilloses Spektakel, wie nur immer möglich, zu machen. Unser einziger Wunsch beim Beginne unsers Blattes ist, daß es recht bald wieder einzehe, nämlich: daß bald gar kein Stoff zu einer Katzenmusik mehr vorhanden sei. Die Katzenmusik ist die humoristische Volkskritik. Die Katzenmusik ist ein wesentlicher Hebel im Fortschritte; die Katzenmusik hat auch ihre Aufgaben zu lösen im Wirbel der Zeit, und ist daher in einigen Nachtstunden nicht abgethan!

Die Katzenmusik erklärt sich deßhalb permanent!!

Weil jedoch eine jede Permanentschaft ihr officielles Organ haben muß, so erklärt die Katzenmusik gleichzeitig „die Katzenmusik" als ihr officielles Organ! Indem wir also durch gegenwärtige Katzenmusik einem allgemein gefühlten Bedürfnisse abzuhelfen so aufopfernd sind, erwarten wir die rege Theilnahme aller Freunde des höheren Kunstgenusses. Unser Primpfeifer ist Herr Miau von Mauenthal. Unsere einzelnen Pfeifen und Rubriken sind folgende:

Auf einer Barrikade.

Dr. Neumann. „Es ist unbegreiflich, wie eine hochlöbliche Polizei so etwas dulden kann."

1. **Die Barrikade.** Unter dieser Rubrik werden wir unsere ruhigsten, zuckersüßen Mittheilungen bringen, unsere leitenden Artikel, die wir bisweilen in lautende verwandeln wollen, wenn es Noth thun sollte, die Sturmglocke zu ziehen. Die „Barrikade" besteht zumeist aus ungestürzten Lumpazen, aus Steinen, die sich Jahr aus, Jahr ein, geduldig treten lassen, aus Strohsäcken, auf denen die Faulheit, die Trägheit und die Schlafmützen liegen.

2. **Keine Hämorrhoiden mehr.** Dieselben sind nur dann total zu kuriren, wenn die Büreaukratie gänzlich aufhört; wir werden in dieser Rubrik die Staats-Hämorrhoidarier, diese politischen Darrkranken und kleinen Metterniche so lange mit eiskaltem Wasser behandeln, so lange mit faustdicken Strahlen douchen, so lange frottiren, bis das dicke Blut etwas klarer fließt.

3. **Aus dem Volke, von dem Volke, für das Volk.** In dieser Rubrik werden alle kernigen Volkswitze, wie wir sie erhorcht haben, stets illustrirt erscheinen, und somit dürfte diese Abtheilung das wirksamste populärste Volksblatt werden; wir bringen hier eine Scene aus der Zeit:

Student. Na, lieber Freund, wie geht's denn?
Arbeiter. Ganz gut, Herr Student, wenn wir uns nur nicht vor die Proletarirer fürchten thäten!

4. **Die Schloißnigge oder Auspfänder.** Eine Rubrik für Wucherer, Hausherren und andere Menschenfreunde.

5. **Die Zöpfe.** In dieser Rubrik wird blos „Magistratliches" behandelt.

6. **Die Scheere.** Wir wollen hier sein wie eine Scheere, d. h. Alles zerschneiden, was dazwischen kommt, nur uns selbst nicht.

7. **Die Buschmänner.** Ein Verzeichniß derjenigen, die aus Aerger über unsere deutschen Fahnen Schwarz und Gelb werden.

8. **Gemeinnützige Nachrichten.** Hier werden alle für das Gesammtwohl brauchbaren Neuerungen anempfohlen werden.

9. **Unter 4 Augen.** Hier wollen wir Alles geheim sagen, was man nicht laut sagen darf. Z. B. die Kaiser — Mutt— die Ligouria — pst — pst — man darf es nicht sagen. Oder: permanentes Comitee — eigentlich eine provisorische Regier — — — — hm — hm — deutlicher kann man es nicht sagen.

10. **Wissenschaftliche Erörterungen und Definitionen.** Z. B. Definition des Wortes Bückling: Die durch das hintere Hinausdrängen des mißliebigen Principes sich kundgebende Anerkennung fremden Werthes — Militärischer Stockprügel: Der sich a posteriori aufdrängende unangenehme Conflict zwischen vegetabilischer Starrheit und thierischer Elasticität.

11. **Die Regierung.** Was da noch draus werden wird, wissen wir nicht. —

12. **Unsere lieben Nachbarn.** Da hier z. B. gleich die Czechen, wie dieselbe die Deutschen in Prag liebreich zu einem Versöhnungsfeste auffordern.

13. **Inserate** für Vermiethungen, für Verkäufe, Gesuche rc.

14. **Der jüngste Tag.** Hiermit wollen wir nicht etwa andeuten, daß, wie die unehrwürdigen Herrn Pfaffen behaupten, der letzte Tag schon gekommen sey; es soll blos eine Rubrik der jüngsten Tages-Neuigkeiten sein.

15. **Das Grunzen.** — Alles was die Juden betrifft.

16. **Beilage zu Brunners Kirchenzeitung.** Eigentlich ein Commentar; wir werden in demselben erklären, was Herr Brunner eigentlich sagen will, was, so zu sagen, hinter der schwarzen Kutte seiner Buchstaben steckt, und werden auch beweisen, daß Herr Brunner eigentlich ein Radikaler ist.

17. **Die Nationalgarde.** Aus dem Kriegsleben eines Friedfertigen; eine Reihe von Illustrationen, welche das wonnige Leben des Wachestehens und Exerzierens, des nächtlichen Patrouillirens, so wie den freundlichen Empfang der Gattinnen bei der Heimkehr des Kriegers schildern werden.

18. **Das künftige Slavenreich.** Eine Lehrkanzel für Alle, die sich auf die künftige slavische Monarchie vorbereiten wollen. Wir beginnen hier gleich mit dem Satze: Przyskekskrzypstypschnzt, (um das Wort richtig auszusprechen, muß man dabei ausspucken,) welches so viel heißt, als: die slavische Sprache ist die wohlklingendste der Welt.

19. **Wohnungen zu vermiethen.** Alles was Klöster betrifft.

20. **Leere Häuser.** Theater betreffend.

21. **Loge für Diejenigen,** welche sich für ein höheres Menschengeschlecht halten. Mit dem Motto a. „Der Mensch fängt erst mit dem Baron an." Windischgrätz. h. Pfui, Pfui!

22. **Ein großes Stadtviertel.** Wir hoffen, daß alle Hausherren dieses Stadttheils auf unser Blatt abonniren werden, weil wir alle mittelalterlichen Sünder dorthin weisen werden.

23. **Brot.** Arbeiterzeitung.

24. **Die Spaarbüchse.** Witze für die Zukunft.

25. **Armenzeitung.** Hausherrenschreck.

26. **Die Spiritusflasche.**

27. **Das Irrenhaus.** Mit diesen beiden Rubriken wollen wir unsere Leser überraschen, wir plaudern Nichts über deren Inhalt im Vorhinein aus. Außerdem werden wir Alles, was für unsere Leser jeder Gattung interessant sein könnte, in das Bereich unseres Blattes ziehen unter den nachfolgenden Unterschriften: Der jüngste Guck in die Welt. — Zu spät! — Ausverkauf von Carricaturen — Ha! Ha! — Blicke in die Zukunft — Stammbäume, Purzelbäume und Freiheitsbäume. Der Janhagel und Steinhagel. Scharfe Patronen für schlechte Patrone. Die Lärmglocke. Die Kanonen. Die Hexensalbe. Das Zeughaus. Junge Katzenbrut. Der Schnürboden. Was sagen Sie dazu? Der Grobian. Miau, Miau! Salz und Tabaksasche für Blutegel. Die Eselsbank. Der künftige Reichstag rc. Partheiblätter gäbe es gegenwärtig genug, wir wollen ein unpartheiisches Blatt gründen. Wir wollen das Schlechte und Lächerliche an allen Partheien angreifen. Wir wollen sein wie die Spürhunde, die den Schwamm der Bureaukratie wittern, und wenn derselbe unter der Erde verborgen wäre, wir wollen aber nicht sein wie die „Spitzln", die geheim thun, wir sagen Alles aus, was wir erfahren. Unsere leitenden Artikel sollen sein ein Spital für die Dummheit, ein Sporn für die Trägheit und ein Unglück für die Lüge. Unsere Satire soll donnern wie der Himmel und brausen wie der entfesselte Sturm des Waldes, sie soll sich aber auch wie die schmeichlerische Luft des Frühlings kosend, unseren liebenswürdigen Leserinnen zu Füßen legen.

Die Saison unserer Concerte beginnt mit dem 8. Juni; dieselben finden vorerst wöchentlich 4mal wegen Herbeischaffung der nöthigen Instrumente, später täglich Statt.

☞ Preis jeder einzelnen Nummer in größtem Quart-Format auf schönem Papier, täglich mit Karikaturen 3 kr. CM. Die Blätter werden durch eigene fahrende und wandernde Bureaux in der Stadt und in den Vorstädten täglich ausgegeben werden.

Pränumeration für Abonnenten, welche viertel-, halb- u. ganzjährig abonniren, wird angenommen in der Buchhandlung J. Stöckholzer v. Hirschfeld, Stadt, Spitalplatz Nr. 1034, neben dem Kärnthnerthortheater, und zwar vierteljährig mit 2 fl. 24 kr., halbjährig 4 fl. 20 kr, ganzjährig 8 fl. CM. Für den Monat Juni eröffnen wir ein Abonnement mit 30 kr. CM

16

die Studenten für Ruhe und Ordnung, man riet ihnen, brav zu arbeiten und wollte ihnen vorschreiben, was für sie am besten sei. Dies führte trotz gemeinsamen Kampfes gegen die Reaktion zu erheblichen Spannungen zwischen zwei wichtigen Gruppen der Revolution.

J.K.

16

Neues Oppositions-Blatt
D: [Wien]
[1848], 113x89 cm, C 52 539

Als eine der vielen in den Revolutionsmonaten neu erschienenen Zeitungen sei hier die „Wiener Katzenmusik" in einem Ankündigungsplakat vorgestellt. Herausgegeben erstmals am 9. Juni, vorerst viermal und dann regelmäßig sechsmal wöchentlich am Markt, später in „Wiener Charivari" umbenannt, war es eines der bedeutendsten Blätter in der Vielfalt der Wiener Revolutionspresse. Dieses illustrierte Witz- und Spottblatt konnte seinen Platz bis zum Ende der Revolution behaupten.

Der Ausdruck Katzenmusik kommt von einer studentischen Bezeichnung aus dem 18. Jahrhundert und bedeutet die Versammlung einer Gruppe von Menschen vor einem Haus, wobei gejohlt und laut katzenähnlich miaut wurde. Damit sollte eine vermeintliche moralische oder politische Verfehlung eines Hausbewohners der Öffentlichkeit bekanntgemacht werden. 1848 war die Katzenmusik ein oft gebrauchter Versuch, einen politischen Gegner lächerlich zu machen. Die Titelvignette der Zeitung zeigt eine von Katzen aufgeführte Orchestervorstellung und sollte so den Namen der Zeitung verdeutlichen.

In dem Blatt selbst standen auf der ersten und halben zweiten Seite immer politische Leitartikel auf der Linie der demokratischen Revolution. Der übrige Platz war der Satire in Wort und Bild gewidmet. Fallweise kamen noch Beilagen dazu, die einmal „Gegengift", einmal „Satyros" genannt wurden. Da die Satire oft boshaft und ätzend war — vor allem gegenüber Militärs — blieben Anklagen und Prozesse gegen die Herausgeber nicht aus. Diese konnten sich aber des öfteren der Verurteilung entziehen. Herausgeber waren als „verantwortlicher Kapellmeister" Sigmund Engländer und als „verantwortlicher Orchester-Director" Willi Beck, der Bruder des Dichters Karl Beck.

J.K.

Lit.: Helfert, Josef Alexander: Die Wiener Journalistik im Jahre 1848, Wien 1877.

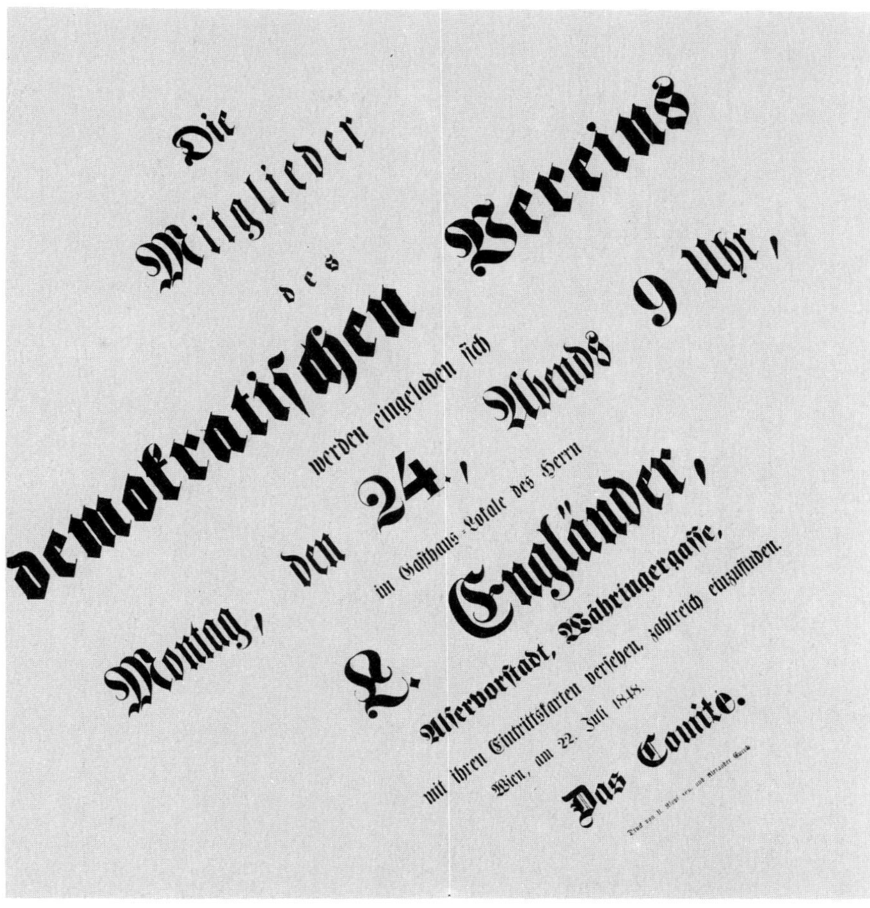

17

17

Die Mitglieder des demokratischen Vereins
D: [Wien]:
U. Klopf—A. Eurich
1848, 56x49 cm, C 52 539

Bereits im März gab es die ersten Ansätze zur Bildung von Vereinen als Organe politischer Willensbildung. Einer der bedeutendsten auf der Seite der Revolution wurde der demokratische Verein, der im Juni entstand. Unter den Ausschußmitgliedern des Vereins finden sich die Namen von Becher, Franck, Häfner, Tausenau, Tuvora und Violand. Der Verein bemühte sich um die Herstellung von Beziehungen zu den Organisationsbestrebungen der deutschen Demokraten. Es scheinen aber keine sehr intensiven Kontakte zustande gekommen zu sein.

Der demokratische Verein vertrat offiziell als sein Programm die „demokratische Entwicklung des monarchisch-konstitutionellen Prinzips". Er begann sein politisches Wirken in der Öffentlichkeit mit einem spektakulären Akt, dem Sturz des Ministeriums Pillersdorf. Am 8. Juli begab sich eine Deputation des Vereins mit August Silberstein an der Spitze zum frisch gewählten deutschen Reichsverweser Erzherzog Johann, um von ihm die Zusage zur Umbildung des Kabinetts zu erlangen. Der Erzherzog-Reichsverweser versprach, dieses Ansuchen erfüllen zu wollen, auch der Sicherheitsausschuß beantragte mit überwiegender Stimmenmehrheit die Absetzung Pillersdorfs, die schnell zur Tatsache wurde. Es folgte das Ministerium Wessenberg-Doblhoff. Die Demokraten betrachteten die Einsetzung des neuen Kabinetts als einen politischen Sieg des Bürgertums, beanspruchten aber ihm gegenüber das Kontrollrecht der Öffentlichkeit.

Der Verein erörterte auch die Frage, ob ein eigenes Blatt gegründet werden sollte oder alle Zeitungen über die Vereinstätigkeit berichten sollten. Man entschied sich für letztere Lösung und gestattete auch Berichterstattern der gegnerischen Presse den Zutritt zu den Sitzungen.

J.K.

Lit.: Häusler, Wolfgang: Von der Massenarmut zur Arbeiterbewegung, Wien 1979.

Kauft! Pränumerirt! Kauft!

Vom 1. Juli an erscheint täglich im Verlage von U. Klopf und Alexander Eurich, Wollzeil Nro. 782:

Zopf und Schwert.

Volksblatt: Redigirt von Götz und Vansen.

Monatliche Pränumteraion 24 kr. C. M. — Das einzelne Blatt 1 kr. C. M.

Zopf und Schwert!! — Der Titel allein muß uns Millionen von Abnehmern sichern, in ihm liegt unser politisches Glaubensbekenntniß.

Zopf und Schwert!! Das ist die Weltgeschichte. Lange genug hatte das „Schwert" an seinem Todtfeinde „dem Zopf" gehackt und gesägt und gesäbelt. Immer aber kamen die reaktionären Schwarzgelben der Geschichte, mit Fässern voll „Löwenpomade," und schmierten, und rieben, und salbten so lange an dem Leichname, bis — der Zopf wieder da war!

Wir aber, wir wollen ihn mit Gottes und unseres Schwertes Hilfe nicht mehr zur alten Reputation gelangen lassen. Zerschlagen wollen wir die Töpfe mit reaktionärer „Löwenpomade" daß die Scherben weit bis nach China und Rußland fliegen — allwo sich höchst Ihre M. M. der oberste Selbstknuteninhaber aller Reussen und der „Sohn der seeligsten Mitte" sie aufzuheben und für höchst Dero Unterthanen gebrauchen mögen.

Wer nicht mit dem Zopfe ist, ist gegen ihn und für das Schwert!! Die Friseure sind da! Das ist unsere Tendenz.

Beiträge zur Charakteristik der bewegten Zeit, Schwerthiebe gegen zopfige Auswüchse, Mittheilungen von Tagsneuigkeiten werden erbeten und anständig honorirt.

Wir bringen leitende Artikel, politische Zopfgeschichten, eine Rundschau des Aller-Allerneuesten im In- und Auslande, und zu all dem was unsere Kollegen in ihren Kreuzersemmeln ausbieten, geben wir immer noch etwas besonders als Zugabe darauf.

Beiträge, so wie Pränumeration übernimmt die Buchhandlung Schmid und Leo am Graben.

Die Redaktion.

Gedruckt im Juni bei U. Klopf sen. und Alexander Eurich

18

Bei U. Klopf sen. und Alexander Eurich, Wollzeile Nr. 782
ist so eben erschienen:

Die feierliche

Eröffnung des Reichstages

am 22. Juli 1848,

die Thronrede des Erzherzogs Johann,

und

Antwort des Präsidenten

des constituirenden Reichstages.

19

18 *Kauft! Pränumerirt! Kauft!*
D: [Wien]: U. Klopf —
A. Eurich
[1848], 59x47 cm, C 52 539

Ein weiteres Beispiel für die marktschreierische Anpreisung einer Zeitungsneuerscheinung, eine „Rundschau des Aller-Allerneuesten". Diese Zeitung war sehr kurzlebig, ganze elf Nummern erschienen Anfang Juli, und sie war nur eine der vielen Zeitungen mit wenigen Nummern des Jahres 1848. Es herrschte ein großer Konkurrenzkampf am Wiener Zeitungsmarkt, von 170 Neugründungen während der Revolutionszeit erschienen 26 kürzer als eine Woche, und 34 waren nur „Eintagsfliegen".
Ebenfalls groß war die Zahl der Flugblätter, die in diesen Tagen angeschlagen oder verteilt wurden. Man schätzt, daß täglich durchschnittlich 20 bis 30 Anschläge und Flugblätter erschienen.
J.K.

Lit.: Häusler, Wolfgang: Von der Massenarmut zur Arbeiterbewegung, Wien 1979, S. 168.

Wiener Flugschriftenweib

19 *Bei U. Klopf sen. und*
Alexander Eurich
D: Wien:
[U. Klopf — A. Eurich]
[1848], 39x56 cm, C 52 539

20 *Erste officielle*
Reichstags-Zeitung
D: Wien:
U. Klopf — A. Eurich
[1848], 110x77 cm, C 52 539

In viel größerem Ausmaß als heute wurde damals mit Plakaten für publizistische Erzeugnisse geworben. Davon hier zwei Beispiele: einmal Mitte Juli für den Kauf einer neuen Zeitung, „Die Linke", die aber dann nie erschienen ist, das andere Mal eine Anzeige für den Kauf eines Buches.
Das Buch beinhaltet einen Bericht über die Reichstagseröffnung mit der Thronrede des Erzherzogs Johann. Erzherzog Johann spielte im politischen Leben während der Revolution eine nicht unwesentliche Rolle. Erzherzog Johann als verhältnismäßig liberal denkender Angehöriger des Kaiserhauses wurde am 29. Juni 1848 vom Reichstag mit großer Mehrheit zum Reichsverweser gewählt, und am 22. Juli 1848 hielt er bei der Eröffnung des Reichstages seine Antrittsrede. J.K.

Erste officielle Reichstags-Zeitung,

zugleich

officielles Organ des Ausschusses zur Wahrung der Volksrechte.

An die deutsch- und freigesinnten Oesterreicher!
An die radikalen Deputirten der constituirenden Reichsversammlung!

Bei **Schmidt & Leo**, Buchhändler am Graben Nr. 1095, linkes Eckhaus der Spiegelgasse, erscheint vom 16. Juli angefangen, **täglich**, in einem halben großen Quartbogen, das neue, politische Abendblatt:

Die Linke.

Officielles Organ der Reichstags-Deputirten der „Linken," und der radikalen Partei zur entschiedenen Entwicklung der Demokratie.

Redakteure: Dr. Ad. Ungár. L. Eckardt.

Hauptmitarbeiter: Dr. Alex. Bach (Deputirter von Wien), Defranceschi (Deputirter von Pisino), Facchinetti (Deputirter von Montona), Prof. Dr. Füster (Deputirter von Wien), Dr. J. Goldmark (Deputirter von Wien), Dr. Hein (Deputirter von Troppau), Carl Hubiczki (Deputirter von Gallizien), Dr. Madonizza (Deputirter von Capo d'Istria), J. Scherzer (Deputirter von Klosterneuburg), Dr. Smrecker (Deputirter von Steiermark). Dr. Schmitt (Deputirter von Wien), Joh. Umlauft (Deputirter von Tuln), Dr. Ernst Violand (Deputirter von Korneuburg) u. s. w.

Nach Verschiedenheit der Färbung und Gesinnung stehen im politischen Leben, daher auch am Reichstage, dem Spiegel des ersteren, scharfbegränzte Parteien einander gegenüber. Aus dieser Begränzung geben drei Hauptgruppen hervor: Die Rechte, in Bezug auf die Färbung schwarzgelb, in Bezug auf die Gesinnung dem alten Systeme oder dem gemäßigten Rückschritte huldigend; die Mitte oder das Centrum schwankt zwischen der Rechten und Linken, ohne bestimmte Anhaltspunkte, characterisirt sich durch entschiedene Halbheit, ist nebenbei schwarzgelb, mit etwas rothem Anstrich.

Die Linke, schwarzrothgolden, vertritt die Rechte des Volkes!!!

Die Linke steht und fällt mit der unbedingten Souveränität oder Herrschaft des Volkes, und strebt nach Entwicklung des demokratischen Princips.

Der Titel unseres Blattes bezeichnet, welche Partei wir vertreten. — Im Geiste der Mai-Revolution stellen wir uns daher auf die äußerste Linke, da wir der Ueberzeugung leben, daß sich die edlen Wiener, die heldenmüthigen Vorkämpfer jener Revolution und alle gesinnungstüchtigen Oesterreicher um unser Freiheitsbanner schaaren werden.

Unser Blatt ist das officielle Organ jener Reichstags-Deputirten, die sich zur Linken vereinen, so wie zugleich das des Ausschusses zur Wahrung der Volksrechte, der seinen Freiheitsmuth jüngst durch den Sturz eines nicht volksthümlichen Ministeriums bethätigte.

Wir laden hiermit alle Parteigenossen ein, unser emporstrebendes Unternehmen durch Abonnement und Beiträge, welche letztere nach Bemessen honorirt werden, nach Möglichkeit zu unterstützen.

Da unser Blatt täglich Abends um 6 Uhr erscheint, theilen wir die Verhandlungen der Vormittagssitzung des Reichstags und des Ausschusses noch an demselben Tage mit.

Man pränumerirt in der Verlagshandlung: monatlich mit 48 kr., vierteljährig mit 2 fl. 12 kr., halbjährig mit 4 fl.

Einzelne Nummern kosten 2 kr. C. M.

Als Kunstbeilagen werden auch zeitweilig Porträts der hervorragendsten Oppositions-Männer gratis beigegeben.

Inserate aller Art werden im Redaktions-Bureau, Wollzeile Nr. 860, 1. Stock aufgenommen, und bei dreimaliger Einrückung mit 5 kr. C. M. pr. Zeile berechnet.

Zeitungs-Austräger werden gegen Erlag einer kleinen Caution in obbenannter Verlagshandlung aufgenommen.

20

Österreichs reichster Tag

wird der

Wiener Reichstag sein

Wenn Ihr in der Wahl der Deputirten glücklich ward.

Professor Füster

Feldpater der

Academischen Legion.

Deputirter

für den

Wahlbezirk Mariahilf.

Es ist nicht lange mehr hin bis zu den großen Tag der Eröffnung des Reichstages den 18. Juli.

Was erwartet man sich von diesen constituirenden Reichstage?

Eine Constitution mit der breitesten, freisinnigsten Basis, der Volksfreiheit und Volksvertretung, — die vollkommenste Ausbildung und Verwirklichung des aristokratischen Elementes. — Wollen wir uns irgend eine Constitution von Frankreich, Deutschland, Italien oder dem meerumfluthеten England als Muster aufstellen? — Nein. — Wir wollen selbst eine Muster Constitution verschaffen. Die Bureaukratie und Aristokratie in Oesterreich hat freilich bis jetzt alle Zustände Oesterreichs denen in benachbarten Deutschland bis auf den Punkt hin anzupassen gesucht, wo es sich um Nachahmung eines freisinnigen Gesetzes oder Volksthümlichen Constitution handelte. Dieser Mißgriff muß nun gut gemacht werden. Wir sagen nicht, daß die Constitutionen des Auslandes schlecht seien, aber jedes Volk hat andere Interessen — und Oesterreich mit seinen verschiedenen Nationalitäten, braucht überhaupt eine den übrigen Staaten gar nicht anzupassende Constitution. Mitbürger! Habt Acht. — Von dem constituirenden Reichstag hängt das Wohl und Wehe von Oesterreich ab. Ob Diejenigen, denen ihr zum Reichstag Euer Vertrauen geschenkt habt, klare Ansichten von Volksfreiheit haben, ob sie das gute und Wahre vertreten wollen und können, ob sie unbestechlich sind, consequent, muthig und scharfsichtig in Verfolgung der vaterländischen Interessen, ob sie frei von Vorurtheilen der eingewurzelten Unterscheidungen der verschiedenen Rangstuffen in den einzelnen Volksschichten — sind — das und vieles Andere sind die Fragen, von deren Beantwortung es allein abhängt; —

Ob eine gute Constitution zu erwarten ist.

Mitbürger, Deputirte! die Wiener haben mit ihrem Herzblute die Freiheit des Volkes errungen und durch beharrlichen Muth festgestellt. Es ist Euch mehr Kampf übrig geblieben, Ihr habt nur fürder von Euren freuen Willen, von Eurer Sprache, von Eurer eisernen Consequenz Gebrauch zu machen. Habt Acht! daß Ihr Euch nicht durch voreilige und schlechte Beschlüsse die Früchte entreissen lasset, die mehr schwer zu erringen wären, und wenn sie Einmahl entrissen wären sie wieder zu erhalten Jahrhunderte vorüber rollen dürften. Der Reichstag wird es sich zu der ersten und heiligsten Aufgabe machen die Wahlumtriebe zu prüfen, und so eine vollständige Reinigung vorzunehmen, indem derjenige, von welchem es bewiesen ist, daß er trotz seiner Unpopularität oder zweideutigen Charakters durch Wahlumtriebe zum Deputirten gewählt worden ist, ausgeschlossen werden würde. Dieses wird nun freilich der Aristokratie nicht gefallen, aber sie wird sich schon drein ergeben; denn diese Kaste ist wohl schon zur Erkenntniß gekommen, daß sie nicht mehr herrschen könne — und daß von dem Fortbestande ihrer adeligen Vorrechte nur dann die Rede sein kann, in so fern die Adels-Rechte nicht mit den Völkerrechten collidiren und adelige Praerogative nur durch wahrhaft ernsthaftes ehren, und verdienstvolles Benehmen noch ferners beansprucht werden können.

Denn jeder Bauer hat mit dem Fürsten gleiche Rechte. — Es besteht nur Ein Gesetz und vor diesem Einem Gesetze sind alle gleich, und der Wille eines Volksmannes gilt eben so viel als der Wille eines Adeligen, weil der Adelige auch zum Volke gehört, in so lange er sich dieser Gunst nicht unwürdig macht.

Gott segne und erstärke Euch, eine Nation und Gott sieht Eu[illegible]

Gedruckt bei Jo[illegible] Ludwig

21

21 *Österreichs reichster Tag*
D: [Wien]: J. Ludwig
[1848], 47x59 cm, P 50 835

Große Hoffnungen setzten die Demokraten in den Reichstag, dessen Einsetzung und Wahlen ja als Erfolg der revolutionären Ereignisse galt. Erstmals am 10. Juli zusammengetreten, wurde er am 22. Juli, also gegenüber der Ankündigung auf dem Plakat um vier Tage verschoben, durch Erzherzog Johann feierlich eröffnet.

Dieses erste österreichische Parlament konnte seine vordringlichste Aufgabe, die Aufhebung der Feudalverhältnisse und die Grundentlastung, nur zum Teil lösen. Die Linke des Reichstages erwies sich als zu schwach, um die entschädigungslose Beseitigung der grundherrschaftlichen Lasten durchsetzen zu können.

Verhängnisvoll für die Isolierung der Linken von den bäuerlichen Massen wirkte sich die nationale Spaltung aus, die durch den Reichstag hindurchging. Die slawische Majorität des Reichstages ließ das Mißtrauen der Linken gegen das Bündnis der tschechischen Abgeordneten mit der Regierung rege werden. Zwischen den tschechischen Deputierten, bei denen das durch den Pfingstaufstand ausgeschaltete demokratische Element nicht vertreten war, und der deutschen Linken konnte so keine Vereinbarung über gemeinsame Interessen hergestellt werden. Ebensowenig gelang es, sich mit der Hauptmasse der Bauerndeputierten, die aus Galizien kamen, zu verständigen. Nationalistische Vorurteile, Überlegenheitsdünkel gegenüber den zum Teil analphabetischen, der deutschen Sprache nicht

oder nur unzulänglich mächtigen Bauern und die Tatsache, daß die nationalpolnischen Abgeordneten, die sogenannten „Frackpolen“, die einzige Fraktion bildeten, welche die deutsche Linke unterstützte, ließen das für die Weiterführung der Revolution lebensnotwendige Bündnis zwischen der großstädtischen Demokratie und der Bauernschaft nicht zustande kommen. Die Linke wagte sich auch nicht an die Probleme der unterbäuerlichen Schichten der ländlichen Bevölkerung — der Häusler, Knechte und Taglöhner — heran, da sie fürchten mußte, die Kontrolle über eine sozialrevolutionäre Bewegung zu verlieren. So wurden die großen Hoffnungen, die man in die Tätigkeit des Reichstages setzte, größtenteils nicht erfüllt.

Der vorliegende Anschlag ist sicher eines der ersten österreichischen Wahlplakate, das — wenn auch noch in etwas zaghafter Form — mit dem Bildnis des Kandidaten wirbt. J.K.

Lit.: Otruba, Gustav: Wiener Flugschriften zur Sozialen Frage 1848, 2. Bd., Wien 1980, S. 73.

22 *Der Verein der mit der akademischen Legion sympathisirenden National-Garden und Bürger Wiens*
D: Wien:
U. Klopf—A. Eurich
[1848], 49x60 cm, C 52 539

Schon zu Beginn der Revolution bewaffneten sich Teile der revolutionären Klassen in Wien. Die Bürger, auf der Grundlage von „Besitz und Bildung", schlossen sich in den National-Garden zusammen, revolutionäre Studenten in der akademischen Legion. Bald zählte man 30 000 Bewaffnete. Intendiert war ein rein bürgerlicher Charakter der revolutionären Wehrkörper, gedacht zum Einsatz gegen den „Pöbelhaufen". Die Arbeiterunruhen des 13. März in den Vorstädten verunsicherten das Bürgertum beträchtlich, und deshalb schloß man bei diesen bewaffneten Formationen Arbeiter aus. „Dennoch gelang es in der allgemeinen Verwirrung vereinzelt auch Handwerksburschen, Taglöhnern und Lehrjungen, zu Waffen zu kommen. Während die Studenten in der Regel für, die Bürger aber entschieden gegen eine Bewaffnung der Arbeiter eintraten, glückte es einer kleinen Schar von Arbeitern, in das Zeughaus einzudringen und Waffen herauszuschaffen."

Diese Differenzen zwischen den wohl auf derselben Seite kämpfenden Studenten und Bürgern wurden im Verlaufe der Revolution immer stärker. In den Reihen der akademischen Legion setzte sich die Erkenntnis durch, daß das Gemetzel, das Nationalgarde und Sicherheitswache unter demonstrierenden Arbeitern am 23. August angerichtet hatten, allen demokratischen Kräften geschadet hatte. So begann ein Differenzierungsprozeß innerhalb der Mitglieder der bewaffneten Kräfte, dessen Ausdruck die Gründung eines Vereins war, dessen Ankündigung hier abgebildet ist. Dieser Verein warb unter Nationalgardisten und anderen Wiener Bürgern für die akademische Legion.

Interessant ist noch der im Flugblatt angegebene Odeon-Saal im 2. Bezirk. Das Odeon war der größte vormärzliche Vergnügungssaal in Wien und faßte über 10 000 Leute. Im Jahre 1848 war dieser Saal der Versammlungsort schlechthin für die Wiener Demokraten, zum Teil auch für den Wiener Arbeiterverein.

„Es wurden hier die Forderungen, etwa nach dem allgemeinen Wahlrecht, zum ersten Mal gestellt, und im Oktober 1848 . . . war dieses Odeon, wo sich die bewaffneten Arbeiter — die Mobilgarden — verschanzt hatten, Schauplatz erbitterter Kämpfe und ist dabei abgebrannt." J.K.

Lit.: Häusler, Wolfgang: Von der Massenarmut zur Arbeiterbewegung, Wien 1979, S. 143 f.; Häusler, Wolfgang: Revolution 1848, Wien 1978, S. 7.

23 *An die Männer des Fortschritts!*
D: [Wien]
[1848], 76x110 cm, C 52 539

Zeitungsgründungsaufrufe gab es im Revolutionsjahr viele — diese angekündigte „Arbeiter-Zeitung" erschien dann

22

Der Verein

der mit der

akademischen Legion sympathisirenden

National-Garden und Bürger Wiens

und der nächsten Umgebung.

Zufolge der im Odeon - Saale am 18. September dieses Jahres stattgefundenen Versammlung findet die Einschreibung am

21. bis inclusive 29. d. M.

von 9 bis 12 Uhr Vormittag und von 2 bis 5 Uhr Nachmittag im Locale zur goldenen Ente, 2. Stock, in der Riemerstraße statt.

Die Einschreibung erfolgt nur gegen Vorweisung der Einreihungs-Karte.

Das provisorische Comité
des obigen Vereines.

Wien, gedruckt im September 1848, bei U. Klopf sen. und Alexander Eurich.

An die
Männer des Fortschritts!

In dem welterschütternden Augenblicke, wo wir, befreit von den Fesseln eines despotischen Regierungssystems, uns wonnetrunken in die Arme der Freiheit stürzen, ist es von höchster Bedeutung, die bisher so ungerecht gedrückten Arbeiterclassen über ihr **neues Verhältniß** zur Gesammtheit, über ihre **Pflichten** und **Rechte** gegen dieselben so viel und so schnell als möglich zu belehren. Und dieß könnte am wirksamsten und erfolgreichsten durch Gründung einer

Arbeiter-Zeitung

23

tatsächlich in sechs Nummern vom 7. bis 24. September. An die Arbeiterschaft wandte sich noch eine Reihe von anderen Presseerzeugnissen — mehr oder weniger kurzlebige: „Das Wiener allgemeine Arbeiterblatt“ (sieben Nummern vom 22. Mai bis 2. Juni), „Österreichische Typographia. Journal für Arbeiter von Arbeitern“ (zwölf Nummern vom 2. Juli bis 12./13. August), „Wiener Arbeiter-Courier, geschrieben im Interesse der Arbeiter“ (zwei Nummern am 15. und 16. September), „Concordia. Politisch-soziales Wochenblatt für die Arbeiterschaft und das gesamte Volk“ (nur eine Nummer am 22. September) und eine weitere „Arbeiterzeitung“ (zwei Nummern am 1. und 5. Oktober). Von kirchlicher Seite wurde „Der Friedensbote“ (41 Nummern vom 15. Juli bis 30. Dezember) für Lehrlinge veröffentlicht.

Der abgebildete Aufruf zur Gründung einer Arbeiterzeitung hatte Erfolg, ab der Nummer 4 vom 17. September erschien sie unter neuem Titel: „Österreichische Arbeiter-Zeitung. Organ des ersten allgemeinen Wiener Arbeitervereines.“ Und dies hob sie aus all den anderen für die Arbeiter gedachten Zeitungen heraus.

1848 war das Jahr, in dem die Arbeiterschaft begann, sich zu organisieren. Das Selbständigkeitsbewußtsein der Arbeiter erwachte. Die Gründung des ersten allgemeinen Wiener Arbeitervereines war der konzentrierteste Ausdruck davon. Gegründet am 24. Juni im „Fürstenhof“ in der Beatrixgasse im 3. Bezirk, wobei 80 Teilnehmer erschienen. Später wuchs die Mitgliederzahl des Vereines auf 7 000 bis 8 000, und er galt „unter allen Vereinen Wiens als der zahlreichste“, schreibt unter anderem Wolfgang Häusler. Gegründet wurde dieser Verein vom Buchbindergesellen Friedrich Sander, der auch einer der fähigsten Wortführer der erwachenden Arbeiterbewegung war. Sein politisches Credo läßt sich am besten mit seinen eigenen Sätzen aus einem Zeitungsartikel darlegen:

„Seht ihr es wirklich nicht, daß wir in Dumpfheit, in Elend und jämmerlicher Unwissenheit verschmachten? Da wird hin und her gesprochen und geschrieben, vom Volke, fürs Volk, vom deutschen Volke, vom freien deutschen Volke! Wer ist denn das Volk? Sind wir nicht wenigstens der größte Teil desselben! Wir aber verlangen Bildung, und möchten sie von euch verlangen! Bildung als die einzige Quelle der Freiheit! . . . Kann aber ein geplagter Mensch, der sich von morgens 5 Uhr bis 7 Uhr abends (ja es läßt sich behaupten von 4 bis 8 Uhr) bei schwerer Arbeit abmüht, Sinn für das Wahre, Gute, Schöne haben? Kann er die Erziehung seiner Kinder besorgen? Kann er sich um die Interessen des Vaterlandes kümmern? Nein! deshalb verlangen unsere Nachbarn, die Franzosen, mit Recht Verminderung der Arbeitszeit, damit der edlere Teil des Menschen nicht ganz und gar mit Füßen getreten, damit der Geist sich bewußt werde. Und auch wir machen diese Anforderung! Wie, oder soll der Selbstsucht nicht endlich der Hals gebrochen werden, die auf Kosten anderer nach einem höheren Platze strebt und es verschmäht, Niedere zu sich heraufzuziehen! Und nun hört einmal, ihr Reichen, die ihr verächtlich auf unseren abgeschabten Rock, auf unsere derben harten Hände blickt, die ihr nie empfunden habt, was Sorge und Not ist und nur wißt, wie man den sauer verdienten Lohn schmälert, und ihr, die ihr in den Kaffeehäusern gähnt und herauszuklauben sucht, ob uns der Russe, der Türke oder der Teufel holen wird, ob die deutsche Fahne schwarz, rot und gold oder schwarz, gold und rot sein müsse, alle Nachteile der Zeit tragen wir, wir allein und mit Unrecht für euch mit . . .

Bewohner Wiens!

Die Feinde der neuen Gestaltung der Dinge, durch die Fruchtlosigkeit der früheren Versuche zur Herbeiführung eines gesetzlosen Zustandes nicht eingeschüchtert, suchen in letzterer Zeit auf die mannigfaltigste Art Mißtrauen und Haß gegen einen Theil unserer Mitbürger, die Juden, zu säen.

Die schmählichsten Lügen, die abgeschmacktesten Gerüchte über angebliche Tendenzen der Juden nach erlangter bürgerlicher Gleichstellung werden durch Wort und Schrift verbreitet, die Bewohner Wiens werden zur offenen Gewaltanwendung gegen die Juden aufgereizt und kein Mittel geschont, recht bald einen Zusammenstoß hervorzubringen, und die hergestellte Ruhe zu stören. Glaubens- und Gewissensfreiheit, Gleichberechtigung aller Staatsbürger vor dem Gesetze sind Haupt-Errungenschaften unserer glorreichen März- und Maitage. Diese Errungenschaften zu schmälern, den Genuß der Früchte unserer Bemühungen zu hindern, oder wenigstens so viel als möglich hinauszuschieben, die Berathungen des Reichstages zu stören, oder wohl gar in Wien unmöglich zu machen, das sind die Zwecke, welche die schon so oft gebrandmarkten Wühler durch dieses neue Mittel nach Fehlschlagung aller anderen zu erreichen suchen, um dem rechtlichen Bürger nach so vielen gebrachten Opfern ja nicht die Gelegenheit zu geben, sich seiner erlangten Freiheit zu erfreuen, um jeden Aufschwung des Handels und der Gewerbe zu hindern, und in dem zu erregenden gesetzlichen Zustande unter dem Vorwande, andere zu schützen, im Trüben für sich zu fischen.

Der gefertigte Ausschuß, welcher mit aller Energie jede Ruhestörung zu unterdrücken wissen wird, und fest entschlossen ist, die Rechte jedes Einzelnen zu schützen, wendet sich im Vertrauen auf die heiligen Grundsätze der Nächstenliebe an die Bewohner Wiens, und zwar in der Hoffnung, daß dieselben seine Bemühungen für die Aufrechthaltung der Ruhe und Sicherheit auch jetzt unterstützen, der gleißnerischen Stimme dieser keine Gewaltthat scheuenden Wühler kein Gehör geben und zeigen werden, daß Wien verbrecherische Umtriebe gegen einzelne Staatsbürger eben so energisch als jeden Eingriff in die erworbenen Rechte zurückweisen wird.

Wien am 28. Juli 1848.

Vom Ausschusse der Bürger, Nationalgarde und Studenten, zur Aufrechthaltung der Sicherheit und Ordnung und zur Wahrung der Rechte des Volkes.

Aus der k. k. Hof- und Staatsdruckerei.

24

Schämt ihr euch nicht, das Geschlecht, dem ihr selbst angehört, so zu entehren! Ihr denkt daran frei zu sein? Sklaven seid ihr eurer selbst und macht auch uns zu Sklaven! — Je mehr auf der einen Seite gearbeitet wird, umso mehr wird auf der anderen die Faulenzerei begünstigt; wer aber faulenzen will, soll wenigstens die Arbeit würdig bezahlen! — Unmenschlich ist es, zu schwelgen und den Armen weinen zu sehen! Jetzt ist es an der Zeit zu trösten und zu helfen, oder die Zukunft wird lehren, wohin Verzweiflung und Erbitterung führen, wie es die Geschichte schon deutlich genug zeigt! Ihr aber, Brüder, ihr Arbeiter und Armen, wacht auf! Seht, es ist ein großer Glockenguß veranstaltet. Tragt euer Material herzu, dieweil es Zeit ist, ehe denn das Werk vollendet und der Ofen erkaltet ist; damit man nachher weiß, von wem und wonach die Glocke klingt! Laßt uns fest zusammenhalten und auf unsre Rechte bestehen, die nur der unverschämte Despotismus uns so lange vorenthalten konnte. Dann wissen wir, wofür wir kämpfen und unser Waffenklang soll in ganz Europa widerhallen! Noch einmal: Wacht auf! erkennt, gefürstet seid ihr allesamt. Die Freiheit führt Beweis, daß ihr von Göttern stammt!" J.K.

Lit.: Häusler, Wolfgang: Von der Massenarmut zur Arbeiterbewegung, Wien 1979; Otruba, Gustav: Wiener Flugschriften zur Sozialen Frage 1848, 1. Bd., Wien 1978.

24

Bewohner Wiens!
D: [Wien]: k.k. Hof- und Staatsdruckerei
1848, 45x58 cm, P 50 835

Der Antisemitismus erreichte in den Sommermonaten einen ersten Höhepunkt. Die demagogische Propaganda der reaktionären Kräfte wollte damit von den wahren Ursachen sozialer Mißstände ablenken und fand in dem vom sozialen Abstieg gefährdeten Kleinbürgertum größere Resonanz. Dem Antisemitismus traten die Demokraten entschieden entgegen, wie auch das oben abgebildete Plakat zeigt, und brandmarkten ihn als „Schmach des 19. Jahrhunderts und europäischer Gesittung". Antisemitische Vorurteile wurden sehr stark gegen den demokratischen Verein gerichtet — dieser schien den Reaktionären eine Keimzelle des Umsturzes zu sein. Mit allen journalistischen Verleumdungen, ja sogar durch tätliche Angriffe sollte der Verein mundtot gemacht werden. Diese Attacken erreichten ihren traurigen Höhepunkt im Überfall auf den beim „Römischen Kaiser" tagenden Verein und auf das Redaktionsbüro des „Freimütigen" am 20. Juli. Konservative Nationalgardisten drangen in die Sitzung des demokratischen Vereins ein und insultierten die Versammelten mit Rufen wie „Ihr Republikaner solltet alle aufgehängt werden, ihr kecken, schmutzigen Saujuden". Auf diese Ereignisse bezieht sich der Inhalt des abgebildeten Plakats. Die Vertreter der konservativen Gesellschaftsordnung schufen sich im dämonisierten „Juden" ein Feindbild, in das sich schon die Züge eines frühen Rassenantisemitismus mischten. Trotzdem erwies sich 1848 der demokratische Gedanke stärker als der Antisemitis-

Vom Studenten-Comite:

Liebe Arbeiter!

Wir haben mit Leidwesen vernommen, daß sich Einige von Euch an den Ausschuß der Bürger, Nationalgarde und Studenten mit ungebührlichen Forderungen, ja sogar mit Drohungen gewendet haben. Ihr wisset, daß wir es gut und ehrlich mit Euch meinen; wir haben das Möglichste gethan, um Euer Loos zu verbessern, und die Bewohner Wiens haben bedeutende Opfer zu Eurem Besten gebracht. Da nun Einige von Euch sich auf so tadelnswerthe Weise benommen haben, so bedeuten wir Euch, daß wir unbillige Forderungen nie unterstützen werden.

Ihr habt Euch seit den Maitagen als bieder und gutgesinnt auf glänzende Weise bewährt; wir wollen daher glauben, daß es bloß Einzelne von Euch waren, die durch böse, vorzüglich czechische Aufwiegler sich haben verführen lassen.

Wir hoffen, daß Ihr unserer freundlichen aber ernsten Mahnung Folge leisten werdet. Wir erklären aber hiermit denjenigen von Euch, die sich noch fortwährend gegen die Ordnung auflehnen werden, auf das Bestimmteste, daß wir den vereinigten Ausschuß der Bürger, Nationalgarde und Studenten in seinen Maßregeln mit aller uns zu Gebote stehenden Kraft unterstützen werden.

Swoboda,
Schriftführer.

Frannelich,
prov. Vorsitzer.

Gedruckt im Juni bei U. Klopf sen. und A. Eurich.

mus, der dann in der zweiten Hälfte des 19. Jahrhunderts die kleinbürgerliche Parteibildung überschattete. J.K.

25 *Vom Studenten-Comité: Liebe Arbeiter!*
D: [Wien]:
U. Klopf — A. Eurich
[1848], 51x40 cm, P 50 835

Die Angriffe der Studenten auf die Arbeiter wurden in den Junitagen, in denen das Plakat erschien, bereits schärfer. Die sozialen Spannungen hatten sich zusehends verschärft, es gab viele Arbeitslose, und um die politischen Rechte der Arbeiter war es noch immer recht schlecht bestellt.
Die unter den Arbeitermassen anwachsende soziale Unruhe konnte mit den herkömmlichen Beschwichtigungsmitteln, zu denen dieser Anschlag zählt, nicht mehr gedämpft werden. Es kam bereits zu gefährlichen Konfliktsituationen. Die akademische Legion faßte pro Mann dreißig scharfe Patronen aus, auch aus einzelnen Gemeinden der Umgebung kamen Ansuchen um Gewehre mit scharfer Munition an den Sicherheitsausschuß. Nur mit Mühe gelang es dem Studentenpfarrer Füster, der am Bründelfeld und in Gumpendorf zu den Arbeitern sprach, sie vom Zug in die Stadt abzuhalten. Die Arbeiter klagten,

März 1848: revolutionäre Studenten in der Wiener Universität (oben)

Mai 1848: Barrikade auf den Stephansplatz (links)

Terrorismus der Schwarzgelben!

Bürger Wiens! Männer der Volkswehr! Insbesondere ihr Brüder der Legion! laßt diese Worte nicht zu tauben Ohren gesprochen sein!

Noch sind nicht zwei Tage verflossen, wo man die Welle der rohen Gewalt zu wiederholten Malen an dem unerschütterlichen Felsen der Freiheit ohnmächtig zerschellen sah, und siehe! man sucht im Kleinen zu erreichen, was im Großen nicht ganz gelang. Durch Rohheit und Willkühr stört man die öffentliche Ruhe und führt deu so verderblichen Partheihaß auf die frechste Weise herbei. Ja, hört es nur, ihr Fataniker für Dynastie und Kaiserhaus, die ihr unter diesem Deckmantel nur das Gift Euren schwarzen Gesinnungen bergt, hört es, was ich Euch jetzt sage: Nicht wir Schwarz-Roth-Goldnen, Ihr seid es, die ihr die Farben der österreichischen Monarchie bringt, ihr Egoisten und Sklavenseelen seid es, die ihr die schwarzgelben Farben zum Ausdruck Eurer freiheitsfeindlichen Bestrebungen gewählt habt, die ihr die österreichische Bicolore zur Farbe der Knechtschaft herabgewürdigt habt.

Denkt und sprecht, was ihr wollt, aber wählt nicht ehrbare Farben zum Ausdruck Eurer niedern Denkungsweise. Bleibt ihr selbst auf dem Wege des Gesetzes, nud stört die Ruhe nicht dnrch die Frechheit Eurer Herausforderung.

Und nun ein Beispiel.

Gestern ging ich über den Kohlmarkt, wo schaarenweise schwarzgelb gezierte Herren auf und ab stolzirten, jeden anders Gesinnten mit kecker Miene herausfordernd. Daß diese Weise Manchem ein Lächeln abzwang, ist wohl natürlich. Darum geschah es auch, daß ein junger Mensch seine Mißbilligung auf eine nicht zu entschuldigende Weise zu erkennen gab. Gleich fielen eine Menge unberufener Individuen über ihn, schmähten und mißhandelten ihn auf empörende Art. Ich als Zeuge der ganzen Begebenheit konnte nun nicht länger zusehen, und empört über diese Handlungsweise wollte ich vermittelnd einschreiten. Allein da kehrte sich die Wuth jener, die die Ruhe um jeden Preis wünschen, auf so lärmende Weise gegen mich, daß man wohl sah, es war ihnen nicht um die Farbe, sondern um die herausfordernde Gelegenheit zu thun. In mir bedeiferten sie die ganze Körperschaft, der ich angehöre, auf höchst gemeine Weise. Um nicht mißhandelt zu werden, mußte ich schweigen und mich zurückziehen! Ich frage nun: Wer sind die Ruhestörer?

Mein Wahlspruch aber ist: Hoch Schwarz-Gold im Schwarz-Roth-Gold.

Adolph Eichmann

Garde im Mediziner-Corps.

Gedruckt bei Josef Ludwig, Josephstadt Florianigasse Nr. 52.

26

daß ihnen die Nationalgardisten mit scharf geladenen Gewehren drohten.

Der 19. Juni brachte den Höhepunkt dieser Krise. Die Nationalgarde war in ihrer gesamten Stärke aufgeboten und auf dem Glacis aufgestellt, um demonstrierende Arbeiter vom Zug in die Stadt abzuhalten. Durch Uneinigkeiten zwischen qualifizierten Arbeitern und den einfachen Erdarbeitern kam es zu keinen größeren Ausschreitungen, und die Forderungen der Arbeiter wurden nicht erfüllt. Nur ganz wenige Mitglieder des Sicherheitsausschusses stellten sich auf die Seite der Arbeiter, wie der Demokrat Ernst Violand. J.K.

26

Terrorismus der Schwarzgelben!
D: [Wien]: J. Ludwig [1848], 46x58 cm, P 50 835

„Schwarz-Gelb" wurde damals synonym für die österreichischen Kaiserfarben gebraucht, obwohl sie in Wirklichkeit Schwarz-Gold waren. Als „Schwarzgelbe" wurden Anhänger der bisherigen Form der Monarchie bezeichnet.

Der Vorfall, von dem im Plakat berichtet wird, fand am 15. September statt. Treu monarchistische Kreise witterten Morgenluft, auf den belebtesten Plätzen und Straßen der Stadt wurde Schwarz-Gold getragen. Band- und Modewarenhandlungen hatten es hinter ihren Schaufenstern, elegante Herren trugen es im Knopfloch. Es blieb aber nicht beim Auflauf und Anstarren. Einige dieser Herren wurden mehr oder weniger sanft gezwungen, ihre Bänder einzustecken, an anderen Orten gab es Püffe und Schläge. Die Schwarzgoldenen schlugen auch zurück. Die Auseinandersetzungen begannen um 19 Uhr abends und setzten sich am Vormittag des 16. September noch fort. Schließlich „siegten" die Demokraten, und die kaiserlichen Farben konnten erst wieder nach der Niederschlagung der Revolution massiv in der Öffentlichkeit getragen werden. J.K.

Lit.: Helfert, Joseph Alexander: Die Wiener Journalistik im Jahre 1848, Wien 1877.

Wiener Spießbürger

27 *An das Publikum!*
D: Wien: U. Klopf — A. Eurich
[1848], 56x77 cm, C 52 539

28 *Hört! Hört! Mitbürger! nehmt Euch in Acht!*
D: [Wien]
[1848], 55x44 cm, C 52 539

Diese beiden Anschläge zeigen recht treffend den publizistischen Kampf, der mit Flugblättern und Plakaten auf den Straßen Wiens ausgetragen wurde.
Julian Chownitz, der Herausgeber der in Pest erschienenen Zeitung „Opposition“, kam wegen seiner monarchistischen Haltung zunehmend ins Schußfeld der revolutionären Kräfte, verließ am 25. September Ungarn und kam nach Wien. Er hoffte, hier seine politische Meinung besser verkaufen zu können und kündigte mit einem Plakat das Erscheinen der Wiener „Opposition“ an. Aber auch in Wien war seine prokaiserliche Haltung unter den Demokraten nicht gefragt, und es erschien am 3. und 4. Oktober an allen Straßenecken das zweite Plakat, das gegen den Kauf der

Mobilgardist

27

An das Publikum!

Dem Publikum ist der Redacteur der Pesther **„Opposition“** nicht unbekannt.

Dieß Blatt erfreut sich in Wien der regsten Theilnahme. In Ungarn ist es die gelesenste und einflußreichste deutsche Zeitung.

Aber in Ungarn wüthet der Bürgerkrieg. Dort verhallet jetzt die Stimme des Publizisten. Dort hilft vielleicht nur noch das Schwert. Die Feder sinkt machtlos darnieder.

Hier im Mittelpunkte der Gesammtmonarchie — hier in der großen Völkerstadt Wien, kann die Feder noch bauen. Niederreißend baut sie zur Stunde am kräftigsten. Es galt einst das Sündenbabel des alten Absolutismus zu zertrümmern. Es gilt heute das neue Sündenbabel der Reaction zu Boden zu schmettern.

Viele Arme haben diesem Unternehmen ihre Kraft geweiht. Aber wären ihrer auch Tausende — **unser Arm** wird wissen, sich an dem großen Werke seinen Platz zu sichern.

Ich werde außer der Pesther Opposition, deren Oberleitung ich von hier aus in der bekannten demokratischen Richtung fortwährend besorge — vom 1. October in Wien ebenfalls eine:

Opposition

herausgeben, als deren Richtpunkte ich die folgenden bezeichne:

Erhaltung der Gesammtmonarchie. — Selbstständigkeit der einzelnen Glieder im Innern. — Organische Verbindung (Conföderation) unter sich. — Integrität nach Außen. Volkssouveränetät. Ihr Gipfelpunkt in der Krone. — Kampf gegen jede Usurpation. — Kampf gegen den politischen Jesuitismus wie gegen das politische Philisterthum. Demokratische Monarchie.

Sieg oder Tod!

Wien, am 26. September 1848.

Sammlung L. A. Frankl

Julian Chownitz,
Redacteur der Wiener „Opposition“ und Redacteur der Pesther „Opposition.“

28

Hört! Hört!
Mitbürger! nehmt Euch in Acht!
Kauft
die „Opposition“
nicht!
Sie thut liberal und sogar demokratisch!
ist aber ein schändliches,
schwarzgelbes Blatt!
Nieder mit der Opposition!
Ein radikaler Volksfreund!

Eine Stimme aus Ungarn,

an das

edle Volk Wiens!

Brüder im heiligen Freiheitskampfe, Männer! erprobt durch die höchsten patriotischen Tugenden!

An Euch wende ich mich im Namen einer ganzen Nation, im Namen jener Nation, die Ihr bisher edel, hochherzig und worttreu nanntet; die aber jetzt, einseitige Gerüchte Euch als niedrig, treubrüchig und unedel darstellen.

Laßt mich daher das Wort ergreifen, um Euch eines bessern zu belehren, um Euch Beruhigung zu geben, und um überhaupt unglückliche Spaltung und Mißhelligkeit zwischen zwei für Freiheit und Vaterland mit gleicher Gluth kämpfenden Nationen abzuwenden.

Der Ungar hat nie, ja niemals sein Wort gebrochen, selbst dem erwiesenen Treubruch der offenen Tirannei gegenüber, nicht. — Er hat oft gelitten und geduldet, da sein Vertrauen, welches er in Versprechungen setzte, oft zu seinem Unglücke durch die schändlichste Wortbrüchigkeit belohnt wurde.

Könnt ihr also glauben, daß der Ungar jetzt, wo er für die heilige Sache der Freiheit gegen die ihn von allen Seiten umgebenden, und nach seinem Gut und Blut lechzenden Barbaren und Räuberhorden kämpft, sein, dem Brudervolke, dem Waffengefährten und innigsten Brudergenossen gegebenes Wort brechen, und seinem Versprechen, dem Edelmuth gegenüber, untreu sich zeigen werde?

Nein und ewig nein! das thut der Ungar nicht, und sollte er selbst dadurch sein Todesurtheil unterschreiben. —

Hört die wahre Sachlage einfach und kurz, wie die Wahrheit zu sein pflegt. Verflossenen Samstag bekam das ungarische Repräsentantenhaus eine Depesche aus dem Lager, worin angedeutet wurde, daß das Lager in Folge reactionärer Umtriebe und Aufreizungen, fast einer Desorganisation entgegen gehe, daß in mehreren Bataillonen Auflehnungen vorgekommen seien und das Aergste von dieser Uneinigkeit zu erwarten sei.

Diese unverhoffte Nachricht brachte Mißmuth und Bestürzung in die enthusiastische Hauptstadt, welches selbst im Parlamente nicht ohne Wirkung bleiben konnte.

In diesem Gemüthszustande faßte das Repräsentantenhaus den Beschluß, wonach die Truppen vor der Hand nicht eher die Gränze überschreiten sollten, bis die beirrte Stimmung und die böswillig gestörte Eintracht wieder hergestellt sein würde.

Indeß gelang es den Anstrengungen der Armeekommandanten die erwünschte Ordnung, Eintracht und Disciplin wieder herzustellen, noch bevor der Courier mit dem Reichstagbeschlusse in das Lager anlangte. Die Armee brach also mit frischem Muthe und kampflustig auf, ließ die Leitha hinter sich, um gegen unsern gemeinschaftlichen Feind einzuschreiten.

So stand die Sache Montag, als die Armee bereits auf österreichischem Boden war, und jetzt erst langte der Befehl des Landtags wegen Nichtüberschreiten der Gränze an.

Jetzt mußte ein Rückzug stattfinden; damit der Befehl des Landtags unbedingt befolgt werde; und so war der Anlaß zu Eurem Mißtrauen gegeben, von deren weiterem Bestehen uns Gott behüten möge.

Auf daher, edles Wiener Volk! der Ungar kennt das Wort **„Vergessen"** nicht; — und er erinnert sich seiner Freunde, wie seiner Feinde.

Ich komme vom Lager, komme voller Hoffnung und mit der größten Zuversicht für den Sieg unserer gemeinschaftlichen Sache, worüber Gottes Gerechtigkeit wache!

Kossuth kommt morgen gewiß ins Lager, wenn er heute nicht vielleicht schon dort ist, und Ihr wißt, daß, wenn er seine Reiseschuhe anlegt, sich unter seinen Fußstapfen — wie in der Fabel — mächtige Heere erheben, deren Hauch ein vernichtender Sturm sein wird, gegenüber der Niederträchtigkeit und dem Verrathe.

Weg daher mit dem Verdachte! Hoffnung und Zuversicht belebe Euere Herzen, damit wir vereinigt seien im **Siege** wie im **Tode**!

Seid frischen Muthes! Kossuth kommt mit einer Armee und wenn es sein muß — mit einem ganzen Lande! „Sieg sei unsere Losung!"

Lebet wohl!

Am 18. Oktober 1848.

Ludwig Csernátoni,

Mitredacteur des Radikalen Blattes Marczius' tizenötödike und Kossuth-Gardist.

Wien, gedruckt im Oct. 1848, bei U. Klopf sen. und A. Eurich.

29

Zeitung auftrat. Es kamen auch nur sechs Nummern des Blattes vom 1. bis zum 6. Oktober heraus, und Chownitz flüchtete am 10. Oktober nach Brünn.

J.K.

Lit.: Chownitz, Julian: Kossuth's Empörung in Ungarn, Wiens Aufstand und das Verhalten eines Publicisten dagegen, in: WZ, 14. 11. 1848, S. 1086.

29

Eine Stimme aus Ungarn
D: Wien:
U. Klopf — A. Eurich
1848, 41x51 cm, P 50 835

Gegen Ende der Revolution wurden große Hoffnungen auf die Unterstützung der revolutionären Militärkontingente der Ungarn gegen die Konterrevolution in Wien gesetzt. Die Ungarn hatten die Kroaten unter Jellačić besiegt, und es begannen Verhandlungen, um mit den Ungarn zusammenzuarbeiten. Man zögerte aber zu sehr. Die Ungarn wollten einerseits die Leitha nicht überschreiten, die Wiener hofften, daß die kaiserlichen Truppen doch nicht zum Sturm auf Wien antreten würden.

Erst nachdem konterrevolutionäre Truppen am 28. Oktober mit dem Generalangriff auf die Vorstädte begannen, überschritten ungarische Truppen die Landesgrenze. Es war aber bereits zu spät, man hatte dem Gegner zu lange Zeit gelassen, sich vorzubereiten. So wurden die Ungarn bei Schwechat am 30. Oktober entscheidend geschlagen, und am 31. konnten die Heerführer Windischgrätz und Jellačić Wien endgültig einnehmen.

Das Zaudern des ungarischen Landtages bezüglich der militärischen Hilfe für Wien wird in diesem Plakat recht anschaulich von einem revolutionären Zeitungsredakteur geschildert. Entscheidende Tagesereignisse im Zeitungsstil auf Plakatwände gebracht! J.K.

30

Tapfere Wiener!
D: [Wien]
[1848], 43x53 cm, P 50 835

Einer der letzten erschütternden Aufrufe zur Verteidigung der Stadt gegen die kaiserlichen Truppen. Es wird der Widerstand der Wiener gegen die zwei Türkenbelagerungen beschworen und an die Einheit der revolutionären Kräfte appelliert. Es waren jedoch schon Verzweiflungsrufe. Treffend notierte der demokratisch gesinnte Eisenbahnbeamte Dr. Leopold Schiendl in sein Tagebuch: „Die Paradehelden der Nationalgarde haben Wien verlassen, der Spießbürger verkriecht sich, es bleiben nur allein die wenigen Nationalgarden, die akademische Legion und ein Teil der Arbeiter, diese allein können das Vaterland nicht retten."

Trotz der Hoffnungslosigkeit gibt es Berichte bewundernswerter Kampfbereitschaft, vor allem in den Fabriksvororten Wiens, in denen sich die Arbeiter im März zuerst erhoben haten. Siegfried

Das Volk steht auf, der Sturm bricht los,
Wer legt jetzt die Hände noch feig in den Schoß?

Tapfere Wiener!

Würdige Nachfolger Eurer Vorfahren, die in zwei schweren Belagerungen Wien gegen andrängende Barbarenheere vertheidigten, Ihr steht auch jetzt gerüstet da, und kämpft todesmuthig gegen einen mächtigen Feind.

Brüder! bei Euch bedarf es keines Wortes der Aufmunterung und Ermuthigung, denn wir wissen, daß Ihr eher sterben, als schmachvoll nachgeben werdet, und daß Ihr jeden, der Euch nur die empörende Zumuthung einer Uebergabe Wiens machte, als einen schändlichen, feigen, niederträchtigen Verräther an der Ehre und der Freiheit des Volkes behandeln würdet. Doch nein, wir glauben es nicht und wollen es nie glauben, daß es in Wiens Mauern auch nur einen Mann gebe, der von schmachvoller Unterwerfung ein Wort zu sprechen wagte. Männer von Wien, Ihr habt Euern Muth, Eure Ausdauer, Eure Todesverachtung bewährt, Ihr habt mit wehrlosen Händen Kanonen und Waffen erobert, Ihr standet fest wie oft erprobte Krieger beim Donner der Geschütze, beim Prasseln der Kartätschen, Ihr werdet dieses Eures Ruhmes würdig bleiben. Daß wir, die academische Legion, in Euren Reihen, an Eurer Spitze kämpfen, siegen oder fallen werden, wißt Ihr, denn selbst unsere Feinde können uns unseren Muth nicht bestreiten, und wir halten es für unsere heilige Pflicht in dem herrlichen Kampfe für die Freiheit auszuharren bis auf den letzten Mann. Jetzt Freunde gibt es ja nur eine Volkswehr: Bürger, Nationalgarde, Arbeiter, Soldat und Student stehen Hand in Hand und haben gleichen Antheil an Gefahr und Ruhm, denn wir alle folgen dem Banner der Freiheit der wahren Volksherrschaft, und unter diesem Banner müssen und werden wir siegen, denn die Idee der Freiheit ist unbesiegbar und wirbt unter ihren getäuschten, betrogenen Gegnern schnell ihre wärmsten Freunde.

Auf denn, Brüder, zu den Waffen, alt und jung, reich und arm, wer nur ein Schwert zu schwingen vermag, bewaffne sich und eile in den Kampf, und jene selbst, die nicht zu kämpfen vermögen, können doch arbeiten, Barrikaden bauen, Verwundete pflegen, Schanzen graben u. s. f., in solcher Zeit darf keine Hand müßig bleiben, oder sie verdient nicht mehr, als abgehauen zu werden. Selbst Frauen und Mädchen mögen sich am großen Werke der Freiheit betheiligen; bereitet Labung dem Verwundeten, pflegt ihn, belebt durch Wort und That des Mannes Muth, beschämt ihn, wenn er feige oder lässig ist. Mit einem Worte das ganze Volk rüste sich zum Kampf, und kein Jellachich, kein Auersberg, kein Windischgrätz wird etwas dagegen auszurichten vermögen und ein, wenn auch blutiger Sieg, wird in den Tafeln der Geschichte den Namen Wien mit unauslöschbaren Ruhm bezeichnen. Auf denn, das Vaterland, die Freiheit ist in Gefahr, rettet sie, rettet Euch selbst.

Hoch das unbesiegbare, freie Wien!

Wien, im October 1848.

Im Namen des mobilen Universitäts-Corps.

Habrofsky,

Corps-Commandant.

30

Kapper schilderte: „Da sehen sie Jackenmänner, mit einer Muskete auf der Schulter, einen Säbel an der Seite, zwei Pistolen im Gürtel und einen Karabiner in der Hand, wandelnde Arsenale. Hier ist es, wo die Mädchen und Weiber am wütendsten sind und ganz nach Art der alten Germanen mit den Männern in den Kampf ziehen und Schnaderhüpfl singen über den Feigling."

Kapper gab auch eine eindrucksvolle Beschreibung der im Belvedere lagernden Mobilgarden: „Heute lagert um knisternde Feuer die Schar der neugeworbenen Freiwilligen, wilde Gesichter, verzweifelt, hohnlachend, bereit zu sterben, weil ihnen nur die Wahl bleibt zwischen Erschossenwerden oder Verhungern." J.K.

Lit.: Häusler, Wolfgang: Von der Massenarmut zur Arbeiterbewegung, Wien 1979, S. 393.

Oktober 1848: Beschießung Wiens durch kaiserliche Truppen

Mitbürger!

Nachdem der Herr Ober-Commandant so eben dem Gemeinderathe die Nachricht überbracht hat, daß die stabile und mobile Nationalgarde, so wie die academische Legion sich entschlossen habe, die Waffen niederzulegen, und in die vom Herrn Fürsten Windischgrätz gestellten Bedingungen sich zu fügen, ist sogleich eine aus Gemeinderäthen und Mitgliedern der gesammten Volkswehr bestehende Deputation zum Herrn Fürsten abgegangen, um ihm die betreffende Mittheilung zu machen.

Wien am 29. October 1848.

Vom Gemeinderathe der Stadt Wien.

Aus der k. k. Hof- und Staatsdruckerei.

31

31 *Mitbürger!*
D: Wien: k.k. Hof- und Staatsdruckerei
1848, 44x28 cm, P 50 835

Die Niederschlagung der Revolution kündigte sich auf Plakaten an: Die Kämpfe um Wien, die nach einzelnen Scharmützeln am 28. Oktober mit dem Generalangriff der kaiserlichen Armee auf die Vorstädte voll einsetzten, endeten am 31. Oktober mit der Einnahme der Innenstadt. An der Sternbarrikade in der Leopoldstadt, wo Josef Bem kommandierte, wurde erbitterter Widerstand geleistet, ebenso bei der Verteidigung des Südbahnhofes und mancher Abschnitte des Linienwalls, vor allem bei St. Marx.
Während die Verteidiger weitgehend ohne Führung auf verlorenem Posten kämpften und starben, verhandelte der Gemeinderat mit dem Armeebefehlshaber Windischgrätz über die Übergabe der Stadt. Davon zeugt der Anschlag an die Wiener Bevölkerung. Nach der Kapitulation flammte noch einmal der Widerstand auf, als sich die in die Innenstadt gezogenen Mobilgarden am 31. Oktober ein letztes Mal am Äußeren Burgtor zum Kampf stellten.
Gewiß war der Widerstand sinnlos geworden, doch kämpfend wurde die Revolution niedergemacht. Die Arbeiter fühlten sich betrogen. Adolf Pichler hielt die Aussage eines Arbeiters folgendermaßen fest:
„Es ist alles umsonst, wir sind wieder verraten und verkauft." Auerbach hörte in den letzten Tagen des Kampfes ein Zwiegespräch, das die verzweifelte Lage der Verteidiger kennzeichnet: „Man übergibt die Stadt aus Mangel an Munition." — „Nein, aus Überfluß an Verrat!" J.K.

Wien ist prächtig, herrlich, die liebenswürdigste Stadt, die ich je gesehen, dabei revolutionär in Fleisch und Blut. Die Leute treiben die Revolution gemütlich, aber gründlich . . . Man geht zum Kampf wie zum Tanz, und man muß glauben, das Leben sei keinen Pfifferling wert.

Robert Blum an seine Frau Jenny am 17. Oktober 1848. Nach: Die Deutsche Revolution 1848/49 in Augenzeugenberichten. Hrsg. von Hans Jessen, Düsseldorf 1968, 242 ff.

Erschießung Robert Blums

1848-1914

Franzisko-josephinische Zeit

Das Jahr 1848 hatte den demokratischen Kräften eine schwere Niederlage gebracht — der junge Kaiser Franz Joseph regierte zunächst nach dem Prinzip des Absolutismus. Eine freie Meinungsäußerung in der Publizistik oder gar auf Plakaten war für lange Jahre nicht möglich. Ankündigungen von Festen, „patriotischen" Aktionen, kulturellen Veranstaltungen und offizielle Kundmachungen beherrschten die Plakatwände.
Eine der Maßnahmen noch aus der absolutistischen Zeit Franz Josephs, die auf das Stadtbild von Wien entscheidenden Einfluß hatte, war der Ende 1857 erteilte Auftrag, die Befestigungsanlagen der Stadt zu schleifen. An ihrer Stelle wurde als Prunk- und Prachtstraße der Ring angelegt.
Die außenpolitischen Mißerfolge von 1859 und 1866, Ereignisse, die sich übrigens auf den Anschlagtafeln der Zeit lebhaft widerspiegelten, schwächten die Stellung des Kaisers und zwangen ihn zu politischen Zugeständnissen und zur Gewährung einer Verfassung. Die Neuerungen erlaubten nun auch dem reichen Bürgertum Mitsprache bei der Staatsregierung. Trotzdem war man noch immer weit entfernt von der „Gleichheit" aller Staatsbürger. Das Proletariat war zum ersten Mal als politische Kraft in der Revolution von 1848 in Erscheinung getreten, aber so „liberal", so freiheitlich war auch das Bürgertum nicht, daß es den Besitzlosen politische Rechte zugestanden hätte. Der Besitz war auch Voraussetzung für politischen Einfluß.
In Wien vermehrte sich die Bevölkerung in der Zeit von 1857 bis 1890 von zirka 430 000 auf 820 000 Einwohner. In den Jahren 1890 bis 1892 wurden die Vororte, also die heutigen Bezirke 11 bis 19, eingemeindet, und mit dieser zweiten großen Stadterweiterung näherte sich die Einwohnerzahl rasch der Zweimillionengrenze. Die größte Bevölkerungszahl hatte Wien 1916 mit über 2,2 Millionen. Die meisten dieser Menschen lebten zusammengepfercht in Zinskasernen und Massenquartieren in den sogenannten Arbeiterbezirken Favoriten, Meidling, Ottakring, Hernals und Floridsdorf. Es war für die damaligen Lebensverhältnisse der arbeitenden Bevölkerung bezeichnend, daß die Tuberkulose den Namen „Wiener Krankheit" hatte.
Die liberale Ära brachte für die wirtschaftlich Schwächeren große Schwierigkeiten. 1873 gab es im Wiener Prater eine Weltausstellung, deren Gelände in der Folgezeit für ähnliche Großveranstaltungen verwendet wurde. Gerade in diesem Jahr zeigte sich aber auch, daß hinter den prunkvollen Fassaden die Wirtschaft längst nicht mehr gesund war: Der nur scheinbare Glanz und damit letztlich das Versagen der liberalen Politik offenbarten sich im Herbst in einem großen Börsenkrach, der zu einer wirtschaftlichen Krise und damit zu einem Zusammenbruch vieler Existenzen führte.
Nicht nur im Reichsrat herrschten die Liberalen, sondern von 1861 bis 1895 auch im Wiener Gemeinderat. Der bedeutendste Bürgermeister dieser Epoche war Dr. Cajetan Felder, der auch den Bau des Wiener Rathauses betrieb und ermöglichte. Immerhin bedeutete die Zeit des Liberalismus für andere Gesinnungsgemeinschaften zumindest die Möglichkeit, politisch aktiv zu werden. Schon bald nach der Proklamierung der neuen Verfassung bildete sich zum Beispiel 1867 ein „Wiener Arbeiterbildungsverein", in der Folge eine Reihe von verschiedenen Arbeiterorganisationen und Parteien. 1882 wurde das Wahlrecht in dem Sinne reformiert, daß Personen, die fünf Gulden direkter Steuer bezahlten, in einer eigenen Kurie wahlberechtigt wurden. Das heißt, daß das Kleinbürgertum eine Vertretung bekam, wobei allerdings zu berücksichtigen ist, daß in den einzelnen Kurien der gesetzgebenden Körperschaft nicht immer die gleiche Anzahl von Stimmen für ein Mandat nötig war. Als zum Beispiel das Parlament gebaut wurde, war nur wahlberechtigt, wer mehr als 10 Gulden Steuer bezahlte, was in Wirklichkeit bedeutete, daß nur 6 Prozent der erwachsenen Bevölkerung überhaupt wählen durften.
Aufgrund des Ergebnisses der Gemeinderatswahlen von 1895 übernahm die Christlichsoziale Partei in Wien die Herrschaft. Deren Führer, Dr. Karl Lueger, konnte aber erst 1897 das Amt des Bürgermeisters antreten, weil der Kaiser vorher, trotz der Wahl durch den Gemeinderat, mehrmals die Bestätigung verweigerte. Die christlichsoziale Ära dauerte bis zum Ende des Ersten Weltkrieges, wohl auch deshalb, weil bis dahin für den Gemeinderat das gleiche und allgemeine Wahlrecht nicht galt, obwohl es schon 1907 für den Reichsrat beschlossen worden war, allerdings auch dort nur für den männlichen Teil der Bevölkerung.
Lueger war im Wien der Jahrhundertwende, das an großen Persönlichkeiten wahrlich nicht arm war, unzweifelhaft eine der bedeutendsten. In die ersten Jahre seiner Amtsführung fallen wichtige kommunalpolitische Leistungen, so etwa die Kommunalisierung der vorher privaten Versorgungsbetriebe, wie Gaswerke und Straßenbahn, sowie der Bau der E-Werke.
Was die wirtschaftliche Lage betrifft, war Österreich-Ungarn weitaus rückständiger als etwa die westlichen Industrienationen. Vor der Jahrhundertwende allerdings zeigte sich eine wesentliche Verbesserung. In der „Geschichte der österreichischen Arbeiterbewegung" von Hautmann/Kropf heißt es dazu: „Nach Überwindung der Börsenflaute von 1895 setzte ein immer wieder von periodischen Rückschlägen unterbrochener Aufstieg ein, der das Ausmaß einer ‚dritten Gründerzeit' oder ‚Spätgründerzeit' erreichte. Der Zeitraum von 1896 bis zum Ersten Weltkrieg zeigt zwei Zyklen: von 1896 bis 1904 und von 1905 bis 1914. Der Konjunkturanstieg von 1896/97 ging in die Hochkonjunktur von 1898 bis 1900 über. Die Nachfrage an Produkten der jungen Industriezweige — Fahrräder, gezogene Röhren, Düngemittel, elektrotechnische und photographische Artikel — trug wesentlich zu diesem Aufschwung bei. Nach einer Depression folgte 1905 eine Wiederbelebung, die im Zeichen einer internationalen Konjunktur stand. Die Jahre bis 1908 waren eine ausgesprochene wirtschaftliche Blütezeit der Monarchie."
Neue Produktionstechniken erlaubten die Herstellung von Gütern in ungeheuren Mengen, die so groß waren, daß sie über den ursprünglich vorhandenen Bedarf hin-

Bau des Kunsthistorischen Museums auf der Wiener Ringstraße

ausgingen. Der Wirtschaftshistoriker Werner Sombart bemerkte 1912 dazu: „Die Steigerung des Massenbedarfs wird durch eine neue Absatz- oder Handelsmethode erreicht. Nach der alten erzeugt der Produzent und hält der Händler feil, was begehrt wird; zu haben, was der Abnehmer verlangt, ist hiernach das Ziel der Bestrebungen. Nach der neuen sucht man zu bewirken, daß das begehrt wird, was man macht oder anzubieten hat . . . Bei der ersten [Methode] genügt es daher, den Geschmack zu erkunden, bei der letzteren trachtet man danach, ihn zu beeinflussen."

Sowohl die wirtschaftliche Entwicklung mit ihrer Massenproduktion als auch die politische mit der Entstehung von Massenbewegungen verlangten neue Kommunikationsmittel. Voraussetzung für diese verstärkten Reklamebemühungen waren große Fortschritte in der technischen Entwicklung, wie etwa die Verwendung neuer, rationeller Druckverfahren.

Der Bereich der Werbung wurde zu einem eigenen bedeutenden Wirtschaftszweig, ein Apparat, der auch in der Auseinandersetzung der politischen Kräfte immer mehr an Bedeutung gewann.

Eine eigene Kultur der Reklame, des Inserats, des Plakats, der Werbeaktionen entstand. Eine Reihe von Publikationen setzte sich ernsthaft mit dem neuen Phänomen der Werbung auseinander.

Auch im Hinblick auf die künstlerische Gestaltung entwickelte die Reklame eine eigene Formensprache, die durchaus nicht mit der jeweils herrschenden Kunstrichtung übereinstimmen mußte. Provokant betonte der bedeutende Graphiker Julius Klinger im Jahre 1913 den eigenständigen Wert der Gebrauchsgraphik: „Als vor zwanzig Jahren in Deutschland die große Reklamebewegung einsetzte, war man in den beteiligten Kreisen überall der Meinung, die Reklame sei eine Angelegenheit der Kunst. Das war naturgemäß ein Trugschluß. Die Reklame war und ist ihrer inneren Natur nach eine rein wirtschaftliche Sache . . . Heute, wo wir ganz nüchtern sind, wissen wir, daß die Reklame routinierte Fachleute und Handwerker verlangt und daß der ‚Künstler mit Idealen' in dieser Angelegenheit nicht mehr mitzusprechen hat . . . Die kommende Generation der Reklamezeichner wird nicht mehr wie die alte in einem Wust künstlerischer Vorurteile befangen sein, sondern es werden frische, tüchtige Fachleute und Handwerker kommen, die nicht mehr eine einzelne künstlerische Leistung bieten, sondern die versuchen werden, die Reklame zu einem noch breiteren wirtschaftlichen Faktor zu machen. Sie werden versuchen, ihre Arbeiten so einwandfrei zu gestalten, daß auch nach der ästhetischen Seite hin vollständige Befriedigung eintritt."

Diese optimistischen Erwartungen und Prognosen hatten allerdings für die unmittelbare Zukunft nur bedingte Gültigkeit. Der Erste Weltkrieg und die anschließenden ökonomischen Krisen bedeuteten eine arge Hemmung auch für die Entfaltung der Wirtschaftswerbung.

B.D.

Lit.: Gagel, Hanna: Studien zur Motivgeschichte des deutschen Plakats 1900 bis 1914, phil. Diss., Berlin 1971; Hautmann, Hans/Rudolf Kropf: Die österreichische Arbeiterbewegung vom Vormärz bis 1945, Wien 1974, S. 80 f.; Klinger, Julius: Plakate und Inserate, in: Jahrbuch des Deutschen Werkbundes 1913, S. 110 ff.; Kossatz, Horst Herbert: Ornamentale Plakatkunst — Wiener Jugendstil 1897 bis 1914, Salzburg 1970; Patzer, Franz: Die Pioniere des Sozialismus im Wiener Rathaus, Wien 1949; Sombart, Werner: Die deutsche Volkswirtschaft im 19. und Anfang des 20. Jahrhunderts, Berlin 1912, S. 228; Wien in der liberalen Ära (= Forschungen und Beiträge zur Wiener Stadtgeschichte, 1. Bd.), Wien 1978.

32 *Die ganz neu etablirte*
D: [Wien]
[1851], 46x57 cm, P 13 240

Die Firma Anton Günther scheint erstmals 1851 im „Allgemeinen Handels-, Gewerbe- und Fabriks-Almanach für den österreichischen Kaiserstaat" auf. Sie etablierte sich in dem bereits 1398 urkundlich erwähnten Haus Stadt, Nr. 441, nach derzeit gültiger Numerierung: Tuchlauben Nr. 19.
Das heute noch existierende Gebäude wurde zwischen 1720 und 1740 barockisiert.
1979 wurde bei Bauarbeiten in einer Wohnung dieses Hauses ein gotischer Freskenzyklus entdeckt, der, um 1400 entstanden, das älteste Beispiel eines profanen Zyklus von Wandmalereien in Österreich darstellt. Dieses für Wien einmalige Beispiel der bürgerlichen städtischen Kultur des Mittelalters ist stilistisch der böhmischen Kunst des ausgehenden 14. Jahrhunderts zuzuordnen. Die Fresken illustrieren Themen aus den Sommer- und Winterliedern des Minnesängers Neidhart von Reuenthal.
Dieses Plakat, das nach einem zeitgenössischen handschriftlichen Vermerk auf der Rückseite im April 1851 affichiert wurde, ist das bisher älteste Beispiel eines Firmenplakates in der Sammlung der Wiener Stadt- und Landesbibliothek. G.B.

33 *Römischer Circus*
des A. Guerra
D: [Wien]:
[J. Stöckholzer] v. Hirschfeld
1852, 77x58,5 cm, P 13 241

Dieses Plakat bezieht sich auf eine der letzten Vorstellungen, die der damals zweiundsechzigjährige Alexander Guerra, genannt „Furioso", in Wien gab. Der geborene Italiener wurde erstmals 1815 als Mitglied der Kunstreitergesellschaft de Bach in Wien erwähnt und zählte durch sein Temperament und Können bald zu den Lieblingen der Wiener. Er heiratete später Adelheid de Bach und trat noch mehrere Jahre lang mit ihr im Zirkus des Schwiegervaters auf, machte sich aber 1826 selbständig und gründete eine eigene, sehr erfolgreiche Truppe. Jahrelang trat er, unterbrochen von großen Auslandsreisen, die ihn bis nach Petersburg führten, zuerst in der Esterházyschen Reitschule im Roten Haus am Alsergrund, später im Circus gymnasticus de Bachs im Prater auf. Seine zweite Frau, Elise, war ebenfalls eine glänzende Kunstreiterin, und die Darbietungen erfreuten sich regen Zuspruchs. Auch 1852 gastierte Guerras Truppe, die sich nun „römischer Circus" nannte, im Prater. Neben verschiedenen anderen Vorstellungen gab er auf dem Feuerwerksplatz zusammen mit Stuwer große olympische Wagenrennen und Wettfahrten mit anschließendem Feuerwerk. Die „Damen-Vorstellung" am 2. Juli 1852, die in erster Linie von den weiblichen Mitgliedern der Gesellschaft gestaltet wurde, war eine seiner letzten Produktionen. Am 24. Juli wurde die Kassierung des Circus gymnasticus verfügt, Alexander Guerra begleite-

32

Die ganz neu etablirte
Current- und Modewaaren-Handlung
des
Anton Günther,
zum
silbernen Schiff,
Stadt, Tuchlauben, Nr. 441, vis-à-vis dem weißen Rößel,
in Wien,
empfiehlt sich mit den neuesten Damen- und Herren-Artikeln für jede Saison
zu besonders billigen Preisen.

Römischer Circus
des

im k. k. Prater.

Heute Freitag den 2. Juli 1852

große außerordentliche

Damen-Vorstellung

ausgeführt von allen Damen, welche sowohl die Stallmeister-Parthien und die Führung der Peitsche übernehmen, als auch dressirte Race-Pferde vorführen werden. Zum Schluß:

Le Grisette de Paris

ausgeführt von sämmtlichen Damen und mehreren Herren der Gesellschaft.

PROGRAMM.

Erste Abtheilung.

1. **Grosses Damen-Manöver**, im Costume ***a la Rococo***, geritten von 9 Damen, kommandirt von der Direktrice Mad. **Guerra**.
2. ***Caroussel***, geritten von den Damen Madame **Amato**, Madame **Schabek**, Fräulein **Dubois**, und Fräulein **Breiner**.
3. **Oriol**, arabischer Hengst. dressirt in Freiheit, vorgeführt von Fräul. **Kremzow**
4. ***Pas de Shawl***, auf gesatteltem Pferde. von Frl. **Marie Höble**.
5. ***Grand Voltige des Dames*** und **Barierensprünge**, von Fräulein **Breiner**.
6. ***La Permission de 10 heures, Pas de deux*** auf 2 Pferden, von Frl. **Kremzow** und Mad. **Anato**.

Zweite Abtheilung.

7. **Triumph der Minerva**, große Produktion auf 6 ungesattelten Pferden, von Fräulein **Dubois**.
8. **Simon**, kleiner Ponni, dressirt in Freiheit, wird unter andern Sprüngen über 3 kleine Pferde springen, vorgeführt von Mad. **Anato**.
9. ***Pas de Manteau***, graziöse Stellungen auf gesatteltem Pferde, von Fraulein **Kremzow**.
10. **Außerordentliche Pas und Temposprünge** auf gesatteltem Pferde von Frl. **Clotilde Guerra**.

Zum Schluß:

Le Grisette de Paris,

komische Scene, ausgeführt von sämmtlichen Damen und mehreren Herren der Gesellschaft.

In den Zwischenpausen werden die beiden Komiker Hr. ***Levasseur*** aus Paris, und der Engländer **Josef** das P. T. Publikum bestens zu unterhalten suchen.

Preise der Plätze die gewöhnlichen. Alles übrige ist bekannt.

Anfang halb 6 Uhr.

Morgen große Vorstellung.

v. Hirschfeld'sche Buchdruckerei.

33

Kundmachung.

Der 18. Februar 1853 ward in den Mauern der Kaiserstadt durch ein Verbrechen bezeichnet, welches unerhört in der Geschichte der Völker Oesterreichs, die Brust eines jeden rechtschaffenen Staatsbürgers mit Entsetzen, Abscheu und dem tiefsten Schmerze erfüllen muß.

Johann **Libényi** zu Csakvar, Stuhlweißenburger Komitates in Ungarn, am 8. December 1831 geboren, somit kaum über 21 Jahre alt, katholischer Religion, unverheirathet, vom Gewerbe ein Schneider, und Sohn des Johann Libényi, eines unbescholtenen Schneidermeisters, Haus- und Grundbesitzers in Csakvar, während der ganzen Zeit der ungarischen Revolution als Militär-Schneider in der Monturs-Kommission zu Arad verwendet, und nach der Waffenstreckung bei Vilagos vorwurfsfrei entlassen, trat schon im Jahre 1850 zu Pesth mit Arbeitern seines Gewerbes in Verkehr, welche, mißvergnügt über die durch die siegreichen Waffen der rechtmäßigen Regierung niedergehaltene Umwälzung, und unzufrieden mit den neuen politischen und administrativen Verhältnissen des Königreiches Ungarn, durch fortwährenden wechselseitigen Austausch ihrer schlechten Gesinnungen, einen vorerst nur flüchtigen Gedanken zur Befreiung ihres Vaterlandes von der kaiserlichen Oberherrschaft in dem Gemüthe des Inquisiten erregten.

Bei diesen Zusammenkünften in den Werkstätten, Gasthäusern und Schlupfwinkeln, wurden die mit dem neuen Stande der Dinge unzufriedenen Arbeiter, unverkennbar geleitet von der vorsichtigen und schlauen Einwirkung geheimer Wühler, allmälich zu der Vorstellung gebracht, daß nur in der Beseitigung des Allerhöchsten Staats-Oberhauptes das Ziel ihrer Wünsche aufgesucht und gefunden werden könne.

Vorbereitet durch solche Anleitungen und Verhetzungen, begab sich Inquisit im Monate März 1851 nach Wien, suchte auch hier größtentheils nur die Bekanntschaft und den Umgang mit gleichgesinnten Menschen, besonders mit seinen Landsleuten und Gewerbsgenossen, mit welchen bei Gesprächen und Zusammenkünften über die vorgebliche Bedrückung des Landes durch die kaiserliche Regierung in derselben Weise wie zu Pesth verkehrt, und bei dem Lesen regierungsfeindlicher Schriften jedes Ereigniß für ihre bösen Absichten ausgebeutet ward.

Man überbot sich dabei in den feindseligsten Aeußerungen und Ausfällen gegen Seine kaiserliche königliche Apostolische Majestät, und bald wurde zwischen den Theilnehmern dieser Arbeiter-Clubbs die Hoffnung ausgesprochen, daß Allerhöchstdieselben, bei der damaligen Rundreise in Ungarn und Siebenbürgen, der mörderischen Hand eines ihrer Gesinnungsgenossen unterliegen werden.

Nach der glücklichen Rückkehr des kaiserlichen Herrn, in diesen schändlichen Erwartungen getäuscht, ward der Haß und die Erbitterung des Johann Libényi bei den fortgesetzten Winkelversammlungen nur noch tiefer aufgestachelt und der frühere Gedanke an die Ermordung Seiner Majestät bereits zum Vorsatze herangebildet, wobei der Verurtheilte schon auf Gelegenheit, Art und Mittel sann, wie er sein entsetzliches Vorhaben mit dem sichersten Erfolge des Gelingens zur Ausführung bringen könnte.

Vor ungefähr zwei Monaten war es, als er sich in eine Verkaufsbude des hiesigen Tandelmarktes begab, und unter mehreren Küchenmessern verschiedener Größe dasjenige sich aussuchte, und kaufte, welches ihm für die fluchwürdige That am tauglichsten schien; worauf er die mit einem starken hölzernen Griffe versehene, zehn ein Viertel Zoll lange, sehr spitzige, und am Griffe zwei Zoll breite Klinge, bei einem bürgerlichen Schleifer in der Leopoldstadt, nicht nur an der Schneidseite, sondern auch am Rücken in der Länge von fünf Zoll aufwärts der Spitze, scharf und dolchartig schleifen ließ, mit welcher furchtbaren Waffe versehen, die er verborgen unter seinem Ueberrocke trug, und bereits zur Kenntniß gelangt, daß Seine k. k. Apostolische Majestät gewöhnlich auf den Basteien der Stadt zur Mittagszeit einen Spaziergang zu machen pflegen, er durch mehrere Wochen an verschiedenen Stellen dieser Promenade Allerhöchst Demselben aufzulauern bemüht war.

Dieß wiederholte Libényi, nach seinem eigenen Geständnisse, mit kurzer Unterbrechung durch zwölf Tage, ohne daß sein völlig entmenschtes Gemüth jemals vor dem gräßlichen Verbrechen zurückschauderte, bis der verhängnißvolle Tag, der 18. Februar 1853, zwischen 12 und 1 Uhr Mittags, Gelegenheit zur Erreichung seiner lange gehegten teuflischen Absicht ihm darbot.

Ohne sein gewöhnliches Mittagsmahl genossen zu haben, verließ er um zwölf Uhr, nach verrichteter Arbeit, die Wohnung seines Meisters in der Leopoldstadt, verfolgte von dort den Weg zunächst in die Stadt, dann auf die Bastei, neben dem Rothenthurmthor, und sofort gegen das Kärntnerthor, wo eben Seine Majestät der Kaiser in Begleitung Allerhöchst Ihres Flügel-Adjutanten Herrn Obersten Grafen O'Donel im Begriffe des gewöhnlichen Spazierganges angekommen waren, und ungefähr 60 Schritte vom Kärntnerthore abwärts stehen blieben, um über die drei ein Viertel Schuh hohe Brustwehr der Bastei gelehnt, eine unterhalb derselben aufgestellte Abtheilung neu eingerückter Militär-Urlauber zu besehen.

In diesem Augenblicke näherte sich der kurz zuvor von der entgegengesetzten Seite herangekommene, und in einer Entfernung von acht Schritten dortselbst gestandene Johann Libényi nach schnell aufgeknöpftem Oberrocke und dem unter demselben verborgenen Mordinstrumente, zuerst vorsichtig der Allerhöchsten Person des Monarchen, sprang dann, wahrhaft nach Tigerart, mit einem Satze, und das Mordwerkzeug in der rechten Hand schwingend, rücklings gegen Seine Majestät, und versetzte Allerhöchst Demselben, unter Anwendung aller ihm zu Gebote stehenden Kraft, mit der Spitze des Messers einen so gewaltigen Stoß auf das Hinterhaupt, daß die Klinge an der Spitze einen Zoll lang, aufwärts schief gebogen ward.

Im Beginne, noch weitere Stöße gegen das geheiligte Haupt Seiner Majestät zu führen, die er nach gerichtlichem Selbstgeständnisse, bis zur Vollendung der Unthat fortgesetzt haben würde, ward er glücklicher Weise durch den Herrn Obersten Grafen O'Donel rasch zu Boden gerissen, sodann von dem hiesigen Bürger Joseph Ettenreich, und bald darauf durch die Dazwischenkunft anderer Personen vollends überwältiget, und mittelst der herbeigerufenen Militär-Patrouille, zur Haft gebracht.

In Wuth entbrannt über den mißlungenen Meuchelmord, welchen die göttliche Hand der Vorsehung auf wunderbare Weise von dem theuern Leben Seiner k. k. Apostolischen Majestät sichtbar abgewendet hat, bediente sich Johann Libényi noch auf dem Wege zu dem Gefängnisse bezeichnender Exclamationen für die freie Republik und D e n j e n i g e n, der sein Vaterland durch Aufruhr und Hochverrath in so tiefe Leiden gestürzt, und dasselbe durch einen neuen revolutionären Aufruf aus sicherem Verstecke allen Gräueln des Bürgerkrieges abermals zu überliefern bemüht ist.

Nachdem Johann Libényi dieser fluchwürdigen Handlung mit allen zuvor angeführten Einzelnheiten gerichtlich geständig, sowie auch durch viele und umfassende Zeugenaussagen bei vollkommen sicher gestelltem Thatbestande gesetzlich überwiesen ist; so ward er durch das competente kriegsgerichtliche Urtheil vom 23. d. M. auf Grund der Allerhöchsten Entschließung vom 26. December 1851, der Proclamation über den Belagerungszustand der Reichs-Haupt- und Residenzstadt Wien vom 1. November 1848 und 27. Februar 1849 nach Bestimmung des 5. Kriegsartikels, in Verbindung mit dem Artikel 61 des Militärstrafgesetzbuches, wegen des Verbrechens des Hochverrathes durch meuchlerischen Mordanfall gegen die Allerhöchste Person Seiner k. k. Apostolischen Majestät **Franz Josef** des **Ersten**, zum Tode durch den Strang verurtheilt, welches Urtheil nach gerichtsherrlicher Bestätigung und vorschriftsmäßiger Kundmachung an Johann Libényi auf dem dazu bestimmten Richtplatze heute vollzogen worden ist.

Wien, am 26. Februar 1853.

Aus der k. k. Hof- und Staatsdruckerei.

Von der kriegsgerichtlichen Section des k. k. Militär-Gouvernements.

34

Das Attentat auf Kaiser Franz Joseph

te von nun an seine Töchter Clotilde und Lisette auf ihren Reisen. G.B.

Lit.: Pemmer, Hans: Der Kunstreiter Alexander Guerra und Wien. Ein Beitrag zur Wiener Zirkusgeschichte; SA: Amtsblatt der Stadt Wien, Nr. 21 und 22 vom 13. und 16. 3. 1963, S. 8.

34 *Kundmachung*

D: Wien: k.k. Hof- und Staatsdruckerei
1853, 45x56 cm, P 13 242

Eine Darstellung des Herganges eines Attentates auf Kaiser Franz Joseph I. 1853 und die Bekanntmachung der Hinrichtung des Attentäters:
Vier Jahre nach Niederschlagung der Revolution gab es in Wien schwere soziale Spannungen. Ständige Erhöhungen der Lebensmittelpreise und empfindliche Wohnungsnot machten das Leben vor allem der einkommensschwachen Bevölkerungsschichten sehr entbehrungsvoll. Die Stimmung war dem-

An Meine Völker!

Ich habe Meiner treuen und tapferen Armee den Befehl gegeben, den von dem Nachbarstaate Sardinien seit einer Reihe von Jahren ausgehenden, in der jüngsten Zeit auf ihren Höhepunct angelangten Anfeindungen unbestreitbarer Rechte Meiner Krone, und des unverletzten Bestandes des Mir von Gott anvertrauten Reiches, ein Ziel zu setzen.

Ich erfüllte damit eine schwere, aber unvermeidliche Regentenpflicht.

Ruhig in Meinem Gewissen kann Ich zu Gott dem Allmächtigen aufblicken, und Mich Seinem Richterspruche unterwerfen.

Ich stelle getrost Meinen Entschluß der unparteiischen Beurtheilung der Mit- und Nachwelt anheim; der Zustimmung Meiner treuen Völker bin Ich gewiß.

Als vor mehr denn zehn Jahren der gleiche Feind, mit Verletzung alles Völkerrechtes und Kriegsbrauches, ohne irgend eine ihm gegebene Veranlassung, nur in der Absicht, das lombardisch-venetianische Königreich an sich zu reißen, in das Gebiet desselben mit Heeresmacht einfiel, als er zweimal von Meinem Heere nach ruhmwürdigem Kampfe aufs Haupt geschlagen, der Macht des Siegers preisgegeben war, übte Ich nur Großmuth, und reichte die Hand zur Versöhnung.

Ich habe keinen Zoll breit seines Landes Mir angeeignet, kein Recht, welches der Krone von Sardinien im Kreise der europäischen Völkerfamilie zukömmt, angetastet; Ich habe keine Gewähr gegen die Wiederholung ähnlicher Ereignisse Mir ausbedungen; — in der Hand der Versöhnung, die Ich aufrichtig darreichte und die angenommen ward, habe Ich sie allein zu finden geglaubt.

Dem Frieden brachte Ich das Blut zum Opfer, welches von Meinem Heere für Oesterreichs Ehre und Recht vergossen wurde.

Die Antwort auf diese in der Geschichte wohl einzig dastehende Schonung war die ungesäumte Fortsetzung der Feindschaft, eine von Jahr zu Jahr sich steigernde, mit allen Mitteln der Treulosigkeit ausgerüstete Agitation gegen die Ruhe und das Wohl Meines lombardisch-venetianischen Königreiches.

Wohl wissend, was Ich dem kostbaren Gute des Friedens für Meine Völker und für Europa schuldig bin, trat Ich auch diesen neuen Anfeindungen mit Geduld entgegen.

Sie erschöpfte sich nicht, als die umfassenderen Maßregeln, welche Ich in der jüngsten Zeit, durch das Uebermaß wühlerischer Aufreizung an den Gränzen Meiner italienischen Lande und innerhalb derselben, für deren Sicherheit zu treffen gezwungen war, neuerdings als Anlaß zu gesteigertem feindlichem Auftreten benützt wurden.

Der wohlwollenden Vermittlung befreundeter Großmächte für die Erhaltung des Friedens bereitwillig Rechnung tragend, willigte Ich in die Theilnahme an einem Congresse der fünf Großmächte.

Die von der königlich-großbritannischen Regierung als Grundlage der Congreß-Berathung vorgeschlagenen und Meiner Regierung übermittelten vier Puncte nahm Ich unter Bedingungen an, wie sie nur geeignet seyn konnten, das Werk eines wahren, aufrichtigen und dauerhaften Friedens zu fördern.

In dem Bewußtsein, daß kein Schritt von Seite Meiner Regierung geschehen, der nur im Entferntesten zur Störung des Friedens hätte führen können, stellte Ich aber gleichzeitig das Verlangen, daß jene Macht vorläufig entwaffne, welche die Schuld an den Wirren und an der Gefahr der Friedensstörung trägt.

Auf das Andringen befreundeter Mächte gab Ich endlich Meine Zustimmung zu dem Vorschlage einer allgemeinen Entwaffnung.

Die Vermittlung scheiterte an der Unannehmbarkeit der Bedingungen, an welche Sardinien seine Einwilligung band.

So blieb nur noch Ein Schritt zur Erhaltung des Friedens übrig. Ich ließ unmittelbar an die königlich-sardinische Regierung die Forderung richten, ihre Armee auf den Friedensfuß zu setzen, und die Freischaaren zu entlassen.

Sardinien hat diesem Begehren nicht entsprochen. Damit ist der Zeitpunct gekommen, wo nur noch in der Entscheidung der Waffen das Recht seine Geltung suchen muß.

Ich habe Meiner Armee den Befehl gegeben, in Sardinien einzurücken.

Ich kenne die Tragweite dieses Schrittes, und wenn je die Regentensorgen schwer auf Mir lasteten, so ist es in diesem Augenblicke. — Der Krieg ist eine Geißel der Menschheit; Ich sehe mit bewegter Brust, wie sie Tausende Meiner treuen Unterthanen an Leben und Gut zu treffen droht; Ich fühle tief, welch' schwere Prüfung gerade jetzt der Krieg für Mein Reich ist, das auf der Bahn geordneter innerer Entwicklung fortschreitet, und für diese der Fortdauer des Friedens bedarf.

Allein das Herz des Monarchen muß schweigen, wo nur noch Ehre und Pflicht gebieten.

An der Gränze steht gewaffnet der Feind, im Bunde mit der Partei des allgemeinen Umsturzes, und mit dem offenen Plane, Oesterreichs Besitz in Italien an sich zu reißen. Zu seiner Unterstützung setzt der Herrscher Frankreichs, der unter nichtigen Vorwänden in die völkerrechtlich geregelten Verhältnisse der italienischen Halbinsel sich einmischt, seine Truppen in Bewegung; Abtheilungen derselben haben bereits die Gränzen Sardiniens überschritten.

Ernste Zeiten sind schon über die Krone weggegangen, die Ich von Meinen Ahnen fleckenlos ererbt; die glorreiche Geschichte Unseres Vaterlandes gibt Zeugniß, daß die Vorsehung, wenn die Schatten einer die höchsten Güter der Menschheit bedrohenden Umwälzung über den Welttheil sich auszubreiten drohten, oft sich des Schwertes Oesterreichs bediente, um mit seinem Blitze die Schatten zu zerstreuen.

Wir stehen wieder am Vorabend einer solchen Zeit, wo der Umsturz alles Bestehenden nicht mehr blos von Secten, sondern von Thronen herab in die Welt hinausgeschleudert werden will.

Wenn Ich nothgedrungen zum Schwert greife, so empfängt es die Weihe, eine Wehr zu seyn für die Ehre und das gute Recht Oesterreichs, für die Rechte aller Völker und Staaten, für die heiligsten Güter der Menschheit.

An Euch aber Meine Völker, die Ihr durch Euere Treue gegen das angestammte Herrscherhaus ein Vorbild seid für die Völker des Erdkreises, ergeht Mein Ruf, Mir mit der altbewährten Treue, Hingebung und Opferwilligkeit in dem ausgebrochenen Kampfe zur Seite zu stehen; an Euere Söhne, die Ich in die Reihen Meines Heeres gerufen, sende Ich, Ihr Kriegsherr, Meinen Waffengruß; mit Stolz dürft Ihr auf sie hinblicken, in ihren Händen wird der Adler Oesterreichs hoch in Ehren sich schwingen.

Unser Kampf ist ein gerechter. Wir nehmen ihn auf mit Muth und Vertrauen.

Wir hoffen in diesem Kampfe nicht allein zu stehen.

Der Boden, auf dem Wir kämpfen, ist auch mit dem Blute des deutschen Brudervolkes gedüngt, als eine seiner Schutzwehren errungen, und bis auf diese Tage behauptet; dort haben Deutschlands arglistige Feinde zumeist ihr Spiel begonnen, wenn es galt, seine Macht im Innern zu brechen. Das Gefühl einer solchen Gefahr durchzieht auch jetzt die deutschen Gauen, von der Hütte bis zum Throne, von einer Gränze zur anderen.

Ich spreche als Fürst im deutschen Bunde, wenn Ich auf die gemeinsame Gefahr aufmerksam mache, und an die glorreichen Tage erinnere, wo Europa der allgemein aufflammenden Begeisterung seine Befreiung zu danken hatte.

Mit Gott fürs Vaterland!

Gegeben in Meiner Residenz- und Reichs-Hauptstadt Wien am achtundzwanzigsten April des Jahres 1859.

Franz Joseph m. p.

35

entsprechend. Auch in anderen Teilen der Monarchie gärte es, am 6. Februar 1853 fand in Mailand eine breite Volkserhebung statt, das Verhältnis mit Ungarn blieb gespannt.

In diese Zeit fiel das Attentat.

Am 18. Februar mittags machte der Kaiser in Begleitung des Flügeladjutanten Graf O'Donel einen Spaziergang über die Bastei. Ein ungarischer Schneidergeselle, Johann Libényi, versuchte den Kaiser mit einem Küchenmesser in den Rücken zu stechen und verletzte ihn leicht. Der Flügeladjutant und ein zufällig vorbeikommender Bürger, Ettenreich, fingen den Attentäter. Dieser brachte zu seiner Verteidigung vor, sein Vaterland Ungarn rächen zu wollen.

Man versuchte Hintermänner des Ungarn ausfindig zu machen und glaubte einer ungarischen Verschwörung auf der Spur zu sein. Auch auf diesen Verdacht geht der Inhalt der Kundmachung ein. Am 26. Februar wurde Johann Libényi gehenkt.

Einen Tag nach dem Attentat erließ Erzherzog Ferdinand Max, der älteste Bruder des Kaisers, einen Aufruf, als Denkmal für die „Rettung" des Kaisers einen Fond zur Errichtung einer „Votivkirche" zu gründen. So kam Wien zu seiner Votivkirche. J.K.

35 *An Meine Völker!*
D: Wien: k.k. Hof- und Staatsdruckerei
1859, 45x58 cm, C 52 538

Der Inhalt dieses Manifestes stellt praktisch die Kriegserklärung gegen Piemont-Sardinien und Frankreich dar. Ausgangspunkt dieses Krieges waren die Unabhängigkeitsbestrebungen der Italiener gegenüber Österreich und der Versuch Frankreichs, seinen Einfluß in Italien zu vergrößern. Sardinien unterstützte die nationalrevolutionären Kräfte in Lombardo-Venetien.

Daraufhin erklärte der Kaiser den Krieg, welcher der Lombardei, der Toskana und Modena die Unabhängigkeit von Österreich brachte.

Diplomatisch war dieser Krieg von Österreich schlecht vorbereitet, auch militärisch war die Monarchie nicht voll gerüstet, und vor allem fehlten dem verschuldeten Reich ausreichende finanzielle Mittel.

Österreich erlitt empfindliche Niederlagen bei Magenta, westlich von Mailand, und bei Solferino. Es offenbarten sich große Mängel bei der Organisation des Nachschubs, in der Kriegskassa war kein Geld mehr, und so mußte der Kaiser auf die von Napoleon III. vorgeschlagenen Verhandlungen eingehen. Dem Vorfrieden von Villafranca folgte der Friedensschluß von Zürich am 10. November 1859, wobei Österreich die Lombardei, die Toskana und Modena abtreten mußte.

Die Unabhängigkeitsbestrebungen in Italien erhielten durch diesen Sieg ungeheuren Auftrieb, in Österreich selbst begann das neoabsolutistische Regime zu wanken. Es war der letzte Anstoß zum Fall des Neoabsolutismus. J.K.

Aufruf!

In Folge blutiger Schlachten häufen sich kranke und verwundete Krieger! Das größte Bedürfniß dieser heldenmüthigen Söhne Oesterreichs ist in diesem Augenblicke Wäsche. — Der Verein hat schon eine große Anzahl Hemden angeschafft und verschickt, und viele in der Arbeit. — Aber Alles ist noch zu wenig; er wendet sich daher nochmals an die so erprobte Menschenfreundlichkeit und Vaterlandsliebe aller Oesterreicher mit der Bitte, ihm, was jeder an Hemden und Gattien entbehrlich hat, schnellmöglichst zukommen zu lassen. — Gottes Segen und des Vaterlandes Dank den edlen Wohlthätern. — Ungebeugt rufen wir:

Mit Gott, für Kaiser und Vaterland!

Vom patriotischen Hilfsvereine während der Kriegsdauer.

Colloredo-Mannsfeld, Präsident.

Aus der k. k. Hof- und Staatsdruckerei.

36

36

Aufruf!
D: [Wien]: k.k. Hof- und Staatsdruckerei
[1859], 58x77 cm, C 52 538

Die beiden großen Schlachten während des Krieges 1859 in Italien gehörten für beide Seiten zu den blutigsten, vor allem die Schlacht bei Solferino. Angesichts des Blutbades auf diesem Schlachtfeld gründeten ja H. Dunant und Moynier 1863 das „Rote Kreuz", das sich Katastrophenhilfe und Verwundetenpflege zum Ziel gesetzt hat. In der Folge entstanden dann der rote Halbmond in der Türkei, rote Sonne und Löwe im Iran und rote Sonne in Japan. Heute umfaßt das „Rote Kreuz" über 100 Millionen Mitglieder.

Diese verlustreichen und blutigen Kämpfe konnten auch im fernen Wien nicht unbekannt bleiben, und so setzte in breiten Bevölkerungskreisen eine Welle der Unterstützung für die Soldaten ein.

Dies geschah auch von diesem „patriotischen Hilfsverein während der Kriegsdauer". J.K.

37

Vom patriotischen Vereine der Wiener Künstler
D: [Wien]: k.k. Hof- und Staatsdruckerei
1859, 45x58 cm, C 52 538

Wie in allen Kriegen wurde auch 1859 versucht, an die patriotischen Gefühle der Bevölkerung zu appellieren, um zusätzliche Mittel für die Kriegsführung zu erhalten — wie etwa hier von einem Verein der Wiener Künstler zur Versorgung verwundeter Soldaten.

Der Gemeinderat der Stadt Wien ging sogar soweit, Freiwilligencorps aufzustellen und auszurüsten. In Wien war man sehr siegessicher, gleichzeitig erkannte man aber, daß durch einen Sieg das herrschende absolutistische System gefestigt werden würde und das trübte doch ein wenig die Stimmung. Die dann erlittene Niederlage wurde daher vielfach nicht allzu negativ aufgenommen, da man sich dadurch eine Änderung des Regierungssystems erhoffte. J.K.

37

Vom patriotischen Vereine der Wiener Künstler, als Abtheilung des patriotischen Hilfs-Vereines während der Kriegsdauer.

Von Sonntag den 5. Juni 1859 angefangen, ist die Kunstausstellung der Wiener Künstler täglich von 9 Uhr Früh bis 5 Uhr Abends geöffnet. Stadt Nr. 562, 1. Stock, im Lokale des österreichischen Kunst-Vereines.

Eintrittspreis: 50 Kreuzer österr. Währung, Catalogpreis: 5 Kreuzer österr. Währung. Jedes Eintrittsbillet gilt zugleich als Mitgliedskarte des Vereines und als Antheilschein zur Verlosung.

Zwei Drittheile des Rein-Ertrages sind zu Gunsten verwundeter Krieger, Ein Drittheil zum Ankauf ausgestellter Kunstwerke für die Verlosung bestimmt.

Für das Comité:

Friedrich Friedländer,
Abtheilungs-Vorstand und Ausschuß des patriotischen Hilfs-Vereines während der Kriegsdauer.

Aus der k. k. Hof- und Staatsdruckerei.

38

Affen-Theater
D: Wien:
J. Stöckholzer v. Hirschfeld
[1862], 79x51 cm, D 79 738

Der Prater beherbergte schon im 18. und anfangs des 19. Jahrhunderts in der Jägerzeile, der heutigen Praterstraße, zeitweilig Tierschauen. 1829 finden wir in Bäuerles Theaterzeitung Nachrichten vom Affentheater der Herren Advinent und Velté. In bezug auf Dekorationen, Maschinen, Verwandlungen, Kostüme und Musik konnten diese Vorstellungen nach Aussagen der Zeitgenossen mit den anderen Bühnen durchaus in Konkurrenz treten. 1847 eröffnete Heinrich Schreyer ein derartiges Theater an der Stelle des heutigen Praterkinos.

1862 und 1866 kam der Holländer Broekmann aus Amsterdam mit seiner Tiertruppe. Sein zierlich ausgestattetes Theater stand auf der Feuerwerkswiese. Besonders beliebt war die Äffin Pompadour und ein blauer Mandrill als Diener. Ein großer Pavian führte ein Schulpferd vor, und der Hund Castor ritt „im strengsten Carriere ohne Sattel und Zaumzeug". Ja sogar militärische Evolutionen führten die Affen zu Pferde auf, wie „Die Bestürmung von Saida". Broekmanns Darbietungen müssen sehr beliebt gewesen sein, denn 1877 finden wir ihn noch einmal im Prater, und zwar im „Dritten Kaffeehaus", engagiert von Anton Ronacher, dem späteren Besitzer des gleichnamigen Varietés in der Inneren Stadt. E.K.

Es finden **nur noch 5 Vorstellungen** statt.

Affen-Theater

im k. k. Prater.

Heute Mittwoch grosse **Vorstellung.**

Anfang **6** Uhr.

Erste Abtheilung.

Das Festessen in Vierlanden,
wozu die Festgebende alle ihre Freunde und Bekannten eingeladen hat. Die Kellner und die Kellnerinnen werden durch ihre Scherze die Anwesenden zu unterhalten suchen.

Steyerische Tändeleien.

Der Akrobat auf dem Schwungseil.

Der noble Spaziergang der Madame Pompadour.
oder: Fatalitäten eines Schleppkleides.

Das Potpourri, von sämmtlichen Hunden ausgeführt, wobei sich namentlich 2 Hunde auf einem Fasse als Faßläufer auszeichnen werden.

Abenteuerliche Reise im Harz von Müller und Schulze.

Zweite Abtheilung.

Das Springpferd HECTOR,
wird sich in seinen außerordentlichen Exercitien produziren, indem es über eine 4 Fuß hohe Barriere und durch einen 2 Fuß großen Reifen zu gleicher Zeit springen wird.

Der famose Brückensprung, oder der Hund **Castor,**
wird im Tempo durch Papierreife springen, darauf den Brückensprung ausführen, und zum Schluß à la Robinson im strengsten Carriere ohne Sattel und Zaum endigen.

Das Schulpferd SIMON,
geritten vom großen Pavian als Stallmeister, wird durch seine Vollkommenheit in der Dressur das geehrte Publikum in das größte Staunen setzen.

Zum Schluß der Vorstellung:

Englisches Hurdle-Rennen,

ausgeführt von sämmtlichen Künstlern der Gesellschaft, endigend mit den Sprüngen über Barrieren, Hecken und Cascaden.

Sämmtliche Thiere von L. Broekmann dressirt und vorgeführt.

Preise der Plätze: Ein Cercle-Sitz **1** fl. **50** kr. — Ein Sperrsitz **1** fl. — Erster Platz **60** kr. — Zweiter Platz **30** kr. — Gallerie **20** kr.

Kinder unter 10 Jahren zahlen in Begleitung Erwachsener auf dem **1.** und **2. Platz die Hälfte.**

Billets sind Mittags von 11 bis 1 Uhr an der Cassa der Arena zu haben.

Cassaöffnung eine Stunde vor Beginn der Vorstellung.
Billets sind für den Tag gültig, an welchem sie gelöst sind.

38 Gedruckt bei J. Stöckholzer v. Hirschfeld.

L. Broekmann aus **Amsterdam.**

FEST-ANZEIGE.

Zufolge Beschlusses des Gemeinderathes der k. k. Reichshaupt- und Residenzstadt Wien findet

Dinstag den 18. August 1863

zur Feier des Geburtsfestes Allerhöchst Sr. apost. Majestät des Kaisers

FRANZ JOSEF I.

im k. k. Prater ein grosses

VOLKS-FEST

zu wohlthätigen Zwecken statt,

dessen **Reinerträgniß** zur Hälfte den **Rothleidenden** in **Ungarn**, zur Hälfte dem **Wiener Armenfonde** zugewendet wird.

Es werden mitwirken: 1. **Sämmtliche Wiener und mehrere auswärtige Männer-Gesangs-Vereine.** — 2. Der **Wiener Turn-Verein.** — 3. Die Herren Kapellmeister **Strauß** und **Morelly** mit ihren großen Orchestern. — 4. **Sämmtliche in und um Wien stationirten eilf k. k. Militär-Musik-Kapellen,** und zwar: von den k. k. Infanterie-Regimentern Nr. 2 **Kaiser Alexander von Rußland**, Nr. 14 **Großherzog von Hessen**, Nr. 24 **Herzog von Parma**, Nr. 27 **König der Belgier**, Nr. 69 **Graf Jellacic**, Nr. 79 **Ritter von Franck**; vom k. k. 2. Artillerie-Reg. **Erzherzog Ludwig**; von den k. k. Kürassier-Regimentern Nr. 3 **König Johann von Sachsen** und Nr. 7 **Herzog von Braunschweig**; vom 8. Bataillon des **Kaiser Jäger-Regimentes** und vom k. k. 8. **Feldjäger-Bataillon.** 5. Die **Wiener Dienstmanns-Kapelle,** unter der Leitung des Herrn **Theodor Müller.**

Anfang des Festes um 3 Uhr Nachmittags.

Sämmtliche **Militär-Musik-Kapellen** versammeln sich um ½ **3 Uhr** bei dem Eingange des Praters in der Feuerwerksallee und ziehen bei Beginn des Festes mit klingendem Spiele auf die für sie bestimmten Plätze. Hierauf beginnt in den **beiden festlich geschmückten Tanz-Pavillons** die **Konzertmusik**, und zwar in jenem auf der Kaiserwiese von der **Kapelle des k. k. Inf.-Reg. König der Belgier**, in jenem auf der Vermählungswiese von der **Kapelle des k. k. Infanterie-Regiments Großherzog von Hessen.**

Dauer der Concert-Musik bis 6 Uhr Abends.

Um 6 Uhr **beginnen daselbst die beiden Festbälle**, die Musik hierbei steht unter persönlicher Leitung der beiden Herren **Kapellmeister**

STRAUSS & MORELLY.

Herr Kapellmeister **Strauß** wird die Ehre haben, eine neue, ihm zur Produktion als Festspende zugekommene Walzerpartie vorzutragen, unter dem Titel **„FESTGRÜSSE".**

Ebenso wird Herr Kapellmeister **Morelly** eigens zu diesem Feste von ihm komponirte Walzer vortragen, unter dem Titel: **„Erinnerungen an den Brigitten-Kirchtag".**

Das Arrangement der Tänze besorgen die Herren **Rabensteiner** und **Schwott.**

Die bis dahin zur Konzertmusik verwendeten Militär-Musikkapellen werden sich dann auf andern Plätzen produziren.

In den eigens hiezu erbauten **Tagstheatern** werden von **3 Uhr Nachmittags** bis **12 Uhr Nachts** sich produziren:

1. In der **Au** links der Feuerwerksallee die **Singspielhallen-Gesellschaft** des Herrn **Boulet.**
2. Auf der Vermählungswiese der **Volkssänger** Herr **Kampf** mit seiner Gesellschaft.
3. Auf der Wiese neben dem Gasthause zum Hirsch nächst der Hauptallee der **Escamoteur** Herr **Zeynard.**
4. Auf der Cirkuswiese die **Gesellschaft** des Herrn **Francesco Walter**, mit ihren **mimischen, athletischen, akrobatischen und gymnastischen Kunstleistungen.**

Nächst dem Gasthause zum Einsiedler auf der Vermählungswiese Produktion des **Wunderkindes: die Hellseherin genannt**, abwechselnd mit einem **Glockenspieler.**

In der Mitte dieses Platzes wird in einer eigens hiezu erbauten **Einsiedelei** ein **Eremit** sich bemühen, das Publikum mit seinen **Orakelsprüchen** zu erheitern.

Produktionen der persischen Gymnastiker, indianische Kunstfertigkeitsspiele, Kraftübungen und komische Intermezzos, ausgeführt von der Gesellschaft des Herrn **Joh. Oberhauser.**

Herr **Domenico Laurini** wird auf verschiedenen Plätzen seine dressirten Affen und Hunde vorführen.

Am Ausgange der kleinen Feuerwerksau: Schaustellung eines Modelles des **Kriegsschiffes „Kronprinz Rudolf"**, nebst Schlachtenbildern auf einer besonders dekorirten Tribune.

Das **Wiener National-Quartett** des Herrn **Debiasy**, die **Tiroler Sängergesellschaft** des Herrn **Josef Mutschlechner** aus dem Pusterthale, mehrere **Improvisatoren** und ein **Figaro** werden fortwährend bemüht sein, das Publikum in ihrer Weise nach Kräften zu unterhalten.

Zwei Kletterbäume, mit Preisen ausgestattet, werden zur Benützung freigestellt sein.

Ebenso wird zu verschiedenen Stunden ein **Sacklaufen** veranstaltet.

Am Saume der Schüttlmais nächst dem Thiergarten findet ein von Herrn **JOSEF SPERL** arrangirter

Wäschermädchen-Ball

statt. Die Musik hiebei von Herrn **KARL DRAHANEK.**

Von 4 Uhr bis ½6 Uhr und von ½7 Uhr bis vor Beginn des Feuerwerkes werden sich viele aerostatische Figuren, als **Boten der Freude in die Luft erheben,**

darunter: ein Ballon mit der Aufschrift: **„HOCH ÖSTERREICH."**

Ein Pöllerschuß bezeichnet den jedesmaligen Beginn dieser Produktion.

Am Feuerwerksplatze und auf der Cirkuswiese werden von 3 Uhr an **Militär-Musik-Kapellen** die neuesten Kompositionen aufführen.

Um halb 6 Uhr gleichzeitig große

Gesangsproduktionen sämmtlicher Gesangs-Vereine

auf drei hiezu eigens erbauten Tribunen: und zwar auf dem Platze rückwärts des Feuerwerksplatzes rechts von der Feuerwerksallee

Grosses Volks-Concert des Wiener Männer-Gesangs-Vereines,

Dirigent: Herr **HERBECK**, k. k. Hof-Vicekapellmeister.

PROGRAMM: 1. Zöllner, **„Das Wandern"**. Chor. 2. Berner, **„Studentengruß"**. Chor. 3. Gumpert, **„Ständchen."** Tenorsolo und Brummstimmen. 4. Abt, **„All-Deutschland"**. Chor mit Orchester. — 5. Braun, **„Mutterseelenallein"**. Chor. — 6. Silcher, **„Oberschwäbisches Tanzlied"**. Volkslied für Chor. — 7. Otto, **„Schlosserlied"**. Chor. — 8. **„Volkshymne mit Orchester"**.

Auf der Cirkuswiese

Monstre-Concert von 500 Sängern.

Mitwirkende: Sängerbund, Biedersinn, Zion, Liedgenossen, Techniker- und kaufmännischer Gesangs-Verein.

Dirigenten: Die Herren Professor **ARLETH** und Kapellmeister **METZGER**.

Programm:

I. Abtheilung. 1. „**Gebet vor der Schlacht**". Worte von Th. Körner, in Musik gesetzt von A. M. Storch. 2. „**Loreley**". Worte von H. Heine, für Männerchor eingerichtet von Fr. Silcher. 3. „**Jäger Abschied vom Walde.**" Chor mit Waldhorn-Begleitung, komponirt von F. Mendelssohn-Bartholdy. — 4. „**Eine Maiennacht**". Chor von Fr. Abt, das Tenor-Solo vorgetragen von H. Salzer. — 5. „**Aennchen von Tharau**". Volkslied, eingerichtet von J. Jürgens. — 6. „**Reiterlied**". Chor von J. Otto.

II. Abtheilung. 1. „**Waldesgruß**". Chor von Fr. Abt. — 2. „**Kriegers Gebet**". Chor mit Harmonie-Begleitung, komponirt von Fr. Lachner. — 3. „**Untreue**". Volkslied, eingerichtet von Fr. Silcher. 4. „**Ermanne dich, Deutschland**"! Text von J. Wagner, in Musik gesetzt für Männerchor mit Harmonie-Begleitung von A. M. Storch. — 5. „**Was ist des Deutschen Vaterland**"? Worte von Arndt, in Musik gesetzt von G. Reichhardt. — 6. „**Oesterreichische Volkshymne**". Text von J. G. Seidl, vorgetragen mit Begleitung der Musikkapelle des k. k. Inf.-Reg. **Kaiser Alexander von Rußland**, welche zwischen beiden Abtheilungen mehrere Piezen vortragen wird.

Am Ende der Cirkuswiese, rückwärts des Hirschenstadels: **Volksthümliche Gesangs-Produktion** der Vereine:

„Wiener Liedertafel", „Donau-Nixe", „Simmeringer Liedertafel", „Hietzinger Gesangsverein" und „Liesinger Männer-Gesangsverein".

PROGRAMM: 1. „**Heil dir mein Vaterland**"! (Müller v. d. Werra, Schmölzer). — 2. „**Haiden-Röslein**" (Goethe, Werner). — 3. „**Schiffers Abend**". (Emil Titl). — 4. „**Was ist des Deutschen Vaterland**"? (Arndt, Reichhardt). — 5. „**Das deutsche Lied**". (Weißmann, Kalliwoda). — 6. „**Schäfers Sonntagslied**". (Uhland, Kreutzer). — 7. „**Der Jäger Abschied**". (Eichendorff, Mendelssohn-Bartholdy). — 8. „**Volkshymne**".

Vor und nach den Gesangs-Produktionen auf den bezeichneten drei Plätzen Militär-Musik-Concerte.

Der Anfang der Gesangs-Produktionen wird durch 3 Pöllerschüsse bekannt gegeben.

Um 4 Uhr beginnen Uebungen, Spiele und Gesänge des **Wiener Turn-Vereines** auf der großen Wiese neben dem Feuerwerksplatze rechts. Zwei Pöllerschüsse bezeichnen den Anfang.

Bei einbrechender Dunkelheit werden gleichzeitig sowohl auf dem gewöhnlichen Feuerwerksplatze als auch auf der Cirkuswiese zwei gleichartig ausgestattete

grosse Feuerwerke in 3 Fronten

von Herrn **ANTON STUWER, k. k. Hof-Feuerwerker**, abgebrannt.

15 Minuten vor Beginn derselben 6 Pöllerschüsse. Der eigentliche Anfang wird durch 3 Pöllerschüsse angezeigt.

1. Fronte: **Jubelruf.** 2. Fronte: **glühender Wunsch.** 3. Fronte: **feurige Fantasiespiele.**

In den Zwischenpausen **Raketten** und **Luftstücke** aller Art.

Der Zutritt auf die **Tribüne** am Feuerwerksplatze ist nur gegen ein **Entgeld von 30 kr.** Oest. W. gestattet.

Nach dem Feuerwerke wird der **Prater bis 12 Uhr Nachts ununterbrochen**

mit bengalischem Lichte beleuchtet.

Wo Terrainverhältnisse dieses nicht gestatten, wird für andere hinlängliche Beleuchtung gesorgt sein.

In der **Hauptallee** eine leuchtende SONNE. Auf der **Vermählungswiese**:

Ein Cyclus von Sinnsprüchen.

Um 9 Uhr Abends auf der Vermählungswiese **Nebelbilder-Produktionen** in 3 Abtheilungen, unter andern die Porträte **Ihrer k. k. Majestäten** und das **Schloß Possenhofen** darstellend. Zum Schlusse **Linienspiele.**

Um 9 Uhr Abends Lotterie-Ziehung auf der Cirkuswiese durch ein städtisches Waisenkind.

Die 30 **Nummern der Haupttreffer** erscheinen sogleich transparent.

Die **Musikkapellen** werden während des **ganzen Festes** in verschiedenen Theilen des Praters die neuesten Kompositionen zur Aufführung bringen.

Um 11 Uhr Nachts **Versammlung der Militärkapellen** theils auf dem **Feuerwerksplatze**, theils auf der **Cirkuswiese**, zum

grossen Zapfenstreiche,

darauf folgt Abmarsch derselben mit klingendem Spiele in kurzen Zwischenräumen durch **die Praterstraße** auf den **Franz Josefs-Quai** und gegen die **Radetzkybrücke** unter Begleitung von **Turnern mit Fackeln.**

Die hier bezeichneten Produktionen, Schaustellungen und sonstigen Belustigungen **sind frei gegeben.**

Alle anderen im k. k. Prater gewöhnlich bestehenden oder von **Privaten für den Festtag** veranstalteten Vergnügungen, Schaustellungen u. s. w. sind **nur** gegen die an den betreffenden Lokalen durch Plakate **bekannt** gegebenen Preise zu **benützen.**

Sämmtliche **Besitzer** von **Schanklokalitäten** jedweder **Art** sind **verpflichtet**, die **Preise** der **Getränke in augenfälliger Weise** auf ihren **Plätzen** zu **veröffentlichen.**

Ende des Festes um 12 Uhr Nachts.

Eintrittspreis: 30 kr. Kinder unter 10 Jahren 15 kr. ö. W. — An den Kassen der Pratereingänge **40 kr.**, für **Kinder 20 kr. ö. W.**

Billets zu 30 kr. öst. W. sind, so lange dieselben nicht vergriffen, auch am Festtage an allen gewöhnlichen Verschleißorten zu haben.

Eine Eintrittskarte auf die Feuerwerks-Tribüne kostet ohne Unterschied 30 kr.

Die **Billetenabgabe** findet bei den Pratereingängen der **Feuerwerksallee**, der **Hauptallee**, in der Nähe der **Sofien-Kettenbrücke**, so wie beim **Durchgang des Schüttl** statt, und wird an diesen Orten auch für eine genügende Anzahl von Kassen vorgesehen werden. **Retourkarten** werden nicht ausgegeben, ebenso wird das Geld für **bereits verkaufte Karten** nicht mehr zurück erstattet.

Falls sich das Comité genöthigt sehen sollte, das Fest wegen **ungünstiger Witterung** abzusagen, wird dieß durch **Plakate** bekannt gegeben und findet dasselbe an **einem der nächstfolgenden Tage** statt. Für **diesen Fall** sichert der an jeder Eintrittskarte angebrachte und bei Abgabe derselben **zurück zu behaltende Coupon** dem Publikum den neuerlichen Eintritt. **Karten ohne Coupon** sind unter allen Umständen **ungiltig.**

Lotterielose, wenn selbe nicht früher vergriffen werden, sind auch im Festraume bis zum Beginn der Ziehung um den Betrag von 5 kr. öst. W. zu haben.

Die Eröffnung des Praters für das Publikum geschicht um 10 Uhr Vormittags.

Der Prater ist an diesem Tage für **alle Wagen** und **Pferde** mit Ausnahme der zu dessen Aprovisionirung nöthigen Fuhrwerke **abgesperrt**. Letzteren ist von 2 **Uhr** angefangen die Zufahrt **nur** über die **Sofienbrücke** oder von Seite der **Schwimmschul-Allee** gestattet.

Die Sofien-Kettenbrücke ist am Festtage von 6 Uhr Früh bis zum nächstfolgenden Morgen 6 Uhr Früh dem Publikum zum freien Verkehre überlassen.

Die Fahrordnung wird durch die k. k. Polizei-Behörde bekannt gegeben. **Zum Zwecke der Aufrechthaltung der Ordnung** befindet sich in jeder der **3 Abtheilungen des Praters**, welche durch die Feuerwerks-Allee und die Haupt-Allee abgegränzt werden, eine **Festinspektion**, und zwar: in der **Feuerwerksau** ein Filiale nächst dem **Feuerwerksplatze**, auf der **Cirkuswiese** ein zweites Filiale unweit des **Feuerwerksgerüstes** und das **Centrale** in der Nähe des **Gasthauses zum Einsiedler** auf der Vermählungswiese, und ist auf jeden dieser 3 Punkte für **ärztliche Hilfe** vorgesorgt.

Die **sämmtlichen Gesangs-Vereine** und der **Wiener Turn-Verein** haben in Berücksichtigung des wohlthätigen Zweckes ihre Mitwirkung auf das Bereitwilligste zugesagt. Eben so haben die **löblichen Regiments-** und **Bataillons-Commando's** ihre Musikkapellen dem Festkomite zur Verfügung gestellt.

Die Mitglieder des Festkomités sind durch weißrothe mit dem Stadtwappen versehene Kokarden, die Festordner durch weiße Rosen mit Schleifen erkennbar.

Dieses Programm in kleinem Formate mit dem Orientierungsplan vom Prater ist an allen Eintrittskarten- und Losverschleißorten um 3 kr. österr. Währ. zu haben.

Druck von Karl Gorischek.

Vom Fest-Comité.

39

Anzeigenverteiler um 1860

39 *Fest-Anzeige*
D: [Wien]: K. Gorischek
1863, 211x90 cm, P 13 243

Die Geburtstagsfeier „Seiner allerhöchsten Apostolischen Majestät des Kaisers" war keineswegs eine private oder etwa familiäre Angelegenheit.

Schon um fünf Uhr früh donnerten 24 Kanonenschüsse von der Bastei der Franz-Josefs-Kaserne auf Wien herab. An diesen Weckruf schlossen sich Paraden und Tagesappelle in allen anderen Kasernen; im Lager Bruck an der Leitha zelebrierte man eine große Feldmesse unter der Teilnahme der höchsten Generalität, am Vormittag feierte man gleichzeitig Gottesdienste in allen Kirchen der Stadt und der Wiener Vorstädte — obwohl des Kaisers Geburtstag 1863 auf einen Mittwoch fiel. In St. Stefan fand ein Hochamt mit einem Tedeum statt, an welchem die gesamte hohe Geistlichkeit, alle in Wien anwesenden Minister, die Staatsräte, die Vorsteher der Stadtämter, das diplomatische Corps, die Vertreter der Stände und Genossenschaften sowie ausgewählte Bürger teilzunehmen hatten. Festversammlungen sämtlicher Schul-, Spar-, Eisenbahn- und Beamtenvereine, Gottesdienste in den Versorgungs-, Invaliden- und Krankenhäusern, eine Feierstunde der jüdisch-orthodoxen Gemeinde „bei

offener Bundeslade", Gedenkgottesdienste der Protestanten und vieles andere mehr machten den Vormittag zum Festtag.
Die kaiserliche Familie selbst befand sich auf Sommerfrische in Reichenau an der Rax, wo Kaiserin Elisabeth mit ihren Kindern Rudolf und Gisela ihres Familienoberhauptes gedachten und ihm telegraphisch gratulierten — nach Frankfurt am Main, denn Franz Joseph befand sich gar nicht in Wien, sondern weilte beim Fürstentag, wo man wieder versuchte, Reformakten für diesen Bund zu verabschieden. Auch das so groß plakatierte Volksfest im Prater, welches von Persönlichkeiten wie Strauß, Herbeck oder Morelly gestaltet werden sollte, fand nicht statt: es mußte wegen Schlechtwetters abgesagt werden. O.B.

40

Sonntag, 17. Juni
D: Wien: A. Eurich
[1866], 95x64 cm, P 13 244

Der Krieg, den die Monarchie 1866 mit Preußen führte, machte auch vor den Sommerfesten nicht halt. Corso, Promenaden, Feuerwerk, Straußkonzerte, Bälle u. ä. sollten den Praterbesuchern nationale Gesinnungen vermitteln und der kriegführenden Nation Eintrittsgelder und Spenden einbringen.
Ein „Grosses kriegerisches Feuerwerk", darstellend „Die Schlacht bei Aspern" „in drei Fronten", wurde angekündigt — und die Veranstalter wußten wohl, auf welche Ereignisse und patriotischen Gefühle sie mit solch einer Werbung anspielten. Schließlich war Napoleon am 21./22. Mai 1809 bei Aspern erstmals entscheidend besiegt worden, noch dazu unter dem Kommando des österreichischen Erzherzogs Karl. Was die Veranstalter Mitte Juni 1866 allerdings noch nicht wissen konnten, war der Umstand, daß Österreich kaum drei Wochen später keineswegs ein neues Aspern gegen die Preußen feiern, sondern daß es eine der bittersten Niederlagen im 19. Jahrhundert erleben würde: Königgrätz am 3. Juli 1866. Johann Strauß (Sohn), 1866 schon k.k. Hof-Ballmusikdirektor und eine europäische Berühmtheit, war sowohl Dirigent wie auch Organisationsverantwortlicher dieser Riesenveranstaltung. Solch eine Teilnahme Strauß' am aktuellen Tagesgeschehen muß nicht weiter verwundern, denn der Komponist bezog sich häufig in seinen Werken auf politische oder gesellschaftliche Ereignisse: Berühmt geworden sind sein „Revolutions-Marsch", op. 54, den er 1848 schrieb und veröffentlichte (Strauß dirigierte in diesem Jahr sogar mehrfach die Kapelle der Nationalgarde und komponierte zudem einen Walzer „Freiheitslieder", op. 52, welcher ursprünglich „Barrikaden Lieder" geheißen hatte, sowie für Brünn einen „Nationalgarde-Marsch", op. 58), die Demolierer-Polka, op. 269, geschrieben anläßlich der Basteischleifungen in Wien 1857/58, verschiedene Patrioten- und Krönungsmärsche, noch 1864 ein „Verbrüderungs-Marsch", op. 287, geschrieben anläßlich des vorübergehenden Bündnisses zwischen Österreich und Preußen im Krieg gegen Dänemark 1864, der Marsch „Habsburg hoch!", op. 408, anläßlich der „600jährigen Gedenkfeier des allerdurchlauchtigsten Hauses Habsburg" 1882 sowie der „Kaiser-Jubiläums-Jubelwalzer", op. 434 oder der beliebter gewordene „Kaiser-Walzer", op. 437. O.B.

Johann Strauß wußte tagespolitische und patriotische Strömungen zu Werbezwecken für seine neuesten Kompositionen auszunützen

mit allerhöchster Bewilligung im

k. k. Prater

bei Absperrung desselben in seinem ganzen Umfange auf Veranstaltung des

JOHANN STRAUSS,

k. k. Hof-Ballmusikdirektors,

mit Widmung des ganzen Reinertrages zum Besten der tapferen österreichischen Krieger.

Zum ersten Male in Wien: Grosses nächtliches

Corso- u. Promenade-Fest

mit

Feuerwerk und Ball

unter gefälliger Mitwirkung des **Leopoldstädter Männergesang-Vereines**, ferner: **fünf Concert- und einem Ball-Orchester**

und

imposanter perspektivischer Illumination der Hauptallee vom Praterstern bis zum Rondeau (behufs des Corso)

woselbst sich eine große allegorische Schluß-Dekoration befindet.

Mitwirkende, zu diesem Feste bestimmte Concert-Orchester:

1. Auf der Kaiserwiese: Herr Kapellmeister **Kaulich** mit großem Harmonie-Orchester.
2. Auf der Circuswiese: Herr Kapellmeister **Morelly** mit 36 Musikern.
3. Im ersten Kaffeehause: Herr Kapellmeister **Fahrbach** mit 36 Musikern.
4. Im zweiten Kaffeehause **Josef & Eduard Strauss** mit ihren vereinigten Kapellen. (60 Musiker). Neu zum ersten Male: **„Benedek-Marsch“** von Josef Strauß.

In Berücksichtigung des wohltätigen Zweckes wird sich **Johann Strauss** an der Direktion der Musik persönlich betheiligen.

5. **Grosser Ball** in den Saal-Lokalitaten des zweiten Kaffeehauses.

Ballmusik Strauss. Tanzarrangement Nowodworsky.

Ferner am Feuerwerksplatze: Grosses kriegerisches Feuerwerk

in 3 Fronten, von Herrn **Anton Stuwer**, k. k. Hof-Feuerwerker. — Als Haupt-Dekoration:

Die Schlacht bei Aspern

ausgestattet mit allen pyrotechnischen Effekt- und Kraftmitteln.

Um 3 Uhr Nachmittags: Sperr-Signal mittelst 3 Granaten, von welcher **Stunde** für Einlaß-Karten in den k. k. Prater kein Geld-Rückersatz geleistet wird.
Um 4 Uhr Nachmittags: Anfang des Festes und sämmtlicher Musik-Produktionen.
Bei eintretender Dämmerung Beginn des Corso und der großen Illumination der Haupt-Allee.

Anfang des Balles um 9 Uhr. FEUERWERK um 10 Uhr (auf dem Feuerwerksplatze)

signalisirt mittelst 3 Granaten. **Schluss der Concertproduktion gegen 12 Uhr.**

Für den Fall ungünstiger Witterung findet das Fest den nächst darauf folgenden Sonntag den 24. Juni statt.

KASSA-ORDNUNG.

Promenade-Eintritts-Karten à 20 kr.

und Wagenkarten zum Corso (der Wagen besetzt oder leer) für Ein- und Zweispänner à **1 fl. 50 kr.**, zu haben in der Hofmusikalienhandlung **Spina am Graben,** an den gewöhnlichen Billet-Verkaufsorten und in den meisten **k. k. Tabak-Trafiken.** — Am Festtage selbst an den Praterkassen: Promenade-Eintrittskarten **40 kr.** Kinder unter 8 Jahren frei. Wagen-Einfahrts-Karten in den k. k. Prater, (der Wagen besetzt oder leer): für Ein- und Zweispänner **2 fl.**, für Vierspänner **3 fl.**, Ballkarten **extra 30 kr.** in **Stoblein's Saal-Lokalitäten** (zweites Kaffeehaus.) **Extra-Entrée** ist zum Feuerwerk für die Galerie à **1 fl.** und Logen à **4 fl.** vorher **in der Wohnung des Fest veranstalters, Praterstraße 54,** im 1. Stock links, am Festtage am Feuerwerksplatz: daselbst sind auch Eintritts-Karten zu **20 kr.** in den geschlossenen Raum zu haben. Für die vorher à **20 kr.** und die an den Praterkassen nach 3 Uhr à **40 kr.** gelösten Karten wird kein Geld-Rückersatz geleistet; dasselbe gilt von den vorher gelösten Galerie- und Logenbillets zum Feuerwerk und Wagenkarten.

Zum Corso werden nur Equipagen, Fiakers und Comfortables eingelassen.

40

HILFSCOMITÉ
für Soldaten
israelitischer Religion.
Central-Bureau: Stadt, Gundelhof, 3. Stiege, 3. Stock.

41

41 *Hilfscomité*
D: [Wien]: H. Engel
[1866], 46x59 cm, C 52 537

Im Krieg von 1866 wurden nicht nur Kleidungsstücke gesammelt und Komitees zur Unterstützung verwundeter Soldaten gegründet, sondern auch Vereinigungen für Soldaten selbst ins Leben gerufen. In diesem Fall ein Komitee für jüdische Soldaten.
In diesem Zusammenhang ist noch als wesentlich festzuhalten, daß sich, entgegen der oft — vor allem in der antisemitischen Publizistik — vorgebrachten Meinung, jüdische Soldaten im Kampfe sehr tapfer verhielten. Der Historiker Wolfgang Häusler meint dazu auch, daß sie oft ausgezeichnete Leistungen vollbrachten, jedoch wenige Auszeichnungen erhielten. Ein Umstand, der auch im Krieg gegen Preußen und Italien 1866 festgestellt werden konnte.

J.K.

42 *Für das Infanterie-Regiment*
D: Wien: C. Ueberreuter
[1866], 60x86 cm, C 52 537

Neben den Tiroler Kaiserjägern waren die „Deutschmeister" die bekannteste Truppe in der k. u. k. Armee. Ihr Regimentsmarsch „Mir san vom k. und k. Infanterieregiment Hoch- und Deutschmeister Numero vier!" ist weltbekannt. Die erste Ausmusterung für dieses Regiment fand 1696 auf Kosten des „Deutschen Ritterordens" statt, und die Bezeichnung Infanterieregiment Nr. 4 erhielt es 1769, da es seit damals zu den vier Hausregimentern der Habsburger Kaiser zählte. Die Mannschaft stammte seit dem Ende des 18. Jahrhunderts vorwiegend aus Wien und teilweise aus Niederösterreich.
In fast allen Kriegen und Schlachten eingesetzt, wurde das Regiment 1866 auf den Kriegsschauplätzen gegen Preußen ebenfalls in vorderster Linie in den Kampf geführt, und in vier Gefechten, insbesondere in der Schlacht bei Königgrätz erlitt die Truppe große Verluste, 119 Tote, 424 Verwundete, 243 Gefangene und 229 Vermißte waren der hohe Blutzoll der Deutschmeister. J.K.

Lit.: Finke, Edmund: K.(u.)k. Hoch- und Deutschmeister „222 Jahre für Kaiser und Reich", Graz 1978.

43 *Ankündigung*
D: Wien: C. Gerold
1866, 56x72 cm, C 52 537

Im Zusammenhang mit dem drohenden Einmarsch preußischer Truppen in Wien wurden im Juli 1866 die Fahrten der Donau-Dampfschiffahrtsgesellschaft teilweise eingestellt, nicht allein für den Personen-, sondern auch für den Güterverkehr.

42

Für das Infanterie-Regiment
Hoch- und Deutschmeister Nr. 4
findet die Assentirung von
Freiwilligen
täglich
in der Alserkaserne statt.
Verabschiedete Soldaten erhalten je nach ihrer Charge 25, 20 und 15 Gulden ö. W.
Diejenigen, die in der Armee noch nicht gedient haben, erhalten 10 Gulden Handgeld.

Hoch- und Deutschmeister

Die „Erste Donau-Dampfschiffahrtsgesellschaft" (DDSG) wurde schon im Jahre 1829 als Aktiengesellschaft gegründet. Im Kriegsjahr 1866 erreichte trotz oder gerade wegen der kriegerischen Ereignisse das Transportvolumen eine neue Rekordhöhe. Es wurde deshalb auch ein Reingewinn in der Höhe einer halben Million Gulden erwirtschaftet.
Hier muß angemerkt werden, daß die Donau bei Wien damals nicht den heutigen Verlauf hatte, sondern noch unreguliert war, auch der Donaukanal war noch nicht das ruhige Gewässer von heute. Dennoch hatte der Donauverkehr schon seit dem Mittelalter eine außergewöhnlich hohe Bedeutung für Wien, vor allem für den Güter- und Warenverkehr. Der Personentransport nahm demgegenüber eine eher untergeordnete Stellung ein.
Die im Plakat angekündigte Stillegung der Lokalfahrten auf dem Donaukanal blieb 1866 nicht die einzige Beschränkung. In der „Wiener Zeitung" findet man eine Reihe von Erlässen, in denen der Verkehr von Wien aufwärts eingestellt, der Abtransport der Waren aus den Lagern an der Donau angeordnet oder empfohlen, die Brücken über die Donau und den Kanal geschlossen wurden. J.K.

Lit.: Rot-Weiß-Rot auf blauen Wellen. 150 Jahre DDSG, Wien 1979.

Erste kais. kön. priv. Donau-Dampfschiffahrt-Gesellschaft.

Ankündigung.

Man beehrt sich hiemit bekannt zu geben, dass die bisher bestandenen

Localfahrten
im
Wiener Donaucanale
bis auf Weiteres ganz aufgelassen werden.

Wien, den 13. Juli 1866. **Die Direction.**

43

44 Heute erscheint eine Broschüre

D: Wien: J. Schloßberg [1866], 48x62 cm, C 52 537

Diese Buchanzeige deutet auf die drohende Gefahr der militärischen Einnahme Wiens im Krieg gegen Preußen 1866 hin.
Durch diesen Krieg gegen Preußen und vor allem die Niederlage bei Königgrätz am 3. Juli 1866 wurde die politische Stellung Österreichs in Deutschland sehr geschwächt und gab andererseits Preußen ungeheuren Auftrieb, seine Vormachtstellung innerhalb der deutschen Staaten auszubauen.
Nach der Schlacht bei Königgrätz befand sich die österreichische Armee auf der Flucht, und als die Preußen, nachdem sie bereits Prag und Brünn besetzt hatten, immer näher nach Wien vorrückten, machte sich Panik in der Stadt breit.
Die Hauptarmee der Preußen überschritt am 14. Juli die niederösterreichische Grenze, und bereits am 20. Juli standen ihre Vorposten vor Korneuburg. Darauf schwirrte es in der Stadt von Gerüchten: Wien sollte in Verteidigungszustand versetzt werden, der Belagerungszustand über die Stadt verhängt werden, die Behörden gäben ihre Tätigkeit auf, Archive sollten zum Abtransport vorbereitet werden, Kunstschätze und der Staatsschatz sollten bereits nach Komorn in Ungarn gebracht worden sein. Die Unruhe unter der Bevölkerung war dementsprechend groß, und es gab sogar Demonstrationen zugunsten Preußens. Daraufhin sah sich der Kaiser genötigt, Wien zur offenen Stadt zu erklären und zuzusichern, daß die Behörden in Wien blieben. Nichtsdestoweniger wurde am 26. Juli über Wien und Niederösterreich der Ausnahmezustand verhängt, mit der Begründung, daß sich zu viele Fremde in Wien aufhielten, die, wie es hieß „zur Unruhe neigen".
Zur Bildung von Bürgerwehren kam es dann aber nicht, und am 27. Juli wurde mit Preußen Waffenstillstand geschlossen. J.K.

44

Heute erscheint eine Broschüre:

Zur Pflicht der Bürgerwehr.

Preis 10 kr.

Zu haben in allen Buchhandlungen Wiens.

Unter der Presse von demselben Verfasser:

Der Heroismus
der
Wiener Gemeinderäthe.

45 *Die Laterne*
D: Wien: F. Jasper
[1873], 184x123 cm, P 13 246

Die wöchentlich erscheinende „Laterne“ war, wie beispielsweise die „Allgemeine Illustrierte Weltausstellungszeitung“ oder die „Wiener Weltausstellungszeitung“, eigens zum Zweck der Berichterstattung über Vorbereitung und Verlauf der Wiener Weltausstellung gegründet worden.

August Oncken beschrieb die Stimmung in der Stadt nach Bekanntwerden des Beschlusses, die Weltausstellung in Wien zu veranstalten, folgendermaßen: „Wer im Herbste des Jahres 1871 in Wien war, der konnte die sonst so leichtlebige Donaustadt in einer merkwürdigen Gemüthserregung sehen . . . Den ersten officiellen Veröffentlichungen über eine im Sommer des Jahres 1873 abzuhaltende internationale Ausstellung war die amtliche Ernennung des Freiherrn von Schwarz-Senborn zum General-Direktor gefolgt und diese Thatsache, welche keinen Zweifel mehr darüber zuließ, daß es diesmal mit der oft verkündigten Absicht wirklicher Ernst sei, reichte hin, die sonst in so fröhlicher Harmonie verkehrende Stadt einer socialen Revolution nahe zu bringen. Sie bildete das Signal zu einem Interessenkampf, wie er nicht aufgeregter gedacht werden kann.“

Die Exposition, die am 1. Mai 1873 eröffnet wurde und an der sich rund 60 000 Aussteller beteiligten, war in jeder Hinsicht monumental. Die für die Ausstellung in Rekordzeit nach einem Entwurf von Scott-Russell unter Leitung von Karl Hasenauer gebaute Rotunde schlug zwar alle Rekorde, verblüffte aber die Wiener durch ihre Häßlichkeit. „Die Spannweite der Pfeiler misst 102 Meter, die Höhe vom Boden bis zur Krone 84 Meter . . . Ueber die Nothwendigkeit, Zweckmässigkeit, Schönheit und die immensen Kosten der Rotunde ist bereits viel debattirt worden. Wir wollen nur darauf hinweisen, dass sie den grössten überdachten Rundbau darstellt, welcher existirt. Die St. Peterskuppel in Rom, die St. Paulskirche in London sind in der Spannweite von ihr übertroffen, der Thurm der neuen Weissgärberkirche in Wien kann in ihr untergebracht werden. Auf ästhetische Bedeutung kann sie wohl freilich keinen Anspruch machen. Auch über ihre Verwendung nach der Ausstellung sind die Meinungen getheilt. Zu musikalischen Aufführungen wird sie kaum geeignet sein, da die acustische Wirkung sehr minim ist.“

Rotunde

Die imposante Schau bot die neuesten Errungenschaften auf den Gebieten der Wissenschaft, der Kunst, der Industrie und des Gewerbes. Zu den prominentesten Besuchern zählten Zar Alexander, Kaiser Wilhelm II., Victor Emanuel II. und Schah Nasreddin.

Die Wiener Weltausstellung hatte zwar viele Besucher und war ein gesellschaftliches Ereignis, das finanzielle Ergebnis blieb jedoch weit hinter den Erwartungen zurück. Kurz nach der Eröffnung, am 9. Mai, kam es zum großen Börsenkrach, die Cholera begann zu grassieren, und obwohl mehr als 7 Millionen Besucher die Ausstellung gesehen hatten, ehe sie am 2. November geschlossen wurde, betrug das Defizit fast 15 Millionen Gulden. G.B.

Lit.: Oncken, August: Die Wiener Weltausstellung 1873, Berlin 1873, S. 3; Wanderungen durch die Weltausstellung, Allgemeine Rundschau, Wien 1873, S. 9; Höglinger, Klaus: Das österreichische Plakat 1873 bis 1914, phil. Diss., Wien 1980, Anhang S. IV.

„Der Kleistermeister“

Die Laterne

erscheint jeden

Sonntag.

Einzelne Exemplare à 10 kr.

in

allen Tabaktrafiken.

Vierteljährig

1 fl. 20 kr.

Halbjährig

fl. 2.40.

Redaction

Administration und Expedition:

der

LATERNE

Stadt,

Wollzeile 17,

2.

Stock.

Unentbehrlich für

Bester und billigster Fremdenführer!

Wo viel Licht ist auch viel Schatten. Die Wiener Weltausstellung ist glänzender, als einst jene zu London und Paris, aber auch bedeutende Flecken verdunkeln ihren Glanz. Diese zu enthüllen und auf ihre Beseitigung zu dringen, bedarf es eines scharfen, unabhängigen rücksichtslos ehrlichen Warners. Diese Pflicht mit wuchtigem Ernst und sarkastischer Schärfe zu erfüllen, andererseits aber auch ein getreues Gesammtbild des großen Völkerwettstreites zu liefern, hat sich zur Aufgabe gemacht, die am 11. d. M. zum ersten Male erscheinende Wochenschrift:

Die Laterne

FREMDE!

Die

Laterne

enthält in prägnanter Form eine

Orientirungs-Tabelle

über Sehenswürdigkeiten, Telegraphen-Anstalten, den Verkehr mit Dienstmännern, Standplätze der Omnibusse, Verkehr der Localzüge etc. etc.

ferner in jeder Nummer

Pläne von Wien

und vom

Weltausstellungs-Rayon.

Die Laterne wird rücksichtslos und unbeugsam die in das obige Programm einschlägigen Interessen

ALLER

Stände vertreten.

Begründete Beschwerden aller Art von Seite des Publicums werden

GRATIS

zu öffentlicher Kenntniß gebracht.

Druck von Friedrich Jasper in Wien. — Z. u. d. G.

45

46

46

Siebenbürgen
Land des Segens
D: Carlsburg:
Volz und Körner
1875, 143x64 cm,
P 13 247

Als Thomas Cook um die Mitte des vorigen Jahrhunderts in England ein Reisebüro eröffnete, war dieses zwar nicht das erste Europas, aber sicher das von Beginn an erfolgreichste Unternehmen dieser Art. Dreißig bis vierzig Jahre später besaß er Niederlassungen in aller Welt; das System der pauschalierten Preise, in die alle Leistungen der Firma inkludiert waren, erfreute sich großer Beliebtheit.

Als Begründer der Gesellschaftsreisen gilt Louis Stangen. Gesellschaftsreisen führten die Teilnehmer unter einheitlicher Leitung nach verschiedenen interessanten Orten des In- und Auslandes; das Programm war vorher bekannt, in der sogenannten „Bauschsumme" war für gewöhnlich enthalten: Fahrt und Gepäckbeförderung, Aufenthalt mit Vollpension in den Hotels, Transfer zu den Bahnstationen, Trinkgelder, Führer, freie Besichtigung der Sehenswürdigkeiten usw. 1864 unternahm Louis Stangen die erste derartige Reise nach Ägypten, 1868 wurde in Berlin ein Reisebüro gegründet.

Die Siebenbürgener Reise kam dem Verlangen der Menschen, die Natur in ihrer Ursprünglichkeit zu erleben und sich an ihr zu erfreuen, entgegen. Die Größe der Gruppe — bis zu 200 Personen waren vorgesehen — sollte die Teilnahme an dieser Reise zu relativ günstigen Preisen ermöglichen. G.B.

47

Die sieben Raben
Graz: Leykam-Josefsthal
[1876], 140x95 cm, P 13 245

Das „romantische Zaubermärchen mit Gesang und Ballett", „Die sieben Raben" von Emil Pohl, mit der Musik von Gustav Lehnhardt hatte am 6. Mai 1876 in der Wiener „Komischen Oper" Premiere.

„Seit gestern abend also umflattern ‚Die sieben Raben' die mit einer einzigen Unterbrechung lange verödet gewesenen Schauspielräume am Schottenring. Die Naivität, welche Herrn Direktor Müller glauben ließ, er werde mit dieser Komödie, mit dieser Ausstattung, mit diesem Ballett, mit diesem Personale, mit der ganzen unfertigen Szenierung — man hörte den ganzen Abend über Kommandorufe des Regisseurs und der Ballett-

47 
KOMISCHE OPER, WIEN
DIE
SIEBEN RABEN
LEYKAM-JOSEFSTHAL, GRAZ.

meisterin hinter der Szene — in Wien sein Glück machen, ist wirklich bewundernswürdig." So lautete das nicht sehr schmeichelhafte Urteil im „Neuen Wiener Tagblatt" über die Produktion von Robert Müller, Direktor der Vereinigten Bühnen Graz.

„Wer die komische Oper angreift — hat Malheur", stellte das Blatt außerdem fest — wenn man die Geschichte dieses Hauses auch nur flüchtig betrachtet, muß man ihm recht geben.

Im Oktober 1872 erhielt ein Konsortium von drei Herren durch kaiserliche Entschließung die Konzession für ein „neues stabiles Theater auf dem Schottenring gegenüber der Börse unter dem Namen ‚Komische Oper' für theatralische Vorstellungen jeder Art und des Balletts".

Zur Beschaffung des Bau- und Betriebskapitals wurde eine Aktiengesellschaft gegründet. Mit der Planung und Bauausführung wurde Emil von Förster betraut. Da ihm nur eine relativ kleine Bauparzelle zur Verfügung stand, das Theater aber 1 700 Personen fassen sollte, strebte er eine Raumerweiterung nach oben an und erreichte das durch eine verschachtelte Gliederung von Vestibülen, Gängen und Stiegenhäusern. Die „Komische Oper" wurde am 17. Jänner 1874 eröffnet. Das „Fremdenblatt" meinte dazu: „Da Wien wirklich an Bühnen keinen Überfluß hat und die Komische Oper ein Feld bebauen will, das seit der Schließung des alten Opernhauses in der ersten Musikstadt der Welt gänzlich brach liegt, so mag man wohl das Inslebentreten des neuen Institutes mit Wärme begrüßen." (11. 1. 1874)

Zunächst führte die Aktiengesellschaft, auf welche die Konzession übergegangen war, den Betrieb auf eigene Rechnung und bestellte den Schauspieler Albin Swoboda als künstlerischen Leiter. Doch dieser legte die Direktion bereits am 9. März 1874 wieder zurück. In der Folge lösten die Direktoren einander immer wieder nach kurzer Frist ab. Es gelang keinem, dieses Haus zum Erfolg zu führen. Ja zeitweise war es sogar geschlossen. Nicht einmal dem erfolgreichen Direktor des Theaters an der Wien, Friedrich Strampfer, gelang es, sich länger als drei Jahre über Wasser zu halten, obwohl er das Haus in „Ringtheater" umbenannte und das Repertoire um Sprechstücke, Lustspiele und Possen erweiterte.

Zu den finanziellen Schwierigkeiten kamen offensichtlich auch immer wieder technische, wie eben bei den Proben zu den „Sieben Raben", so daß das „Neue Wiener Tagblatt" von der „durch ihre mannigfachen komischen Schicksale vom ersten Gründungsprospekt an bis zum Auslöschen der Gasflammen auf der gestrigen Probe zur komischesten Berühmtheit gelangten komischen Oper" sprach. Im Oktober 1876 gab es sogar einen beunruhigenden Zwischenfall, „der zum Glück schließlich mit allgemeiner Heiterkeit endete. Während der Vorstellung glaubte man nämlich im Publikum einen Brandgeruch zu verspüren, und in wenigen Sekunden entstand jene gefährliche Bewegung des allseitigen Drängens nach außen, die erfahrungsgemäß bei Unfällen im Theater am verhängnisvollsten wird". (NWT, 9. 10. 1876)

Im Herbst 1881 pachtete Franz Jauner das Theater. Die Hoffnung, daß nunmehr unter seiner theaterkundigen Leitung das Unternehmen endlich gedeihen werde, machte die Brandkatastrophe vom 8. Dezember 1881 zunichte (vgl. Nr. 48). E.K.

Ringtheaterbrand

48

Aufruf
D: Wien: J. B. Wallishauser
1881, 70x86 cm, C 79536

Am 23. März 1881 brannte das Opernhaus in Nizza nieder. Die Nachrichten über die schrecklichen Szenen im Theater, die 92 Menschen das Leben kosteten, veranlaßten Ministerpräsident Graf Taaffe, dem Wiener Magistrat die Weisung zur feuerpolizeilichen Untersuchung aller Wiener Theater zu erteilen. Die Untersuchungskommission legte danach ein Protokoll mit der Feststellung vor, daß die bestehende Bau- und Feuerlöschordnung unzureichend wäre. Es wurden Forderungen aufgestellt, die uns heute erst als Folgen des Ringtheaterbrandes geläufig sind: Notausgänge sind als solche zu bezeichnen, mit Notbeleuchtungen (damals Öllampen) zu versehen und für die Dauer der Vorstellung unversperrt zu halten, ebenso müssen sämtliche Türen, welche dem Publikum zu Ausgängen dienen, nach außen aufgehen; die Drahtcourtine (heute eiserner Vorhang), welche die Bühne vom Zuschauerraum abschließt, ist, ausgenommen die Zeit der Vorstellung und Proben, stets herabgelassen zu halten. Weiters gab es noch Anordnungen, die sich auf die damals gebräuchliche, aber immer als gefährlich erkannte Gasbeleuchtung bezogen, besonders daß für Bühne und Zuschauerraum getrennte Gasleitungen bestehen sollten.

Als um die Mitte des 19. Jahrhunderts in den Theatern der ganzen Welt die Gasbeleuchtung immer mehr Verwen-

Aufruf.

Der Bürgermeister der Stadt Wien hat ein Comité eingesetzt, das in seinem Namen die Aufgabe übernommen hat, sofort den durch den

Ringtheater-Brand nothleidend gewordenen Personen

zu Hilfe zu kommen.

Dieses Comité wird sich noch im Laufe des morgigen Tages verstärken und sich auch mit jenen Behörden, denen Spenden zu gleichem Zwecke übergeben wurden, ins Einvernehmen setzen.

Das unterzeichnete Comité hat bereits ein **Hilfs-Bureau organisirt, das von Dinstag den 13. d. Mts. angefangen im Rathssaale des Magistrates, I., Wipplingerstraße 8, im I. Stock, Morgens 8 Uhr,** seine Thätigkeit beginnt und dieselbe jeden Tag von 8 Uhr Früh bis 2 Uhr Nachmittags fortsetzen wird.

Die nothleidenden Hinterbliebenen, deren Vormünder oder Verwandte, werden ersucht, sich in dem bezeichneten Bureau einzufinden und daselbst die nothwendigen Angaben zu machen.

Schnelle und den vorhandenen Mitteln entsprechende Hilfe wird allen Hilfsbedürftigen, ohne Rücksichtnahme auf die Zuständigkeit, geboten werden.

Wien, den 11. Dezember 1881.

Für das Hilfs-Comité der Stadt Wien

Der Obmann:

Eduard Uhl,

Bürgermeister-Stellvertreter.

48

dung fand, nahm die Zahl der Theaterbrände sprunghaft zu. Die hohe Wärmeerzeugung auf der Bühne — die Soffittenbeleuchtung erhitzte Dekorationsteile in ihrer Nähe bis zu 70 Grad Celsius — sowie das leichte Undichtwerden der Zuleitungen — sie bestanden oftmals aus Kautschukschläuchen — und das unsachgemäße Hantieren mit den Brennern steigerte die Brandgefahr, von den gefährlichen Lichtspielereien gar nicht zu reden, die um der Beleuchtungseffekte willen mit offener Flamme erzeugt wurden. Um die Explosionsgefahr bei nicht gleichzeitiger Entzündung der Gasbrennerreihen zu mindern, wurde die elektrisch-pneumatische Zündung nach der Erfindung des Maschinenmeisters des Wiener Hofburgtheaters, C. Barrot, auch im Wiener Ringtheater eingeführt. Man brauchte nun nicht mehr eine Spirituslampe an einer langen Stange, um die Gasbrenner zu entzünden, wodurch die Gefahr des Herabtropfens brennender Flüssigkeit vermieden wurde.

Man war sich also der Feuergefahr auch in den Wiener Theatern bewußt, und bei der von Taaffe veranlaßten Untersuchung wurden im Ringtheater mehrmals Beanstandungen laut. So wurde wiederholt die Anbringung der Öllampen als Notbeleuchtung urgiert.

Doch ehe die Behörde die geforderten Verbesserungen erwirken konnte, erwies sich am Abend des 8. Dezember 1881 die Gefährlichkeit der Gasbeleuchtung. Als sich die Gasbrenner in der 4. Soffittenreihe durch die elektrische Zündung nicht sofort gleichmäßig entzündeten, strömte soviel Gas aus, daß bei der endlich erfolgten Zündung die Flammen aus dem Beleuchtungskasten herausschlugen und einen in der Nähe hängenden Dekorationsteil in Flammen setzten. Was nun folgte, war eine Verkettung von Kopflosigkeit, Unwissenheit und Schlamperei, die zu einer Katastrophe größten Ausmaßes führte. Um eine Explosion zu verhindern, drehte man die Gasbeleuchtung ab — die Notbeleuchtung war nicht montiert — das ganze Haus lag im Dunkeln. 386 Menschen verbrannten, erstickten oder wurden zu Tode getrampelt.

Ganz Wien stand noch monatelang unter dem Eindruck dieses furchtbaren Unglücks. Mit aller Heftigkeit wurde die Verfolgung der Schuldigen gefordert — die Empörung war nicht zuletzt deshalb so groß, weil eine unerklärbare Falschmeldung unmittelbar nach Ausbruch des Brandes lautete: „Alles ist gerettet!" Ein großer Prozeß, in dem von Bürgermeister Newald über Direktor Jauner bis zum Maschinisten alle in Frage kommenden Verantwortlichen angeklagt waren, sollte die Klärung der Verschuldensfrage bringen.

Doch Besonnenen schien tatkräftige sofortige Hilfe notwendiger als die Frage nach dem Schuldigen. Mit dem Aufruf des vom Wiener Gemeinderat sofort eingesetzten „Hilfs-Comités der Stadt Wien" wurde allen Hilfsbedürftigen, ohne Rücksicht auf ihre Zuständigkeit, schnelle und den vorhandenen Mitteln entsprechende Hilfe zugesagt.

Zur Verhütung künftiger Katastrophen schlossen sich einige Spezialisten zur Gesellschaft „Asphaleia“ zusammen und entwarfen ein Theater nach neuen Grundsätzen, das in jeder Beziehung Sicherheit gewährleisten sollte. Uns mutet es heute selbstverständlich an, daß die Bühnenmaschinerie vollkommen aus Metall, die Züge statt aus Hanf- aus Drahtseilen und die Wände von Bühne und Zuschauerraum nur aus Mauerwerk und Metall bestehen dürfen.
Doch wurde mit diesen Forderungen der Grundstein zu unseren heutigen bau- und feuerpolizeilichen Bestimmungen für die Wiener Theater gelegt, die zu den strengsten überhaupt gehören.
Sofort, am 9. Dezember 1881, also einen Tag nach der Katastrophe, beschlossen Hans Graf Wilczek und Dr. Jaromir Freiherr von Mundy die Stiftung der „Wiener Freiwilligen Rettungsgesellschaft“. Diese Einrichtung wurde Vorbild für alle ähnlichen Institutionen im Ausland. E.K.

49 *Die Türken vor Wien*

D: Wien: J. Weiner
[1883], 190x126 cm, P 13 248

„‚Die Türken vor Wien‘, vaterländisches Volksstück von Carl Costa, verdankt der herannahenden Säcularfeier seine Entstehung und macht seinem Autor alle Ehre. Der Inhalt des Stückes ist durch die historische Feier selbst gegeben; der Theaterzettel weist alle bekannten geschichtlichen und volkstümlichen Namen auf . . .
Die Darstellung selbst sowie das ganze Ensemble ließen nichts zu wünschen übrig; das gut besuchte Haus war auch, trotz Dr. v. Mauthner und Gemeinderatsbeschluß, in bester ‚Stimmung‘ und zeichnete Autor und Darsteller durch lebhaften Beifall aus . . .“, schrieb die „Wiener Allgemeine Zeitung“ (2. 9. 1883, S. 7) über die Aufführung im Theater in der Josefstadt.
Der hier angesprochene Gemeinderatsbeschluß erregte damals ganz Wien. Nachdem die Bibliothekskommission bereits 1878 im Gemeinderat den Antrag gestellt hatte, „den 12. September 1883 als den bezeichnendsten Jahrestag der Befreiung Wien's von der Türkenbelagerung festlich zu begehen“, wurde eine „Kommission für die Säkularfeier des Jahres 1883“ eingesetzt. Ende 1879 verlangte Gemeinderat Lueger in einem Dringlichkeitsantrag die Sistierung des die Säkularfeier betreffenden Gemeinderatsbeschlusses in Anbetracht der tristen Finanzlage der Stadt. Jedoch erst 1883 beim Herannahen des eigentlichen Jahrestages wurde die Frage wieder aufgegriffen und führte nun erst recht zu Debatten im Gemeinderat, an denen die Öffentlichkeit regen Anteil nahm. Die Gemüter erhitzten sich besonders an der Finanzierung eines Volksfestes, das in den Augen mancher Gemeinderäte auf Grund der „gedrückten Stimmung“ in der Bevölkerung nicht angebracht schien, nach der Meinung der Gegenstimmen aber für das Ansehen der Stadt unerläßlich war.
Der Unmut der Wiener drückte sich wohl am treffendsten in der in Mundart gehaltenen Wochenschrift „Hans Jörgl von Gumpoldskirchen“ aus: „Es thät uns Alle (mit Ausschluß der Herren Wipplinger natürlich) interessieren, wo denn das traurige Volk von Wien eigentlich zu finden is . . . Oder repräsentieren die Wiener nur die Wipplinger? Es wundert Ein'm nur, daß denen Herren bei der traurigen Stimmung noch net der Appetit vergangen is; auf's Festessen aus'm Säckel der Steuerträger wird g'wiß net vergessen, wenn halbwegs ein Anlaß dazu da is . . .
Die Wiener sein aber so g'scheit, daß sie sich nix mehr vorschreiben lassen und so wird auch ein Volksfest ohne Zutun der Herren von St. Wipplingen zu Stand kommen, darüber können wir ganz beruhigt sein.“
Mit den „Herren Wipplinger“ meinte der Autor die Gemeinderäte, die nach dem damaligen Standort des Rathauses in der Wipplingerstraße so genannt wurden.
Das gezeigte Plakat ist auch aus theaterhistorischer Sicht interessant, weil es genau der Beschreibung des vom Autor gewünschten Zwischenvorhangs entspricht und so möglicherweise authentisches Zeugnis von Inszenierungsstil und Ausstattung der Aufführung gibt.
E.K.

Lit.: Hans Jörgel von Gumpoldskirchen. 1883/30, S. 4 f.

In der historischen Ausstellung.

Vor dem Kopfe des Kara Mustapha. **Vor dem Prachtzelte.**

Die Türken vor Wien
Vaterländisches Volksstück von
Carl Costa
Kara Mustafa
DRUCK u. VERLAG J. WEINER WIEN
1023

49

50 *Historische Ausstellung der Stadt Wien*
E: L[adislaus] E[ugen] Petrovits
D: Wien: J. Weiner
1883, 69x48 cm, P 10 830

Im Februar 1883 erfolgte vom Bürgermeister der Stadt Wien, Eduard Uhl, der Aufruf, Exponate aller Art für eine Exposition zur Verfügung zu stellen, die zum Gedenken an die Rettung Wiens vor den anstürmenden Türken im Jahre 1683 stattfinden sollte. „Die Stadt Wien feiert am 12. September 1883 das Andenken an die vor zwei Jahrhunderten erfolgte Befreiung von der Gefahr einer Erstürmung durch das türkische Heer. In Würdigung der grossen politischen und culturellen Folgen dieser That vollzieht die Gemeindevertretung gleichzeitig die feierliche Schlussteinlegung des neuen Rathhauses, um mit der dankbaren Erinnerung an die ruhmvollen Vertheidiger und Befreier die Bedeutung dieses Gedenktages für das Emporblühen und die Entwicklung der Stadt zum Ausdruck zu bringen.
Einen Bestandtheil der Feier wird die Eröffnung einer historischen Ausstellung bilden, die alle noch vorhandenen, auf die Belagerung, Vertheidigung und Befreiung der Stadt Bezug habenden Denkmale vereinigen soll, worüber das Nähere das beifolgende Programm enthält.
In Ausführung des Beschlusses der Gemeindevertretung wende ich mich an die Verwaltung der öffentlichen Sammlungen, sowie auch an alle Privatpersonen des In- und Auslandes, welche sich im Besitze von derartigen Gegenständen befinden, mit der freundlichen Einladung, sich an dieser Ausstellung durch Einsendung von geeigneten Gegenständen betheiligen zu wollen, wobei ich die Hoffnung hege, dass die Veranstaltung dieser Ausstellung in den weitesten Kreisen Anklang und thatkräftige Unterstützung finden werde.“ (Einladung, Februar 1883, Gemeinderatsakt 43/1883)
Im Rahmen dieser Ausstellung wurden Pläne der Stadt vor und nach der Belagerung, der Aufstellung der Heere, der Festungswerke etc., Ansichten, Gemälde und Kupferstiche über die Belagerung und Befreiung, Porträts der beteiligten Heerführer und anderer bedeutender Personen, Handschriften, Flugblätter, Trophäen, Waffen, Rüstungen, Medaillen, Plastiken, Darstellungen der beteiligten Soldaten und anderes mehr gezeigt, das mit dem Türkenkrieg oder mit daran beteiligten Personen in Zusammenhang stand.
Die zur Verfügung gestellten Objekte bildeten einen wesentlichen Grundstock für die vier Jahre danach geschaffene städtische Schausammlung, aus der später das Historische Museum der Stadt Wien hervorging.
Über Erlaß des Wiener Gemeinderates wurde der Archivdirektor der Stadt Wien „ersucht, über die Herstellung geschmackvoller Plakate sowie über den Modus der Honorierung der Pkt.herstellung Vorschläge zu erstatten. Indem ich Sie ermächtige, im Sinne dieser Beschlüsse amtlich zu handeln, beauftrage ich Sie, einen möglichst detaillierten Voranschlag über die Auslagen u.

50

„Fest-Nummer zur Türkenfeier und Eröffnung des neuen Rathhauses in Wien“

event. Einnahmen aus Anlaß der hist. Ausstellung ehestens auszuarbeiten . . . Der Bürgermeister". (Präsidialerlaß, 26. 6. 1883, Gemeinderatsakt 4289/1883)
Mit dem Plakatentwurf wurde in der Folge der akademische Maler L. E. Petrovits betraut, dessen im oft belächelten Diplomstil seiner Zeit ausgeführtes Plakat preisgekrönt wurde. G.B.

Lit.: Mascha, Ottokar: Österreichische Plakatkunst, Wien 1915, S. 23; Illustrirtes Wiener Extrablatt, 2. 4. 1907, S. 7.

Neue Illustrierte Zeitung, 1883

51 *Der Zigeunerbaron*
D: Wien: J. Weiner
[1885], 121x90 cm, P 13 250

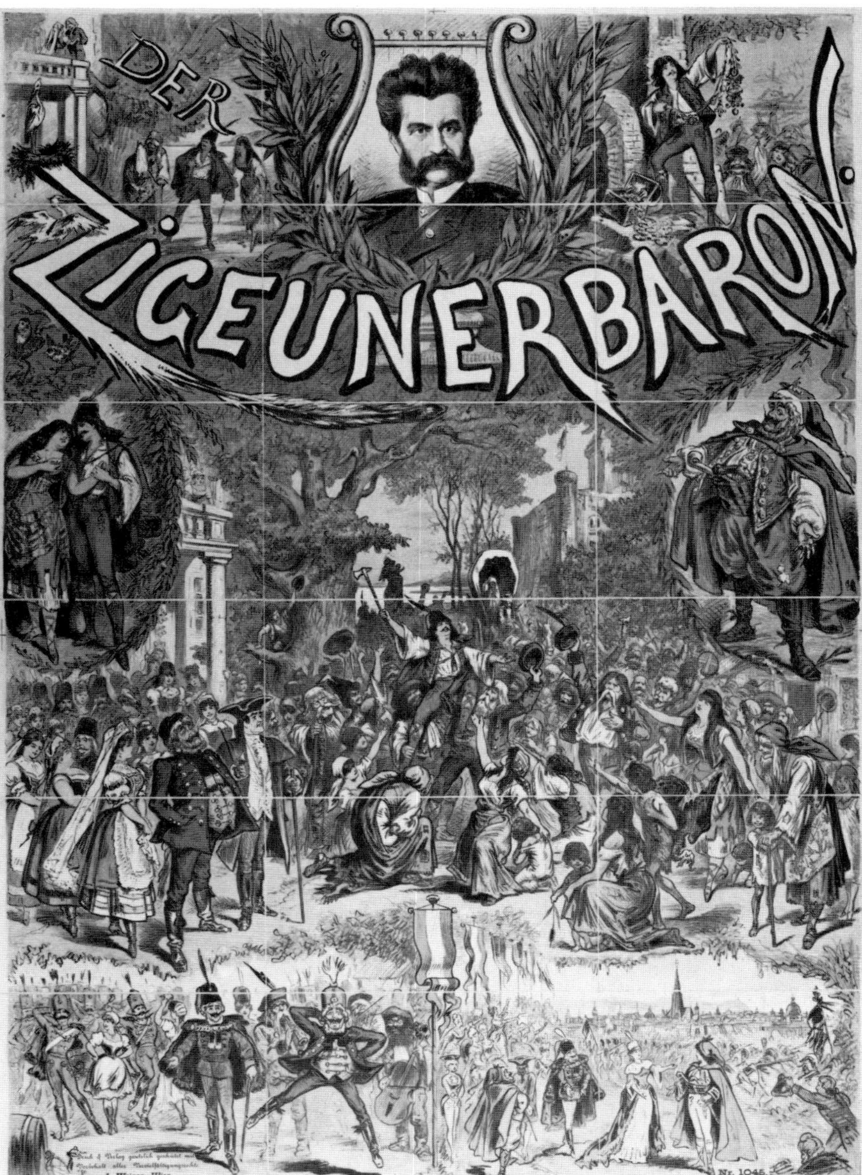

51

Noch vor der Fertigstellung der „Nacht in Venedig" war Johann Strauß anläßlich eines Budapestbesuches mit dem angesehenen ungarischen Schriftsteller Maurus Jókai in Verbindung getreten. Der Dichter verwies den nach einem neuen Bühnenstoff Suchenden auf seine Novelle „Saffi". Man einigte sich, die Dramatisierung und Texteinrichtung dem aus Budapest stammenden, aber in Wien wirkenden Redakteur Ignaz Schnitzer anzuvertrauen. Von da an war „Der Zigeunerbaron", wie die Novität heißen sollte, Gegenstand lebhafter Erörterungen zwischen dem Komponisten und dem Librettisten. Allerdings ließ sich Strauß diesmal bei der Komposition nicht drängen. Ganz gegen seine bisherige Gewohnheit kümmerte er sich um Aufbau und Details des Librettos und verlangte immer wieder Änderungen, so daß Schnitzer erst ein volles Jahr später, am 15. Juni 1885, das erlösende „Finis" unter sein Manuskript setzen konnte. Strauß beschäftigte sich unausgesetzt mit der Arbeit am „Zigeunerbaron". „Das Resumé — viele, viele Noten, nur quantitativ, nicht qualitativ", schrieb er in gewohnter Skepsis. Große Hoffnungen setzte er hingegen in Franz Jauners Inszenierungskunst, welcher das Sujet mit pompösen Massenszenen sehr entgegenkam. „Der Einzugsmarsch muß großartig werden. Etwa 80 bis 100 Soldaten (zu Fuß, zu Pferd), Marketenderinnen (in spanischer, ungarischer, wienerischer Toilette), Volk, Kinder mit Buschen und Blumen, welche letztere sie den heimkehrenden Kriegern streuen etc., müssen erscheinen."
Die musikalische Einstudierung im Theater an der Wien hatte Adolf Müller jun. geleitet. Zur Premiere trat der Komponist am 24. Oktober 1885, am Vorabend seines 60. Geburtstages, selbst ans Dirigentenpult und führte das ausgezeichnete Ensemble zu einem beispiellosen Erfolg.
Die zeitgenössische Darstellung auf dem Plakat mit dem lyraumsäumten Brustbild Strauß' vermittelt in der zentralen Massenszene eine authentische Probe der aufwendigen Jaunerschen Regieführung. Bis ins Kostümdetail porträtgetreu treten dem Betrachter die Hauptgestalten entgegen: der vom mittellosen Heimkehrer Sándor Bárinkay zum erfolgreichen Schatzsucher und Fürsten der Zigeuner avancierte Titelheld Karl Streitmann, das von ihm zur Braut erkorene Zigeunermädchen Saffi Ottilie Collins, der reiche Schweinezüchter Zsupan Alexander Girardis u.v.a.

Lit.: Nach Racek, Fritz: Katalog der Ausstellung „Johann Strauß. Zum 150. Geburtstag", Wien 1975.

52

53

52 *Storch's „Speldonor" Cilinderhut-Glanz-Crême*
D: Wien: J. Weiner
[ca. 1887],
96x64 cm, P 13 276

Im letzten Jahrzehnt des 18. Jahrhunderts war der Zylinder, gefertigt aus Seide, Filz oder Stroh, in Mode gekommen und blieb während der ersten Hälfte des 19. Jahrhunderts die bevorzugte Kopfbedeckung der Herren. Später wurde er immer mehr zum Attribut des offiziellen Anzuges; seit der Jahrhundertwende blieb die Verwendung des Zylinders zwar auf formelle Gelegenheiten beschränkt, doch wurde er bis zum Zweiten Weltkrieg auch nachmittags getragen. Allerdings galt er seit etwa 1920 auch als Symbol für die kapitalistische, bourgeoise Gesellschaft, das zum Beispiel in den politischen Karikaturen der Ersten Republik immer wieder verwendet wurde.
Über das Tragen des Zylinders gab es genaue Vorschriften: zu Gehrock und Cutaway war der schwarze, blanke Zylinder vorgeschrieben, nur ausnahmsweise war zum grauen Gehrock der graue Zylinder erlaubt. Zum Frack war der matte Zylinder en vogue, der in den zwanziger Jahren durch den Chapeau claque, einen zusammenklappbaren Zylinder, ersetzt wurde. G.B.

54

Mitbürger!
Wählet Dr. Karl Lueger!

53 *An die P.T. Herren Wähler des III. Wahlkörpers!*
D: Wien: J. Bayer
1887, 96x64 cm, P 2 166

54 *Mitbürger!*
Wählet Dr. Karl Lueger!
D: [Wien]
[1887], 25x64 cm, P 2 168

Der spätere langjährige Bürgermeister der Stadt Wien, Karl Lueger, war schon zur Zeit dieser Gemeinderatswahl 1887 einer der populärsten Männer Wiens. In dasselbe Jahr fällt auch die Gründung des „Christlichsozialen Vereines", eines Vorläufers der Christlichsozialen Partei.
1887 wurde Luegers Mandat im 3. Bezirk zur Neuwahl ausgeschrieben. Am 14. März sprach er über die Hauptpunkte seiner Wahlagitation, die er dann auch in der hier angekündigten Versammlung am 20. März wiederholte: Im besonderen trat er gegen die Mißstände im Straßenbahnwesen auf und forderte bessere Straßenbeleuchtung sowie eine ausreichende Wasserversorgung.
Die Wahlen selbst fanden dann einen Tag später statt. „Die Agitation für Dr.

Lueger erreichte ein selbst auf der Landstraße noch nicht gesehenes Ausmaß. Er selbst zeigte sich vom frühen Morgen bis zum Wahlschlusse wiederholt inmitten des regsten Agitationsbetriebes. Überall waren Anschläge mit dem Wahlspruch zu lesen: ‚Wer frei im Sinn, frei von korruptem Gewinn, Hand rein und integer, wählt Montag Dr. Lueger'", so beschreibt Luegers Biograph Rudolf Kuppe den Wahltag. Lueger wurde dann mit 1197 von 2057 abgegebenen Stimmen gewählt. J.K.

55

55 *Fromme's Kalender*

D: Wien: C. Fromme
[1895], 81x61 cm, P 13 288

Stolz präsentiert der Straßenverkäufer den Passanten ein reiches Angebot von Frommes Kalendern. Die bildliche Darstellung des reichen Sortiments der Firma C. Fromme war durchaus nicht übertrieben: 1895 hatte der Verlag an die fünfzig verschiedene Typen von Kalendern anzubieten, noch dazu manche in verschiedensprachigen Ausgaben wie böhmisch, polnisch, ungarisch und italienisch. Es gab Frommes Volkskalender, Einschreibkalender und Portemonnaiekalender, für nahezu alle Berufsgruppen wurden eigene Kalender angeboten, es gab Cleruskalender, Feuerwehrkalender, Kalender für Handelsakademiker, Mädchen-, Professoren- und Lehrerkalender und für Musikfreunde sogar einen eigenen „Richard-Wagner-Kalender" um fl. 1,20. Das Plakat — wohl eines der ersten seiner Art, das eine Litfaßsäule mit Plakaten zeigt — fand jahrelang Verwendung, nur insofern verändert, als die sichtbare Jahreszahl überklebt wurde. Für die Zeit von 1899 bis 1914 wurde diese Affiche durch ein anderes, berühmteres Dauerplakat abgelöst. Es ist der bekannte Jugendstilentwurf von Koloman Moser für Frommes Kalender, der, im Vergleich zum vorliegenden Bild, sehr klar den Wandel in der Werbung zeigt, der um die Jahrhundertwende stattgefunden hat. Der etwas naive, erzählerhafte Charakter dieses Plakates wurde von dem modernen, ganz auf optische Einprägsamkeit hin gestalteten Moser-Entwurf abgelöst. B.D.

Lit.: Kossatz, Horst Herbert: Ornamentale Plakatkunst, Salzburg 1970.

Der Opernring, Zeichnung von L. E. Petrovits

56

56 *Sarg's Glycerin-Seifen*
D: [Wien]
[ca. 1895],
121 x 185 cm, P 13 263

Karl Sarg (vgl. Nr. 82), übrigens ein Schüler des bedeutenden Chemikers Justus von Liebig, beschäftigte sich zur gleichen Zeit wie der Engländer Crookes mit der Weiterverwendung des als Nebenprodukt der Kerzenerzeugung anfallenden Glyzerins und mit dem Problem der Fettspaltung in Autoklaven. Beide entdeckten das Kristallisationsvermögen des Glyzerins. Aufgrund dieser Erkenntnis konnte man nun Seifen und andere Glyzerinprodukte herstellen, die ausgezeichnete, bisher unbekannte hygienische Eigenschaften besaßen. Seit etwa 1860 gelang es in den Wiener „Apollo-Werken" (vgl. Nr. 101) Fettspaltung im großen industriell auszuführen. Die Firma „F. A. Sarg's Sohn & Co." produzierte durchsichtige Glyzerintoiletteseifen, die nicht nur in Wien und den Ländern der Monarchie, sondern auch im Ausland guten Absatz fanden.

Sarg hatte in diesem Falle aber keinen eigenen Markennamen für das Produkt, der bekannte Firmenname allein sollte für die Verbreitung sorgen. Dies mag uns im Hinblick auf den makabren Namen „Sarg" etwas seltsam anmuten, die kalte Kachelwand, das zur Maske erstarrte Lächeln des Kindes unterstreichen noch die — für heutige Begriffe — eher bedrohliche Ausstrahlung des Plakates. B.D.

„Der Zettelpapper"

57 *Wiener-Männer-Gesangverein*
„Liederfreunde"
D: Wien: L. Elsinger
1896, 96 x 128 cm, P 13 249

Der Dreherpark in Meidling (Schönbrunner Straße 307) wurde am 5. Juli 1886 mit einer Liedertafel des Wiener Männergesangvereines eröffnet. 1894 wurde das Vergnügungsetablissement durch die im Park erbaute Katharinenhalle, die 4 000 Personen faßte, erweitert.

Eine besondere Attraktion der hier angekündigten Veranstaltung bildete das Auftreten des damals ungemein populären Volkssängers Edmund Guschelbauer. Er verkörperte den Typus des gemütlichen Urwieners; der 1885 von ihm kreierte Schlager „Der alte Drahrer" wurde zu einem so großen Erfolg, daß diese Bezeichnung gewissermaßen zu seinem Markenzeichen und Spitznamen wurde.

Ein Bauernball im Jahre 1896 unter dem Motto „Halloh! Woas gibts? ... Wisst's was a Telephon is?" hatte ungefähr die gleiche Bedeutung wie heute ein Gschnasfest unter dem Motto „Mondlandung" oder „Astronautenlook".

Die ersten Telefonleitungen waren bereits 1881 gelegt worden, doch konnte sich diese Einrichtung in Wien vorerst nicht recht durchsetzen. Für wichtige, dringende Mitteilungen nahm man lieber die Dienste der Post, des Telegrafen oder eines Dienstmannes in Anspruch.

„Mit Erlass des k.k. Handelsministeriums vom 3. Juli 1881, ... wurde der Wiener Privattelegraphen-Gesellschaft die Bewilligung ertheilt, in Wien und seinen Umgebungen im Umkreise von 15 km, vom Stephansthurme aus gerechnet, Telephonleitungen herzustellen und zu betreiben.

An die in Wien am 1. December 1881 in dem Hause Friedrichstraße Nr. 6 zur Eröffnung gelangte Centrale hatten sich trotz eifriger Bemühungen der Concessionäre nur 154 Theilnehmer zum Anschlusse an das Netz gemeldet; gleichzeitig wurden 37 directe Leitungen für den unmittelbaren Verkehr zwischen je zwei Sprechstellen desselben Eigenthümers mit Ausschluss der Centrale dem Betrieb übergeben." (Beschreibung der k.k. Telephon-Centralen in Wien, Wien 1899, S. 1)

Eine starke Belebung des Fernsprechverkehrs bildeten die ersten vom Staat gelegten interurbanen Leitungen Wien—Liesing—Baden, Wien—Vöslau und Wien—Wiener Neustadt—Neunkirchen—Reichenau.

Eine wahre Sensation bedeutete es, als zwei Telegrafenleitungen zwischen Wien und Brünn für den Telefonbetrieb eingerichtet werden konnten; die interurbane Zentrale wurde mit dem Netz der Privattelegraphen-Gesellschaft verbunden.

Durch die Entwicklung des interurbanen Verkehrs erhöhte sich die Teilnehmerzahl auf 2 692 im Jahre 1890 gegenüber 847 im Jahre 1886.

Einen weiteren Markstein in der Geschichte des Fernsprechverkehrs bildete die Anlage des ersten öffentlichen Telefonautomaten beim Südbahnhof im Jahre 1903. Einen Tag später wurde eine zweite Zelle beim Nordbahnhof aufgestellt, der dritte Automat wurde erst Monate später installiert. Diese Automaten waren zwar Münzfernsprecher, besaßen aber keine Uhr. Die allgemeine Einführung des Zeittarifs im Fernsprechverkehr erfolgte erst am 1. April 1931. In der Telefonzelle am Südbahnhof hatte man die Aufschrift: „Es ist verboten, länger als zehn Minuten in der Zelle zu verweilen" angebracht und rechnete mit der Ehrlichkeit der Benützer.

G.B.

57

Graphische Kunstanstalt
Hans Moessmer & Sohn
Wien XII. Meidlinger-Hauptstrasse 17
und Fabriksgasse 4 u. 6
empfiehlt sich zur Herstellung feinster
farbiger PLAKATE
sowie aller Drucksorten in Buchdruck und Lithographie.
Telephon 1767
R. Kratki

58

58 *Graphische Kunstanstalt Hans Moessmer & Sohn*
E: R. Kratki
D: Wien: H. Moessmer [ca. 1898], 63x95 cm, P 13 287

Durch die Erfindung der Farblithographie in der ersten Hälfte des vorigen Jahrhunderts wurden völlig neue Grundlagen für die Plakatgestaltung geschaffen. „Es bedurfte zahlreicher Erfindungen des an der Druckkunst über alle Maßen interessierten 19. Jahrhunderts, um die Herstellung von Bildplakaten zu ermöglichen. Die Erfindung der Lithographie durch Aloys Senefelder (1796) genügte allein nicht. So konnte man damals aus den Bütten nur verhältnismäßig kleine Bogen Papier schöpfen. Louis Robert gelang es, eine brauchbare Papiermaschine zu konstruieren, mit der Papier von unbestimmter Länge verfertigt werden konnte (1799)."
Weitere Entwicklungen, wie die Erfindung der Schnellpresse durch Friedrich König, 1811, und die Erzeugung billigeren Papiers auf Holzschliff-Basis, waren notwendig. Nach verschiedenen Verbesserungen dieser Maschinen wurde seit dem letzten Viertel des vergangenen Jahrhunderts der Druck von farbigen Bildplakaten populär. Buchdruckereien und graphische Kunstanstalten beschäftigten sich mit dem Druck von Plakaten, und allmählich spezialisierten sich einzelne Firmen auf diese Tätigkeit.
G.B.

Lit.: Kossatz, Horst Herbert: Unbekannte Wiener Reklame-Plakate, in: Alte und moderne Kunst, Wien 1968, 100. Heft, S. 28.

59 *Wien — Triest*
E: J. Weber, P. Balzer
D: Zürich: Orell Füssli [1898], 114x81 cm, P 13 268

Im Jahre 1832 wurde in Österreich die erste Pferdeeisenbahn Linz—Budweis eröffnet, die erste Bahn mit Dampfbetrieb folgte bereits 1837 auf der Strecke Floridsdorf—Deutsch-Wagram, von A. Negrelli bis Olmütz erweitert und 1858 bis Krakau ausgebaut.
Als nächstes wurde die Verbindung Wiens mit Triest in Angriff genommen. 1841 konnte bereits die Strecke bis Wiener Neustadt eröffnet werden, ein Jahr später der Teil bis Gloggnitz.
Die Erkenntnis von der Wichtigkeit einer systematischen Anlage eines Bahnnetzes führte im Jahr 1841 zu einem staatlichen Eisenbahnprogramm, das

Reklame in den Waggons der Südbahn

zugleich auch das erste Staatsbahnsystem in Österreich einleitete. In diese Zeit fällt auch der Bau der Semmeringbahn durch Karl von Ghega. Damit gelang es das erstemal, eine Bergstrecke

K.K. PRIV. SÜDBAHN-GESELLSCHAFT (ÖSTERREICH)
WIEN-TRIEST
Directe Zugsverbindungen
Kuranstalten der K.K. Südbahngesellschaft in Abbazia
Südbahn Hôtels auf dem Semmering

59

60

mit einer Dampfeisenbahn zu bewältigen, was bis dahin für unmöglich gehalten worden war. 1854 war die Strecke Wien—Graz—Triest fertiggestellt. Durch die schlechten Finanzverhältnisse des Staates bedingt, wurden in den Jahren 1854 bis 1859 die Staatsbahnen zu ungünstigen Bedingungen privaten Gesellschaften übergeben. Aber wegen schlechter Erfahrungen, besonders wegen der intensiven Inanspruchnahme des Staatsschatzes für Garantiezahlungen an Privatbahnen, übernahm der Staat 1873 wieder den Eisenbahnbau und erweiterte das Streckennetz.

Das Eisenbahnnetz Österreichs betrug bei Regierungsantritt von Kaiser Franz Joseph (1848) 1 071 Kilometer Länge; zwanzig Jahre später waren es 4 533 Kilometer und im Jahr 1878, als durch Übernahme der niederösterreichischen Südwestbahn der Staat nach zwanzig Jahren zum erstenmal wieder selbst Bahnen betrieb, bereits 11 300 Kilometer. Den tastenden Anfängen zu einem Staatsbahnsystem folgte die Verstaatlichung der Kaiserin-Elisabeth-Bahn (Westbahn), die eine Privatgesellschaft gebaut hatte, und die Erbauung der Arlbergbahn, womit die zweite Staatsbahnära in Österreich begründet wurde. Die Südbahn blieb jedoch als letzte der großen österreichischen Eisenbahnlinien bis 1923 in privater Hand. B.D.

60

Papier à Cigarettes
E: H[enri] Gray
D: Paris: Courmont
[1898], 141x100cm, P 13 289

Nicht nur das hier angebotene Produkt, das Zigarettenpapier, sondern auch das Plakat dafür stammt aus Frankreich, dem Mutterland des modernen lithographischen Plakates. Man brauchte sich durchaus nicht der Mühe zu unterziehen, ein eigenes deutschsprachiges Plakat anfertigen zu lassen, da das französische Flair dem Produkt ein mehr luxuriöses Image verschaffen sollte, wobei zusätzlich durch das Bild der rauchenden Dame die Aufmerksamkeit der vornehmlich männlichen Kunden erregt werden sollte.

Bereits 1783 wurde von Michael Abadie in Paris eine Papierfabrik gegründet, 1789 war das erste Zigarettenpapier erzeugt worden, das jedoch noch geleimt war und eher einem dünnen Briefpapier glich. In der Tradition der französischen Firma spielte auch Napoleon eine entscheidende Rolle: „Als Napoleon I. 1805 ein Heer sammelte, um in England einzufallen, übernachtete er in der Fabrik. Bei dieser Gelegenheit wurde ihm, der sonst nur schnupfte, von Abadie eine Zigarette überreicht, die Napoleon mit sichtlichem Behagen rauchte. Die Folge davon war, daß sich die Soldaten alsbald dem Zigarettenrauchen zuwandten und die Fabrik allmählich aufblühte." 1838 verwendete Charles Abadie, der Sohn des Gründers, das erstemal ungeleimtes Papier, was die Qualität der Zigaretten bedeutend verbesserte und der Verbreitung der Zigarette gegenüber anderen Arten des Rauchens den entscheidenden Erfolg brachte.

Im Deutsch-Französischen Krieg war in der Fabrik ein deutsches Spital untergebracht. Unter den Verwundeten war ein Reserveoffizier, der nach dem Krieg das Zigarettenpapier in Österreich mit so großem Erfolg vertrieb, daß im Jahre 1910 eine eigene Fabrik im 10. Wiener Gemeindebezirk erbaut werden konnte. Auch in Wien hatte das Zigarettenrauchen gegenüber anderen Formen des Tabakgenusses einen durchschlagenden Erfolg: Kamen 1881 noch auf 100 Zigarren 9,9 Zigaretten, so war das Verhältnis im Jahr 1900 bereits 100 zu 227.

Die Werbung der Zigarettenfabrik Abadie war dann auch in den zwanziger Jahren von bemerkenswertem Einfallsreichtum. Manch älterer Wiener wird sich noch an das Sammeln von Flaggen und Wappen erinnern, die, auf kleinen Kartonkarten gedruckt, den Zigarettenhülsen beigegeben waren. B.D.

Lit.: Favoriten, Wien 1928, S. 159.

61 *Electrische-Kraftvermiethung*
D: Wien: J. Weiner
[1899], 96x127 cm, P 13 266

Zu den bedeutendsten im 19. Jahrhundert entstandenen neuen Produktionszweigen gehörte die Elektroindustrie. Neben der die Nachrichtenvermittlung revolutionierenden Erfindung von Telegraf (1833) und Telefon (1876) sowie später des Funkverkehrs (1905), war die Verwendung von elektrischem Strom als Energiequelle in der technologischen und industriellen Entwicklung am wichtigsten. Bereits ab 1873 gab es Elektromotoren. Weitere Verbreitung und größere Bedeutung erlangte der Elektromotor als vielseitig verwendbare Maschine erst durch den Bau von Kraftwerken und die Fernübertragung der elektrischen Energie. In Österreich stützte sich die Stromerzeugung noch auf kalorische Werke, die Ausnützung der Wasserkräfte wurde aus zu weit gehenden Rücksichten auf den Kohlenbergbau gestoppt. 1894 begann man in Wien im Zusammenhang mit der projektierten Elektrifizierung der Straßenbahn mit einem Probebetrieb von Akkumulatorenwagen.
Die neue Technik fand relativ lange in Kunst und besonders in der populären Graphik, wie in dem vorliegenden Plakat, noch keine stilistische Entsprechung. Die Kraft der Elektrizität wird hier noch allegorisch personifiziert in einem „energiegeladenen" jungen Athleten. B.D.

Lit.: Kossatz, Horst Herbert: Unbekannte Reklame-Plakate, in: Alte und moderne Kunst, 1968, 100. H., S. 34.

61

62 *Ideal Glühlampen-Unternehmung*
E: E. Döcker jun.
D: Wien: F. Sperl
[1899], 102x71 cm, P 13 265

In der Geschichte des Beleuchtungswesens nimmt die Petroleumlampe einen der wichtigsten Plätze ein. Die Entwicklung führte von der offenen Flamme über verschiedene Lampenkonstruktionen, die auf dem Prinzip eines in einem die Luftzufuhr regelnden Glaszylinder brennenden Dochtes beruhten, zur dochtlosen Glühlampe, bei der mit Luft gemischter Petroleumdampf beim Verbrennen einen Glühstrumpf erhitzt und so ein starkes Licht erzeugt.
Der Nachteil der Petroleumlampe wie auch aller anderen Beleuchtungsarten mit offener Flamme, wie zum Beispiel Spiritus- und Gaslampen, gegenüber der

62

elektrischen Glühlampe war die erhöhte Explosionsgefahr. Einer der schrecklichsten Unfälle dieser Art war der Brand des Wiener Ringtheaters 1881. (vgl. Nr. 48)
Die Erinnerung an dieses furchtbare Unglück blieb für Jahrzehnte in den Menschen lebendig. In etwas makabrer, negativer Weise machte sich die Werbung dies zunutze, indem für Ideal-Glühlampem durch den Blickfang „Explosionsgefahr!" geworben wurde, während die maßgebliche Aussage „gänzlich ausgeschlossen" dahinter zurücktrat und so eine gewollt groteske Verzerrung des Werbeslogans zustande kam. G.B.

63

Österr. Patente
E: Ferd[inand] Dorsch
D: Wien: J. Weiner
[1899], 127x96 cm, P 13 264

Kräftiger Geschmack und feines Aroma waren Eigenschaften, die besonders der Wiener seit jeher an seinem Kaffee schätzte. Obwohl gerade in Wien die Verwendung von Surrogaten (Ersatzmittel für Kaffee sind nach der Überlieferung seit dem 18. Jahrhundert bekannt) bis zur Perfektion gebracht wurde, waren gute, frisch geröstete und gemahlene Kaffeebohnen stets der bevorzugte Grundstoff für das so sehr beliebte Getränk. Im josephinischen Wien waren die rund 70 Kaffeehäuser bereits zu einer Institution geworden, wo man in Gesellschaft Kaffee trinken und plaudern konnte: „Die Cafés wurden zu einem neutralen Boden, wo man ohne Rücksicht auf ‚ständische' Abgeschlossenheit über Politik, Literatur, Kunst, Verkehr und Gewerbe diskutieren konnte."
Man konnte dort jedoch nicht nur Kaffee trinken und Gedankenaustausch pflegen. „Die Kaffeehäuser sind, wie man weiß, gegenwärtig eines der unentbehrlichsten Bedürfnisse jeder großen Stadt. Wie würden so manche Müßiggänger ihre Stunden alle aufreiben, wie würde sich mancher kleinbemittelter unverheirateter Mensch in der Eile sein Frühstück verschaffen, wie würde mancher Abenteurer sein Kostgeld erwerben, wie würde mancher arme

63

Zeitungsleser in einem Wiener Kaffeehaus

64

Schlucker im Winter umsonst sich wärmen können, wenn es keine Kaffeehäuser gäbe? Die Bestimmung dieser Häuser hat sich seit ihrer ersten Entstehung unendlich weiter ausgedehnt . . . Man studiert, man spielt, man plaudert, schläft . . . liest Zeitungen und Journale usw. in den heutigen Kaffeehäusern; in einigen fängt man auch an Tabak zu rauchen."

Und für jene, die sich eine Schale Bohnenkaffee nicht leisten konnten, gab es — wie Johann Pezzl schildert — andere Möglichkeiten, sich einen ähnlichen Genuß zu verschaffen: „Auch in Wien ist der Durst nach Kaffee bis unter die Taglöhner und Marktweiber gekommen. Darum stehen in allen Vorstädten bis gegen Mittag hölzerne Ständchen, wo man für die Liebhaber aus dem Pöbel die Schale samt einem Kipfel für 1 Kreuzer ausschenkt. Allein dies ist nicht wahrer Kaffee, sondern geröstete Gerste mit etwas Sirup versüßt, und jenes geringe Volk trinkt dieses Dekokt, weil es sich für 1 Kreuzer kein anderes so wohlschmeckendes und magenerwärmendes Frühstück verschaffen kann."

Rund hundert Jahre später war der Typus des „Wiener Kaffeehauses" bereits so bekannt, daß er als Gattungsbezeichnung übernommen wurde. G.B.

Lit.: Witzmann, Reingard: Das Wiener Kaffeehaus als Ort städtischer Geselligkeit und Kultur 1685 bis 1880, in: Das Wiener Kaffeehaus, [Katalog], Wien 1980, S. 29; Pezzl, Johann: Skizze von Wien, Graz 1923, S. 365 f.

64 *Johann Hoff's Malzextrakt*

D: Wien: J. Weiner
[1899], 127x96 cm, P 13 283

„Der hohe Wert, welcher dem Malz, bzw. den Malzpräparaten als Nährmittel vorzugsweise für die Ernährung von Säuglingen und Kleinkindern zukommt, wurde schon um die Mitte des 19. Jahrhunderts von hervorragenden Kinderärzten erkannt . . . Die Anwendung von Malzextrakt in der Säuglings- und Kinderernährung wurde von Jahr zu Jahr allgemeiner und die Bedeutung des Malzextraktes als leicht verdauliches Kräftigungsmittel richtig erkannt und voll eingeschätzt." (Hygiene-Ausstellung, Wien 1937, S. 129)

Malz in allen möglichen Formen, wie Malzextrakt, Malzbonbons, Malzbier, Maltose (Malzzucker) usw. wurde, nicht zuletzt wegen seines angenehmen Geschmackes, von Kindern und Erwachsenen gern zu sich genommen und besonders Kranken und Rekonvaleszenten zur Kräftigung gegeben.

Wegen der leichten Verdaulichkeit der Malzprodukte konnten diese auch bei Erkrankungen des Magen- und Darmtraktes unbedenklich gegessen werden und leisteten als leichtes, kräftigendes Nahrungsmittel nach Erkrankungen, die mit starkem Gewichtsverlust verbunden waren, gute Dienste bei der Pflege von Rekonvaleszenten.

Ein interessantes Beispiel dafür, was durch zielstrebige Werbung erreicht werden kann, ist die Entwicklung des Kaffeesurrogatgeschäftes. „Hier ist es volkswirtschaftlich ziemlich wichtig, daß viele tausende von Gulden, die für Kaffee übers Meer gegangen wären, im Lande bleiben" stellte „Die Zeit" fest (11. 10. 1902, S. 14). „. . . in sehr vielen Kreisen, die ihren Magen des Morgens mit Alkohol füllten, trinkt man jetzt Kneippkaffee mit Milch, so daß dieses Surrogat indirect großen Nutzen stiftet. Hätten die Aerzte oder gar die Regierung empfohlen, Cichorie oder Gerste zu rösten und mit Milch vermengt zu trinken, man hätte über diese Verfügung gelacht. Die ausdauernde und geschickt geleitete Reclame hat das erreicht, was die Vernunft allein zu leisten nicht imstande gewesen wäre."

1902 kam Meinl's Maltin-Cacao auf den Markt, der „von Gesunden und Kranken, von Kindern und Erwachsenen außerordentlich leicht verdaut wird. Desgleichen wird er wegen seines hervorragenden Geschmackes von allen gerne als tägliches Getränk genossen". (Die Zeit, 7. 10. 1902, S. 15)

Für Blutarme und Bleichsüchtige war Johann Hoff's Malz-Extrakt mit Eisen und Eisen-Malz-Chocolade gedacht. Damen, Kinder und Rekonvaleszente konnten sich auch mit Maltose-Wein stärken. G.B.

Lit.: Höglinger, Klaus: Das österreichische Plakat 1873 bis 1914, phil. Diss., Wien 1980, S. XII.

65

65 *Styria-Fahrräder*
E: [Josef Maria Auchentaller]
[1899/1900],
115x81 cm, P 13 274

Der Mechaniker Johann Puch, der zunächst eine Reparaturwerkstätte für Fahrräder betrieben hatte, begann 1890 in Graz mit der „fabriksmäßigen Erzeugung von Fahrrädern". Der junge energische Unternehmer setzte von Anfang an eine großangelegte Werbung zur Verkaufsförderung ein.

Es war gar nicht so leicht, das Publikum für Fahrräder, die im Inland erzeugt wurden, zu interessieren, weil damals englische Räder den besten Ruf hatten. Die meisten Radrennen wurden mit diesen englischen Geräten gewonnen, und auch damals dienten bereits sportliche Erfolge bei Rennen der Verkaufsförderung. Der erste große Erfolg für Puchs „Styria-Räder" gelang 1893 mit einem 3. Platz auf der Strecke Wien — Berlin. Im Radsport gab es bereits Professionals, und Puch engagierte die besten Rennfahrer, die in den Jahren zwischen 1893 bis 1896 alle großen Rennen sensationell gewannen — wie etwa Fischer, der 1893 bei dem legendären Straßenrennen Bordeaux — Paris siegte. Bei den Rennen wurden — vor allem in Anbetracht der schlechten Straßen und des doch noch nicht so ausgefeilten Materials — beachtliche Leistungen erzielt: 1894 wurde die Strecke Wien — Paris (1300 km) ohne Maschinenwechsel in 5 Tagen und 17 Stunden zurückgelegt, im selben Jahr gab es auch eine Leistung von 206,402 Kilometern in 6 Stunden.

Erfolgreich wie die Werbung für „Styria" war im besonderen Maß dieses von dem renommierten Wiener Künstler J. M. Auchentaller entworfene Plakat, in dem das sportliche Image der Räder ins Bild umgesetzt wurde. Wie der Text selbst stolz vermerkt, wurde das Bild bei der „Plakat-Concurrenz der Kunstanstalt Grimme & Hempel" in Leipzig preisgekrönt, und in dem großen Werk zur österreichischen Plakatkunst von Ottokar Mascha findet es lobende Erwähnung. Das Plakat muß entweder aus dem Jahr 1899 oder 1900 stammen, nur in diesen beiden Jahren betrieb die Fir-

66

67

ma unter dieser Adresse eine Fahrschule für Radfahrer in Wien. B.D.

Lit.: Mascha, Ottokar: Österreichische Plakatkunst, Wien 1915, S. 58; Kunst in Wien um 1900, Darmstadt o. J., Nr. 103, Plakate um 1900, Kat., Darmstadt 1962, Nr. 4.

66

Automobilettes
John C. Kirsch
E: G[iulio] A[ngelo] Liberali
D: Wien: M. Engel
[1900], 95x128 cm, P 13 273

Der Fahrzeughändler und Generalvertreter der französischen Marke „Phébus Aster", John Kirsch, ließ sich 1900 dieses äußerst attraktive Plakat entwerfen, auf dem ein Phaeton-Wagen zu sehen ist. Dieser vierrädrige Kutschwagen mit offenem Verdeck war unter den ersten Automobiltypen sehr häufig anzutreffen und hieß in der zweisitzigen Version „Automobilette" oder „Voiturette". John Kirsch war aber auch Generalvertreter der amerikanischen „Cleveland-Fahrräder" und gab den Käufern seiner Fahrräder in einer 400 m² großen, beleuchteten und beheizten Halle gratis Unterricht. M.K.

67

Continental Pneumatic
D: Wien, J. Weiner
[ca. 1900],
127x96 cm, P 13 209

John Boyd Dunlop (1840—1921) erfand 1888 die pneumatische Gummibereifung und gründete 1889 in London zahlreiche Fabriken zur Herstellung dieser Reifen. Die Bedeutung des Luftreifens für Fahrräder und Automobile war so groß, daß sich in kürzester Zeit auch andere Firmen dieser Produktion widmeten. Vollgummireifen wurden selbstverständlich weiter erzeugt, da sie bei Omnibussen und Lastwagen Verwendung fanden. Die Firma „Continental", die älteste Reifenfabrik der Monarchie, weist auf diesem Werbeplakat darauf hin, daß sie Pneumatikreifen für verschiedene Fahrzeugtypen erzeugt.

M.K.

68 *Oesterreichischer Lloyd*
D: Triest: Modiano
1900, 91,5x66cm, P 13 291

Seit Mitte der dreißiger Jahre des 19. Jahrhunderts hatte Triest als aufstrebender Hafen und Umschlagplatz für Waren aller Art eine immer größer werdende Bedeutung gewonnen. „Handel und Wandel waren im Aufblühen begriffen; lebhafte geschäftliche Beziehungen bestanden zu allen Hafenplätzen des Mittelmeeres, es war der Geschäftsverkehr nach Griechenland und insbesondere nach der Türkei, die schon in diesen Zeiten mit Vorliebe mit Österreich arbeitete, entwickelt. Dabei war auch der Transitverkehr ein sehr reger; so nahm der größte Teil der ägyptischen Baumwolle seinen Weg über Triest. Wie stark die geschäftlichen Fäden waren, die in dieser Zeit von Triest aus sich wie ein Netz über das ganze Mittelmeer spannen, geht daraus hervor, daß nicht weniger als sieben Versicherungsgesellschaften ihren Sitz in Triest hatten. Diese waren es auch, die eigentlich den ersten Anstoß gaben zur Gründung des Österreichischen Lloyd."

So kam es 1832, nicht zuletzt unterstützt durch das lebhafte Interesse Kaiser Ferdinands, zur Gründung des Lloyd, dessen Aufgabe vor allem darin bestand, „den Kaufleuten und Versicherern die genauesten Nachrichten über den Handel und den Schiffsverkehr der Hauptplätze, mit denen Triest in geschäftlicher Verbindung stand, mittels eigener Korrespondenzen sowie durch Sammlung von Zeitungen und Büchern, die wirtschaftliche Angelegenheiten behandelten, zu vermitteln. Ferner übernahm es die neue Vereinigung, die Schiffsbewegung im Triester Hafen sowohl im Import wie im Export in Evidenz zu führen . . . Es erscheint als eine natürliche Konsequenz, daß der Österreichische Lloyd als Sammelpunkt für die geschäftlichen und maritimen Interessen Triests sich alsbald mit der Idee befaßte, seinen Wirkungskreis zu erweitern und an die Gründung einer Dampfschiffahrtsgesellschaft, die als zweite Sektion dem Unternehmen angegliedert werden sollte, zu schreiten."

Das Projekt erregte großes Interesse im Ausland, mehrere Staaten wollten sich durch den Ankauf von Aktien beteiligen. 1836 wurde die Dampfschiffahrtsgesellschaft gegründet.

1837 erhielt das Unternehmen das Privileg für den Verkehr in den österreichischen Häfen, 1839 wurde ihm der Titel „k. k. privilegierter Österreichischer Lloyd" zuerkannt.

In den fünfziger Jahren erfolgte der Bau einer eigenen Werft, um die Schiffe des Lloyd (61 Dampfer im Jahre 1856) billiger ausrüsten und reparieren zu können. 1855 erhielt der Lloyd eine staatliche Subvention, zugesichert für den Zeitraum von zehn Jahren, und wurde somit von einem anfänglich Triester Unternehmen zu einer österreichischen Gesellschaft.

Bis 1867 war das Verkehrsgebiet des Lloyd auf die Adria und das östliche Mittelmeer konzentriert gewesen, auch auf dem Po, der Donau und dem Schwarzen Meer verkehrten seine Schiffe. Der Bau des Suezkanals eröffnete völlig neue Perspektiven, die Linien des Lloyd wurden nun auch nach dem Fernen Osten geführt, und dies — nach anfänglichem Defizit — mit steigendem Erfolg. Mit der ständig zunehmenden Bedeutung der Frachtschiffahrt taten sich für die Gesellschaft neue Verdienstmöglichkeiten auf. Von 1878 bis 1885 wurden 22 Schiffe in Dienst gestellt, 18 davon waren im Lloydarsenal erbaut worden, weitere 15 Schiffe wurden zwischen 1891 und 1898 gebaut.

In diesen Zeitraum fallen einige Verbesserungen der Linienführung, die die Entwicklung der Gesellschaft in der Folge stark beeinflußten. Unter anderem konnten die Direktoren die Verlängerung der Streckenführung des Luxuszuges Ostende — Wien bis Triest erreichen, um den Anschluß an den Eilkurs Triest — Alexandrien herzustellen. 1900 beförderten 67 Schiffe auf 1 217 Fahrten 281 831 Passagiere und rund 10,5 Millionen Meterzentner Waren. Der Österreichische Lloyd, der sich eine an-

68

gesehene Stellung im Schiffsverkehr, vor allem nach den Levantehäfen, erobert hatte, florierte noch mehrere Jahre. Nach dem Zerfall der Monarchie wurde der Österreichische Lloyd in ein italienisches Unternehmen umgewandelt. G.B.

Lit.: Fünfundsiebzig Jahre Österreichischer Lloyd, 1836 bis 1911, Triest 1911, S. 6 ff.

69

69 *Englischer Garten Praterstern*
D: Wien: S. Czeiger
[ca. 1900],
58x46 cm, P 13 252

Am 18. Mai 1895 eröffnete Gabor Steiner auf dem Areal des Englischen Gartens im Prater den Vergnügungspark „Venedig in Wien". „Der Kunst Steiners und seiner Mitarbeiter, vor allem des Architekten Oskar Marmorek und des Malers Ferdinand Moser, gelang es, ein Stückchen vom Zauber der Dogenstadt einzuhaschen. Die gesamte Wasserfläche in ‚Venedig in Wien' bedeckte 8 000 m². Nachbildung der Porta del Arsenale, der Palazzi Triuli, Dario reihten sich aneinander . . . Von den umherziehenden Straßensängern erreichte Luigi Brassi, der ‚schöne Luigi', eine unglaubliche Popularität. Die Sängergesellschaft Torcellan fuhr in der Serenadengondel die Kanäle entlang."

1895 gab es für kurze Zeit ein Kino, doch mußte es infolge technischer Schwierigkeiten wieder geschlossen werden. Am 3. Juli 1897 drehte sich zum erstenmal das Riesenrad. Steiner bot den Wienern das Beste, was zu haben war, die bekanntesten und beliebtesten Künstler traten in „Venedig" auf. Gastspiele ausländischer Truppen und Solokünstler belebten das ohnehin schon reichhaltige Programm.

Im Sommertheater und auf dem Campo I, II und III wurden mehrere Vorstellungen hintereinander gegeben. 1897 fand auf diesem Gelände eine „Internationale Ausstellung neuer Erfindungen" statt, 1898 entstand ein Alt-Wiener Platz mit einem Kasperltheater. Auf dem Campo I wurde unter Mitwirkung von insgesamt zweihundert Darstellern „Frau Reclame" von Louis Roth aufgeführt. 1899 wurde eine siebzig Meter lange Wasserrutschbahn in Betrieb genommen. Im Pavillon vor dem Römersaal, der zweitausend Personen faßte, konzertierte die Kapelle Carl Michael Ziehrer.

1901 wurde der Großteil der venezianischen Paläste durch japanische, ägyptische und spanische Gebäude ersetzt. In der nun „Internationalen Stadt im Prater" wurde im Herbst ein Nestroyzyklus veranstaltet. 1902 verwandelte sich die „Internationale Stadt" in die „Blumenstadt", 1903 in die „Elektrische Stadt". In der neuen Olympia-Arena, der größten Freilichtbühne des Kontinents, gab ein Ensemble von tausend Personen „Die Türken vor Wien". 1905 wurde ein Teich von 4 000 m² Wasserfläche angelegt, in der „Parisiana" wurden lustige Einakter aufgeführt. „Venedig" war nun längst zum Vergnügungspark mit den verschiedensten Attraktionen geworden, doch hielt man weiterhin an der ursprünglichen Bezeichnung fest.

1911 geriet das Unternehmen erstmals in finanzielle Schwierigkeiten, brachte aber doch Jahr für Jahr neue Sensationen. 1945 vernichtete ein Großbrand den Kaisergarten vollständig, auch das Riesenrad wurde schwer beschädigt. Schließlich wurde der größte Teil des Kaisergartens in einen Park umgewandelt. G.B.

Lit.: Pemmer, Hans/Nini Lackner: Der Prater. Neu bearbeitet von Günter Düriegl und Ludwig Sackmauer, Wien 1974, S. 152; Berg, Erich Alban: Als der Adler noch zwei Köpfe hatte. Graz 1980, S. 75.

70

71

70

Währinger Flaschenwein-Depôt
E: Th. Mayerhofer
D: Wien: F. Walter
[ca. 1900],
126x95 cm, P 13 280

„Ungarische Weine scheinen vorzugsweise und von jeher einen starken Absatz in Wien gefunden zu haben, ob auf ausdrückliches Verlangen der Consumenten, das heißt der Trinker, oder ob nur die Schänkwirthe (wie es einer weitverbreiteten und nicht unbegründeten Sage nach auch noch heute geschehen soll) sich des billigeren und süffigeren Weines zu ihren beliebten Mischungen bedienten, dies festzustellen, überlasse ich einem gewiegteren Forscher. Ich fand nur, daß in ‚Oesterreich' . . . der Consum an ungarischen Weinen von Jahr zu Jahr auffallend stieg, wenn auch dem Progressionsverhältnisse der anwachsenden Bevölkerung Rechnung getragen wird."
In den achtziger und neunziger Jahren des vorigen Jahrhunderts hatte die Reblaus besonders in Niederösterreich große Schäden verursacht. Um die Jahrhundertwende waren die Ausfälle zwar weitgehend beseitigt, „aber die Trinker haben durch die alltäglichen Geschichten über Weinpantschen und Weinfälschen, Mißernten und italienischen Mischmasch das Vertrauen zum Weine überhaupt verloren".
Daß der im Währinger Depot verkaufte Wein naturecht war, verstand sich also nicht von selbst; schon Friedrich Schlögl klagte: „Heute findet man es nicht einmal für nöthig, jene Wirthe, welche Kunstwein schänken, zu verhalten, dies den Kunden kund und zu wissen zu machen, falls Jener, der kein separates Gelüste darnach trüge und um sein Geld ein ehrlich Naturproduct wünsche, die verfluchte Stätte meide, wo man ihm ⌐ Talmigold für echtes Gold zu verkaufen gedenke." G.B.

Lit.: Schlögl, Friedrich: Alte und neue Historien von Wiener Weinkellern, Weinstuben und vom Weine überhaupt, Wien 1875, S. 33; Jandl, Ernest: Wien und der Wein mit Wein-Baedeker, Wien 1906, S. 45.

71

Salon-Fliegenfänger
E: Arth[ur] Thiele
[ca. 1900],
74x42 cm, P 13 277

Um die Jahrhundertwende bildeten groteske Darstellungen und Wortschöpfungen ein immer wiederkehrendes Element der Plakatwerbung. Die hier suggerierte, eher lächerlich wirkende Assoziation von elegantem Salon und Fliegenbekämpfung ergab sich aus der Notwendigkeit, das auch in Stadtwohnungen reichlich auftretende Ungeziefer zu vertreiben oder zu vertilgen. Neben Fliegenpapier, Streupulver und Quassiaspänen war der Fliegenfänger, ein mit Leim bestrichener Papierstreifen, vor der Erfindung des radikal wirkenden DDT und anderer chemischer Substanzen ein nützliches Mittel zur Vernichtung der fliegenden Insekten. Nun ist er aus der Stadtwohnung längst verschwunden, wurde aber auf dem Lande bis in die jüngste Vergangenheit verwendet, um die Wohnräume einigermaßen vor den aus den Stallungen kommenden Fliegen zu schützen. G.B.

72

72 *Gräfin Pepi*
D: Wien: J. Weiner
[1902], 96x240 cm, P 13 297

1895 eröffnete der Varietédirektor Gabor Steiner auf dem Areal des ehemaligen Kaisergartens im Prater einen Unterhaltungsort großen Stils: „Venedig in Wien". Es wurde ein vielbewundertes Abbild der Lagunenstadt mit Seufzerbrücke, Dogenpalast, Campanile und Canale Grande. Das Unterhaltungsprogramm reichte von Opern-, Operetten- und Konzertproduktionen über Darbietungen von Volkssängern, Marionettentheater und Balletten bis zur Vorführung von Glasbläsern aus Murano. 1897 wurde hier auch das Riesenrad erbaut.

Um die ohnehin große Anziehungskraft zu erhalten, wurden jedes Jahr architektonische Umgestaltungen vorgenommen. So wurde das Gelände 1902 zur „Blumenstadt". Am Eröffnungstag produzierte sich eine Dahomey-Karawane mit 25 „Amazonen". Und im Sommertheater wurde am 5. Juli 1902 zum erstenmal die Operette „Gräfin Pepi" aufgeführt, die Kapellmeister Ernst Reiterer aus den weniger erfolgreichen Straußoperetten „Simplicius" und „Blindekuh" zusammengestellt hatte. Geschäftstüchtig, wie Gabor Steiner war, plakatierte er „Musik von Johann Strauß" mit einem großen Porträt des unsterblichen Komponisten. Mizzi Zwerenz sang die Titelrolle, und das „Illustrirte Wiener Extrablatt" schrieb: „Das kleine Sommertheater in ‚Venedig' darf kühn jeden Vergleich mit einer großen, ersten Operettenbühne aufnehmen, die über reiche Mittel verfügt. Das Ballett im 2. und die militärische Evolution im 3. Aufzug sind Meisterwerke. Die reichen Kostüme, zu welchen Theo Zasche und Choubrac die Zeichnungen besorgten, die mit coloristischen Effekten wirkenden Toiletten und Uniformen, die wechselnden Farben vereinigten sich zu reizvollen Bildern." (IWE, 6. 7. 1902, S. 5) E.K.

Lit.: Pemmer, Hans/Nini Lackner: Der Prater. Neu bearbeitet von Günter Düriegl und Ludwig Sackmauer, Wien 1974, S. 152 ff.

Die Kärntner Straße während der Weihnachtszeit, Zeichnung von A. Bienert

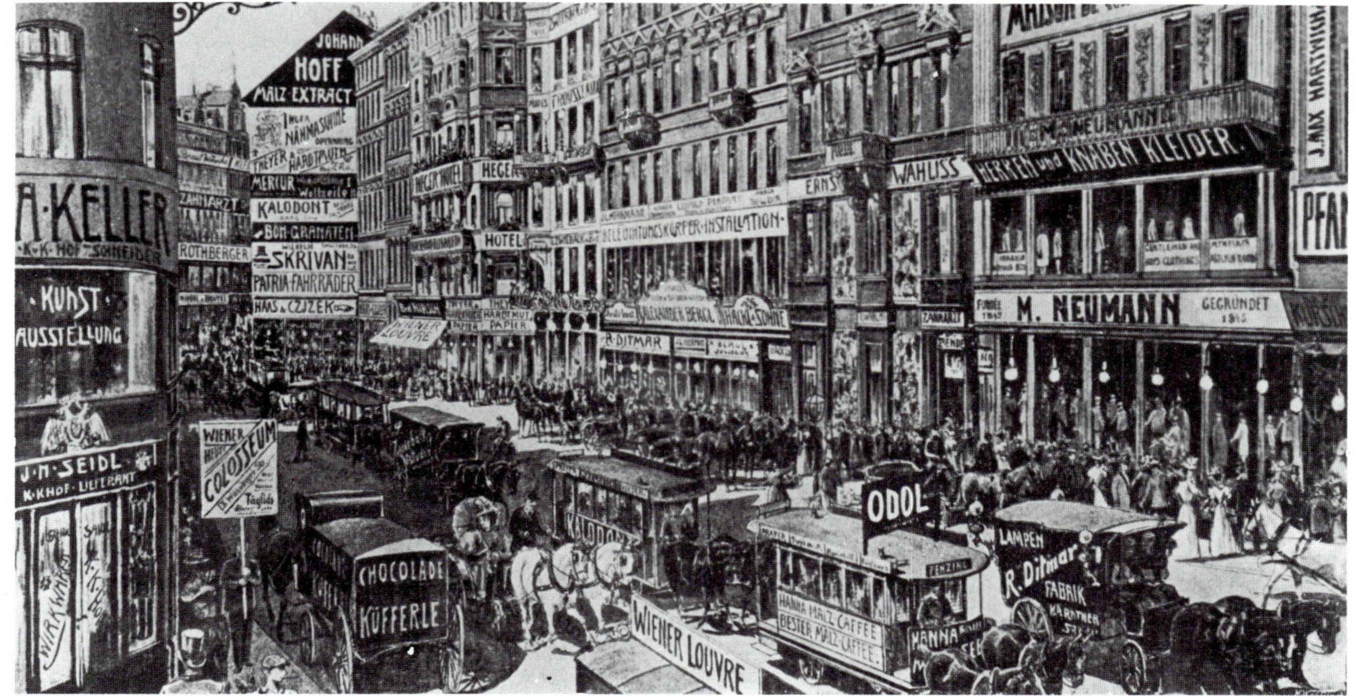

73 *Künstlerhaus,*
XXIX. Jahresausstellung
E: A[lois] H[ans] Schram
D: Wien: J. Weiner
1902, 127x96 cm, P 10 833

Seit Gründung der „Genossenschaft bildender Künstler Wiens“ im Jahre 1861 war es ein Hauptanliegen dieser Institution, Ausstellungen zu veranstalten.
Nach Vollendung des Künstlerhauses, 1868, faßte man demgemäß folgende Beschlüsse über die Aufgaben und Aktivitäten: „1. Die Ausstellungen im Künstlerhause sind in eigener Verwaltung zu führen; 2. in der Regel nur Jahresausstellungen zu veranstalten, jedoch einen Saal stets offen zu halten, um solche Kunstwerke zur öffentlichen Anschauung zu bringen, welche nur zeitweilig zur Verfügung standen; 3. ein Komitee zu wählen, welches im Sinne dieser Bestimmungen mit dem Oesterreichischen Kunstverein und dem Vereine zur Beförderung der bildenden Künste Verhandlungen zu pflegen hätte, um eine Vereinbarung mit denselben zu erzielen; 4. die Bildung eines Künstlercasinos vorzunehmen . . .
Die Verhandlungen mit dem Oesterreichischen Kunstvereine führten nicht zu dem gewünschten Resultate, hingegen schloß sich der Verein zur Beförderung der bildenden Künste der Genossenschaft vollständig an. Die erste permanente Ausstellung wurde im Jahre 1869 mit Hans Makarts ‚Sieben Todsünden‘ eröffnet. Die erste Internationale Jahresausstellung wurde am 15. April 1869 eröffnet. Der Stand der Mitglieder in diesem Jahre war: 26 Ehrenmitglieder, 265 ordentliche und 55 außerordentliche, zusammen 346 Mitglieder.“ (RP, 23. 3. 1911, S. 3)
Die Jahresausstellungen wurden bald zu einem wichtigen Beitrag im Wiener Kunstleben und fanden auch im Ausland starke Beachtung. Makart und Piloty zeigten im Künstlerhaus ihre Riesengemälde, und oft galten die Ausstellungen, die in einer Woche bis zu 50 000 Besucher zählten, einem einzigen Bild.
An der XXIX. Jahresausstellung beteiligten sich bereits 124 österreichisch-ungarische Künstler mit 245 und 202 ausländische Aussteller mit 334 Werken, wovon 461 der Malerei, 14 der Architektur, 73 der Plastik und 31 der graphischen Kunst angehörten.
Der vom Kaiser gestiftete „Kaiserpreis“ von 400 Dukaten ging an den Bildhauer Theodor Charlemont, Wien, für sein Gipsmodell „Denkmal für Pfarrer Josef Strauss, Gründer der Sparcasse in Ober-Hollabrunn“.
Je eine der drei von Erzherzog Carl Ludwig gestifteten Goldmedaillen wurde Alois Hans Schram, Maler, für sein Ölgemälde „Hexensabbath“, Viktor Stauffer, Maler, für sein Ölporträt „Professor Kriesche“ und Ferdinand Götz in München für sein Ölgemälde „Versuchung des hl. Antonius“ verliehen.
Außerdem gelangten fünf weitere, von Privatpersonen gestiftete Künstlerpreise sowie fünf große und neun kleine goldene Staatsmedaillen zur Verteilung, die vom k. k. Ministerium für Cultus und Unterricht ausnahmsweise für die XXIX. Jahresausstellung bewilligt worden waren.
Da keine Einstimmigkeit in der Jury erzielt werden konnte, wurden in diesem Jahr die beiden „Reichel-Künstlerpreise“ von je 2 400 K nicht verliehen.
Die Ausstellung wurde von mehr als 34 800 Personen besucht.
Zu der Entwicklung der Künstlerhausplakate schreibt Karlheinz Roschitz: „Die ersten Plakate des Künstlerhauses waren, wie damals allgemein üblich, reine Ankündigungstafeln ohne jeden künstlerischen Schmuck. Erst um die achtziger Jahre — bedingt durch die modernen, sich rasch entwickelnden Druckmöglichkeiten — tauchten die ersten bildlichen Darstellungen auf; zuerst nur sporadisch, dann immer häufiger und großzügiger. Die Jahrhundertwende brachte bereits eine wahre Hochblüte künstlerisch wertvoller Plakate, in denen sich alle aktuellen Kunstrichtungen spiegelten.“
Auch für die Jahresausstellungen von 1902, 1903 und 1909 hat Alois H. Schram die Plakate entworfen. G.B.

Lit.: Aichelburg, Wladimir/Karlheinz Roschitz: Das Künstlerhaus, Kaiser Franz Josef I. und die Ringstraße, Festwochenausstellung 1979, Wien 1979.

73

74 *Opel*
D: Leipzig: Grimme & Hempel
[1902], 80x51 cm, P 13 271

Im Jahr 1893 gründete Otto Beyschlag gemeinsam mit Heinrich Opel, einem Sohn des Gründers der Opelwerke, die Firma Opel & Beyschlag in Wien und eröffnete ein Geschäftslokal am Kärntner Ring 13. Hier wurden, wie damals bei derartigen Mechanikerbetrieben üblich, zunächst Fahrräder und Nähmaschinen verkauft.

Otto Beyschlag und Heinrich Opel waren beide in ihrer Zeit anerkannte Radrennfahrer. Als Beyschlag 1892 zum erstenmal an einem Radrennen in Wien teilnahm, hatte er bereits 128 Preise gewonnen, darunter 66 erste und 32 zweite Plätze, und war in 53 Städten Deutschlands, Belgiens und Österreich-Ungarns gestartet. Bei dieser Geschäftsgründung versuchten die beiden, die Bekanntheit, die sie als Sportler errungen hatten, in kommerzielle Erfolge umzusetzen und dabei gleichzeitig das Fahrrad als neues Verkehrsmittel zu propagieren.

1895 starb Adam Opel, der Gründer der Opelwerke, Heinrich Opel trat aus der Wiener Firma aus und übernahm mit seinen vier Brüdern das Werk in Rüsselsheim. Drei Jahre später wurden in dem Werk die ersten Autos von Opel erzeugt und Opel & Beyschlag war damit die erste Opelvertretung außerhalb Deutschlands. Als Ausstellungslokal wurden die Räumlichkeiten in Wien, Canovagasse 5, herangezogen, die bis dahin für eine von Beyschlag betriebene Radfahrschule verwendet worden waren.

Das auf dem Plakat abgebildete Fahrzeug, ein Opel-Tonneau, wurde 1902 in Wien vorgestellt. Der Wagen hatte einen 2-Zylinder/12-PS-Motor, 3 Vorwärtsgänge und einen Rückwärtsgang.

M.K.

OPEL
Motorwagen
Opel & Beyschlag, Wien, Canovagasse 5.

74

Das absichtlich Primitive in den malerischen Mitteln, wie es von England und Frankreich aus propagiert wurde, kam der künstlerischen Entwicklung des Placats sehr zustatten, ebenso der Wunsch und der Drang aller wahrhaft künstlerisch Empfindenden, die Erscheinungen des Tages und selbst die Gegenstände des täglichen Gebrauches zweckmäßig und formschön auszugestalten.
Die Uebertreibung, das heißt die Absicht der Künstler, das Placat vom absolut malerischen Standpunkt zu gestalten und zu beherrschen, hat sich als nicht durchführbar erwiesen. — Die Reclame hat ihre eigenen Gesetze, das Placat soll vor allem auffallen und dabei in Zeichnung und Farbe nach Möglichkeit künstlerisch wirken.

Die Zeit, 25. 12. 1902, S. 21

75

76

75 *Brause Limonade*
Ingwer-Bier
E: K. Simunek
D: Prag: A. Vitek
[1903], 178x126cm, P 13 285

Bis in die jüngste Vergangenheit war unter den alkoholfreien Getränken Brauselimonade bei Kindern und Erwachsenen besonders beliebt. Laut Inserat im „Neuen Wiener Abendblatt“ betrug der Verbrauch an Maršners Brause-Limonade-Bonbons 1908 mehr als 40 Millionen Stück. Die Tabletten mußten nur in ein Glas Wasser gegeben und das sofort aufschäumende Getränk möglichst schnell noch während des Brausens getrunken werden. Die erste böhmische Aktiengesellschaft erzeugte diese erfrischende Limonade in den Geschmacksrichtungen Himbeer, Zitrone, Erdbeer, Kirsch und Waldmeister. Weiters stellte das Unternehmen Ingwerbier her, heute bekannt als Ginger Ale, ein aus Ingwerabkochung mit Zucker, Honig und Zitronensaft durch Gärung bereitetes alkoholisches Getränk. G.B.

Reclame bringt Erfolg.

76 *Pilsenetzer ist das beste Flaschenbier*
D: Wien: F. Sperl
[ca. 1903],
78x49 cm, P 13 292

Aus Pilsenetz, in der Nähe von Pilsen gelegen, kam ein sehr bekanntes Bier, das der Alt-Pilsenetzer Bierhalle in Wien, in der Währinger Straße Nr. 1, den Namen gegeben hatte.
Nach einer Statistik aus dem Jahre 1904 wurden in Böhmen damals über neun Millionen Hektoliter Bier produziert, davon kamen rund 1,2 Millionen Hektoliter aus den Pilsener Brauereien, und zwar 808 000 Hektoliter aus dem Bürgerlichen Bräuhaus, 268 000 aus der Ersten Pilsener Aktienbrauerei und 160 000 aus der Genossenschaftsbrauerei.
Nach Reinhard Petermann (Wien im Zeitalter Kaiser Franz Josephs I., Wien 1908, S. 164) wurden 1903 in Wien 31,82 Liter Wein und 144 Liter Bier pro Kopf getrunken, während es in Budapest 35,7 Liter Wein, aber nur 38,2 Liter Bier waren; in Berlin betrug der Verbrauch 10,12 Liter Wein und 203,32 Liter Bier. G.B.

77 *Café Lurion*
E: E[mil] R[anzenhofer]
D: Wien: J. Weiner
[1903],
125x94 cm, P 13 296

Am 25. Dezember 1903 eröffnete Maxime Lurion ein modernes, hochelegantes

Kaffeehaus. Die Einrichtung stammte aus dem Atelier Sándor Jaray, Skulpturen von Oefner sowie Gemälde von Adolf Kaufmann, Sternfeld u. a. bildeten die künstlerische Ausstattung. Das „Neue Wiener Tagblatt“ brachte eine eingehende Schilderung des neuen Lokales:

„Heute wird in Wien ein Etablissement eröffnet, welches den Ruf, dessen sich das Wiener Kaffeehaus in der ganzen Welt erfreut, nicht nur um ein Bedeutendes erhöhen, sondern durch die auf weltstädtischer Basis aufgebaute Gestion im Wiener Kaffeehausleben eine ganze Umwälzung hervorrufen wird. Mit weit ausschauendem Blicke hat Herr Maxime Lurion Ecke Stubenring und Wollzeile, auf dem ehemaligen alten Kasernengrunde ein Kaffeehaus errichtet, dessen mit auserlesenem Geschmacke, Eleganz und gediegenem Luxus ausgestatteten Lokalitäten eine grande attraction von Wien bilden werden. Heimische Kunst und Industrie, Wiener Maler, Bildhauer, Architekten und Kunstgewerbetreibende wurden herbeigezogen, um einen Schmuckkasten zu schaffen, der unserer Stadt nicht nur zur Zierde gereichen, sondern auf welchen jeder Wiener mit gerechtem Stolz blicken kann. Kein auf Wirkung zielender ‚Gschnas‘ empfängt die Betrachter in diesen hellglänzenden Räumen, sondern überall echte, auf tiefer Empfindung beruhende Kunst . . . Ein Damensalon mit seinen mit roten Applikationen belebten Möbeln wird zweifellos das Entzücken der Besucherinnen bilden . . . Ueberall modernster englischer Komfort, in den Spielzimmern, in den Garderoben, im American Bar oder in der mit allen Neuerungen ausgestatteten Küche.

Vorüber an der vier Meter langen Kassa gelangen wir über eine Freitreppe in die Souterrainlokalitäten. Ein Blumen- und Palmenhain trennt die rechts und links liegenden Klub- und Gesellschaftszimmer. Von hier aus gelangen wir in den rot und weiß gehaltenen 200 Personen fassenden Saal, den eine verschiebbare Glaswand abgrenzt. Humorvolle, englische Sportbilder bedecken die Wände. Wir werfen noch einen Blick auf die Kegelbahn und wenden uns dann dem Wintergarten zu, in welchem Konzerte abgehalten werden. Alles stilvoll, anheimelnd, einladend zu längerem Verweilen, ein Milieu, wie es gerade der Wiener von Herzen gern hat.

Wien hat viele schöne Kaffeehäuser, aber wir treten niemandem nahe, wenn wir sagen: ‚Café Lurion‘ hat einen unübertroffenen Rekord geschlagen.“ (NWT, 25. 12. 1903, S. 20) G.B.

78

Die Zeit
E: Emerich Hild
D: Wien: J. Weiner
[1903], 127x96 cm, P 13 298

„Die Zeit“ wurde 1902 als Tageszeitung mit einer Mittags- und einer Abendausgabe gegründet. Bereits 1894 hatten Dr. Heinrich Kanner und Professor Isidor Singer eine gleichnamige Wochenschrift, die vorzugsweise kulturpolitische Themen behandelte, herausgebracht. Diese Publikation erschien ab 27. September 1902 als Tageszeitung, die Wochenschrift ging später in der „Österreichischen Rundschau“ auf. „Die Bedeutung der ‚Zeit‘ lag auf dem politischen Sektor. Sie brachte nicht selten mehrere Leitartikel, ferner eine Zeitungsschau und das übliche Nachrichtenmaterial, wie etwa in der Rubrik ‚Kleine Nachrichten‘, in der sich Meldungen aus aller Welt befanden. Die lokalen Belange wurden stark vernachlässigt, aber dafür der Wirtschaftsteil, der nicht nur Aufsätze und Berichte, sondern auch in reichhaltiger Form Nachrichten enthielt, sorgfältig gestaltet. Die Kulturberichterstattung zeigte hohes Niveau, neben dem Feuilleton fanden sich Kulturnachrichten . . . Als Sonntagsbeilage erschien später auch noch eine eigene Militärzeitung.“

77

78

79

Hervorragende Mitarbeiter, wie Hermann Bahr, Felix Salten, Bertha v. Suttner, Anton Wildgans u. a., garantierten das hohe Niveau der „Zeit". Die Kritik der „Zeit" an der Kriegspolitik führte 1917 fast zu ihrer Stillegung, doch nachdem Kanner und Singer ausgeschieden waren, konnte die Zeitung noch bis 1. September 1919 weiter erscheinen, dann wurde sie endgültig eingestellt. G.B.

Lit.: Paupié, Kurt: Handbuch der österreichischen Pressegeschichte 1848 bis 1950, Wien 1960, 1. Bd., S. 160.

79 *The March King*

D: London: J. Weiner
[1903], 211 x 102 cm, P 13 272

„Samstag Abends gab es im Sommertheater ein interessantes Debut. Mr. John Philip Sousa gab mit seiner Militärkapelle den Wienern eine Probe nationaler amerikanischer Musik. Vom Anfang bis zum Ende originelle, wohlberechnete und wirkungsvolle Trics: Auf der Bühne stehen fünfzig Stühle, aber die Notenständer fehlen. Da betreten nacheinander die ‚Militärmusiker' den Raum, lauter schlanke, junge Leute in einer kleidsamen braunen Tracht, welche lebhaft an die Uniformen der Schlafwagenkondukteure erinnert. Sie tragen dünne Messingstäbchen in den Händen, und — eins, zwei, drei: die Stäbchen haben sich in elegante Notenpulte verwandelt — und nehmen Platz mit ihren Blas- und Schlaginstrumenten, welche alle Formate bis zur dampfkesselgroßen Pauke und bis zum Bombardon vom Umfange einer Feuerspritze aufweisen. Nun kommt Sousa selber. Eine kurze Verbeugung gegen das Publikum, ein kaum merkliches Zeichen mit dem Taktstock — und die Kapelle beginnt." (WZ, 24. 5. 1903, Abendausgabe)

John Philipp Sousa wurde 1854 in Washington als Kind deutscher und portugiesischer Vorfahren geboren, er genoß ausführliche Musikstudien — durchaus keine Selbstverständlichkeit für einen amerikanischen Musiker des 19. Jahrhunderts —, mit sechzehn Jahren trat er als Lehrling in die Marine-Kapelle der USA ein, verdingte sich dann einige Jahre hindurch als Geiger in Theaterorchestern, war von 1880 bis 1892 selbst Leiter der Marine-Kapelle, leitete ab 1892 ein eigenes Blasmusikensemble, eine sogenannte „Band" und konzertierte mit seiner Truppe bis zu seinem Tod im Jahre 1932.

Berühmt wurden Sousa und die Instrumentalisten aufgrund ihrer ausgedehnten Tourneen, die, gemessen an ihrem Umfang und der vorbereitenden Publicity nur mit jenen der Opernstars des beginnenden 20. Jahrhunderts zu vergleichen sind. Viermal gastierte man in Europa (1900, 1901, 1903 und 1905), eine Welttournee wurde 1910/11 unternommen. Sousas Auftreten in Wien im Vergnügungs- und Konzertetablissement „Venedig" war auch schon von seiten der Plakatwerbung originell vorbereitet worden. Ein überlebensgroßes Abbild des Musikers und Dirigenten — ein für die Zeit noch recht ungewöhnliches Mittel, das Publikum aufmerksam zu machen — pries die vier Produktionen von „The March King" an. Obwohl das Wiener Publikum und die Wiener Presse von den eigenen Militärkapellen etwa unter Lehár und Ziehrer durchaus verwöhnt gewesen sind, fanden Sousa und seine Band fast überall ungeteilt freundliche Aufnahme und wurden mit viel Beifall bedacht.

Das Programm entsprach allerdings kaum jenen Vorstellungen, die man heute von solch einer Veranstaltung haben würde. Sousa begann nach dem geschilderten Auftrittsgag mit einem Potpourri aus Operetten von Arthur Sullivan, es folgten virtuose Posaunenstücke, dann ein Tongemälde von der Komposition des Dirigenten selbst, eine Bläsersuite mit dem Titel „Blick nach oben" und folgenden Einzelteilen: „Im Lichte des Polarsterns", „Unter dem südlichen Kreuz", „Mars und Venus". Dann kamen zwei solistische Einlagen, eine Flötistin spielte Variationen, und eine Geigerin interpretierte die letzten beiden Sätze aus Mendelssohn-Bartholdys Violinkonzert in e-Moll, wobei die letztere — den Rezensionen nach zu schließen — eher Belustigung im Publikum hervorrief. Das Konzert endete mit dem berühmtesten Werk Sousas, dem 1897 komponierten Marsch „The Stars and Stripes Forever", der fast so etwas wie eine heimliche Hymne der USA geworden ist. Die Zeitungsberichte erwähnten die große Begeisterung des Auditoriums, insbesondere verwunderte sich das Publikum, das doch immerhin schon die Orchestertechnik von Wagner und seinen Epigonen gewohnt war, wie virtuos und geschmeidig das Blech der Amerikaner zu musizieren wußte. Der Autor der „Wiener Zeitung" klassifizierte am Ende seines Artikels noch die Meinung des Auditoriums: „Echt amerikanisch! lautete das Schlußwort, mit dem die meisten die interessante Produktion verließen. Der Referent schließt sich den Vorrednern an." O.B.

80

80 *Apollo*
E: E[mil] R[anzenhofer]
D: Wien: F. Kaiser
[1903], 126x95 cm, P 13 251

Im Jahre 1903 kaufte eine unter der Bezeichnung „Apollo"-Baugesellschaft protokollierte Firma den Komplex Gumpendorferstraße — Kaunitzgasse, auf dem damals ein halbes Dutzend kleinster alter Häuschen stand, um auf diesen Gründen ein großes modernes Varietétheater zu errichten. Der Architekt Eduard Prandl führte den Bau zur vollsten Zufriedenheit aller aus, und am 1. September konnte das Haus eröffnet werden. Der „Meister des Varietés" genannte Ben Tieber übernahm die Leitung und versprach schon Wochen vorher ein sensationelles Eröffnungsprogramm. Nach der Aussage der zeitgenössischen Tageszeitungen hat er dieses Versprechen auch wahrgemacht.

Es ist ein Spiel des Zufalls, daß gerade in diesem Haus, das 25 Jahre später zu einem der großartigsten Tonkinos wurde, zwei Programmnummern der Eröffnungsvorstellung Filmvorführungen waren. Es wurde eine für Wien ganz neue Sensation vorgeführt: Die lebenden, sprechenden, singenden und tanzenden Photographien nach dem System Meßter. Der deutsche Erfinder Oskar Meßter, der maßgeblich an der Weiterentwicklung des Films in Deutschland beteiligt war, hatte ein Jahr zuvor im Berliner Apollo-Theater seine sogenannten „Tonbilder" zum erstenmal der Öffentlichkeit vorgestellt, ebenfalls in einem Varietéprogramm.

Projektor und Phonograph, verbunden durch eine technisch gelungene Synchronanlage, führten nach dem Bericht in der „Wiener Allgemeinen Zeitung" „zur denkbar lebenswahrsten Reproduktion aller möglichen Vorgänge. Man

Th.
Soini's
Wiener
Ankündigungs-
Institut
handelsgerichtlich protokolliert.
WIEN, XVII.
Hernalser Hauptstraße 27
Telephon 13.840.
Affichierung
an den
Plakatsäulen d. Stadt Wien

an 800 Ankündigungstafeln in Wien.

GENERAL-AGENTUR für die Akquisition von Annoncen auf jährlich 150 Millionen Fahrscheinen der städtischen Straßenbahnen.

81

sah einen lustigen Ehemann tanzen und hörte ihn singen, man sah und hörte die Soldaten im Kasernenhof Griffe klopfen als wär's Natur". (3. 9. 1904, S. 5)
Diese Vorführanlage wurde mit elektrischer Energie betrieben. Da es aber noch kein Stromnetz gab, mußte der Strom mit Hilfe von Gasflaschen erzeugt werden. Um eine höhere Lautstärke zu erzielen, verwendete man fünf Grammophone gleichzeitig, die unter der Projektionsfläche aufgestellt waren. Jede der fünf Membranen wirkte auf einen zwei Meter langen Trichter. Die Lautstärke erhöhte sich zwar nicht um das Fünffache, wurde jedoch wesentlich verstärkt; allerdings hörte man auch die Nebengeräusche deutlicher.
Hergestellt wurden diese Filme auf eine Art, die an unser heutiges Playbackverfahren erinnert. Es gab zuerst die Platte, dann wurde mit den Darstellern so lange geprobt, bis die Aktionen und Mundbewegungen zur Platte paßten.
Auf Grund technischer Mängel und vor allem wegen der doch zu geringen Lautstärke flaute das Interesse an den Tonbildern allerdings bald wieder ab.
Diese komplizierte Anlage wurde also im Apollo inmitten eines üblichen Varietéprogramms aufgebaut. Es traten die „weltberühmten amerikanischen Mulattengigerln Johnson und Dean" auf, es sang „Wiens berühmtester Gesangskomiker" Richard Waldemar, es gab akrobatische Tänzerinnen, Meisterschaftsturner und komische Pantomimen.
Und sozusagen als krönenden Abschluß der leichten Kost gab es noch einmal einen Filmstreifen: Aufnahmen aus dem russisch-japanischen Krieg! — Ein wahrhaft vielseitiges Sensationsprogramm. E.K.

81

XIX., Hohe Warte Nr. 8
D: Wien: J. Weiner
[1904], 125x92 cm, P 13 254

Um die Jahrhundertwende begannen immer mehr Menschen Sport zu betreiben. Neben Reiten wurden Wandern, Tennis, Radfahren und im Winter Eislaufen ausgeübt. „Der Wintersport blühte in Wien in einzelnen Zweigen z. B. was das Schlittenfahren betrifft, schon seit alter Zeit. Auch von Wiener Schlittschuhläufern existieren Bilder, die über hundert Jahre alt sind. Aber erst der 1866 gegründete Wiener Eislaufverein verschaffte dem Eislauf zahlreichere Anhänger und namentlich dem Kunstlaufen Eingang, das seither von den Wiener Schlittschuhläufern und nicht zuletzt von den durch Kühnheit und Grazie ausgezeichneten Wiener Schlittschuhläuferinnen zur höchsten Stufe der Vollendung gebracht wurde. Jetzt zählen die Eislaufplätze nach Dutzenden, und wenn auch die meisten im Verhältnis zu der starken Frequenz nur klein sind, so daß sich die Tendenz zum Kunstlauf von selbst ergibt, so hat doch auch der Wiener Eisläufer Gelegenheit, die langen Friesen anzuschnallen, wenn der Laxenburger Teich, der Neusiedler See und die Alpenseen gefrieren."
Der Eislaufplatz Hohe Warte befand sich auf dem Gelände des heutigen Bades und gehörte zum Terrain des Vienna-Fußballklubs, auf dem sich auch Tennisplätze befanden, wo im Winter Eislauf und Eishockey betrieben wurden. Eine bahnbrechende Neuerung war der Versuch, den Sportplatz mittels Elektrizität zu beleuchten und so Nachtspiele zu ermöglichen. Bereits 1878 wurde der Wiener Eislaufplatz mit Bogenlampen beleuchtet. Offenbar bewährte sich diese Einrichtung aber nicht, denn 1909 war die Vienna in eine derart ausweglos scheinende finanzielle Krise geraten, daß sämtliche Einrichtungen des Sportplatzes, von der Tribüne bis zum letzten Tennisnetz, einschließlich der kompletten Beleuchtungsanlage, zum Verkauf angeboten wurden. G.B.

Lit.: Petermann, Reinhard E.: Wien im Zeitalter Kaiser Franz Josephs I., Wien 1908, S. 382.

82

Beste Zahn-Crême Kalodont
D: Wien: Steyrermühl
[ca. 1905],
95x125 cm, P 13 286

In den achtziger Jahren des 19. Jahrhunderts bemühte sich Karl Sarg, der Sohn Friedrich A. Sargs, der in Wien eine Kerzenfabrik betrieb, um die Herstellung eines Zahnpflegemittels in Pastenform, das billiger und praktischer zu handhaben war als die teuren Zahnpulver. Das von ihm produzierte „Kalodont" wurde 1887 sanitätsbehördlich geprüft und empfohlen; ab 1890 konnten schrittweise die Markenrechte im In- und Ausland erworben werden, doch die Silbe „dont" verwendeten auch andere Firmen für ihre Artikel. „Kalodont" war das erste Zahnpflegemittel, das in Tuben verkauft wurde, und blieb lange Gattungsname für Zahnpasta. Als einer der ersten österreichischen Unternehmer betrieb Karl Sarg für seine Produkte durch Zeitungsinserate, Plakate und Theaterzettel ambitioniert Werbung; der Entwurf zu Tuben und Eti-

82

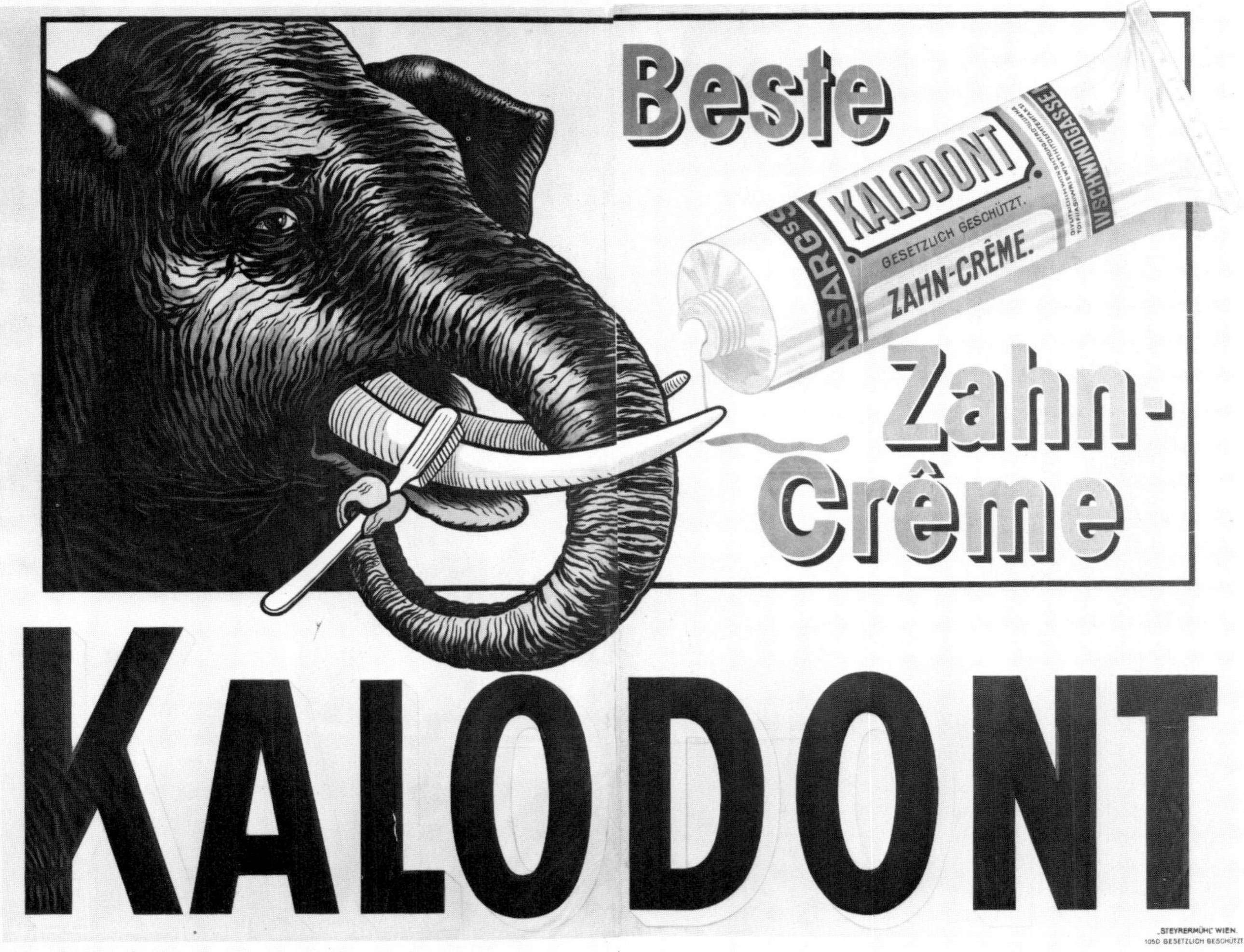

ketten für „Kalodont" stammte von ihm selbst.
Die Bedeutung dieser Erfindung für die Volksgesundheit und Volkswirtschaft war immens. „Die Billigkeit der kleinen Tube veranlaßte Tausende, ja vielleicht Hundertausende zur Pflege eines so kostbaren Gutes, wie es die Zähne sind. Auch diese kleine, unscheinbare Tube, die in vielen fremden Ländern den Namen einer österreichischen Firma verbreitet, bringt beträchtliche Summen ins Land." (Die Zeit, 10. 10. 1902, S. 10) G.B.

83

Ceres Speise-Fett
D: Wien
[ca. 1905],
244x162 cm, P 13 282

Einen großen Fortschritt bei der Versorgung der Bevölkerung mit Speisefett bedeutete die Gewinnung von gepreßten, gehärteten tierischen und pflanzlichen Ölen und Fetten. Karl Sarg beschäftigte sich mit der Gewinnung und Veredelung von Fetten und führte bereits 1860 erstmals die industrielle Fettspaltung im Apollo-Werk durch. Aus diesen Forschungen ging 1874 das gehärtete Kokosfett „Ceres" hervor, dessen Name sich von der römischen Göttin der Feldfrucht und des Wachstums ableitet. G.B.

84

Styria
[ca. 1905],
69x53 cm, P 13 275

Im Jahr 1901 begann Johann Puch (vgl. Nr. 65) — mittlerweile mit einer neuen, erst vier Jahre zuvor gegründeten Firma — den Bau von Kleinmotoren, die in verstärkte Fahrräder eingesetzt wurden. Dies waren zunächst noch Fahrzeuge mit einem Einzylindermotor, der zwischen den beiden Hinterrädern eingebaut war. Bereits 1903 wurde die Produktion von einspurigen Motorrädern begonnen. Genauso wie bei den Fahrrädern gelang es Puch, seine Motorräder durch gezielte Werbung populär zu machen. Nicht nur Inserate und Plakate dienten diesem Ziel, sondern hier im gleichen Maß wie bei den Fahrrädern die sportlichen Erfolge. Die Motorräder von Puch erreichten gleich in den ersten Jahren der Produktion gute Plätze — 1906 konnte mit einem Puch-Motorrad sogar das große „Gordon-Bennet-Rennen" gewonnen werden.
Das Plakat zeigt in seiner Darstellung, daß Räder und Motorräder ursprünglich keine billigen Verkehrsmittel waren, sondern eher luxuriöse Sportgeräte der „gehobenen Gesellschaft". So zählten in den Anfängen von Puchs Firma die Mitglieder des Grazer „akademisch-technischen Radfahrvereines" zu seinen wichtigsten Kunden.
Allerdings stellte sich für die Damen der „Gesellschaft" die Frage, ob Frauen, die mit einem Rad fahren, nicht gegen Sitte und Sittlichkeit verstießen. Balduin Groller, ein „bekannter Schriftsteller und Sportsmann" seiner Zeit, empörte sich 1897 dagegen: „Unsinn, blühender Unsinn! Was hat in aller Welt die Sitte und die Sittlichkeit damit zu thun? Ernste Forscher auf diesem Gebiete werden mit uns einig sein, daß es sehr viele Damen gibt und gegeben hat, die im Sittenpunkte Manches zu wünschen übrig lassen, ohne daß sie auch nur eine Ahnung vom Radfahren hätten oder gehabt hätten. Ich gehe nicht soweit, zu behaupten, daß wie bei manchen körperlichen Gebrechen, das Radfahren gut thut, es auch für die Hei-

83

84

85

lung der Moral unumgänglich nothwendig sei; wie es aber der Moral schaden soll, das ist mir ganz und gar unerfindlich." (Wiener Mode, 1897, S. 597)

B.D.

85 *„Ein Druck ein Bett"*
D: Wien: Steyrermühl
[ca. 1905],
60x88 cm, P 13 278

1890 wurde in Wien eine Filiale der Firma Robert Jaekel gegründet, später wurde die Niederlassung von einer Aktiengesellschaft übernommen und 1908 von deren Direktor Ernst Weinberger erworben. Die „Patent-Möbel-Fabrik" war vor allem auf die Erzeugung von platzsparenden Klappbetten spezialisiert, die gerade im Hinblick auf die damals räumlich sehr beschränkten Wohnverhältnisse in starkem Maße auf die Bedürfnisse der Konsumenten hin konzipiert waren. Die Firma ist aber in erster Linie aufgrund ihrer Werbung sehr bemerkenswert: Die Slogans „Schlafe patent" und vor allem „Ein Griff — ein Bett" gehörten zu den populärsten Werbesprüchen ihrer Zeit. Der Slogan wurde auf vielerlei Weise persifliert — ein untrügliches Zeichen für die große Bekanntheit von Werbetexten — und fand sogar Erwähnung bei Karl Kraus in dessen Essay „Die Welt der Plakate". In diesem Plakat wurde der schon bekannte Spruch in „Ein Druck — ein Bett" abgewandelt.

B.D.

Lit.: Das Wiener Heimatbuch Mariahilf, Wien 1963, S. 312.

86 *Eröffnung am 22. April*
E: H. S.
D: Wien: E. Strache,
Warnsdorf und Haida
[ca. 1905]
87x122 cm, P 13 284

Der Hotelier und Restaurateur Johann Rode schloß dem Palace-Hotel in Ma-

86

riahilf neben einem Café und Restaurant den „Mariahilfer Volkskeller“ an. Die Ausstattung und Einrichtung seiner Lokale erfolgte durch damals anerkannte Künstler. Um 1910 gehörten Rodes Unternehmen außer dem Palace-Hotel der Kaiser-Josef-Keller, der Landstrasser-Volkskeller und das Kärntnerhof-Restaurant an, in dem Menüs zu volkstümlichen Preisen angeboten wurden. Eine eigene Fleischhauerei mit Wursterzeugung, eine Patisserie und Weingärten in Grinzing versorgten die Betriebe.
Der erfolgreiche Gastronomieunternehmer hatte genügend finanziellen Rückhalt, um — wie das vorliegende Plakat zeigt — schon vor Eröffnung des „Mariahilfer Volkskellers“ eine aufwendige Werbekampagne zu starten.
G.B.

Lit.: Rundgang durch John Rode's Hotel und Restaurant Unternehmung, Wien [1912].

87

Kraus & Voglsang
D: Wien: J. Weiner
[1905], 128x96 cm, P 13 260

„Das öffentliche Anschlagwesen (Plakatanschlag) ist das bedeutendste Mittel zur Erfassung der Massen . . . Die kaufmännische Reklame aber bezweckt die Erwerbung von Kundschaften und muß sich aller . . . Mittel bedienen, um das Interesse des Publikums für etwas zu gewinnen.“
Die Aufmerksamkeit des Publikums auf sich zu ziehen und die Menschen zu veranlassen, den Text zu lesen, war Aufgabe des kopfstehenden Mannes auf dieser Ankündigung. G.B.

Lit.: Endlicher, Robert: Die Entwicklung des öffentlichen Plakatanschlages in Wien, in: Werbung 1971, 7./9. Heft, S. 27.

88

Empire
E: Th[eodor] Zasche
D: Wien: A. Reisser
[ca. 1905],
127x96 cm, P 13 253

Etwa ab Mitte des 17. Jahrhunderts gab es Versuche, Schreibmaschinen zu konstruieren, unter anderen entwickelte der Österreicher Peter Mitterhofer ein brauchbares Modell. Die erste fabriksmäßige Erzeugung von Schreibmaschinen nahm die Firma Remington 1873 auf, 1890 baute der Amerikaner Daugherty die erste vollkommen sichtbar schreibende Schwinghebel-Maschine. Die Empire, eine Typenstangenschreibmaschine mit Vorderanschlag, hatte bereits einen Dezimalstellentabulator. Sie war eine amerikanische Schreibmaschine mit — wie die Werbung versprach — „stets und vollkommen sichtbarer Schrift und unverwüstlich garantierter Zeilengeradheit“. Die Firma Weiß hatte das Monopol für Österreich-Ungarn und den Balkan. G.B.

Lit.: Kossatz, Horst Herbert: Unbekannte Wiener Reklame-Plakate, in: Alte und moderne Kunst 1968, 100. Heft, S. 30.

89

Friedenslotterie
D: Wien: Gesellschaft für graphische Industrie
1905, 96x64,5 cm, P 13 257

Die österreichische Friedensgesellschaft, die diese Lotterie veranstaltete, wurde 1891 durch die Initiative Bertha von Suttners gegründet.
Bereits 1887 hatte sie anläßlich eines Aufenthaltes in Paris von der Existenz einer englischen Friedensgesellschaft erfahren, deren Ziel die Einrichtung eines internationalen Schiedsgerichtes zur Schlichtung zwischenstaatlicher Streitfälle war, durch dessen Tätigkeit kriegerische Auseinandersetzungen vermieden werden sollten. Sie entschloß sich, einen Roman zu schreiben, der die Schrecken

87

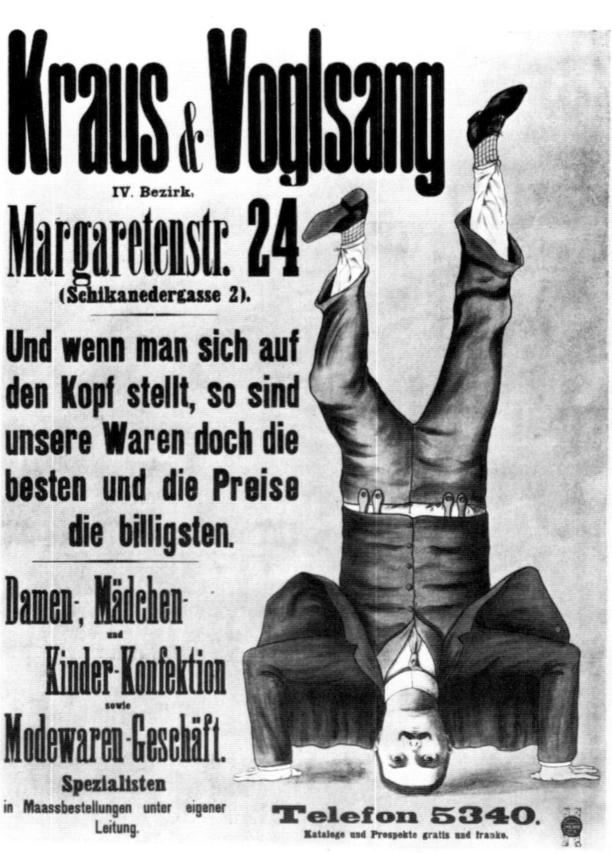

88

89

90

des Krieges rücksichtslos anprangern sollte. 1889 erschien das epochale Werk „Die Waffen nieder!" Es wurde in wenigen Jahren in 16 Sprachen übersetzt, die Autorin in kurzer Zeit in ganz Europa und auch Amerika bekannt.
Durch die Wirkung des Buches in ihren Ideen bestärkt, engagierte sie sich immer mehr für die Friedensbewegung und trat mit internationalen Friedensgesellschaften in Verbindung. 1891 erfolgte der erste Aufruf zur Gründung einer österreichischen Friedensgesellschaft in der „Neuen Freien Presse". Kurz darauf konstituierte sich die Gesellschaft, die bei ihrer Gründung bereits 2 000 Mitglieder zählte. „Das Elend zu mildern bemühen sich tausende Wohltätigkeitsanstalten in unserem Vaterlande", heißt es in einem Flugblatt der Gesellschaft aus dem Jahre 1911. „Besser als lindern ist verhüten: Vorbeugung des Elends ist der Endzweck der Friedensbewegung. Die Ursache des Elends liegt in der internationalen Unsicherheit. Kein Staat hält sich sicher vor seinem Nachbar. Jeder Staat sieht sich daher genötigt, durch starke Rüstungen Vorkehrungen zu treffen gegen feindliche Überfälle. Dennoch gewähren diese Rüstungen keine vollkommene Sicherheit . . .
In Europa werden jährlich zehn Milliarden für Rüstungen geopfert. Österreich-Ungarn mit seinen fast 19 Millionen Analphabeten gibt jährlich 3/4 Milliarden Kronen für ‚Kriegsvorbereitungen' aus! 3/4 Milliarden werden der Volkswirtschaft fruchtlos entzogen! 3/4 Milliarden, die, für Kulturzwecke verwendet, dazu dienen könnten, hygienische Einrichtungen zu schaffen, die die Krankheiten auf ein Mindestmaß zurückführen, das durchschnittliche Lebensalter erhöhen, der übergroßen Sterblichkeit der Neugeborenen steuern würden! 3/4 Milliarden, die den Arbeitsunfähigen ein ruhiges Alter, den Wissbegierigen Unterricht und Bildung, den Obdachlosen Heimstätten gewähren könnten!"
1899 konnten die Pazifisten durch die Gründung des Haager Schiedsgerichtshofes einen großen Fortschritt in ihren Bestrebungen erreichen.
Für ihre Bemühungen um den Weltfrieden erhielt Bertha von Suttner 1906 den Friedensnobelpreis. G.B.

90

Original Singer Nähmaschinen
D: Wien: Papier und Blechdruck-Industrie [1906], 95x63 cm, P 13 270

Die ersten Versuche, auf mechanischem Wege zu nähen, wurden schon im 18. Jahrhundert gemacht. Der Österreicher Josef Madersperger benutzte zum erstenmal zwei Fäden und lehnte sich dabei an das Webverfahren an. Ihm gelang es aber nicht, seine Erfindung praktisch auszuwerten. Der Sohn deutscher Auswanderer, Isaac Merrit Singer, geboren 1811 in New York, verbesserte 1851 die vorhandenen Nähmaschinen vor allem durch eine bessere Stoffverschiebung. Schon 1859 verdrängten die Nähmaschinen der Firma Singer die meisten anderen Fabrikate in den USA.
1906 betrug die gesamte jährliche Nähmaschinenproduktion der Welt etwa drei Millionen Stück, davon entfielen etwa 1,1 Millionen auf Deutschland und eine Million auf die Singer Co., also zirka ein Drittel der Produktion. Das gezeigte Plakat muß in großer Auflage in Wien verbreitet worden sein, weil

91

92

man es auf mehreren Fotos von Straßenszenen aus der Zeit der Jahrhundertwende erkennen kann.

Das Gerät in der Handelsmarke stellt ein sogenanntes „Längsschiffchen“ dar, ein sehr wesentlicher Teil dieser Maschinen, das später dann durch das noch heute verwendete „Rundschiffchen“ ersetzt wurde. B.D.

91 *7. Nikolo-Fest der Kinder-Schutz- und Rettungs-Gesellschaft*
E: K[arl] A[lexander] Wilke
D: Wien: J. Weiner
1906, 114x81 cm, P 13 258

Um die Jahrhundertwende, als körperliche Züchtigung noch als notwendiges Hilfsmittel für die Kindererziehung erachtet wurde, kam es naturgemäß auch öfters zur Überschreitung dieses Züchtigungsrechtes. Die öffentliche Hand war nicht imstande, in allen Fällen von mißhandelten oder durch elende Familienverhältnisse verwahrlosten Kindern so einzuschreiten, daß auch deren Zukunft gesichert war. Dies war die Veranlassung zur Gründung der „Kinder-Schutz- und Rettungs-Gesellschaft“, deren Zielsetzungen folgendermaßen umschrieben wurden: „Die Gesellschaft, welche Anfang des Jahres 1900 ihre Wirksamkeit begann, hat sich zur Aufgabe gestellt, Kinder gegen Mißhandlung und gegen sittliche Verwahrlosung zu beschützen und zu diesem Behufe überall dort einzuschreiten, wo die zur Obsorge in erster Linie berufenen Personen ihre Pflicht nicht zu erfüllen vermögen oder in schuldhafter Weise vernachlässigen. Dieses Einschreiten soll aber einerseits weder ein ungerechtfertigter Eingriff in das Familienleben, noch andererseits eine Prämie für unwürdige Eltern sein, um diese etwa von ihren Verpflichtungen zu befreien. Deshalb wird jede Anzeige über ein der Hilfe bedürftiges Kind, dieselbe möge von einem Gerichte, einer anderen Behörde oder von einem Privaten herrühren, nicht nur zum Gegenstande eingehender durch vertrauenswürdige Personen angestellter Recherchen gemacht, sondern auch das Ergebnis derselben stets der Polizei oder dem Gerichte mitgeteilt . . . Die Erziehung der Kinder ist von der Gesellschaft dergestalt eingerichtet, daß unter Berücksichtigung ihrer Individualität die Knaben bei braven Handwerkern, die Mädchen in verläßliche Dienstorte untergebracht werden. (Die Vermittlung findet nur in der Kanzlei der Gesellschaft statt.) . . . Auch nach ihrem statuarisch mit zurückgelegtem 14. Lebensjahre erfolgenden Austritte aus der Pflege der Gesellschaft bleiben unsere Schützlinge in unserer Obhut . . .“ (Kinder-Schutz- und Rettungs-Gesellschaft in Wien, Wien [1907], S. 5 ff.)

Die Gesellschaft bestritt ihre Auslagen durch eine namhafte Subvention seitens des Kaisers und Spenden, die aus allen Kreisen der Bevölkerung zuflossen. Eine weitere Einnahmsquelle bildete das jährliche Nikolofest. „Die Gesellschaft veranstaltete am 30. November, am 1. und 2. Dezember 1906 das VII. Nikolo-Fest unter der Devise „Welt-Plakat-Revue“. Diese Veranstaltung, die dem Vereine ein Reinerträgnis von 3 983,40 Kronen brachte, war überaus glänzend besucht . . .“ (VII. Jahresbericht der Kinder-Schutz- und Rettungs-Gesellschaft in Wien, Wien 1907, S. 6) G.B.

92

Dringende Warnung an alleinreisende Mädchen!
E: Otto Goetze
D: Berlin: M. Fischer
[1906], 61x46 cm, P 13 259

Um die Jahrhundertwende versuchten viele junge Mädchen aus den Provinzstädten und aus den Kronländern in Wien Arbeit zu finden, meistens als Dienstmädchen. Die im großstädtischen Leben völlig unerfahrenen, naiven jungen Menschen waren in ihrer Vertrauensseligkeit den dunklen Elementen der Großstadt hilflos ausgeliefert. Unter den fadenscheinigsten Versprechungen konnten Halbweltkavaliere oder auch Zuhälter und Mädchenhändler ihre Opfer oft gleich vom Bahnhof weg in ihre Schlingen locken.
1900 nahm der Verein „Heimat" seine Tätigkeit auf. Sein Ziel war die Schaffung von Mädchenasylen, in denen die Mädchen Aufnahme fanden und eventuell einen Dienstplatz vermittelt erhielten. 1904 wurde die katholische Bahnhofsmission gegründet und 1905 eine Verbindung zwischen diesen Organisationen hergestellt.
Die Erfolge, die der Mädchenschutz verzeichnen konnte — 1906 wurde 397 Personen Unterkunft gewährt, und es wurden 297 Arbeitsplätze vermittelt —, erregten schließlich die Aufmerksamkeit offizieller Stellen.
In der Folge konnte durch eine Subvention der Gemeinde Wien die Fürsorge für diese Mädchen ausgedehnt werden. „Mag die Bahnhofsmission ihren Namen wohl davon ableiten, daß sie den Mädchen den ersten Schutz am Bahnhofe bei deren Ankunft bietet, so hat die bisherige Praxis bewiesen, daß sie bei diesem Schritte nicht stehen bleiben kann, sondern im Namen der sozialen Caritas gleichsam die vormundschaftliche Obhut ihrer Schützlinge antreten muß . . . Mit Beginn des Jahres 1907 konnte . . . ein regelmäßiger Schutz-und Überwachungsdienst an allen Bahnhöfen der Fernbahnen Wiens durchgeführt werden. Honorierten Kräften werden die wichtigsten Fernzüge zum Empfange etwa ankommender Mädchen zugewiesen, durch freiwillige Schutzdamen wird der Dienst vervollständigt." (Bericht über die Tätigkeit der Katholischen Bahnhofsmission in Wien, Wien 1907, S. 6) G.B.

93

93

K.-Z. 1000.00 Kronenpreis
D: Wien: Gesellschaft für graphische Industrie
[1907], 95x64 cm, P 13 295

Am 2. Jänner 1900 erschien zum erstenmal die „Österreichische Kronenzeitung" mit dem Untertitel „Illustriertes Tagblatt — Kleine Ausgabe der Reichswehr". Herausgeber Gustav Davis, der auch Herausgeber der „Reichswehr" war, behielt den Untertitel bis 1904 bei, ab 1. Juni 1905 hieß das Blatt „Illustrierte Kronenzeitung". Der Titel der neuen Zeitung besagte, daß der Abonnementpreis für einen ganzen Monat nur 1 K betrug, ein sensationell niedriger Preis. Die Einzelnummer kostete 4 Heller, also nicht mehr als eine Semmel. Die „Kronenzeitung" entsprach dem Typus des billigen Volksblattes. Den Käufern wurde das Lesen der Zeitung durch zahlreich eingestreute Illustrationen erleichtert; Lokalberichte und Gerichtssaalberichterstattung standen im Vordergrund und machten das Blatt äußerst beliebt. Politische Themen wurden ebenfalls behandelt, Wirtschaft und Kultur wurde weniger Raum gewährt. Um die Auflagenziffer zu erhöhen, brachte das Blatt ständig neue Attraktionen. Bereits in den Jahren 1903 und 1904 hatte die Redaktion mit ihrem ersten Preisroman „Die Schätze des Buckligen" unerhörten Erfolg, der trotz zahlreicher Nachahmungen im In- und Ausland nie wieder erreicht wurde. Wer die in dem Fortsetzungsrätsel angegebenen Stellen, an denen der Bucklige seine Schätze vergraben hatte, fand, konnte bis zu 2 000 K gewinnen.

Zwei weitere Schatzsucherromane fanden ebenfalls großen Beifall.

1907 wurde wieder ein originelles Preisrätsel veranstaltet. Zehntausende beteiligten sich an dem Erbsenratespiel und stellten Versuche mit Erbsen und Flaschen an. 1527 Stück war die richtige Zahl, die nach wochenlangem Raten dem Sieger 1 000 K einbrachte.

Der Lokalberichterstattung wurde seit jeher breiter Raum gewidmet: Über die Enthüllung des Kaiserin-Elisabeth-Denkmales im Volksgarten erschien ein Bericht von fünf Seiten Länge. Im Jahre 1911 brachte die „Kronenzeitung" einen ausführlichen Beitrag über den Skandal, in den die Trägerin eines Hosenrockes in der Kärntnerstraße verwickelt wurde, als sich eine johlende Menge um sie scharte und von der Polizei nur mit Mühe zerstreut werden konnte.

Trotz verschiedener Veränderungen der Charakteristik des Blattes und Umlagerung der Gewichtung der einzelnen Sparten bewahrte die Zeitung ihre Gewohnheit, dem Lokalbericht ihr Hauptaugenmerk zu schenken. 1944 ging sie in der „Kleinen Wiener Kriegszeitung" auf. Am 11. April 1959 wurde das Blatt als „Neue Kronenzeitung" wiederbelebt. G.B.

94

Erste Floridsdorfer Gold u. Kranzschleifen-Prägerei
D: Wien:
Braune & Schwenke
[1908],
121x91 cm, P 13 279

Ein aufwendiges, pomphaftes Begräbnis zu erhalten, war seit jeher der Wunsch vieler Wiener. Die „schöne Leich" kam dem Schaubedürfnis der Trauergäste entgegen und war somit eines der wichtigsten Ereignisse des Alltags.

Eine Preisliste des städtischen Bestattungsunternehmens aus dem Jahre 1907 verzeichnet insgesamt zwölf Begräbniskategorien. In der Prachtklasse amtierten außer den Kutschern und Bedienten des Leichenwagens und der Trauerkutschen 82 Angestellte (Pompfüneberer, das sind Bedienstete der Entreprise des pompes funèbres, eines Bestattungsunternehmens) und neun Priester sowie Hausoffiziere und Arrangeure nach Erfordernis. Selbst am billigsten, am Begräbnis sechster Klasse, waren noch vier bis sechs Leichenträger beteiligt.

Für Kränze, Schleifen und Trauerkleidung wurde nicht nur durch eine Menge von Plakaten, sondern auch mit vielen Zeitungsinseraten geworben. G.B.

95

Westinghouse Vertex
E: H. Schütz
D: Wien: Papier- und Blechdruck-Industrie
[ca. 1908],
95x63 cm, P 13 290

„Die Geschichte der Glühlampenindustrie ist bekannt und besonders interessant. Von der Kohlenfadenglühlampe nimmt ja eigentlich die moderne Elektrotechnik ihren Ausgang. Hat doch ihr Erscheinen in Europa bei der Pariser Weltausstellung 1889 den Anstoß zu dem Bau der ersten Lichtzentralen . . . gegeben. Eigentümlicherweise machte die Glühlampe fast zwei Jahrzehnte lang keine technischen Fortschritte . . . Erst in diesem Jahrhundert nahm die Fortentwicklung der Wirtschaftlichkeit und Lichtintensität bei den Glühlampen einen Aufschwung, und zwar einen so stürmischen, wie er bisher vielleicht auf keinem Gebiete der Elektrotechnik zu beobachten war."

Die österreichische Industrie war von Beginn an maßgeblich an der Entwicklung funktionstüchtiger Glühlampen beteiligt. „Sie kann mit Stolz darauf hinweisen, daß die für die ganze Entwicklung der neuesten Beleuchtungstechnik von so ausschlaggebender Wir-

94

95

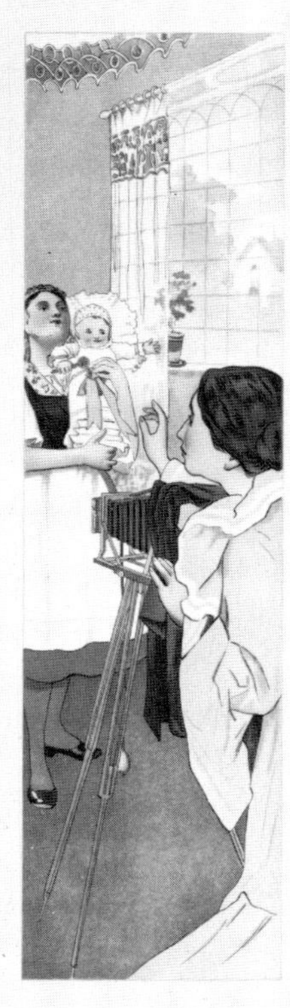

96

kung gewordene stromsparende Glühlampe von hier ihren Ausgang genommen hat. Die von Auer v. Welsbach im Jahre 1901 erfundene Osmiumlampe . . . setzte den Stromverbrauch der Glühlampen bereits auf die Hälfte des früheren Wertes herab und bildete die erste Etappe auf dem Siegeslauf der Metallfadenlampen. Aber auch die Wolframlampe stammt aus der Monarchie. Sie wurde von Just und Hanaman erfunden . . .'"

Die Erzeugung von elektrischen Glühlampen nahm rasch an Bedeutung zu, im gleichen Maße wie der Bedarf stieg. Viele der damals gegründeten Firmen sind noch heute wohlbekannt. Österreichische Lampen wurden ins europäische Ausland, aber auch nach Übersee exportiert.

Mit dem Fortschritt der Technik wurde die Kohlenfadenlampe allmählich durch die Metallfadenlampe ersetzt. „Gar nicht mit der Herstellung von Kohlenfadenlampen, sondern ausschließlich mit der von Metallfaden- bzw. Metalldrahtlampen befaßt sich die Westinghouse Metallfaden-Glühlampenfabrik G.m.b.H., welche im Jahre 1906 als Nachfolgerin der Auer Osmium-Lichtunternehmung gegründet wurde und die ursprünglich dem bekannten amerikanischen Westinghouse-Konzern angehörte. Das Betriebskapital, das sich jetzt ausschließlich in österreichischen und deutschen Händen befinden soll, beträgt 2,1 Millionen Kronen, die Tagesproduktion 30 000 Lampen."

Mit der steigenden Produktion stieg auch der Aufwand für die Werbung. Da sich die Unternehmen in diesem Fall nicht nur an Elektrizitätswerke und Installateure, sondern direkt an die breite Masse der Konsumenten wenden mußten, war der Aufbau einer völlig neuen Organisation notwendig. G.B.

Lit.: Honigmann, Emil: Die österreichisch-ungarische Elektroindustrie und das Wirtschaftsbündnis der Mittelmächte, Berlin 1917, S. 12, 34, 36.

96

Photographische Apparate aller Systeme!
D: Stuttgart:
Eckstein u. Stähle
[ca. 1908],
96x126 cm, P 13 267

Als 1878 Bromsilbergelatine-Trockenplatten erstmals fabriksmäßig hergestellt wurden, erhielt die Amateurfotografie durch diese Vereinfachung des bisher sehr zeitraubenden und komplizierten Verfahrens des Entwickelns und Fixierens des Filmmaterials einen ungeheuren Aufschwung. Die meisten Menschen, die einen Apparat besaßen, entwickelten ja ihre Bilder selbst, und je einfacher dieser Vorgang war, desto mehr Leute interessierten sich dafür.

Die Fachhändler demonstrierten an Hand von Plakaten und Katalogen die verschiedensten Verwendungsmöglichkeiten von Fotoapparaten, wandten sich jedoch von vornherein nur an höhere Gesellschaftskreise.

Bald jedoch bemühte man sich, dieses Vorurteil abzubauen und ein breiteres

Publikum anzusprechen. „Wer soll photographieren? . . . Photographieren sollte jeder Mensch, der auf allgemeine Bildung Anspruch erhebt . . . Die Photographie ist die einzige künstlerische Ausdrucksmöglichkeit der breiten Schichten, sie ist die Sprache des uns angeborenen Talentes und Geschmackes. Diese Sprache zu beherrschen ist ein Genuß, den sich kein Kulturmensch entgehen lassen sollte. Für die heranwachsende Jugend ist die photographische Betätigung von unschätzbarem Wert. Sie schärft die Beobachtungsgabe, läutert den Geschmack, lenkt von Dummheiten aller Art ab und legt eine Grundlage für jeden Beruf." G.B.

Lit.: Wachtl, Siegfried, [Katalog], Wien 1926, S. 5 f.

97

Eine Schande!
E: W. Arnold
D: Wien:
Graphische Industrie
[1909], 64x96 cm, P 13 256

1847 gründete der Wiener Dichter Ignaz Castelli den ersten österreichischen Tierschutzverein, der sich erst ab 1852 „Wiener Tierschutzverein" nennt. Der Verein stellte sich zur Aufgabe, gegen alle Formen von Tierquälerei vorzugehen.

Man versuchte dies einerseits über behördliche Verordnungen und Gesetze zu erreichen, andererseits durch Aufklärungsarbeit in der Bevölkerung, insbesondere bei den Tierhaltern selbst. Als ersten Erfolg erreichte man 1852 eine Polizeiverordnung, wonach jede Ärgernis erregende Tierquälerei als ein Polizeivergehen zu bestrafen sei. Man griff in der Frühzeit jedoch auch zu heute etwas seltsam anmutenden Werbemethoden: 1853 etwa wurde ein Pferdefleisch-Souper veranstaltet, wobei man sich durch die Propagierung des Pferdefleisches eine Verbesserung des Loses der Pferde versprach. 1878 wurden in Wien die ersten Tierschutzplakate affichiert. Von da an verwendete der Verein neben anderen Aktionen und Publikationsformen zur Propagierung des Tierschutzgedankens immer wieder Plakate. Im Jahr 1884 fiel dann dank der Bemühungen des Vereines der Maulkorbzwang für Hunde in Wien. 1895 wurden drei Pferderettungswagen für den Transport von bei Verkehrsunfällen verunglückten Pferden eingestellt. Das gebräuchlichste Beförderungsmittel war in Wien auch noch um die Jahrhundertwende das Pferdefuhrwerk. Ein Umstand, aus dem sich, wie das Plakat zeigt, Probleme ergaben, die einem heute wohl eher fremd erscheinen. B.D.

97

HÖCHSTLADEGEWICHT FÜR EIN PFERD 15 METERZENTNER
FÜR ZWEI PFERDE 35 METERZENTNER
WIENER TIERSCHUTZVEREIN, I. SCHULHOF 6, TEL. № 66-1-60

98 *Cacao Bensdorp*
D: Amsterdam: van Leer
[ca. 1910],
154x67,5 cm, P 13 262

„Die Zeit und die Erfahrung, diese beiden großen Lehrmeister, haben deutlich gemacht, daß gut zubereitete Schokolade ein heilendes und angenehmes Nahrungsmittel darstellt, sehr nahrhaft und leicht verzehrbar ist, keine Nachteile zeitigt wie z. B. beim Kaffee, vielmehr, daß Schokoladegenuß anregend wirkt für die, die sich geistig rege betätigen, z. B. auf der Kanzel oder vor Gericht, außerdem für Reisende, weil Schokolade für empfindliche Mägen sehr zu empfehlen ist. Man hat sogar gute Resultate bei chronischen Erkrankungen erzielt . . ."
In Holland war es Anfang des vorigen Jahrhunderts erstmals gelungen, ein gut lösliches Kakaopulver herzustellen. Bereits 1840 gründete Gérard Bensdorp in Amsterdam eine kleine Schokoladenfabrik und legte damit den Grundstein für ein Unternehmen, dessen Produkte später zum Gattungsbegriff wurden.
Ein weiteres Verdienst Bensdorps ist die Verbreitung von Kakao und Schokolade in wohlfeilen Packungen. Seit der Jahrhundertwende erzeugte die Firma in Holland und Österreich die ersten einzeln verpackten Schokoladeriegel und machte damit ein teures, früher nur einem kleinen, zahlungskräftigen Kreis vorbehaltenes Genußmittel der breiten Öffentlichkeit zugänglich.
Im Jahre 1907 wurde die Wiener Produktionsstätte eröffnet, und bald wurde die Firma zum kaiserlich-königlichen Hoflieferanten ernannt. Der feine, aromatische Geschmack von Kakao und Schokolade, von Kindern und Erwachsenen gleichermaßen geschätzt, deren belebende und leicht anregende Wirkung machten diese Produkte bald überall beliebt.
In einer Zeit, da gesunde, nahrhafte Kräftigungsmittel zur Besserung der Volksgesundheit sehr gefragt waren und Kakao als „Von den vornehmsten medicinischen Autoritäten als vorzüglich . . . löslich, nahrhaft und wohlschmeckend begutachtet" (Werbeschrift, Bensdorp, 1900), ebenso wie Schokolade nicht als Näscherei, sondern als willkommene Ergänzung der Ernährung galt und die verschiedensten Mischungen wie Früchte-Hafer-Cacao, Malzkakao, Hafermalzkakao etc. auf den Markt kamen, war die Popularisierung dieser Produkte von großer Bedeutung. G.B.

Lit.: Brillat-Savarin, Anthelme: Physiologie du goût, in: 125 Jahre Bensdorp, [Festschrift, Wien 1965].

98

99

99 *Tanzpaar-Mieder*
E: E[mil] Ranzenhofer
D: Wien: J. Weiner
[ca. 1910],
127x96 cm, P 13 261

Das Mieder spielt in der Geschichte der Damenmode eine führende Rolle. Lange Zeit waren die Frauen gezwungen worden, ungesund einengende Korsetts zu tragen, lediglich die Linie änderte sich. Hatte man früher die Taille möglichst schmal geschnürt, zeichnete sich um die Jahrhundertwende hier eine Änderung ab. „Da es der Mode um das Schlanke zu tun war, so gab sie seit 1902 der Frau ein neues Korsett: Sans ventre — ohne Bauch —, die berühmte gerade Form, der die Aufgabe zufiel, Hüften und Bauch wegzuschnüren, wohin war gleichgültig. Dadurch aber erhielt der Körper, von der Seite her gesehen, jene von der Mode diktierte berühmte S-Kurve.

Diese gerade Form, wie sie auch genannt wurde, war jedoch noch viel ungesünder als die enge Taille. So blieb das Korsett weiterhin Hauptangriffspunkt aller Reformbestrebungen, die nun — bedingt durch die neuen Lebensumstände der Frau — besonders in Deutschland zu einer Massenbewegung wurden; 1897 schlossen sich in Deutschland die verschiedenen Vereine zum ‚Allgemeinen Verein für Verbesserung der Frauenkleidung' zusammen. Anstatt aber Praktiker mit dieser Frage zu beschäftigen, veranlaßten die Führerinnen der Frauenbewegung Mediziner dazu, sich dieses Problems zu bemächtigen. Diese untersuchten die Kleidung

der Frau im Hinblick auf ihre gesundheitsschädigende Wirkung und konstatierten fast einstimmig, daß sie gar nichts tauge. Da man alles Einschnürende und Einengende abtun wollte, so erschien als Kompromiß das sogenannte Reformkleid, das auf den Schultern auflag und die Last des Rockes von der Taille entfernte. Mit dem Korsett fiel der künstliche Einschnitt in der Körpermitte und so erhielt das Reformkleid, ob es wollte oder nicht, etwas Sackartiges, das die Zahl seiner Anhängerinnen nicht gerade vermehrte."

Was den gemeinsamen Bestrebungen fortschrittlicher Ärzte und Frauenrechtlerinnen nicht gelungen war, glückte schließlich den Modeschöpfern. Um der Mode willen hatten die Frauen Korsetts getragen; als diese unmodern wurden, verzichteten viele Damen darauf. „Um 1910 fiel seitens der Haute Couture die Entscheidung: das Korsett ist passé. Paul Poiret, der führende Pariser Couturier, verzichtete auf das Korsett und ging hiermit konform mit den Bestrebungen derer, die sich für die Frauenemanzipation einsetzten . . . Aber nicht jede Frau richtete sich nach dieser Erkenntnis, und so bleibt es auszuschließen, daß von nun an tatsächlich auf den Leibgürtel verzichtet wurde." Jede Frau wollte die von der Mode weiterhin diktierte schlanke Linie zeigen, und wo die Natur dies versagte, mußte eben mit künstlichen Mitteln nachgeholfen werden. So blieb das Korsett weiterhin fester Bestandteil der Damengarderobe.

G.B.

Lit.: Loschek, Ingrid: Mode im 20. Jahrhundert. München 1978, S. 301f., S. 19.

100

Erster Torlauf der Schigeschichte am 19. März 1905 in Lilienfeld

100 *Alpen-Ski-Verein*
E: C[arl] Moos
D: Wien: F. Kaiser
[1910], 128x95 cm, P 13 255

Dieses Plakat zeigt Matthias Zdarsky bei einem seiner Massenschikurse in Lilienfeld. Im Hintergrund ist der Ötscher zu sehen.

Matthias Zdarsky (1856—1940) gründete 1898 in Lilienfeld den „Lilienfelder Skiverein" und 1900 in Wien den „Internationalen Alpen-Ski-Verein". Der „Alpen-Ski-Verein", wie er sich ab 1905 nannte, widmete sich speziell dem Tourenschilauf und war 1914 mit seinen 1900 Mitgliedern der größte Schiverein Mitteleuropas.

Ab 1903 veranstaltete Zdarsky in Lilienfeld auch Heeresschilehrgänge, wodurch das Einstockfahren und Zdarskys Stahlsohlenschibindung in das Heer eingeführt wurden.

Wichtig für die Massenschikurse in Lilienfeld — bei denen Zdarsky bis zu achtzig Personen gleichzeitig unterrichtete — war es auch, daß auf Betreiben von Matthias Zdarsky ab 1906 ein „Sportzug" von Wien nach Lilienfeld verkehrte (Fahrtdauer: zwei Stunden, zehn Minuten), der während des Winters an Sonn- und Feiertagen direkt geführt wurde und den Schifahrern das zeitraubende zweimalige Umsteigen in St. Pölten und Traisen ersparte.

Der „Alpen-Ski-Verein" sah seine oberste Aufgabe in der Förderung und Pflege des Tourenschilaufs. In Wien war das Übungsgelände die vom Grafen Reischach unentgeltlich zur Verfügung gestellte Hackenbergwiese in Hütteldorf-Hacking. 1905 errichtete man auf dieser Wiese auch zwei Sprunghügel, und in einer nahegelegenen Villa wurden ein Schidepot und Ankleideräume geschaffen.

M.K.

101

101 *Apollo-Kerzen*
E: HP, Malschule Kruis-Hohenberger
D: Wien: J. Weiner
[ca. 1911],
187x96 cm, P 13 281

Im Jahre 1839 mußten die besonders zur Zeit des Wiener Kongresses so bekannten und berühmten Apollosäle auf dem Schottenfeld, in denen Lanner und Strauß konzertiert hatten, verkauft werden; sie gingen in das Eigentum der „Ersten österreichischen Seifensieder-Gewerksgesellschaft" über, die sich mit der Erzeugung von Stearinkerzen befaßte. Der Name „Apollo" wurde bald für die Erzeugnisse der Firma übernommen. Am 3. Jänner 1859 erfolgte die Eintragung dieses Markenzeichens in das neue amtliche Register der Wiener Handels- und Gewerbekammer.
Die Apollosäle brannten 1876 ab, die „Seifensieder-Gewerksgesellschaft" schloß sich 1911 mit der Georg Schicht AG zusammen. G.B.

102 *Trilby*
D: Wien: J. Weiner
[1911], 95x58 cm, P 9 299

Nachdem die Brüder Lumière am 28. Dezember 1895 in Paris die erste öffentliche, gegen Eintrittsgeld zugängliche Filmvorführung gegeben hatten, war die technische und künstlerische Weiterentwicklung des Kinofilms nicht mehr aufzuhalten. Was als wissenschaftliches Experiment begonnen hatte, wurde bald zu einem wichtigen Zweig der Unterhaltungsindustrie und eine mächtige Konkurrenz für Theater, Oper, Konzerte und Varietés. „Noch ist das Kino nur ein drohendes Gespenst für das Theater, bald aber wird es grausame Wirklichkeit werden, wenn man den gleich üppigen Pilzen aus der Erde hervorschießenden Kinos nicht doch einigen Widerstand entgegensetzt", warnte das „Neue Wiener Tagblatt" (14. 1. 1912, S. 11).
1912 wurden in Österreich bereits 19 Filme gedreht. Die Premiere von „Trilby", produziert von der österreichisch-ungarischen Kino-Industrie, fand am 12. Jänner 1912 in Wien statt. Frau Galafrès-Hubermann und Paul Askonas spielten unter der Regie von Luise und Anton Kolm, Jakob Fleck und Claudius Veltèe.
In den Kinos wurden jeweils mehrere, meist sehr kurze, und zumindest ein längerer Film hintereinander gezeigt, manchmal erzielte man durch das

102

103

gleichzeitige Abspielen von Grammophonplatten eine dem Tonfilm ähnliche Wirkung. Laut den Programmen des „Elektro-Bio-Kinos", eines in einem Zelt untergebrachten Wanderunternehmens, war darüber hinaus fast in jeder Vorstellung ein handkolorierter Streifen zu sehen.
„Die hübsche und interessante Erfindung, die täglich mehrmals aufgeführt wird, hat gewiß eine große Zukunft . . . Es ist aber wahrscheinlich, daß man die Mittel und Wege finden wird, auch größere Szenen als Soli, Duette und Terzette aufzuführen. Es ist jedenfalls eine Sache, die der Beachtung außerordentlich wert ist, die vielleicht eine größere Rolle spielen wird, als man heute abschätzen kann. Alles hängt natürlich von der technischen Vollendung ab, die kleine, heute noch dem kundigen Auge sichtbare Fehler verschwinden macht. Es ist schwer, sich aus geschriebenen Sätzen ein richtiges Bild vom Kinoplastikon zu machen. Es ist der Mühe wert, daß man hingeht und sich die Sache selbst ansieht." (NWT, 14. 1. 1912, S. 11) G.B.

Lit.: Geschichte des Films in Österreich. Ausstellung [Katalog], Wien 1966, S. 26.

103 *Die blaue Rose*
D: Paris:
Imprimerie Gaumont
[1911], 107x77 cm, P 13 299

Léon Gaumont, einer der Pioniere des französischen Filmschaffens, begann 1898. Im Jahre 1912 war er einer der größten französischen Produzenten. Der berühmte Louis Feuillade wurde 1906 zum künstlerischen Direktor und Hauptregisseur bei Gaumont ernannt und setzte hier neue Maßstäbe. Viele große Filme entstanden unter seiner Leitung, zu seinen bekanntesten Streifen zählten die „Fantomas"-Serie, „Les Vampires" und „Judex".
Léonce Perret, ein Schauspieler des Odéon-Theaters, spielte die Hauptrolle in der Léonce-Serie, kleinen Lustspielen, die er auch selbst inszenierte. 1911 drehte Perret „Die blaue Rose", einen Film, bei dem Bild für Bild mit der Hand koloriert wurde, um den Eindruck eines Farbfilmes hervorzurufen. „Léonce Perret scheint vor 1914 mehr als Feuillade auf künstlerische Details geachtet zu haben. Er hielt auf gepflegte Fotografie, er gebrauchte Gegenlicht, verwertete das Kunstlicht für dramatische Effekte, griff systematisch auf die Großaufnahme zurück." G.B.

Lit.: Sadoul, Georges: Geschichte der Filmkunst, Wien 1957, S. 86.

„Das Lichttheater als moralische Anstalt",
Karikatur aus der Muskete, 29. 2. 1912

104

Der Erfolg unserer Arbeit wird nach einer langsamen, mühevollen Evolution eintreten. So hoffen wir. Heute tritt der Kaufmann an uns heran, trägt uns seine Wünsche vor und wir müssen uns seinen Wünschen unterordnen. Unsere Bedenken und Hemmungen knebelt er vielfach und dadurch entstehen Arbeiten, die uns nicht befriedigen, die wir aber trotzdem mit unserem Namen decken müssen. Immerhin, ich halte es für keine Gefahr, wenn unser ästhetisches Empfinden manchmal verletzt wird, denn diese Dinge sind ja wirklich nicht so wichtig, daß man keine Konzession machen könnte. Solange wir das Bestreben zeigen, unsere Arbeit in stetiger Entwicklung aufwärts zu bringen, tun wir unsere Pflicht, und es schadet uns nicht, wenn das Mißglückte eine Angriffsfläche für weltfremde Ästheten bietet. Langsam wird die Kaufmannschaft einsehen lernen, in welchen Dingen wir recht haben, ebenso wie wir eingesehen haben, wie sehr der Kaufmann recht hatte, unsere allzu ästhetischen Ambitionen zu unterdrücken.
Schließlich und endlich wissen wir, daß wir nicht Ewigkeitswerte, sondern nur anspruchslose Arbeiten schaffen, die naturgemäß der Mode des Tages unterworfen sind. Aber eine unbescheidene Hoffnung hegen wir: daß unsere Arbeiten vielleicht einst in 50 oder 100 Jahren starke Kulturdokumente sein werden für die Art, wie der Kaufmann anfangs des zwanzigsten Jahrhunderts seine Waren anpries.

Klinger, Julius, in: Monographien Deutscher Reklamekünstler, Hagen i. W. 1912, Heft 3.

104 *Reichspost*
E: [Max von] Scherer
D: [Wien]
[1912], 127x96 cm, P 13 294

Die „Reichspost“ war 1870 als volkstümliche katholische Tageszeitung für die christliche Bevölkerung der österreichisch-ungarischen Monarchie gegründet worden. 1904 wurde der bisherige Chefredakteur Friedrich Funder auch Herausgeber des Blattes und trug in dieser Funktion grundlegend zur Verbreitung der „Reichspost“ bei.
Über den 23. Eucharistischen Weltkongreß, der vom 12. bis 15. September 1912 in Wien stattfand, berichteten selbstverständlich sämtliche Zeitungen Wiens, besonders breiten Raum nahm jedoch die Reportage in der „Reichspost“ ein, sie ließ am 11. September eine Festnummer erscheinen, die ausschließlich dem Kongreßgeschehen gewidmet war. Dr. Funder hatte den Vorsitz des Pressekomitees für diese Veranstaltung übernommen, weiters die Organisation eines Dolmetsch- und Telegrafendienstes, um die Berichterstatter für bis zu dreißig nebeneinander laufende fachliche und nationale Sektionen und Sonderabteilungen zu sichern. Außerdem war er Herausgeber einer Festschrift, die Beiträge aus allen Teilen der Monarchie enthielt.
Der Kongreß wurde zu einer eindrucksvollen Manifestation der Völker der Donaumonarchie, die sich hier zu dieser Glaubenskundgebung zusammengefunden hatten. Obwohl das Wetter nicht günstig war — tagelang regnete es unausgesetzt — kamen Zehntausende zu den Versammlungen und Hunderttausende, allen voran der Kaiser, nahmen an der Schlußprozession teil.
Zweck des Eucharistischen Kongresses war in erster Linie die Förderung der Verehrung der Eucharistie, also jener Anschauung, die die Feier des Abendmahles als Mittelpunkt des christlichen Gottesdienstes ansieht. „Der Eucharistische Kongreß ist eine Versammlung aus allen Ecken und Enden der Welt zusammenströmender Gläubigen zur Feier der christlichen Liebe und Barmherzigkeit . . . eine Vereinigung aller, die sich in den Dienst der Menschlichkeit gestellt haben, um Mut und Kraft zu erlangen, . . . und das Andenken der Begründung der christlichen Kultur zu feiern.“ (NWT, 12. 9. 1912, S. 1)
Friedrich Funder erhielt für den Anteil der Pressearbeit am Gelingen des Kongresses das Komturkreuz des Franz-Josephs-Ordens. G.B.

Lit.: Höglinger, Klaus: Das österreichische Plakat 1873 bis 1914, Wien 1980, Anhang S. XIII.

1914-1918
Erster Weltkrieg

Vor der plakatierten Kriegserklärung

Der Anlaß zum Ersten Weltkrieg war das Attentat von Sarajewo am 28. Juni 1914, bei dem der österreichische Thronfolger Erzherzog Franz Ferdinand und seine Gattin erschossen wurden. Österreich vermutete die wahrhaft Schuldigen in Serbien und verlangte in einem Ultimatum unter anderem das Recht, Untersuchungen durch österreichische Organe auch innerhalb Serbiens anstellen zu dürfen. Nach Ablehnung dieses harten Ultimatums erklärte Österreich am 28. Juli 1914 an Serbien den Krieg. Seine „kaiserliche und königliche Apostolische Majestät Franz Joseph" beauftragte den Ministerpräsidenten Graf Stürgkh, ein Manifest zu veröffentlichen, das überall im Reich auch durch Maueranschläge verbreitet wurde und in dem es unter anderem heißt: „Es war mein sehnlichster Wunsch, die Jahre, die Mir durch Gottes Gnade noch beschieden sind, Werken des Friedens zu weihen und Meine Völker vor den schweren Opfern und Lasten des Krieges zu bewahren. Im Rate der Vorsehung ward es anders beschlossen. Die Umtriebe eines haßerfüllten Gegners zwingen Mich, zur Wahrung der Ehre Meiner Monarchie, zum Schutze ihres Ansehens und ihrer Machtstellung, zur Sicherung ihres Besitzstandes nach langen Jahren des Friedens zum Schwerte zu greifen. Mit rasch vergessendem Undank hat das Königreich Serbien, das von den ersten Anfängen seiner staatlichen Selbständigkeit bis in die neueste Zeit von Meinen Vorfahren und Mir gestützt und gefördert worden war, schon vor Jahren den Weg offener Feindseligkeit gegen Österreich-Ungarn betreten . . . Immer höher lodert der Haß gegen Mich und Mein Haus empor, immer unverhüllter tritt das Streben zutage, untrennbare Gebiete Österreich-Ungarns gewaltsam loszureißen . . . Eine Reihe von Mordanschlägen, eine planmäßig vorbereitete und durchgeführte Verschwörung, deren furchtbares Gelingen Mich und Meine treuen Völker ins Herz getroffen hat, bildet die weithin sichtbare blutige Spur jener geheimer Machenschaften, die von Serbien aus ins Werk gesetzt und geleitet wurden. Diesem unerträglichen Treiben muß Einhalt geboten, den unaufhörlichen Herausforderungen Serbiens ein Ende bereitet werden, soll die Ehre und Würde Meiner Monarchie unverletzt erhalten und ihre staatliche, wirtschaftliche und militärische Entwicklung vor beständigen Erschütterungen bewahrt bleiben . . . Serbien hat die maßvollen und gerechten Forderungen Meiner Regierung zurückgewiesen und es abgelehnt, jenen Pflichten nachzukommen, deren Erfüllung im Leben der Völker und Staaten die natürliche und notwendige Grundlage des Friedens bildet. So muß ich denn daran schreiten, mit Waffengewalt die unerläßlichen Bürgschaften zu schaffen, die Meinen Staaten die Ruhe im Innern und den dauernden Frieden nach außen sichern sollen. In dieser ernsten Stunde bin Ich Mir der ganzen Tragweite Meines Entschlusses und Meiner Verantwortung vor dem Allmächtigen voll bewußt. Ich habe alles geprüft und erwogen. Mit ruhigem Gewissen betrete Ich den Weg, den die Pflicht mir weist."

Eine völlig objektive Klärung der Schuld an diesem Kriege wird wohl immer schwierig, wenn nicht unmöglich sein. Nicht nur, weil die Kriegsschuldfrage unter anderem auch eine Rolle in den politischen Auseinandersetzungen der Zwischenkriegszeit, sowohl in Österreich wie auch ganz besonders in Deutschland gespielt

Kriegsbegeisterung 1914

hat, sondern auch wegen der vielen Probleme, die damals nach einer Lösung drängten.
Gewiß aber würde man dem Kaiser unrecht tun, wenn man ihm zugetraut hätte, daß er mit „ruhigem Gewissen" jenen Weg beschritten habe, der zu einem Weltkrieg führte, bei dem schließlich auf beiden Seiten mehr als 65 Millionen Soldaten mobilisiert waren. Insgesamt gab es 8,5 Millionen Gefallene, über 21 Millionen Verwundete, rund 7,8 Millionen Kriegsgefangene und Vermißte. Alte Ordnungen zerbrachen, wie das russische Zarenreich und die Österreichisch-ungarische Monarchie, und die Habsburger selbst verloren Reich und Krone — der Kaiser dürfte sich also damals doch nicht der „ganzen Tragweite" seines Beschlusses bewußt gewesen sein, wie er beteuert hatte.
Aber 1914 glaubten die meisten, vor allem aber auch die Militärs, an einen kurzen Krieg. Man rechnete — von herkömmlichen Vorstellungen befangen — mit einem Aufmarsch der Armeen, mit einer oder einigen „entscheidenden" Schlachten und einem Sieg schon nach kurzer Dauer des Krieges.
Im Grunde genommen hatten beide Seiten so gedacht — und beide hatten sich in ihren Hoffnungen blutig getäuscht: Und die jungen Menschen, denen man vorgespiegelt hatte, in einen „frisch-fröhlichen" Krieg zu ziehen, gerieten in die Hölle der Materialschlachten, in die unbeschreiblichen Martern der Kämpfe in den schneebedeckten Karpaten und später in die Qualen der Dolomitenkämpfe und Isonzoschlachten, die nicht so bekannt sind wie die Schlachten an der Westfront, wie etwa um Verdun, aber nicht minder schrecklich waren.
Schon im Sommer 1914 aber hatte die Wehrmacht Österreich-Ungarns in Galizien Verluste an Menschen zu erleiden, vor allem an aktiven Offizieren, die nicht nur aus menschlicher, sondern auch aus militärischer Sicht nicht mehr zu ersetzen waren.
Die vier Verbündeten — Österreich-Ungarn, Deutsches Reich, Türkei und Bulgarien — standen einer Allianz von insgesamt 21 Staaten gegenüber, von denen allerdings viele für das Kriegsgeschehen ohne Bedeutung waren. Militärisch konnten sich die Mittelmächte (Deutsches Reich und Österreich-Ungarn) bis 1918 durchaus halten, dann allerdings begann sich die Materialüberlegenheit der Alliierten, die durch den Kriegseintritt der USA noch ungeheuer verstärkt wurde, auch auf diesem Gebiet entscheidend auszuwirken.
Es gab auch schon im Ersten Weltkrieg eine gezielte, auf den Krieg ausgerichtete Propaganda, vor allem aber eine staatliche Überwachung der Massenmedien. Die positiv ausgerichtete Pressepolitik sollte vom Kriegspressequartier, die negative, also vor allem die Zensur, vom Kriegsüberwachungsamt wahrgenommen werden. Eine so totale ständige Beeinflussung der Bevölkerung wie im Zweiten Weltkrieg gab es jedoch noch nicht. Die Anschlagflächen waren hauptsächlich mit amtlichen Kundmachungen, Kriegsanleiheplakaten und Affichen für — natürlich auch kriegsbedingte — Materialsammlungen und humanitäre Aktionen bedeckt. B.D.

Lit.: Kiszling, Rudolf: Österreich-Ungarns Anteil am Ersten Weltkrieg, Graz 1958; Kriegssammlung, WStLB L 70 000; Masciczek, Albert: Zeit an der Wand, Wien 1967, S. 26 ff.; Zöllner, Erich: Geschichte Österreichs, Wien 1970, S. 478 ff.

Tote an der Isonzofront

105

105 *Haltet Einkehr*
E: Oswald Weise
D: Leipzig: F. A. Brockhaus
[1914], 94x63 cm, P 13 302

Die Buchhändler als „Kriegsgewinner“ zu bezeichnen, ist ein seltsamer Gedanke, aber dennoch haben sie, wie man sieht, auch versucht, in ihrer Werbung mit der „(großen) Zeit“ zu gehen. Das Bild, in dem der biedere verwundete, händchenhaltende Held offenbar zuhört, was ihm die schöne Dame vorliest, soll entsprechend dem Slogan einen ruhigen und besinnlichen Eindruck erwecken.

Die Zeit hatte allerdings auch viele „Dichter“ zu emphatischen Verherrlichungen des Krieges angeregt. Ein Beispiel von vielen aus der „Reichspost“ vom 15. August 1914:

„Herrgott, hab' Dank, Du hast ein Ziel gesetzt
Der faulen Ruh.
Der Eisenwürfel schimmernd fiel,
Jetzt haut die Schwertfaust zu.“

Der Gerechtigkeit wegen muß man festhalten, daß zwar die meisten, aber nicht alle Kriegsgedichte dieses Niveau hatten. In einem „Feldpostbüchlein“ mit dem Titel „Der Heilige Krieg“, das den Frontsoldaten zu „Trost und Freude“ gereichen sollte, sind zum Beispiel Gedichte des bekannten Wiener Arbeiterdichters Alfons Petzold enthalten, die nicht in der üblichen Weise kriegsverherrlichend waren, sondern durchaus ein negatives, beängstigendes Bild des Krieges zeichneten. B.D.

106 *Unsere Armee braucht Metalle!*
E: R[udolf] Geyer
D: Wien: Ch. Reisser
[1915], 126x95 cm, P 7 880

Österreich-Ungarn war nicht gut vorbereitet auf einen derart gewaltigen Krieg, in den es durch die Unzulänglichkeit der für die Außenpolitik verantwortlichen Männer hineingeraten war. Nach Abbau der wenigen Reserven machten sich bereits im Herbst 1914 die Mängel in der Bekleidung, bei Munition und Lebensmitteln bemerkbar. Nachdem die Heeresbestände schon im Winter 1914 erschöpft waren, kam es dann durch die notwendig gewordene Produktion für nur relativ kurze Zeit zu einer kräftigen Kriegskonjunktur.

Die verstärkte Blockade der Alliierten gegenüber den Mittelmächten im März 1915 aber führte zu ständigen Ernährungsschwierigkeiten und einem verschärften Mangel an Rohstoffen.

Bereits im November 1915 war auf Anregung des k. k. Handelsministeriums in Wien eine Metallzentrale-Aktiengesellschaft gegründet worden, welche die Aufgabe hatte, die vorhandenen Metallbestände zu sammeln, damit sie für die Rüstungsindustrie verwertbar gemacht werden konnten. Erst ab dem September 1915 wurden von der Sammlung weitere Teile der Bevölkerung betroffen, es gab 628 Kriegsmetalleinkaufsstellen in 453 verschiedenen Orten Österreichs. Zunächst genügte die freiwillige Ablieferung, ab dem 16. August 1916 begann jedoch die behördliche Requisition von Metallgeräten aus privaten Haushalten. Mörser, Kerzenleuchter, Bügeleisen, Kupferkessel, Badeöfen und sogar Kirchenglocken und Kupferdächer fielen der Kriegswirtschaft zum Opfer. Man diskutierte sogar schon, ob es zweckmäßig wäre, in

106

Unsere Armee braucht Metalle!
R. GEYER
Kriegsmetall-Einkauf
REINNICKEL • KUPFER • MESSING
werden zur Munitionserzeugung dringend benötigt und zu behördlich genehmigten Preisen gegen Barzahlung angekauft
CHRISTOPH REISSER'S SÖHNE • WIEN • V

107

Wien mehrere Millionen Türklinken abzunehmen.
Auch auf militärischem Gebiet war die Monarchie mangelhaft vorbereitet. Die Infanterie war zwar gut geschult, aber unzulänglich ausgerüstet — besonders mit Maschinengewehren, denen in diesem Krieg so viele Menschen zum Opfer fielen. Auch in der Artillerie war die Ausstattung mit Geschützen weit hinter dem technischen Stand von jenem der deutschen, französischen oder russischen Armeen zurück. Eine Ausnahme bildete der auf dem Plakat abgebildete 30,5-cm-Mörser, der mit einem von Ferdinand Porsche konstruierten Autozug ausgestattet war. B.D.

107 *Spendet Freibrot für unsere Armen!*

E: K. Skolitajan
D: Wien: J. Weiner
[1915], 95x63 cm, P 7982

Zwei Weltkriege, Not und Wirtschaftskrisen, ja selbst harte innenpolitische Kämpfe konnten die Entwicklung von der fallweisen Wohltätigkeit gegenüber den Armen zur Fürsorge als Pflicht der Allgemeinheit und schließlich zum Anrecht auf Sozialleistungen im modernen Sozialstaat in unserem Jahrhundert zwar beeinträchtigen, aber nicht verhindern.
Es wäre jedoch ungerecht, in den Wohltätigkeitskomitees der Vor- und der Kriegszeit nur ein Betätigungsfeld für wichtigtuerische Damen des Adels und des wohlhabenden Bürgertums zu sehen. Es lag sicher auch viel soziales Engagement und christliche Humanität in derartigen Bestrebungen.
Das Plakat warb für eine dieser Wohltätigkeitsaktionen: Die Wohlhabenden, deren Kinder gut genährt, schön gekleidet und geschmückt sind, wie das Mädchen im Vordergrund, sollten aus ihren gepflegten Heimen mit den blumengeschmückten Fenstern den Blick auf den Zug der vielen Armen richten, deren Not gelindert werden sollte. B.D.

Lit.: Neuerwerbungen 1974—1978, Katalog zur Ausstellung der Wiener Stadt- und Landesbibliothek, Wien 1979, Nr. 133.

108 *Seine kaiserliche und königlich Apostolische Majestät*

D: Wien: J. B. Wallishauser
1916, 95x63 cm, P 7720

Juli 1916: zwei Jahre lang tobte schon der Krieg. Die Monarchie war an dieser Belastung noch nicht zerbrochen. Selbst der Kriegseintritt Italiens im Jahre 1915 — eine ungeheure Belastung für die unter dem Druck der russischen Übermacht leidenden österreichisch-ungarischen Truppen — hatte diese wohl in Bedrängnis, aber nicht zu einer entscheidenden Niederlage gebracht. Das „Waffenglück“ wechselte zwar, aber es konnte unter diesen Verhältnissen schon als Erfolg für Österreich angesehen werden, bisher gegen die Übermacht der Feinde bestanden zu haben. Es war daher nicht nur der Wunsch, die Stimmung und Kampfmoral „seiner“ Völker zu heben, sondern wohl auch seine wirkliche Meinung, wenn der Kaiser verlautbaren ließ: „Aber Ich blicke, gestützt auf die erhebenden Erfahrungen zweier Kriegsjahre, mit vollem Vertrauen in eine nun allmählich heranreifende Zukunft, in dem beglückenden Bewußtsein, daß Meine braven Völker den Sieg wahrhaft verdienen, und in der gläubigen Zuversicht, daß ihn die Gnade und Gerechtigkeit der Vorsehung ihnen nicht vorenthalten wird.“ Einige Monate später, am 21. November 1916, starb Franz Joseph I. nach 68jähriger Regierungszeit. Kaiser Karl I. wurde sein glückloser Nachfolger. Graf Stürgkh hingegen erlebte nicht einmal mehr den Tod seines Kaisers. Er wurde am 21. Oktober 1916 im Speisesaal des Hotels Meissl & Schaden am Neuen Markt von Dr. Friedrich

Seine kaiserliche und königlich Apostolische Majestät haben das nachstehende Allerhöchste Handschreiben allergnädigst zu erlassen geruht:

Lieber Graf Stürgkh!

Zum zweitenmal jähren sich die Tage, in denen die unversöhnlichen Gesinnungen der Feinde uns zum Kriege zwangen.

So schmerzlich Ich die lange Dauer dieser der Menschheit auferlegten harten Prüfung beklage, erfüllt Mich doch der Rückblick auf das schwere Ringen, das Mein Vertrauen in die unbezwingliche Kraft der Monarchie stets aufs Neue rechtfertigt, mit hoher Genugtuung.

Würdig ihrer tapferen Söhne, die in innigem Vereine mit den Heeren unserer glorreichen Verbündeten dem stets erneuten Anprall der Übermacht heldenhaft die Stirne bieten, leisten Meine geliebten Völker auch daheim jenes hohe Maß begeisterter Pflichterfüllung, wie es der großen ernsten Zeit entspricht. In einen machtvollen Siegeswillen geeint, bringen sie mit männlicher Entschlossenheit jedes Opfer, das die Sicherung eines künftigen ehrenvollen und dauernden Friedens erheischt. Mit richtigem Verständnis der zum Wohle des Vaterlandes erforderlichen Maßnahmen ertragen sie die infolge des Krieges notwendig gewordenen Einschränkungen des wirtschaftlichen Lebens und vereiteln die auf planmäßige Gefährdung der Existenz der friedlichen Bevölkerung abzielenden tückischen Absichten unserer Feinde.

Mein Herz teilt in väterlicher Bekümmernis mit jedem Einzelnen Meiner Getreuen die Sorge, die auf ihnen lastet und die sie so standhaft ertragen, den Schmerz um die Gefallenen, die Angst um die Lieben im Felde, die Störung der segensreichen friedlichen Arbeit, die empfindliche Erschwernis aller Lebensbedingungen. Aber Ich blicke, gestützt auf die erhebenden Erfahrungen zweier Kriegsjahre, mit vollem Vertrauen in eine nun allmählich heranreifende Zukunft, in dem beglückenden Bewußtsein, daß Meine braven Völker den Sieg wahrhaft verdienen, und in der gläubigen Zuversicht, daß ihn die Gnade und Gerechtigkeit der Vorsehung ihnen nicht vorenthalten wird.

In diesen ernsten, aber hoffnungsreichen Gedenktagen drängt es Mich, die Bevölkerung neuerlich wissen zu lassen, daß Mich die nie erlahmende Betätigung ihres patriotischen Opfermutes mit stolzer Freude erfüllt und daß Ich ihre wackere, endgültigen Erfolg verbürgende Haltung dankbaren Herzens anerkenne.

Ich beauftrage Sie, dies in Meinem Namen der Bevölkerung kundzutun.

Wien, am 31. Juli 1916.

Franz Joseph m. p.

Stürgkh m. p.

Dies wird hiemit zur allgemeinen Kenntnis gebracht.

Wien, am 31. Juli 1916.

Der k. k. Statthalter im Erzherzogtume Österreich unter der Enns:

Bleyleben m. p.

108

109

Adler erschossen. Friedrich Adler, der Sohn des Begründers der österreichischen Sozialdemokratie, wollte durch diese radikale Tat für den Frieden und gegen den parlamentarischen Ausnahmezustand protestieren. B.D.

109 *1916 1917*

D: Wien: A. Luigard
1916, 63x48 cm, P 7745

Schon Ende 1914 drängte die türkische Heeresführung darauf, daß die Verbündeten den Donauweg freikämpfen sollten. Das österreichische Armeeoberkommando mußte trotz angebotener deutscher Waffenhilfe diesen Plan ablehnen, hatten die Österreicher doch eben eine Offensive in Serbien nach einem serbischen Gegenschlag abbrechen und ihre Truppen zurücknehmen müssen.

Im Jahr 1916 trat Rumänien an der Seite der Alliierten in den Krieg ein, die sich davon den Todesstoß für die schwer ringende Donaumonarchie erwarteten. Der zehnfach überlegene Feind brach am 27. August 1916 in Siebenbürgen ein, konnte allerdings keine großen Erfolge erringen. Im Gegenteil — österreichische und deutsche Truppen eroberten 1916 im Gegenstoß große Teile Rumäniens und damit die kürzest mögliche Frontlinie zwischen den Karpaten und dem Schwarzen Meer. Damit war auch die Verbindung mit Bulgarien und der Türkei hergestellt.
Die österreichische Propaganda hatte es natürlich einigermaßen schwer, die Türken, die fast durch Jahrhunderte als der „Erbfeind" der Monarchie gegolten hatten, nun als Waffenbrüder zu präsentieren und darüber hinaus die Bevölkerung sogar zu Spenden für die türkischen, in Galizien kämpfenden Truppen zu bewegen. B.D.

110 *Verordnung betreffend den Bezug von Kinderhafermehl*

D: Wien: E. Kainz
1917, 95x63 cm, P 7681

Eine wesentliche Verschlechterung der allgemeinen Stimmung, in der von der anfänglichen Kriegsbegeisterung nichts mehr zu merken war, wurde durch die seit 1916 sehr spürbare Lebensmittelknappheit bewirkt. Einige Agrargebiete, wie Galizien und die Bukowina fielen immer wieder durch Kampfhandlungen aus. „Der Mangel an Arbeitskräften, ungarischer Egoismus und bewußte Sabotage namentlich in slawischen Gebieten, das Fehlen jeglicher ins Gewicht fallender Einfuhren, steigerten die Notlage, der man auch durch min-

derwertige Ersatzstoffe — Maisbrot, Kriegskaffee, Dörrgemüse, Kriegsmarmelade, Saccharin — nicht abhelfen konnte.“ (Zöllner, Erich: Geschichte Österreichs, Wien 1970, S. 486).

Auch die Rationierung der Nahrungsmittel mit Hilfe eines Kartensystems funktionierte nicht zufriedenstellend. Aus der Unzahl von diesbezüglichen Verordnungen, die auch alle auf Wandanschlägen kundgemacht wurden, zeigt die vorliegende Verordnung besonders kraß die damals herrschende Not.

Gerade die allgemein schlechte Ernährungslage, bei einem oft provokanten Luxus einer kleinen herrschenden Gruppe, führte im Jahr 1918 zu einer revolutionären Stimmung breitester Volksschichten. B.D.

B. W. A. I, Z. 1222 ex 1917.

Verordnung

betreffend den

Bezug von Kinderhafermehl.

Über Auftrag der k. k. n.-ö. Statthalterei werden für das Gebiet der k. k. Reichshaupt- und Residenzstadt Wien folgende Anordnungen getroffen:

Für **Kinder im Alter bis zum vollendeten 3. Lebensjahre** kann im Interesse einer angemessenen Ernährung vom **17. September 1917** angefangen **an Stelle des Verschleißmehles oder des Brotes Kinderhafermehl** oder **Weizengrieß** in der Menge von vorläufig 40 dkg pro Kind und Woche bezogen werden.

Welches dieser beiden Kindernahrungsmittel jeweils zur Ausgabe gelangen wird, ist von der Zuweisung an die Gemeinde Wien abhängig.

Der Bezug dieses Kinderhafermehles findet **nur bei der zuständigen städtischen Hafermehlabgabestelle** an dem für die Mehlabgabe festgesetzten Tage gegen Barzahlung und jedesmalige Abtrennung des vom Bezirkswirtschaftsamte Wien Stelle 2 jeweils bestimmten Ziffernabschnittes der Mehlbezugskarte (gelbe oder blaue Karte) und gegen Abtrennung der dem Gewichte entsprechenden Anzahl von Abschnitten der für den Kinderhafermehlbezug besonders gekennzeichneten Brot- und Mehlkarten durch den Verkäufer statt.

Das Bezugsrecht ist der Abgabestelle unter Vorweisung der von der Brot- und Mehlkommission hinsichtlich des Rechtes zum Bezuge von Kinderhafermehl bestätigten Mehlbezugskarte sofort nach erfolgter Anerkennung des Anspruches anzumelden.

Der Inhaber der Abgabestelle oder dessen Beauftragter hat nach den speziellen vom Bezirkswirtschaftsamte Wien Stelle 2 erhaltenen Weisungen die Haushaltungen in eine separate Kundenliste aufzunehmen.

Behufs **Anerkennung des Anspruches** auf den Bezug von Kinderhafermehl und Vormerkung desselben auf der Mehlbezugskarte und den Brot- und Mehlkarten hat der Haushaltungsvorstand unter Vorweisung seines zu diesem Zwecke von der Hausinhabung zur Verfügung zu stellenden **polizeilichen Meldezettels** und der im Zeitpunkte der Anmeldung gültigen **Mehlbezugskarte** sowie **aller für das betreffende Kind bezogenen noch gültigen Brot- und Mehlkarten vom 10. September 1917 angefangen** an einem beliebigen Wochentage bei der zuständigen Brot- und Mehlkommission während der Amtsstunden derselben einen **Altersnachweis des anspruchsberechtigten Kindes** (Taufschein, Geburtsschein, Geburtsbestätigung, Impfzeugnis, Zuständigkeitsdekret, Vormundschaftsdekret u. dgl.) **vorzulegen.** An Stelle des Haushaltungsvorstandes kann auch ein durch dessen polizeilichen Meldezettel legitimierter Vertreter unter Vorlage der Mehlbezugskarte, der Brot- und Mehlkarten und eines Altersnachweises den Anspruch geltend machen.

Bei der Geltendmachung des Anspruches hat sich die Partei zu entscheiden, ob das Kinderhafermehl statt Verschleißmehl oder statt Brot bezogen werden soll. Der Bezug des Kinderhafermehles an Stelle eines Teiles des gebührenden Verschleißmehles und eines Teiles des gebührenden Brotes ist nicht statthaft. Eine nachträgliche Abänderung dieser Entscheidung ist während der ganzen Dauer des Bezugsrechtes im allgemeinen nicht zulässig, kann aber in besonders berücksichtigungswürdigen Fällen vom zuständigen magistratischen Bezirksamte ausnahmsweise bewilligt werden.

Der anerkannte Anspruch wird von der Brot- und Mehlkommission auf der Mehlbezugskarte der Haushaltung, welcher das Kind angehört, und auf den für dieses Kind ausgegebenen Brot- und Mehlkarten, bei Störbrotkarten für Kinder im Alter bis zu 2 Jahren auf je einer der statt einer vollen Brot- und Mehlkarte bezogenen 2 rechten Kartenhälften vorgemerkt. Die durch den Bezug von Kinderhafermehl eintretende Verkürzung des Verschleißmehlbezuges oder Brotbezuges der Haushaltung wird auf der betreffenden Bezugskarte zum Ausdrucke gebracht.

Im Falle des **Wegzuges von Wien, Abgabe des Kindes in eine Anstalt** oder **in ein Spital** oder **des Ablebens desselben** ist der Inhaber der für den Bezug von Kinderhafermehl bestätigten Mehlbezugskarte **verpflichtet, die Bezugskarte bei der Brot- und Mehlkommission,** in deren Sprengel er zu dieser Zeit wohnt, **abzugeben.** An Stelle der abgegebenen Bezugskarte erhält er eine für den allgemeinen Verschleißmehlbezug geltende Bezugskarte und wird eine allfällige Vormerkung über die Verkürzung des Brotbezuges auf der Brotbezugskarte gelöscht. Tritt der Anspruch wieder ein (z. B. durch Rückkehr des Kindes aus der Anstalt vor der Vollendung des 3. Lebensjahres), so kann bei der zuständigen Brot- und Mehlkommission unter Vorweisung des polizeilichen Meldezettels des Haushaltungsvorstandes, der Mehlbezugskarte der Haushaltung und eines glaubwürdigen Nachweises über die Rückkehr des Kindes um abermalige Vormerkung des Rechtes zum Bezuge von Kinderhafermehl auf der Mehlbezugskarte angesucht werden.

Bei **Übersiedlungen** innerhalb des bisherigen Wohnbezirkes tritt dann, wenn die neue Wohnung im Sprengel der bisherigen städtischen Hafermehlabgabestelle liegt, worüber die Brot- und Mehlkommission Auskunft erteilt, im Bezuge des Kinderhafermehles eine Änderung nicht ein. Bei Übersiedlungen innerhalb des bisherigen Wohnbezirkes, bei welchen die neue Wohnung im Sprengel einer anderen städtischen Hafermehlabgabestelle liegt, sowie bei Übersiedlungen in einen anderen Bezirk ist die Mehlbezugskarte bei der Brot- und Mehlkommission des neuen Wohnortes anläßlich der dort zu erstattenden Anmeldung abzugeben und wird von dieser eine neue Bezugskarte ausgestellt, welche gleichfalls mit der Vormerkung über das Recht zum Bezuge von Kinderhafermehl versehen ist.

Für **Anstalten,** in welchen sich anspruchsberechtigte Kinder befinden, wird das gebührende Kinderhafermehl, gleichfalls unter Einrechnung in die zulässige Verbrauchsmenge, direkt vom **Bezirkswirtschaftsamte Wien Stelle 2** angewiesen, sofern auch die Mehlzuweisung durch diese Amtsstelle erfolgt. Anderenfalls haben sich derartige Anstalten an die **Kriegsgetreide-Verkehrsanstalt (Abteilung Wien)** zu wenden.

Wer den Bestimmungen dieser Verordnung zuwiderhandelt, wird, sofern diese Handlung nicht einer strengeren Strafe unterliegt, von der politischen Bezirksbehörde mit einer Geldstrafe bis zu 2000 Kronen oder mit Arrest bis zu 3 Monaten, bei erschwerenden Umständen aber mit einer Geldstrafe bis zu 5000 Kronen oder mit Arrest bis zu 6 Monaten bestraft. Wird die Übertretung bei Ausübung eines Gewerbes begangen, so kann außerdem, sofern die Voraussetzungen des § 133 b, Absatz 1, lit. a, der Gewerbeordnung zutreffen, die Entziehung der Gewerbeberechtigung verfügt werden.

Vom Magistrate der k. k. Reichshaupt- und Residenzstadt Wien

als politischer Behörde I. Instanz

am 3. September 1917.

110

Kriegsbegeisterung in der Wirtschaftswerbung:
Die Waffenbrüder in der patriotischen Sektreklame (links)
Inserat für Kriegsspielzeug (unten)

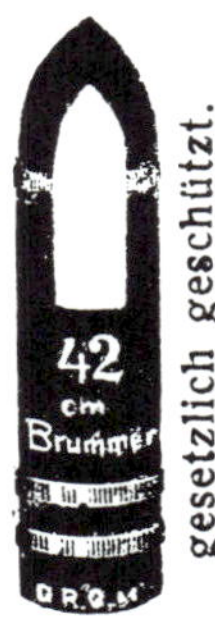

gesetzlich geschützt.

Für unsere Kinder!

Zum 20 h - Verkauf.

Täuschende Nachahmung des Getöses unserer größten Kanonen.

Bei 3 Dutzend Auftrag K 1.60 à Dutzend.
2 Muster franko gegen 50 h in Briefmarken.

Spielwarenfabrik

Josef Tischer, Obereinsiedel, Böhmen.

111

111 *Und Ihr?*
E: A[lfred] R[oller]
D: Wien: Gesellschaft für graphische Industrie
[1917], 95x63 cm, P 13 390

Österreich-Ungarn finanzierte den Krieg hauptsächlich durch Anleihen. Es gab insgesamt 25 Kriegsanleihen mit 51 Milliarden Kronen, wovon acht mit 33 Milliarden Kronen auf die österreichische Reichshälfte entfielen. Manche bürgerliche Familie, die im Vertrauen auf die Festigkeit des Staates ihre Ersparnisse in Kriegsanleihen angelegt hatte, stand nach dem Verlust des Krieges vor dem Nichts. Neben diesem Plakat gab es auch eine Werbebroschüre der Creditanstalt oder wie sie mit vollem Namen hieß „K. K. privilegierte Österreichische Creditanstalt für Handel und Gewerbe", die für die Zeichnung der Kriegsanleihe warb. Ein Jahr vor dem Zusammenbruch der Mittelmächte sah die militärische Lage Österreichs noch gar nicht so schlecht aus. Von der „pflichtgemäßen Euphorie" abgesehen, konnte man tatsächlich noch an einen Sieg glauben: „In den Tagen, in denen sich militärische Ereignisse von weltgeschichtlicher Bedeutung vollziehen, schreitet Österreich zur Ausgabe der siebenten Kriegsanleihe. In einem Ansturm von unerhörter Gewalt haben österreichisch-ungarische und deutsche Truppen unter dem Oberbefehl Kaiser Karls der italienischen Armee eine vernichtende Niederlage bereitet. Den treulosen Bundesgenossen hat sein Schicksal ereilt. Fünf Tage haben genügt, um ihm alle Erfolge zu entreißen, die er in zweieinhalbjährigen heißen Kämpfen infolge seiner numerischen Überlegenheit den heldenmütigen Verteidigern unserer Isonzofront hatte abringen können. In ungeordneter Flucht fluten die italienischen Armeen zurück, und jede Stunde bringt uns Berichte von neuen Siegen und neuer Beute. Auch an allen anderen Kampffronten hat sich die Lage der Zentralmächte in dem Halbjahr, das seit der Emission der letzten Kriegsanleihe verflossen ist, aufs günstigste entwickelt." Und nach einer genauen Ausführung über die Bedeutung der Anleihen für die Finanzen und die Entwicklung der Wirtschaft heißt es im Schlußwort des Heftes: „Möge jeder dem Appell, der an uns ergeht, folgen! Keiner schließe sich aus, wenn das Vaterland um die Mittel wirbt, die die weitere Kriegführung erfordert! Jeder trage zum Gelingen der siebenten Kriegsanleihe bei, die einen großen finanziellen Sieg verzeichnen soll, würdig der gewaltigen Siege, die unsere Heere erfochten haben!"

Das Ereignis, auf das hier Bezug genommen wurde, war die 12. Isonzoschlacht vom 24. Oktober bis 2. Dezember 1917, in der schon in den ersten Tagen jener schmale Geländestreifen zurückgewonnen wurde, den die Italiener im Verlauf von zweieinhalb Jahren und elf großen Schlachten den Österreichern abgerungen hatten. Nach dem Durchbruch bei Flitsch und Tolmein stießen die verbündeten Truppen — auch die deutsche Heeresführung hatte Verstärkung geschickt — tief in italienisches Gebiet vor. Die Verluste betrugen bei den Italienern zirka 10 000 Tote, 30 000 Verwundete und 393 000 Gefangene sowie eine ungeheure Menge von Kriegsmaterial. Die Schlacht schien kriegsentscheidende Bedeutung zu haben.

Zur gleichen Zeit brach im Osten die russische Armee zusammen, am 5. Dezember 1917 wurde der Waffenstillstand von Brest-Litowsk geschlossen.

Bemerkenswert an dem Kriegsbild auf diesem Plakat ist die erstaunlich realistische Darstellung eines ausgemergelten Frontsoldaten, der sich mit einer Handgranate in der Faust zu einem neuen Sturmlauf bereitmacht. Offensichtlich sollte die gezeigte Härte des Soldatenschicksals auch die Zivilisten in der Heimat zu einer verstärkten Opferbereitschaft bewegen. B.D.

Lit.: Die 7. Kriegsanleihe, Wien 1917.

112 *Wiener Kommerzial-Bank*
D: Wien: J. Weiner
[1917], 96x64 cm, P 13 301

Der Luftkrieg gewann im Ersten Weltkrieg keine entscheidende Bedeutung: Luftschiffe und Flugzeuge wurden zunächst nur zur Aufklärung, später auch zur Unterstützung der Bodentruppen bei Kampfhandlungen eingesetzt. Die Kriegserfordernisse beschleunigten jedoch die technische Weiterentwicklung und brachten eine gesteigerte Produktion mit sich. Auch in Österreich wurde 1915 in Wiener Neustadt eine Flugzeugfabrik gegründet, die 1917 monatlich bereits 170 Maschinen herstellte.
Das hier dargestellte Flugzeug dient jedoch friedlicheren Mitteln: statt Bomben werden „Flug"blätter abgeworfen.
Bereits im Jahr 1914 wurden vom „Royal Flying Corps" Flugblätter hinter den deutschen Linien verbreitet. Die Mittelmächte lehnten zunächst dieses Propagandamittel ab — erst im September 1918 kam es zu Abwürfen von deutschen Kriegsflugblättern bei Franzosen, Engländern und Amerikanern.
Umso seltsamer mag es erscheinen, daß man 1917 mit einer derartigen Szene für die 7. Kriegsanleihe warb (vgl. Nr. 111) und damit indirekt auch auf eine solche Feindpropaganda hinwies. Rund ein Jahr später konnte sogar die Wiener Bevölkerung feindliche Flugzeuge über der Stadt bei der Durchführung von Flugblattabwürfen bestaunen. Gabriele D'Annunzio, italienischer Dichter und im Krieg Offizier der Luftwaffe, flog mit einem Geschwader am 9. August 1918 über Wien und warf Flugblätter in deutscher und italienischer Sprache ab, wo es unter anderem hieß: „Wiener! Man sagt von euch, dass ihr intelligent seid, jedoch seitdem ihr die preussische Uniform angezogen habt ihr seid auf das Niveau eines Berliner-Grobians herabgesunken, und die ganze Welt hat sich gegen euch gewandt."
Obwohl die Öffentlichkeit durch die Bemerkung D'Annunzios, daß die Italiener statt Flugblättern auch Bomben auf Wien hätten abwerfen können, betroffen war, wurde in objektiver Weise sogar von einer „bedeutenden sportlichen Leistung" der italienischen Flieger gesprochen. Eine rasche Beseitigung der Blätter durch amtliche Organe sollte eine tiefergehende psychologische Wirkung verhindern, was jedoch nicht gelang. In den „Vorschlägen des Kommandos der Luftfahrtruppen zur Organisierung eines Presse- und Propagandadienstes der Luftfahrtruppen" vom

112

Wiener!

Lernt die Italiener kennen!
Wenn wir wollten, wir könnten ganze Tonnen von Bomben auf euere Stadt hinabwerfen, aber wir senden euch nur einen Gruss der Trikolore, der Trikolore der Freiheit.
Wir Italiener führen den Krieg nicht mit Bürgern, Kindern, Greisen und Frauen. Wir führen den Krieg mit euerer Regierung, dem Feinde der nationalen Freiheit, mit euerer blinden, starrköpfigen und grausamen Regierung, die euch weder Brot noch Frieden zu geben vermag und euch nur mit Hass und trügerischen Hoffnungen füttert.

Wiener!

Man sagt von euch, dass ihr intelligent seid, jedoch seitdem ihr die preussische Uniform angezogen habt ihr seid auf das Niveau eines Berliner-Grobians herabgesunken, und die ganze Welt hat sich gegen euch gewandt.
Wollt ihr den Krieg fortführen? Tut es, wenn ihr Selbstmord begehen wollt! Was hofft ihr? Den Entscheidungssieg, den euch die preussischen Generale versprochen haben?
Ihr Entscheidungssieg ist wie das Brot aus der Ukraina: Man erwartet es und stirbt bevor es ankommt.

Bürger Wiens! Bedenkt was euch erwartet und erwacht!

HOCH LEBE DIE FREIHEIT!
HOCH LEBE ITALIEN!
HOCH LEBE DIE ENTENTE!

128

113

7. Oktober 1918 mußte man zugeben, daß die öffentliche Meinung den österreichischen Luftstreitkräften nicht gut gesinnt war: „Viel haben hiezu der Flug der Italiener nach Wien und die übertriebenen Schilderungen der italienischen Presse beigetragen. Nicht zuletzt liegt aber die Schuld darin, daß man von unserer Fliegerei nichts gelesen und nichts erfahren hat." Um die Luftwaffe populärer zu machen, schlug man vor, daß mehr über das Luftfahrtwesen geschrieben werden sollte, und diesen Publikationen „langsam einen österreichisch-ungarischen Anstrich zu geben" (zit. nach: Popelka, S. 50). Die Vorschläge blieben allerdings wirkungslos, weil einen Monat später der Krieg bereits zu Ende war. B.D.

Lit.: Kirchner, Klaus: Flugblattpropaganda — das nicht gewaltsame Kriegsmittel, in: Flugblattpropaganda im 2. Weltkrieg. Katalog zur Ausstellung des Gutenberg Museums der Stadt Mainz, 26. April—24. Juni 1979, S. 18 ff.; Massiczek, Albert: Zeit an der Wand, Wien 1967, S. 38; Popelka, Liselotte: „Fliegen 90/71", Katalog, 2. Teil, Wien 1971, S. 50.

113 *Allgemeine Wäschesammlung*
E: [Franz] Griessler
D: Wien: Gerin
1917, 95x63 cm, P 7889

Als im Verlauf des Ersten Weltkrieges die Rohstoffe in Österreich knapp wurden, traf das Kriegsfürsorgeamt verschiedene Maßnahmen, um die Lage zu erleichtern. Gezielte Sammlungen sollten Altmaterial einer Wiederverwendung zuführen: Glas, Metall, Flaschenkorke, Papier, Wolle, Kautschuk, Wäsche, ja sogar alte Hundemarken, die ebenfalls aus Metall waren, wurden gesammelt.
Von Zeit zu Zeit fuhren Sammelwagen des Kriegsfürsorgeamtes umher, um Liebesgaben für die Soldaten an der Front zu erbitten; begehrt waren hier vor allem Tabak und Zigaretten, aber auch Kleidung, Keks, Seife, Taschentücher, Kerzen, Schuhe, Bücher etc. waren willkommene Geschenke.
Neben den Metallsammlungen kehrte die Bitte um Wolle und Kautschuk, und in diesem Rahmen um Stoffe und Gewebe jeder Art immer wieder: „Wir wollen auf die Bodenkammern steigen und auf dem Grund von Kasten und Truhen suchen. Was taucht da nicht auf, was kommt da nicht alles ans Licht, an dessen Existenz wir gar nicht mehr gedacht und das heute wieder brauchbar und wichtig werden soll. Da gibt's Stoffreste, die zu Kleidern gehören, die längst nicht mehr in unserm Besitz sind, ein großes Tuch, in das ein Nagel ein mächtiges Loch gerissen hat. Ein Kleid, das wir noch immer ‚für schlechtes Wetter' aufgehoben und dann doch nie getragen haben; schwere dunkle Vorhänge, die ganz die Farbe gelassen haben, Trikotwäsche, die man einmal bei einem Rheumaanfall trug; wollene Höschen und Jäckchen vom Jüngsten, die man aus Pietät aufbewahrt hat und die durchwetzt und ‚eingegangen' sind, daß man sie nicht mehr verwenden könnte, selbst wenn eine neue Gelegenheit dazu sich einstellen sollte. Ein ganzer Haufen zerrissener Strümpfe und Socken, ein Wetterkragen, ein alter Teppich, eine Menge Wollreste, Kartoffelsäcke und ein Pack Wäschestricke aus der Zeit, da wir noch einen häuslichen Waschtag abhielten, ausrangierte Geschirr- und Taschentücher. Und selbst wenn wir noch eine ‚Nachmusterung' abhalten und das Gute und Tragbare für die Kleidersammelstellen zurücklegen, so bleibt noch immer ein ganzer Berg von all den Dingen, die die Wollsammlung brauchen kann." (NWT, 26. 9. 1915, S. 14) G.B.

114 *Ersatzmittel-Ausstellung*
E: F[ritz] Gareis
D: Wien: J. Weiner
1918, 126x95 cm, P 7985

„Als vor fast vier Jahren der Weltkrieg mit seiner Abschließung der Zentralmächte von allen den Ländern begann, aus denen wir die Rohstoffe bezogen und die wir durch jahrhundertelangen Gebrauch nicht entbehren zu können glaubten, da tauchte zuerst das Wort ‚Ersatz' auf.

‚Surrogat' kannte man längst, aber diesem Worte haftete der Begriff von Schwindel, Täuschung und Schäbigkeit an. Der Ersatz, wie ihn der Krieg geschaffen hat, will nichts vortäuschen, sondern er mußte vollwertig für das einspringen, was wir in unseren Ländern nicht bekommen können. Und unsere Industrie studierte und probierte und arbeitete, bis wir heute tatsächlich auf hundert Gebieten unabhängig von exotischen Rohprodukten sind." (NFP, 8. 6. 1918, S. 8)

Von Mai bis August 1918 fand auf dem Gelände des Kaisergartens, des „Venedig in Wien", eine Ersatzmittelausstellung statt, deren Zweck es war, „in die breitesten Schichten der Bevölkerung Belehrung zu bringen, wie bei dem allseits fühlbaren Mangel an Rohstoffen durch Ersatzmittel geholfen werden kann, und ihre Beruhigung zu vertiefen, daß unsere Technik und Chemie . . . imstande sind, uns in allen Belangen fast vollwertigen Ersatz zu schaffen, um uns das Durchhalten in diesen schweren Zeiten zu ermöglichen." (NFP, 8. 6. 1918, S. 4)

Diese Schau sollte der Öffentlichkeit die wichtigsten Ersatzmittel für Güter des täglichen Gebrauches sowie neuartige, sparsame Verarbeitungsverfahren näherbringen.

Über die einzelnen Schwerpunkte der Ausstellung berichtete die „Neue Freie Presse": „Zuerst betrat man heute die Halle, in der die Wandlung des Hafers vom Nahrungsmittel für Pferde zum Haferreis und Hafermehl gezeigt wird. Wir sehen die mannigfachen Kartoffelrohprodukte, die Kartoffelflocken, das Kartoffelmehl, die Vorgänge bei der Dämpfung und Trocknung der Kartoffeln usw. . . . Interessant ist die Demonstration der Aufschließung der Mahlprodukte, eine Kriegserrungenschaft, durch die auf chemischem und thermischem Wege Millionen Zentner von Ernährungstoffen der Verdauung zugänglich gemacht werden . . . Imposant ist die Ausstellung von Ledererersatz und Ersatzschuhen . . . Gewebe aus Kunstseide, aus Seidenabfällen, aus den Haaren langhaariger Hunde, Treibriemen und Gurten, Gasschläuche, Tischzeug und Bettzeug, Reifen für Fahrräder und Automobile — alles aus ‚Ersatz' — liegen . . . nebeneinander. Die Modehalle wird schon deshalb das Interesse der Frauen erregen, weil hier täglich Modevorführungen an lebenden Modellen gezeigt werden sollen. Stoffe und Kleider sind natürlich nicht aus Schaf- oder Baumwolle, sondern aus künstlichen Geweben. Man sieht dabei den lehrreichen Vorgang, wie aus dem Baum schließlich nach hundertfacher Manipulation der Stoff wird." (8. 6. 1918, S. 8)

Starre und biegsame Holzsohlen waren hier ebenso zu sehen wie Asphaltersatz, eine neue Art von Kochkisten, Öl- und Fettersätze, Nährflechten u. a. Lebensmittelersatz, Papiergarne und -gewebe, neue Baumaterialien, Klebstoffe u.a. G.B.

Lit.: Ersatzmittel-Ausstellung [Katalog], Wien 1918.

114

Seit Meiner Thronbesteigung war Ich unablässig bemüht, Meine Völker aus den Schrecknissen des Krieges herauszuführen, an dessen Ausbruch Ich keinerlei Schuld trage.

Ich habe nicht gezögert, das verfassungsmäßige Leben wieder herzustellen und habe den Völkern den Weg zu ihrer selbständigen staatlichen Entwicklung eröffnet.

Nach wie vor von unwandelbarer Liebe für alle Meine Völker erfüllt, will Ich ihrer freien Entfaltung Meine Person nicht als Hindernis entgegenstellen.

Im voraus erkenne Ich die Entscheidung an, die Deutschösterreich über seine künftige Staatsform trifft.

Das Volk hat durch seine Vertreter die Regierung übernommen. Ich verzichte auf jeden Anteil an den Staatsgeschäften.

Gleichzeitig enthebe Ich Meine österreichische Regierung ihres Amtes.

Möge das Volk von Deutschösterreich in Eintracht und Versöhnlichkeit die Neuordnung schaffen und befestigen. Das Glück Meiner Völker war von Anbeginn das Ziel Meiner heißesten Wünsche.

Nur der innere Friede kann die Wunden dieses Krieges heilen.

Karl m. p.

Lammasch m. p.

115 116

115 *Marine-Schauspiel*
E: Franz Griessler
D: Wien: P. Gerin
1918, 95x63 cm, P 7 670

Am 5. Mai 1918 wurde die neue Saison der Marineschauspiele in einem eigens für diesen Zweck errichteten Pavillon in der Hauptallee des Praters eröffnet. Das Unternehmen hatte der Verherrlichung der Marine zu dienen, der Gewinn aus den Eintrittsgeldern kam dem Kriegsfürsorgeamt zugute. Die dargebotenen Bilder sollten einen Eindruck von der Tätigkeit der Marine und ihrer „nie versagenden Initiative" vermitteln, ein Orchester und einige Sänger sorgten für die musikalische Umrahmung. Die gebotenen Bilder „voll kriegerischen Geistes" zeigten im einzelnen: „die Eroberung des Lovcen, einen Angriff auf Ragusa, einen Kampf auf hoher See, Kanonendonner erfüllt das Haus, Pulverdampf die Szene und von den malerisch am Fuße hoher Berge hingestreuten Häuschen von Cattaro fällt mehr als eines den feindlichen Batterien der Montenegriner zum Opfer. Ein Besuch in der blauen Grotte auf Busi versetzt uns wieder in die stille Friedenszeit und tut all die Wundermärchen der Adria vor uns auf, die jetzt allerdings noch schweigen müssen, in kommenden besseren Tagen aber wohl wieder ihren Zauber wirken lassen werden."
Friedenssehnsucht zeigte der Rezensent der Marineschauspiele im „Fremdenblatt" auch mit der Bemerkung, daß merkwürdigerweise der Krieg — „sonst gewiß nicht dazu angetan, auf die landschaftlichen Schönheiten jener Gebiete aufmerksam zu machen, durch die er seine blutigen Furchen zieht" — der dalmatinischen Küste ungeheure Popularität verschafft hätte:
„Waren es auch nicht Vergnügungsreisende, sondern Militärs, die der harte Dienst an die Gestade der Adria führte, so werden sie doch dereinst, wenn wieder der Friede ins Land kommt, zu begeisterten Herolden der Schönheiten unserer Adria werden und damit den vergessenen Landen endlich zu jener Geltung verhelfen, die sie zweifellos verdienen." (Fremdenblatt, 4. 5. 1918, S. 7)
B.D.

116 *Seit meiner Thronbesteigung*
D: [Wien]: Staatsdruckerei
[1918], 95x63 cm, P 7 718

Am 11. November 1918 wurde im Wald von Compiègne der Waffenstillstand zwischen Deutschland und der Entente unterzeichnet. Zwei Tage vorher hatte der deutsche Kaiser, Wilhelm II., abgedankt.
In Österreich war noch de jure Kaiser Karl der Herrscher des Landes — über die künftige Staatsform war noch keine endgültige Entscheidung gefallen. Am Vormittag des 11. November trat der Staatsrat unter dem Vorsitz des oberösterreichischen Landeshauptmannes, Prälat Johann Hauser, zusammen. Der sozialdemokratische Staatskanzler Dr. Karl Renner legte den von ihm ausgearbeiteten Entwurf eines Gesetzes über die Ausrufung der Republik vor:
„Artikel 1: Deutschösterreich ist eine demokratische Republik. Alle öffentlichen Gewalten werden vom Volk eingesetzt. Artikel 2: Deutschösterreich ist ein Bestandteil der deutschen Republik."
Nach längerer Debatte nahm der Staatsrat den Entwurf an, der am nächsten

Tag der Provisorischen Nationalversammlung zur Beschlußfassung vorgelegt werden sollte.
Nun mußte auch Kaiser Karl begreifen, daß die Monarchie nicht mehr zu retten war — man forderte seine Abdankung. An der Formulierung des Dokumentes war neben Dr. Heinrich Lammasch auch der Sozialminister der letzten kaiserlichen Regierung, Univ.-Prof. Dr. Ignaz Seipel, maßgeblich beteiligt. Um zirka 15 Uhr unterzeichnete Kaiser Karl im Schloß Schönbrunn mit einem Bleistift die ihm von Lammasch vorgelegte Reinschrift des Manifestes, das in Wahrheit bereits in der Staatsdruckerei gedruckt wurde. Die Erklärung, deren Original übrigens seit dem Brand des Justizpalastes am 15. Juli 1927 verschollen ist, wurde in einer Extraausgabe der „Wiener Zeitung" und in Form des vorliegenden Wandanschlages publiziert. Das Manifest war allerdings keine Abdankung, keine formelle Thronentsagung — Karl verzichtete hier ja lediglich auf „jeden Anteil an den Staatsgeschäften". Seipel wollte damit die Möglichkeit wahren, Karl als einen Faktor bei den kommenden Friedensverhandlungen einzusetzen — ein Plan, der jedoch nicht mehr zu verwirklichen war.
Am Abend des 11. November 1918, an jenem Tag, an dem der legendäre Parteiführer der Sozialdemokratie, Dr. Viktor Adler, starb, begab sich Karl mit seiner Familie von Schloß Schönbrunn nach Eckartsau im Marchfeld. Am nächsten Tag wurde die Republik Deutschösterreich ausgerufen.
Am 23. März 1919 reiste der Exkaiser mit seiner Familie in das Schweizer Exil ab. Am 24. März, kurz vor der Ausreise aus Österreich, nahm Karl im sogenannten „Feldkircher Manifest" alle seit dem 16. Oktober 1918 gemachten Erklärungen und Zusagen zurück. B.D.

Lit.: Goldinger, Walter: Geschichte der Republik Österreich, Wien 1962, S. 18ff.; Hannak, Jaques: Karl Renner und seine Zeit, Wien 1965, S. 348 f.; Kleindel, Walter: Österreich Chronik, Wien 1978; Massiczek, Albert: Zeit an der Wand, Wien 1967, S. 40; Rennhofer, Friedrich: Ignaz Seipel. Mensch und Staatsmann, Wien 1978, S. 153ff.

117 *Dienstag, den 12. November 1918*
D: Wien: Elbemühl
1918, 84x53 cm, P 7876

Drehers Etablissement in der Landstraßer Hauptstraße im 3. Wiener Gemeindebezirk war ein Gasthaus mit einem großen Saal, in dem zu Tanzabenden verschiedene bekannte Kapellen aufspielten. Bis zum Ersten Weltkrieg tagte dort auch die Assentierungskommission für die Garnison Wien.
Ende Oktober 1918 konstituierte sich dann hier der Soldatenrat für die Garnison Wien, wobei linksradikale Soldatenräte eine kommunistisch orientierte „Rote Garde" aufbauen wollten, jedoch am Widerstand der Sozialdemokraten scheiterten. In der Republik waren der Saal sowie der Hof des Gasthauses Ort zahlreicher politischer Versammlungen der verschiedenen Parteien, wobei es mitunter zu Tumulten und schweren Schlägereien kam.
Am 12. November 1918 wurde in Wien vor dem Parlament die Republik Deutschösterreich ausgerufen.
Im offiziellen Bericht des Wiener Polizeipräsidenten Schober über diesen bewegten Tag wird auch die Veranstaltung der Gräfin Hadik erwähnt:
„Eine von Gräfin Karoline Hadik einberufene Versammlung in der Dreher'schen Gastwirtschaft im III. Wiener Gemeindebezirk währte von ½6 Uhr bis ½7 Uhr abends und war von zirka 400 Teilnehmern besucht. Gräfin Hadik

117

Drehers Saallokalitäten
III., Landstrasse Hauptstrasse 97.

Dienstag, den 12. November 1918
abends 6 Uhr

AUFRUF!

Ich, Gräfin Caroline Hadik

bekenne mich von Jugend auf, — die begeisternde Vorkämpferin des Sozialismus gewesen zu sein.
Alle die mich kennen, werden dafür Zeugnis ablegen.
Aus diesem Grunde will ich öffentlich zu Euch reden und lade alle Sozialisten, Kriegsinvaliden und Soldaten, alle Armen, Verwaisten, Unglücklichen und Verzweifelten zu meinem Vortrage ein:
1. Ueber das Wesen des Sozialismus und unsere Pflicht, den richtigen Sozialismus mit Wort und Tat zu vertreten.
2. Ueber die Schuldigen am Weltkriege und das Richten über sie durch das Volksgericht.
„O kommet alle, die Ihr mühselig und beladen seid", — ich will Euch trösten mit den Worten der Vergeltung und mit den Taten der Gerechtigkeit!

Der Eintritt ist frei und allgemein zugänglich!

entwickelte ihr sozialistisches Programm, wurde aber ausgepfiffen, als ein Redner erwähnte, daß er trotz seiner vieljährigen Zugehörigkeit zur sozialdemokratischen Partei bisher von ihrer Parteitätigkeit noch nie etwas gehört habe.“ B.D.

Lit.: Österreich im Jahre 1918. Berichte und Dokumente. Hrsg. von Rudolf Neck, Wien 1968, S. 150

118 *Juden!*

D: [Wien]
1918, 95x63 cm, P 7650

27. November 1918 — eine Welt war zerbrochen, es war zwar Frieden geworden, aber der Frieden, den man sich so sehr ersehnt hatte, beendete wohl den Krieg, aber nicht die Leiden.

In Galizien, das zur Monarchie gehört hatte, waren etwa 10 Prozent der Bevölkerung Juden. Diese galizischen Juden hatten ihre eigene Entwicklung genommen und spielten im jüdischen Geistesleben eine bedeutende Rolle. Die Wirren der unmittelbaren Nachkriegszeit hatten in Galizien zum Wiederaufleben von Judenverfolgungen in Lemberg und anderen Orten geführt. Protestversammlungen im Ausland sollten den Verfolgten helfen, aber diese Hoffnung wurde nicht erfüllt. Zahlreiche Juden aus Galizien mußten flüchten, viele suchten den Weg in die Hauptstadt des untergegangenen Reiches, dem sie angehört hatten, nach Wien. Der Historiker Wolfgang Häusler schreibt dazu: „Eine neue Komponente des vielschichtigen Wiener Judentums stellten die aus ihrer galizischen Heimat ausgesiedelten Familien dar, die ihre chassidischen Frömmigkeitsformen mitbrachten. Noch heute sieht man auf dem Wiener Zentralfriedhof zwei Grabmäler von damals in Wien verstorbenen Zaddikim, die immer noch von Gläubigen besucht werden, welche Zettel mit Wünschen an die Verstorbenen bei den Gräbern hinterlegen.“

Bei den Protestkundgebungen, die dieses Plakat ankündigt, sprachen unter anderen der bedeutende Oberrabbiner Hirsch Perez Chajes und der Listenführer der „Jüdischnationalen Partei“ Robert Stricker. B.D.

Lit.: Häusler, Wolfgang/Max Berger/Erich Lessing: Judaica, Wien 1979, S. 61; Massiczek, Albert: Zeit an der Wand, Wien 1967, S. 43.

Juden!

Erscheinet vollzählig bei den

Massenkundgebungen

gegen die

Pogrome in Galizien

die am Mittwoch, den 27. November 1918, halb 7 Uhr abends, in folgenden Sälen stattfinden:

1. Bezirk: „Reichshallen“, Dorotheergasse 6-8
Hotel „Post“, Fleischmarkt 24

2. Bezirk: „König Dawid“, Unt. Augartenstrasse 8

20. Bezirk: Brigittasaal, Wintergasse 27.

Unter Anderem werden sprechen:

Se. Ehrw. Oberrabbiner Dr. Chajes, Abgeordneter Straucher, Adolf Stand, Staatsbahnrat Ing. Stricker, Dr. Schipper (Krakau), Abgeordneter Reitzes, Abgeordneter Breiter, Frau Anitta Müller.

Freier Zutritt. Jüdischer Nationalrat.

118

Am 23. November brannte das ganze Judenviertel in Lemberg lichterloh. Die Juden durften ihre Häuser nicht verlassen, wer auf der Straße erschien, wurde niedergeschossen. Das Wasser wurde in Lemberg um 4 Uhr nachmittags abgesperrt, damit nicht gelöscht werden konnte.

Der Tempel mit der Bundeslade und den kostbaren Thorarollen wurde im Inneren angezündet, die Bundeslade und die Thorarollen wurden auf die Straße geworfen, mit Füßen getreten und verbrannt.

Das ganze Judenviertel Lembergs ist zerstört. Zahlreiche Leichen von Männern, Frauen und Kindern wurden zum Teil im Kino neben dem Theater, zum Teil in einer Trafik am Krakauerplatz aufgeschichtet. In den ersten Morgenstunden des 24. wurden diese Leichen mittels Lastautos weggeführt. Ein vierzehnjähriges Mädchen wurde geschändet, getötet und ihr Leichnam zerstückelt.

Augenzeugenbericht in der „Neuen Freien Presse“ vom 27. 11. 1918, S. 2

1919
Die junge Republik

Wahlkampf 1919: Kriegsinvalider als Agitator

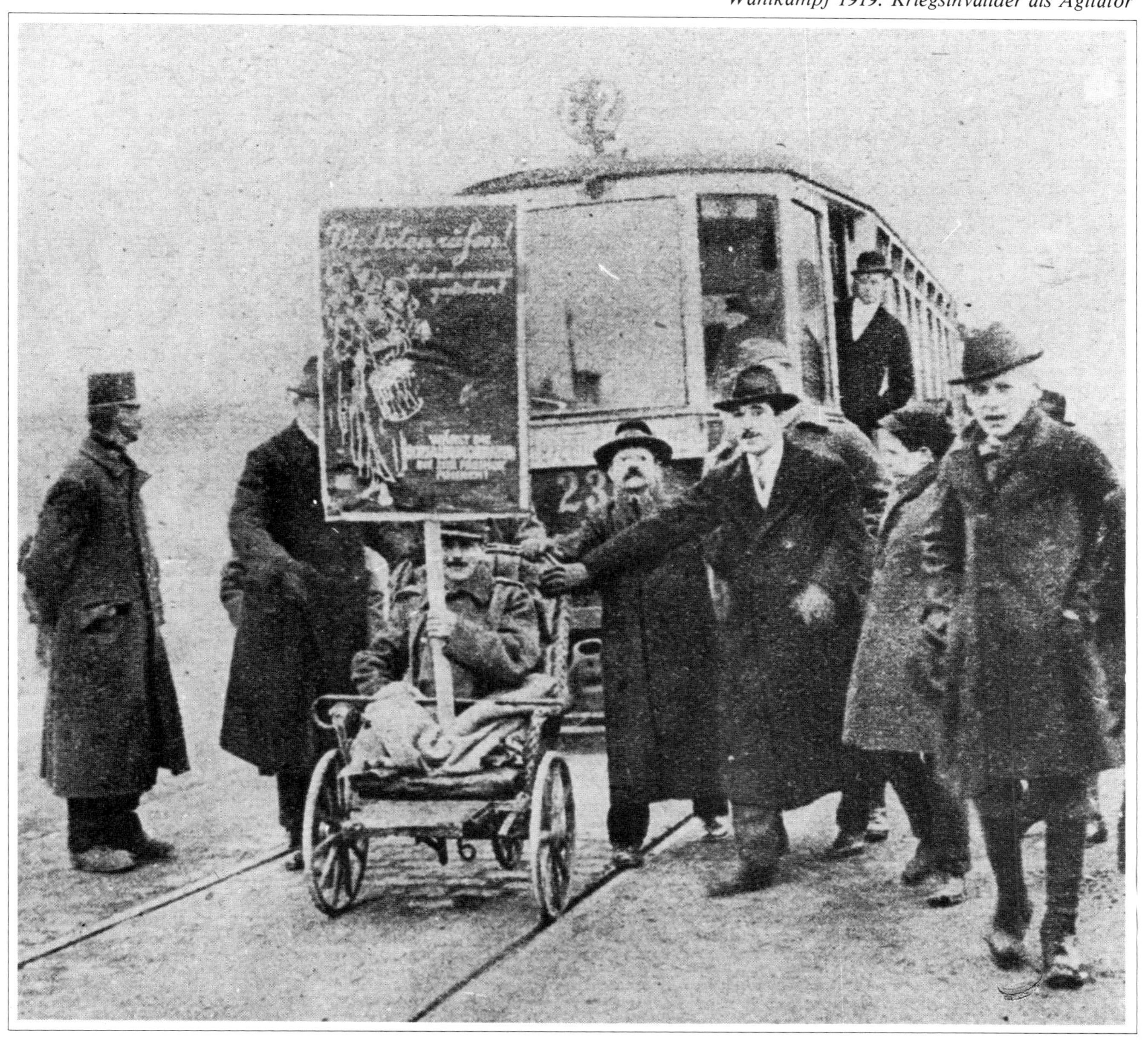

Die junge Republik Deutschösterreich hatte von Anfang an unter erheblichen politischen und wirtschaftlichen Schwierigkeiten zu leiden — ein Zustand, der sich im Jahr 1919 eher verschärfte als milderte. Die Ernährungslage und die Energieversorgung waren katastrophal. Zahlreiche Textanschläge und Kundmachungen spiegeln die Probleme wider, die sich daraus ergaben, aus dem territorialen Überrest der Monarchie und mit dem in Wien „übriggebliebenen", für ein Großreich dimensionierten Staatsapparat eine nach republikanischen Vorstellungen organisierte Verwaltung aufzubauen. Hier zeigte sich auch noch die Bedeutung der Maueranschläge als Mittel der Information, eine Aufgabe, die später in zunehmendem Maß anderen Medien zukam.

Rund drei Monate nach Ausrufung der Republik fanden am 16. Februar 1919 die Wahlen zur Konstituierenden Nationalversammlung statt: Das wirksamste und eindrucksvollste Mittel der Werbung war damals sicherlich noch das Plakat. Es wurde meist ziemlich spät, sozusagen als stärkste Waffe, in die Wahlschlacht geworfen. Gerade Plakate sollten Schichten erreichen, die nicht zur Anhängerschaft der eigenen Partei zu rechnen waren — Flugblätter und Zeitungen können ungelesen bleiben, Versammlungen unbesucht, aber dem Appell eines Plakates sollte sich im Idealfall kein Vorübergehender entziehen können. Von diesen Anschlägen sollten alle Wähler angesprochen und wenn möglich auch überzeugt werden.

Aufgefallen ist schon zeitgenössischen Beobachtern der Wahlbewegung ein neuer, aggressiver Ton vor allem in der Plakatwerbung. Das veränderte politische System hatte offensichtlich auch einen andersartigen Werbestil mit sich gebracht.

In der Monarchie war die Werbung der Parteien noch verhaltener und dezenter gewesen. Hauptsächlich hatte man damals mit Textplakaten und darin mit eher rationaler Argumentation den Wähler zu beeinflussen versucht. Ganz anders geartet war nun die relativ große Zahl von Bildplakaten, die den Betrachter vor allem auf emotionaler Ebene zu erreichen suchten: „Die Karikatur im Dienste der Politik ist keine Neuerscheinung, aber so massenhaft und öffentlich wurde sie nie verwendet. Die Kunst der Straße hat neue Impulse gewonnen", hieß es dazu in einem Kommentar des „Interessanten Blattes".

Die „Neue Freie Presse" konstatierte am Vortag der Wahl, Wien habe sich in eine große Plakatausstellung verwandelt: „Das Wahlplakat der ersten Wahlen im neuen Staat ist gründlich verschieden von seinem Vorgänger in der Vorkriegszeit. Das war sozusagen ein Geschäftsmann aus dem Vormärz. Wenn du mit mir in Verbindung treten willst, bedeutete seine Sprache, gut und schön. Verspürst du dazu keine Lust, kann ich auch nichts machen. Anders sein Nachfolger von heute. Der stürzt sich auf dich, sucht dich wehrlos zu machen und mundtot; bemüht sich, deinen Einwendungen zu begegnen, deinen Widerspruch niederzuschreien. Das illustrierte Wahlplakat gibt der Wahlwoche seine Signatur. Der Text ist nur die Zugabe zur Zeichnung. Das Bild dominiert, strebt die alleinige Wirkung an. Es rechnet mit der psychologischen Tatsache, daß das Kino dem Theater den Vorrang abgewonnen hat. Darum der Wettkampf der Plakatzeichner, wer den kürzesten Kommentar beansprucht und den wortkargsten." Zum Teil, so vermutet der Kommentator, hänge dieser veränderte Plakatstil mit dem neuen Frauenwahlrecht zusammen: „Vielleicht spielt auch die alte und wohl auch veraltete Auffassung mit, daß namentlich die Frau durch äußerliche Mittel beeinflußt wird."

Die Sozialdemokratie war die politische Kraft, von der die Republik am vehementesten gefordert und erkämpft worden war — demnach war auch sie es, die am besten auf diese Wahlen vorbereitet sein konnte. Sie setzte ihre Propaganda dafür ein, noch einmal die Greuel des vergangenen Krieges in Erinnerung zu rufen, um dann dem Wähler die — ihrer Ansicht nach — Schuldigen an der schrecklichen Zeit vorführen zu können: Die Schutzherren der „Kriegsgewinner" und „Kriegswucherer" sowie die „Kriegshetzer" und „Kriegsverlängerer". „Die Vertreter des Mordens und des Hungerns" hatten, nach Ansicht der Sozialdemokraten, nun ihr politisches Lager in der Christlichsozialen Partei gefunden. Die Christlichsoziale Partei war in Österreich die zweite wichtige politische Kraft. Angesichts der sozialdemokratischen Angriffe hatten es die Christlichsozialen tatsächlich schwer, ihre Position unter den neuen Verhältnissen zu vertreten. Sie standen der völlig geänderten Situation einer demokratischen Wahlmöglichkeit in einer Republik eigentlich recht unvorbereitet gegenüber. Schließlich hatte man bis zuletzt die Monarchie unterstützt und noch am 21. Oktober 1918 die sozialdemokratische Forderung nach einer Republik abgelehnt. Am 8. November 1918 war noch in der christlichsozialen „Reichspost" die Schlagzeile zu lesen: „Das Kaisertum besteht: Wir haben einen Kaiser, wir haben ein österreichisches Kaiserhaus, wir haben ein Kaisertum."

Verständlicherweise waren demnach die Christlichsozialen für diesen Wahlkampf nicht so gerüstet wie ihr sozialdemokratischer Gegner und ihre Parolen recht allgemein gefaßt.

Wollten die Linken aus dem 16. Februar einen „Gerichtstag" über die Vergangenheit machen, so sollte es nach dem Willen der Christlichsozialen ein „Entscheidungstag für ferne Zukunft" sein. In der Werbung der Christlichsozialen gab es keinen zugkräftigen Schwerpunkt. Man beschränkte sich mehr auf ideologische Probleme, betonte die christlichen Werte und operierte vor allem mit der Angst vor Neuerungen, wobei man sich besonders beim konservativen Bürgertum und bei den Bauern Erfolge erhoffte.

Neben den beiden großen Parteien gab es noch das damals in viele kleine Gruppen zersplitterte deutschnationale Lager, das sich mitunter gar keine Plakate leisten konnte, sowie einige bürgerlich-liberale Parteien. Hier inszenierte die Bürgerlich-demokratische Partei mit über 70 verschiedenen Anschlägen wohl den aufwendigsten Werbefeldzug aller Parteien.

Als Ergebnis der Wahlen zogen die Sozialdemokraten

Heruntergerissene Plakate

mit 72 Abgeordneten in die Konstituierende Nationalversammlung ein, die Christlichsozialen errangen 69, die Deutschnationalen zusammen 26, die Bürgerlichen Demokraten, die Jüdischnationalen und die Tschechen jeweils ein Mandat.

Wieweit sich der mit ziemlicher Härte geführte Wahlkampf — der Revolver saß damals oft sehr locker in der Tasche — auf diese Ergebnisse tatsächlich ausgewirkt hat, das zu beurteilen dürfte schon damals schwierig gewesen sein. Am 15. März 1919 bildete sich eine sozialdemokratisch-christlichsoziale Koalitionsregierung unter Staatskanzler Renner.

Rund eineinhalb Monate danach, am 4. Mai 1919, gab es in Wien die ersten Gemeinderatswahlen, die nach dem Prinzip des allgemeinen, gleichen, direkten und geheimen Wahlrechts ohne Unterschied des Geschlechts durchgeführt wurden. Hiefür kam ein großer Teil der schon für den 16. Februar verwendeten Plakate wieder zum Einsatz. Bei diesen Wahlen errangen die Sozialdemokraten in der bis dahin seit mehr als zwanzig Jahren von den Christlichsozialen dominierten Stadt einen überwältigenden Sieg. Am 22. Mai wurde Jakob Reumann mit den Stimmen von 99 Sozialdemokraten, 8 Tschechen und den 3 Vertretern der Jüdischnationalen Partei zum Bürgermeister gewählt — als erster, der dieses Amt auf wirklich demokratischem Weg durch den Willen des Volkes erlangt hatte.

Gewaltige Probleme hatte die neue Gemeindeverwaltung zu bewältigen: Der Zusammenbruch der Monarchie war besonders für Wien von einschneidender Bedeutung. Mit einem Schlag war die Zweimillionenstadt nicht mehr Hauptstadt einer Großmacht. Wien war nunmehr von allen seinen wichtigen Verbindungen abgeschnitten, war nicht mehr eine Stadt im Zentrum, sondern an der Grenze. Die vielen Zentraleinrichtungen aus der Zeit der Monarchie, eines Staates mit 53 Millionen Einwohnern, wurden zur schweren Belastung für die Stadt.

Wien stand kurz vor dem völligen Ruin: Die Kassen waren leer, beträchtliche Schulden mußten beglichen werden, die Heimkehrer aus der Kriegsgefangenschaft hatten das Heer der Arbeitslosen auf 130 000 anwachsen lassen, die Krone vom November 1918 war im April 1919 nur noch 16 Heller wert, es herrschte Wohnungsnot, soziale Einrichtungen waren kaum vorhanden, fast 300 Menschen starben monatlich an Tuberkulose, es gab keinen Brennstoff, und es mangelte an den notwendigsten Lebensmitteln. Betrug der Milchverbrauch im Wien des Jahres 1914 zirka 900 000 Liter, so sank er nach dem Krieg bis auf 50 000 Liter.

Wie peinigend diese Hungersnot gewesen sein muß, zeigt eine Episode aus einem der häufigen politischen Krawalle dieser Tage: Bei einer Schießerei war das Pferd eines Polizisten getroffen worden. Ein Matrose erstach das Tier und forderte die Umstehenden auf, sich an dem billigen Fleisch zu bedienen. „Im Nu wurde das Pferd von der Menge zerstückelt", berichtete eine Tageszeitung, „Männer und Frauen stritten sich um die Beute, und binnen kurzem sah man bereits einzelne Personen mit den noch rauchenden Fleischstücken enteilen."

Obendrein schlossen sich die Länder gegenüber der Großstadt ab — wollte ein Wiener irgendwohin nach Niederösterreich reisen, war das nur mit einem auf höchstens drei Tage befristeten Erlaubnisschein gestattet. Ein Salzburger Abgeordneter sprach offen aus, daß seiner Meinung nach die Ernährung Wiens nicht den Alpenländern zugemutet werden könne: „Die Länder müssen nach wie vor darauf bestehen, daß Wien von einer selbständigen, internationalen Stelle erhalten wird."

Trotz einiger Hilfe von ausländischen humanitären Institutionen fand sich diese internationale Stelle nicht. Unter vielen Mühen und großen Opfern gelang es, in der Hauptstadt allmählich wieder erträgliche Verhältnisse zu schaffen. B.D.

Lit.: Das interessante Blatt, 20. 2. 1919, S. 9; NFP, 15. 2. 1919, S. 13; RP, 8. 11. 1918, S. 1; RP, 18. 4. 1919, S. 3; Andics, Hellmut: 50 Jahre unseres Lebens. Österreichs Schicksal seit 1918, Wien 1968; Vom Justizpalast zum Heldenplatz. Studien und Dokumentation 1927 bis 1938. Hrsg. von Ludwig Jedlicka und Rudolf Neck, Wien 1975; Kreissler, Felix: Von der Revolution zur Annexion. Österreich 1918 bis 1938, Wien 1970, S. 53 ff.

119

119 *Lesen Sie die Wiener Woche*
E: Theo Matejko
D: [Wien]: Waldheim-Eberle
[1919], 95x126 cm, P 13 303

Es gibt kaum eine andere Karikatur, kaum ein anderes Plakat, nicht einmal ein sozialdemokratisches, wo eine derart zynische und für Kaisertreue provokante Absage an die Monarchie und deren Repräsentanten, den Kaiser, gezeigt wird.

Der bekannte Graphiker und Schöpfer zahlreicher Plakate, Theo Matejko, hat das Bild für das eher harmlose Journal „Wiener Woche", das alles andere als eine radikale, linke Zeitschrift war, geschaffen. Dem Auftraggeber dürfte es in diesem Fall mehr um ein aufsehenerregendes Bild als um die politische Aussage gegangen sein: Eine frivol gekleidete Marianne, Symbol der französischen Revolution und zur Personifikation der Republik überhaupt geworden, lehnt am gestürzten Thron des Kaisers, wobei die Krone tatsächlich von ihr — wenn auch sehr kokett — mit Füßen getreten wird. Ironisch auch die groß und in vollständigen Worten angegebene Nennung des Preises, die ganz bewußt auf den Doppelsinn des Wortes „Krone" anspielt.

Dieser Preis ist nebenbei auch symptomatisch für die zunehmende Inflation in diesen Tagen: Hatte doch 18 Jahre vorher ein Monatsabonnement der „Kronenzeitung" 1 Krone gekostet, nun mußte man diesen Betrag schon für eine Nummer der „Wiener Woche" ausgeben. B.D.

120 *Die Toten rufen!*
E: George Karau
D: [Wien]
[1919], 95x63 cm, P 696

Die eben erst überstandenen Kriegsereignisse prägten vor allem die Wahlwerbung der Sozialdemokratischen Partei. Dieser Wahltag, der 16. Februar 1919, sollte zum „Gerichtstag" werden. Man forderte Abrechnung mit allen politischen Kräften, die zum Krieg gehetzt oder ihn verlängert hatten: „Keine Stimme den Vertretern des Systems des Mordens und des Hungerns!" hieß es auf einem der damals noch so häufigen Textplakate. In allen zur Verfügung stehenden Propagandamedien waren die Sozialdemokraten bestrebt, die jüngste Vergangenheit mit dem schrecklichen Weltkrieg noch einmal zu vergegenwärtigen. Verantwortlich für die grausame Zeit wurde die „Blutmonarchie" gemacht sowie all jene, die sie unterstützt und sich zu ihr bekannt hatten. Die Greuel und Entbehrungen des Krieges wurden allen noch einmal vor Augen geführt und die Schuld an all dem der „Reaktion" gegeben, die diese „verbrecherische Monarchie" gestützt und vor allem durch sie profitiert habe. Auch die trostlose Lage Österreichs im Frühjahr 1919 wurde als Folge des Krieges erklärt. Eine wichtige Aufgabe der Propaganda bestand darin, zu zeigen, daß die „vereinte Reaktion" ihr politisches Lager in der Christlichsozialen Partei gefunden habe und daß diese Partei nun verantwortlich wäre für all das Leid, das die Bevölkerung durch den Krieg erfahren hatte. Ständig erinnerte man an die Kriegsbegeisterung und die loyale Haltung der Christlichsozialen gegenüber

120

121

dem Kaiser, während die Sozialdemokraten schon früher für einen baldigen Frieden eingetreten wären.
Als besonders geeignet erwiesen sich Bildplakate, um die sozialdemokratischen Wahlparolen von den Schrecken des großen Krieges auf sinnfällige und markante Weise zum Ausdruck zu bringen.
Der christlichsoziale Politiker Leopold Kunschak polemisierte in einer Wahlrede gegen dieses Plakat in einer für seine Partei sehr typischen Weise: „Ja, die Toten rufen, die Toten, die durch die jüdische Aushungerung ins Grab gebracht wurden; die wirtschaftlichen Toten, die durch die sozialdemokratischen Kreditverweigerungen für unsere Verteidigung umgebracht wurden". (RP, 15. 2. 1919, S. 5) B.D.

Lit.: NFP, 12. 2. 1919, S. 13; RP, 9. 2. 1919, S. 1; Denscher, Bernhard: Der erste Wahlkampf, in: wien aktuell 1978/3, S. 11; Neuerwerbungen 1974—1978, Katalog zur Ausstellung der Wiener Stadt- und Landesbibliothek, Wien 1979, Nr. 140.

121 *Mütter!! denkt an Eure toten Söhne*
E: George Karau
D: [Wien]
[1919], 95x63 cm, P 267

Viele Plakate richteten sich im Wahlkampf 1919 speziell an die weiblichen Wähler, die in diesem Jahr zum ersten Mal das Wahlrecht ausüben durften. Dazu kam, daß durch die vielen männlichen Kriegsopfer mehr als die Hälfte der Wahlberechtigten, nämlich 53,9 Prozent — in Wien sogar 54,9 Prozent —, Frauen waren. Ein anderer Textanschlag bot gleichsam den erklärenden und eindringlichen Kommentar zu diesem, stark an christliche Pietà-Darstellungen erinnernden Bild: „Der 16. Februar werde zum Allerseelentage, da Ihr der einsamen Massengräber gedenkt, darin die Euch im Kriege geraubten Männer, Söhne und Brüder ruhen. Mütter! Eure Kinder mahnen: Gedenket unserer Zukunft, sorget für unser Glück!" B.D.

Lit.: NFP, 15. 2. 1919, S. 13; RP, 9. 2. 1919, S. 1f.; Denscher, Bernhard: Der erste Wahlkampf, in: wien aktuell 1978/3, S. 11.

Wahlplakate auf dem Bürgersteig vor der Oper—Kärntnerstraße.

Illustrierte Kronen-Zeitung, 15. 2. 1919

122

122 *Die Heimkehrer rufen*
E: Franz Griessler
D: Wien: P. Gerin
[1919], 95x63 cm, P 986

Am 9. Februar, also eine Woche vor der Wahl zur Konstituierenden Nationalversammlung, war in der christlichsozialen „Reichspost" über die Wahlplakate der Gegner folgendes zu lesen: „Gewalt, Schrecken, neue Sensationen, neue Kämpfe, blutrünstige Phantasien überall, nirgends Rast, nirgends in allen diesen Bildern, die zur Wahl für diese und jene Partei aufrufen, die aufleuchtende Sehnsucht nach Versöhnung, Sammlung der Volkskräfte, Ruhe und Heimkehr des Friedens, nirgends der Gedanke daran, daß das Volk übergenug hat von Unruhe, Streit, Haß, Zerstörung geistiger und materieller Güter, und daß jedermann im Volke, der mitzählt für das im Staate zu Schaffende, gleichgültig, welch Standes und Geschlechtes er sei, von dem neuen Deutschösterreich Frieden, Brot für sich und die Seinen und Platz für redliche Arbeit verlangt." Nur dieses Heimkehrerplakat, hieß es, mache da eine Ausnahme im „lärmenden Farbentumult und den aufpeitschenden Gräßlichkeiten": „Der Künstler, der dieses Bild entwarf, das als erstes auf den Wiener Plakattafeln erschien, hat nicht wissen können, welche Entwürfe die anderen Parteien wählen und konnte nicht aus einem bewußten Widerspruch zu den anderen sein Bild schaffen, aber er und diese anderen haben, ohne es zu wollen, aus einer stürmischen Empfindung heraus den Gegensatz plakatieren helfen, der heute die Parteien in ihrem Verhältnis zum Staate und zum Volke charakterisiert. Die christlichsoziale Partei will dem Heimkehrer und seiner Familie, dem ganzen Volke Arbeit und Brot schaffen.
Die anderen gieren schon nach neuen Hetzen, Anfeindungen, Verfolgungen, Parteitiraden und parlamentarischen Ringkämpfen. Das sind zwei verschiedene Geschmacks- und Geistesrichtungen, die um die Oberhand ringen." (RP, 9. 2. 1919, S. 1f.)

Die christlichsozialen Wahlstrategen scheinen mit ihrem ersten illustrierten Plakat vom neuartigen Stil der späteren gegnerischen Plakate überrollt worden zu sein. Es sieht so aus, als ob die „Reichspost" aus der Not eines zu unauffälligen die Tugend eines schlichten, beruhigenden Plakates machen wollte, denn auch die Christlichsozialen änderten sehr schnell ihren Stil und ließen bald Plakate anschlagen, die den Bildern der Gegner an Aggressivität, an „Hetze, Anfeindungen, Verfolgungen" und „Parteitiraden" um nichts nachstanden. (Vgl. Nr. 123) Auch dies dokumentiert die etwas uneinheitliche Linie der christlichsozialen Propaganda in diesem Wahlkampf. Dieser Mangel eines durchgehenden Konzeptes zeigt auch, wie relativ unvorbereitet die Partei den ersten Wahlen der Republik gegenüberstand.

Tatsächlich ist dieses Heimkehrerplakat noch freundlich gestimmt: Es greift keinen Gegner an, es appelliert an positive Gefühle, an den Aufbauwillen und die Strebsamkeit der Österreicher. Der verlorene Krieg wird nicht angesprochen. Von der Vergangenheit wird geschwiegen, es wird keine Abrechnung verlangt wie bei den Sozialdemokraten, denn den Sinn dieses Krieges wollte man nicht in Frage stellen. Man bekannte sich vielmehr zu ihm, als Kampf „um deutsche Freiheit und des deutschen Volkes Wohlfahrt", wie es im christlichsozialen Wahlaufruf heißt. Die Christlichsozialen wollten die vielen Heimkehrer damit

Wer
die schmähliche Behandlung unserer Heimkehrer, die Beschimpfung der Frontoffiziere durch Hinterlandsjuden, den himmelschreienden Undank an unseren invaliden Kriegern verurteilt,
wählt christlichsozial!

gewinnen, indem sie versuchten, das Selbstgefühl der Veteranen zu stärken, ihnen das Bewußtsein zu geben, nicht sinnlos in den Krieg gezogen zu sein, wie dies die Sozialdemokraten behaupteten. Ob es tatsächlich gelang, die Sympathien der Soldaten damit zu gewinnen, erscheint fraglich, denn die Erbitterung über das alte System war groß, und die Christlichsozialen lieferten mit ihrer Werbung den Sozialdemokraten Argumente dafür, daß sie tatsächlich die Monarchie bis zuletzt unterstützt und damit die Hauptschuld an all den Kriegsgreueln zu tragen hätten. B.D.

Lit.: Kikeriki, 16. 2. 1919, S. 1; RP, 9. 2. 1919, S. 1; Denscher, Bernhard: Der erste Wahlkampf, in: wien aktuell 1978/3, S. 11.

123 *Wenn Ihr den nicht wollt*

E: Fritz Schönpflug
D: [Wien]
[1919], 95x63 cm, P 987

Das Bild vom „Rotgardisten", der gerade zum Bombenwurf auf Wien ansetzt, war sicherlich das eindringlichste und wirksamste christlichsoziale Plakat in diesem Wahlkampf.

Einerseits spielt das Bild auf die revolutionären Erhebungen im Ausland an: Die russische Revolution war da beliebt als abschreckendes Beispiel beim konservativen Bürgertum — besonders beunruhigend empfand man jedoch die Ereignisse um den Spartakusaufstand in Berlin. Die bürgerliche Presse war gerade darüber sehr besorgt und berichtete über diese Ereignisse, als ob es sich um ein innenpolitisches Thema handelte, glaubte man doch, den baldigen Anschluß Österreichs an Deutschland erreichen zu können. Zum anderen spielt das Plakat auch auf tatsächlich vorgekommene Übergriffe von sozialdemokratischen Volkswehrmännern in Österreich an.

Hin und wieder hatte es Störungen von christlichsozialen Versammlungen und in Kirchen gegeben, wenn man erfahren haben wollte, daß hier gegen die Sozialdemokraten agitiert werde. Die Zeit des Wahlkampfes wurde in der christlichsozialen „Reichspost" deshalb von Berichten über den sogenannten „roten Terror" mit Schlagzeilen begleitet, wie: „Die Drohung mit dem roten Terror. Die Methoden der ‚Arbeiter-Zeitung'" (3. 1. 1919, S. 1), „Gewaltsame Verhinderung einer kirchlichen Andacht. Die ‚Rote Garde' vor der Mariahilferkirche" (20. 1. 1919, S. 3) oder „‚So oder so!' Die Revolutionsjuden drohen mit ‚Bajonetten und Gewehren'" (14. 1. 1919, S. 4).

Das Plakat darf jedoch nicht bloß als Zusammenfassung derartiger Berichte in Bildform gesehen werden: Die Sozialdemokraten, gegen die das Plakat zweifellos gerichtet ist, werden da nicht einfach mit Radaubrüdern gleichgesetzt, sondern mit gefährlichen Terroristen, die ganz bewußt eine Zerstörung der bestehenden gesellschaftlichen Ordnung anstreben. Mit Hilfe dieser Propaganda konnten die Konservativen auch später jede Reform, jede Neuerung, die von linker Seite kam, als gesellschafts- und staatszerstörend, als „bolschewistischen Umsturzversuch" denunzieren.

123

Der Entwurf des Plakates stammt von Fritz Schönpflug, dem beliebten Militärkarikaturisten der Monarchie. Seine Popularität bei den Militärs karikierte Karl Kraus seinerseits in „Die letzten Tage der Menschheit": „. . . habts das Bild vom Schönpflug gsehn, Klassikaner" ist bei einem der „vier Offiziere" schon zur stehenden Redewendung geworden. Der „Klassikaner" der k. k. Militärs wurde in der Republik dann zum „Klassikaner" der Christlichsozialen. Bis zu den Wahlen 1930 arbeitete er eifrig für diese Partei. B.D.

Lit.: NFP, 15. 2. 1919, S. 13; Denscher, Bernhard: Der erste Wahlkampf, in: wien aktuell 1978/3, S. 11; Massiczek, Albert: Zeit an der Wand, Wien 1967, S. 45.

Glaubst Du an Gott?

Dann achte, wen Du am 16. Februar wählst!

Die Sozialdemokraten, die bürgerlich- und anders-demokratischen Parteien wollen die **Trennung von Kirche und Staat,** die **Verschlechterung des Eherechtes,** die **Vertreibung der Religion** (ohne Unterschied der Konfession) **aus der Schule.**

Nur **EINE** große Partei tritt für den Schutz der Religion ein: **Die Christlichsozialen.**

GLAUBST DU AN GOTT, willst Du Freiheit und Schutz für Deine Religion, dann wähle am 16. FEBRUAR:

CHRISTLICHSOZIAL!

Der Diözesan-Ausschuß der Katholiken Wiens.

124

125

Der liebe Gott spricht:

Du sollst den Namen Gottes nicht eitel nennen!
Du sollst nicht töten!
Du sollst kein falsches Zeugnis geben wider deinen Nächsten!

Du darfst daher nicht christlichsozial wählen!

Sozialdemokratisches Propagandaauto

124 *Glaubst Du an Gott?*
D: [Wien]
[1919], 63x95 cm, P 988

125 *Der liebe Gott spricht*
D: [Wien]
[1919], 63x95 cm, P 1 070

Religion und Kirche spielten in den politischen Auseinandersetzungen der Ersten Republik eine bedeutende Rolle: Die programmatische Grundlage der Christlichsozialen Partei war der Katholizismus. Die Partei trat mit dem Anspruch auf, das Leben im Staat nach der christlichen Morallehre gestalten zu wollen. Ein Zeichen für die enge Verbindung von Politik und Kirche ist der Umstand, daß einer der bedeutendsten Männer der katholischen Kirche Österreichs, der Moraltheologe Prälat Ignaz Seipel, der wichtigste Politiker der Christlichsozialen Partei war und später auch das Amt des Bundeskanzlers innehatte. Die Sozialdemokraten und Liberalen hingegen traten entschieden für eine Trennung von Staat und Kirche ein. Eines der Probleme in dieser Frage, das damals bei beiden Fronten die Gemüter erhitzte, war das Problem der Ehescheidung: Laut geltendem Gesetz konnte eine gültige Ehe zwischen katholischen Personen nur durch den Tod eines Ehegatten getrennt werden. Die Sozialdemokraten hatten nun gefordert, daß die Ehe lösbar werden sollte in den Fällen von Ehebruch, boshaftem Verlassen, Begehen eines Verbrechens, schwerer Mißhandlung und unüberwindlicher Abneigung. Die Christlichsozialen aber deuteten diesen Antrag als „jüdisch-sozialdemokratischen Angriff auf die katholische Ehe und Familie" und fragten in einer ihrer Flugschriften: „Was geht die vom katholischen Christentum abgefallenen sozialdemokratischen Führer, was geht die ungläubigen, roten Juden die katholische Ehe an?" Die Sozialdemokratie aber war — angesichts der vielen Katholiken in Österreich — gerade in Wahlzeiten bemüht, dem Bild vom „Antichristen", das die gegnerische Propaganda von ihr entwarf, entgegenzuwirken.

In dem zwar anonymen, aber aufgrund von zeitgenössischen Bildern von Wahlumzügen eindeutig der Sozialdemokratischen Partei zuzuordnenden Textanschlag (Nr. 125) ging man sogar zum Angriff über: Man versuchte, wie dann auch in späteren Jahren, aufzuzeigen, daß christlichsoziale Politik nicht wirklich von christlicher Moral getragen sein müßte. B.D.

Lit.: Denscher, Bernhard: Der erste Wahlkampf, in: wien aktuell 1978/3, S. 11.

126

126 *In den Abgrund führen sie Euch*
E: Theo Matejko
D: [Wien]
[1919], 94x126 cm, P 913

Einen der wohl aufwendigsten Propagandafeldzüge bei diesen Wahlen führte mit ungefähr 70 verschiedenen Plakaten die Bürgerlich-demokratische Partei. Die Wahlwerbung dieser Gruppe war vor allem darauf ausgerichtet, die Wählerschaft von der Notwendigkeit einer dritten politischen Kraft neben den beiden Großparteien zu überzeugen. Diese dritte Kraft, die die anderen beiden zu kontrollieren hätte, sollte natürlich die „aufrichtige, nüchterne" Bürgerlich-demokratische Partei sein. Im Programm der Partei hieß es dazu: „Wir wollen Wahrheit und Anständigkeit in der Führung der Politik und im Handeln der politischen Parteien und mißbilligen Demagogie in der Kritik der öffentlichen Vorgänge wie in den politischen Forderungen." Als bürgerlich-liberale Gruppe wandte sie sich gegen Marxismus einerseits und Klerikalismus andererseits, in dem Plakat als roter Teufel und schwarzer Geistlicher dargestellt, die das arme, verblendete Volk in den Abgrund führen. Dazu hieß es wiederum im Wahlprogramm: „Wir wollen ein Staatswesen, das politisch, wirtschaftlich und sozial gerecht die Klassen- und Parteigegensätze tunlichst mildert, um alle Volkskraft für fruchtbare Zwecke der Gesamtheit zu verwenden." In einer für die damalige Zeit ungewöhnlich großen Zahl von Bildplakaten, die sich die Bürgerlichen Demokraten leisteten, versuchte man die Schädlichkeit dieses ständigen Gegeneinanders der beiden Großparteien deutlich zu veranschaulichen.

Der Clou im Wahlfeldzug dieser Partei aber war die „Wahlagitation vom Aeroplan aus". Über einigen Bezirken Wiens waren vom Flugzeug aus tausende Flugzettel der Bürgerlich-demokratischen Partei abgeworfen worden.

Das enttäuschende Wahlergebnis, das die Partei mit nur einem Mandat erreichte, stand zu dem Aufwand, der in dem Wahlkampf getrieben worden war, in keinem Verhältnis — ein Hinweis darauf, daß das Ausmaß der Werbung nicht unbedingt im Zusammenhang mit dem Erfolg stehen muß. B.D.

Lit.: Denscher, Bernhard: Der erste Wahlkampf, in: wien aktuell, 1978/3, S. 13; Massiczek, Albert: Zeit an der Wand, Wien 1967, S. 47.

Eine schöne Zeit für Plakatkünstler. In den politischen Gedanken der Bilder ist manche Wahrheit zu finden. Es wird für Sammler hohe Zeit sein, eine Sammlung der Wahlplakate anzulegen, da sie nach der Wahl verschwinden werden.
Das interessante Blatt, 20. 2. 1919, S. 9.

127 *Juden wählet jüdischnational!*
E: Franz Griessler
D: Wien
[1919], 95x63 cm, P 771

Ebenso wie in vielen anderen Kulturen, galt auch bei den Juden der Löwe als Sinnbild von Stärke und Macht. In der Bibel werden die Stämme Judas mit dem Löwen verglichen — im jüdischen Brauchtum und in der Kunst war der Löwe von Juda eines der häufigsten Symbole.

Dem Graphiker Franz Griessler gelang mit diesem einzigen Bildplakat der Jüdischnationalen Partei aus dem Jahre 1919 wohl eines der eindrucksvollsten Plakate dieses Wahlkampfes überhaupt.

Die Jüdischnationale Partei, deren Listenführer Ing. Robert Stricker war, trat mit dem Ziel in die Wahlauseinandersetzung, die rund 300 000 Juden Deutschösterreichs in der Konstituierenden Nationalversammlung vertreten zu wollen. Den Hauptpunkt des Programms bildete die Forderung nach dem „Recht auf eigene Nation" der Juden: „Als getreue deutschösterreichische Staatsbürger müßt ihr dafür sorgen, daß das bisher unleidliche Verhältnis zwischen Juden und Nichtjuden gründlich geändert wird. Das freie Bekenntnis zur jüdischen Nation wird ein einträchtiges Zusammenwirken mit den nichtjüdischen Bürgern herbeiführen. Fort mit der assimilatorischen Lüge! Sprechen wir von Volk zu Volk und wir werden einander verstehen lernen, dem Staate zum Segen, uns zum Heil!" Besonders warnte man davor, jüdische Kandidaten anderer Parteien zu wählen, die durch ihre liberale, kulturkämpferische Gesinnung kein „friedliches Zusammenleben mit den christlichen Mitbürgern" garantieren könnten. Robert Stricker hingegen erwartete von der Politik seiner Partei ein „einträchtiges, gedeihliches Zusammenleben" aller Juden mit den Mitbürgern im neuen Staate. B.D.

Trotz materieller Not wurde der Wahlkampf mit hohem Aufwand geführt

127

128

128 *Für die Kriegsblinden*
E: Atelier Hans Neumann
D: Wien: Gesellschaft für graphische Industrie
1919, 84x53 cm, P 7835

Viel stärker als nach dem Zweiten Weltkrieg war nach 1918 das Leben geprägt vom Gegensatz zwischen arm und reich, zwischen der großen Zahl jener, die durch den Krieg Elend und Not erleiden mußten und der kleinen Schicht, die durch den Krieg profitiert hatte. Groß war auch der Nachholbedarf an Vergnügungen, der bei denen, die es sich leisten konnten, mitunter in eine hektische Vergnügungssucht ausartete — die „wilden zwanziger Jahre" begannen.
Hier soll nicht unterstellt werden, daß die Besucher dieses Gartenfestes ausschließlich vergnügungswütige Schieber waren, aber über den Charakter derartiger Wohltätigkeitsveranstaltungen heißt es schon bei Johann Nestroy im „Zerrissenen":
„Der Glanz alles Glänzenden wird durch schwarze Unterlag' gehoben, drum sind immer die Bälle die glänzendsten, denen das Unglück den dunklen Grund abgibt, für welches dann der Glanz des Balles zum Strahl des Trostes wird." B.D.

129 *Das neue Auge*
E: [Carry Hauser]
D: Wien: A. Berger
[1919], 63x48 cm, P 7788

Viele Menschen, und darunter besonders die jungen Künstler, sahen in dem Zusammenbruch der Monarchie und dem damit verbundenen Ende der alten Gesellschaftsform eine begrüßenswerte Chance für einen produktiven Neubeginn.
Die Aktivitäten des „Hauses der jungen Künstlerschaft", vor allem dessen 2. Ausstellung mit dem bezeichnenden Titel „Das neue Auge", sind besonders symptomatisch für die Aufbruchstimmung unter den jungen Künstlern dieser Tage — allen wirtschaftlichen Schwierigkeiten zum Trotz. In der Dorotheergasse 11 wurde den bildenden Künstlern die Möglichkeit geboten, mietfrei, nur unter Einhaltung gewisser Bedingungen, wechselnde Verkaufsausstellungen zu veranstalten.
Es sollte damit den Künstlern geholfen werden, denen die „alten Künstlervereinigungen" wie Künstlerhaus und Secession keine Möglichkeit zur Präsentation ihrer Werke gegeben hatten.
Der Leiter des gesamten Unternehmens, der bekannte Kunstschriftsteller Arthur Roeßler, erläuterte seine diesbezüglichen Vorstellungen: „Unsere Zeit, die nach den stärksten inneren Erschütterungen, von denen die Weltgeschichte zu berichten weiß, mit gleichsam ewigen Traditionen gebrochen hat, ist künstlerisch schon seit langem unmethodisch, ja man kann sagen: traditionsfeindlich. (Es wird dies sogar auch durch manche Ausstellung, entgegen der Absicht ihrer Veranstalter, ersichtlich). Die Leitung des ‚Hauses der jungen Künstlerschaft' will nun bemüht sein, ohne sich auf ein programmatisch fest umschriebenes Gebiet zu beschränken, durch eine Reihe an eigenwilligen Könnern reicher Ausstellungen, einen anschaulichen Überblick über die Mannigfaltigkeit des neuzeitlichen Kunstschaffens dem dafür ernstlich Interessierten darzubieten."
Unter den „eigenwilligen Könnern", die hier ausstellten, waren keine Geringeren als Albert Paris Gütersloh, Anton Faistauer, Franz von Zülow, Hans Arp, Frans Masereel und Carry Hauser, wobei der Letztgenannte auch das vorliegende Plakat für die 2. Kunstausstellung schuf. Diesen bemerkenswerten Aktivitäten war kein langer Erfolg beschieden, nach der 4. Ausstellung, im Oktober 1919, in der ausschließlich Werke von Carry Hauser gezeigt wurden, ist kein weiteres Lebenszeichen des

„Hauses der jungen Künstlerschaft" mehr festzustellen. B.D.

Lit.: Haus der jungen Künstlerschaft, Kataloge, Wien 1919; Mitteilungen der Gesellschaft für vervielfältigende Kunst, Wien, 1919, S. 45; vgl. auch Brief von C. Hauser an A. Roeßler vom 17. Juli 1919 (Nachlaß Roeßler, Handschriftensammlung der WStLB).

129

130 *Wiener!*

E: Dryden [= Ernst Deutsch]
D: Wien: J. W[einer]
1919, 95 x 126 cm, P 8 028

In der Sitzung der Provisorischen Nationalversammlung vom 12. November 1918 beschloß man, daß alle Länder, die freiwillig ihren Beitritt zu Deutschösterreich erklärten, auch von der Republik beansprucht würden. Die Verwirklichung dieser Vorstellungen hätte für die Republik Deutschösterreich eine Einwohnerzahl von 10,4 Millionen Menschen gebracht. Bei den Friedensverhandlungen in Saint-Germain im Sommer 1919 gelang es den österreichischen Abgesandten nicht annähernd, die gehegten Erwartungen in die Realität umzusetzen. Als die österreichische Delegation, zu deren Mitgliedern auch der Landeshauptmann von Deutsch-Böhmen und sein Stellvertreter, der Landeshauptmann des Sudetenlandes sowie des Böhmerwaldgaues und Südmährens gehörten, in Paris ankam, war die Entscheidung über Österreichs nördliche Grenzen im wesentlichen schon gefallen. Den tschechischen Vertretern war es bereits gelungen, die Entente von der Notwendigkeit der „historischen Grenzen" Böhmens, Mährens und Schlesiens zu überzeugen.

Die Österreicher sahen ihre Hoffnungen, die man in eine wenigstens teilweise Anerkennung des von Präsident Wilson proklamierten Selbstbestimmungsrechtes der Völker gesetzt hatte, vernichtet. Sie konnten ins Treffen führen, daß — aufgrund der Volkszählung von 1910 — die deutschsprachigen Einwohner die überwiegende Mehrheit der Bevölkerung der umstrittenen Gebiete stellte.

Nachdem sich aber gezeigt hatte, daß die Siegermächte dennoch auf den historischen Grenzen bestehen wollten, versuchten die österreichischen Verhandlungsteilnehmer wenigstens bei jenen Gebieten eine Ausnahme zu erwirken, die direkt an Österreich anschließen: also Südböhmen, das an Nieder- und Oberösterreich angrenzt, mit 197 918 Deutschen und nur 7 359 Tschechen sowie Südmähren, das an Nieder-

130

Belvedere-Fest
Sonntag
21. September 1919
LEO PERNITSCH -19-

131

österreich angrenzt, mit 159 263 Deutschen und 11 249 Tschechen.
„In diesem Punkt hatten", wie der Historiker Karl Stadler schreibt, „die Österreicher das Recht völlig auf ihrer Seite, und man hätte leicht nachgeben können, zumal keine lebenswichtigen tschechischen Interessen im Spiele waren."
Noch im Februar 1917 hatte der tschechische Politiker und spätere Präsident Thomas Masaryk in der Londoner Zeitschrift „The New Europe" geschrieben: „Was die deutsche Minderheit betrifft, würde ich mich einer Berichtigung der politischen Grenzen nicht widersetzen; Teile von Böhmen und Mähren, wo nur wenige Tschechen leben, könnten an Deutschösterreich abgetreten werden. Auf diese Weise könnte die deutsche Minderheit vielleicht um eine Million vermindert werden."
Zwei Jahre später waren die Tschechen in Paris zu keinerlei Zugeständnissen mehr bereit. Deutschösterreich verlor die beanspruchten Gebiete im Norden, so auch das besonders für die Lebensmittelversorgung Wiens wertvolle Südmähren. Am 6. September 1919 nahm der Großteil der Nationalversammlung „unter feierlichem Protest vor aller Welt" den Friedensvertrag der Alliierten an, am 10. September kam es zur Unterzeichnung des Vertrages von Saint-Germain zwischen Österreich und den „alliierten und assoziierten Mächten" durch Staatskanzler Renner. B.D

Lit.: Stadler, Karl R.: Hypothek auf die Zukunft, Wien 1968, S. 185.

131 *Belvedere-Fest*
E: Leo Pernitsch
D: [Wien]
1919, 71x101 cm, P 7807

Das so groß für den 21. September 1919 angekündigte Belvedere-Fest, dessen Einnahmen den armen Kindern Wiens zugute kommen sollten, mußte in Wirklichkeit um eine Woche verschoben werden und konnte erst am 28. September stattfinden. Die Eröffnung der in diesem Zusammenhang veranstalteten Ausstellung der Kunstgemeinschaft mit einem Verkauf, ebenfalls zugunsten der bedürftigen Kinder, konnte jedoch schon am 21. stattfinden und war täglich im Schloß Belvedere zugänglich. Mit der Straßenbahn war die Ausstellung freilich nicht zu erreichen — wegen drückenden Kohlenmangels mußte der Straßenbahnverkehr ab Montag, dem 22. September 1919, für eine Woche gänzlich eingestellt werden . . . B.D.

Der feierliche Akt
„Nicht mucksen und unterschreiben!"

Karikatur auf die Unterzeichnung des Friedensvertrages (Götz von Berlichingen, 20. 9. 1919)

1920-1933

Erste Republik

Im September 1921 beschloß der Wiener Gemeinderat die Errichtung eines „Städtischen Ankündigungsunternehmens" (GEWISTA). 1923 wurde eine neue Gesellschaft unter dem Namen „Wiener Plakatierungs- und Anzeigengesellschaft" (WIPAG) gegründet.

In der Eigenwerbung dieser Ankündigungsunternehmen hieß es im Jahre 1928: „Die Zeit der alten Bauplanken mit ihren zahl- und regellosen Schildern ist durch die Hilfe der Gemeinde nun so gut wie vorbei. Die Gegenüberstellung von ‚Einst' und ‚Jetzt' zeigt am besten die Bedachtnahme, die bei der Aufstellung von Plakattafeln auf das Stadtbild genommen wird."

(Das neue Wien, 4. Bd., Wien 1928, S. 143)

Rund eineinhalb Jahre nach den Wahlen zur Konstituierenden Nationalversammlung gab es am 17. Oktober 1920 wieder Nationalratswahlen. Die Sozialdemokraten hatten bei den ersten Wahlen der Republik die relative Mehrheit errungen und damit die Hauptverantwortung für die folgenden Ereignisse in dieser schweren Zeit zu tragen. Im Wahlkampf versuchten die Sozialdemokraten wieder mit derselben Strategie und Argumentation wie 1919 zum Erfolg zu gelangen — sie warnten vor allem vor der „Reaktion", den „Kriegsverbrechern" und einer Restauration der Habsburger, wobei aus aktuellem Anlaß das Schlagwort von den Christlichsozialen als „Horthylakaien" neu hinzugekommen war. Den Konservativen wurde damit unterstellt, daß sie in Österreich ein ähnlich autoritäres Regime errichten wollten, wie es der Reichsverweser Horthy in Ungarn getan hatte.

Die Ausgangsposition für die Christlichsozialen war nun weitaus günstiger als 1919. Sie standen diesmal den Wahlen nicht mehr so unvorbereitet gegenüber wie nach dem plötzlichen Zusammenbruch der Monarchie. Die Partei konnte nun ihre Arbeit auf einem durchdachten Propagandakonzept aufbauen, und das war fast gänzlich auf den Hauptgegner Sozialdemokratie eingestellt. Die Christlichsozialen hatten in dieser Auseinandersetzung den Vorteil, daß sie in der vergangenen, wohl schwierigsten Zeit der jungen Republik Österreich nicht die Hauptverantwortung getragen hatten.

Die Sozialdemokratische Partei wurde nun weitaus aggressiver bekämpft als vor rund eineinhalb Jahren. Die tristen wirtschaftlichen Verhältnisse, die schlechte Lebensmittelversorgung, die gewaltige Inflation, der für Österreich ungünstige Friedensvertrag von St. Germain — für all das wurden nun die Sozialdemokraten verantwortlich gemacht. Und die Sozialdemokratie — das wurde besonders betont — wäre ein Werkzeug „der Juden", eine „Söldnertruppe des internationalen, wucherischen Großkapitals, die Schutztruppe der Freimaurerei, die Kampftruppe der jüdischen Weltplutokratie", wie es in der Diktion christlichsozialer Propagandaschriften hieß. Es ist eine bemerkenswerte Tatsache, daß die Christlichsoziale Partei 1920 nach einem sehr rüden und vor allem antisemitisch ausgerichteten Wahlkampf an die Macht gelangte.

Kurz vor diesen Wahlen, im Oktober 1920, hatte sich auch ein Großteil des deutschnationalen Lagers zur „Großdeutschen Volkspartei" zusammengeschlossen, die nun erstmals bei Wahlen kandidierte.

Drei Jahre später hatten sich die Christlichsoziale Partei unter Dr. Ignaz Seipel und auch die Großdeutsche Volkspartei, die bereits in der Regierung vertreten war, mit ihren Leistungen der Beurteilung der Wähler zu stellen. Bundeskanzler Seipel war es gelungen, mit Hilfe des Völkerbundes der horrenden Inflation Einhalt zu gebieten und die österreichische Währung zu sanieren. Zweifellos war die sogenannte „Seipelsche Sanierung" eines der Hauptthemen dieses Wahlkampfes: Die Christlichsozialen gaben sich alle Mühe, ihre Partei als „Retterin des Vaterlandes" in schwerster Not zu präsentieren und Bundeskanzler Seipel als den Steuermann darzustellen, der das „Staatsschiff" mit größter Ruhe und Sicherheit aus dem Sturm herauszusteuern vermocht hatte.

Die Sozialdemokraten entfesselten gegen diese Sanierung und ihren Exponenten, Bundeskanzler Seipel, einen heftigen Propagandafeldzug. Man kritisierte an dem von Seipel mit dem Völkerbund abgeschlossenen Anleiheabkommen vor allem die starke Abhängigkeit Österreichs vom Auslandskapital. Ebenso warnte man vor den rigorosen Sparmaßnahmen der Regierung, die diese Anleihe begleiteten und eine Verschärfung der Arbeitslosigkeit sowie eine Verminderung der Sozialleistungen mit sich brachten.

Die Sozialdemokraten setzten für diesen Kampf, „die neumodischsten Mittel der Wahlagitation" ein, wie Ignaz Seipel einmal rügend bemerkt hatte. Was den Einsatz der Propagandamedien betrifft, waren die Sozialdemokraten tatsächlich während der ganzen Ersten Republik ihren Gegnern immer etwas voraus. So hatte man nicht nur eine Unzahl von Plakaten und Flugblättern herausgegeben, sondern auch einen Film gegen diese Sanierung produziert. So wie schon drei Jahre zuvor gab es auch diesmal wieder in Wien, auf dem Gelände des alten Naschmarktes, ein großes Freilichtkino, in dem rund 20 Tage lang täglich von 7 bis 9 Uhr abends, bei freiem Eintritt, Vorstellungen gegeben wurden.

Das zweite wichtige Thema der Sozialdemokraten im Wahlkampf 1923 war der „Mieterschutz", der sich in der Folge zum erfolgreichen „Dauerbrenner" sozialdemokratischer Propaganda entwickelte.

In den vier Jahren bis zur nächsten Nationalratswahl veränderte sich das innenpolitische Klima zunehmend: Nach den Anfangswirren bei der Gründung der Republik war es zu einer Zeit der relativen Stabilisierung der wirtschaftlichen und politischen Lage gekommen. Nun aber führte eine zunehmende Polarisierung von Marxisten und bürgerlichen Parteien zu einer Verschärfung in der Politik. Beide großen Parteien bauten ihre eigenen „Privatarmeen" auf, die Christlichsozialen die Heimwehr und die Sozialdemokraten den Republikanischen Schutzbund. Ein weiteres Zeichen für eine Verschlechterung auf der politischen Ebene war ein Zunehmen der politischen Attentate, wobei Bundeskanzler Seipel wohl das prominenteste Opfer war. Am 1. Juni 1924 wurde er von den Schüssen eines Attentäters niedergestreckt und schwer verletzt. Vor den Wahlen am 24. April 1927 nahm diese Unsicherheit noch zu. Ende Jänner 1927 kam es im burgenländischen Schattendorf bei einer sozialdemokratischen Versammlung zu einem Zusammenstoß, bei dem zwei Menschen von Angehörigen der faschistischen Frontkämpferorganisation erschossen wurden.

Am 2. März 1927 versuchte der christlichsoziale Heeresminister Vaugoin mit Einheiten des Bundesheeres das Wiener Arsenal zu besetzen, in dem unter sozialdemokratischer Kontrolle Weltkriegswaffen lagerten. Eine rasch versammelte Arbeitermenge konnte dies vorerst verhindern. Die sozialdemokratische Parteileitung aber erklärte sich bereit, die umstrittenen Waffen nach den

Wirtschaftskrise in den dreißiger Jahren

Wahlen abzuliefern, was dann auch tatsächlich geschah. Gerade dieser Vorfall wird nun von der neueren Forschung als markantes Zeichen für die immer defensiver agierende Sozialdemokratische Partei angesehen. Für die Wahlen am 24. April 1927 betonte Bundeskanzler Seipel, der allgemeinen Lage entsprechend, den Antimarxismus wieder in schärferer Form. Der amerikanische Historiker Charles Gulick schreibt dazu: „Alle nichtsozialistischen Kräfte des Landes gegen die vorwärtsstürmenden Sozialisten zu mobilisieren, die letzten Reserven der bürgerlichen Wählerschaft aufzubieten, sie in einer großen Schlacht gegen die ‚Austrobolschewiken' zu führen, das war Seipels Wahlprogramm." Die Christlichsoziale Partei, die Großdeutsche Volkspartei und einige bürgerliche Splittergruppen kandidierten für die Wahlen auf einer gemeinsamen „Einheitsliste".

Die politischen Lager hatten damit zwei Fronten gebildet, die einander in erbitterter Feindschaft gegenüberstanden.

Es gab am 24. April 1927 nicht nur Nationalratswahlen, sondern gleichzeitig — wie schon 1923 — auch in Wien Landtagswahlen.

So wie bei den anderen Nationalratswahlen spielte auch diesmal die Bundeshauptstadt als Thema der Auseinandersetzung im Wahlkampf eine bedeutende Rolle.

Wien wurde seit 1919 von einer sozialdemokratischen Mehrheit verwaltet, und es war hier im Laufe der Jahre so etwas wie eine „rote Musterkommune" entstanden. Der Wiener Finanzstadtrat Hugo Breitner hatte nach dem Grundsatz, daß die „Reichen und Lustigen" für die Armen und Kranken zahlen sollten, die notwendigen Geldmittel für den Wohnbau und das neue große Fürsorge- und Gesundheitswesen der Gemeinde Wien bereitgestellt.

Die Anschlagtafeln dieser Zeit, voll mit Werbeplakaten für Vergnügungslokale, Pferderennen, exklusive Sektmarken und Luxuslimousinen zeigen, daß es in diesen Jahren, in denen die Mehrzahl der Bevölkerung bittere Not leiden mußte, sehr wohl eine Schicht gab, die sich ein äußerst luxuriöses Leben leisten konnte.

Die rigorose Steuerpolitik des sozialdemokratischen Finanzstadtrates hatte ihm jedoch die erbitterte Feindschaft des bürgerlichen Lagers — weit über Wien hinaus — eingebracht. Die Propaganda der Einheitsliste verfolgte ihn mit einem unerbittlichen Haß, befürchtete man doch, daß er im Fall eines sozialdemokratischen Wahlsieges Finanzminister werden könnte.

Wien, das da die Christlichsozialen und Deutschnationalen so sehr als Hölle verteufelten, wurde dagegen von der sozialdemokratischen Propaganda in den höchsten Tönen als wahres Paradies gepriesen. Und natürlich wurde auch diesmal wieder mit der Angst vor der Beseitigung des Mieterschutzes operiert.

Auffallend bei diesem Wahlkampf ist die große Zahl sozialdemokratischer Wahlplakate gegenüber einer

kaum vorhandenen Plakatwerbung der Christlichsozialen Partei, die sich mehr Erfolg von ihren Publikationen und ihren Versammlungen erhoffte.
Die Wahlen vom 21. April 1927 brachten der SDAP zwar keine Beteiligung an der Regierung, jedoch einen bedeutenden Stimmengewinn. Ihr Anteil stieg auf 42 Prozent, und sie errang 71 Mandate, die Parteien der Einheitsliste hingegen erreichten zusammen nur 85 Mandate.
Rund drei Monate später, am 14. Juli 1927, wurden die Mörder von Schattendorf freigesprochen. Am Tag darauf kam es in Wien zu Protestkundgebungen der Arbeiterschaft, in deren Verlauf der Justizpalast als Symbol der Klassenjustiz in Brand gesteckt wurde. Die Polizei eröffnete das Feuer auf die Menge: das schreckliche Ergebnis dieser Vorfälle waren 90 Tote und 1 100 Verwundete. Wie in der Publizistik, in Versammlungen und Parlamentsreden fand das für die politische Entwicklung folgenschwere Ereignis auch auf den Plakatwänden seinen Niederschlag.
Wirtschaftlich begann sich in diesen Jahren jedoch die Lage zu bessern. Von der Zeit von 1926 bis zum Ausbruch der Weltwirtschaftskrise im Jahre 1929 sprechen die Wirtschaftshistoriker sogar von einer Hochkonjunktur.
In diese Jahre fällt auch der Neubeginn einer großangelegten Wirtschaftswerbung mit Plakaten, wie sie seit dem Beginn des Ersten Weltkrieges kaum vorhanden gewesen war. Die verstärkten Aufträge der Wirtschaft führten auch zur Etablierung bedeutender Plakatateliers und damit zu einer Blüte österreichischer Gebrauchsgraphik und Plakatkunst. Namen wie Joseph Binder, Julius Klinger, Otto Löbl, Hans Neumann und Victor Slama sind mit dieser Entwicklung untrennbar verbunden. Es kam in diesen Jahren geradezu zu einer Reklameeuphorie — nicht nur bei den politischen Parteien, sondern in großem Maße auch bei den Wirtschaftstreibenden: Werbefilme, Leuchtschriften, Propagandafahrten, Umzüge, Himmelsschreiber, Reklamebauten, Häuserbemalungen, Lautsprecherautos u. ä. machten die Werbung immer umfassender und, wie man damals sagte, „amerikanischer".
Am 9. November 1930 gab es in Österreich die letzten Nationalratswahlen in der Ersten Republik. Die tragischen Ereignisse vom 15. Juli 1927 und vor allem der Ausbruch der Weltwirtschaftskrise hatten erheblich zu einer weiteren Verschärfung der politischen Situation beigetragen. Die Wehrformationen der beiden großen Parteien waren mehr und mehr in den Vordergrund getreten, wobei besonders die Heimwehr stetig an Macht und Bedeutung zunahm — bis sie zu einem selbständigen politischen Faktor wurde und verschiedentlich sogar mit einer eigenen Liste bei den kommenden Nationalratswahlen auftrat.

Tischgebet, Gemälde von Albin Egger-Lienz

„Brüder zur Sonne, zur Freiheit . . .“ Holzschnitt von Victor Th. Slama

Das Wiederaufleben einer bürgerlichen Einheitsliste war diesmal unmöglich; die Bürgerlichen waren sich zwar nach wie vor einig, daß der gemeinsame Gegner Sozialdemokratie hieß, nur war man über Stil und Art der Vorgangsweise gegenüber dem „Feind“ verschiedener Meinung. So hatte ja auch das Ausscheiden der Christlichsozialen aus der bürgerlichen Regierung Schober die vorzeitigen Wahlen herbeigeführt. Dadurch mußte Bundeskanzler Schober am 25. September 1930, also bereits ein Jahr nach seinem Amtsantritt, zurücktreten. Carl Vaugoin bildete daraufhin eine Minderheitsregierung, in der das erstemal Heimwehrführer als Minister auftraten. Der Bundesführer der Heimwehr, Ernst Rüdiger Starhemberg, war Innenminister, Franz Hueber, ein Schwager Görings, Justizminister. Die beiden Heimwehrminister trugen zu einer weiteren Unsicherheit im politischen Leben bei: massive Putschdrohungen, deutliche Absagen an die parlamentarische Demokratie bei häufigen Konfiskationen gegnerischer Druckwerke und oftmalige Waffensuche bei den Sozialdemokraten, die jedoch wenig ergab, während die Waffen der Heimwehr unangetastet blieben, ließen Zweifel aufkommen, ob es überhaupt noch zu einem Urnengang kommen würde.

„Hie Österreich! Hie Marxismus!“ hieß es in der Propaganda der Christlichsozialen Partei, die diesmal mit einem Teil der Heimwehr auf einer gemeinsamen Liste kandidierte. Die Christlichsozialen gingen in ihrer Werbung immer schroffer und unversöhnlicher gegen die, wie sie sagten, „gottlosen, bolschewistischen“ Sozialdemokraten vor.

Die Sozialdemokraten jedoch forderten ihre Anhänger auf, sich nicht von den Repressionen der Regierung provozieren zu lassen. So kurz vor dem — wieder einmal erhofften — Wahlsieg wollte man nichts riskieren und den faschistischen Kräften keinen Vorwand zur Machtergreifung geben. Hier herrschte die Forderung nach „innerer Abrüstung“ und die Parole „Gegen Bürgerkrieg und Korruption“ vor.

Objektiverweise muß gerade angesichts des Wahlkampfes 1930 angemerkt werden, daß es durchaus keine allgemeine propagandistische Radikalisierung gab, sondern, daß vielmehr die Sozialdemokraten in ihrer Werbung zurückhaltend und friedlich gestimmt waren. Im bürgerlichen Lager jedoch zeichnete sich bereits die Entwicklung in starkem Maße ab, daß die demokratischen von den antidemokratischen Kräften immer mehr zurückgedrängt wurden. B.D.

Lit.: Botz, Gerhard: Gewalt in der Politik, München 1976; Goldinger, Walter: Geschichte der Republik Österreich, Wien 1962; Gulick, Charles A.: Österreich von Habsburg zu Hitler, Wien 1976, 2. Bd., S. 455; Hautmann, Hans/Rudolf Kropf: Die österreichische Arbeiterbewegung vom Vormärz bis 1945, Wien 1974; Patzer, Franz: Der Wiener Gemeinderat 1918 bis 1934, Wien 1959; Wandruszka, Adam: Österreichs politische Struktur, in: Geschichte der Republik Österreich, hrsg. von Heinrich Benedikt, Wien 1977, S. 289 ff.

Eineinhalb Jahre nach den letzten Wahlen fanden in Österreich am 17. Oktober 1920 wieder Nationalratswahlen statt. Der Wahlkampf wurde diesmal mit noch aufwendigeren Mitteln geführt, was auch den verstärkten Einsatz von Bildplakaten mit sich brachte.

In relativ kurzer Zeit hatte sich auf den politischen Plakaten — von der Karikatur herkommend — eine feststehende, allgemeinverständliche Bildsymbolik entwickelt. Der heldenhafte Supermann — eine Gestalt wie aus den Bildern des sozialistischen Realismus — wurde von allen Parteien als Sinnbild von Macht und Stärke der eigenen Bewegung verwendet. Der Mann — meist in blauer Arbeitshose und mit nacktem Oberkörper — trägt, zur besseren Identifikationsmöglichkeit für den Betrachter, wenig individuelle Gesichtszüge. Die drei Wahlplakate (Nr. 132, 133, 134) der Christlichsozialen, der Sozialdemokratischen und der Kommunistischen Partei zeigen den, meist im Verhältnis zu seinen Feinden übergroß gezeichneten Supermann in einer jeweils für die Ideologie der betreffenden Parteien sehr typischen Aktion.

132 *Wählt Christlichsozial!*

E: [Alois] Mitschek
D: Wien: Braune - Schwenke
[1920], 95x126 cm, P 281

Schwerpunkt im christlichsozialen Wahlkampf für die Nationalratswahlen am 17. Oktober 1920 war der Antisemitismus, was sich deutlich in der Plakatwerbung niederschlug: Die „christlichdeutsche" Heldengestalt befreit das arme geknechtete Volk aus den Fesseln der reichen „Geldjuden" und ihrer „Luxusfrauen", unter die sich auch, um weiter in der christlichsozialen Terminologie der Zeit zu bleiben, ein „roter Revolutionsjude" als Symbol der Sozialdemokratie, gemischt hat. Um endgültig reinen Tisch zu machen, wird den „jüdischen Volksbedrückern" nicht nur ihre Macht genommen, sondern sie werden vom „christlichen Saubermann" kurzerhand in den Abgrund geworfen.

Die Christlichsoziale Partei präsentierte sich damit als Befreierin vom „jüdischen Großkapital". B.D.

Lit.: AZ, 26. 9. 1920, S. 3.

133 *Gegen die Einheitsfront des Kapitalismus*

E: [Michael] Biró
D: Wien: MGI
[1920], 122x95 cm, P 256

Alle sozialdemokratischen Wahlplakate des Jahres 1920 hatten Angriffe auf die sogenannte „kapitalistische Einheitsfront" zum Inhalt. Ein fettleibiger Kapitalist, und Fettleibigkeit war in dieser Zeit der Hungersnöte noch ein Zeichen für Reichtum, hat aus Geldsäcken ein Bollwerk um das Parlament gebaut. In vorderster Linie versuchen die Mitglieder der „Einheitsfront des Kapitalismus", Großgrundbesitzer und Unternehmer, katholischer Geistlicher und kaiserlicher General, dem Proletarier den Zutritt zum Parlament zu verwehren. Mit der angesprochenen „Einheitsfront" war die Zusammenarbeit von Christlichsozialen und den neu zu einer Partei zusammengeschlossenen Großdeutschen gemeint, welche die Tätigkeit der Sozialdemokraten im Parlament erschwert und in der Folge zu einer vorzeitigen Ausschreibung von Neuwahlen geführt hatte.

132

133

134

Dieses und das kommunistische (Nr. 134) Plakat zeigen sehr anschaulich den Unterschied zwischen der kommunistischen und der sozialdemokratischen Ansicht über den Wert der parlamentarischen Demokratie. Zertritt der Kommunist das Parlamentsgebäude als Symbol der bürgerlichen Klassenherrschaft, so zeigt das sozialdemokratische Bild, daß es die österreichischen Sozialdemokraten für durchaus notwendig erachten, den Zugang zum Parlament zu erkämpfen und dieses Instrument für ihre Ziele zu nützen. B.D.

134 *Wählet kommunistisch*

E: Zehetmayr
D: [Wien]
[1920], 122x95 cm, P 273

Die Kommunistische Partei Deutschösterreichs hatte 1919 gänzlich darauf verzichtet, als Wahlwerber aufzutreten und ihren Anhängern empfohlen, sich der Wahl zur Nationalversammlung zu enthalten. Als Begründung führte die Parteileitung an, daß die Geschichte der Klassenkämpfe beweise, „daß eine herrschende Klasse niemals durch den Beschluß eines Parlaments oder freiwillig auf seine Vorherrschaft verzichtet hat". Dieser Standpunkt hatte den österreichischen Kommunisten eine Rüge Lenins eingebracht, der dafür eintrat, daß die Kommunisten bei den nächsten Wahlen als kandidierende Partei in Erscheinung treten sollten. 1920 hatten sie die Lehren aus dieser Kritik gezogen und warben mit sechs verschiedenen, zum Teil hervorragenden Plakaten, die eine Auflage von 42 000 Stück erreichten, für diese Wahlen.

Die politische Perspektive hatte sich freilich nicht geändert, man erklärte auch diesmal, daß es gelte, „den Glauben der Arbeiter an das Parlament und damit das Parlament selbst zu zerstören". Diese Intentionen sind in dem vorliegenden Plakat auf sehr deutliche Weise ins Bild umgesetzt. Prompt wurde das Plakat wegen der radikalen Absage an das österreichische Regierungssystem von der Wiener Staatsanwaltschaft konfisziert. „Das Plakat ist geschmacklos, aber der Staatsanwalt ist nicht zur Wahrung des guten Geschmacks berufen." Diese Kritik an der Justiz war in der sozialdemokratischen „Arbeiter-Zeitung" zu lesen, die in diesem Falle sogar Solidarität mit ihrem kleinen Konkurrenten übte. B.D.

Lit.: AZ, 2. 10. 1920, S. 5; Steiner, Herbert: Die Kommunistische Partei Österreichs von 1918 bis 1933, Wien — Meisenheim/Glan 1968, S. 28.

Illustrierte Kronen-Zeitung 15. 10. 1920

135

136

135 *Deutsche Christen*
E: Bernd Steiner
D: [Wien]
[1920], 126x95 cm, P 306

Der sozialdemokratische Gegner wurde im Wahlkampf des Jahres 1920 von der Christlichsozialen Partei weitaus aggressiver bekämpft als vor rund eineinhalb Jahren. Die schlechten wirtschaftlichen Verhältnisse, die mangelhafte Lebensmittelversorgung, die hohen Preise, der „Schmach- und Hungerfrieden von Saint-Germain", wie der für Österreich ungünstige Staatsvertrag bezeichnet wurde — für all das wurden die Sozialdemokraten, diese „Söldnertruppe des internationalen, wucherischen Großkapitals, die Schutztruppe der Weltfreimaurerei, die Kampftruppe der jüdischen Weltplutokratie", verantwortlich gemacht. Antisemitismus — das war eindeutig der Schwerpunkt der christlichsozialen Wahlpropaganda, die damit im Unterschied zu 1919 ein durchgehendes Wahlkampfkonzept aufzuweisen hatte. Die Wähler wurden nur noch als „deutsche Volksgenossen" und als „deutsch-christlich" apostrophiert. Es sollte die Pflicht aller „deutschen Christen" sein, sich endlich von den „im Dienste der jüdischen Weltplutokratie stehenden sozialistischen Führern" zu befreien; in einem anderen christlichsozialen Flugblatt hieß es dazu: „Unser hartgeprüftes Volk wird seit Jahrzehnten fürchterlich belogen und betrogen! Das Weltjudentum hat sich in der internationalen sozialdemokratischen Partei eine Schutztruppe irregeleiteter Volksgenossen geschaffen, die, ein blindes Werkzeug in ihrer Hand, ausschließlich und allein nur von Männern jüdischer Rasse oder Abstammung geführt, dazu ausersehen ist, die Volksmassen gegeneinander zu verhetzen und in den Lügenbann sozialistisch-kommunistischer Wahnideen zu halten, damit während dieser Zeit die Juden alle Reichtümer der Welt zusammenraffen, sie in ihrer Hand vereinigen, um den Boden ihres Volkstumes mit dem Herzblute der arbeitenden Menschheit düngen zu können." Sprache und Ideenwelt derartiger Hetzschriften zeigen unter anderem auch, wie stark der Nationalsozialismus aus den geistigen Quellen der bürgerlichen Parteien schöpfte.
Vor dem Hintergrund einer derartigen christlichsozialen Flugblatt- und Versammlungspropaganda erschien den damaligen Betrachtern die Aussage dieses Plakates auf den ersten Blick verständlich: Der österreichische Wappenadler wird von einer kapitalistischen „jüdischen Schlange", die sich an ihm emporwindet, erwürgt. Der Hammer ist dem Vogel schon aus den Krallen entfallen, die Sichel hält er noch fest, was bedeuten soll, daß die Arbeiterschaft bereits durch „die Juden" abspenstig gemacht worden sei, während die Bauernschaft noch zu ihrem Staate hielt. Die Schlange ist als Zeichen der Profitgier mit Geldsummen beschrieben und trägt einen menschlichen Kopf, der eine böse Karikatur auf einen orthodoxen Juden ist. B.D.

Lit.: Massiczek, Albert: Zeit an der Wand, Wien 1967, S. 50.

136 *Darum wählet christlichsozial*
D: Wien: Gesellschaft für graphische Industrie
[1920], 126x95 cm, P 299

Die christlichsozialen Werbestrategen gingen in der Plakatwerbung den gleichen Weg weiter, den sie mit dem eindrucksvollen Bolschewikenplakat von Fritz Schönpflug im Februar 1919 (Nr. 123) beschritten hatten: Schreckgespenster und Angstvisionen beherrschten auch diesmal die Bildwelt.
Eine rote Proletenfaust streckt sich dem Betrachter aus dem völlig schwarzen Hintergrund entgegen. Der Prolet hält eine Waage in der Faust, bei der die tief gesenkte Waagschale mit „Steuern" be-

laden und die um vieles leichtere Schale mit spärlichem „Verdienst" gefüllt ist. Die Sozialdemokraten gaben sich über derartige Angriffe nicht betroffen, faßten sie doch selbst ihre Steuerpolitik auf einem ihrer Flugblätter in der Parole zusammen: „Nicht die Armen, nicht den Mittelstand treffen die neuen Steuern! Die Steuern haben die Reichen zu bezahlen, und die sollen zahlen, bis sie schwarz werden." B.D.

137 *Wiener Volksmusik*

E: Berthold Löffler
D: [Wien]: Staatsdruckerei
[1920], 84x53 cm, P 13 304

Der Englische Garten im Prater, den Gabor Steiner 1895 durch die Eröffnung von „Venedig in Wien" zu einem der bekanntesten Vergnügungsorte Wiens gemacht hatte, bot jedes Jahr neue Attraktionen. Bekannte Künstler und Artisten des In- und Auslandes wurden dorthin engagiert; die Saison 1920 brachte etwa Darbietungen wie die Operette „Muschi" von Robert Stolz, die „Two Ropers" auf der Todesleiter und Damenboxkämpfe.

Am 12. und 13. Juni fand dort das Volksmusikfest statt, zu dem die beliebtesten Künstler Wiens, vom Burgschauspieler bis zum Volkssänger, engagiert wurden, allen voran Hansi Niese, die bekannte Volksschauspielerin. Bereits als Zwölfjährige war sie erstmals auf der Bühne gestanden. Später wurde sie ans Raimundtheater und an das Theater in der Josefstadt geholt. Ihr Fach war das der Naiven, aber als sie bemerkte, daß die Leute bei ihren ernsten Rollen zu lachen begannen, kultivierte sie dieses komische Talent und wurde so zur beliebtesten Charakterkomikerin der Wiener Theaterszene.

Darüber hinaus wurde sie auch für Operetten engagiert. Ihre besondere Darstellungskraft, ihre eigene Art zu sprechen, ihre Urwüchsigkeit und ihr echtes Wienertum, das vorwiegend in heimischen Volksstücken zum Ausdruck kam, machten sie zu einer Kraft ersten Ranges. Trotz ihrer unglaublichen Popularität erreichte sie die volle Höhe ihres Ruhmes erst ab 1927, als sie vom Film entdeckt wurde.

Eine weitere beliebte Künstlerin war Blanka Glossy, ebenfalls eine hochtalentierte Volksschauspielerin mit großer komischer Begabung und humoristisch-parodistischer Veranlagung. Seit 1912 am Burgtheater engagiert, hielt sie nebenbei Vorträge und betätigte sich als witzige Coupletsängerin im Altwiener Stil. Ihre musikalischen Rundfunksendungen waren außerordentlich populär. Sie brachte Themenzusammenstellungen aus der Wiener Musikgeschichte, die beim Publikum ungemein beliebt waren.

Auch der Burgschauspieler Emmerich Reimers, gleichzeitig ein bekannter Radiosprecher, war, obwohl er meist Chargenrollen spielte, durch das Gewicht, das er diesen Rollen durch seine gepflegte Sprache und Erscheinung sowie die besondere Auffassung verlieh, sehr bekannt.

Ein weiterer arrivierter Künstler war der von den größten Komponisten und Dirigenten seiner Zeit anerkannte Hornist Karl Stiegler, Mitglied der Philharmoniker, der Hofmusikkapelle und Gründer der Bläser- und Kammermusikvereinigung der Wiener Hofoper. 1892 gründete er das Stiegler-Hornbläser-Quartett, später Quintett, das ebenfalls bei der Gestaltung des Volksfestes mitwirkte.

Wegen Schlechtwetters mußten die Veranstaltungen, die für den 13. Juni vorgesehen waren, abgesagt werden, doch wurde das Fest am darauffolgenden Sonntag wiederholt. G.B.

137

138 *Die Stunde*
E: [Victor] Slama
D: Wien: J. Weiner
[1923], 62x48 cm, P 13 305

Ab dem 1. März 1923 erschien in Wien die von Emmerich Bekessy herausgegebene Abendzeitung — ein sehr reißerisch aufgemachtes Sensations- und Skandalblatt. Für Skandale allerdings sorgte auch der Herausgeber selbst: Emmerich Bekessy war aus seiner Heimatstadt Budapest, wo er wegen Betrugs, Diebstahls und Erpressung gesucht wurde, nach Wien gekommen. Mit finanzieller Hilfe der beiden großen Nachkriegsspekulanten Camillo Castiglioni und Siegmund Bosel gründete er hier mehrere Zeitungen. Bekessy benützte häufig die Macht seiner Medien für Korruption, Verleumdung und Erpressung. Gegner, die seine kriminellen Methoden aufzeigten, versuchte er ebenso mit Verleumdung und Erpressung fertigzumachen. Karl Kraus führte wohl den mutigsten Kampf gegen diesen Pressediktator. Paul Schick schildert in seiner Krausbiographie den Höhepunkt dieser Auseinandersetzung folgendermaßen: „Als die ‚Stunde' Bekessys einige schwierige lange Sätze von Karl Kraus abdruckte mit der hämischen Überschrift: ‚Wos will er?', antwortete Karl Kraus am Schluß seines Vortrages kurz und bündig: ‚Hinaus aus Wien mit dem Schuft! Dos will er.' Trotz allen Schmähungen Bekessys, der nicht einmal vor der Verleumdung des verstorbenen Jakob Kraus zurückschrak, wurde Kraus' Ruf ‚Hinaus aus Wien mit dem Schuft!' immer mehr zum geflügelten Wort, obwohl Presse und Politiker, auch soweit sie nicht gekauft waren, sich ängstlich vor dem Erpresser zurückhielten. Vor neunhundert Zeugen erklärte Kraus in einem großen Konzert-

138

Die I
Der österreichisc
Bundeskanzler Dr. Seipel (links) verläßt in Begleitung b

Titelseite des „Interessanten Blattes"

saal in Wien: ‚Ich kenne keine Parteien mehr, ich kenne nur Feiglinge!'" (Schick, Paul: Karl Kraus, Reinbek/Hamburg 1965, S. 113)
Als sich dann doch ein Staatsanwalt fand, der zwei Mitarbeiter Bekessys wegen Erpressung verhaften ließ, flüchtete Bekessy nach Paris.
„Die Stunde" aber bestand weiter, bis sie — aufgrund ihrer antinazistischen Haltung — am 13. März 1938 eingestellt wurde. B.D.

139 *Völkerbundanleihe*
E: [Julius] Klinger
[1923], 93x63 cm, P 13 306

Am 4. Oktober 1922 hatte sich Bundeskanzler Seipel mit den Vertretern der britischen, französischen, italienischen und tschechoslowakischen Regierungen beim Völkerbund über die sogenannten „Genfer Protokolle" geeinigt. Die Genfer Verhandlungsergebnisse sollten die Grundlage bilden für die Gesundung der daniederliegenden österreichischen Wirtschaft. Die Westmächte waren bereit, die Garantien für eine österreichische Anleihe von 650 Millionen Gold-

thilfe.
kanzler in Genf.
en Gesandten in Bern Leo di Pauli die Sitzung des Völker-

12. 10. 1922

139

kronen zu übernehmen. Die Verfügungsgewalt über den Erlös der Anleihe hatte nicht die österreichische Regierung, sondern ein vom Völkerbund ernannter Generalkommissär, der auch noch andere weitgehende Vollmachten besaß. Obendrein mußte sich Österreich dafür verpflichten, in den folgenden 20 Jahren auf einen Anschluß an das Deutsche Reich zu verzichten sowie innerhalb eines Monats einen Reform- und Sanierungsplan vorzulegen.

Österreich hatte damit wohl eine Garantie für die 650 Millionen Goldkronen erlangt, das Geld mußte aber, wie auch das Plakat zeigt, in Wirklichkeit erst aufgetrieben werden. Und der Preis dafür war hoch: Im Juni 1923 gelang es, die Anleihe in elf Teilausgaben, die auf zehn verschiedene Währungen lautete, unterzubringen. Nach der offiziellen Darstellung betrug das Nominale der Anleihe 789,4 Millionen Goldkronen, das war jene von Österreich zu verzinsende und zu tilgende Summe. Der Anleiheerlös belief sich aber auf 631 Millionen Goldkronen, was nur 80 Prozent des Nominales sind. Österreich mußte also um 155,4 Millionen mehr verzinsen und zurückzahlen, als es erhalten hatte. Die große Differenz war auf den ungewöhnlich niedrigen Emissionskurs der Völkerbundanleihe zurückzuführen, der verschiedentlich nur 80 Prozent betrug. Die effektive Verzinsung, für die Österreich aufzukommen hatte, betrug jährlich zwischen 9,46 und 10,20 Prozent. Das waren, besonders im Hinblick auf die Sicherheit des Anlagepapiers, äußerst schlechte Bedingungen. Die Anleihe wurde auf fast allen Börsenplätzen überzeichnet, und schon wenige Tage später stiegen überall die Kurse. „Ein deutlicher Beweis dafür", wie der Wirtschaftspublizist Karl Ausch schreibt, „daß die Anleihe — zum Schaden der österreichischen Steuerträger — beträchtlich unter ihrem Wert abgegeben worden war." Das internationale Finanzkapital hatte die Zwangslage der österreichischen Republik rücksichtslos ausgenützt. Die wichtigsten Geldgeber waren die Bank of England, das amerikanische Bankhaus Morgan & Co., die Banque de Paris et des Pays Bas, die Banco d'Italia und die tschechoslowakische Regierung.

Die Völkerbundanleihe wurde erst im Verlauf von mehreren Jahren verbraucht und nur ein Drittel des Geldes tatsächlich für die Sanierung des Staates ausgegeben. Die nichtverwendeten Teile des Anleiheerlöses mußten auf Weisung von Generalkommissär Alfred Zimmermann bei ausländischen Banken angelegt werden, die dafür allerdings nur sehr geringe Zinsen boten. B.D.

Lit.: Ausch, Karl: Als die Banken fielen, Wien 1968, S. 98 ff.

140 *Erhaltet euch den bewährten Steuermann*
D: Wien: A. Reisser
[1923], 30x47 cm, P 303

Bei der Christlichsozialen Partei herrschte 1923 ein Wahlkampfthema vor: die Sanierung Österreichs aufgrund der von Bundeskanzler Seipel ausgehandelten Genfer Protokolle. Ignaz Seipel hatte damit, zwar um den Preis rigoroser Sparmaßnahmen und der Einführung neuer Steuern, ein Ende der furchtbaren Inflation sowie eine schon notwendig gewordene Reform der Währung erreicht. Die bürgerlichen Politiker empfanden das Erreichte als großen Erfolg und den eingeschlagenen Weg als einzige Möglichkeit, die ersehnte Gesundung der österreichischen Wirtschaft herbeiführen zu können. Eine positive Werbung für die Sanierung war umso wichtiger, als ja die Opposition von Anfang an gegen die Wirtschaftspolitik der konservativen Regierung heftig polemisiert hatte, mit der vor allem die Christlichsoziale Partei und besonders Bundeskanzler Seipel identifiziert wurden. Die Christlichsozialen selbst betonten die Bedeutung Seipels und widmeten einen gehörigen Teil ihrer Werbearbeit der Person ihres Spitzenkandidaten. In der Ersten Republik war bis dahin noch nie für einen Politiker so intensiv geworben worden. Schon in den ersten beiden Wahlkämpfen der jungen Republik hatte sich eine Tendenz in der christlichsozialen Propaganda gezeigt, Kritik an der gegnerischen Partei stark zu personalisieren. Diesmal hatte man diese Methode im positiven Sinne angewandt und den eigenen Parteiführer Ignaz Seipel als „Retter Österreichs" in der Propaganda sehr herausgestrichen. Sicherlich erschien die starke und eigenwillige Persönlichkeit des Bundeskanzlers für diese Art von Werbung besonders geeignet; dem kam auch der geistliche Stand Seipels entgegen, der ihm in den Augen eines Großteils der österreichischen Bevölkerung von Haus aus einen gewissen Nimbus der Ehrlichkeit und Rechtschaffenheit verlieh. Im Zuge dieser Agitation gab es das erste christlichsoziale Plakat in der Republik, welches einzig und allein der Präsentation des Spitzenkandidaten gewidmet war. Es zeigt, wie Seipel als Steuermann das Staatsschiff mit sicherer Hand in ruhige Gewässer steuert, während daneben ein finsterer, die Sozialdemokratie symbolisierender Bolschewik im Sturm mit dem Boot kentert.

Die Sozialdemokraten verzichteten — aus naheliegenden ideologischen Gründen — weitgehend auf eine derartige Propaganda. Bis 1930 blieb die Persönlichkeitswerbung auch in den anderen politischen Lagern weit hinter dem heute üblichen Maß zurück. In der Zwischenkriegszeit waren Wahlkämpfe immer Wettstreit zwischen Parteien und Programmen, Personalfragen kamen erst an zweiter Stelle. B.D.

141 *Wählt sozialdemokratisch*
E: [Michael] Biró
D: Wien: Gesellschaft für graphische Industrie
[1923], 95x126 cm, P 310

Als Anfang September 1923 die eigentliche Wahlkampagne für die Nationalratswahlen am 21. Oktober begann, war ein Jahr intensivster sozialdemokratischer Propaganda gegen die „Genfer Sanierung" vorhergegangen. Im Wahlkampf erreichte die Negativwerbung, die bisweilen mit einer hemmungslosen Hetze gegen Bundeskanzler Seipel verbunden war, einen neuerlichen Höhepunkt. Nicht nur Plakate, sondern auch Zeitungen, Flugschriften, ja sogar ein Wahlfilm mit dem Titel „Seipels Sanierung", sollten Stimmung gegen dieses Sanierungswerk christlich-großdeutscher Prägung machen. Man kritisierte die Abhängigkeit Österreichs vom Auslandskapital und die Völkerbundkon-

140

SANIERUNG

WÄHLT SOZIALDEMOKRATISCH

VERLEGER UND FÜR DEN INHALT VERANTWORTLICH: HANS PILZ WIEN V. RECHTE WIENZEILE 97.

DRUCK DER GESELLSCHAFT FÜR GRAPHISCHE INDUSTRIE, WIEN VI.

141

trolle, die mit dem Anleiheabkommen verbunden war. Besonders betonte man auch die rigorosen Sparmaßnahmen der Regierung, die zu einer Verschärfung der Arbeitslosigkeit und zu einer Verminderung der Sozialleistung führten. Der sozialdemokratische Finanzfachmann Robert Danneberg hatte seine Kritik in dieser Frage so formuliert: „Der Genfer Vertrag, das ist die Hoffnung, daß der durch die Lotterwirtschaft der bürgerlichen Regierungen zugrunde gerichtete Staat nun auf Kosten der breiten Massen saniert werden soll. Würde man gemeinsam mit den Sozialdemokraten regieren, dann müßten die besitzenden Klassen selbst einen geziemenden Teil der Opfer tragen. So aber drücken sie sich und man kann, was man braucht, aus dem Volk herauspressen."

Die Sozialdemokraten hatten weder Kosten noch Mühe gescheut, in zahlreichen aufwendig gestalteten Plakaten vor all dem zu warnen, was sie abwertend „Seipels Sanierung" nannten. Man war bemüht, in immer wieder neuen Bildern anschaulich zu verdeutlichen, daß diese Sanierung zum Nutzen weniger „Kapitalisten", aber zu Lasten des ganzen Volkes durchgeführt wurde. Das vorliegende dieser „Bilder von Genf" zeigt laut „Arbeiter-Zeitung" einen steinernen Wagen, „gleich den furchtbaren Götterwagen des indischen Mythos, die unter ihren Rädern die Menschen zermalmen". Das „Sanierungs-Vehikel" wird von einer großen Zahl armer abgezehrter Proletarier gezogen, während den „Triumphwagen" als peitschenschwingender Staatskutscher ein katholischer Geistlicher lenkt. Hinter ihm sitzen ausländische „Kapitalisten", die sich im wahrsten Sinne des Wortes „diebisch" freuen. Das Plakat sollte, neben den großen Opfern, welche die Bevölkerung dieser „Sanierung" zu bringen hatte, auch die Abhängigkeit vom ausländischen Großkapital anprangern, das, nach Ansicht der Sozialdemokraten, in erster Linie von den Genfer Beschlüssen profitiert habe. B.D.

Lit.: AZ, 13. 10. 1923, S. 3; Danneberg, Robert: Die Sanierungsgegner, Wien 1923, S. 25.

Sozialdemokratische Karikatur

142

142 *Rettet Wien*
E: Fritz Schönpflug
D: Wien: Waldheim-Eberle
[1923], 95x63 cm, P 298

Am 21. Oktober 1923 gab es nicht nur Nationalratswahlen, sondern in Wien auch Gemeinderats- und damit gleichzeitig auch Landtagswahlen. Wien war am 1. Jänner 1922 von Niederösterreich abgetrennt und zum selbständigen Bundesland erklärt worden. Bürgermeister Reumann war damit auch der erste Landeshauptmann von Wien.

In ihrer Wahlpropaganda griffen die Sozialdemokraten auf die jüngere Vergangenheit zurück und erinnerten auch diesmal wieder an Elend und Not zur Zeit des Ersten Weltkrieges, die Christlichsozialen jedoch pflegten eine Nostalgie ganz anderer Art: Man verwies auf die „gute alte Zeit", wo noch Karl Lueger, der „große Mann" der christlichsozialen Bewegung, als Bürgermeister von Wien tätig war. Das für heutige Begriffe fast popig anmutende Bild läßt den „schönen Karl", wie er seinerzeit von seinen Anhängern genannt wurde, vom Himmel milde auf „seine" Stadt herunterlächeln. Aufgrund der Hoffnung, daß der Geist Luegers wieder in Wien einkehren möge, ist das Rathaus mit dem hellen Strahlenkranz eines neuerweckten Optimismus umgeben. B.D.

Lit.: Massiczek, Albert: Zeit an der Wand, Wien 1967, S. 66.

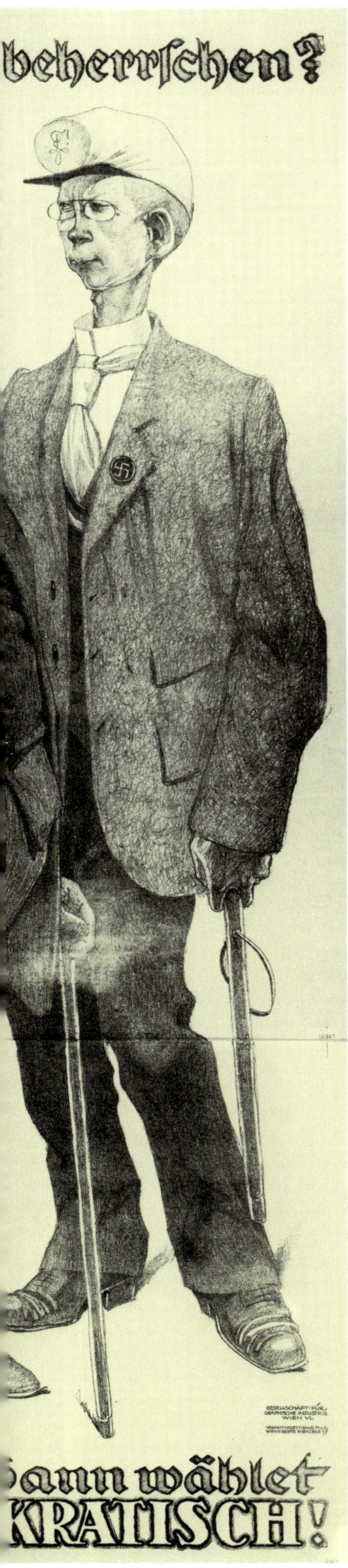

143

144

143 *Sollen die Euch beherrschen?*
E: Carl Josef [Pollak]
D: Wien: Gesellschaft für graphische Industrie
[1923], 188x95 cm, P 341

Carl Josef Pollak, einer der populärsten Karikaturisten seiner Zeit, hat für diesen Wahlkampf eine fünfteilige Plakatserie geschaffen, in der wie in einem Panoptikum alle Feinde des arbeitenden Volkes vorgeführt wurden — dargestellt natürlich aus der kritischen Sicht der Sozialdemokraten. Es waren wieder der kaiserliche General, die katholischen Geistlichen, ein Bankier, der „gutbürgerliche" Hausherr und diese beiden Nazistudenten. Die österreichischen Nationalsozialisten waren 1923, im Jahr von Hitlers Putschversuch in München und ein Jahr nach Mussolinis Machtergreifung in Italien, unter der Führung von Dr. Riehl schon recht aktiv. Am 1. Oktober 1923 mußte die „Arbeiter-Zeitung" bereits das fünfte Mordopfer durch Nationalsozialisten beklagen.
Die Sozialdemokraten machten für diese Bedrohung durch faschistische Umtriebe die Seipelregierung verantwortlich, der vorgeworfen wurde, nicht gegen die Faschisten einzuschreiten, ja sie sogar noch zu fördern.
Leopold Kunschak verteidigte in einer Rede seine Partei gegen derartige Vorwürfe: Es wäre richtig, daß man deutschen Reichswehroffizieren das Asyl-

recht gewährt habe, aber das hieße noch lange nicht, daß es eine Verbindung der Christlichsozialen zu den Nationalsozialisten gäbe. Obendrein gab er zu bedenken: „Wenn die Sozialdemokraten nicht die Hakenkreuzler bedrohen werden, dann werden die Hakenkreuzler auch nicht zum Schießen kommen.“ (RP, 4. 10. 1923, S. 4)
Die Nationalsozialisten selbst kandidierten nicht bei dieser Wahl, wahrscheinlich, um die zahlenmäßige Schwäche ihrer Anhängerschaft nicht offensichtlich werden zu lassen. Dr. Riehl gab für die Nationalratswahlen eine Empfehlung für die Großdeutschen ab. Für einige Bezirke in Wien aber, wo die Chancen der Großdeutschen aussichtslos waren, empfahl Riehl seinen Anhängern, die Christlichsoziale Partei zu unterstützen, damit ja keine Stimme gegen den verhaßten Sozialismus verlorenginge, was wiederum Wasser auf die Propagandamühlen der Sozialdemokraten war.
B.D.

Lit.: Massiczek, Albert: Zeit an der Wand, Wien 1967, S. 68.

144 *Bist du ein Deutscher?*
D: Wien: Karthographisches Institut [1923], 95x63 cm, P 358

„Bist du ein Deutscher? Dann kannst du nicht für rot oder schwarz stimmen. Wähle großdeutsch!“ lautet der in typisch deutscher Schrift geschriebene Aufruf.
Die „Großdeutsche Volkspartei“ war im Herbst 1920 aus einem Zusammenschluß von 17 verschiedenen deutschnationalen Parteien und Landesgruppen entstanden und hatte kurz danach bei den Nationalratswahlen erstmals kandidiert. Drei Jahre später konnte sie ihren Wahlkampf mit weit aufwendigeren Mitteln führen als damals und versuchte, mit dem Kampfstil der beiden großen Konkurrenzparteien mitzuhalten.
Die Großdeutschen traten diesen Wahlgang im Jahr 1923 nicht als Oppositionspartei an, denn schon nach einem Vorspiel im Kabinett Schober waren sie in der Regierung Seipel vertreten und zeichneten daher für die Politik der Bundesregierung mitverantwortlich. Auch späterhin hatte die Partei als dritte Kraft und oftmaliger Koalitionspartner der Christlichsozialen eine nicht unbeträchtliche Bedeutung. Die Großdeutschen gingen in ihrer Werbung jedoch wenig auf Sachprobleme ein. Ihre politische Argumentation war weder facettenreich noch irgendwie differenziert, ihr Weltbild war von einem sehr einfachen — und für die spätere Entwicklung verhängnisvollen — Dualismus beherrscht: „Deutsch“ war die Verkörperung alles „Guten und Schönen“, „jüdisch“ hingegen alles „Böse und Schlechte“ dieser Welt. B.D.

145 *An meine Völker*
E: [Victor] Slama
D: Wien: Gesellschaft für graphische Industrie [1923], 190x126 cm, P 251

Noch rund fünf Jahre nach Ende des Ersten Weltkrieges wollten es sich die Sozialdemokraten nicht nehmen lassen, in ihrer Wahlpropaganda wieder einmal die Kriegsschuldfrage anzuschneiden. Die Christlichsozialen wurden auch diesmal, wie so oft vorher, als die Stützen der Monarchie und damit als die Schuldigen an dem furchtbaren Krieg und seinen vielen Opfern gebrandmarkt. Victor Slama hatte sich offensichtlich die Aufgabe gestellt, die ganze „Habsburgerzeit“ in einem Plakat — natürlich aus der kritischen Sicht der Sozialdemokraten — darzustellen. Für diesen Zweck erschien ihm die Form der Collage mit ihrem dokumentarischen Charakter hervorragend geeignet. Die Technik der Collage war damals erst vor kurzer Zeit von der künstlerischen Avantgarde entwickelt worden. Im Gegensatz zu anderen Errungenschaften der modernen Kunst fand dieses Stilmittel in ganz kurzer Zeit Verwendung in der Werbung. Wie stark die Aussagekraft der Collage in der politischen Propaganda sein kann, zeigte hier Victor Slama. In Form einer „Plakatwand auf der Plakatwand“ werden da Plakate, Anschläge, Zeitungen und Aufrufe aus der Kriegszeit abgebildet — Dokumente des Elends und der Unterdrückung.
Das Plakat ist von der Aussagekraft und der Gestaltung her derart gelungen, daß es in der Bevölkerung großes Aufsehen erregte. Darf man Berichten der „Arbeiter-Zeitung“ Glauben schenken, so sollen sich vor dem Anschlag, gleich nach seinem Erscheinen, „dichte Scharen gesammelt haben, die das Plakat genau studierten“.
Ein bürgerlicher Kritiker hingegen meinte zu dem Werk etwas ironisch: „Welche Raffinesse der Raumausnützung! Kein Fleckerl, das nicht agitierte, und das ganze noch blutbetropft! — und alles dies und noch viel mehr wird den andern unter die Nase gerieben, als ob Dörrgemüse und Schmallieferungen ihre höchstpersönliche Sünde wären.“ (NWT, 5. 10. 1923, S. 10) B.D.

Lit.: AZ, 5. 10. 1923, S. 4; NWT, 14. 10. 1923, S. 10; RP, 22. 10. 1923, S. 8; Plakatausstellung Victor Th. Slama, Wien 1975, Nr. 119.

Unter dem Druck von jahrtausendelanger Herrschaft bildete sich ein neuer, nach Selbstbestimmung ringender Faktor, die Masse. Unter teilweiser Aufgabe des überflüssig gewordenen Individualbegriffes formt sich die Massenseele und wirkt sich auch künstlerisch in einer neuen, noch unentwickelten Formenwelt aus. Die Rotationsmaschine, das Filmband, der Lautsprecher etc. sind die technischen Voraussetzungen dieser Entwicklung. Sie ermöglichen die moderne Zeitung, den Film, das Radio, das moderne Plakat. Der gleiche Rhythmus muß den großen Körper der Masse beherrschen, um ihn lebensfähig zu erhalten. Unzählige Mikrophone, Leinwandflächen, Papierrollen und Plakatwände trachten, den jungen, daher etwas schwerfälligen Körper der Masse in einheitlicher Weise Richtung gebend zu beeinflussen. Noch sind diese Hilfsmittel größtenteils in Händen der kapitalistischen Bourgeoisie, die Masse, noch unkritisch, weil kindlich, unterliegt noch den falschen Einflüssen. Aber schon erkennt man die Anzeichen des Erwachens der Massenseele, ein Sichbesinnen, ein Sichwehren.
Im Rahmen der bildenden Kunst ist das Plakat vielleicht die sinnfälligste Äußerung dieser neuen Zeit. So wie die Renaissance ihre Fresken, so wie die neuere Zeit ihre Staffeleibilder, so hat die beginnende Epoche das Plakat als charakteristisches Werkzeug in den Dienst ihrer Ideen gestellt. Unter dem Begriff „Plakat“, von dem jetzt gesprochen werden soll, hat man sich nicht die billig gedruckte Affiche des 19. Jahrhunderts, sondern eine Form vorzustellen, die wir bis jetzt nur selten, oft nur andeutungsweise in den Plakaten der letzten Jahre erkennen konnten, eine Form, die das Plakat in der Folge zwangsläufig annehmen muß.

Lit.: Slama, Victor: Die Galerie der Straße, in: Der Kontakt, 1929.

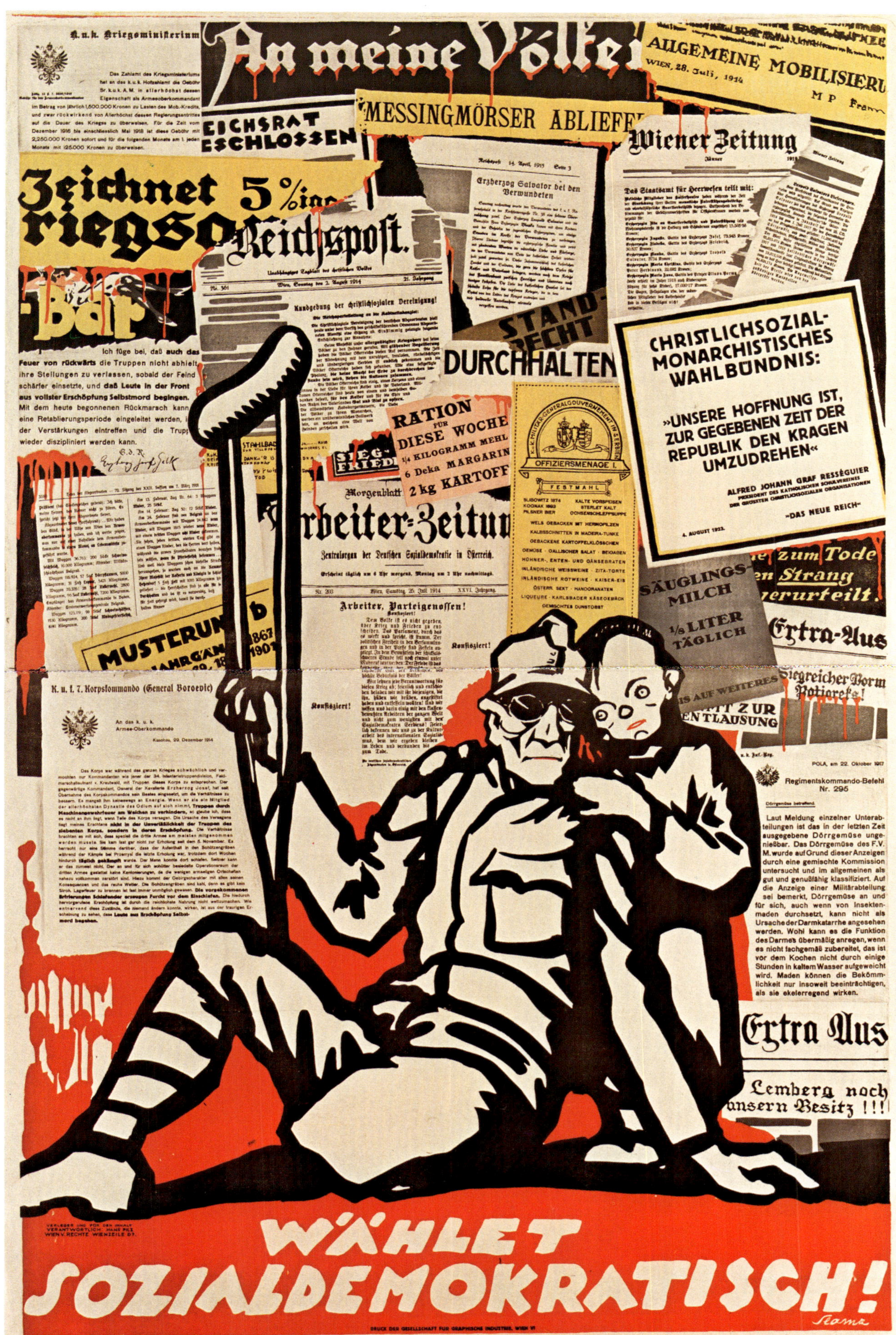
K.u.k. Kriegsministerium
An meine Völker
ALLGEMEINE MOBILISIERU
WIEN, 28. Juli, 1914
MESSINGMÖRSER ABLIEFE
EICHSRAT
ESCHLOSSEN
Wiener Zeitung
Zeichnet 5%ige
riegsa
Reichspost
Erzherzog Salvator bei den Verwundeten
Das Staatsamt für Heerwesen teilt mit:
STAND-
RECHT
DURCHHALTEN
Ich füge bei, daß auch das Feuer von rückwärts die Truppen nicht abhielt, ihre Stellungen zu verlassen, sobald der Feind schärfer einsetzte, und daß Leute in der Front aus vollster Erschöpfung Selbstmord begingen. Mit dem heute begonnenen Rückmarsch kann eine Retablierungsperiode eingeleitet werden, der Verstärkungen eintreffen und die Trupp wieder diszipliniert werden kann.
CHRISTLICHSOZIAL-
MONARCHISTISCHES
WAHLBÜNDNIS:
»UNSERE HOFFNUNG IST, ZUR GEGEBENEN ZEIT DER REPUBLIK DEN KRAGEN UMZUDREHEN«
ALFRED JOHANN GRAF RESSÉGUIER
»DAS NEUE REICH«
4. AUGUST 1923.
RATION
FÜR
DIESE WOCHE
1/4 KILOGRAMM MEHL
6 Deka MARGARIN
2 kg KARTOFF
SIEG-
FRIEDE
OFFIZIERSMENAGE I.
FESTMAHL
Morgenblatt
Arbeiter-Zeitung
Zentralorgan der Deutschen Sozialdemokratie in Österreich.
Arbeiter, Parteigenossen!
Konfisziert!
Konfisziert!
Konfisziert!
zum Tode
en Strang
verurteilt.
SÄUGLINGS-
MILCH
1/8 LITER
TÄGLICH
Extra-Aus
MUSTERUN
JAHRGÄN
1867
1901
Siegreicher Vorm
Isonzo
IS AUF WEITERES
NT ZUR
ENTLAUSUNG
K. u. k. 7. Korpskommando (General Boroevic)
An das k. u. k. Armee-Oberkommando
POLA, am 22. Oktober 1917
Regimentskommando-Befehl Nr. 295
Laut Meldung einzelner Unterabteilungen ist das in der letzten Zeit ausgegebene Dörrgemüse ungenießbar. Das Dörrgemüse des F.V. M. wurde auf Grund dieser Anzeigen durch eine gemischte Kommission untersucht und im allgemeinen als gut und genußfähig klassifiziert. Auf die Anzeige einer Militärabteilung sei bemerkt, Dörrgemüse an und für sich, auch wenn von Insektenmaden durchsetzt, kann nicht als Ursache der Darmkatarrhe angesehen werden. Wohl kann es die Funktion des Darmes übermäßig anregen, wenn es nicht fachgemäß zubereitet, das ist vor dem Kochen nicht durch einige Stunden in kaltem Wasser aufgeweicht wird. Maden können die Bekömmlichkeit nur insoweit beeinträchtigen, als sie ekelerregend wirken.
Extra Aus
Lemberg noch
unsern Besitz !!!
WÄHLET
SOZIALDEMOKRATISCH!
Stama

145

ROLANDBÜHNE II. PRATERSTR. 25 TEL.: 49129

„HAUSSE“

EIN BÖRSEN- u. FILMSPIEL mit

JDA WÜST
GUSTAV CHARLÉ
JOHANNES RIEMANN
ALBERT PAULIG
SIGI HOFER
LINA FRANK

SCHMIDT 1923

AB I. XII. TÄGLICH ½ 8h ABENDS

DRUCK v. E. KAFUNEK, WIEN VI.

146

Stadtrat Breitner: „Warum helfen S' denn net? Sö san do a Wiener?“
„Ja, mei Liaba, i bin sölber froh, wann i net umfall!“

Karikatur auf die schlechte finanzielle Lage der Theater (Der Götz von Berlichingen, 6. 2. 1925)

146 *„Hausse“*
E: Schmidt
D: Wien: E. Kafunek
[1923], 83 x 105 cm, P 13 307

Am 8. August 1919 eröffnete Emil Richter-Roland im 2. Bezirk auf der Praterstraße 25 eine neue Bühne. Im Eröffnungsprogramm waren laut Ankündigung „Wiener Humor, Wiener Musik und Wiener Frauenanmut vereint“. Die Programmvorschau nannte Beiträge von Egon Friedell, Musik von Ralph Benatzky und Robert Stolz, und in der Folge traten Publikumslieblinge wie Gisela Werbezirk und Oskar Sachs auf.

Über die Produktion vom 1. Dezember 1923 schrieb die „Wiener Zeitung“: „Hausse an der Wiener Börse, ‚Hausse‘ in der Rolandbühne. Aktueller man kann nicht. Der für die Praterstraße wie geschaffene Schwank von Rudolf Lothar und Hans Bachwitz hat Schmiß, Witz und Tempo. Er liefert neuerlich den Nachweis der Wandelbarkeit des Glücks im Spiel wie in der Liebe. Wobei die Nebeneinanderstellung kultivierten

Lebensgenusses und jenes eines ‚neuen Reichen‘ unter Ausschaltung abstoßender Übertreibungen recht nett und sinnfällig durchgeführt ist. Gespielt wird auf der Bühne wie auf der Leinwand — das Stück wird nämlich stellenweise auch gefilmt — unter wohltuender Einhaltung des flotten Tempos der Handlung von einem Ensemble, das weit über dem bei Komödien dieses Genres gewohnten Mittelmaß steht. Es ist eine sorgsam inszenierte, gefällig abgerundete Aufführung, in der die Hauptdarsteller Gustav Charlé, Johannes Riemann und Ida Wüst, aber auch die ‚Chargen‘ Paulig, Hofer und Lina Frank Treffliches leisten. Die ‚Hausse‘ dürfte, wenigstens für die Rolandbühne, von längerer Dauer sein.“
Doch bereits am 1. Juni 1926 berichtet das „Neue Wiener Tagblatt“: „Zu den Wiener Theatern, die infolge des schlechten Geschäftsganges plötzlich geschlossen werden mußten, gehört seit gestern die Rolandbühne in der Praterstraße. Gestern wurde die Bühne ohne vorherige Anzeige geschlossen, wie es heißt, infolge der materiellen Schwierigkeiten.“ E.K.

147 *Festival Musical et Theatral de la Ville de Vienne*
E: E[ugen] [Gustav] Steinhof
D: [Wien]: Staatsdruckerei
1924, 126x95 cm, P 13 308

Am 14. September 1924 wurde das zweite Musik- und Theaterfest der Stadt Wien feierlich eröffnet. Der Bläserchor der Staatsoper spielte dabei eine von Richard Strauss eigens dafür komponierte Fanfare. Bürgermeister Seitz meinte zu diesem Fest, daß es nicht „in einem abgeschlossenen Raum, nicht vor einigen wenigen bevorzugten Gästen, sondern allen zugänglich, allen frei, welche die Kunst unserer Stadt lieben“, stattfinden sollte.
Der Initiator dieses Kulturereignisses war Dr. David Josef Bach (vgl. Nr. 152). Das Programm war außerordentlich beeindruckend. Bei den Konzerten etwa gab es Uraufführungen von Werken Arnold Schönbergs, Josef Matthias Hausers und Franz Schrekers. Schönbergs „Die glückliche Hand“ wurde obendrein in der Volksoper, Arthur Schnitzlers „Komödie der Verführung“ im Burgtheater und Franz Werfels „Maximilian und Juarez“ im Deutschen Volkstheater das erste Mal aufgeführt. Im Lustspieltheater war Johann Nestroys „eine Wohnung zu vermieten . . .“ in einer Inszenierung von Karl Kraus zu sehen, während das Theater in der Josefstadt Nestroys „Das Haus der Temperamente“ unter der Regie von Max Reinhardt am Programm hatte. Daneben gab es noch eine weitere große Zahl von Konzerten, Lesungen, Theateraufführungen und Ausstellungen in Wien.
Dieses Plakat mit dem französischen Text war zwar hauptsächlich für das Ausland bestimmt, doch muß das gleiche Sujet auch in Wien verbreitet worden sein, wie eine zeitgenössische Karikatur von Dr. Bach zeigt, in der gleichzeitig auch dieses Plakat parodiert wird. Der Entwurf zu dem damals sehr modern anmutenden und damit dem Programm des Festes adäquaten Plakat stammt von Eugen Gustav Steinhof, dem Bühnenbildner und bedeutenden, in späteren Jahren vor allem in Amerika tätigen Architekten. Für dieselbe Kulturveranstaltung hatte auch der, ebenfalls später in den USA bekannt gewordene Graphiker Joseph Binder ein hervorragendes Plakat geschaffen. B.D.

147

148 *Grammophone, Platten*
D: Wien: E. Kafunek
[1924], 95x63 cm, P 13 309

Im Jahr 1877 gelang es zwei Erfindern gleichzeitig, aufgezeichnete Schallschwingungen mittels einer Wiedergabevorrichtung zum Klingen zu bringen: Charles Cros erfand in Paris eine Sprechmaschine, die er Parléophone nannte, und Thomas Alva Edison entwickelte in den USA den Phonographen. Edison benutzte eine mit der Hand drehbare Stahlwalze mit aufgelegter Stanniolschicht, die mit Hilfe eines mit einer Membran verbundenen Stiftes eingegrabene Rillen abtastete. Die Grundzüge dieses Systems behaupten sich bis heute und wurden erst in den letzten Jahren durch die Entwicklung der Digitaltechnik langsam abgelöst. Edisons Phonograph fand rasch eine weltweite Verbreitung als Spielzeug und Unterhaltungsgegenstand sowie als Mittel zur wissenschaftlichen Schalldokumentation. Eine wesentliche Erweiterung der Möglichkeiten für die Tonwiedergabe gelang noch im 19. Jahrhundert Emile Berliner, der Schallplatten entwickelte, die zunächst aus Wachs und später aus einem Schellack-Schiefermehlgemisch bestanden. Der Vorteil dieser Technik ergab sich durch die leichtere Vervielfältigungsmöglichkeit, durch die ungleich bessere Tonqualität und durch die Möglichkeit, längere Aufnahmen herzustellen. Ab 1925 entwickelte man elektrische Aufnahmeverfahren, was nicht zuletzt auch durch die steigende Qualität der Röhrentechnik gefördert wurde.

Emile Berliner war aber nicht nur Erfinder, sondern auch Geschäftsmann. 1898 gründete er in London die Gramophone Company Ltd., deren Wirkungsbereich sich bald auch auf die USA ausbreitete. Aus dieser Firma gingen in den folgenden dreißig Jahren die wichtigsten Schallplattenkonzerne hervor, die zum Teil heute noch bestehen. Das Repertoire der ersten Aufnahmen setzte sich zumeist aus Arienaufnahmen berühmter Sänger zusammen (Nelly Melba, Adelina Patti, Fjodor Schaljapin); schon 1909 spielte Wilhelm Backhaus Bachs „Das Wohltemperierte Klavier" ein, wenn auch die Spieldauer der Schallplatten viereinhalb Minuten kaum überstieg, und nach 1910 begann man mehr und mehr, auch Orchesteraufnahmen zu produzieren.

Im Wien des Jahres 1924, dem Erscheinungsdatum des Plakates, gab es bereits ein recht breitgestreutes Angebot an Geräten und Schallplatten. Neben dem annoncierenden Geschäft von Johann Arlett, der sich zudem „gerichtlich beeideter Sachverständiger und Schätzmeister für die Erzeugung von Sprechmaschinen und Platten" nannte (vgl. Wiener Adreßbuch, 1924, Bd. 2/III, S. 371), existierten noch laut Branchenverzeichnis 32 Grammophon-Geschäfte, drei Spezialhandlungen für Schallplatten, zwei Grammophon-Reparaturwerkstätten und ein Grammophonzubehörgeschäft.

Trotz der rasanten Entwicklung der Tonwiedergabetechnik im letzten Viertel des 19. und im ersten des 20. Jahrhunderts darf man nicht vermuten, daß diese rund fünfzig Jahre die ausschließliche Blütezeit in der Weiterentwicklung der Schallaufzeichnung und -wiedergabe gewesen sind. Den beim Sprechen oder Musizieren entstehenden Schall auch festzuhalten, zu konservieren und zu reproduzieren, beschäftigte schon Jahrhunderte zuvor die Menschen. Waren zunächst eher magische Aspekte im Spiel, welche die Phantasie der früheren „Akustiker" beflügelten, wie etwa bei Giovanni della Porta, der 1589 den Schall in Bleiröhren auffangen wollte, so entwickelten sich im Zuge des fortschreitenden technischen Verständnisses immer wieder Ansätze zur mechanischen Bewältigung des Problems. 1688 stellte Günther Christoph Schelhammer fest, daß sich der Schall durch wellenförmige Bewegungen der Luft ausbreitet, 1830 baute Wilhelm Eduard Weber

148

149

150

den ersten brauchbaren Apparat zur Aufzeichnung dieser Luftbewegungen, und zehn Jahre später gelang es Felix Savart und Jean Marie Constant Duhamel, die Schallschwingungen auf einer rotierenden berußten Walze schraubenförmig aufzuzeichnen. O.B.

149 *Meinl Kaffee*
E: [Joseph] Binder
[1924], 124x92 cm, P 13 310
Beschreibung auf S. 171

150 *Das neue Waschverfahren*
E: Joseph Binder
D: [Wien]
[1924], 126x95 cm, P 13 311

Jahrhundertelang waren Wäscherinnen bemüht gewesen, in oft romantisierter, aber nichtsdestoweniger schwerer körperlicher Arbeit möglichst weiße Wäsche zu erzielen. Nur gesunde, kräftige Frauen konnten es aushalten, die Wäsche zuerst einzuweichen, mehrmals zu kochen, zu schlagen, zu bürsten oder zu reiben und sie schließlich, mit bloßen Füßen im Wasser stehend, im Freien zu schwemmen, auszuwringen und zum Bleichen auszulegen oder, wenn eine solche Möglichkeit nicht vorhanden war, eimerweise Schwemmwasser zu schleppen. Als Reinigungsmittel stand allein Seife zur Verfügung; um Wäsche weißer zu machen und eventuell die Rasenbleiche zu sparen, verwendete man Waschblau und Bleichsoda, der Waschvorgang blieb jedoch der gleiche.
So war die Erfindung eines „selbsttätigen" Waschmittels im Jahre 1907 eine große Erleichterung für die schwer arbeitende Wäscherin und Hausfrau. „Selbsttätig" deshalb, weil die bleichende Wirkung des Sauerstoffes, enthalten in den Perborat-Bestandteilen, die Wäsche rein und weiß machte, ohne daß sich die Wäscherin allzusehr anstrengen mußte. Silikat steuerte diesen Vorgang, daher der Name Per-sil.
Dieser Entwurf des bedeutenden österreichischen Gebrauchsgraphikers Joseph Binder wurde nicht nur für Plakate im herkömmlichen Sinn verwendet, sondern auch für eine große Zahl von Emailschildern, die vor den Geschäften, die das Produkt führten, als „Dauerplakate" angebracht wurden. G.B.

Von innen her beleuchtbare Haltestellensäule mit Reklameflächen

151 *Besuche die Palästina Ausstellung*
1925, 95 x 70 cm, P 13 312

Der in Wien als Feuilletonist und Schriftsteller tätige Theodor Herzl begründete mit seinem Werk „Der Judenstaat“ (1896) theoretisch den Zionismus. Er organisierte den Zionismus als politische Kraft und gab der Bewegung durch die Zionistenkongresse eine wichtige Plattform. Der erste dieser Kongresse wurde 1897 von Herzl nach Basel einberufen. Der Hauptpunkt des sogenannten „Basler Programms“, die Forderung einer öffentlich-rechtlich gesicherten Heimstätte der Juden in Palästina, war bis zur Errichtung des Staates Israel die oberste Maxime des Zionismus. Die Teilnehmer der Kongresse waren zunächst gewählte Deputierte aus den einzelnen Staaten, ab 1921 gab es dazu noch parteiähnliche Gruppierungen. Der Kongreß ist das oberste Beschlußorgan der zionistischen Bewegung.

Gleichzeitig mit dem 14. Zionistenkongreß, der in Wien stattfand, wurde im Konzerthaus auch eine Palästinaausstellung gezeigt. Der Präsident des zionistischen Aktionskomitees, Oberrabbiner Dr. Hirsch Perez Chajes (vgl. Nr. 118), gab in seiner Begrüßungsansprache zur Eröffnung der Ausstellung folgende aufschlußreiche Erklärung:

„Es ist mir eine große Ehre und Freude, in unserer Stadt die erste Ausstellung des arbeitenden jüdischen Palästina eröffnen zu können. Wenn Sie Ihren Rundgang durch die Ausstellungsräume machen, werden diejenigen, welche große Ausstellungen besuchten, bestimmt finden, daß sie Objekte dieser Art in weit größerer Zahl, reichhaltigerer Zusammenstellung und besserer Ausführung sahen. Wenn diese Ausstellung gleichwohl in ganz besonderem Maße Ihr Interesse verdient, so liegt es nicht an den exponierten Objekten, sondern an der Art, wie diese Objekte zustande gekommen sind. 2000 Jahre ist das jüdische Heimatland ohne jüdisches Volk geblieben. In dieser Zeit sind nacheinander große Kulturvölker Herren des Landes gewesen. Von allen diesen Großmächten, die in anderen Teilen ihres Reiches große Kulturarbeit geleistet haben, ist in Palästina fast nichts zurückgeblieben. Was in den letzten Jahren ein Häuflein jüdischer Menschen, vor allem Arbeiter, geleistet haben, übersteigt an Bedeutung alles, was die mächtigen Kulturvölker dort zurückließen. Bedenken Sie die ungeheuren Schwierigkeiten, unter denen das geschaffen wurde, was hier ausgestellt ist. Dann wird Sie Bewunderung erfüllen und die Hoffnung auf die Zukunft dieses Werkes, welches dem jüdischen Volke und darüber hinaus dem Gedeihen der ganzen Menschheit dient.“ (Wiener Morgenzeitung, 17. 8. 1925, S. 1)

Der Zionistenkongreß konnte in Wien allerdings nicht in dem erwünschten friedlichen Rahmen abgehalten werden: Schon nachdem bekanntgeworden war, daß der Kongreß hier abgehalten werden sollte, war es zu antisemitischen Kundgebungen von nationalsozialistischer, deutschnationaler und christlichsozialer Seite gekommen. Während des zionistischen Kongresses kam es dann wieder zu schweren antisemitischen und regierungsfeindlichen Ausschreitungen und Übergriffen, wobei 22 Polizisten und 31 Demonstranten verletzt wurden.

Der christlichsoziale Bundeskanzler Dr. Rudolf Ramek hingegen erklärte in ganz bewußter Ablehnung derartiger Exzesse in einer Grußbotschaft an den Kongreß: „Ich selbst bin überzeugt, daß der Zionismus kein Interesse der christlichen Bevölkerung verletzt, daß er im Gegenteil eine Bewegung darstellt, die geeignet erscheint, uralte Gegensätze auszugleichen, um ein besseres, auf Achtung gegründetes gegenseitiges Verständnis zu fördern. Dem Zionistenkongreß möchte ich als gegenwärtiger Leiter der österreichischen Bundesregierung und als Mitglied der christlichsozialen Partei wünschen, daß er nach Abschluß seiner Verhandlungen in der Lage sein möge, unter anderen mit der Durchführung seines Programms zusammenhängenden Erfolgen auch den zu verzeichnen, daß er in der von mir angedeuteten Richtung wirksame Aufklärung verbreitet hat.“ (AZ, 19. 8. 1925, S. 8) B.D.

151

152 *Verein sozialdemokratische Kunststelle*
E: LD
D: [Wien]: Staatsdruckerei [1925], 84x53 cm, P 76

Im November 1919 beschloß der Parteivorstand der deutschösterreichischen Sozialdemokratie die Errichtung einer eigenen Kunststelle. Sie sollte die Bestrebungen der Arbeiterschaft auch auf dem Gebiet der Kunst zusammenfassen und organisieren. Die schon seit 1905 bestehenden Arbeiter-Sinfoniekonzerte (vgl. Nr. 167) wurden in die Kunststelle eingegliedert, ebenso wie die Reste der ehemaligen „Freien Volksbühne". Die Leitung der Kunststelle übernahm Dr. David Josef Bach. Zunächst bestand die Hauptaufgabe darin, den kulturbeflissenen Mitgliedern preisgünstige Gelegenheiten zu Theaterbesuchen zu geben. 1923, als man bereits die 1000. Theateraufführung feiern konnte, erläuterte Dr. Bach aus diesem Anlaß die Intentionen seiner Kulturarbeit: „Wir haben es allen anderen gelehrt, den Anspruch des Volksganzen auf die Kunst nicht preiszugeben. Das ist eine revolutionäre Tat, im rechten Sinn des Wortes, wie es kein Zufall ist, daß unsere Kunststelle und alle ihre Nachfolgen und Nachahmungen Kinder der Revolution sind. Alle Kunst, alle echte, große Kunst ist revolutionär, das heißt über die Gegenwart hinaus in die Zukunft weisend, neue Elemente schaffend: der Inhalt, das Problem eines Kunstwerkes ist immer revolutionär, mag seine Technik, seine äußere Form — nicht die Form als Ganzes — seine ‚Handlung' noch so zeitgebunden, zufällig, vergänglich sein. Eine Beethovensinfonie ist ewig, ist revolutionär, und Goethes Iphigenie ist es auch. Danach haben wir unsere Kunstpolitik gerichtet, nicht nach dem, was sich für modern oder revolutionär schon deshalb hält, weil es dieses Wort ausspricht oder sich so gebärdet." (Kunst und Volk, Wien 1923)

Die Kunststelle war organisatorisch recht erfolgreich: in der Zeit von 1919 bis 1928 verkaufte sie mehr als zwei Millionen Theaterkarten, doch wurde dabei der Anteil der Staatstheater allmählich immer geringer.

Als es jedoch zu größeren finanziellen Schwierigkeiten kam, gab es auch herbe parteiinterne Kritik an der Leitung der Kunststelle. Oskar Pollak, der spätere Chefredakteur der „Arbeiter-Zeitung", meinte, die Politik der Kunststelle wäre nicht sozialdemokratisch und forderte eine Neuorientierung, weil sich die bisherige Kunstpolitik seiner Ansicht nach mehr an dem Geschmack der „literarischen Gourmands" in den Kaffeehäusern der Inneren Stadt orientierte als nach den Bedürfnissen der Arbeiter von Favoriten.

Wie das Plakat zeigt, gab es außer den Sinfoniekonzerten und der Vermittlung billiger Theaterkarten noch ein weiteres umfassendes Angebot: Man organisierte Lesungen, veranstaltete Ausstellungen „Kunst ins Volk" und gab ab 1926 die Zeitschrift „Kunst und Volk" heraus. B.D.

Lit.: Gulick, Charles A.: Österreich von Habsburg zu Hitler, Wien 1976, S. 246 f.; Pfoser, Alfred: Literatur und Austromarxismus, Wien 1980, S. 291.

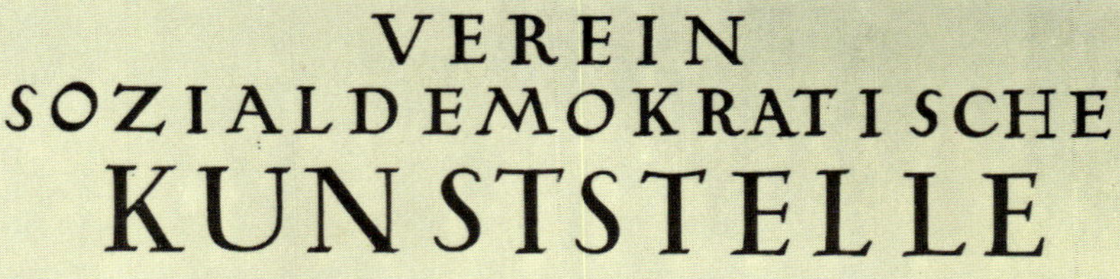

152

153

153 *Denis Mounié*
E: Gewista-Griessler
D: Wien: Papier- und Blechdruckindustrie
[1925], 185 x 92 cm, P 13 313

Der „weibliche Blickfang" auf den Plakaten der zwanziger Jahre präsentierte sich in verschiedenen Typen: während in der Werbung für Lebensmittel, Haushaltsartikel, Wohnungseinrichtungen u. ä. die biedere Hausfrau mit Waschkleid, Schürze und meist auch Kopftuch bekleidet gewählt wurde, zeigte jene für Vergnügungslokale, Revuen, Filme, für Autos, Parfums, feine Seifen und andere Luxusartikel die hyperelegante Modedame mit leicht anrüchigem Flair. Der moderne Bubikopf, die lange, schlanke Silhouette der Dame im modischen Hängekleid sollte für die Exklusivität der Marke werben. G.B.

Damenmode anno 1925

154 *Automobilfabrik Perl*
E: Berth[old] Richter
D: Wien: E. Kafunek
[1925], 95x63 cm,
P 13 314

„Die Automobilfabrik Perl A.G. in Wien-Liesing stellt als besondere Attraktion in den Mittelpunkt ihres großen Standes im Westtransept der Rotunde ein blankes Chassis ihres populären 3/16 PS-Kleinautos, das sich langsam unter Beleuchtungseffekten um seine eigene Achse drehen wird, so daß es von allen Seiten besichtigt werden kann. Es ist sehr niedrig gehalten und zeigt sämtliche Neuheiten. Dieses Kleinauto, mit dem in vorbildlicher Weise das Problem gelöst ist, mit einer Motorkraftleistung von nur drei Steuer-PS vier Personen bequem, rasch, billig und über alle Steigungen zu befördern, hat selbstverständlich auch als Taxameterwagen die denkbar rascheste Verbreitung gefunden. Wir finden auf dem Perl-Stande, der übrigens in origineller Weise zwecks Propagierung der Kunstlederleichtkarosserie mit Kunstleder ausgekleidet ist, einen geschlossenen Taxametertyp, dann einen geschlossenen und einen offenen Luxuswagen in Leichtkarosserieausführung und auch einen Lieferungswagen. Überdies sind auf den Ständen einiger großer Karosseriefirmen, so bei Keibl, Perl-Wagen mit Spezialkarosserie zu sehen.“ (NFP, 8. 3. 1925, S. 22)

154

Autofahrer in der Karikatur

155

155 *Weisse Woche STAFA*
E: Otto [Löbl]
D: [Wien]:
[1926], 185x92 cm, P 13 315

„Mariahilfer Zentralpalast . . . Mit einem Millionenaufwand ist vom kaiserlichen Rat J. Wohlschläger an der Ecke Mariahilfer- und Kaiserstraße in Wien ein Palast errichtet worden, der mit seinen Einrichtungen und Zwecken einzig dasteht. Schon der Name Erstes Wiener Warenmusterlager und Kollektivkaufhaus deutet an, daß man es nicht mit einem gewöhnlichen Warenhaus zu tun hat, sondern daß im Zusammenschluß einer Reihe von erstklassigen Spezialfirmen die Lösung des Problems, dem erwerbenden Mittelstand aufzuhelfen, gesucht wird. Dem Publikum wird in den etwa hundert Gewerbebranchen umfassenden Spezialgeschäften nur Qualitätsware geboten, wodurch einerseits das Gewerbe gefördert, andererseits das Publikum an den Kauf solider Waren gewöhnt wird. Zu den interessantesten Maßnahmen des Erbauers gehört das System, von den einzelnen Firmen keine feste Mietzahlung zu verlangen, sondern sich statt derselben mit einem bestimmten Prozentsatz an den Einnahmen jeder Abteilung zu beteiligen. Hiedurch wird das Risiko der einzelnen Geschäftsinhaber bedeutend vermindert. Betritt man den Eingang in der Mariahilferstraße, so gelangt man in den kuppelartig überwölbten Zentralsaal, in dem periodische Ausstellungen stattfinden werden. Zunächst beherbergt dieser Saal die Elite-Eröffnungsausstellung mit Mustererzeugnissen der österreichischen Industrie und Gewerbe. Die eine Hälfte des Saales zeigt eine hemizyklische Anordnung, gebildet durch drei Estraden, die in der Mitte einen größeren freien Raum umschließen. Stufen führen zur mittleren der Estraden, auf der eine mächtige Büste des Monarchen von einem säulengetragenen Baldachin und von Lorbeerbäumen eingeschlossen ist. Durch eine kreisförmige Passage, die den Ausstellungsraum umschließt, wandelt man an den Auslagen der Spezialfirmen vorbei und betritt die einzelnen Geschäftsräume, in denen man sämtliche Branchen vertreten findet." (NWT, 18. 8. 1911, S. 11)
Im dritten Stock war eine Kunstgalerie untergebracht, auf dem Dach befand sich ein Restaurant, im Mezzanin eine Kaffeekonditorei und ein Buffet. Ein Paternoster, damals eine Sensation, brachte die Käufer in die einzelnen Stockwerke. Die Eröffnung des Hauses erfolgte am 18. August 1911, am Geburtstag des Kaisers, und bald gehörte

der Mariahilfer Zentralpalast zu den Attraktionen Wiens. Da das Gebäude sieben Stockwerke hatte und damit die meisten Häuser der Umgebung überragte, konnte abends die Leuchtreklame auf der Dachterrasse von weither gesehen werden.
Als der Erste Weltkrieg ausbrach, bekam der Erbauer finanzielle Schwierigkeiten und mußte das Gebäude schließlich verkaufen. 1919 wurde von Beamten der niederösterreichischen Landesregierung die STAFA (Staatsangestellten-Fürsorgeanstalt reg. Gen. m. b. H.) gegründet und von dieser der Zentralpalast als Kaufhaus erworben. Im April 1920 nahm das genossenschaftliche Warenhaus den Betrieb auf. Bald mußte die Genossenschaft in eine Ges.m.b.H. und, nach weiteren finanziellen Schwierigkeiten, in eine Aktiengesellschaft umgewandelt werden.
Nach dem Krieg waren hier vor allem Überschußgüter, die vom Sachdemobilisierungsfonds des Heeres geliefert wurden, zum Verkauf an die Mitglieder gelangt; Mitglieder konnten nur Staatsangestellte werden, und bald stellte sich heraus, daß sich für den großen Rahmen des Warenhauses hier zu wenige Absatzmöglichkeiten boten. Auch nach der Umwandlung in eine Aktiengesellschaft besserte sich die Lage nur langsam, erst das System des Kommissionsverkaufes, das nun eingeführt wurde, brachte eine Wendung. Möglichkeiten der Werbung waren Modeschauen, Hausfrauennachmittage, künstlerische Veranstaltungen, Ausstellungen, Exkursionen und Propagandaverkäufe mit besonders günstigen Angeboten. 1928 wurde der bis dahin höchste Umsatz erreicht, dann begann der Rückschritt. Die Weltwirtschaftskrise verschärfte auch die finanzielle Lage der STAFA. 1942 wurde der Betrieb aufgelöst und von der Deutschen Arbeitsfront übernommen. 1943 wurden drei Stockwerke von der Luftwaffe beschlagnahmt. Knapp vor Kriegsende setzten einige Flakschüsse das Gebäude in Brand, das Haus wurde geplündert und devastiert.
Trotz größter Schwierigkeiten gelang es aber auch diesmal, den Betrieb weiterzuführen und nach langen, schweren Jahren erstand das Gebäude in seiner heutigen Gestalt. G.B.

156

149 *Meinl Kaffee*
E: [Joseph] Binder
[1924], 124x92 cm, P 13 310
Abbildung auf S. 165

156 *Meinl Tee*
E: [Joseph Binder]
[1926], 126x95 cm, P 13 316

1862 gründete Julius (I.) Meinl in Wien am Laurenzerberg ein Kolonialwarengeschäft. Seit 1889 arbeitete sein Sohn Julius (II.) Meinl im Geschäft des Vaters. Auch beim Aufstieg dieses Unternehmens spielte die Werbung eine große Rolle. Schon 1890 wurde das erste Meinl-Kaffee-Plakat affichiert. Die erste Filiale wurde in der Neustiftgasse eröffnet, 1901 gab es 16, 1909 bereits 48 Filialen. 1907 wurde eine firmeneigene Ausbildungsschule gegründet. Im Jahr 1912 erwarb Meinl in Wien ein Gelände an der späteren Julius-Meinl-Gasse, wo er eine Lebens- und Genußmittelfabrik errichtete. Gleichzeitig wurde in London ein Importbüro, vor allem für Kaffee, eingerichtet. Zu Beginn des Ersten Weltkrieges starb der Firmengründer, sein Sohn übernahm das Geschäft.
Das Haus Julius Meinl konnte viele bedeutende Künstler für Werbung und Gestaltung der Verpackungen gewinnen. Im besonderen Maße erregte Joseph Binder mit seinen Meinlplakaten Aufsehen und hatte auch in der Fachwelt großen Erfolg: seine Arbeiten wurden in den internationalen Magazinen für Gebrauchsgraphik wie „The Studio" (London) und „Gebrauchsgraphik" (Berlin) publiziert.
„Die Jahre 1925/26 hatten eine große Wendung im Stil der Meinlplakate gebracht. Ausschlaggebend dafür war das von Joseph Binder entworfene Kaffeeplakat ‚Der Mohr mit dem Fez'.
Binder nannte das Kaffeeplakat ‚das

157

Ausrufzeichen', bezugnehmend auf die verlängerte Höhe des roten Fez und die runde Form des Kopfes. Als Komposition der bildnerischen Darstellung gesehen, ergab es eine dynamische Konzentration in Farbe in einem abstrakten weißen Raum, unkonventionell zu jener Zeit.
Das Plakat für ‚Meinl Tee' wurde in drei verschiedenen Größen gedruckt und in Serien affichiert, wodurch die Fahrt der chinesischen Dschunken höchste Intensivierung erfuhr . . . sie kamen herangesegelt . . ." (Binder, Carla: Joseph Binder ein Gestalter seiner Umwelt, Wien 1976, S. 17)
Damit wurden in der Werbung dieses Unternehmens Maßstäbe gesetzt, die auch in der Folge ein hohes künstlerisches Niveau erbrachten. Nach dem Krieg hat vor allem Otto Exinger die Reklame dieser Firma geprägt und den eigenständigen, festumrissenen Meinl-Werbestil weitergeführt. B.D.

Lit.: Nr. 149: Meinl Post 1956/43; Binder, Carla: Joseph Binder ein Gestalter seiner Umwelt, Wien 1976, S. 19; Nr. 156: The Studio 1926/5; Gebrauchsgraphik 1928/3; Meinl Post 1956/53; Binder, Carla: Joseph Binder ein Gestalter seiner Umwelt, Wien 1976, S. 18.

157 *Sei vorsichtig!*

E: Wil(helm) Fridrich
D: Wien: J. Weiner
[1926], 126x95 cm, P 13 317

Nach der ersten Reklameeuphorie der Jahrhundertwende fanden sich sehr bald auch Kritiker, die meinten, derartige Bemühungen wären sinnlos oder stilistisch primitiv und von verdummender Wirkung.
Die Firmen und Werbetreibenden versuchten dieser Kritik entgegenzuarbeiten und unternahmen deshalb verschiedene Anstrengungen, um der Werbung selbst ein „solideres Image" zu verleihen. Manche Firmen etwa verstanden „geschmackvolle Reklamebauten" als positiven Beitrag zur Stadtbildpflege (vgl. Nr. 183), andere wieder wollten zeigen, daß Werbung in jeder Hinsicht nützlich sein könne. Die Firma hier suchte durch dieses Schockplakat einen Beitrag zur Verkehrssicherheit zu leisten — natürlich nicht ohne auf die Qualität des eigenen Produktes hinzuweisen. Über diesen Umweg erreichte man sicher auch die Aufmerksamkeit von Menschen, die eine „reine" Waschmittelwerbung gar nicht beachtet hätten.
B.D.

158 *Der Rosenkavalier*

E: Georg Pollak
D: Wien: Papier- und Blechdruckanstalt
[1926], 188x127 cm, P 13 318

„Der Rosenkavalier" wurde 1925 von der österreichischen Pan-Film AG hergestellt. Das Drehbuch stammte von Hugo von Hofmannsthal, die Musik von Richard Strauss, der bei der Premiere in der Dresdner Oper auch selbst dirigierte, die Dekorationen entwarf Alfred Roller. Der Komponist selbst sagte über diesen Film: „Ich darf wohl annehmen, daß die aus Motiven der ‚Rosenkavalier'-Musik geschaffene Filmmusik ihre Wirkung nicht verfehlen wird, umsomehr, als der Regisseur des Films schon bei der Inszenierung auf das Musikalische des Werkes insofern Rücksicht genommen hat, als er die einzelnen Szenen unter den Klängen der ‚Rosenkavalier'-Musik inszenierte, also gewissermaßen den Rhythmus der Musik auf den Rhythmus der Gesten übertrug." (Der österreichische Film in der Ersten Republik, Wien 1968, S. 13) Unter der Regie von Robert Wiene spielten Michael Bohnen, Huguette Duflos, Jacques Catelain, Paul Hartmann u. a.
Die Kritik beurteilte die künstlerische Leistung positiv, wies aber auf bestimmte, durch die Art des Stoffes gegebene Schwächen hin: „Alle Hochachtung vor der hochwertigen heimischen Arbeit, welche diesen Film zustandegebracht. Seine großzügige und dabei immer stilechte Aufmachung, die gewählten Kostüme und nicht zuletzt die vorzügliche Photographie verdienen uneingeschränkte Anerkennung. Auch die Darstellung ist in allen Rollen auf der Höhe. Die Schwäche des Bildes hingegen liegt

Robert Wiene
PAN-FILM
Produktion
Der Rosenkavalier
ab 26. Februar
in den Wiener Kinos
PLAKATATELIER GEORG POLLAK TEL. 32-1-64
PAPIER u. BLECHDRUCK-INDUSTRIE WIEN, XIX.

158

in seinem unfilmischen Vorwurfe, der es dem Regisseur, dessen Können wir auf Grund seiner bisherigen Werke respektieren, schwer, vielleicht sogar unmöglich machte, die, den Gesamteindruck des im Detail großartigen Films ungünstig beeinflussenden Längen zu vermeiden. Möglicherweise war Herrn Wiene's Regiearbeit zu sehr an das, zweifellos wieder durch Rücksichten auf die Begleitmusik gebundene, Buch gefesselt. Die Begleitmusik wieder ist ein Problem für sich. Einerseits erscheint es mit Rücksicht auf die Popularität der gleichnamigen Oper unerläßlich, den Film mit der Originalmusik zu begleiten, andererseits ist diese, (wir stellen hiebei alle musikliterarischen Erwägungen beiseite und denken nur an das breite Publikum) für die Illustration eines Films zu kompliziert. Zusammenfassend genommen, ist der ‚Rosenkavalier' eine der heimischen Filmindustrie zur Ehre gereichende hochklassige Leistung; es bleibt lediglich die Frage offen, wie weit die Popularität der Oper, der Prunk der Aufmachung, das rein Bildhafte den Gesamterfolg zu beeinflussen vermag." (Paimann's Filmlisten, 18. 12. 1925, S. 233 f.). G.B.

159 *Ein Notschrei*

D: Wien: Elbemühl — Graphische Industrie
[19]26, 63 x 95 cm, P 13 319

Hugo Bettauer war zu seiner Zeit ein populärer Schriftsteller:
Er verfaßte die Romane „Das entfesselte Wien", „Die Stadt ohne Juden" und „Die freudlose Gasse", den G. W. Pabst verfilmte.
Anfang 1924 gründeten Hugo Bettauer und Rudolf Olden die Zeitschrift „Er und Sie. Wochenschrift für Lebenskunst und Erotik". Die Zeitschrift sollte Aufklärung auf populäre Weise vermitteln, sich mit den Problemen des Lebens, vor allem des erotischen, auseinandersetzen.
Nach kurzer Zeit mußte das Blatt sein Erscheinen einstellen, die Proteststürme der „Wiener Sittenschnüffler" waren zu groß gewesen — die Zeitung war von konservativer Seite als „jüdische, schweinische Zeitschrift" und der Herausgeber selbst als „Pornograph" und „Industrieritter der Erotik" bezeichnet worden.
Als Nachfolgeblatt erschien ab 15. Mai 1924 „Bettauers Wochenschrift", die damals mit einer Auflage von 60 000 Exemplaren eine der erfolgreichsten österreichischen Zeitschriften war.
Doch die Hetze gegen Bettauer und seine Publikationen ging weiter.
Am 10. März 1925 wurde er von einem jungen „Hakenkreuzler" niedergeschossen und schwer verletzt, 16 Tage später starb er. Im folgenden Prozeß ging der von dem Rechtsanwalt und nationalsozialistischen Politiker Dr. Walter Riehl verteidigte Attentäter praktisch straffrei aus. Die Zeitschrift wurde jedoch von Helene Bettauer weiter herausgegeben. Die Nummer vom 14. März 1926, der dieses Plakat gewidmet ist, war vollständig dem schon in der Ersten Republik umstrittenen „Abtreibungsparagraphen" gewidmet. Unter anderem hieß es zu diesem Problem in dem Heft: „Die Verhältnisse haben sich so zugespitzt, daß eine Reform des Paragraphen 144 zu einer brennenden Tagesfrage geworden ist. Das beweisen nicht nur die Reden Tandlers und Altmanns, das zeigt jede neue Gerichtsverhandlung, jeder neue ‚Fall', den die tägliche Polizeichronik meldet. Vielleicht kann diese Nummer dazu beitragen, aus einem veralteten Gesetz durch die schöpferische Arbeit der Volksvertreter das zu machen, was es wirklich sein soll: ein Schutz für den werdenden Menschen."
B.D.

Lit.: Bettauers Wochenschrift, Nr. 11; Hall, Murray G.: Der Fall Bettauer, Wien 1978.

159

160 *Städtisches Amalienbad*
E: Gewista-Griessler
D: [Wien]
[1927], 196x106 cm, P 13 320

Im Jahre 1923 — sicher nicht zufällig gerade während des Nationalrats- und Gemeinderatswahlkampfes — wurde von der Wiener Gemeindevertretung neben dem umfassenden Wohnbauprogramm auch der Bau eines großen Volksbades in Favoriten beschlossen. Bereits am 8. Juli 1926 konnte dieses „größte und schönste Bad der Stadt Wien" feierlich eröffnet werden. Das Bauwerk erhielt den Namen Amalienbad, zur Erinnerung an die Wiener Gemeinderätin Amalie Pölzer. Der zuständige Stadtrat, Franz Siegel, gab zur Eröffnung eine für die sozialdemokratische Kommunalpolitik der Zwischenkriegszeit bezeichnende Erklärung: „Als eines der größten Bäder Mitteleuropas wird dieser Bau, der nun nach fast

dreijähriger Arbeit vollendet ist, Zeugnis ablegen von der Sorge der Gemeinde für die Gesundheit der Bevölkerung. Mitten in einem Proletarierbezirk erhebt sich das wuchtige Gebäude, ein Symbol des Aufstieges der Arbeiterklasse zu neuer Kultur. Das Amalienbad versinnbildlicht ein großes Stück Kulturarbeit, die sich planmäßig einfügt in den Rahmen des Aufbauprogramms der Wiener Gemeindeverwaltung."
Der Besuch war gleich im ersten Betriebsjahr sehr groß: man zählte rund 1,11 Millionen Besucher. Das Bad war allerdings auch, nach damaligen Begriffen, luxuriös und vor allem nach dem modernsten technischen Stand eingerichtet. Da gab es die erste Schwimmhalle mit eingebauten Tribünen für Zuschauer, die die Abhaltung größerer Sportveranstaltungen ermöglichten. Auch das Schwimmbassin mit seinem Ausmaß von 33,33x12,5 m war für diesen Zweck eingerichtet, drei Längen ergaben genau 100 m, und die Breite war ausreichend für sechs Startbahnen. Außerdem gab es noch ein Kinderbecken, Brause-, Wannen-, Dampf- und Heißluftbäder, eine Kaltwasserabteilung, verschiedene Bestrahlungs- und Behandlungsräume sowie auf dem Dach eine Sonnenterrasse mit Grasflächen.
Die große Schwimmhalle bot den Jugendlichen eine leicht zugängliche Gelegenheit, Schwimmen zu lernen — seit 1928 ist das Schwimmen ein Pflichtgegenstand in den Wiener Schulen. Die Halle wurde zu bestimmten Zeiten eigens für die Schulklassen reserviert, die Kinder bekamen unentgeltlich Badekleidung und Frottiertücher zur Verfügung gestellt.
Dieses Plakat wurde ab dem 6. Jänner 1927 in Wien affichiert. B.D.

Lit.: Das Amalienbad der Gemeinde Wien im 10. Bezirk, Wien 1926; Czeike, Felix: Wirtschafts- und Sozialpolitik der Gemeinde Wien in der Ersten Republik (1919 bis 1934), 2. Bd., Wien 1959, S. 260 f.

GEWISTA GRIESSLER
STÄDTISCHES
AMALIENBAD
KURABTEILUNG
TELEFON 57-4-32 X. REUMANNPLATZ LINIEN 6,15,67
DAMPF- U. WANNENBÄDER · GEHEIZTE SCHWIMMHALLE
ELEKTRISCHE, WASSER-, HEISSLUFT- UND RADIUMKUREN
MEDIZINAL- UND SCHLAMMBÄDER
MASSAGE UND HEILGYMNASTIK

160

161 *An den Polizeipräsidenten*
D: Wien: Jahoda & Siegel
[1927], 83x53 cm, P 13 321

Im Jänner des Jahres 1927 wurden bei einer Auseinandersetzung von „Frontkämpfern“ und Sozialdemokraten im burgenländischen Schattendorf ein Kriegsinvalide und ein Kind von den Frontkämpfern erschossen. Als dann am 14. Juli die wegen Mordes angeklagten Frontkämpfer — auch in der Frage der Notwehrüberschreitung — freigesprochen wurden, brach am folgenden Tag ein Sturm der Entrüstung los. Es kam in Wien zu spontanen Arbeiterdemonstrationen, die in schwere Ausschreitungen mündeten, in deren Folge es auch zum Brand des Justizpalastes kam. Das gewaltsame Vorgehen der Polizei forderte 90 Todesopfer und zirka 1 100 Verwundete.

Karl Kraus nahm regen Anteil an diesem Geschehen: Im Oktober 1927 widmete er dem grausamen Ereignis und seinen Auswirkungen ein 92 Seiten umfassendes Heft der „Fackel“. Zahlreiche Dokumente, Augenzeugenberichte, Zeitungsnotizen und Redeausschnitte sollten seine Ansicht beweisen, daß die Polizeiaktion des 15. Juli, „daß die mörderische Razzia gegen Wehrlose, Ahnungslose und Unschuldige für alle Zeiten ein Brandmal Wiens bleiben wird“.

Vom 17. bis 19. September 1927 ließ Karl Kraus das vorliegende Plakat in Wien affichieren. Johann Schober war für den raschen, bedingungslosen Einsatz der Polizei von bürgerlicher Seite in den höchsten Tönen gefeiert worden. Kraus hingegen meinte in Schober alle jene Merkmale des „fidelen Henkers“ der Kriegszeit wiederzuerkennen und sah in ihm einen Mann, der versuchte, seine Nachgiebigkeit bei Schiebern und Erpressern durch Härte gegenüber den Arbeitern wettzumachen.

Die Plakataktion erregte großes Aufsehen, vor allem aber wilde Polemiken von seiten der bürgerlichen Medien gegen deren Urheber. Einerseits behauptete man, daß es sich bei dem Anschlag bloß „um einen Reklametrick des Fackel-Kraus“ handle, andererseits wieder, daß die Aktion „nichts als ein Stoß in die Luft oder ein Schlag ins Wasser“ sei. Darauf entgegnete Kraus, daß das Plakat tatsächlich „ein Stoß in die unreine Luft, ein Schlag ins faule Wasser“ sein sollte.

Der Autor war sich jedoch im klaren, daß er selbst durch die aufsehenerregendsten Plakate den Polizeipräsidenten nicht zum Rücktritt bewegen konnte. Was er damit wirklich wollte, beschrieb er so: „Lange bevor ein Wortwerk erscheint, das trotz allem Erlebnisinhalt von der maßgebenden Wurstigkeit in die Kategorie ‚Literatur‘ abgetan wird, den Trägern eines Menschengefühls ein erwartetes Zeichen zu geben, wie ich zu dem Ereignis stehe, das ihnen das Herz bewegt und der überwiegenden Mehrheit der Bundesbürger es verhärtet hat. Das habe ich erreicht, und ich kann dieser überwiegenden Mehrheit, mag sie nun toben oder grinsen, protestieren oder ihre Dummheit für meine Blamage halten, mag der Furor für Ordnung und Sicherheit sich im Walten von Säbelklingen auf Litfaßsäulen oder in einer ganzen vaterländischen Literatur von Pissoir-Inschriften auf noch unversehrten Plakaten betätigen — ich kann dieser die Kultur überwiegenden Mehrheit gar nicht sagen, was es auf der Welt geben könnte, das mir gleichgültiger wäre als ihre Reaktion. B.D.

An den Polizeipräsidenten von Wien
JOHANN SCHOBER

Ich fordere Sie auf,
abzutreten.

KARL KRAUS
Herausgeber der Fackel

Druck von Jahoda & Siegel, Verlag „Die Fackel“,
verantwortlich für den Inhalt Karl Kraus,
sämtlich Wien, III. Hintere Zollamtsstr. 3

161

Lit.: Die Fackel, Oktober 1927, Nr. 766 bis 770; Feldner, Fritz: Wunderliches Werbarium, Wien 1960, S. 79ff.; Massiczek, Albert: Zeit an der Wand, Wien 1967, S. 71; Schick, Paul: Karl Kraus in Selbstzeugnissen und Bilddokumenten, Reinbek bei Hamburg 1965, S. 115ff.

An den Polizeipräsidenten von Wien
JOHANN SCHOBER

Ich fordere Sie auf,
nicht
abzutreten.

Gegeben Wien, am 22. Sept. 1927

Goldfüllfederkönig
E. W.

Herausgeber und für den Inhalt verantwortlich: Ernst W.nkler, I., Kohlmarkt 3—5 — Plakatdruck: „Elbemühl", IX., Berggasse 31

162

162 *An den Polizeipräsidenten*
D: Wien: Elbemühl
[1927], 83x53 cm, P 13 322

Einige Tage nach dem Aufruf von Karl Kraus wurde dazu diese Parodie in Wien verbreitet. Urheber des Plakates war Ernst Winkler, „Goldfüllfederkönig" von eigenen Gnaden und eine der wohl schillerndsten Figuren der Werbegeschichte. Karl Kraus gab sich beim — wie er sagte — „vom beifälligen Grinsen der Bürgerwelt" begleiteten Erscheinen des Plakates gelassen. In Anlehnung an ein Lichtenbergzitat meinte er zu Reaktionen wie dieser: „. . . wenn ein Plakat und ein Kopf zusammenstoßen und es klingt hohl, so muß nicht immer das Plakat schuld sein." (Die Fackel, Nr. 766 bis 770, S. 77) Der seltsame „Scherz", den sich der stadtbekannte „Spaßvogel" Ernst Winkler vor dem Hintergrund von 90 Toten und vielen Verwundeten leistete, war für den Stil seiner Werbung charakteristisch: Ein anderer solcher „Scherz" hatte ihm bereits in Dresden einige Jahre Gefängnis eingebracht. Im Jahr 1918 kam er nach

An den Karl Krauß mit den Affenponem. — Sie in die Menschenhaut Hineingestohlenes Schwein. — Wer sind Sie denn! Ein Revolver Journalist, wegen dem sich jeder andere Reporter schämen muß. — Ersparen Sie sich Ihre Plakatspesen, Sie sind ja in Wien nur ein geduldetes Individium, welches nichts mehr zu Fressen hat. — Überspannen sie nicht Ihre Frechheit, — die Watschen und Hundspeitschen sind für Sie reservirt um Ihnen Ihr Affengefrieß zu moderniesiren, Sie Dreckfrechling. —
Viele Wiener aus den
III. u. XI. Bezirk.

Leserbrief an „Die Fackel", Oktober 1927, Nr. 766—770.

Wien und gründete als „Goldfüllfederkönig" ein Geschäft. Die Werbung für seine Firma kann wohl als ein Beispiel pervertierter, zynischer Reklamesucht gelten. Sein Ziel war, um jeden Preis aufzufallen — und er war dabei bedenkenlos in der Wahl seiner Mittel. Er inszenierte mehrmals groß aufgemachte geheimnisvolle Selbstmorde erfundener Personen — meist Adeliger — oder brachte sich selbst in den Verdacht, einen Raubmord auf einen bekannten Berliner Juwelier geplant zu haben. Weiters kündigte er ein Revolverattentat bei einer Opernredoute an und deponierte einmal eine Bombenattrappe bei der Postsparkasse. 1931 schließlich sammelte er Unterschriften für seine Kandidatur zum Bundespräsidenten.
Im Wahlaufruf dazu versprach er unter anderem den Gewerbetreibenden und Industriellen die Hinrichtung des Wiener Bürgermeisters Karl Seitz und den Tod des Finanzstadtrates Hugo Breitner. Sein nahezu neurotischer Werbestil hatte jedoch Erfolg: Sogar das „Berliner Tagblatt" schrieb: „Der Goldfüllfederkönig ist bereits eine europäische Figur, bei der jedermann gern seine Füllfeder kauft — sein Laden geht glänzend!" Und 1934 brachte ihn das „Wiener Magazin" an erster Stelle in einer Reportage über die populärsten Wiener. 1938 schließlich verfügte er über ein Vermögen von mehr als einer Viertelmillion Schilling.
Nach dem Krieg geisterte Ernst Winkler noch mehrere Male recht unrühmlich durch die Zeitungen. B.D.

Lit.: Feldner, Fritz: Wunderliches Werbarium, Wien 1960, S. 79 ff.

163

163 *Aussig'schmiss'n hob i s'!*
E: [Victor] Slama
D: Wien: Waldheim-Eberle
[1927], 188x185 cm, P 440

Mieterschutz — das war einer der wichtigsten propagandistischen „Dauerbrenner" in den Wahlkämpfen der Sozialdemokratischen Partei. Die Mieterschutzgesetze stammten noch aus der Zeit des Ersten Weltkrieges und bedeuteten eine ziemlich weitgehende Einschränkung der Vollmachten und Gewinnmöglichkeiten der Hauseigentümer zum Schutze der Mieter.

Bereits im Wahlkampf 1923 hatte der christlichsoziale Bundeskanzler Ignaz Seipel erklärt, daß es zu den ersten Aufgaben des kommenden Parlaments gehören müsse, „normale Verhältnisse" zu schaffen, in denen der „Hausbesitzer von dem, was ihm das Haus abwirft, leben kann". Nach dieser oft zitierten Rede Seipels entfachten die Sozialdemokraten eine aufgeregte Kampagne für die Beibehaltung des Mieterschutzes. Schon das 1923 bekanntgegebene große Wohnbauprogramm der Gemeinde Wien steht im Zusammenhang mit der durch den Mieterschutz bedingten, stark eingeschränkten privaten Wohnbautätigkeit.

Auch im Nationalratswahlkampf 1927 war wieder einer der wohl wichtigsten sozialdemokratischen Wahlschlager die Sicherung des Mieterschutzes. Ein Thema, das vor allem auf Plakaten, aber natürlich auch in der Publizistik lebhafte Verbreitung fand. Bereits im März hatte der sozialdemokratische Politiker Otto Bauer erklärt, daß die oberste Frage des Wahlkampfes der Mieterschutz wäre. So ist das vorliegende Bild von Victor Slama eine Variation zu einem ähnlichen Plakat desselben Künstlers aus dem Jahre 1923.

Wieder wie vor vier Jahren wurde den Österreichern suggeriert, daß bei einem Wahlsieg der Rechten die Aufhebung des Mieterschutzes unausbleiblich wäre — und was damit auf die Mieter zukommen sollte, wußten noch alle vom letzten Wahlkampf her: es war der aus der politischen Agitation nun schon so wohlbekannte 15 000fache Friedenszins. Die Vertreter der Einheitsliste waren diesmal aber interessiert, dem Gegner keinen weiteren Anhaltspunkt für seine hemmungslose Propaganda zu bieten. Bereits Mitte März erklärte Minister Vaugoin ausdrücklich, daß es den Regierungsparteien gar nicht einfalle, den Mieterschutz aufzuheben. Die sozialdemokratische Propagandamaschinerie wurde jedoch von derartigen Beteuerungen nicht gehemmt. Man wies darauf hin, daß die christlichsozial-großdeutsche Parlamentsmehrheit in den Jahren von 1923 bis 1925 dreimal den Abbau des Mieterschutzes erzwingen wollte. Einzig und allein die Sozialdemokraten hätten damals durch Obstruktion im Parlament diese Versuche abgewehrt.

Die Analysen der letzten Nationalratswahlen hatten wieder klar gezeigt, daß die Sozialdemokraten nur dann die ersehnten 51 Prozent der Stimmen erreichen konnten, wenn sie neben der Arbeiterschaft auch Teile des Mittelstandes zu gewinnen vermochten. Gerade der Mieterschutz erlaubte der Partei, „eine Mittelstandspolitik zu machen, die mit ihren eigenen Grundprinzipien — der Verbesserung der Lebensbedingungen der Arbeiter — absolut im Einklang stand", wie der Historiker Charles Gulick schreibt. Nur aufgrund des Mieterschutzes war es dem Mittelstand damals möglich, durch die Untervermietung eines Teiles seiner Wohnung der gänzlichen Verproletarisierung zu entgehen.

Den kleinen Gewerbetreibenden und Kaufleuten war es dadurch auch möglich, mit geringen Kosten zu arbeiten, um einigermaßen mit der Konkurrenz der großen Firmen mithalten zu können.

„Die Sozialdemokratie hat dem gebildeten Mittelstand das einzige gerettet, was ihn vor völliger Verelendung schützt: den gesicherten Besitz einer Wohnung!" So und ähnlich lauteten die diesbezüglichen sozialdemokratischen Werbesprüche, mit denen man das Vertrauen des Mittelstandes gewinnen wollte. Interessanterweise fehlt auf diesem Wahlplakat die sonst übliche Aufforderung, sozialdemokratisch zu wählen.

„Rettet den Mieterschutz!" lautete die Parole, und das genügte offenbar — so sehr wurde schon die Sozialdemokratische Partei identifiziert mit dem Kampf um den Mieterschutz. B.D.

Lit.: Gulick, Charles Adam: Österreich von Habsburg zu Hitler, Wien 1976, S. 193; Plakatausstellung Victor Th. Slama, Wien 1975, Nr. 96.

164 *Breitner Steuern*
E: [Victor] Slama
D: Wien: Waldheim-Eberle
[1927], 190x126 cm, P 439

Nach dem Wahlsieg der Sozialdemokraten in Wien im Jahr 1919 übernahm der ehemalige Bankdirektor Hugo Breitner das Finanzreferat. In der wirtschaftlich so schwierigen Nachkriegszeit ging er sofort daran, die katastrophale Finanzlage Wiens in Ordnung zu bringen. Er entwickelte ein für seine Zeit völlig neuartiges Steuersystem, das von seinen Freunden und Feinden gleichermaßen „Breitner-Steuern" genannt wurde.

Die neue Form der Besteuerung konnte auf den sehr einfachen Nenner gebracht werden: „Die Reichen sollen zahlen!" Diese Politik muß aus einer Zeit heraus verstanden werden, in der einer kleinen Zahl sehr reicher Leute die Masse der armen Bevölkerung gegenüberstand, die nach dem Ersten Weltkrieg unter heute kaum noch vorstellbaren schlechten Lebensbedingungen leiden mußte. Die direkte Luxussteuer sollte, anstelle der indirekten Massensteuer, die alle gleich traf, denjenigen etwas nehmen, die sich ohnehin einen aufwendigen Lebensstil leisten konnten. Breitner-Steuern mußte zahlen, wer es sich in dieser tristen Zeit leisten konnte, Nachtlokale, Bars, Bordelle, Kabaretts, Pferderennen oder auch Boxkämpfe zu besuchen, wer ein Auto besaß oder sich ein Rennpferd

164

Einzelpreis in Oesterreich:
An Wochentagen 20 g
An Sonn- und Feiertagen 30 g
Monatsbezugspreis:
Für Wien, Oesterreich
(Postsparkassenkonto 30656)
S 4.—
mit „Wiener Stimmen"
S 5.—

Redaktion, Verwaltung, Expedition und Druckerei, Wien, 8. Bezirk, Strozzigasse Nr. 8.

Fernsprecher 23545 Serie

Unabhängiges Tagblatt für das christliche Volk

Monatsbezugspreis:
[illegible]
[illegible]
mit Wiener Stimmen ... K ...
Ungarn (Postsparkassenkonto ...) P 3.30,
mit Wr. Stimmen P 4.10
Deutschland (Postscheckkonto München ...) S 4.40
mit Wr. Stimmen S 5.40
übriges Ausland S 6.—
mit Wr. Stimmen S 7.—
oder Gegenwert in betreffender Landeswährung.

Inseratenverwaltung:
Wien, VIII, Strozzigasse 8.
Fernsprecher 23545 Serie.

Stadtanzeigenannahme:
Wien, I, Schulerstraße 11.
Fernsprecher 7117?, 70171

Nr. 71 | Wien, Sonntag, den 13. März 1927 | 34. Jahrgang

Die im redaktionellen Texte enthaltenen entgeltlichen Mitteilungen sind durch ein vorgesetztes + gekennzeichnet.

Wahlmache mit Zirkusreklame.

Wien, am 12. März.

Ein Freund schreibt uns: „Seit einigen Tagen sieht man knallrote sozialdemokratische Wahlplakate an allen Wänden. Bei der Oper, auf dem Dach des Dianabades und in der Kärntnerstraße wird mit Lichtreklame politische Propaganda gemacht und alle Zeitungen, die dem Einfluß der Sozialdemokraten zugänglich sind, bringen fast nichts anderes als Wahlmache. Das alles geschieht zu einer Zeit, wo der Wahlkampf kaum recht begonnen hat. Die nichtsozialistischen Parteien verhalten sich dagegen schweigsam und zurückhaltend. Ich sehe nicht ein, warum wir den Sozialdemokraten einen Vorsprung in der Propagandaarbeit einräumen."

Dieser Brief ist öffentlich zu beantworten, weil es an Beschwerden ähnlicher Art nicht fehlt und auch nicht an mannigfachen Vorschlägen für eine schärfere Form der Wahlpropaganda.

•

Wir glauben nicht, daß es in Oesterreich gut und zweckmäßig ist, für Weltanschauung und politische Ueberzeugung eine Reklame zu machen, wie sie zu einem amerikanischen Zirkus oder zu einer neuen Margarinsorte paßt. Es ist selbstverständlich notwendig, vor einer Wahl deren Ergebnis für längere Zeit das Schicksal unseres Vaterlandes bestimmen wird, aus den letzten Jahren die politische Bilanz zu ziehen und diese deutlich jenen Teilen der Wählerschaft vorzuführen, die für gewöhnlich dem politischen Leben ganz ferne stehen oder trotz bestimmter politischer Einstellung nicht die Zeit oder die Möglichkeit haben, den Ereignissen ständig zu folgen. Diese Notwendigkeit allein bildet die sittliche Begründung für eine besondere Wahlpropaganda und bestimmt auch deren Grenzen.

In manchen Ländern gebietet nun der Selbsterhaltungstrieb den Parteien eine sehr lärmende Sprache. Das gilt besonders für solche Länder, wo dank einer gesunden, kräftigen Wirtschaft die Politik nur in geringem Maße die Existenz des einzelnen Bürgers berührt und die Parteiprogramme so wenig voneinander abweichen, daß dem Wähler eine Entscheidung nicht leicht fällt. So ist der Unterschied zwischen den amerikanischen Parteien für den Europäer kaum wahrnehmbar und es macht für die Massen der werktätigen Bevölkerung keinen großen Unterschied aus, ob im Kongreß zu Washington die Republikaner oder die Demokraten die Mehrheit haben. Unter solchen Verhältnissen — man trifft sie abgeschwächt auch in europäischen Staaten — sind die Parteien gezwungen, den nicht sehr zugkräftigen Argumenten mit psychologischen Mitteln zu Hilfe zu kommen, um die Massen überhaupt zu interessieren. Daraus entwickelte sich die amerikanische Zirkusreklame für Wahlen. Und europäische Kinder kommen sich jetzt großartig amerikanisch vor, wenn sie mit gleichen Mitteln arbeiten.

Wie steht es aber im Oesterreich von 1927 um diese Dinge? Obwohl wir vom Zweiparteiensystem noch ziemlich weit entfernt sind, hat sich die Scheidung der Geister deutlicher vollzogen als irgendwo. Auf der einen Seite steht die Sozialdemokratie, die sich gerade in diesen Tagen offiziell zu einem neunzigprozentigen Bolschewismus bekannt hat. Sie läßt nur taktische, zeitlich begrenzte Hemmungen in der Durchführung ihres bolschewikischen Programms gelten, das in der vollständigen Niederwerfung des Bürgertums und in der Aufrichtung der bewaffneten Diktatur einer Klasse kulminiert. Auf der anderen Seite steht das ganze demokratische Oesterreich. Eine gewaltige Mehrheit, die gewiß nicht homogen ist, die aber die geschichtliche Forderung des Augenblickes gründlich verkennen würde, wenn sie über ihre Streitfragen hinaus nicht die große gemeinsame Gefahr sehen wollte.

Um diese Erkenntnis zu vermitteln, bedarf es keiner knallenden Propaganda. Wer nicht gegen alle Stürme so gesichert ist, daß er sich den Luxus erlauben darf, an der Zeit vorbeizuleben, spürt das Ringen der Kräfte unserer Zeit in allen Erscheinungen des täglichen Lebens. Der Wiederaufbau unserer Heimat, der im Jahre 1922 von Dr. Seipel und seinen Mitarbeitern begonnen wurde, ist die Grundlage des österreichischen Daseins. Aus der verwirrenden Fülle von Einzelheiten treten die Hauptlinien dieses großen Werkes klar heraus, so wie sie im Programm der christlichsozialen Partei vom 1. Jänner dieses Jahres gezogen sind. Das Werk ist noch nicht vollendet; es ist auch — wie jedes Menschenwerk — nicht vollkommen und hat seine Schönheitsfehler. Aber der Kritiker hat — ehe er nur den Mund aufmacht oder die Feder zur Hand nimmt — daran zu denken, daß er gar nicht existieren könnte ohne das Werk, an dem er seine Kritik übt. Unser Haus konnte nicht auf sicherem Felsengrund als Palast für Reiche und Glückliche gebaut werden, sondern mußte am brüchigen Rand eines Abgrundes erstehen und in der Konstruktion den Mitteln einer verarmten Familie entsprechen. Aber das Haus steht trotz aller Stürme, und es kommt jetzt darauf an, die Fundamente zu festigen und die Räume wohnlicher zu machen.

Das ist ein Werk und zugleich ein Programm, das im Möglichen und Erreichbaren wurzelt und nicht darauf ausgeht, die Bevölkerung mit Trugbildern und phantastischen Versprechungen zu beschwindeln.

Was bot und bietet die andere Seite während dieser Zeit mühseligster Aufbauarbeit? Zunächst eines: Eine widerliche, keinen Tag aussetzende Beschimpfung der Werkmeister des neuen Oesterreich, weil das Haus, das aus Trümmern und Notbehelfen entstehen mußte, nicht ein vollkommener Idealbau ist. Dann aber hat sie in der Bundeshauptstadt die Revolution mit trockenen Mitteln fortgesetzt, zu dem eingestandenen Zwecke, Bürger und Bauern niederzuschlagen, die Disziplin im Staate zu untergraben, die Rechtssicherheit zu lockern, die Arbeiterschaft einem neunzigprozentig bolschewikischen Führerklüngel botmäßig zu erhalten und so die Diktatur einer kleinen Minderheit aufzurichten über einer zertrümmerten Wirtschaft und einer verelendeten Bevölkerung.

Die Beratungen am Linzer Parteitag und die Stellungnahme der Sozialdemokraten zu den kommunistischen Bedingungen für eine „Einheitsfront der Linken" kennzeichnen die Theorie dieser Methoden und die Ziele. Jeder Tag des Wiener Lebens zeigt die Praxis: Feiernde Industrien, zerbrochener Unternehmergeist, mit dem Tod ringende Gewerbe, Geschäfte ohne Käufer, Schulen ohne Unterricht, Terror in den Betrieben, Gesinnungsspionage unter den Angestellten, ja selbst in den Armenhäusern, dazu Arsenale für den Klassenkampf mit Waffen.

So sieht die Bilanz aus und niemandem in Oesterreich ist sie unbekannt, auch dem Arbeiter nicht. Niemandem in Oesterreich ist aber auch unbekannt, daß es eine Gruppe von Menschen gibt, die an der Not nicht im mindesten teilhaben: die Leute, die sich Führer des Proletariates nennen; die Leute, die dem österreichischen Arbeiter noch immer den Popanz eines blut- und beutegierigen Kapitalisten an die Wand malen, aber selbst gründlich ausgesorgt haben, in allen Abstufungen vom Schloßbesitzer bis zum Rentengenießer oder hochbezahlten und praktisch unfündbaren Parteibeamten.

Die Kenntnis dieser Dinge ist dem Oesterreicher in Fleisch und Blut übergegangen. Um eine Entscheidung zu treffen, braucht der Wähler nicht erst theoretische Programme auf der Apothekerwage abwägen, sondern nur ins tägliche Leben hineinzuschauen. Auf wen soll eine Propaganda mit faustdicken Plakatlügen, auf wen soll eine Margarinereklame wirken? An dem postenlosen Kellner, dem hungernden Hausbesitzer, dem bankrotten Kaufmann, dem abgebauten Industriebeamten, dem verarmten Gewerbemann, an all den tausend und abertausend arbeitslosen Opfern des neunzigprozentigen Bolschewismus werden die leuchtenden Buchstaben bei der Oper umsonst vorüberlaufen. Es heißt die Wähler stark unterschätzen, wenn man solchen Scherzen eine Wirkung zutraut; teure Scherze übrigens, die mit Arbeiterkreuzern bezahlt werden.

Die christlichsoziale Partei wird zur Wahl die notwendige Aufklärungsarbeit mit allen würdigen und zweckmäßigen Mitteln betreiben. Am würdigsten und zweckmäßigsten ist der persönliche Einfluß von Männern und Frauen, die nach Intelligenz und Erfahrung berufen sind, auf ihre Mitbürger einzuwirken. Daneben wird auch anderes geschehen. Aber ein Zirkustamtam und den Ton der Ausrufer in den Praterbuden haben wir nicht notwendig. Diese Späße überlassen wir gerne den sozialdemokratischen Wahlmachern. Am 24. April wird man dann sehen, was die österreichischen Arbeiter dazu sagen.

Für die Nationalratswahlen im Jahre 1927 kandidierten die Christlichsoziale Partei, die Großdeutsche Volkspartei und einige bürgerliche Splittergruppen auf einer gemeinsamen Einheitsliste.
Etwa zwei Wochen vor der Wahl waren sich die politischen Beobachter schon darüber einig, daß die Einheitsliste den sozialdemokratischen Vorsprung in der Plakatwerbung nicht mehr einholen könne.
Die wenigen Plakate der bürgerlichen Parteien erschienen zu spät und traten auf den Plakatwänden Wiens im Wahlkampf kaum mehr in Erscheinung.

hielt, wer Hausangestellte hatte, wer in Luxusvillen oder Luxuswohnungen lebte. „Luxus und Vergnügen zu besteuern, um die Aufziehung eines körperlich gesunden, geistig freien, lebenstüchtigen und lebensfrohen Geschlechtes zu ermöglichen, ist der Grundgedanke der sozialdemokratischen Gemeindepolitik", hieß es in einer Werbebroschüre. Die einträglichsten Steuern aber waren die Fürsorgeabgabe, die alle zu entrichten hatten, die zu Erwerbszwecken fremde Arbeitskräfte beschäftigten, und die progressiv gestaltete Wohnbausteuer, die im Jahr 1923 eingeführt wurde. Diese Steuern, erklärten die Sozialisten im Wahlkampf, brächten jährlich 103 Millionen Schilling ein: „Das ist ebenso viel als die Gemeinde Wien für ihre Wohnbautätigkeit aufwendet. Der Mieterschutz schließt die private Wohnbautätigkeit aus; soll der Mieterschutz erhalten werden, so muß die Gemeinde Wohnungen bauen. Diese Steuern sind also die Prämie für die Sicherung des Mieterschutzes, für die Ermöglichung der kommunalen Bautätigkeit, für die Hebung der Wohnkultur der breiten Volksmassen."

Diese Steuerpolitik ermöglichte es der Gemeinde Wien, in der wirtschaftlich so schlechten Zwischenkriegszeit ein imponierendes soziales Aufbauwerk durchzuführen. Mit den Breitner-Steuern wurden von 1923 bis 1933 rund 60 000 Wohnungen gebaut. Aus den Mitteln der Breitner-Steuern wurde ferner die Stadtbahn elektrifiziert, wurden neue Parkanlagen angelegt. Mit Breitner-Steuern konnten unter Stadtrat Julius Tandler die gesundheitlichen Einrichtungen um vieles verbessert, die Kinder- und Jugendfürsorge ausgebaut werden: Neue Heilstätten, Kindergärten, Horte, Bäder und Kinderfreibäder wurden errichtet. Lehrlingsheime, Schulzahnkliniken, Mütterberatungsstellen, Säuglingswäschepakete, Kinderausspeisungen — all das gehörte nun zum „Neuen Wien", wie die Kommunalpolitiker ihr Werk nannten.

Ein erheblicher Teil der sozialdemokratischen Propagandabemühungen war auch 1927 der positiven Präsentation der von den Bürgerlichen so befehdeten Breitner-Steuern gewidmet. Kaum anderswo in einer bildlichen Darstellung wurde die Zielrichtung der Breitner-Steuern so drastisch und markant zum Ausdruck gebracht wie in diesem Slama-Plakat. B.D.

Lit.: Denscher, Bernhard: „Hinaus mit dem Asiaten aus Wien!" Hugo Breitner — Zielscheibe politischer Haßtiraden in den Wahlkämpfen von 1927 und 1930, in: wien aktuell 1978/9, S. XXXVI ff.; Plakatausstellung Victor Th. Slama, Wien 1975, Nr. 97.

Milliarden für rote Wahlpropaganda.

Aus einer christlichsozialen Wahlzeitung

Leuchtschrift

165

165 *Faun*
E: Fritz Schönpflug
D: Wien: J. Weiner
[1927], 84x52 cm, P 13 323

Das Kabarett in Wien, am Anfang des 20. Jahrhunderts aus schüchternen Versuchen hervorgegangen, hatte sich vor dem Ersten Weltkrieg neben Varieté und Operette bereits einen festen Platz sichern können. Allen voran behauptete sich Egon Dorns „Bierkabarett Simplicissimus“. Namen wie Fritz Grünbaum und Karl Farkas sind noch heute ein Begriff. Die zwanziger Jahre mit ihren wirtschaftlichen Schwierigkeiten brachten auch für die Kleinkunstbühnen schwere Zeiten. Die Künstler waren darauf angewiesen, an mehreren Bühnen zu spielen, um ihren Verdienst zu sichern. So kam es zur Gründung von allen möglichen kleinen Bühnen.

1927 wurde in der Riemergasse 11 in der Inneren Stadt die Kleinkunstbühne „Faun“ gegründet. Das „Illustrierte Wiener Extrablatt“ berichtet darüber am 1. September 1927: „Der amerikanische Journalist Dr. William Forgo hat den Wurf gewagt, nachdem er in Béla Laszky einen prominenten Mitarbeiter und in den Herren Dr. Lukacs und Josef Rehberger Mitstreiter für die Kunst gefunden. Man kann heute schon sagen, daß nach der Eröffnung die Namen der Sängerin Frau Hellenburg, der Diseuse Mella Steels, der Soubrette Frl. Makori, der Ellinor Falk, der Schauspielerin Evera-Krantz, der Sänger Weisse, Skaza, der Herren Eugen Strehm, Wolff u.s.w. am Wiener Kunsthimmel glänzen werden. Die bildhübschen Girls des Faun sind eine Klasse für sich.“

Mit dem Komponisten Béla Laszky hatte die Bühne wirklich einen prominenten Mitarbeiter. In einem Nachruf anläßlich seines Todes 1935 schrieb die „Wiener Zeitung“: „Laszky pflegte das echte Chanson. Aus der Glanzzeit des deutschen Kabaretts, des Überbrettls, der elf Scharfrichter, der Fledermaus, schritt er bis in die jüngste Gegenwart, die mit dem geistreichen, feinen, literarischen, ästhetischen Witz und Spott dieses Kabaretts scheinbar nichts mehr anzufangen weiß, auch nichts mit den zarten, delikaten, musikalischen Themen, die sich hier treu, aufmerksam und selbstlos um die Worte ranken.“ (WZ, 3. 11. 1935, S. 9)

In seiner ersten Frau Mela Mars hatte er eine geniale Diseuse gefunden. Mit ihr hat er fast die ganze Welt durchreist und das Wiener Chanson überall bekannt gemacht. Ihren plötzlichen Tod konnte er eigentlich nie überwinden. Er versuchte es noch mit zwei anderen Sängerinnen, doch konnte er an die Erfolge nicht mehr anschließen. Sein Stern war im Sinken, und seine Mitarbeit beim „Faun“ mag ein neuer Versuch oder einfach bittere Notwendigkeit gewesen sein.

E.K.

166 *Wiener und Wienerinnen!*
D: Wien: P. Strohal
1928, 95x63 cm, P 13 324

Man kann Wirkung und Effekt von „Jonny spielt auf“ nur mit den ganz wenigen Musical-Welterfolgen aus den letzten drei Dezennien vergleichen.

Der siebenundzwanzigjährige Ernst Krenek, ein Schüler des Opernverfassers Franz Schrecker, ein Komponist, der zunächst zu den Atonalen gerechnet wurde, der sich in wenigen Jahren schon in mehr Genres versucht hatte als viele arrivierte Spätromantiker, der trotz seiner Erfolge zehn Jahre nach dem „Jonny“ emigrieren mußte und der heute quasi als Oberhaupt der Neuen Musik in Europa wie in Amerika gleicherweise präsent ist, komponierte hier eine Oper, die forminhaltlich wie auch wirkungsmäßig die verschiedenfältigsten Bereiche, Strömungen und Ansichten zusammenfaßte, in Frage stellte und provozierte. Ein Neger als Hauptdarsteller, eine Weiße als Partnerin, Jazzrhythmen in der Opernmusik, an Requisiten so ungewöhnliche Gegenstände wie beispielsweise ein Telefon, Polizeiautos, Lautsprecher oder eine Bahnhofshalle, die erste Szene am Rande eines Hochgebirgsgletschers spielend, eine Schlußapotheose in Form eines sich drehenden Globus, auf welchem ein geigender Neger sitzt — Stilmittel, die dem heutigen collagegewohnten Publikum fast selbstverständlich sind, forderten noch in den zwanziger Jahren Parteinahmen heraus. Am 29. Jänner 1927 fand in Leipzig die Uraufführung der Oper statt, und es folgten in kurzer Zeit mehr als hundert weitere Inszenierungen. Europa stand, wie die Werbung es geschickt formulierte, im „Jonny-Rausch“. Und selbst die als konservativ verschriene Wiener Oper entzog sich nicht des Erfolges. Als Silvestervorstellung produzierte man am 31. Dezember 1927 anstelle der herkömmlichen „Fledermaus“ das neue Werk, der Oberspielleiter des Hauses, Lothar Wallerstein, setzte es in Szene, Robert Heger dirigierte. Schon am darauffolgenden Neujahrstag gab es die erste Reprise, und in den Monaten Jänner bis März 1928 gingen insgesamt siebzehn Vorstellungen über die Bühne der Wiener Staatsoper.

So begeistert ein Teil des Publikums und ein viel kleinerer Teil der Presse und der Kulturkritik auf Ernst Kreneks neues Werk reagierte, so heftig formierten sich auch die Gegner, voran die nationalsozialistische Bewegung. Jene Schemata der Kultur- und Kunsthetze, welche ab 1933 und dann während des Zweiten Weltkrieges zur Ausrottung der „volksfremd-dekadenten Musik“ führen sollten, worunter insbesondere die Kompositionen jüdischer oder atonal schreibender Tonsetzer gemeint waren, wurden anläßlich des „Jonny“ gleichsam im großen Rahmen einmal ausprobiert. Auch wenn die Gruppe jener, die sich im Jänner 1927 in Protestkundgebungen gegen die „jüdisch-negerische Besudelung unserer Staatsoper“ zusammenrotteten, noch verhältnismäßig klein blieb und höchstens einige hundert Menschen umfaßte, so war die Drohung des Nationalsozialismus kaum mehr zu übersehen. Während die meisten Tageszeitungen Wiens nur wenig Notiz von diesen Demonstrationen nahmen und die Proteste mit kurzen und ironischen Glossen oder Meldungen abtaten, schwelgte die einschlägige Presse geradezu in Beschimpfungen. Schon Tage vor der Protestkundgebung forderte die „Deutschösterreichische Tageszeitung“ ihre Leser immer wieder durch Balkenüberschriften und Pamphlete auf, sich der Anti-Jonny-Bewegung anzuschließen. Am 10. Jänner las man in einem seitenfüllenden Leitartikel: „Jonny spielt auf — zu Judas Triumph. Die schamlose Entweihung der ältesten deutschen Opernbühne, ein freches Siegesspiel Judas. — Die christlich-deutsche Regierung hilft mit, Schund und Schmutz zu propagieren. . . . Und als Symbol dieses Sieges tiernahen Halbmenschentums über arisches Edelblut

166

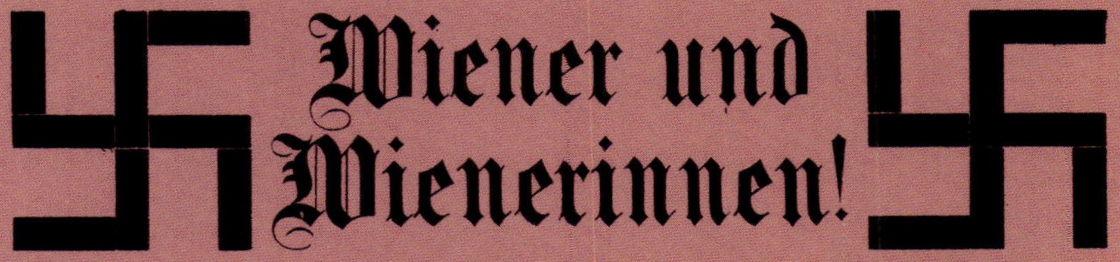

Pfui Teufel! Eine Schmach führwahr!
Und dies in Schuberts Ehrenjahr!
Ist das doch Wien, die Musikstadt,
Die einst so viel gegolten hat?
„Jonny spielt auf" und Jazz ist Trumpf,
Die Kunst versinkt im Judensumpf... K. F. B.

Deutschösterreichische Tageszeitung, 22. 1. 1928

hat man nun den Neger Jonny auf die Bühne unserer Staatsoper gesetzt. ... Jonny, das Sinnbild der bastardisierten, jüdisch-negerischen Weltbeherrscher, auf einer großen Erdkugel stehend, und zu seinen Füßen jazzt und bockt dienernd die weiße Menschheit im Kreis um die Kugel. ... Die Worte der in tierisch lüsternen Zuckungen um den Neger Jonny tanzenden weißen Menschheit, ihm die Entfesselung der niederen Instinkte dankend, jubeln den Triumph des Sieges des negerischen Judenblutes über die alte arische Kultur in die Welt hinaus. ... Der Juden Triumph und Festspiel ist berechtigt, die ‚Führer' unseres Volkes sind verkötert, noch mehr als jene, und sie beugen sich in Demut vor dem Schlamm der Zeit! ... Die völkische Erneuerung, die kommen wird und kommen muß, wird und muß viel faulen Abfall in den Kehricht fegen! Man beginne bei Jonny und seinen Beschützern!" Ein ähnlicher Leitartikel erschien am Tag der Kundgebung, am 13. Jänner 1928 unter dem Titel „Musikbolschewismus, Austromarxismus und Staatsoper! Wo bleibt der Seelensanierer?", in welchem generell alle lebenden Musiker, Kritiker und Intendanten jüdischer Herkunft beschimpft und verdammt werden. Und nach der Kundgebung berichtet die „Deutschösterreichische Tageszeitung" in mehreren Artikeln über die stattgehabte Protestkundgebung, darunter am 20. Jänner sehr ausführlich unter „Gegen die Wiener Kulturschande" und mit Zwischentiteln wie „Siegessymphonie des Weltjudentums" —, „täglich zunehmende Abscheu vor diesem Schandwerk" — „Das bodenständige Wiener Volk greift zur Selbsthilfe" — „Wien aus der Schande erwache" —, der Artikel schließt mit dem vielsagenden Hinweis, daß man demnächst in noch viel größeren Massen kommen werde.

Interessant ist es vielleicht noch, daß eben am 13. Jänner 1928, dem Tag der Protestkundgebung der Nationalsozialisten, in der Staatsoper die alljährliche Opernredoute stattfand, wo man neben Strauß und anderen Operettenkomponisten auch nach Jonny-Klängen tanzte.

O.B.

Szenenbild zur Aufführung der Wiener Staatsoper von „Jonny spielt auf"

167 *Republik-Feier 1928*

D: Wien: Secession
1928, 84x53 cm, P 71

Daß eine politische Bewegung und später eine staatstragende politische Partei zum bestimmenden Vermittler sogenannter ernster und klassischer Musik wurde — und das Jahre hindurch für einen Großteil der musikalisch unterprivilegierten Schichten —, mutet heute, im Zeitalter der übervollen und eingleisigen Medienlandschaft, fast unglaublich an.

1905 installierte man nach einigen erfolgreichen Konzerten für die Wiener Arbeiterschaft (heute würde man sagen: nach gelungenen Pilotveranstaltungen), an welchen sich unter anderen auch Alexander Zemlinsky und der in der Zwischenkriegszeit so bedeutend gewordene Chorverband der freien Typographia beteiligt hatten, die sogenannten Arbeiter-Sinfonie-Konzerte; man begann also, Musik auch außerhalb des bürgerlichen Konzertmanagements anzubieten. „Das erste Konzert fand am 28. Oktober 1905 im Großen Musikvereinssaal statt, also an dem Ort, an dem auch die privilegierten Konzerte stattfanden. Dies war von großer Bedeutung; noch entscheidender für das Vertrauen der Arbeiterschaft war die schon erwähnte Tatsache der Selbstverwaltung. Nicht als Geschenk von oben empfingen sie diese Konzerte. Das Programm des ersten Konzertes: Weber/ ‚Oberon'-Ouvertüre; Beethoven/ Eroica; Hugo Wolf/Lieder; Wagner/ Orchesterlieder und, ‚Tannhäuser'-Ouvertüre. Es war ein prinzipielles Programm. Zum ersten Mal wurde in einem volkstümlichen Konzert eine ganze Sinfonie geboten, nicht Teile, und Hugo Wolf wurde gesungen, der damals bei der herrschenden Musikclique noch verpönt war. Das Wagnis war groß, der Widerstand auf allen Seiten ebenso. ... Der Erfolg war unwiderstehlich gewesen. Die Arbeiterschaft hatte entschieden. Es wurde weitergearbeitet." (Der Mentor dieser Konzerte, David Josef Bach, in: Kunst und Volk, 1929/10, S. 42 f.)

1905 bis 1925 leitete der Bruckner-Schüler und -Propagator Ferdinand Loewe fast allein die Arbeiter-Sinfonie-Konzerte, später kamen auch andere Dirigenten hinzu. Selbst eine kleine Auswahl nur an Mitwirkenden, die damals schon oder kurze Zeit später zu den bedeutendsten Künstlern des 20. Jahrhunderts zählten, zeigt die Breite und die Anziehungskraft solcher Konzertvorhaben: Wilhelm Furtwängler als junger, noch unbekannter Dirigent, Ignaz Brüll als erster Pianist, Arnold Rosé als Geiger, Robert Heger, Franz Schalk, Felix Weingartner, Ruzena Herlinger, Béla Bartók, Eduard Steuermann, das Kolisch-Quartett und immer wieder Anton Webern, unter dessen künstlerischer Leitung die Konzerte zwischen 1922 und 1934 standen.

Wenn heute bekannte Künstler gelegentlich in Fabriken gehen und vor einem arbeitsfreigestellten Publikum ein Kurzprogramm spielen, wenn zeitgenössische Komponisten gelegentlich Werke schaffen, die — ihren Intentionen nach — die Arbeitswelt der Werktätigen symbolisieren und bewältigbar machen sollen, wenn heute große Subventionsbeträge für die Kultur- und Musikvermittlung auch außerhalb der etablierten Säle pressewirksam gewährt werden, so vergißt man allzuleicht, daß schon kurz nach der Jahrhundertwende eine engagierte Gruppe von Kulturbegeisterten im Rahmen ihrer Bewegung wesentlich mehr, wirkungsvoller und billiger gearbeitet hat.

Und noch eines: Die Arbeiter-Sinfonie-Konzerte bildeten auch ein Forum für die Avantgarde. Neben den Favoriten Beethoven, Schubert und Mozart erklangen auch Gustav Mahler (darunter die 2. Symphonie, die sogenannte „Auferstehungs-Symphonie", zum Republikdezennium, vgl. Plakatabbildung), Arnold Schönberg, Josef Matthias Hauer, Zoltán Kodály, Béla Bartók oder Webern selbst.

1934 wurden im Rahmen des Verbotes der Sozialdemokratischen Partei auch die Arbeiter-Sinfonie-Konzerte eingestellt. O.B.

REPUBLIK-FEIER 1928
DER SOZIALDEMOKRATISCHEN
KUNSTSTELLE
★
SONNTAG, DEN 11. NOVEMBER, UND MONTAG,
DEN 12. NOVEMBER
HALB 8 UHR ABENDS, IM GROSSEN MUSIKVEREINS-SAALE
ARBEITER-SINFONIE-KONZERT
1. SCHÖNBERG .. FRIEDE AUF ERDEN (GEDICHT VON C. F. MEYER)
FÜR CHOR UND ORCHESTER
2. MAHLER ..... ZWEITE SINFONIE
FÜR SOLI, CHOR UND ORCHESTER
AUSFÜHRENDE: RUZENA HERLINGER (SOPRAN), EMILIE BITTNER (ALT), FREIE TYPOGRAPHIA, SINGVEREIN DER KUNSTSTELLE, SINFONIE-ORCHESTER
DIRIGENT: ANTON WEBERN
* * *
AM 10., 11. UND 12. NOVEMBER IN DEN BEZIRKEN I, II, III, VII, VIII, XII, XIII UND XIX:
DER TAG DER REPUBLIK EIN NEUES FESTSPIEL
9. NOVEMBER, NACHM., GAST- u. KAFFEEHAUS-ANGESTELLTE, KONZERTHAUS: REPUBLIK-FEIER
11. NOVEMBER IM IX. BEZIRK: DIE STUNDE DER BEFREIUNG
11. NOVEMBER, VORMITTAGS, BANKANGESTELLTE, IM CARL-THEATER: DER EWIGE REBELL
* * *
FERNER FÜR DIE EINGETEILTEN MITGLIEDER: 12. NOVEMBER, BURGTHEATER «FAUST», STAATSOPER «RHEINGOLD»
ZENTRALE DER KUNSTSTELLE:
V., SONNENHOFGASSE 6.

167

Illustrationen von Jakob Best (Musikblätter des Anbruch, 1928, Heft 9/10)

168

168 *Wie es gemacht wird:*
D: Wien: Elbemühl
[1928], 126x95 cm, P 13 325

Persil, das erste selbsttätige Waschmittel, war seit rund zwanzig Jahren am Markt, als die sensationelle Werbekampagne mittels „Himmelsschreiber" gestartet wurde. Grundsätzlich neu war die Nutzung moderner Technik durch künstliche Kondensstreifen, die als Schriftzug vom Flugzeug abgegeben wurden. Dieses Verfahren wurde als Wunder der Technik, das sich am Himmel abzeichnete, angesehen.
Der bekannteste, langlebigste Slogan des Unternehmens, „Persil bleibt Persil", erschien bereits 1925 auf einem Plakat.
Dieses Plakat wurde ab dem 10. Juli 1928 in Wien affichiert. G.B.

Lit.: Kossatz, Horst Herbert: 50 Jahre Gewista, Wien 1971.

169 *Rennen Wien-Freudenau*
D: Wien: J. Weiner
[1928], 95x126 cm, P 13 326

Die ersten Pferderennen in Wien, nach „englischer Art" organisiert, wurden 1778 von Martin Pächtel im Prater durchgeführt. Die Rennen wurden schnell zu einem vielbesuchten gesellschaftlichen Ereignis, 1787 zählte ein Augenzeuge 500 Wagen und an die 10 000 Reiter und Fußgänger.
Später fanden die Rennen auf der Simmeringer Heide statt, wurden aber 1838 wieder in den Prater, in die Freudenau, verlegt. Die Veranstaltungen fanden bald auch internationale Beachtung, viele glanzvolle Meetings wurden hier abgehalten.
In den zwanziger Jahren unseres Jahrhunderts hatte auch der Galoppsport mit wirtschaftlichen Schwierigkeiten zu kämpfen. Es wurden verschiedene Versuche gemacht, den Rennbetrieb attraktiv zu gestalten und dadurch die unbedingt nötigen finanziellen Mittel aufzutreiben. Walter Binnebös beschreibt einige dieser Maßnahmen: „Es hatten schon 1927 Reitschulbesitzer den Vorschlag unterbreitet, gering dotierte Rennen für Pferde, die sich nicht in regelmäßigem Training befinden und von Amateuren, das heißt in diesem Fall auch weiblichen Angehörigen dieser Reitschulen geritten werden, ins Programm aufzunehmen. Diese Idee erfuhr nun 1928 ihre Verwirklichung.
Nach der Gründung des Österreichischen Amateurreiter-Vereines gaben am 22. April Amateurreiterinnen ihr Debüt auf Reitschulpferden (es waren dies ausgemusterte ehemalige Rennpferde) ohne Totobetrieb. Da diese Probe zur vollsten Zufriedenheit ausfiel, kam das erste reguläre Amateurrennen mit Totobetrieb und eigener Rennleitung am 12. August zur Durchführung. Diese neue Art von Bewerben bildete dann einen konstanten Programmpunkt." G.B.

Lit.: Binnebös, Walter: Galoppsport in Wien, Wien 1980, S. 133 f.

170 *Verwendet Elektrizität im Haushalt*
E: K W
D: Wien: Elbemühl
[1928], 93x125 cm, P 8 717

Mitte 1928 versorgten die STEWE (Städtischen Elektrizitätswerke) rund 565 000 Abnehmer mittels eines Leitungsnetzes von mehr als 7 000 km Länge. Die städtischen Wohnhausbauten waren bereits alle mit elektrischem Strom ausgestattet, aber noch 1933 waren, trotz umfangreicher Werbung in den letzten Jahren, kaum zehn Prozent der Haushalte in den österreichischen Städten mit Elektroküchen eingerichtet. Durch den steigenden Energiebedarf nach dem Ersten Weltkrieg befanden sich die städtischen Elektrizitätswerke „in den Nachkriegsjahren in einer steten Aufwärtsentwicklung; Stromerzeugung und Zahl der Stromabnehmer nahmen von Jahr zu Jahr zu. Die Versorgung der Stadt mit elektrischem Strom wurde durch die neuerrichteten Wasserkraftwerke in Opponitz (1924) und Gaming (1926) sehr unterstützt . . . Der Bau dieser Wasserkraftwerke konnte aus dem Erträgnis der Wasserkraftabgabe bestritten werden, . . . die die Gas- und Stromkonsumenten auf sich nehmen mußten. Nach Inbetriebnahme des Opponitzer Werkes konnte der Tarif für

Rennen Wien–Freudenau

169

170

VERWENDET
ELEKTRIZITÄT IM HAUSHALT
Die Köchin kommt zu spät gerannt.
Am Herd ist alles angebrannt.
Elektrisch aber kocht man jetzt.
Die Frau ist nicht mehr abgehetzt.
Das Wassertragen ist beschwerlich,
Wenn's siedet, ist es auch gefährlich.
Elektro-Speicher, stets bereit,
Gibt heisses Wasser jederzeit.
Im Winter sinkt die Temperatur,
Statt heizen raucht der Ofen nur.
Elektrisch heizt man nun den Raum,
Die Hausfrau spürt den Winter kaum.
Die Lampe russt, die Frau schläft ein,
Das Tischtuch ist schon nicht mehr rein.
Elektrisch wird der Raum erhellt,
Man hat viel Licht um wenig Geld.
Das Kohlen-Eisen ist nicht reinlich,
Ein Loch im Hemd ist immer peinlich.
Elektrisch bügeln ist sehr fein,
Die Wäsche bleibt stets weiss und rein.
Der Pracker saust in vollem Schwunge,
Es legt der Staub sich auf die Lunge.
Elektrisch aber heutzutage,
Entfernt den Staub man ohne Plage.
DIE STEWE verkauft alle elektrischen Geräte für den Haushalt auch gegen Teilzahlungen
WIEN, IX.
MARIANNENGASSE 4
MÖDLING
HAUPTSTRASSE 68

den Wiener Kraftstrom um 12,5 Prozent ermäßigt werden".
Nicht nur Gewerbe und Industrie, sondern auch der Haushalt wurden einer fortschreitenden Technisierung unterzogen. „Die Veränderung im gesellschaftlichen Aufbau unserer Bevölkerung, das ständige Abgleiten des Lebenshaltungsniveaus weiter Kreise seit dem Kriege bringen es mit sich, daß die Hausfrauen in ihrer überwiegenden Mehrheit heute ohne Hilfe die Haushaltsarbeiten zu besorgen haben. Gleichzeitig wurde in der Nachkriegszeit die Frau in immer stärkerem Maße als Helferin, als Mitverdienerin für den Lebensunterhalt herangezogen. Es wurde also der außerhalb des eigentlichen Haushaltes gelegene Teil des Pflichtenkreises der Frau wesentlich erweitert. Da ist es ganz natürlich, daß die Frau, gedrängt durch Zeitmangel und anderweitige Arbeit, nach Entlastung im eigentlichen Haushalte sucht. Der Übergang von den festen Brennstoffen zu Gas und Elektrizität bringt nun — das haben die Frauen mit dem ihnen eigenen guten Blick für nützliche Änderungen unserer Lebensformen erkannt — diese gewünschte Entlastung in großem Umfang . . ." G.B.

Lit.: Czeike, Felix: Wirtschafts- und Sozialpolitik der Gemeinde Wien in der Ersten Republik (1919 bis 1934) 2. Bd., Wien 1959, S. 127 f.; Schobert, Ernst: Wettbewerb zwischen Gas- und Elektroküche, Graz 1933, S. 1 f.

Ein Plakatstreifen zur Aktion

171

Österreichische Woche
E: Otto [Löbl]
D: Wien: J. Weiner
1929, 184x122 cm, P 13 327

Nach der großen Inflation in den Jahren von 1918 bis 1923 und der mit der „Sanierung" (vgl. Nr. 139) zusammenhängenden Stabilisierungsdepression kam es von 1926 bis 1929 zu einer Zeit der Konjunktur. Sowohl der private als auch der öffentliche Konsum weiteten sich in diesen Jahren stark aus. Der private Konsum etwa erreichte mit 117 Prozent des Standes von 1913 im Jahr 1929 für lange Zeit einen Höchststand, der erst im Jahr 1954 überschritten werden konnte. Das Problem, für den Kauf österreichischer Waren zu werben, war also jetzt erst richtig aktuell geworden — noch dazu, weil im Außenhandel des Jahres 1929 die Importe real um zirka ein Drittel höher als 1913 waren, während der Export nur zwei Drittel des Umfanges von 1913 erreichte.
Vom 1. bis 7. März 1929 wurde das erstemal eine „Österreichische Woche" abgehalten zur Förderung der heimischen Industrie und des Gewerbes, wobei man auch erstmals den Slogan „Kauft österreichische Waren" kreierte. Dabei wurden umfangreiche Werbeaktionen durchgeführt. Auch Propagandazüge mit Musikkapellen, bei denen dieses Plakat, in einem kleineren Format, als Transparent getragen wurde, durchzogen die Straßen der Stadt. B.D.

Werbeumzug für die „Österreichische Woche"

ÖSTERREICHISCHE
WOCHE
1.–7.
MÄRZ
1929
KAUFT
ÖSTERREICHISCHE
WAREN!
J. WEINER WIEN.
OTTO

171

172

172 *VIM putzt alles*

D: [Wien]
[1929], 124x95 cm, P 13 328

Bis zur Jahrhundertwende standen den Hausfrauen für die Sauberkeit und Hygiene im Haushalt nur unzulängliche Hilfsmittel zur Verfügung. Einen großen Fortschritt bedeutete die Erfindung wirksamer Putzmittel, die eine größere Reinigungskraft besaßen und den Frauen das Reiben, Bürsten und Scheuern ersparten oder doch erleichterten. „Vim" wurde etwa vom Jahr 1904 an von der Lever Brothers Ltd. in England hergestellt. 1930 übernahm die „Österreichische Schicht Lever Brothers Ges.m.b.H." die Produktion von Lever Sunlight Waren für den mitteleuropäischen Raum. G.B.

173 *Wer leiht mir Bücher?*

E: M W
D: Wien
[1929], 99x124 cm, P 85

„Wissen ist Macht", lautete ein häufig gebrauchtes Schlagwort der Sozialdemokratie, das auch tatsächlich ein Grundgedanke ihrer Ideologie und ihrer Aktivitäten war. Das erklärte Ziel war es, den Arbeitern zuerst ein umfassendes Wissen und gründliche Bildung zu vermitteln und dann an die Beseitigung des Kapitalismus und die Aufrichtung einer sozialistischen Gesellschaft zu gehen. Die Aufgabe, als politische und kulturelle Bewegung die geistige und moralische Vorherrschaft in der Gesellschaft zu erlangen, begriff man als Teil des Klassenkampfes.

Eine große Bedeutung in der Bildungsarbeit maß man der Verbreitung „guter Bücher" zu: Schon in den Anfängen der Arbeiterbewegung wurden kleine lokale Büchereien für die Mitglieder der Arbeiterbildungsvereine eingerichtet. In den Jahren vor dem Weltkrieg erlebten die Arbeiterbüchereien schon einen relativen Aufschwung. Im Jahr 1910 gab es bereits 151 091 Entlehnungen, die kurz vor dem Krieg bis auf 300 000 anstiegen. In der Republik gelang dann den Arbeiterbüchereien ein imponierender Aufstieg, an dem auch der Dichter Josef Luitpold Stern maßgeblichen Anteil hatte. Das große Wiener Wohnbauprogramm kam schließlich auch den Bibliotheken zugute, die häufig in den Gemeindebauten Lokale erhielten, was auch die Karte auf dem Plakat deutlich zeigt. Die Werbeaktionen der Bildungszentrale hatten Erfolg, und die Büchereien nahmen an Popularität noch stän-

dig zu: Gab es 1928 bereits rund 1 500 000 Entlehnungen, wie hier stolz verkündet wird, so stiegen die Entlehnungen 1932 auf die immense Zahl von 2 784 639. B.D.

Lit.: Jahrbuch der österreichischen Arbeiterbewegung 1930, Wien 1931, S. 386; Pfoser, Alfred: Literatur und Austromarxismus, Wien 1980, S. 89.

174 *Dantons Tod*

E: Georg Mayer-Marton
D: [Wien]
1929, 84x53 cm, P 13 329

„Die Festwochen sind kein Fest übermütiger, satter Phäaken, sondern das Fest eines ernsten, arbeitenden Volkes, welches das Fest seiner Auferstehung, der Auferstehung seiner Kunst feiert." (NFP, 3. 6. 1929) Mit diesen Worten kennzeichnete Bürgermeister Seitz 1929 die wirtschaftlich ernste Situation der ersten österreichischen Republik und den Sinn der Festwochen in einer solchen Lage.
Im Arkadenhof des Wiener Rathauses inszenierte Max Reinhardt Georg Büchners „Dantons Tod". Reinhardt hatte das Stück bereits dreizehn Jahre vorher im Berliner Deutschen Theater inszeniert und damit Büchner mit einem Schlag zum spielbaren „Klassiker" gemacht. Der effektvolle Bühnenaufbau im Arkadenhof stammte von dem Architekten Oskar Strnad. Strnad verstand es besonders gut, auf Reinhardts Intentionen bei Masseninszenierungen einzugehen. Und so schuf er im riesigen Raum des Arkadenhofes ein schrägflächiges Bühnenpodium. Die Rückwand besaß drei Eingänge, in den flankierenden Aufbauten führten geschwungene Treppen zu drei Oberbühnen. Auf der mittleren Oberbühne waren zwei vierzehn Meter hohe Säulen errichtet. Dahinter stand ein drehbarer Turm. Reinhardts dynamischer Regie der vielen kurzen Büchnerszenen kam dieser höchst variable Spielraum sehr entgegen.
Die Aufführung fand bei den Kritikern geteilte Aufnahme. Sprach Felix Salten in der „Neuen Freien Presse" von „der Vision eines großen, tragischen Menschenschicksals", von „einem starken Eindruck", so bezeichnete Moritz Scheyer im „Neuen Wiener Tagblatt" die Aufführung als „Massenfilm, der jeden der schon längst bekannten Reinhardtschen Regietricks gleichsam im Plural zeigt." E.K.

Lit.: Kindermann, Heinz: Theatergeschichte Europas, 8. Bd., Salzburg 1968, S. 362 f., 522 f.

173

174

LUDWIG KASSAK · DIE REKLAME

Nicht nur die Schmöker der Ästhetik, auch wissenschaftliche Soziologen und Volkswirtschafter behandeln die Reklame mit Geringschätzung. Der Ästhetiker sieht darin eine profane Äußerlichkeit, der Soziologe eine Destruktion des Handels und der demokratischen Lebensformen im allgemeinen. Es ist nicht sonderlich schwer, diesen zwei Einwendungen Thesen entgegenzuhalten:

I. Das Schöne an sich ist eine leere Fiktion, weil Schönheit eine bloß sekundäre Erscheinung ist und lediglich als Folge, als Eigenschaft eines Dinges auftritt. Ist ein Ding an sich vollendet, zweckmäßig, so ist es unbestreitbar auch schön. Die Schönheit als Eigenschaft ist ein notwendiges Attribut jeder organischen und organisierten Einheit. Die Reklame als menschliches Produkt kann sowohl schön als häßlich sein, ihre Geringschätzung aus ästhetischen Gründen ist daher keine kritische Stellungnahme, sondern unverantwortliche und unzeitgemäße Schmokerei.

II. Die gute Reklame ist gesellschaftlich unentbehrlich. Sie ist ein Produkt des Handels, und der Handel ist ein Folge der erhöhten Lebensansprüche des Menschen. Nichts ist leichter, als die heutige Reklame Europas als schlechthin geschmacklos und antisozial zu verdammen. Nicht anders jedoch verhält es sich mit dem heutigen, auf freier Konkurrenz beruhenden Kapitalismus. Daraus folgt nun nicht die endgültige Negation des Handels, sondern die Notwendigkeit, ihm eine sozialere Grundlage zu geben. Zweifellos entfaltet Rußland heute eine weitaus umfassendere kulturelle und wissenschaftliche Propaganda als unter dem Zarismus. Es hat die Reklamen nicht abgeschafft, sondern von egoistischen Privatinteressen befreit und in den Dienst der Gemeinschaft gestellt. Sie wurde dadurch nicht nur im moralischen Sinne, sondern auch künstlerisch neu geboren.

In diesem Sinne ist die gute Reklame ein aktiv sozialer Faktor unseres Lebens und ihre Erscheinungsform nicht schön oder häßlich, sondern wirksam oder unwirksam zu nennen. Ihre Ausdrucksmittel zwar sind, wie diejenigen der subjektiven Künste, Farbe, Ton und Form, doch unterscheidet sie sich ihrem Wesen nach auch vom Kunstgewerbe. Ein gelungenes Plakat kann auch zum Erlebnis werden, ein malerisch vollkommenes Bild kann indes unmöglich den Hunger nach Neuheit und Sensation erwecken. Das Publikum genießt in der Gemäldeausstellung den passiven Ästhetizismus der subjektiven Kunst, vor der Reklamesäule dagegen erregt es nicht das Nebeneinander, sondern der Kampf der Plakate untereinander.

Die gute Reklame, sie möge optisch (Plakat, Flugzettel, Prospekt, die in die Nacht blitzenden Lichtbuchstaben) oder akustisch (das Schrillen einer Sirene, Glockensignale) sein, tritt stets mit der Plötzlichkeit des Überraschenden auf den Plan; hinter ihr steht die Legion der auf den Markt gelangenden Waren. Sie ist nicht die Vermittlerin eines außerhalb ihrer stehenden Dinges, sondern der zwischen Erzeugung und Verbrauch stehende demonstrative Kraftkomplex. Die Grundelemente der guten Reklame sind Soziologie und Psychologie.

Stimmungsnuancen und illustrative Redseligkeit widersprechen dem Wesen der Reklame, bringen es um die Promptheit der Wirkung und um die überzeugende Suggestion. Die gute Reklame ist nicht analytisch und definierend, ist synthetisch — Einheit von Zeit, Inhalt und Stoff. Diese ihre elementare Einfachheit und Reinheit läßt uns im Straßengewühl stillstehen und in ein Warenhaus treten, das uns vor einer Minute nicht einmal vom Hörensagen bekannt war, diese gibt uns das Buch eines niegenannten Autors in die Hand, weckt uns aus der Blindheit und Taubheit des Alltags, macht uns durch ihre elementaren Farben und dynamischen Formgliederungen neugierig und entschlossen.

Die Reklame ist ein charakteristischer Ausdruck des kulturellen und wissenschaftlichen Niveaus der Zeit. Die Lichtreklame der Großstadt, die über den Häusern strahlenden Transparente, die Glassäulen der Ringstraße mit ihren ins Auge springenden Buchstaben, ihren trotzigen Ausrufzeichen sagen dem Fremden mehr und in einer objektiveren Weise als der reaktionäre Wortschwall des dickleibigsten Baedekers; der fachmäßig typographisierte Prospekt eines Warenhauses mit seinen geradschnittigen leicht zusammenfaßbaren Buchstaben, der richtigen Raumverteilung von Licht und Dunkel ist als ruhiger und einfacher Gegenstand unendlich mehr anspruchs- und vertrauenerweckend. Ein unerwartet erschallendes Hornsignal erhält uns eine Autofabrik oder ein Kino, vor dem wir diesen „sinnlosen", aber verblüffend einfachen und suggestiven Ton vernehmen, bis an unser Lebensende im Gedächtnis.

Der Reklametypus unserer Zeit, gekennzeichnet durch die zunehmende Harmonie der Elemente, die markante Einfachheit und die Leichtigkeit der technischen Herstellung, schreitet — nicht einer ästhetischen Zielsetzung halber, sondern im Zeichen der objektiven Kraft — in der Richtung der Entwicklung der Menschheit fort. Die Reklame ist konstruktive Kunst. Reklame schaffen heißt sozialer Künstler sein.

Kunst und Volk. Mitteilungen des Vereines sozialdemokratischer Kunststelle, Wien 1930/8, S. 237 f.

175

176

175 *Wiener Eislaufverein*
Europameisterschaft
E: GRUE
D: Wien: P. Gerin
[1930], 126x93 cm, P 13 330

Der Wunsch nach Sicherheit und Bequemlichkeit beim Eislaufen führte im Jahre 1867 zur Gründung des Wiener Eislaufvereines. Die ersten Europameisterschaften für Herren fanden 1891 in Hamburg, die zweiten 1892 in Wien statt. Es mußten jedoch noch viele Jahre vergehen, bis diese Disziplin auch für Damen beziehungsweise Paare geschaffen wurde.
1930 fand der erste derartige Bewerb auf dem Gelände des WEV statt. „Die gestern auf dem Platze des Wiener Eislaufvereines in Anwesenheit von 7 000 Zuschauern durchgeführten Meisterschaften von Europa der Damen und der Paare waren ein sportlich und gesellschaftlich bedeutungsvolles Ereignis. Der Veranstaltung wohnten Bundespräsident Miklas, Bürgermeister Seitz, die Gesandten der Tschechoslowakei, der Schweiz, Norwegens, Finnlands, dann Minister a. D. Heinl, Doktor Theodor Schmidt, der Präsident des Hauptverbandes für Körpersport, Vertreter der Finanzwelt, Bühnenkünstler und selbstverständlich die Angehörigen aller Sportzweige bei. Die Damenmeisterschaft brachte einen erfreulichen Erfolg Oesterreichs." (NWT, 27. 1. 1930, S. 7)
In Abwesenheit von Sonja Henie gewann Fritzi Burger vor Ilse Hornung. Die Österreicherinnen Lilly Weiller und Gerda Hornung belegten die Plätze 4 und 5. Das Paarlaufen jedoch brachte einen ungarischen Sieg. Europameister wurden Organista-Szalay vor Rotter-Szollas, und erst auf dem dritten Platz folgten die besten Österreicher, Hochhaltinger-Preissecker. G.B.

176 *Varieté Ronacher*
E: Mano Tauber
[1930], 95x62 cm, P 13 331

Am 21. April 1888 eröffnete der als Maître de plaisir in Wien bereits bestens bekannte Anton Ronacher in dem 1884 bis auf die Außenmauern abgebrannten Gebäude des Wiener Stadttheaters ein Varieté. Ronacher setzte sich zum Ziel, immer neue und erstklassige Attraktionen zu bieten, so daß das Etablissement in kurzer Zeit führend in Wien wurde. Sein Ruf verbreitete sich über ganz Europa und reichte bis Amerika, so daß sich die Artisten selbst um Engagements bemühten.
Die größten Stars, wie die amerikanische Tänzerin Loie Fuller, die Chansonsängerin Yvette Guilbert oder die tanzenden Schwestern Barrison traten auf.
In den folgenden Jahren erlebte das Haus die üblichen Höhen und Tiefen. Gegen Ende der zwanziger Jahre kam es aufgrund der schlechten wirtschaftlichen Verhältnisse zu einer Theaterkrise. Viele Bühnen mußten schließen. Das Ronacher versuchte sich mit Operetten- und Volksstückproduktionen über Wasser zu halten, doch die Schuldenlast wuchs. Bald schien es, als ob sich niemand mehr für das Haus interessieren wollte.
Doch die Verhältnisse änderten sich 1930 schlagartig mit dem Erscheinen von Bernhard Labriola. Gerhard Eberstaller schreibt dazu: „Labriola, der einer neapolitanischen Familie entstammte und 1890 in Darmstadt geboren worden war, hatte es als Schwergewichtsmeister zu Weltruhm gebracht und bereits eine ansehnliche Reihe von Vergnügungsstätten geführt. Ihm gelang es, das finanziell stark angeschlagene Haus

wieder in kürzester Zeit auf gesunde Beine zu stellen, das Ronacher wurde neuerlich zum Rendezvousplatz internationaler Attraktionen. Die Leute stellten sich wiederum in Massen ein, denn auch die Eintrittspreise waren erstaunlich niedrig; es gab mehr Sitzplätze, Tische und Konsumation hatten sich aufgehört, was sich nur vorteilhaft auswirkte." Labriola brachte Stars wie Josephine Baker und die Mistinguette und spürte neue Talente auf wie Marika Rökk.
Bald jedoch wurde seine Arbeit durch den zunehmenden Einbruch nazistischer Umtriebe erschwert. Labriola verließ das Ronacher und wandte sich nach Budapest, leitete aber in Wien auch einige Vorstellungen des Zirkus Renz.
1938 übernahm er die Leitung des Hauses wieder und führte es bis zur Theatersperre 1944.
Nach Kriegsende diente das Haus zehn Jahre lang dem Burgtheater als Heimstätte. Als 1955 die Wiederinbetriebnahme des Ronacher als Varieté bevorstand, war es wieder Direktor Labriola, der diese Aufgabe durchzuführen hatte. Doch die große Zeit des Varietés konnte er nicht mehr zurückbeschwören. 1960 wurde das Ronacher als Varietétheater geschlossen. E.K.

Lit.: Eberstaller, Gerhard: Zirkus und Varieté in Wien, Wien 1974, S. 94; Ihlau, Helga: Das Ronacher als Varietétheater, phil. Diss., Wien 1978.

177 *Denkt an den 15. Juli!*
E: R[udolf] Ledl
D: Wien: A. Luigard
[1930], 198x126 cm, P 366

Die Sozialdemokraten, gegen die so vehement zu Felde gezogen wurde, führten ihren Wahlkampf zur Nationalratswahl am 9. November 1930 vor allem mit Friedensappellen, pazifistischen Erklärungen und Angeboten zur — von weiten Teilen der Bevölkerung ersehnten — „inneren Abrüstung". Um zu zeigen, daß die Sozialdemokratie doch der „böse Drachen" war, den man als christlicher Ritter und Retter bekämpfen wollte, mußte man schon einige Jahre in die Geschichte der Republik — oder noch weiter bis zur Monarchie — zurückgreifen. Man erinnerte an das Attentat Friedrich Adlers auf Ministerpräsident Graf Stürgkh aus dem Jahr 1916, man besann sich plötzlich auf das vier Jahre alte „Linzer Programm" der Sozialdemokraten, in dem man einen gewalttätigen Aufruf zur Diktatur des Proletariats sehen wollte. Wasser auf die Propagandamühlen der Christlichsozialen waren natürlich die Ereignisse um den 15. Juli 1927 (vgl. Nr. 161). Endlich, so verkündete man triumphierend, hätten die Österreicher Gelegenheit, mit den Verantwortlichen für diesen Schreckenstag abzurechnen: „Mit den Arrangeuren des 15. Juli. Mit den Schutzherren der Plünderer und Brandleger. Mit den Terroristen in Werkstatt und Bureau. Mit den Schändern der Demokratie", wie es in dem Aufruf der Wiener Parteileitung hieß.
Der brennende Justizpalast war ein geeignetes Objekt, um die damals gerade aufkommende Photoillustration bei Flugschriften und Zeitungen werbewirksam einzusetzen; auch ein Wahlfilm hatte dieses Ereignis zum Inhalt.
Der 15. Juli 1927 ließ sich offensichtlich ideal für die christlichsoziale Propaganda auswerten: Hier konnte man ausgiebig und in den grellsten Farben von Aufruhr, Mord, Brandstiftung und Plünderung sprechen.
Es gab damals in der jüngeren Vergangenheit kein in seinen Ausmaßen vergleichbares Ereignis, das sich so leicht zu einer roten Gewaltorgie und einem marxistischen Umsturzversuch hochstilisieren ließ. Die Sozialdemokratie war nämlich in den vergangenen Jahren immer mehr in die Defensive gedrängt worden, und es hätte keine Auseinandersetzung in den letzten drei Jahren für eine derartige Kampagne herangezogen werden können.
Der 15. Juli 1927, erklärte der christlichsoziale Bundeskanzler Vaugoin, habe gezeigt, „daß die Sozialdemokratie keine friedliche, keine heimische, keine heimattreue, sondern eine heimatzerstörende, revolutionäre, verderbliche Partei ist".
„Denkt an den 15. Juli!" hieß es nicht nur auf diesen Plakaten, sondern auch in zahlreichen Zeitungen und Flugschriften. Bemerkenswert an dem Slogan ist, daß es offenbar genügte, an den tatsächlich denkwürdigen Tag zu erinnern — so eindeutig war anscheinend schon die Schuld der Sozialdemokraten an den tragischen Vorkommnissen bewiesen.
Daß die Verantwortung an dem Aufruhr und seinen tödlichen Konsequenzen so einfach dem Gegner zugeschoben werden konnte, dürfte mehrere Gründe gehabt haben: Erstens hatte nur ein kleiner Teil der Österreicher die Ereignisse des 15. Juli 1927 aus eigener Anschauung miterlebt. Es kam folglich ganz auf die Darstellung der Geschehnisse an. Hier hatten die Christlichsozialen den Sozialdemokraten gegenüber einen großen Vorteil: Als Regierungspartei konnten sie sich viel schneller und in größerem Umfang der Bevölkerung mitteilen. Außerdem hatte die Darstellung der Regierungspartei offiziellen Charakter und wirkte dadurch viel mehr wie ein objektiver Bericht und damit glaubhafter.
Zum anderen war von seiten der bürgerlichen Parteien diesem Ausbruch bereits propagandistisch vorgearbeitet worden. Das Bild der Sozialdemokraten als plündernde, brandschatzende, rote Horde war lange vorher gezeichnet worden. Es hatte ja schon vor den ersten Wahlen 1919 das Bild eines Bolschewiken, der Wien in Brand stecken will, auf allen Plakatwänden geklebt. (Nr. 123)
Sicher hat zu dieser etwas verzerrten

Denkt an den 15. Juli!
und wählet die Liste der
CHRISTLICHSOZIALEN PARTEI
u. HEIMATWEHR!

177

178

Darstellungsweise auch die immer defensivere Haltung der Sozialdemokratie beigetragen. Sie hatte sozusagen frühzeitig das Feld der propagandistischen Auseinandersetzung um den Justizpalastbrand geräumt. Bezeichnend dafür waren schon die Rede Bundeskanzler Seipels am 26. Juli 1927 im Parlament und die darauffolgende Antwort Otto Bauers gewesen.

Bundeskanzler Seipel hatte bereits damals nicht daran gedacht, bei sich oder der Regierung die Schuld zu suchen, während Bauer auch selbstkritisch seiner eigenen Partei gegenüber war. Allerdings erhob Otto Bauer in seiner berühmten Rede noch schwere Vorwürfe gegen die Regierung, die, seiner Meinung nach, doch die Hauptverantwortung an dem hohen Blutzoll trug. Drei Jahre danach war von seiten der Sozialdemokratie kein Wort der Anklage mehr zu hören sowie auch von keinem Versuch der Rechtfertigung angesichts der schweren Vorwürfe des Gegners.

Von diesem Plakat gibt es noch eine geringfügig veränderte Version, bei der das bolschewistische Schreckgespenst statt des Petroleumkanisters einen Säbel hält. B.D.

Lit.: Massiczek, Albert: Zeit an der Wand, Wien 1967, S. 77.

178 *Gegen Bürgerkrieg!*
E: [Victor] Slama
D: Wien: Vorwärts
[1930], 190x188 cm, P 390

Der Grundtenor der sozialdemokratischen Wahlpropaganda für die Nationalratswahlen am 9. November 1930 war angesichts massiver rechter Putschdrohungen der Ruf nach Frieden und innerer Abrüstung. Im Wahlaufruf der Sozialdemokratischen Partei hieß es dazu programmatisch: „Wenn wir Sozialdemokraten aus diesen Wahlen so stark hervorgehen, daß wir die Führung der Regierung übernehmen können, dann werden wir alle ehrlich denkenden Demokraten im Lande dazu einladen, mit uns gemeinsam die vollkommene innere Abrüstung unter den stärksten Bürgschaften ehrlicher Gegenseitigkeit und unter gegenseitiger Kontrolle durchzuführen. Alle Selbstschutzverbände auf beiden Seiten werden gleichzeitig aufgelöst, alle militärischen Aufmärsche dieser Formationen, die immer wieder Beunruhigung erzeugen und dem staatlichen Sicherheitsdienst ungeheure Kosten verursachen, werden verboten, alle Waffen dieser Formationen eingezogen und vernichtet werden." Dieses Angebot sowie das Versprechen, die akute Bürgerkriegsgefahr bannen zu wollen, bestimmten in den verschiedensten Variationen die sozialdemokratischen Werbebemühungen in allen ihr zur Verfügung stehenden Medien. Die prominenten Versammlungsredner der Sozialdemokraten wiederholten bei nahezu allen ihren öffentlichen Auftritten dieses Angebot.

Doch die Sozialdemokratische Partei versuchte auch in der Praxis zu zeigen, daß es ihr mit ihren Friedensparolen ernst war und daß sie auch für liberale, bürgerliche Kreise eine echte Alternative zum Radaustil des Heimwehrfaschismus sein wollte. Seit dem Schock von 1927 war sie bewaffneten Konflikten mit dem Gegner immer ängstlich ausgewichen. Auch nun unter der Minderheitsregierung Vaugoin begegnete sie Repressionen wie den häufigen Konfiskationen ihrer Zeitungen und Plakate mit äußerst geduldiger Haltung.

„Laßt Euch nicht provozieren!" lauteten die eindringlichen und häufigen Appelle der Parteileitung.

Die Parteiführung war ängstlich darauf bedacht, den Faschisten keinen Vorwand zu einem Putsch zu liefern, so kurz vor diesen Wahlen, da man doch hoffte, endlich stärkste Partei im Lande zu werden. Vielmehr versuchten die Sozialdemokraten sich mit jenen Mitteln zu wehren, die der Rechtsstaat noch zu bieten hatte.

Die Christlichsozialen zeigten sich jedoch gegenüber den Friedensbestrebungen des Gegners äußerst skeptisch und versuchten die Versprechungen der Sozialdemokraten als ausgemachte Heuchelei zu entlarven: „Wo immer wir jetzt sozialdemokratische Wahlplakate erblicken", erklärte Vaugoin, „vergessen wir nie den 15. Juli, nachdem die Sozialdemokraten die Brandstifter und Aufrührer im Parlament in Schutz genommen haben." B.D.

Lit.: Plakatausstellung Victor Th. Slama, Wien 1975, Nr. 95.

179

179 *10.000 Arbeitslose wieder mehr!*
E: L. Buzek
D: Wien: Elbemühl
[1930], 190x126 cm, P 367

„Nur wenn der Kopf dieses Asiaten in den Sand rollt, wird der Sieg unser sein." Gesprochen wurden diese Worte im Wahlkampf für die Nationalratswahlen 1930 vom Heimwehrführer und damaligen Innenminister Ernst Rüdiger Starhemberg. Gemeint war damit der Wiener Finanzstadtrat Hugo Breitner. Dieser Ausspruch war jedoch keineswegs ein einmaliger Ausrutscher eines politischen Heißsporns. Er war vielmehr Ausdruck einer allgemeinen politischen Hetzkampagne, die Hugo Breitner jahrelang über sich ergehen lassen mußte. Keine andere Persönlichkeit der österreichischen Sozialdemokratie wurde je so andauernd und unerbittlich beschimpft — kein anderer Politiker der Ersten Republik war je derart haßerfüllten Anfeindungen ausgesetzt gewesen wie Hugo Breitner.

Im Wahlkampf 1930 erreichten die Angriffe auf ihn einen neuerlichen Höhepunkt. Eine eigene Flugschriftenreihe entfachte eine regelrechte Hetzkampagne gegen den Wiener Politiker. Einige bezeichnende Titel dieser Pamphlete: „Breitner, der Enteigner ohne Gnade!", „Breitners Kassa — Parteikassa!", „Breitner, der Menschen-

Seicherl wird das Opfer eines begreiflichen Mißverständnisses.

töter!", „Breitnerisches Familienleben im Stundenhotel!", „Breitners Lustbarkeit", „Breitner, der Bordellwirt!" In den letztgenannten Schriften warfen die Christlichsozialen dem Stadtrat vor, daß er auch die Bordelle besteuere. Schon 1927 hatte Breitner zu derartigen Vorwürfen ganz kühl erklärt: „Vor wenigen Wochen ist das erste städtische Entbindungsheim eröffnet worden. Die Baukosten waren 2 260 000 Schilling. Wir haben mit der in einem Jahre von den Stundenhotels gezahlten Steuer dieses Entbindungsheim erbauen können. Mögen sich die Christlichsozialen mit ihren Anträgen nur die Gunst und die Stimmen der Besitzer der Wiener Stundenhotels erwerben." Auch die Kritik, daß Breitner mit seinem „Steuersadismus" die Wiener Wirtschaft ruiniere und damit schuld wäre an der hohen Arbeitslosigkeit, versuchten die Sozialdemokraten mit dem Argument zu entkräften, daß die durch die Steuern finanzierte Bautätigkeit der Gemeinde eine wertvolle Arbeitsbeschaffung sei. Seine Gegner blieben von derartigen Rechtfertigungen unbeeindruckt: „Asien ist, was Breitner denkt. Asien ist, was Breitner tut. Hinaus mit dem Asiaten aus Wien!" hieß es in den Wahlschriften, wobei „Asiate" als Schimpfsynonym für Jude galt.
Von diesem Plakat wurden in Wien ab 4. November 1930 von der Gewista 1 700 Stück affichiert. B.D.

Lit.: Denscher, Bernhard: „Hinaus mit dem Asiaten aus Wien!" Hugo Breitner — Zielscheibe politischer Haßtiraden in den Wahlkämpfen von 1927 und 1930, in: wien aktuell 1978, Heft 8/9, S. XXXVI ff.

180 *Helft mit im Kampf!*

D: Wien: J. Eberle
[1930], 190x126 cm, P 385

Die Wehrformationen der beiden großen Parteien waren im Laufe der Jahre in Österreich immer mehr in den Vordergrund getreten, wobei besonders die rechtsgerichtete Heimwehr stetig an Macht und Bedeutung zunahm — bis sie zu einem selbständigen politischen Faktor wurde. Im Minderheitskabinett Vaugoin stellte 1930 erstmals die Heimwehr mit Ernst Rüdiger Starhemberg als Innenminister und Franz Hueber als Justizminister zwei Regierungsmitglieder. Die beiden Heimwehrminister trugen zu einer weiteren Unsicherheit in der angespannten Atmosphäre des politischen Lebens dieser Tage bei: massive Putschdrohungen, deutliche Absagen an die parlamentarische Demokratie bei häufigen Konfiskationen gegnerischer Schriften und wiederholte Waffensuche bei den Sozialdemokraten; letztere ergaben jedoch wenig. Im „Korneuburger Eid" vom 18. Mai 1930 hatte sich die Heimwehr eindeutig zu einem faschistischen Programm bekannt, sich vor allem darin gegen den „westlichen demokratischen Parlamentarismus und den Parteienstaat" ausgesprochen.
Bei den Nationalratswahlen 1930 verband sich eine Gruppe der Heimwehr unter der Führung Emil Feys mit der Christlichsozialen Partei. Ein großer Teil der Heimwehr hatte es hingegen, nachdem Koalitionsverhandlungen mit den Nationalsozialisten gescheitert waren, vorgezogen, unter Starhemberg als eigenständige politische Kraft bei diesen Wahlen mit der „Heimatblockliste" aufzutreten. Das Programm dieser Bewegung war auch als wahlwerbende Partei der Kampf gegen die Marxisten, der noch brutaler und bedingungsloser als von den Christlichsozialen geführt wurde. Nur die Heimatschutz- und Heimatblockführer, so warb man, wären die einzigen, die „zielbewußt und ohne jede Packelei" kämpften für die „Überwindung des Klassenkampfes und für den Zusammenschluß aller deutschen Stämme zu einem einigen nationalen, christlichen und sozialen starken Deutschen Reich"! Dementsprechend zeigt auch das Plakat einen aufrechten Heimwehrmann im Kampf mit dem bösen roten marxistischen Drachen. B.D.

Der Herr Seicherl, dargestellt als dumm-heitere Verkörperung der „Reaktion", war eine beliebte Comic-Figur der sozialdemokratischen Tageszeitung „Das kleine Blatt"

Seicherl sucht Waffen.

180

181

181 *M*

E: R. Vogl
[1931], 285x95 cm, P 9 322

Fritz Lang, 1890 in Wien geboren, studierte Architektur, Kunst und Kunstgeschichte; um sich weiterzubilden, unternahm er weite Reisen. Er schrieb zuerst Drehbücher, der erste Film, in dem er Regie führte, war „Halbblut“; zu den wichtigsten Filmen der folgenden Jahre zählen „Der müde Tod“, „Die Nibelungen“ und „Metropolis“.

„Fritz Lang knüpfte mit M . . . an seine Kriminalfälle aus den zwanziger Jahren an. In M wird ein Kindermörder von der Polizei und der Unterwelt gejagt und gestellt . . . M enthüllt durch einen doppelten Kunstgriff den Zusammenhang zwischen kollektiver Verblendung und organisiertem Terror: die Ringvereine treten als ‚Organe des gesunden Volksempfindens‘ auf, wenn sie den Kindermörder jagen; nie gerieren sie sich so sehr als Bürger wie in dem Moment, da sie in einem parodistischen Strafverfahren den Tod des Unzurechnungsfähigen fordern. Wenn mehrfach Polizei und Verbrechertrust bei ähnlichen Handlungen abwechselnd vorgeführt werden, so wird damit deren Identität in der politischen Wirklichkeit der folgenden Jahre vorweggenommen.“

Der Film wurde von manchen Kritikern wegen seiner angeblich positiven Einstellung zur Todesstrafe vorerst abgelehnt. Erst Jahrzehnte später wurde Langs Leistung entsprechend gewürdigt: „Hier zeigt sich die große Leistung Fritz Langs, diese Einheit von materieller und ideeller Welt zu schaffen. Das ist, wohl gemerkt, nicht absolut zu nehmen. Die Trennung von Ton und Bild zum Beispiel ist das schlechthin Neue und Aufregende in diesem, Langs erstem Tonfilm. Während die Mutter den Namen ihres Kindes, ‚Elsie!‘ ruft, zeigt die Kamera das verlassene Treppenhaus, buschiges Vorstadtödland, den in den Telefonleitungen zappelnden Luftballon des Kindes. Mehr und eindringlicher konnte über den Mord und seine Wirkung nicht gesagt werden. Die Trennung von Ton und Bild liegt auch dem damals revolutionären und noch heute vorbildlichen Schnitt zu Grunde, wenn etwa ein und dieselbe Rede von verschiedenen Personen aufgenommen und weitergetragen wird.

Anders als die ‚Nibelungen‘ von 1923 und auch der ‚Tiger von Eschnapur‘ von 1959 . . . ist ‚M‘ auch heute — wieder — aktuell, in doppelter Hinsicht: erfreulich, wenn der Film dem aufgeklärten Kinogänger die Situation von 1923 spiegeln würde, wenn er im Bürger M nicht nur den Kindermörder Kürten sähe; bedenklich, wenn der Film dem wieder disponierten Kinopublikum von 1960 die Mörder unter uns, die krausepräfaschistische Welt von 1932 suggerieren und empfehlen würde." G.B.

Lit.: Gregor, Ulrich/Enno Patalas: Geschichte des Films, Reinbek bei Hamburg 1976, 1. Bd., S. 140; Filmkritik, 1960, 3. Heft, S. 92.

182 *Lichter der Großstadt*

E: MSK
D: Wien: F. Adametz
[1931], 285x126 cm, P 9324

Lichter der Großstadt, wohl einer der berühmtesten Filme Charlie Chaplins, war schon vor der Premiere ein Phänomen. Der Tonfilm hatte längst den Stummfilm verdrängt, und doch wurde „City Lights" stumm gedreht. Aber der Erfolg gab Chaplin recht, der Film gilt als sein bedeutendstes Werk und als einer der besten Stummfilme überhaupt. „Der Chaplin-Film ‚Lichter der Großstadt' . . . hat nun auch in Wien seine in aller Welt bekundete Zugkraft bewiesen. Der Sascha-Palast war an allen bisherigen Vorführungstagen bis auf das letzte Plätzchen nicht nur ausverkauft, sondern zahllose Wünsche nach Eintrittskarten konnten nicht mehr befriedigt werden. Es ist nur zu begreiflich, daß alle Welt sich drängt, den großen Menschenformer Charlie Chaplin in seiner Kulminationsrolle zu sehen." (NWT, 8. 4. 1931, S. 10) Wegen der außerordentlichen künstlerischen Werte dieses Films hat der Wiener Magistrat damals Chaplins Meisterwerk auch für die Jugend freigegeben.
Dieser Film war schon bei seinem ersten Erscheinen ein riesiger Erfolg, doch unglaublich ist die Wirkung, die er noch Jahrzehnte nach der Premiere ausstrahlt: „Ein Stummfilm mit illustrierender Begleitmusik, aber welch ein Kunstwerk, bei dem einem nicht eine Sekunde das Reden abgeht! Wo Gesichter, Augen, Gesten, wo Licht und Schatten so sprechen, sind Worte überflüssig. Dieser Film ist ein beglückendes Erlebnis, bei dem die Grenzen zwischen Lachen und Weinen verschwimmen und man sich weder des einen noch des anderen zu schämen braucht . . . ‚Lichter der Großstadt', 1930 nach einem Drehbuch von Charlie Chaplin, unter der Regie Charlie Chaplins und mit Charlie Chaplin in der Hauptrolle hergestellt, gehört zu jenen Filmen, denen die Zeit nichts anhaben kann." (AZ, 16. 3. 1952, S. 6) G.B.

182

Verschiedene Formen der Außenwerbung in der Zwischenkriegszeit

183 *Odol*
[1931], 57x500 cm, P 13 332

Eine weiße Riesenschrift, flankiert von den Bildern der beiden Produkte, für die geworben wird, auf einem Hintergrund im kühlen Blau — einer Farbe, die den Eindruck von Frische und Hygiene vermitteln soll. Der fünf Meter breite und nur einen halben Meter hohe Streifen ist — von seinem Format her — wohl eines der seltsamsten Plakate in der umfangreichen Sammlung der Wiener Stadt- und Landesbibliothek — sicher aber typisch für die ideenreiche Werbung für Odol, denn kaum eine andere Firma war damals mit ihrer Reklame derart intensiv und andauernd im Stadtbild Wiens präsent. So waren etwa schon die Pferdestraßenbahnen in Wien mit Schildern dieser Firma versehen, in den zwanziger Jahren dann waren neben anderen Werbebemühungen sogar auf Winterverschalungen von Wiener Denkmälern Odolreklamen angebracht. Ein Umstand, zu dem sich ein Werbetexter folgendes Inserat einfallen ließ, das dann auch im Anzeigenteil des vierbändigen Werkes „Das neue Wien" abgedruckt war: „Es ist noch gar nicht lange her, Monumentbrunnen im Winter mit häßlichen Holzverschalungen zu verkleiden, sie mit grellen Plakaten zu bekleben, oder mit stillosen Reklameaufschriften zu versehen. Hierin Wandel zu schaffen: diese Aufbauten für Reklame zu benutzen, ohne geschmacklos zu wirken, blieb dem modernen Zeitgeist des neuen Wien vorbehalten. Vorbildlich darin ist die Odolcompagnie mit der Ausstattung der beiden Monumentbrunnen am Graben. Vorbildlich ist der architektonische Aufbau der Verkleidung und vorbildlich die Ökonomie der stilvollen Großzügigkeit durch weise Beschränkung des Ausnutzungstriebes. Das ist überhaupt das Gepräge der Odol-Propaganda, daß sie, wo immer sie auch im Stadtbild erscheint, nie stört, sondern sich harmonsich in die Umgebung einfügt — künstlerisch, belehrend, kulturfördernd. Odol wird hier im wahren Sinne zum Kulturbegriff."

183

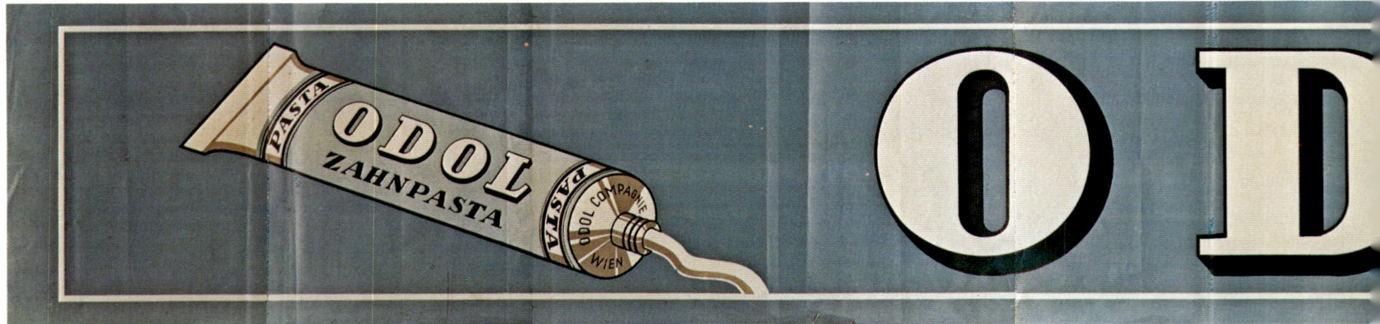

1931 schließlich wurde dieses extremformatige Plakat sogar 300mal in Wien affichiert. B.D.

Lit.: Das neue Wien, Wien 1926, 2. Bd., S. 789.

184 *Benger's Ribana Badeanzüge*
E: Atelier Hans Neumann
D: Wien: J. Weiner
[1932], 190x126 cm, P 13 333

Durch die immer weiter um sich greifende Emanzipation der Frau im 20. Jahrhundert trat in vielen Bereichen des täglichen Lebens eine grundlegende Änderung ein, und auch die Einstellung zum Sport änderte sich. Die Freude an der Bewegung in frischer Luft konnte nun viel unbeschwerter genossen werden, da sich die Sportmode weitgehend nach praktischen Anforderungen zu richten begann. Noch um die Jahrhundertwende hatten die Damen nur schmal geschnürt, durch Korsetts eingeengt, zum Schwimmen gehen dürfen. „Nirgends aber mußte das Korsett ein solcher Widersinn sein wie beim Sport, der sich immer mehr Anhänger auch unter Frauen erfreuen konnte. Der Radsport, der bereits seit den neunziger Jahren sehr beliebt war, brachte die Pumphose, das Autofahren zu Beginn des 20. Jahrhunderts den weiten Automantel, der jegliche Betonung der Taille vergessen ließ. Nur beim Badeanzug glaubte man noch nicht auf die Fischbeinstäbe verzichten zu können."
In den frühen dreißiger Jahren war die Bademode weitaus praktischer. „Die Schwimmanzüge hatten einen einfachen, sachlichen Schnitt. Sie blieben miederlos . . . Rückendekolleté war auch bei ihnen, nicht nur bei den Abendkleidern, sehr gefragt. Sonnenanbeterinnen wagten sich erstmals in zweiteiligen Badeanzügen an den Strand, doch waren Oberteil und Hose noch relativ groß. Die meisten Schwimmanzüge waren aus Wolle und schlotterten in nassem Zustand am Körper." Diesem unschönen und unangenehmen Zustand konnte lange nicht abgeholfen werden; funktionstüchtige Lastexstoffe als Grundmaterial für Badeanzüge kamen erst rund zwanzig Jahre später in Gebrauch. G.B.

Lit.: Boehn, Max: Die Mode, München 1976, S. 306 f.; Loschek, Ingrid: Mode im 20. Jahrhundert, München 1978, S. 136.

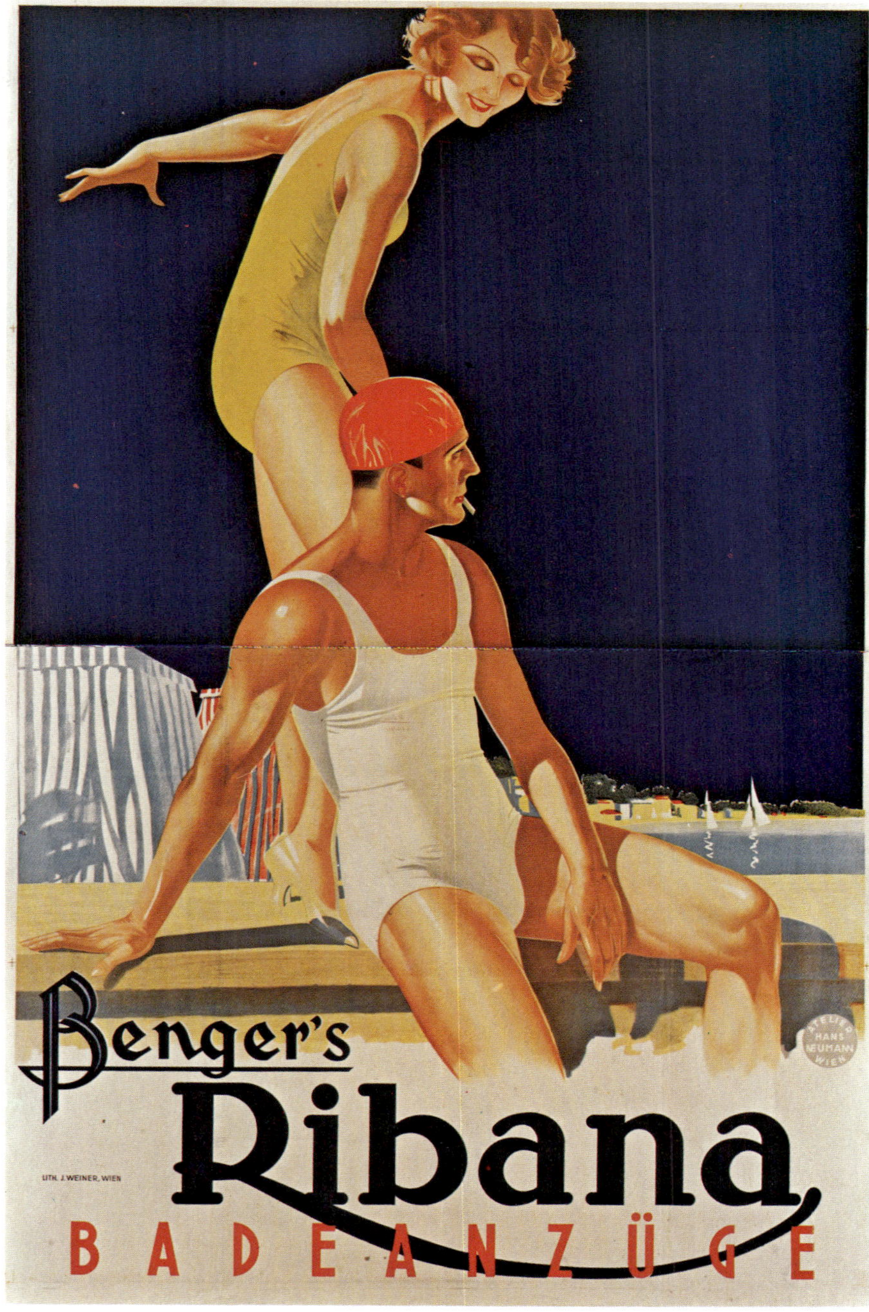

184

„Von mir aus können alle weggehen. Ich bleibe auf jeden Fall. Ich bin nämlich ein Freund der Demokratie!“

Karikatur auf die 1933 erfolgte Ausschaltung des Parlaments (Götz von Berlichingen, 10. 3. 1933)

1933-1938
Ständestaat

Verhülltes Republikdenkmal auf der Wiener Ringstraße

Am 4. März 1933 gab es im Parlament eine Abstimmung über einen Antrag der Sozialdemokraten und Großdeutschen zu einem Eisenbahnerstreik. Die Sitzung gestaltete sich so stürmisch, daß Dr. Karl Renner, der damalige Erste Präsident des Nationalrates, sein Amt niederlegte, ihm folgten der Zweite und der Dritte Präsident. Die Abgeordneten gingen auseinander, ohne daß die Sitzung formell geschlossen wurde. Es trat der kuriose Fall ein, daß der Nationalrat nicht einberufen werden konnte, um ein neues Präsidium zu wählen, weil die Einberufung ja durch den Präsidenten zu erfolgen hatte.

Die „Neue Freie Presse" schrieb damals dazu: „Die Parlamentsparteien werden nunmehr eine Interpretation suchen müssen, um die Wiederaufnahme der Arbeiten des Nationalrates formell zu ermöglichen."

Schon am 7. März aber erklärte die Regierung Dollfuß, von der Parlamentskrise nicht betroffen zu sein, und regierte nach einem entsprechenden Ministerratsbeschluß von da an aufgrund des „Kriegswirtschaftlichen Ermächtigungsgesetzes". Weitere Versuche der Opposition, in Verhandlungen mit Bundeskanzler Dollfuß einen Ausweg aus den Schwierigkeiten zu finden, scheiterten, weil Dollfuß wohl längst entschlossen war, „autoritär" zu regieren. Für den 15. März lud der zurückgetretene Dritte Präsident, Dr. Sepp Straffner, ein Großdeutscher, zu einer Sitzung ins Parlament. Es erschienen nur sozialdemokratische und großdeutsche Abgeordnete. Straffner schloß nach einer kurzen Erklärung die Sitzung, zweihundert Kriminalbeamte räumten den Saal.

Durch Artilleriebeschuß beschädigter Karl-Marx-Hof

Diese Vorgänge boten der Regierung den Vorwand, von einer „Selbstausschaltung des Parlaments" zu reden.

Noch im März wurde die sozialdemokratische Wehrorganisation, der „Republikanische Schutzbund", in ganz Österreich verboten. Der Wiener Landeshauptmann Karl Seitz verbot daraufhin die „Heimwehr" in Wien, setzte aber dieses Verbot gegen das Veto der Bundesregierung nicht durch. Am 26. Mai wurde die Kommunistische Partei Österreichs verboten. Im Mai erfolgte dann die Gründung der „Vaterländischen Front" als politische Organisation zur Zusammenfassung aller regierungstreuen Kreise.

Die politische Werbung spielte gerade in dem System des Ständestaates mit seinen totalitären Ansprüchen eine große Rolle. Irmgard Bärnthaler schreibt in ihrer Arbeit „Die Vaterländische Front" dazu: „Das ganze Jahr 1933 hindurch hat Dollfuß in allen Teilen des Landes gesprochen, aufgerufen und geworben. Bis Dezember 1933 wurde eine ganze Menge von Gruppenveranstaltungen abgehalten; nach gelungener Propaganda ging man daran, Versammlungen größeren Stils einzuberufen. Der Heimatdienst stand im Dienste dieser Aufgabe, und am 1. Juni 1933 trat eine Deutschmeisterkapelle, nachdem sie dem Bundeskanzler am Ballhausplatz ein Ständchen dargebracht hatte, eine Propagandafahrt durch ganz Österreich an.

Der Monat Juni stand ganz im Zeichen der Werbung und der Anmeldungen, die Pfingsttage brachten Rekordzahlen. Inzwischen war auch eine ‚Vaterländische Wandzeitung', die die Bevölkerung über die laufenden Aktionen der VF unterrichten sollte, ins Leben gerufen worden; am 9. Juni gelangte bereits die später regelmäßig geführte Vaterländische Wochenschau ‚Österreich in Bild und Ton' zur Aufführung, und bereits im August, noch unter Kruckenhauser, erschien das erste Mitteilungsblatt der Vaterländischen Front für Wien."

Am 11. September 1933 hielt Bundeskanzler Dollfuß anläßlich des ersten Generalappells der Vaterländischen Front eine große programmatische Rede, in der er die Grundsätze seiner ständestaatlichen Ideologie darlegte: „Die Zeit des kapitalistischen Systems, die Zeit kapitalistisch-liberalistischer Wirtschaftsordnung ist vorüber, die Zeit marxistischer, materialistischer Volksverführung ist gewesen! Die Zeit der Parteienherrschaft ist vorbei! Wir lehnen Gleichschalterei und Terror ab, wir wollen den sozialen, christlichen, deutschen Staat Österreich auf ständischer Grundlage, unter starker, autoritärer Führung! Autorität heißt nicht Willkür, Autorität heißt geordnete Macht, heißt Führung durch verantwortungsbewußte, selbstlose, opferbereite Männer. So wie wir vor Jahren im Kriege ohne falsches Heldengefühl bereit waren, unser Letztes zu geben, so wollen wir, besonders wir, die wir der Kriegsgeneration angehören, selbstlos in der Führung des österreichischen Staates nichts als unsere Pflicht erfüllen."

Gleichzeitig mit der Werbung für das Regime verstärkten sich auch die Repressionen durch die Machthaber. Bereits Ende Mai wurde durch eine Notverordnung eine Kürzung der Arbeitslosenunterstützung und eine Verschlechterung der Arbeitszeitbestimmungen für Angestellte verfügt. Ab dem 10. November 1933 gab es in Österreich wieder die Todesstrafe. Die sozialdemokratische „Arbeiter-Zeitung" durfte ab dem 20. Jänner 1934 nicht mehr öffentlich verkauft, sondern nur noch auf dem Postwege versandt werden.

Die ständige Suche nach Waffenlagern des verbotenen Republikanischen Schutzbundes führte schließlich zur Katastrophe des Bürgerkrieges im Februar 1934. Die ersten Schüsse fielen in Linz, die Kämpfe griffen schnell nach Wien und in andere Industriezentren (Steyr, Bruck a.d. Mur) über. Der schlecht geführte und mangelhaft ausgerüstete Schutzbund hatte gegen Bundesheer und Heimwehren keine Chance. Das Heer setzte gegen die vom Schutzbund besetzten Wiener Gemeindebauten auch Artillerie ein. Die Zahl der Opfer konnte bis heute nicht exakt festgestellt werden. Nach der offiziellen Darstellung gab es insgesamt 314 Tote (118 der Exekutive, 196 des Schutzbundes) und 805 Verwundete (486 der Exekutive, 319 des Schutzbundes). Die Angaben über die Zahl der Verwundeten — demnach hätte die Exekutive mehr Opfer zu beklagen gehabt — läßt starke Zweifel aufkommen. Die Sozialdemokraten schätzten damals ihre eigenen Verluste auch tatsächlich weit höher. Neun Schutzbundführer wurden nach Ausrufung des Standrechtes hingerichtet, etwa zehntausend Personen wurden eingekerkert.

Am 1. Mai 1934 trat eine neue Verfassung in Kraft. Um eine scheinbare Rechtskontinuität zu erhalten, wurde die Regierungsverordnung durch ein Rumpfparlament — nur 76 von 165 gewählten Abgeordneten konnten anwesend sein — beschlossen.

Das Jahr 1934 brachte noch eine weitere schwere innenpolitische Auseinandersetzung: Am 25. Juli 1934 unternahmen Mitglieder der illegalen Nationalsozialistischen Partei Österreichs einen Putschversuch.

Im Februar 1934 hatten sich verzweifelte Sozialdemokraten gegen eine politische Entwicklung gestemmt, die sie in Wahrheit längst überrollt hatte, um doch noch einmal den revolutionären Schwung, der in ihnen lebte, in die Tat umzusetzen, und sei es auch nur, um nicht kampflos untergegangen zu sein. Dieser Aufstand wollte aber im Grunde die bestehende Ordnung bewahren. Ganz anders der Juliputsch 1934. Vorausschauend geplant, ausgeführt von dazu geschulten, paramilitärischen Verbänden, war dieser Aufstand, obwohl er bei weitem nicht von so vielen Anhängern gestützt wurde, wie sie die Sozialdemokraten gehabt hatten, für die Staatsführung ungleich gefährlicher. Die erste Aktion am 25. Juli richtete sich gegen das Bundeskanzleramt, dabei wurde Bundeskanzler Dollfuß erschossen. Die Kämpfe in Österreich dauerten bis 30. Juli. Viele der unterlegenen Aufständischen flüchteten nach Deutschland.

Am 29. Juli wurde Dr. Kurt Schuschnigg zum neuen Bundeskanzler ernannt.

Die Zeit der Regierung Schuschnigg war weiterhin durch die Auseinandersetzung mit dem Nationalsozialismus geprägt. Die Politik der Annäherung an das faschistische Italien erwies sich aber als ungeeignet für die Erhaltung Österreichs, nachdem es zu einer Annäherung der beiden faschistischen Großmächte, Italien und Deutschland, gekommen war. Österreich verlor damit den letzten Partner, der ihm gegen eine immer stärker werdende deutsche Aggression hätte beistehen können. Als verhängnisvoll erwies sich für die weitere Entwicklung wohl auch das Selbstverständnis des autoritären Österreich als zweiter deutscher Staat. B.D.

Lit.: Bärnthaler, Irmgard: Die Vaterländische Front, Wien 1971; Kleindel, Walter: Österreich Chronik, Wien 1978; Pelinka, Anton: Stand oder Klasse?, Wien 1972; Starhemberg, Ernst Rüdiger: Memoiren, Wien 1971.

Bundeskanzler Schuschnigg beim Bundesappell der Vaterländischen Front (1936)

Hinein in die
vaterländische
Front!
Druck Paul Gerin Wien II.

185

186

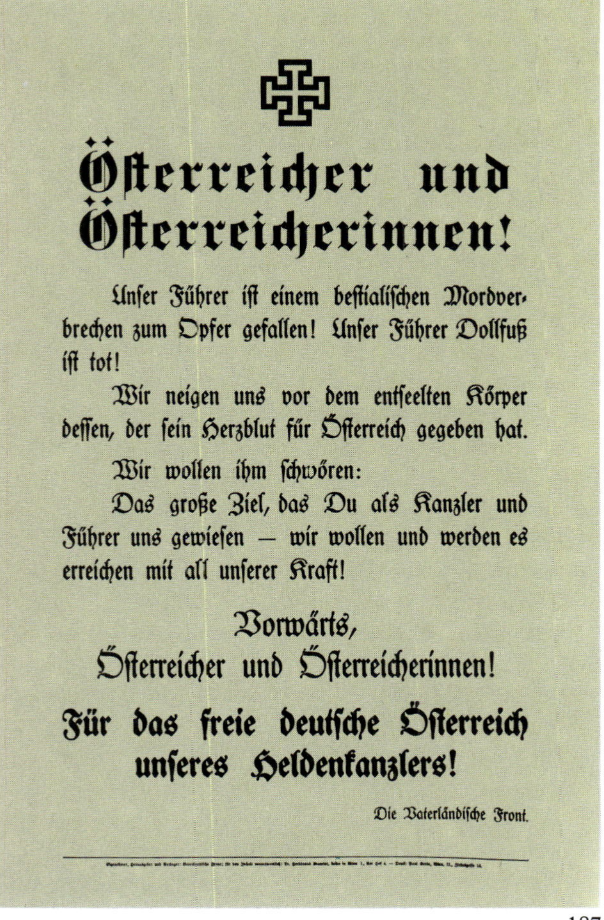

187

185 *Hinein in die vaterländische Front!*
D: Wien: P. Gerin
[1934], 186x95 cm, P 13 334

186 *Ein Jahr ist seit der Selbstausschaltung des Parlaments vergangen!*
D: Wien: P. Gerin
[1934], 276x95 cm, P 13 335

Auf den beiden Plakaten finden die Februarkämpfe keine Erwähnung. Dennoch steht die Aktion in direktem Zusammenhang mit dem Bürgerkrieg. Die Kämpfe hatten deutlich gezeigt, daß die Vaterländische Front weitaus nicht jene Popularität und Verankerung in der Bevölkerung fand, wie ihre Führer es angestrebt hatten. Herbe Kritik wurde auch in den eigenen Reihen laut — eine Menge von Protestschreiben und Reorganisationsplänen traf in der Bundesleitung der VF ein. Eine „Schar gutösterreichischer Patrioten" wagte sogar zu schreiben: „Es ist der Mitgliederschaft unverständlich, daß sich noch immer keine systematische Arbeit von oben her einstellt, daß sich keine energischen Männer finden, die in klarer Erkenntnis der Lage, ohne rosaroten Schleier vor Augen, Abhilfe schaffen und die VF an die ihr gebührende Spitze stellt. Das Übel liegt in der obersten Führung. Sie ist zu schwach, parteilich verpflichtet, unfrei, daher zur politischen Führung unfähig!" Der Propagandaleiter der VF Neubau verlangte in seinen Verbesserungsvorschlägen eine intensivere Propaganda, da sich der „Kampf um die Seelen" von allen Seiten verstärke. Vor allem müßte die finanzielle Lage verbessert werden. So behauptete er, daß die NSDAP ihren Bezirksleitern 400 Schilling, dem Propagandaleiter 1 200 Schilling pro Monat und Studenten neben Freitisch und Bekleidungszuschuß 100 Schilling zahlten, während die Tätigkeit innerhalb der VF von allem Anfang an auf freiwilliger und ehrenamtlicher Mitarbeit beruhte. Das einjährige „Jubiläum" der sogenannten „Selbstausschaltung des Parlaments" nahm nun die Leitung der VF zum Anlaß einer Goodwillaktion für die Bewegung und ihren „Führer". B.D.

Lit.: Bärnthaler, Irmgard: Die Vaterländische Front, Wien 1971, S. 49 f.

187 *Österreicher und Österreicherinnen!*
D: Wien: P. Gerin
[1934], 46x30 cm, P 101

Im Mai 1934 setzte eine neuerliche nationalsozialistische Sprengstoffoffensive in Österreich ein, Ende Juli fand diese Terrorwelle in einem Putschversuch ihren Höhepunkt. Am 25. Juli 1934 drangen 154 als Bundesheersoldaten uniformierte Angehörige einer illegalen SS-Standarte in das Bundeskanzleramt ein. Engelbert Dollfuß wurde von einem der Putschisten angeschossen und erlag seinen Verletzungen.
Ein Anschlag auf das Rundfunkgebäude (RAVAG) hatte kurzzeitig Erfolg. Man verkündete die Regierungsübernahme durch Dr. Anton Rintelen, den einstigen steirischen Landeshauptmann, der während des Putsches in Wien weilte.
Am Abend desselben Tages mußten sich die Aufständischen aber bereits ergeben.
Schon am nächsten Tag, an dem man auch dieses Plakat affichierte, wurde in einem Bundesbefehl für die Vaterländische Front ab sofort eine dreimonatige Trauer angeordnet. Alle Mitglieder

188

wurden aufgefordert, das übliche rotweißrote Abzeichen mit einem Trauerflor zu tragen. Das Bild des Kanzlers war in allen Räumen der VF mit Trauerflor zu schmücken. B.D.

Lit.: Bärnthaler, Irmgard: Die Vaterländische Front, Wien 1971, S. 66 ff.

188 *Den toten Helden*

D: Wien: Tyrolia
[1935], 50x95 cm, P 1

Schon kurz nach der Ermordung des Bundeskanzlers überschwemmte die offizielle Propaganda Österreich mit Erinnerungen an den verstorbenen Dollfuß. Diese Verehrung erreichte bisweilen fast kultischen Charakter. Das „Werk" des Bundeskanzlers sollte weiterleben und er der „geistige Führer" bleiben. In einem Bundesbefehl der VF hieß es, daß jede Veranstaltung der VF, jede Versammlung, aber auch jede Besprechung von Funktionären mit den Worten zu eröffnen sei: „Unser Führer Dollfuß läßt Euch grüßen! Österreich!" Am 8. August 1934 wurde von der VF eine Trauerkundgebung auf dem Heldenplatz veranstaltet, zu der sich mehr als 150 000 Teilnehmer einfanden.
In allen Orten des Bundesgebietes sollte ehestens eine Straße oder ein Platz nach dem „verewigten Bundeskanzler" benannt werden. Manche derartige Benennungen haben sich — mit Unterbrechung — bis heute erhalten.
Noch im Sommer 1934 wurde propagiert, auf dem Ballhausplatz ein Dollfußdenkmal zu errichten, wofür man auch eifrig Geld sammelte. Auf der Hohen Wand wurde ein Dollfußkirchlein und in Wien die Seipel-Dollfuß-Gedächtniskirche errichtet. In Tirol druckte die Katholische Aktion mit Erlaubnis der Kirche kleine Gebetszettel mit dem Bild des betenden Kanzlers und dem beigefügten Text: „. . . Dollfuß ist unter den Heiligen, zu denen wir beten dürfen . . ." B.D.

Lit.: Bärnthaler, Irmgard: Die Vaterländische Front, Wien 1971, S. 63 ff.

Die Propaganda der Vaterländischen Front ist in erster Linie für das Inland bestimmt und hat die Aufgabe, die gefühlsmäßige Einheit des alpenländischen Deutschtums im Sinne der Schicksalsverbundenheit aller seiner Schichten und der nationaluniversalistischen Auffassung im Gegensatz zur imperialistisch-absolutistischen zu vertiefen, das Verständnis für die berufsständische Gliederung und ihre Bedeutung im innerstaatlichen und im internationalen Leben in immer weiteren Kreisen zu wecken, die Bevölkerung zu natürlicher Selbstverwaltung innerhalb der ständischen Korporationen zu erziehen und sie so gegen die marxistischen und nationalsozialistischen Giftstoffe zu immunisieren.

Aus einem anonymen Manuskript zu Überlegungen zur Propaganda der VF, Allgemeines Verwaltungsarchiv, Bestand VF, Karton 14, zit. nach: Ackerl, Isabella: Die Propaganda der Vaterländischen Front für die geplante Volksbefragung vom 13. März 1938, in: Wien 1938, Wien 1978, S. 19.

Rechte Seite:
Wiener Zeitung, 25. 12. 1935, S. 5

Auch die in die Illegalität gedrängten Sozialdemokraten erinnerten an ihre Märtyrer (Flugzettel, etwa natürliche Größe)

Franz Münichreiter
Sozialist u. Schutzbündler, wurde von d. Regierungsbestien schwerverwundet
auf der Tragbahre zum Galgen gebracht.
Er war der erste Märtyrer des österr. Proletariats in den Februartagen 1934.
Unter dem Galgen haben wir geschworen:
Wir vergessen nicht! Wir kommen wieder!

Beim Generalstab der VF

Im dritten Stockwerk des großen Gebäudes Am Hof, das das Generalsekretariat der Vaterländischen Front birgt, hat der Werbedienst der Front sein Quartier aufgeschlagen. Wie es sich für den Generalstab einer großen Armee geziemt, als solchen darf man die Werbeleitung wohl ansprechen, sind es nicht die repräsentativsten, dafür aber die noch relativ am ruhigsten gelegenen Räume des mächtigen Gebäudes, dessen Gänge und Stiegen auch an jenen Tagen, wo kein offizieller Parteienverkehr stattfindet, von lärmendem Leben durchpulst sind.

Hier empfängt uns der Leiter des Werbedienstes Ing. Hans Becker, der diese Abteilung seit ihrer Errichtung führt. In knappen, aber sehr klaren Sätzen charakterisiert Ing. Becker die Aufgaben des Amtes, dem er vorsteht. Im autoritären Staat soll und darf alles autoritär sein, nur die technische Durchführung der Werbung nicht. Denn diese muß die Auffassungen derer berücksichtigen, an die sie sich wendet. Deshalb ist bei einer richtigen Werbung die Erfolgskontrolle absolut notwendig, ist einer der wichtigsten Abschnitte der Gesamttätigkeit. Diese Kontrolle haben wir dementsprechend auch bis ins letzte ausgebaut. Es ist dafür Sorge getragen, daß in den Kontrollberichten, die uns regelmäßig zugeschickt werden, nicht die Meinungen der Verfasser über die Wirksamkeit und Unwirksamkeit unserer Propaganda auftauchen, sondern das Urteil derer, an die sich diese Propagandamittel wenden. Es ist bei der Werbung eine Faustregel, daß man bei der Zusammenfassung von etwa dreißig verschiedenen Urteilen bereits auf den wahren Prozentsatz der Meinung kommt, der sich auch dann nicht mehr verändert, wenn wir die Urteile beliebig erhöhen. Allerdings darf man bei der ganzen Werbung eines nicht übersehen. Einzelne Schreier, namentlich in den ländlichen Bezirken, vermögen das Urteil ihrer ganzen Umgebung oft sehr wesentlich zu beeinflussen. Solche Leute muß man entweder zu gewinnen trachten oder so scharf beobachten, daß sie nicht imstande sind, abwegige Propaganda zu betreiben.

Es ist ein gewaltiges Werk, das Ing. Becker im Verein mit seinen Mitarbeitern hier aufgebaut hat. Ein Werbedienst, der so fein verästelt und mit so großem Verständnis für die Volkspsyche organisiert ist, daß man, wenn man seine Organisation kennengelernt hat, erst so recht versteht, wie es der VF in so überraschend kurzer Zeit gelingen konnte, Breschen in die gegnerischen Fronten zu schlagen. Und wenn dieser Prozeß heute weitergeht, wenn von Vorarlberg bis zum Burgenland der Front täglich neue Mitglieder zuströmen und wenn, was nicht zum wenigsten wichtig ist, die alten in ihrer Überzeugung immer wieder bestärkt werden, dann ist das mit ein Verdienst der Werbeleitung, die mit feinem psychologischem Verständnis die provinziellen Verschiedenheiten unseres Landes genau einzukalkulieren versteht. Dann ist das ein Verdienst des Werbeleiters und seines Stabes, der neun Landes-, 280 Bezirks-, 4300 Ortsgruppenwerbeleiter und der zahlreichen Helfer in den Dienststellen und Bezirksorganisationen.

Einige Zahlen

Es ist auch in Zahlen eine imponierende Leistung, die vom Werbedienst (der zweiten Abteilung des Generalsekretariats der VF) bewältigt wurde. Wurden doch von ihm in diesem Jahr rund 6000 Versammlungen und größere Kundgebungen, 4500 Sprengelsprechabende, 450 Bezirks- und Landesappelle der Amtswalter und 500 Kinovorführungen veranstaltet. Rund 1000 Veranstaltungen waren nur für Arbeiter bestimmt. Nicht minder imponierend sind die Zahlen des von der zweiten Abteilung ausgegebenen Werbematerials. (Flugzettel, Broschüren usw.) Zehn Millionen Stück beträgt die Gesamtauflage des von der VF, rund zwei Millionen die Auflage des vom Heimatdienst erstellten Propagandamaterials. Rund 100.000 Stück eigene Instruktionsbehelfe, 500.000 Exemplare Wandzeitungen und eine Million Plakate wurden ausgegeben. Endlich 150.000 kleinere Instruktionsschriften usw. Den modernen Anforderungen entsprechend, hat die Abteilung auch ein Bilderarchiv, einen Photo- und Filmdienst eingerichtet, der allerdings erst im Aufbau begriffen ist. Immerhin verfügt sie heute bereits über eine 3000 Stück zählende Negativsammlung, über ein Bilderarchiv, zu dem die Berufsphotographen erfreulicherweise sehr reichhaltig beisteuern, über Schmalfilme und Bildbänder usf. Die Zentrale tut, wie man sieht, wahrlich das ihre, um zunächst ihre engeren Mitarbeiter in Wien und den Ländern, darüber hinaus aber alle Amtswalter und schließlich die Gesamtheit der Mitglieder glänzend zu schulen. So dient beispielsweise ein Teil der Versammlungen, die regelmäßig abgehalten werden, ausschließlich der Ausbildung der Amtswalterschaft und wird auch in Hinkunft auf diese Schulung größtes Gewicht gelegt werden. Sehr bewährt hat sich auch eine vom Abteilungsleiter verfaßte Schrift die bereits in zweiter Auflage erschienen ist.

Die Aufgaben der Helfer

Was die Wiener Zentralleitung des Werbedienstes von ihren Mitarbeitern in den Ländern, Bezirken usw. verlangt? Die Aufgaben eines Landes-, Bezirksgruppen- usw. Werbeleiters sind gewiß sehr mannigfaltig und stellen hohe Anforderungen an die Geschicklichkeit des einzelnen. Zu seinen wichtigsten Aufgaben zählt aber wohl in erster Linie eine verläßliche Berichterstattung. Namentlich die genaue Beantwortung der Gruppen-, B. O.-, und Bezirkswerbeberichte, die monatlich zu erfolgen hat, und des politischen Fragebogens, der vorläufig jährlich einmal ausgegeben wird. Es ist ein hohes Ehrenzeichen für diese samt und sonders ehrenamtlichen Helfer, daß sie alle, wie Ing. Becker versichert, ihrer freiwillig übernommenen Pflicht pünktlich und genau nachkommen. Haben doch gerade sie eine der schwersten und verantwortungsvollsten Aufgaben der Amtswalterschaft zu bewältigen. Auf diese unermüdlichen Helfer soll und darf man niemals vergessen. Wenn die innere Konsolidierung Österreichs von Woche zu Woche fortschreitet, dann dürfen die Männer und Frauen, die ihre karge Freizeit dem Werbedienst der VF zur Verfügung stellen, gewiß einen großen Teil des Verdienstes für sich in Anspruch nehmen. —ck.

NIVEA
CREME
NIVEA OL
Sport erhält den Körper jung.
Nivea Creme die Haut!

189

189

Nivea Creme
E: Atelier Binder
D: Wien: F. Adametz
[1935], 190x126 cm, P 13 338

In der Zwischenkriegszeit wurde der junge Mensch, besonders die junge Frau, von der kommerziellen Werbung wie von der politischen Propaganda stärker als je zuvor angesprochen und in den Mittelpunkt gestellt. In die gleiche Zeit fällt die Verbreitung des Massensports und damit auch dessen Vermarktung durch die Wirtschaft.

Sportler, die sich viel im Freien aufhielten, mußten selbstverständlich auch darauf achten, ihre Haut entsprechend zu schützen und zu pflegen. 1902 war es erstmals gelungen, einen Emulgator zu finden, mit dessen Hilfe Emulsionen (Wasser in Fett) erzeugt werden konnten. 1914 erfolgte die handelsgerichtliche Eintragung der Beiersdorf Ges.m.b.H., und damit begann die Herstellung eines der universellsten Hautpflegemittel. Die Firmenwerbung brachte es zustande, daß der Name des Produktes für lange Zeit gleichsam als Synonym für Hautcreme überhaupt galt. G.B.

Lit.: Österreichische Reklamepraxis 1936/2, S. 58.

190

Minerva
E: A[rmin] Horovitz
D: Wien: Waldheim-Eberle
[ca. 1935], 187x95 cm,
P 13 339

190

Als am 1. April 1923 einige wenige technisch interessierte Menschen in Österreich zum erstenmal von einem Wiener Sender ausgehende Impulse empfangen konnten, war damit einer Entwicklung Bahn gebrochen worden, die ein neues technisches Zeitalter begründete.

Schon um die Jahrhundertwende wurden verschiedentlich Versuche angestellt, die drahtlose Telegrafie durch drahtlose Telefonie zu ersetzen beziehungsweise zu ergänzen. Dem österreichischen Ingenieur Otto Nußbaumer gelang es erstmals, die Sendeimpulse derart zu beschleunigen, daß das störende Funkgeknatter ausgeschaltet wurde. Um die Impulse empfangen zu können, verwendete er einen ebenfalls selbst entworfenen, mit Eisenoxydspänen gefüllten Fritter, mit dem er die Wirkung eines Detektors erzielte. 1904 gelang die erste drahtlose Übertragung, 1914 wurde im Technologischen Gewerbemuseum ein Versuchssender eingerichtet, und am 1. April 1923 meldete sich zum erstenmal „Radio Hekaphon auf Welle 600". Am 1. Oktober 1924 konstituierte sich die „Ravag" (Radioverkehrs-Aktiengesellschaft), und schon in den ersten Tagen meldeten sich rund 12 000 Hörer an; Ende des Jahres waren es bereits 94 000, 1935 560 000.

Das Programmangebot war von Anfang an ausgezeichnet. Am 2. November

191

192

1924 erfolgte als Experiment die erste Aufführung der Radiobühne: „Der Ackermann und der Tod“ von Johannes von Saaz mit Ferdinand Onno und Wilhelm Klitsch. Als erste Oper wurde am 7. April 1925 die „Zauberflöte“ gesendet. Zahlreiche prominente Künstler konnten für die Mitarbeit gewonnen werden: Richard Tauber, Franz Lehár, Karl Farkas, Ralph Benatzky, Leo Slezak, die Thimigs, Anton Wildgans; der „Mikrophonzigeuner“ Andreas Reischek und der Leiter der Literaturabteilung, Dr. Hans Nüchtern, waren von Anfang an dabei. Schon die ersten Versuchssendungen enthielten Nachrichten, ebenso Wetterberichte. Als Novum kam 1925 das Zeitzeichen dazu. 1927 wurden zum erstenmal Tagesereignisse direkt übertragen, 1928 erfolgte die erste Sportreportage. Die Ravag betreute den immer größer werdenden Kreis der österreichischen Radiohörer bis zum 11. März 1938 — in der Folge wurden die bestehenden Anlagen von der Reichsrundfunkgesellschaft übernommen. G.B.

Lit.: Barth, Gerda: Im Kriegsministerium geboren, in: wien aktuell 1974/40, S. 22 f.

191 *Lotterie der Vaterländischen Front*

D: Wien: P. Gerin
1937, 95x63 cm, P 13 336

Ab 1934 nahm sich der Ständestaat in Anlehnung an die Tradition der Monarchie wieder einen Doppeladler zum Wappen.

Bereits im September 1933 hatte Engelbert Dollfuß seiner Vaterländischen Front das Kruckenkreuz als Symbol gegeben.

Für Dollfuß sollte das „christliche Kruckenkreuz“ vor allem ein Gegenstück zum „heidnischen Hakenkreuz“ der Nationalsozialisten sein. Man betonte aber auch, daß dieses Kreuz das „germanische, ritterliche Zeichen“ gewesen sei. Die Historikerin Irmgard Bärnthaler schreibt in ihrem Buch über die „Vaterländische Front“ dazu sehr treffend: „Auch hier zeigt sich das komplexe Verhältnis Österreichs zu seinem Nachbarn Deutschland: Der Österreicher will nicht nur der bessere Deutsche sein, sondern will auch das christlichere Zeichen haben.“ (S. 28)

Neben den Mitgliedsbeiträgen hatte die VF noch drei Einnahmsmöglichkeiten, deren Verwendung jedoch zweckgebunden war: Man sammelte für den Neubau des Fronthauses am Ballhausplatz, für das Wiener Dollfußdenkmal und für die Errichtung einer Dollfußführerschule im Schönbrunner Schloßpark. Alle drei Projekte konnten nicht verwirklicht werden, die gewonnenen Gelder fielen 1938 den Nationalsozialisten in die Hände.

Das Plakat wurde ab dem 31. August 1937 in einer Auflage von 2 400 Stück in Wien affichiert. B.D.

192 *Hygiene-Ausstellung*

E: [Hermann] Kosel
D: Wien: Papier- und Blechdruckindustrie
1937, 95x62 cm, P 8 730

Im Wiener Messepalast wurde am 14. Mai 1937 die Hygiene-Ausstellung eröffnet. Sie sollte einen Überblick über die Maßnahmen geben, die zur Erhaltung und Förderung der Volksgesundheit nötig wären und gleichzeitig zeigen, was das Regime auf diesem Gebiet geleistet habe. Eine große Anzahl namhafter Firmen beteiligte sich daran und stellte ihre Produkte vor. In mehreren Gruppen wurde die Bedeutung der Hygiene für die Menschen erläutert. „Die zunehmende Bevölkerungsdichte und die Verbesserung der Verkehrsmittel haben für die Krankheitsvorbeugung neue Probleme gebracht, da die Verschleppung von Infektionskrankheiten durch den Flugverkehr wesentlich erleichtert wird." (NWT, 5. 5. 1937, S. 7)

In der Gruppe „Wunder des Lebens" sah man die Darstellung des Menschen, seiner Organe und ihrer Funktionen durch eine Schau des Hygienemuseums in Dresden sowie eine Darstellung der Fürsorgetätigkeit der Stadt Wien. „In einem weiteren Raume werden vom Bundesministerium für Landesverteidigung in einer Reihe von Präparaten die Wirkungen moderner Kampfmittel gezeigt. In einem Riechschrank werden die Giftgase in gefahrloser Form zu riechen sein und mustergültige Einrichtungen für Schleusen und Schutzräume werden in natürlicher Größe besichtigt werden können. Die Vaterländische Front bringt eine umfangreiche Übersicht über die Tätigkeit ihres Mutterschutzwerkes, stellt die segensreichen Wirkungen ihrer Kinderferienaktionen dar und ergänzt diese Schau durch die Vorführung des Frauenreferates. Den für viele Besucher erfreulichen Abschluß bildet die Abteilung ‚Ernährung' mit ihren verschiedenen Kostproben." (WZ, 5. 5. 1937, S. 7)

Dem Kapitel „Ernährung" war ein Drittel des Ausstellungsumfanges gewidmet. „Was hier gezeigt wird, ist die beispiellose Aufbauarbeit der österreichischen Landwirtschaft, die es zustande brachte, durch intensive Ausgestaltung und Verbesserung der Produktionsgrundlagen die Produktion auf den verschiedenen Gebieten auf das Doppelte und Dreifache des Standes von 1919 zu heben . . . In der Praxis des Alltags endlich führen die anschließenden Gruppen ‚Vom Getreide zum Brot', ‚Die Kartoffel als Nahrungsmittel', ‚Der Zucker' usw." (WZ, 14. 5. 1937, S. 7) G.B.

Lit.: Hygiene-Ausstellung, Wien 1937.

193

Gulaschaktion des österreichischen Bundesheeres im Rahmen der Winterhilfe

193 *bitte helft*
E: Otto [Löbl]
D: Wien: P. Gerin
1937, 126x95 cm, P 95

Der Ständestaat war in manchen Bereichen tatsächlich bemüht, christliche

194

Humanität walten zu lassen. Verschiedene Fürsorgeeinrichtungen sollten die bitterste Not lindern:
So wurden etwa im „Kinderferienwerk" die Kinder sozial bedürftiger Wiener Familien auf Ferienlager oder zu Bauern in die westlichen Bundesländer geschickt.
Die Winterhilfe der Bundesregierung sollte in Zusammenarbeit mit der privaten Fürsorge den vielen verarmten und „aus dem Wirtschaftsprozeß ausgeschalteten Mitbürgern" helfen. Hatte die im Rahmen der Aktion durchgeführte freiwillige Spendensammlung für den Winter 1933/34 rund 9 Millionen Schilling gebracht, so erreichte man 1936/37 einen Erlös von rund 30 Millionen Schilling. B.D.

194 *Hurra! Bier!*
E: Atelier Otto [Löbl]
D: Wien: P. Gerin
[1937], 190x126 cm, P 13 337

Es war nicht leicht für die politische Werbung dieser Tage, mit den aufwendigen und großformatigen Plakaten der kommerziellen Reklame mithalten zu können. Diese Gemeinschaftswerbung der Brauereien mit dem einfachen, aber sicherlich zugkräftigen Slogan „Hurra! Bier!" mag ein Beispiel dafür sein. Der Entwurf aus dem Atelier von Otto Löbl dürfte so erfolgreich gewesen sein, daß er nach dem Krieg — also rund zehn Jahre später — wieder für ein Bierplakat herangezogen wurde. B.D.

195 *Volk von Oesterreich!*
D: Wien
1938, 63x47 cm, P 80

Der politische und wirtschaftliche Druck des nationalsozialistischen Deutschland auf Österreich wurde mit fortschreitender Festigung des Hitlerregimes immer stärker. Im Juli 1936 kam es zu einem Abkommen, das die Beziehungen zwischen Österreich und dem Deutschen Reich regeln sollte. Obwohl darin die österreichische Souveränität anerkannt wurde, wuchs in den folgenden beiden Jahren der Einfluß des Nationalsozialismus. Am 12. Februar 1938 hielt Hitler den Zeitpunkt für gekommen, wieder einen entscheidenden Schritt zu tun. Er „berief" Bundeskanzler Schuschnigg zu sich nach Berchtesgaden und erzwang ein Abkommen, wodurch den Nationalsozialisten in Österreich wesentliche Machtpositionen eingeräumt werden mußten.
Bundeskanzler Schuschnigg suchte einen Ausweg aus der für ihn unhaltbaren Lage und glaubte, diesen in einer „Volksbefragung" gefunden zu haben. Am Abend des 9. März 1938 kündigte er die Volksbefragung für den 13. März in

Volk von Oesterreich!

Zum erstenmal in der Geschichte unseres Vaterlandes verlangt die Führung des Staates ein offenes Bekenntnis zur Heimat.

Sonntag, der 13. März 1938

ist der Tag der Volksbefragung.

Ihr alle, welchem Berufsstand, welcher Volksschichte Ihr angehört, Männer und Frauen im freien Oesterreich, Ihr seid aufgerufen, Euch vor der ganzen Welt zu bekennen; Ihr sollt sagen, ob Ihr den Weg, den wir gehen, der sich die soziale Eintracht und Gleichberechtigung, die endgültige Ueberwindung der Parteienzerklüftung, den deutschen Frieden nach innen und außen, die Politik der Arbeit zum Ziele setzt, — ob Ihr diesen Weg mitzugehen gewillt seid!

Die Parole lautet:

„Für ein freies und deutsches, unabhängiges und soziales, für ein christliches und einiges Oesterreich! Für Friede und Arbeit und die Gleichberechtigung aller, die sich zu Volk und Vaterland bekennen."

Das ist das Ziel meiner Politik.

Dieses Ziel zu erreichen, ist die Aufgabe, die uns gestellt ist und das geschichtliche Gebot der Stunde.

Kein Wort der Parole, die Euch als Frage gestellt ist, darf fehlen. Wer sie bejaht, dient dem Interesse aller und vor allem dem Frieden!

Darum, Volksgenossen, zeigt, daß es Euch ernst ist, mit dem Willen, eine neue Zeit der Eintracht im Interesse der Heimat zu beginnen; die Welt soll unseren Lebenswillen sehen; darum, Volk von Oesterreich, stehe auf wie ein Mann und stimme mit

Ja!

Front-Heil! Oesterreich!

Schuschnigg

195

196

Wien, 11. März 1938, morgens

Mittlerweile läuft draußen der Tag an. Noch wissen die Menschen nichts. Sie hasten den ausgetretenen Spuren profanen Lebens entlang — wie eh und je — nicht anders als im Bereich des Sakralen die violetten Schatten in der Stephanskirche.

Doch — eine neue Klangfarbe schrillt auf und mischt sich in die tönende Palette alltäglichen Straßenlärms: — der „O du mein Oesterreich"-Marsch klingt auf aus langsam rollenden Lautsprecherwagen, die vom Graben her über Kohlmarkt und Michaelerplatz ihren Weg durch die Häuserzeilen angetreten haben; und dann die Schallplattenwiedergabe der Volksbefragungsparole: — „Für ein freies, deutsches, christliches Oesterreich . . ."

Der Widerhall von der massiven Front der Hofburg weht immer wieder verspätete Klangfetzen durch die hohen geschlossenen Fenster: „. . . — reich . . . Oesterreich . . ."

Schuschnigg, Kurt: Ein Requiem in Rot-Weiß-Rot, Wien 1978.

Wien, 11. März 1938, abends

In der Kärntner Straße und in den angrenzenden Gassen ging es bereits wüst zu. Jungnazi, an ihren weißen Strümpfen schon von weitem erkennbar, tobten mit wüstem Geschrei durch die Gassen, wurden aber doch noch niedergehalten von Anhängern der Vaterländischen Front, die zu Fuß und zu Wagen, die Wagen mit dem Kruckenkreuz versehen, durch die Straßen zogen, und von zahlreichen illegalen Sozialisten, die alle mit der roten Nelke geschmückt waren. Die sozialdemokratischen Parteiabzeichen waren schon seit der Floridsdorfer Versammlung in Wien immer häufiger sichtbar geworden.

Es war unverkennbar, die Nachricht von der Katastrophe hatte die Demonstranten noch nicht erreicht.

Böhm, Johann: Erinnerungen aus meinem Leben, Wien 1964.

einer großen Rede in Innsbruck an, wobei er auch diesen Aufruf proklamierte, der am folgenden Tag nicht nur in der „Wiener Zeitung", sondern auch auf einer Unzahl von Flugblättern und Plakaten zu lesen war. Die Parole war im Hinblick auf die Gefahr einer deutschen Aggression sehr vorsichtig formuliert. Es gab damals zwar auch Versuche einer Kontaktnahme mit Vertretern der verbotenen Sozialdemokratie, die Ankündigung der Abstimmung und die Parole enthielten jedoch kein ernstzunehmendes entgegenkommendes Angebot.

B.D.

Lit.: Ackerl, Isabella: Die Propaganda der Vaterländischen Front für die geplante Volksbefragung vom 13. März 1938, in: Wien 1938, Wien 1978, S. 18 ff.; Schuschnigg, Kurt: Ein Requiem in Rot-Weiß-Rot, Wien 1978, S. 106 ff.; Schuschnigg, Kurt: Im Kampf gegen Hitler, Wien 1969, S. 295 ff.

196 *Österreich*
D: [Wien]
[1938], 63x47 cm, P 100

197 *Ja! (= Bilderdienst Nr. 62)*
D: [Wien:] F. Pillwein
[1938], 52x95 cm, P 60

In den Erinnerungen von Kurt Schuschnigg heißt es: „Am 10. März — nach erfolgtem Startschuß — lief im ganzen

197

Preis 20 Groschen

Monatsbezugspreis: für Wien und die österreichischen Bundesländer (Postsparkassenkonto 30.656) S 5·—

Redaktion, Verwaltung, Expedition und Druckerei: Wien, 8. Bezirk, Strozzigasse Nr. 8

Fernsprecher A 22-5-45 Serie

Reichspost

Unabhängiges Tagblatt für das christliche Volk

Monatsbezugspreis: für Tschechoslowakei (Postsparkassenkonto 30.656) S 5·— Ungarn (Postsparkassenkonto) S 5·— Deutschland (Postscheckkonto München 53.835) S 5·50 verzollt S 2·60 Uebriges Ausland S 7·—

Anzeigenannahme: Wien, I., Schulerstraße 11, Wollzeile 16.

Fernsprecher R 29-5-50 Serie

Nr. 71 Wien, Samstag, den 12. März 1938 45. Jahrgang

Die im redaktionellen Texte enthaltenen entgeltlichen Mitteilungen sind durch ein vorgesetztes + gekennzeichnet.

Die Volksbefragung abgesagt.

In den Nachmittagsstunden des Freitag wurde amtlich verlautbart:

Wien, 11. März.

Der Bundeskanzler und Frontführer hat sich nach Berichterstattung an den Bundespräsidenten entschlossen, die für den 13. d. angesetzte Volksbefragung zu verschieben.

Rücktritt der Regierung Schuschnigg.

Staatsgebiet die Aufklärungs- und Werbearbeit auf vollen, absichtlich nicht allzu geräuschvollen Touren. Jede Schockwirkung und wirtschaftliche Beunruhigung, alles, was einem Wahlfieber ähnlich sehen konnte — kurz, jede Unsicherheit sollte von Haus aus ausgeschaltet bleiben." Diese Zurückhaltung erstreckte sich auf den Inhalt der Werbung, man nützte aber alle in der kurzen Zeit zur Verfügung stehenden materiellen Mittel. Millionen von Flugblättern wurden verteilt und sogar aus Flugzeugen abgeworfen, Lautsprecherautos fuhren durch Wien, verschiedene Zeitungen brachten einige Sondernummern zur Volksbefragung heraus. Die beiden Anschläge sind jedoch die einzigen Bildplakate, die für diesen Anlaß gedruckt wurden. Sie dienten auch als Dekorationsmaterial für Propagandaautos, die für das „Ja für Schuschnigg" und für ein „freies Österreich" warben. Diese angestrengten Werbebemühungen währten jedoch nicht einmal zwei Tage. Am 11. März 1938 um 19.50 Uhr gab Kurt Schuschnigg in seiner berühmt gewordenen Radiorede bekannt, daß er der Gewalt weichen müsse. Am 13. März, dem Tag der geplanten Volksbefragung, war Wien bereits von deutschen Truppen besetzt. B.D.

Lit.: Ackerl, Isabella: Die Propaganda der Vaterländischen Front für die geplante Volksbefragung vom 13. März 1938, in: Wien 1938, Wien 1978, S. 20; Schuschnigg, Kurt: Ein Requiem in Rot-Weiß-Rot, Wien 1978, S. 65, 113 f.; Schuschnigg, Kurt: Im Kampf gegen Hitler, Wien 1969, S. 295 ff.

1938
„Anschluß“

Am 12. März 1938 verlas Propagandaminister Joseph Goebbels im deutschen Rundfunk die „Proklamation des Führers und Reichskanzlers“: „Deutsche! Mit tiefem Schmerz haben wir seit Jahren das Schicksal unserer Volksgenossen in Österreich erlebt . . . Ich habe mich daher entschlossen, den Millionen Deutschen in Österreich nunmehr die Hilfe des Reiches zur Verfügung zu stellen. Seit heute morgen marschieren über alle Grenzen Deutsch-Österreichs die Soldaten der deutschen Wehrmacht . . .“ Am 13. März bereits ließ Adolf Hitler das „Gesetz über die Wiedervereinigung Österreichs mit dem Deutschen Reich“ ausarbeiten und setzte für den 10. April eine Volksabstimmung an.

In einem Aufruf des „Beauftragten des Führers für die Volksabstimmung in Österreich“ wurden die folgenden drei Gebote proklamiert: „I. Gebot: Österreich wählt am 10. April 1938 bereits ab 7 Uhr morgens! Wählt daher bereits um 7 Uhr! II. Gebot: Keine Stimme darf durch Unachtsamkeit ungültig werden. Wähle daher erst, nachdem Du Dich sorgfältig unterrichtet hast! Dein Kreuz gehört in den großen Kreis, der mit ‚Ja‘ überschrieben ist. III. Gebot: Nicht nur Du selbst sollst freudig dem Führer Deine Stimme geben. Wähle daher mit den Deinen, wähle im Kreis Deiner Arbeitskameraden und stelle Dich damit schon am frühen Morgen in die Gemeinschaft der Millionen, die dem Führer ihr ‚Ja‘ geben.“

Dieser Aufruf zeigt schon, daß die Nationalsozialisten zwar aus Legitimationsgründen eine „Abstimmung“ über den Anschluß veranstalten wollten, aber in Wahrheit nicht beabsichtigten, eine freie Wahl abzuhalten. Das ganze Unternehmen war nicht als geheime Stimmabgabe angelegt, sondern als öffentliche Kundgebung, als freiwillige Unterwerfung vor den neuen Machthabern. Von Flugzeugen aus waren schon ziemlich früh Flugblätter mit der Botschaft abgeworfen worden: „Das nationalsozialistische Deutschland grüßt sein nationalsozialistisches Österreich und die nationalsozialistische Regierung. In treuer, unlösbarer Verbundenheit, Heil Hitler.“

Der drohende Unterton in diesem Gruß („in treuer, unlösbarer Verbundenheit“) ist nicht zu verkennen. Die wirklichen Aussichten für die Zukunft waren noch deutlicher in einer Rede Hitlers zu hören: „Und wir alle leben in einem Gelöbnis, was immer auch kommen mag, das Deutsche Reich, so wie es heute steht, wird niemand mehr zerbrechen und niemand mehr zerreißen. Keine Drohung und keine Not und keine Gewalt kann diesen Schwur brechen.“ Damit war also gleich nach dem Einmarsch deutscher Truppen in Österreich klargelegt, daß die Nationalsozialisten den Österreichern keine Wahl lassen wollten und daß das triumphale Ergebnis — 99,75 Prozent Ja-Stimmen, wie später bekanntgegeben — eigentlich schon vorher feststand. Dieser „Volksentscheid“ war nur ein Programmpunkt, wenngleich ein Höhepunkt in dem propagandistischen Riesenspektakel, das um den „Anschluß“ inszeniert wurde.

Die Werbung war, dem Charakter des Systems, für das sie warb, entsprechend, totalitär, in fast alle Lebensbereiche eingreifend. Man beschränkte sich nicht bloß auf einige Plakate, Flugblätter und Versammlungsreden,

„Fahrende Plakatwand“

sondern ganz Wien, ganz Österreich wurde von der aufdringlichen, einhämmernden Propaganda bewegt und überflutet. Die Stadt selbst, mit allen ihren Straßen, Plätzen, Gebäuden, Institutionen und Bewohnern, wurde zum Werbeträger.

Die Propaganda in den Tagen vom Einmarsch bis zur „Abstimmung“ wurde nach einem genauen dramatischen Plan inszeniert.

Schon der Einmarsch der deutschen Truppen war auf propagandistische Wirkung ausgerichtet. Sofort organisierte Aufmärsche, Umzüge, Fackelzüge und Versammlungen, bei denen dem „Führer“ Ovationen dargebracht wurden, sollten deutlich und für die Bevölkerung mitreißend die Begeisterung für die neuen Machthaber ausdrücken.

Für die Schulen wurde verfügt, daß am 17. März 1938 „den Schülern in einer den örtlichen Verhältnissen entsprechenden Weise die Bedeutung des weltgeschichtlichen Ereignisses der Vereinigung unseres Heimatlandes Österreich mit dem großen deutschen Vaterland in würdiger und der Altersstufe angepaßten Form vor Augen zu führen“ sei (NWJ, 15. 3. 1938, S. 7). Selbst den Philatelisten wurde etwas geboten: ein eigener Poststempel „Der Führer in Wien“ prangte auf den Briefkuverts.

Bis zum 9. April hatte sich auch das Stadtbild stark verändert — Wien wurde für die „Volksabstimmung“ „festlich geschmückt“: „Wie alles im nationalsozialistischen Reich und im nationalsozialistischen Programm ist auch die dem weltgeschichtlichen Ereignis der Wahl entsprechende Ausschmückung Wiens gigantisch und machtvoll . . . Nach Plänen namhafter Architekten arbeiten seit Tagen 5 000 Professionisten an der Ausschmückung der Stadt“, hieß es dazu in der „Wiener Zeitung“ vom 9. April. Die Gestaltung der wichtigsten Plätze übernahm Albert Speer. Die meisten Gebäude, auch Kirchen, waren mit Hakenkreuzfahnen beflaggt. Der verwendete Fahnenstoff hatte zusammengerechnet eine Länge von 250 Kilometern, rund 5 000 Spruchbänder und 10 000 große und kleine Transparente prägten das Bild der Stadt. An manchen Gebäuden, wie etwa auf der Urania oder auf dem Dominikanerkloster hinter dem Denkmal Luegers, waren Riesenbilder Hitlers mit der Aufschrift „Ja!“ angebracht. Auf wichtigen Straßen und Plätzen wurden sogenannte „Werbeplastiken“ aufgestellt. Grundsätzlich waren diese Werbemittel in Wien nichts Neues — Winterverschalungen von Brunnen und Denkmälern hatte es im Bereich der Wirtschaftswerbung schon seit Jahren gegeben (vgl. Nr. 183), in einem derart gewaltigen Umfang jedoch waren Reklamebauten für politische Werbung noch nie eingesetzt worden. Rund 300 solcher „Werbeplastiken“ aus Holz und Pappe erhoben sich innerhalb der Stadtgrenzen. Am Heldenplatz waren es zum Beispiel mit Hakenkreuzen dekorierte Säulen, der Graben war auf beiden Straßenseiten von Pylonen flankiert, die an der Spitze das nationalsozialistische Hoheitszeichen trugen. Auch auf dem Stephansplatz war ein großer Quader mit dem Bild eines jugendlichen Paares aufgestellt, das die Hände zum „deutschen Gruß“ erhoben hatte. Das Bild trug den Titel „Das deutsche Ja“. Der Nationalsozialismus wollte sich ja als „junge Bewegung“ verstanden wissen und als solche besonders die Jugend ansprechen. Slogans wie „Verwirklich Deiner Ahnen Traum und schaff der deutschen Jugend Raum“ unterstreichen diese Bemühungen.

Anschlußpropaganda im Schaufenster

Auf der Mariahilfer Straße war am 9. April zur Begrüßung Hitlers eine Triumphpforte aufgestellt, wie dies einmal bei den Empfängen deutscher Kaiser üblich gewesen war. Straßenbahnen waren zu fahrenden Plakatwänden umfunktioniert und mit Hitlerplakaten beklebt worden. Städtische Autobusse dienten als Werbeträger für Hakenkreuze und Aufschriften wie diese: „Wir danken Adolf Hitler.“ Jeder „arische Geschäftsmann“ wurde aufgefordert, wenigstens ein Schaufenster der Anschlußpropaganda zu widmen. Aber selbst hier waren der Eigeninitiative enge Grenzen gesetzt, man durfte nämlich nur aus einigen offiziellen Vorschlägen zur Schaufenstergestaltung auswählen. Parteilokale der NSDAP wurden besonders auffallend dekoriert, was auch Ausdruck der Bestrebungen war, die bisherige Geschichte der Partei zu heroisieren. Auch zwei Werbefilme waren für die Abstimmung produziert worden.

Werbeplastik auf der Freyung

Höhepunkt all der Propaganda war die öffentliche Rede, denn der „Zauberkraft des gesprochenen Wortes", wie Hitler es formuliert hatte, wurde im Nationalsozialismus höchste Bedeutung beigemessen. Neben Hitler wurden die bekanntesten Parteigrößen wie Goebbels, Göring und Heß aufgeboten, selbstverständlich sprach auch Gauleiter Bürckel öfters.

Die meisten dieser Reden wurden im Rundfunk übertragen. Der Empfang dieser und anderer Propagandasendungen sollte durch den großangelegten Verkauf von billigen Radios, sogenannten „Volksempfängern", erleichtert werden.

Auch Persönlichkeiten aus anderen politischen Lagern wurden zu positiven, öffentlichen Stellungnahmen zum „Anschluß" veranlaßt. Die aufsehenerregende „Feierliche Erklärung" der österreichischen Bischöfe wurde sogar auf Plakaten verbreitet (vgl. Nr. 201).

Für die Aussicht auf die Möglichkeit, den bereits von den Nazis inhaftierten Genossen Erleichterung zu verschaffen, ließ sich Dr. Karl Renner zu einem Interview mit dem „Neuen Wiener Tagblatt" überreden. Am 3. April war in der Zeitung zu lesen, daß auch der ehemalige Staatskanzler mit „Ja" stimmen werde. Er schränkte jedoch sein Bekenntnis mit der Erklärung ein, daß der „Anschluß" nicht mit jenen Methoden errungen sei, zu denen er sich bekenne.

Mit diesen beiden Erklärungen prominenter Vertreter gegnerischer Lager suchte man Schichten zu erreichen, die bisher dem Nationalsozialismus feindlich gegenübergestanden waren und deren Vertrauen man gewinnen wollte. Die für die nationalsozialistische Propaganda sonst so typische Aggressivität wurde in der gesamten Agitation etwas zurückgedrängt, die Propagandisten waren mehr auf positives Werben bedacht. Als eine der wichtigsten „Parolen für die Zukunft" strich etwa Gauleiter Bürckel in einer Rede heraus: „Wir geben jedem die Hand, der guten Willens ist, vor allem jenen, die das Opfer unglücklicher Verhältnisse und das Opfer gewissenloser Hetzer geworden sind. Wir tun das, weil wir Deutsche alle eine auf Gedeih und Verderb eingeschworene Gemeinschaft sein wollen."

In kaum einem anderen System klafften die Versprechungen der Propaganda und die Realität so weit auseinander wie im Nationalsozialismus. Von „germanischem Edelmut" gegenüber den politischen Gegnern war nichts zu merken. Bereits am 3. April 1938 wurden 150 verhaftete Österreicher in das berüchtigte Konzentrationslager Dachau gebracht, darunter Männer wie Robert Danneberg, Leopold Figl, Alfons Gorbach, Franz Olah, Adolf Proksch, Richard Schmitz und Robert Stricker. Und dieser sogenannte „Prominententransport" war erst der Anfang von nationalsozialistischem Terror und grausamer Verfolgung Andersgesinnter.

Ein großer Teil der Propagandaargumente wandte sich an die teils vorhandene deutschnationale Gesinnung vieler Österreicher — der „Anschluß" wurde als der

Massenversammlung in der Nordwestbahnhalle

endlich verwirklichte Wunschtraum aller „wahren Deutschen“ gefeiert. So hieß es in den Flugblättern: „Der ist kein Deutscher mehr, der in der großen Stunde seines Volkes fehlt. Für alle, Mann und Frau, gilt nur noch eines . . .: Das deutsche Ja.“ Damit wurden zum Teil auch die Parolen des Ständestaates von den Österreichern als „bessere Deutsche“ für die Zwecke der Nationalsozialisten umfunktioniert. Jeder „deutsche Österreicher“ sollte nun der „Stimme seines Blutes“ folgen.

Den Österreichern, bisher Bewohnern eines Kleinstaates, wurde ein neues Selbstgefühl vermittelt: das Gefühl, wieder Bürger eines Großreiches zu sein.

Es wurde aber nicht nur mit ideellen Argumenten operiert, sondern sehr konkret auf die wirtschaftlichen Probleme Bezug genommen. Durch ein „Ja“ zum „Großdeutschen Reich“ unter Hitler könne jeder einzelne große soziale und wirtschaftliche Verbesserungen erreichen, wurde der Bevölkerung eingehämmert. Zweifellos waren die Versprechungen zur Beseitigung der Arbeitslosigkeit und zur Verbesserung der sozialen und wirtschaftlichen Lage die wichtigsten Parolen, von denen die größte Wirkung zu erwarten war. Ein großer Teil der Werbung pries die Zustände in Deutschland, um zu zeigen, wie vorteilhaft für die Österreicher der „Anschluß“ an diesen großen Wirtschaftskörper wäre: Allgemeine Verbesserung der Lage der Arbeiter, Beseitigung der Arbeitslosigkeit, soziale Besserstellungen,

Werbefahrt in der Wiener Innenstadt

neue und schönere Arbeitsplätze, gesunde Wohnungen, Förderung von Theater und Sport, schöne Urlaube, Kinderwohlfahrt, die rege Bautätigkeit auf den „Straßen des Führers“ und vieles andere mehr in Deutschland wurde in den rosigsten Farben dargestellt. All dies könne nur durch ein „Ja“ zu Hitler erreicht werden.

Schon die spektakuläre Aktion des „Bayrischen Hilfszuges“, der unmittelbar nach dem Einmarsch in Österreich Essen austeilte, wurde propagandistisch als „Sozialismus der Tat“ ausgeschlachtet.

Auch sonst bemühte man sich, bald auf Erfolge nationalsozialistischer Politik in Österreich hinweisen zu können. Allgemein wurde der Bevölkerung die hundertprozentige Beseitigung der Arbeitslosigkeit versprochen, und Göring pries in seinen Reden als erste Erfolge, daß in Wien allein in zehn Tagen 18 475 neue Arbeitsplätze besetzt worden seien.

Derartige Versprechungen schlugen sich in Parolen nieder wie „Des Führers Kraft uns Arbeit schafft“ oder „Willst Du glücklich und zufrieden leben, mußt die Stimme Du dem Führer geben“.

Diese Art von Arbeitsbeschaffung mußte allerdings in den folgenden Jahren des nationalsozialistischen Terrors und des Krieges mit einem unermeßlich hohen Preis bezahlt werden. B.D.

Lit.: Botz, Gerhard: Wien vom „Anschluß“ zum Krieg, Wien 1978, 113 ff.; Bramsted, E. K.: Goebbels und die nationalsozialistische Propaganda 1925—1945, Frankfurt am Main 1971; Denscher, Bernhard: Nationalsozialistische Propaganda zur „Volksabstimmung“ am 10. April 1938, in: Wien 1938, Wien 1978, S. 89 ff.

198

Zug um Zug zerriß
Adolf Hitler
das Diktat von Versailles!
1933
Deutschland verläßt den Völkerbund von Versailles!
1934
Der Wiederaufbau der Wehrmacht, der Kriegsmarine und der Luftwaffe wird eingeleitet!
1935
Saargebiet heimgeholt!
Wehrhoheit des Reiches wiedergewonnen!
1936
Rheinland vollständig befreit!
1937
Kriegsschuldlüge feierlich ausgelöscht!
1938
Deutsch-Österreich dem Reiche angeschlossen!
Großdeutschland verwirklicht!
Darum bekennt sich ganz Deutschland am 10. April
zu seinem Befreier
Adolf Hitler
Alle sagen: Ja!
Herausgegeben vom Beauftragten des Führers für die Volksabstimmung
in Österreich Gauleiter Josef Bürckel. Verantwortlich: Karl Gerland, Wien.

198 *Zug um Zug zerriß*
Adolf Hitler
D: Wien
[1938], 126x95 cm, P 122

Seit 1920 war ein zentraler Punkt im Parteiprogramm der NSDAP die Aufhebung der Pariser Vororteverträge und im besonderen die Befreiung Deutschlands aus den „Fesseln des Versailler Diktats“. Selbstgefällig und großsprecherisch verkündet das Plakat die größeren Stationen der außenpolitischen Aggression Deutschlands von 1933 bis 1938. Die spitzen Stacheln auf dieser Karte, die vom „Großdeutschen Reich“ ausgehen, zeigen optisch an, daß sein Expansionsdrang noch nicht gestillt ist — eineinhalb Jahre später begann der Zweite Weltkrieg. B.D.

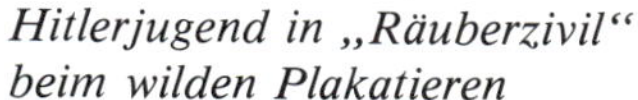

Hitlerjugend in „Räuberzivil“ beim wilden Plakatieren

199

199 *Ein Volk — ein Reich —*
ein Führer!
[1938], 116x83 cm, P 149

In seinem programmatischen Werk „Mein Kampf“ formulierte Adolf Hitler sehr klar seinen Führerbegriff: „Der Führer vereinigt in sich alle hoheitliche Gewalt des Reiches; alle öffentliche Gewalt im Staat wie in der Bewegung leitet sich von der Führergewalt ab . . . Die Führergewalt ist umfassend und total; sie vereinigt in sich alle Mittel der politischen Gestaltung; sie erstreckt sich auf alle Sachgebiete des völkischen Lebens; sie erfaßt alle Volksgenossen, die dem Führer zu Treue und Gehorsam verpflichtet sind. Die Führergewalt ist nicht durch Sicherungen und Kontrollen, durch autonome Schutzbereiche und wohlerworbene Einzelrechte gehemmt, sondern sie ist frei und unabhängig, ausschließlich und unbeschränkt.“ (Adolf Hitlers Mein Kampf. Eine kommentierte Auswahl von Christian Zentner, München 1974, S. 99) Hitler wußte eine derartige Autorität und den blinden bedingungslosen Gehorsam „seiner Gefolgschaft“ auf brutalste Weise zu nutzen.
Dieser Ideologie folgte die gesamte Nazipropaganda. Dementsprechend lautete die Hauptparole des Werbefeldzuges für den „Anschluß“: „ Ein Volk, ein Reich, ein Führer“, die nicht nur auf Plakaten, sondern auch auf Spruchbändern, in Zeitungen und Flugschriften verbreitet wurde. Die Parole war bewußt so formuliert, daß sie bei Versammlungen und Umzügen in Sprechchören skandierend gebrüllt werden konnte. B.D.

200 *Das ganze Volk sagt [1938], 118x84 cm, P 137*

Die Betonung des „Völkischen“ war ein Grundwert nationalsozialistischer „Weltanschauung“. Der Sieg des Nationalsozialismus galt bei seinen Anhängern als „völkische Wiedergeburt“, die dem deutschen Volk eine bessere Zukunft sichern sollte. Platz für Individualität des Menschen war in diesem System nicht, der einzelne sollte in der „Gemeinschaft“ aufgehen, was in dem Spruch „Du bist nichts, dein Volk ist alles“ mehr als deutlich zum Ausdruck kommt. Unterschiedliche Klasseninteressen wurden in dieser Ideologie bewußt negiert.

Fotoillustrationen auf Plakaten gab es in Österreich von zirka 1930 an, sie galten aber 1938 noch immer als moderne Technik, die hier zu der — nach Selbstdarstellung — „jungen Bewegung“ des Nationalsozialismus besonders zu passen schien. B.D.

200

201 *Einheitliche Stellungnahme der Bischöfe Österreichs 1938, 118x84 cm, P 141*

Über Grund und Zielsetzung dieser Erklärung der katholischen Bischöfe, für den antiklerikalen Nationalsozialismus mit „Ja“ zu stimmen, wurde viel diskutiert und auch viel dagegen polemisiert. Gerhard Botz meint in seiner umfassenden Studie „Wien vom ‚Anschluß‘ zum Krieg“ dazu: „Am naheliegendsten ist die Annahme, daß es der katholischen Kirche darum ging, sich durch ein Bekenntnis zum Nationalsozialismus von den nicht zu Unrecht befürchteten Eingriffen und Beschränkungen freizukaufen.“ (S. 117)

Sofort nach dem Einmarsch der deutschen Truppen erließ Kardinal Innitzer einen Aufruf, in dem die Wiener Katholiken ersucht wurden, „Gott dem Herrn zu danken für den unblutigen Verlauf der großen politischen Umwälzung und um eine glückliche Zukunft für Österreich zu bitten“. Allen Anordnungen der Behörde möge „gern und willig“ Folge geleistet werden. Am 15. März 1938 empfing Hitler den Kardinal zu einer kurzen Besprechung im Hotel Imperial. Für den 18. März berief Innitzer eine außerordentliche Bischofskonferenz nach Wien ein, bei der Unterhändler von Gauleiter Bürckel den Entwurf für die „Feierliche Erklärung“ vorlegten. Die Bischöfe unterzeichneten das Papier mit einigen geringfügigen Änderungen. Am 27. März 1938 wurde die Erklärung der Bischöfe mit einer kurzen Einleitung von den Kanzeln aus verkündet. Von der nationalsozialistischen Propaganda wurde diese Botschaft kräftig ausgeschlachtet. Der Text wurde im Rundfunk verlesen und in allen Zeitungen und auf vielen Flugblättern verbreitet.

Am 5. und 6. April mußte sich Innitzer in Rom vor Papst Pius XI. für seine Zugeständnisse gegenüber den deutschen Machthabern rechtfertigen. Noch in Rom erklärte der Kardinal im Namen der österreichischen Bischöfe, daß ihre „Feierliche Erklärung“ allerdings nicht billige, „was mit dem Gesetze Gottes, der Freiheit und den Rechten der katholischen Kirche nicht vereinbar war und ist“, und sie „vom Staat und Partei nicht als Gewissensbildung der Gläubigen verstanden und propagandistisch verwertet werden dürfe“. Über diese Einschränkung zeigten sich dann Gauleiter Bürckel und auch Hitler ungehalten.

Überhaupt mußte Kardinal Innitzer bald einsehen, daß er sich getäuscht hatte und ein Arrangement mit diesen Machthabern nicht möglich war. Im Oktober kam es nach einer Andacht der Katholischen Jugend zu einer antinazistischen Kundgebung: Kardinal Innitzer wurde laut gefeiert, Rufe wie „Christus, unser Führer“ und „Österreich! Österreich!“ wurden laut.

Am Abend des nächsten Tages kam es daraufhin zu einem Anschlag der Hitlerjugend auf das Erzbischöfliche Palais. Der Kardinal konnte rechtzeitig fliehen, ein Geistlicher wurde schwer verletzt. Die Jugendlichen verwüsteten

Einheitliche Stellungnahme der Bischöfe Österreichs zur Wahl:

Der Erzbischof von Wien

Wien, am 18. März 1938

Sehr geehrter Herr Gauleiter,

Beigeschlossene Erklärung der Bischöfe übersende ich hiemit. Sie ersehen daraus, dass wir Bischöfe freiwillig und ohne Zwang unsere nationale Pflicht erfüllt haben. Ich weiss, dass dieser Erklärung eine gute Zusammenarbeit folgen wird.

Mit dem Ausdruck ausgezeichneter Hochachtung

und Heil Hitler!

Vorwort zur feierlichen Erklärung der österreichischen Bischöfe in Sachen der Volksabstimmung

Nach eingehenden Beratungen haben wir Bischöfe von Oesterreich angesichts der grossen geschichtlichen Stunden, die Oesterreichs Volk erlebt, und im Bewusstsein, dass in unseren Tagen die tausendjährige Sehnsucht unseres Volkes nach Einigung in einem grossen Reich der Deutschen ihre Erfüllung findet, uns entschlossen, nachfolgenden Aufruf an alle unsere Gläubigen zu richten.

Wir können das umso unbesorgter tun, als uns der Beauftragte des Führers für die Volksabstimmung in Oesterreich, Gauleiter Bürckel, die aufrichtige Linie seiner Politik bekanntgab, die unter dem Motto stehen soll: „Gebet Gott, was Gottes ist und dem Kaiser, was des Kaisers ist.“

Wien, am 21. März 1938.

Für die Wiener Kirchenprovinz:

Für die Salzburger Kirchenprovinz:

S. Waitz
Fürst-Erzbischof.

Feierliche Erklärung !

-.-.-.-.-.-.-.-.-.-.-.-.-.-.-

Aus innerster Überzeugung und mit freiem Willen erklären wir unterzeichneten Bischöfe der österreichischen Kirchenprovinz anlässlich der grossen geschichtlichen Geschehnisse in Deutsch-Österreich:

Wir erkennen freudig an, dass die nationalsozialistische Bewegung auf dem Gebiet des völkischen und wirtschaftlichen Aufbaues sowie der Sozial-Politik für das Deutsche Reich und Volk und namentlich für die ärmsten Schichten des Volkes Hervorragendes geleistet hat und leistet. Wir sind auch der Überzeugung, dass durch das Wirken der nationalsozialistischen Bewegung die Gefahr des alles zerstörenden gottlosen Bolschewismus abgewehrt wurde.

Die Bischöfe begleiten dieses Wirken für die Zukunft mit ihren besten Segenswünschen und werden auch die Gläubigen in diesem Sinne ermahnen.

Am Tage der Volksabstimmung ist es für uns Bischöfe selbstverständliche nationale Pflicht, uns als Deutsche zum Deutschen Reich zu bekennen, und wir erwarten auch von allen gläubigen Christen, dass sie wissen, was sie ihrem Volke schuldig sind.

Wien, am 18. März 1938.

Mit Freude und aufrichtiger Genugtuung nimmt das ganze deutsche Volk von dieser Erklärung Kenntnis. Sie ist geeignet, einen Schlußstrich unter die Vergangenheit zu ziehen. Sie beweist, daß in dieser für das deutsche Volk und seine Zukunft so ereignisreichen Zeit auch die katholische Kirche den Weg zum neuen Staat finden will.

Der Nationalsozialismus, der das unverrückbare Ziel der Einigung aller Deutschen verfolgt, wird glücklich sein, auch auf diesem Gebiet den Hader und damit die Zerrissenheit unseres Volkes beenden zu können. So wird vielleicht zum erstenmal in unserer Geschichte am 10. April 1938 die ganze deutsche Volksgemeinschaft ohne Rücksicht auf Stämme, Länder, Klassen und Konfessionen geschlossen zur Wahlurne treten und vorbehaltlos ihr **Ja** aussprechen.

201

Antikirchliche Kundgebung von Nationalsozialisten

das Palais, Kleider und Bücher wurden verbrannt, Kunstwerke beschädigt und alle Fensterscheiben eingeschlagen.
In der Folge hatten auch — und das muß gerade angesichts dieses Plakates betont werden — Priester und engagierte Christen erheblichen Anteil am österreichischen Widerstand. B.D.

Lit.: Arnold, Friedrich: Anschläge, Ebenhausen/München 1977, S. 110; Botz, Gerhard: Wien vom „Anschluß" zum Krieg, Wien 1978, S. 117 ff.; Denscher, Bernhard: Nationalsozialistische Propaganda zur „Volksabstimmung" am 10. April 1938, in: Wien 1938, Wien 1978, S. 91; Goldinger, Walter: Geschichte der Republik Österreich, Wien 1962, S. 253 f.; Massiczek, Albert: Zeit an der Wand, Wien 1967, S. 122; Weinzierl, Erika: Kirche und Nationalsozialismus in Wien im März 1938, in: Wien 1938, S. 169 f.

Jede Propaganda hat volkstümlich zu sein und ihr geistiges Niveau einzustellen nach der Aufnahmefähigkeit des Beschränktesten unter denen, an die sie sich zu richten gedenkt. Damit wird ihre rein geistige Höhe um so tiefer zu stellen sein, je größer die zu erfassende Masse der Menschen sein soll. Handelt es sich aber, wie bei der Propaganda für die Durchhaltung eines Krieges, darum, ein ganzes Volk in ihren Wirkungsbereich zu ziehen, so kann die Vorsicht bei der Vermeidung zu hoher geistiger Voraussetzungen gar nicht groß genug sein.

Adolf Hitlers Mein Kampf. Eine kommentierte Auswahl von Christian Zentner, München 1974, S. 110.

202 *Adolf Hitler spricht in Wien*
E: Atelier [Hermann] Fritsch
D: Wien: Ostermayr-Kindl
1938, 126x95 cm, P 190

Am 9. April 1938, der zum „Tag des Großdeutschen Reiches" proklamiert wurde, kam Hitler zum Abschluß des Wahlfeldzuges nach Wien. Die ganze wochenlange Propaganda fand an diesem Tag und mit dem abendlichen Auftritt des „Führers" in der Halle des Nordwestbahnhofes ihren absoluten Höhepunkt.
Bereits um 19 Uhr begann der Aufmarsch der Teilnehmer zum „letzten Generalappell". Um 20 Uhr begann Hitler mit seiner Ansprache; unter anderem gab er fünf „Begründungen" an, Österreich in das Deutsche Reich einzuverleiben. Beim fünften Grund führte er aus: „Ich stehe hier, weil ich mir einbilde, mehr zu können als Herr Schusch-

202

nigg. Dies auszusprechen ist keine Vermessenheit. Wenn ich davon nicht überzeugt gewesen wäre, stünde ich nicht hier, und Deutschland stünde nicht da, wo es heute steht. Ich habe bewiesen, daß ich mehr kann als die Zwerge, die hier ein Land zugrunde ruinierten. Ob sich ihrer in hundert Jahren noch jemand erinnern wird, weiß ich nicht; aber mein Name wird als der eines großen Sohnes dieses Landes bleiben. Ich glaube, daß es Gottes Wille war, von hier einen Knaben in das Reich zu schicken, ihn groß werden zu lassen, ihn zum Führer der Nation zu erheben, um es ihm zu ermöglichen, seine Heimat in das Reich hineinzuführen. Man müßte sonst an Gottes Vorsehung zu zweifeln anfangen.“ (WZ, 11. 4. 1938)

Nach dem Ende seiner Rede wurde das „Niederländische Dankgebet“ gesungen, die Kirchenglocken der Stadt läuteten, Feuerwerke und „Freudenfeuer“ wurden abgebrannt. B.D.

Lit.: Botz, Gerhard: Wien vom „Anschluß“ zum Krieg, Wien 1978, S. 173 ff.; Denscher, Bernhard: Nationalsozialistische Propaganda zur „Volksabstimmung“ am 10. April 1938, in: Wien 1938, Wien 1978, S. 91.

203 *Der Stürmer klärt Dich auf! [1938], 124 x 73 cm, P 13 340*

Nach der Einverleibung Österreichs in das nationalsozialistische Deutschland wurde auch die nunmehrige „Ostmark“ mit Schriften und Zeitungen überschwemmt, die das nationalsozialistische „Gedankengut“ verbreiten und vor allem populär machen sollten. Einer der Kernpunkte nationalsozialistischer Ideologie war der Antisemitismus. Die Ursache aller möglichen Mißstände schob man auf sehr einfache Weise immer „den Juden“ zu.

Die Wochenschrift „Der Stürmer“ wurde seit 1923 von Julius Streicher herausgegeben, einem der wohl fanatischsten Judenhasser in der NSDAP. Die Zeitschrift, die allerdings kein Parteiorgan war, nach Eigenwerbung die „schärfste Waffe gegen das Judentum“, stellte sich zur Aufgabe, die Vernichtung der Juden propagandistisch vorzubereiten und zu begründen.

Der Name dieses Blattes gilt heute noch als Synonym für propagandistische Hetze übelster Art.

In Wien wurde das Plakat ab 18. März 1938 in einer Zahl von 1060 Stück affichiert, am 20. März wurde hier der erste „Stürmerkasten“ angebracht, in dem das Blatt als Wandzeitung ausgehängt war. B.D.

Der Stürmer
klärt Dich auf!
Er ist die schärfste Waffe
gegen das Judentum.
Lies und verbreite
den Stürmer!

203

Der Stürmer
Deutsches Wochenblatt zum Kampfe um die Wahrheit
HERAUSGEBER: JULIUS STREICHER

Nummer 13	Erscheint wöchentl. Einzel-Nr. 20 Pfg. Bezugspreis monatlich 84 Pfg. zuzüglich Postbestellgeld. Bestellungen bei dem Briefträger oder der zuständ. Postanstalt. Nachbestellungen a. d. Verlag. Schluß der Anzeigenannahme 14 Tage vor Erscheinen. Preis für Geschäfts-Anz.: Die ca. 22 mm breite, 1 mm hohe Raum-Zeile im Anzeigenteil –.25 RM.	Nürnberg, im März 1938	Verlag: Der Stürmer, Julius Streicher, Nürnberg-A, Pfannenschmiedsgasse 19. Verlagsleitung: Max Fink, Nürnberg-A, Pfannenschmiedsgasse 19. Fernsprecher 21 8 30. Postscheckkonto Amt Nürnberg Nr. 105. Schriftleitung Nürnberg-A, Pfannenschmiedsgasse 19. Fernsprecher 21 8 72. Schriftleitungsschluß Freitag (nachmittags). Briefanschrift: Nürnberg 2, Schließfach 393.	16. Jahr 1938

204

204 *Völkischer-Beobachter*
D: [Wien]: Waldheim-Eberle
[1938], 128x96 cm, P 114

Der „Völkische Beobachter“ (VB) war das Zentralorgan der NSDAP. Er erschien seit 1923 als Tageszeitung, ab 1927 in einer Bayern- und Reichsausgabe, ab 1938 auch in einer Wiener Ausgabe. Die Massenmedien, allen voran die Zeitungen, wurden nach der Besetzung Österreichs sofort der herrschenden Ideologie angepaßt — gleichgeschaltet —, dabei durfte der „Völkische Beobachter“ in der Zeitungslandschaft nicht fehlen. Als am 1. August 1938 der VB in Wien zum erstenmal in dem „einst von Adolf Hitler selbst bestimmten Großformat der alten Münchener und Süddeutschen und später neugegründeten Berliner und Norddeutschen Ausgabe“ erschien, bot dies Gelegenheit zu einem Rückblick auf die Märztage des Jahres. Schon am 16. März war demnach die erste Ausgabe herausgekommen. Für den Stil der Zeitung möge das folgende Zitat aus der Nummer vom 1. August stehen: „16. März 1938: Zum erstenmal hielten dann deutsche Volksgenossen in den Straßen Wiens den ‚Völkischen Beobachter‘, auf Wiener Boden gedruckt, in den Händen. Das Bild des Führers, der in Wien einzog, umjubelt, wie noch nie ein Kaiser oder Fürst, leuchtete ihnen vom Titelblatt entgegen. Und niemand dachte daran, welchen Kampf es gegen alle kleinen und großen Schwierigkeiten gekostet hatte, diese erste Folge rechtzeitig herauszubringen.“ B.D.

205 *Der Reichsarbeitsdienst ruft!*
E: Walther Dietz Reklame
D: Berlin
[1938], 138x95 cm, P 192

Der Reichsarbeitsdienst (RAD) war eine jener Ausbildungen, die, nach den Vorstellungen des Nationalsozialismus, junge Deutsche zu durchlaufen hatten (vgl. Nr. 207). Diese Dienstverpflichtung zu fast kostenloser Arbeit (Taggeld 50 Rpfg) auf ein halbes Jahr und die allgemeine Wehrpflicht (Dauer zwei Jahre) hatten nach der Machtergreifung in Deutschland und nach dem „Anschluß“ Österreichs auch hier natürlich zu einer fast augenblicklich wirksam werdenden Reduktion der Zahl der Arbeitslosen geführt.
In Österreich war schon während der autoritären Regierung ebenfalls ein Arbeitsdienst eingeführt worden, allerdings auf freiwilliger Basis.
Das Plakat kann leicht den falschen Eindruck erwecken, als hätte man dem Rufe des Reichsarbeitsdienstes nach Belieben folgen können oder nicht — dem war aber keineswegs so: Das Plakat wirbt nur für den Führernachwuchs,

Reichsarbeitsdienst vor dem Ausrücken

Der Reichsarbeitsdienst ruft!
Arbeitsmänner sind frische, frohe, selbstbewußte Soldaten der Arbeit.

Arbeitsdienst für die weibliche Jugend ist Mütterdienst.
Adolf Hitler: Durch Eure Schule soll die ganze Nation gehen
Reichsarbeitsdienst-Annahmestellen für den Reichsarbeitsdienst im Lande Oesterreich
Für Führer- und Amtswalterersatz des Reichsarbeitsdienstes:
Wien, 15. Bez., Maria-Hilfer-Str 129 • Wien, 1. Bez., Ebendorferstr. 6 • Linz, Brucknerstr. 8 • Salzburg, Kaigasse 12
Innsbruck, Bienerstr. 8 • Klagenfurt, St. Veiter-Ring 1 • St. Pölten, Kremser-Landstr. • Graz, Rathaus
Für Führerinnenersatz des Arbeitsdienstes für die weibliche Jugend:
Wien, 1. Bez., Naglergasse 1 • Linz, Brucknerstr. 8 • Graz, Rathaus, Zimmer 135 • Innsbruck, Landhaus, Bienerstr. 8
Klagenfurt, St. Veiter-Ring 1 • Salzburg, Kaigasse 12

205

206

zum RAD wurde man zwangsweise einberufen.

Was den Reichsarbeitsdienst als „Schule der Nation“ betraf, so wird man kaum jemand treffen, der seinerzeit nicht mit größter Freude auf diesen „Unterricht“ verzichtet hätte. Die militärische Zucht beim RAD übertraf an Härte und Schikane oftmals die beim Heer. B.D.

206 *Der ewige Jude*
D: Wien: Waldheim-Eberle
[1938], 127x95 cm, P 11 047

„Ich war in Wien vom schwächlichen Weltbürger zum fanatischen Antisemiten geworden!“ Dieses „Bekenntnis“ Adolf Hitlers war das Motto der großen Ausstellung, die nicht am 30. Juli, wie das Plakat verkündet, sondern erst am 2. August 1938 durch Gauleiter Globocnik und Reichsstatthalter Seyß-Inquart in der Wiener Nordwestbahnhalle eröffnet wurde. Diese „große politische Schau“ war das erste Mal im Winter 1937 in München gezeigt worden. Sie wurde damals von der österreichischen Presse scharf kritisiert. Umso mehr feierte die nationalsozialistische Presse die Tatsache, daß die Ausstellung nun in Wien, „dem bislang übermächtigsten Bollwerk des Judentums auf deutschem Boden“, gezeigt werden konnte: „Mit der Eröffnung dieser Ausstellung“, hieß es dazu im „Völkischen Beobachter“, „schließt sich anderseits jedoch auch ein Kreis, denn Wien ist eine Quelle des deutschen Antisemitismus, wie ihn ein Schönerer und im gewissen Sinne auch ein Lueger verfochten haben, jedoch erst der Nationalsozialismus siegreich zur praktischen Durchführung bringen konnte.“ (30. 7. 1938, S. 19)

Die Ausstellung sollte anhand von Dokumentationsmaterial den „zersetzenden Einfluß des jüdischen Elements“ in allen Lebensbereichen aufzeigen.

Das Plakat entsprach völlig dem Stil der üblen Hetze, die in der Ausstellung gegen den jüdischen Teil der Bevölkerung entfesselt wurde. In der Art der Darstellung scheint es offensichtlich einem der Goebbelsschen Grundsätze zu folgen, der lautete: „Die Karikatur eines Gegners, den man auf Tod oder Leben bekämpft, darf diesen nicht lächerlich machen, sondern muß ihn verzerren und brutalisieren.“

Doch nicht nur in dieser Form wurde für die Ausstellung geworben: alle Schulkinder mußten sie während des Unterrichts besuchen.

Auch in Österreich zögerte man mit der „praktischen Durchführung“ des Antisemitismus nicht lange: „Unvergessen ist das namenlose Leid, das die nationalsozialistische Schreckensherrschaft über die Juden Österreichs wie auch der Nachfolgestaaten der Donaumonarchie brachte. Aus dem Gebiet der Republik Österreich sind 65 459 jüdische Mitbürger in den Konzentrationslagern des Dritten Reiches um ihr Leben gekommen. Für die anderen bedeuteten diese Jahre der Nazibarbarei Emigration — nach Westeuropa, Amerika, Palästina, kleinere Gruppen wurden gar in das ferne Schanghai verschlagen. Die burgenländischen Gemeinden wurden ausgelöscht, fast alle Synagogen Österreichs in der ‚Reichskristallnacht‘ (9./10. November 1938) zerstört.“ (Häusler, Wolfgang/Max Berger/Erich Lessing: Judaica, Wien 1979, S. 62) B.D.

Lit.: VB, 30. 7. 1938, S. 3.

1939-1945

Zweiter Weltkrieg

Aus einem englischen Kriegsflugblatt aus dem Jahre 1942

Im März 1933 war in Deutschland bereits das „Reichsministerium für Volksaufklärung und Propaganda" unter Joseph Goebbels errichtet worden. Alle Maßnahmen zur „Gleichschaltung" des Lebens nach nationalsozialistischen Vorstellungen wurden von der — in ihrer Art perfekten — skrupellosen Propagandatechnik von Goebbels unterstützt und begründet. Das Ministerium übte einen starken Zwang auf Universitäten und andere wissenschaftliche Institutionen sowie auf das gesamte kulturelle Leben aus. Ganz ähnlich wurde dann nach dem März 1938 in Österreich vorgegangen. Als am 1. September 1939 mit dem deutschen Angriff auf Polen der Zweite Weltkrieg begann, kam dem Propagandaapparat eine noch wichtigere Bedeutung zu. Gerade der Nationalsozialismus hing der Theorie der „Dolchstoßlegende" an, die besagte, daß die Mittelmächte den Ersten Weltkrieg deshalb verloren hätten, weil die feindliche Propaganda das Hinterland demoralisiert habe und die kämpfenden Truppen dadurch im Stich gelassen worden seien. Nun maß man unter anderem auch der Propaganda im Inneren und Äußeren kriegsentscheidende Bedeutung zu.

Von den ersten Septembertagen des Jahres 1939 bis zuletzt am 21. April 1945 mußten sich fast täglich die engeren Mitarbeiter von Goebbels zur geheimen „Ministerkonferenz" im Reichspropagandaministerium einfinden. Hier gab Goebbels seine Weisungen an die Vertreter von Funk, Film, Presse, an die Abteilungsleiter seines Ministeriums, an die Vertreter der Reichspropagandaleitung in München und der Auslandsorganisation der NSDAP sowie an die Verbindungsleute zum Oberkommando der Wehrmacht und zu anderen Ministerien. Bei den Konferenzen erteilte der Minister seine Weisungen, legte neue Propagandaparolen und die Art der Sprachregelungen fest.

Er stellte sich nicht nur die Aufgabe, im Inneren zu wirken, sondern auch einen heftigen Propagandakrieg mit dem Feind zu führen. Durch Radiosendungen, durch über Feindesland abgeworfene Flugblätter und mit Hilfe der Auslandspresse versuchte man die „Kampfmoral" des Feindes zu untergraben — hatte sich aber wiederum vor ähnlichen Bemühungen des Feindes zu schützen.

Willi A. Boelcke, der eine Auswahl aus den erhaltenen Mitschriften der Ministerkonferenzen herausgegeben hat, stellte einen Extrakt aus den Goebbelsschen Ausführungen zusammen. Nach Ansicht des Ministers sollte Propaganda sein:

„1. Die ,Kunst' der Vereinfachung, die ,Kunst', die primitivsten Argumente in ,volkstümlicher' Sprache zu finden, weil nur sie zugkräftig und der Zustimmung der Masse sicher seien;

2. die ,Kunst' der steten Wiederholung, des unaufhörlichen Einhämmerns von Propagandathesen, Parolen und Losungen, wenn auch nicht in demselben Wortlaut, jedoch so lange, bis sie der ,Dümmste' begriffen hat;

3. die ,Kunst', allein das Instinktive, das Emotionelle, das Gefühl und die Leidenschaften im Volk anzusprechen und demgegenüber niemals das von vornherein Erfolglose zu versuchen, mit rationellen Argumenten Intellektuelle von seinen Ideen überzeugen zu wollen;

4. die ,Kunst', die Tatsachen mit dem Anschein von Objektivität, jedoch durch Auswahl und Art der Darstellung tendenziell gefärbt, wiederzugeben;

5. die ,Kunst', ,unangenehme Tatsachen' zu verschweigen, sofern allerdings die Wahrheit nicht auf andere Weise an die Öffentlichkeit gelangt;

6. die ,Kunst', glaubwürdig zu lügen, wobei die stete Wiederholung der Lüge, der nur durch ihre ,Glaubwürdigkeit' Grenzen gesetzt seien, oftmals Wunder wirke." (S. 18f.)

Von Wien und seinen Bewohnern hielt Joseph Goebbels nicht viel. Wien und „Niederdonau" waren für ihn als hartnäckige „Fälle" offenbar so etwas wie ein Prüfstein für die Durchschlagskraft seiner Parolen. Nach Reisen in das ehemalige Österreich verlangte er Änderungen in der Strategie oder prägte neue Werbeslogans (siehe S. 242 und Nr. 216).

Nach einer anfänglichen Euphorie im Jahr 1938 war es hier bald zu einer Verbitterung weiter Kreise — sogar ehemals illegaler Nationalsozialisten — gekommen, die

Aktionen des österreichischen Widerstandes gegen das NS-Regime

sich das Leben im „Dritten Reich“ anders vorgestellt hatten. Die Ablehnung des Regimes verstärkte sich bei Kriegsausbruch: Diesmal gab es keine begeisterten Kundgebungen wie 1914, die Menschen waren verständlicherweise besorgt — die Stimmung dementsprechend gedämpft. Als nach den anfänglichen Erfolgen im Krieg gegen die Sowjetunion die Verluste erheblich stiegen und der Winter 1941/42 empfindliche Rückschläge brachte, hatte das Regime sehr viel an Überzeugungskraft verloren. Ein Umstand, der nicht nur das Propagandaministerium zu verstärkten Aktivitäten veranlaßte, sondern auch den Terror der Gestapo (Geheime Staatspolizei) verstärkte — die Angst wurde größer, aber die Sympathien nahmen weiter ab. Gegen Ende des Krieges gab es kaum noch jemand, der dem Regime positiv gegenüberstand.

Wenige hatten jedoch den Mut, aktiv gegen die nationalsozialistische Herrschaft aufzutreten. Jene, die sich entschlossen, gegen die Unmenschlichkeit des Systems und für die Freiheit Österreichs zu kämpfen, mußten ungeheure Not und brutale Verfolgung auf sich nehmen. Den im Untergrund tätigen Widerstandskämpfern standen nur die bescheidensten Mittel im Kampf gegen den enormen staatlichen Propaganda- und Terrorapparat zur Verfügung. Von Wachsmatrizen abgezogene Flugblätter, Parolen, in einem unbeobachteten Moment auf Mauern geschmiert, kritische Slogans auf Naziplakate geschrieben, das waren neben der Flüsterpropaganda die Mittel, die man anwenden konnte. Jede dieser Aktionen konnte mit dem Tod bestraft werden, aber auch jedes unachtsame Wort wurde streng geahndet. Das Gesetz, das dabei am häufigsten Anwendung fand, war das sogenannte Heimtückegesetz: „Wer öffentlich hetzerische, gehässige oder von niedriger Gesinnung zeugende Äußerungen über leitende Persönlichkeiten des Staates oder der NSDAP, über ihre Anordnungen oder die von ihnen geschaffenen Einrichtungen macht, die geeignet sind, das Vertrauen des Volkes zur politischen Führung zu untergraben, wird mit Gefängnis bestraft.“

Regimekritik war auch über die Rundfunksender der Alliierten zu hören und auf Kriegsflugblättern zu lesen. So gab es unter anderem auch Flugblätter, die sich speziell an die Österreicher wandten. Das Hören ausländischer Sender sowie das Weiterverbreiten von Kriegsflugblättern wurde ebenfalls strengstens verfolgt.

Die Bilanz dieser sieben Jahre nationalsozialistischer Herrschaft ergibt ein erschütterndes Bild:

170 800 Österreicher gefallen
76 200 Vermißte
24 300 Verluste in der Zivilbevölkerung
65 500 österreichische Juden von Nationalsozialisten getötet
32 600 Österreicher im KZ oder Gefängnis umgekommen
2 700 Österreicher hingerichtet

Österreich hatte damit 372 000 Menschen, das sind 5,58 Prozent seiner Bevölkerung, als direkte Folge des Krieges und der deutschen Besetzung verloren. Viele waren für den Rest ihres Lebens durch Mißhandlungen, Verwundungen und unzureichende Ernährung gesundheitlich schwer geschädigt. Ungefähr 750 000 Soldaten österreichischer Herkunft kamen in Kriegsgefangenschaft. Das Land hatte auch viele Wissenschafter und Künstler verloren, die nach dem „Anschluß“ ausgewandert waren — nur ein Teil kehrte nach 1945 wieder in die Heimat zurück. Ungeheure Verwüstungen und Schäden wurden angerichtet — in Wien waren 28 Prozent aller Gebäude beschädigt oder zerstört. B.D.

Lit.: Bramsted, E. K.: Goebbels und die nationalsozialistische Propaganda 1925 bis 1945, Frankfurt am Main 1971; Hautmann, Hans/Rudolf Kropf: Die österreichische Arbeiterbewegung vom Vormärz bis 1945, Wien 1974, S. 176 ff.; Kirchner, Klaus: Flugblätter. Psychologische Kriegsführung im Zweiten Weltkrieg in Europa, München 1974; Maass, Walter B.: Jahre der Finsternis. Die österreichische Widerstandsbewegung 1938 bis 1945, Wien 1975; Steiner, Herbert: Gestorben für Österreich, Wien 1968; „Wollt Ihr den totalen Krieg?“ Die geheimen Goebbels-Konferenzen 1939 bis 1943. Hrsg.: Willi A. Boelcke, München 1969.

207

207 *Jugend dient dem Führer*
E: H N
D: Dresden: Güntz
[1939], 84x59 cm, P 212

Das nationalsozialistische Regime wollte die Menschen zu einer möglichst gehorsamen „Gefolgschaft" erziehen. Die so häufig gebrauchte Parole „Führer befiehl, wir folgen dir!" sollte jedem zur Selbstverständlichkeit werden.

Die Jugenderziehung hatte in diesem System eine besondere Bedeutung. Hitler selbst sagte dazu in einer Rede am 4. Dezember 1938: „Diese Jugend, die lernt ja nichts anderes als deutsch denken, deutsch handeln, und wenn diese Knaben mit zehn Jahren in unsere Organisation hineinkommen und dort oft zum ersten Mal überhaupt eine frische Luft bekommen und fühlen, dann kommen sie vier Jahre später vom Jungvolk in die Hitler-Jugend, und dort behalten wir sie wieder vier Jahre. Und dann geben wir sie erst recht nicht zurück in die Hände unserer alten Klassen- und Standes-Erzeuger, sondern dann nehmen wir sie sofort in die Partei, in die Arbeitsfront, in die SA oder die SS, in das NSKK und so weiter. Und wenn sie dort zwei Jahre oder anderthalb Jahre sind und noch nicht ganze Nationalsozialisten geworden sein sollten, dann kommen sie in den Arbeitsdienst und werden dort wieder sechs und sieben Monate geschliffen, alles mit einem Symbol, dem deutschen Spaten. Und was dann nach sechs oder sieben Monaten noch an Klassenbewußtsein da oder da noch vorhanden sein sollte, das übernimmt dann die Wehrmacht zur weiteren Behandlung auf zwei Jahre, und wenn sie nach zwei, drei oder vier Jahren zurückkehren, dann nehmen wir sie, damit sie auf keinen Fall rückfällig werden, sofort wieder in die SA, SS und so weiter, und sie werden nicht mehr frei ihr ganzes Leben. Und wenn mir einer sagt, ja, da werden aber doch immer noch welche überbleiben: Der Nationalsozialismus steht nicht am Ende seiner Tage, sondern erst am Anfang."

Das war wohl eine der einprägsamsten Darstellungen von Totalitarismus — den Menschen sollte die nationalsozialistische „Weltanschauung" eingehämmert und das kritiklose Gehorchen gelehrt werden. Die Mädchen sollten mit zehn Jahren in den „Jungmädelbund" (JM), mit vierzehn zum „Bund Deutscher Mädchen" (BDM) und anschließend zu verschiedenen Frauenorganisationen, etwa der NS-Frauenschaft,

kommen, damit auch ihre weltanschauliche „Gleichschaltung“ gewährleistet werde.
Das Plakat ist obendrein ein Beispiel dafür, wie leicht Kinder gleichermaßen als Werbefiguren und als Umworbene mißbraucht werden können, eine Methode, die sicher über die Zeit des Faschismus hinausgeht. B.D.

Lit.: Glaser, Hermann: Das Dritte Reich, Freiburg 1961, S. 114.

208 *Freut Euch des Lebens!*
E: Oberreiter
D: [Wien]
1939, 62x47 cm, P 238

Gleich nach dem „Anschluß“ wurden die Arbeiterkammern und die Einheitsgewerkschaft aus der Zeit des Ständestaates aufgelöst und der Zwangsbeitritt

208

zur „Deutschen Arbeitsfront“ (DAF) verfügt. Gauleiter Bürckel befahl am 27. Mai 1938 den Aufbau der „Deutschen Arbeitsfront“ in Österreich. Der DAF gehörten, gemäß den nationalsozialistischen Vorstellungen von Betriebsgemeinschaft, Arbeitnehmer wie Arbeitgeber gleichermaßen an. Damit war sie, wie Hautmann und Kropf schreiben, „letzten Endes ein politisches Machtinstrument zur Dirigierung der Arbeiterschaft. Ihre praktischen Aufgaben bestanden in der allgemeinen Betreuung der ‚Gefolgschaft‘, in der Mitwirkung bei der Anwendung des Arbeitsordnungsgesetzes und in der Überprüfung von Heimarbeiter- und Stücklöhnen. Daneben erfüllte die DAF auch verschiedene sozialpolitische Agenden, wie den ‚Sozialen Leistungskampf der Betriebe‘, ‚Schönheit der Arbeit‘, ‚Kraft durch Freude‘ usw.“ Die Organisation „Kraft durch Freude“, die auch eine eigene Wandzeitung mit Informationen herausgab, vermittelte ein umfangreiches und preisgünstiges Kulturangebot, wie Theaterabende, Konzerte, Ausstellungen, Tanzveranstaltungen, Sportmöglichkeiten und billige Urlaubsfahrten. Alle diese Bemühungen wurden, wie der Name der Organisation schon andeutet, im Hinblick darauf unternommen, die Arbeiterschaft abzulenken und zu verstärkter Arbeitsleistung anzuspornen.
Das Motto „Freut Euch des Lebens“, unter dem gerade die auf diesem Plakat angekündigten Veranstaltungen standen, klingt heute für einen Festtag, exakt vier Monate vor Ausbruch des Zweiten Weltkrieges, der vielen Millionen das Leben kostete, sehr makaber. B.D.

Lit.: Hautmann, Hans/Rudolf Kropf: Die österreichische Arbeiterbewegung vom Vormärz bis 1945, Wien 1974, S. 180.

209

209 *Dein KdF-Wagen*
E: Atelier Brach
D: Berlin
[1939], 120x85 cm, P 247

Adolf Hitler beauftragte 1933 Ferdinand Porsche, einen „Volkswagen" zu konstruieren, der folgende Voraussetzungen erfüllen sollte: „100 Kilometer Dauergeschwindigkeit, für die Autobahn geeignet, Platz für 2 Erwachsene und 3 Kinder, Reparaturen müssen rasch und billig zu erledigen sein, beste Werkstoffe müssen verwendet werden. Der Wagen darf nicht mehr als tausend Mark kosten." Zwei Jahre später war eine Versuchsserie von 30 Wagen fertiggestellt. Es begannen Probefahrten, 2 Millionen Kilometer wurden zurückgelegt, und im Frühjahr 1937 wurde die „Deutsche Arbeitsfront" mit dem Bau und Vertrieb des „Volkswagens" betraut. Im Mai 1938 legte Adolf Hitler in dem Ort Fallersleben, zwischen Magdeburg und Braunschweig, den Grundstein zum Volkswagenwerk und gab dem Auto den Namen „Kraft-durch-Freude-Wagen". Am 1. August 1938 begann die Sparaktion für diesen KdF-Wagen. Die bereits fertiggestellten KdF-Autos wurden jedoch im Zweiten Weltkrieg zu Schwimm- und Kübelwagen umgebaut und an der Front eingesetzt. Den Sparern präsentierte man bei allen möglichen Gelegenheiten den KdF-Wagen, doch es blieb bei der Vorfreude: kein Sparer erhielt je einen KdF-Wagen. Nach dem Krieg erhielten die Sparer nach langwierigen Prozeßverhandlungen einen Teil des angesparten Kapitals zurück. M.K.

Rechts: Englisches Kriegsflugblatt aus dem Jahre 1942

Unten: Versprechungen für KdF-Sparer in einem Artikel der „Wiener Zeitung" vom 29. 11. 1938

Kraft durch Freude!

„Ich habe jede Möglichkeit von vorn herein einkalkuliert." Hitler, 30.1.41.

Hitler besichtigt das Modell, Berlin 1938

Der fertige Wagen in Libyen 1942

G 69

Natürlich gibts auch Mißtrauische. So hat ein KdF-Sparer in Favoriten, als er zum erstenmal im KdF-Wagen saß, den Kopf geschüttelt und gemeint: Ah, dös glaub i net, dö Probewagen san vielleicht so noblicht, aber daß wir um dös Geld so an feinen Wagen kriegen werden, dös gibts net!"

Und doch gibt es das! Das ist eben das Wunder. Fahrdienstleiter H u b e r der Kolonne Ostmark versichert, daß alle Materialien und Bestandteile des KdF-Wagens das Beste sein werden, was in Deutschland überhaupt aufzutreiben ist. Von der Ganzstahlkarosserie — das mit der Bakelitkarosserie ist ein Unsinn — bis zu der kleinsten Einzelheit des Motors oder der Bereifung.

Da sind wir bei der Hauptfrage: Wann werden die Wiener KdF-Sparer von heute in Besitz ihrer Wagen kommen? Wenn die gute frostfreie Witterung noch lange anhält, so daß die Bautätigkeit in Fallersleben in diesem Winter noch länger fortgesetzt werden kann, dann werden Anfang 1940 die ersten Serien vom laufenden Band rollen und 1941 hofft man schon tausend Wagen täglich erzeugen zu können. Vorläufig werden nur die beiden Typen „geschlossene Limousine" und „Faltdachlimousine" hergestellt, weil die beiden Typen zusammen auf ein und demselben laufenden Band hergestellt werden können, der offene Wagen, der eine separate Herstellung benötigt, kommt später dran.

210

210 *Jeder braucht die Volksgasmaske!*
D: Berlin
[1939], 59x42 cm, P 176

In großem Umfang wurde Giftgas im Ersten Weltkrieg ab dem Jahr 1915 eingesetzt. Die Genfer Protokolle vom 17. Juni 1925, die nahezu von allen europäischen und vielen außereuropäischen Staaten unterzeichnet wurden, verboten die Verwendung von Giftgasen im Land-, Luft- und Seekrieg. Volles Vertrauen in die Gültigkeit solcher Verträge dürfte keine der später kriegführenden Mächte gehabt haben, denn die Gasmaske gehörte im Zweiten Weltkrieg zur Ausrüstung aller Truppen.
Durch die Weiterentwicklung der Flugzeuge war das Giftgas aber zu einer derart gefährlichen Waffe geworden, daß wohl alle Beteiligten vermieden, sie anzuwenden, weil man ja mit entsprechenden Gegenschlägen rechnen mußte. Auch Atomwaffen wurden schließlich nur zweimal eingesetzt und dies nur gegen einen Gegner, der nicht mit Gleichwertigem zurückschlagen konnte.
Jedenfalls diente der Verkauf der Volksgasmaske sicher auch der psychologischen Einstimmung auf den Krieg. Man wollte das Gefühl des Bedrohtseins durch einen bösartigen Feind, der Giftgas auch gegen die Zivilbevölkerung anwenden könnte, ganz bewußt erwecken und stärken.
Da im „Dritten Reich“ nahezu alle Lebensbereiche in irgendeiner Form organisiert waren, gab es auch einen Reichsluftschutzbund (RLB), ursprünglich ein Verein, später eine Körperschaft öffentlichen Rechtes. Der RLB hatte vorerst die Aufgabe, die Bevölkerung von der lebenswichtigen Bedeutung des Luftschutzes zu überzeugen. Die zweite Aufgabe war die Ausbildung von Luftschutzhelfern und ähnlichem. B.D.

211 *Kriegs-Winter-Hilfswerk*
[1939], 119x84 cm, P 227
Beschreibung auf S. 243.

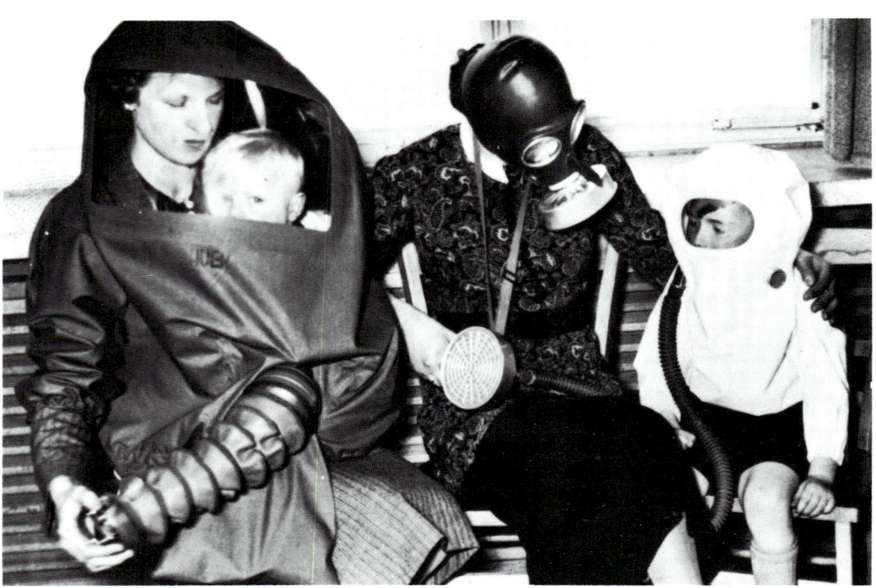

Volksgasmasken und Gasschutz für Kinder

211 212

> 20. April 1941
>
> *Auf die jetzt wieder auftauchende englische Behauptung, die österreichischen Truppen hätten keine besonders hohe Moral, müsse im Sprachendienst eingegangen werden. Vor allem nach England hin sei zu sagen, die Engländer sollten doch einmal etwas Neues erfinden. Es sei doch langweilig, immer wieder nur von denselben Leichenbergen, von den Verbrennungsmaschinen für Soldatenleichen und von dem mangelnden Kampfgeist der „österreichischen Truppen" zu hören. Man solle zur Abwechslung doch wenigstens einmal sagen, die sächsischen oder die württembergischen Truppen hätten gemeutert, damit ein bißchen Kolorit in die Sache komme. (Das Thema soll ganz von oben herab behandelt werden.)*
>
> *„Wollt Ihr den totalen Krieg?" Die geheimen Goebbels-Konferenzen 1939 bis 1943. Hrsg.: Willi A. Boelcke, München 1969, S. 198 f.*

> *Was würde man zum Beispiel über ein Plakat sagen, das eine neue Seife anpreisen soll, dabei jedoch auch andere Seifen als „gut" bezeichnet?*
> *Man würde darüber nur den Kopf schütteln.*
> *Genau so verhält es sich aber auch mit politischer Reklame.*
> *Die Aufgabe der Propaganda ist z. B. nicht ein Abwägen der verschiedenen Rechte, sondern das ausschließliche Betonen des einen eben durch sie zu vertretenden. Sie hat nicht objektiv auch die Wahrheit, soweit sie den anderen günstig ist, zu erforschen, um sie dann der Masse in doktrinärer Aufrichtigkeit vorzusetzen, sondern ununterbrochen der eigenen zu dienen.*
>
> *Adolf Hitlers Mein Kampf. Eine kommentierte Auswahl von Christian Zentner, München 1974, S. 111.*

212 *Das deutsche Volk*
E: A[dolf] E[rnst] Wuttke
[1941], 86x61 cm, P 123

Dieses Plakat dient als Beispiel dafür, daß auch einem Regime, das seine Propaganda weitgehend perfektioniert hatte, das selbst ohne Anerkennung der Psychoanalyse mit seiner Werbung immer wieder aufs Unterbewußtsein und auf das Gefühlsleben zielte — daß diesem Regime trotzdem auch im Bereich der Propaganda noch immer gröbere Mißgeschicke passieren konnten.

Kaum anderswo bricht der Größenwahn der nationalsozialistischen Machthaber auf so absurde und entlarvende Weise hervor wie auf diesem Plakat. Eine Umsetzung dieses Slogans in ein Bild hätte sicher einen noch groteskeren Eindruck ergeben.

Es zeigt von der Kritiklosigkeit Hermann Görings seiner eigenen Person gegenüber, daß er diesen Ausspruch, den er offenbar einmal im Eifer von sich gegeben hatte, auch noch in größerem Umfang verbreiten ließ.

Göring hatte im Mai 1933 das Reichsluftfahrtministerium übernommen und leitete den Aufbau der Luftwaffe.

Dieses Plakat wurde ab 23. April 1941 in Wien tausendmal affichiert. B.D.

213 *In den Staub mit allen Feinden Großdeutschlands!*
(= Plakat Nr. 7 der RPL)
E: Mjölnir
[= Hans Schweitzer]
D: Dresden: Güntz
[1940], 122x85 cm, P 182

Ein Plakat aus der euphorischen Zeit der Kriegspropaganda: Der Begriff „Großdeutschland" wird hier noch stark betont. Deutschland hatte „erst" drei Feinde, von denen zwei, Polen und Frankreich, schon niedergeschlagen waren. Großbritannien sollte „demnächst" von der „Schmetterhand" der deutschen Wehrmacht getroffen werden.

Dieses Plakat entspricht der Meinung Adolf Hitlers von wirksamer politischer Propaganda: „Gerade auf dem Gebiet der Propaganda darf man sich niemals von Ästheten oder Blasierten leiten lassen. Von den ersten nicht, weil sonst der Inhalt in Form und Ausdruck in kurzer Zeit, statt für die Masse sich zu eignen, nur mehr für literarische Teegesellschaften Zugkraft entwickelt; vor den zweiten aber hüte man sich deshalb ängstlich, weil ihr Mangel an eigenem frischem Empfinden immer nach neuen Reizen sucht. Diesen Leuten wird in kurzer Zeit alles überdrüssig."

„Propaganda ist jedoch nicht dazu da, blasierten Herrchen laufend interessante Abwechslung zu verschaffen, sondern zu überzeugen, und zwar die Masse zu überzeugen. Diese aber braucht in ihrer Schwerfälligkeit immer eine bestimmte Zeit, ehe sie auch nur von einer Sache Kenntnis zu nehmen bereit ist, und nur einer tausendfachen Wiederholung einfachster Begriffe wird sie end-

> 7. Dezember 1941
>
> *Der Minister macht aufgrund seiner in Wien gewonnenen Eindrücke folgende grundsätzliche Ausführungen:*
> *Die bisherige Propaganda hat den grundlegenden Fehler gemacht, daß sie das deutsche Volk durch Fernhaltung jeder unangenehmen Nachrichten überempfindlich für etwaige vorübergehende Rückschläge gemacht hat. Die Bevölkerung selbst weiß im allgemeinen mehr über die Gesamtlage, als sich lediglich aus der Presse ergibt, und sie verträgt und verlangt, daß man ihr auch unangenehme Wahrheiten mitteilt. Churchill hat es richtig gemacht, als er kurz nach Beginn des Krieges den Engländern „Blut, Schweiß und Tränen" in Aussicht stellte. Die deutsche Propaganda, die selbstverständlich den berechtigten Optimismus hinsichtlich des Kriegsausgangs immer zu ihrer Grundhaltung machen muß, soll in allen ihren Zweigen in Zukunft mehr realistisch gehalten sein. Als Beispiele verweist der Minister darauf, daß der Bevölkerung ruhig gesagt werden solle, daß die Gesamtlage im großen und ganzen Weihnachtsgeschenke erübrige, daß ihr die Einschränkungen im Reiseverkehr unter entsprechender Erläuterung nicht nur für einige Tage, sondern für längere Zeit in Aussicht gestellt werden müssen u. ä.*
>
> *„Wollt Ihr den totalen Krieg?" Die geheimen Goebbels-Konferenzen 1939 bis 1943. Hrsg.: Willi A. Boelcke, München 1969, S. 256.*

213

214

lich ihr Gedächtnis schenken.“ (Adolf Hitlers Mein Kampf. Eine kommentierte Auswahl von Christian Zentner, München 1974, S. 112)
Einfach genug ist dieses Plakat, und „Ästheten“ und „Blasierte“ oder was Hitler sich darunter vorstellte, hat es gewiß nicht angesprochen.
Dieses Plakat wurde im vorliegenden Format ab 23. Juli 1940 auf 50 Anschlagflächen in den Wiener Stadtbahnstationen angebracht. B.D.

214 *Sehr geehrter Herr Churchill*
E: penfke
D: Wien: Wicho
[1940], 172x121 cm, P 107

In der ersten Phase des Westfeldzuges im Jahre 1940 stießen die deutschen Truppen sehr schnell zur französischen Kanalküste vor und besetzten Belgien und die Niederlande. In Dünkirchen konnten sich jedoch noch etwa 335 000 britische und französische Soldaten einschiffen und nach Großbritannien gelangen.
Das Plakat stellt eine scheinbare Drohung an England dar, die in Wirklichkeit eine Zusicherung an die eigene Bevölkerung sein sollte, den englischen Feind noch in naher Zukunft zu vernichten.
Der hier direkt angesprochene Sir Winston Churchill war der „Intimgegner“ der deutschen Kriegspropaganda. Als Seele des britischen Widerstandes wurde er noch mehr diffamiert und verhöhnt als etwa Stalin oder Roosevelt. In den deutschen Massenmedien wurde er häufig kurzweg als W.C. bezeichnet, die Zeitungen waren voll mit Schilderungen seiner „Untaten“, und sogar in Wunschkonzerten wurde er in einem Schlager als „Lügenlord“ besungen. Im Februar 1942 rügte Joseph Goebbels seine Mitarbeiter, daß die deutsche Presse noch immer Lebensläufe und Geschichten von Churchill bringe, die zu positiv seien und zu einer Popularisierung des englischen Staatsmannes im deutschen Volke beitragen könnten. Ab sofort stellte er Bilder von Churchill unter Zensur: „Churchill müsse man auch in der deutschen Presse als Lügner bezeichnen, seine verwahrlosten Familienverhältnisse schildern und seine dilettantische Art, Krieg zu führen, herausstellen.“ Es entsprach völlig nationalsozialistischen Vorstellungen, daß man den Kriegsgegner mit „dem“ Hauptfeind, nämlich der „jüdischen Weltverschwörung“, in Zusammenhang brachte. Schon zu Kriegsbeginn hatte Goebbels in seinen geheimen Konferenzen angeordnet, daß die Presse ihre Kritik an den englischen Verhältnissen auf dem Gebiet „jüdische Kriegshetzer“ ansetzen solle. In diesem Zusammenhang sollten Aussprüche berühmter Engländer über die „Judenfrage“ gesammelt und verwendet werden. In ähnlichem Sinne war auch das vorliegende Plakat gestaltet: Die Person, die hier von dem Hakenkreuz erdrückt wird, trägt einen englischen Stahlhelm und sollte nach dem üblichen Stil nationalsozialistischer Propaganda einen Juden darstellen. Bemerkenswert an dieser Szene ist wohl, daß man mit keinem Mitleidseffekt beim Beschauer rechnete.
Das Plakat, von dem es unterschiedliche Formate gab, wurde in Wien ab dem 18. Dezember 1940 affichiert. B.D.

Lit.: „Wollt Ihr den totalen Krieg?“ Die geheimen Goebbels-Konferenzen 1939 bis 1943. Hrsg.: Willi A. Boelcke, München 1969, S. 284.

215

211 *Kriegs-Winter-Hilfswerk*
Abbildung auf S. 241

215 *Und Dein Opfer für's WHW?*
E: Mjölnir
[= Hans Schweitzer]
D: Dresden: Güntz
[1942], 84x59 cm, P 222

Das deutsche Winterhilfswerk (WHW) war eine in der „Nationalsozialistischen

216

Volkswohlfahrt“ (NSV) gegründete Hilfsorganisation, die allerdings 1936 eigene Rechtsfähigkeit erhielt. In Österreich hatte es übrigens schon früher derartige Aktionen unter dem Namen „Winterhilfe“ zur Unterstützung Arbeitsloser gegeben. Im Frieden sammelte das WHW Geld, Lebensmittel, Brennstoffe und Kleider, im Krieg fast ausschließlich Geld.

Da das Winterhilfswerk offiziell als „der lebendige Ausdruck der tatgewordenen Volksgemeinschaft“ bezeichnet wurde, war es den „Volksgenossen“ an sich schon schwer möglich, sich den Spendenaufforderungen zu entziehen, obwohl eigentlich niemand wußte, in welcher Weise die gesammelten Mittel verwendet wurden.

Einen gewissen Anreiz zum Spenden bei Straßensammlungen boten die WHW-Abzeichen, die man für eine Spende erhielt und die — mangels anderer Freuden — von vielen gesammelt wurden.

Die beiden Plakate wurden hier aber auch als Beispiele für die beschönigende Art der Kriegsdarstellung aufgenommen. In einer Weisung des Reichspropagandaministers Joseph Goebbels an seine Mitarbeiter hieß es, „daß wohl die Härte, die Größe und das Opfervolle des Krieges gezeigt werden soll, daß aber eine übertrieben realistische Darstellung, die statt dessen nur das Grauen vor dem Kriege fördern könne, auf jeden Fall zu unterbleiben habe“.

Die Abteilung Wehrmachtspropaganda im Oberkommando der Wehrmacht gab bereits Mitte Mai die Weisung, daß es zu vermeiden sei, Bilder aufzunehmen, „die geeignet sind, Schrecken, Abscheu oder Ekel“ vor dem Krieg zu erregen, „wenn sie nicht gerade dadurch dokumentarischen Wert erhalten“. Diesen Richtlinien folgte die deutsche Berichterstattung schließlich bis Kriegsende, so daß Wochenschau und Bildberichte den Krieg niemals in seinem realen, grauenvollen mörderischen Ausmaß zeigten.

Diesen Weisungen folgten auch die beiden Plakate. Das ältere (Nr. 211) aus dem Jahr 1939 (hier hieß es noch Kriegs-WHW, später nur WHW) zeigt einen einfachen Soldaten, der wie ein Bauer auf dem Felde, hier im Felde, seinen Eintopf löffelt. Der „Eintopfsonntag“ hatte den Sinn, daß an diesem Sonntag die Familien sich nur mit einem Eintopf sättigen und das dadurch ersparte Geld dem WHW opfern sollten. Der Soldat, der täglich meist nur Eintopf erhielt, sollte dabei Vorbild sein. In Wien wurde dieser Anschlag ab dem 8. November 1939 affichiert.

Das Plakat (Nr. 215) aus dem Jahre 1942 konnte an der Tatsache nicht vorübergehen, daß der Krieg immer mehr Verluste mit sich brachte. Als Hitler am 3. Oktober 1941 sagte: „Vielleicht wird Dir einer begegnen, der viel mehr für Deutschland geopfert hat“, wußte er nicht, wie schnell seine wahnsinnige Idee, nach Rußland einzufallen, ungeheure Opfer fordern würde.

Der Soldat auf dem Bild ist zwar verwundet, aber durch die Art seiner Darstellung soll gerade er „ungebrochene Würde“ ausstrahlen. Noch dazu ist er hoch dekoriert; er trägt neben dem Verwundetenabzeichen das Infanteriesturmabzeichen, vor allem aber das „Eiserne Kreuz, 1. Klasse“, was bei einem Gefreiten, und als solcher ist er durch den Winkel am linken Ärmel erkenntlich, eine außerordentliche Seltenheit war.

Das Plakat (Nr. 215) wurde ab 19. Februar 1942 in Wien verbreitet, und zwar 1900 Stück auf Tafeln, 300 auf Säulen.

B.D.

Lit.: „Wollt Ihr den totalen Krieg?“ Die geheimen Goebbels-Konferenzen 1939 bis 1943. Hrsg.: Willi A. Boelcke, München 1969, S. 81.

216 *Sieg um jeden Preis*
(= Reichspropagandaleitung, Plakat Nr. 28)
E: [René] Ahrlé
D: Wien: Waldheim-Eberle
[1942], 119x84 cm, P 177

Vom 12. bis 14. März 1942 unternahm Joseph Goebbels eine Reise durch die „Ostmark“ und sprach dabei unter anderem auf Kundgebungen in Graz und Wien. Nach eigenen Angaben hätte er

gerade bei dieser Fahrt festgestellt, daß die Parole „Sieg um jeden Preis" die zügigste sei. Der Reichspropagandaminister hatte im „Dritten Reich" die gesamte Propaganda jedoch nicht in jenem Ausmaß in seiner Macht, wie er es sich wünschte. Am 6. Jänner 1943 führte er bei der geheimen Mitarbeiterkonferenz seine Unzufriedenheit mit der Entwicklung der Siegesparolen weiter aus. Er meinte, die Propaganda habe seit Kriegsbeginn folgenden fehlerhaften Lauf genommen: Im 1. Kriegsjahr habe es geheißen „Wir haben gesiegt", im 2. „Wir werden siegen", im 3. „Wir müssen siegen", im 4. „Wir können nicht mehr besiegt werden".
Dazu heißt es weiter im Protokoll zu seinen Ausführungen: „Eine solche Entwicklung sei katastrophal und dürfe unter keinen Umständen fortgeführt werden. Es müsse viel mehr der deutschen Öffentlichkeit zum Bewußtsein gebracht werden, daß wir nicht nur siegen wollen und müssen, sondern besonders auch, daß wir auch siegen können, weil die Voraussetzungen gegeben sind, sobald Arbeit und Leistung in der Heimat voll in den Dienst des Krieges gestellt werden." B.D.

Lit.: „Wollt Ihr den totalen Krieg?" Die geheimen Goebbels-Konferenzen 1939 bis 1943. Hrsg.: Willi A. Boelcke, München 1969, S. 291, 417 f.; Massiczek, Albert: Zeit an der Wand, Wien 1967, S. 129.

217

217 *Krieg und Kunst*

E: G
D: Wien: E. Metten
1942, 59x42 cm, P 176

Es gab in der Zeit des Nationalsozialismus keinen Lebensbereich, der nicht seiner Beeinflussung ausgesetzt war. Auch die Kunst wurde bekanntlich „gleichgeschaltet", moderne Entwicklungen als „entartet" bezeichnet, verboten und deren Vertreter brutal verfolgt. Die „Kunst" war nach nationalsozialistischen Vorstellungen unter anderem dazu da, den Wehrwillen zu stärken und zu bewahren. Die Wanderausstellung „Krieg und Kunst" fand in der Zeit vom 15. August bis 30. September 1942 im Wiener Künstlerhaus statt und bestand aus zwei Bereichen: Ein Teil zeigte Bilder und Kunstgegenstände „befreundeter" oder „verbündeter" Staaten, die alle auf kriegerische Ereignisse Bezug nahmen. Es gab Exponate der Staaten Bulgarien, Finnland, Italien, Japan, Kroatien, Rumänien, Slowakei, Spanien, Thailand und Ungarn.
Der Katalog hiezu war in Deutsch und jeweils in den Landessprachen dieser Länder abgefaßt.
Ein zweiter Ausstellungsteil zeigte zeitgenössische Bilder aus dem Krieg, wobei auch die Rüstungsindustrie Beachtung fand. B.D.

Lit.: Krieg und Kunst, Berlin 1942.

2. Oktober 1942

Die englischen Meldungen über die angebliche Bildung einer österreichischen militärischen Formation in London sollen nicht gebracht werden. Der Minister weist in diesem Zusammenhang in längeren Ausführungen darauf hin, daß die Österreicher genau so gute Deutsche seien wie die Altreichsdeutschen, daß sie aber erst 5 Jahre später als das Altreich durch den Nationalsozialismus erfaßt wurden und kurz danach in den Krieg eintraten; die ganze im Altreich von 1933—1938 durchgeführte politische Entwicklung fehle also in den Donau- und Alpengauen, so daß dort noch eine erhöhte Anfälligkeit in politischer Hinsicht bestehe.

„Wollt Ihr den totalen Krieg?" Die geheimen Goebbels-Konferenzen 1939 bis 1943. Hrsg.: Willi A. Boelcke, München 1969, S. 376.

218

218 *Feind hört mit*
E: [Karl] Hank
[1942], 121x83 cm, P 166
Beschreibung auf S. 252

219 *Wäsche-Weiser 4.*
Niemals mit Gewalt!
E: [Johannes] Landwehrmann
D: Stuttgart: Union Druckerei
[1942], 83x59 cm, P 13 344

Als die Rohstoffe knapp wurden und für zerrissene Textilien schwer Ersatz zu schaffen war, gab der „Reichsausschuß für Volkswirtschaftliche Aufklärung" eine vierteilige Plakatserie unter dem Titel „Wäsche-Weiser" heraus. Ziel der Aktion war es, die Hausfrauen zu schonendster Behandlung der Wäsche anzuhalten und den Verbrauch an Seife und Waschmitteln so gering wie möglich zu halten. „Einem übertriebenen Reinlichkeitsfanatismus, der auch eine Art Luxus darstellt, ist durch die Seifenbewirtschaftung eine natürliche Grenze gesetzt worden." Die Inanspruchnahme von Wäschereien wurde, ebenfalls aus Ersparnisgründen, gefördert. „Das Problem der Wäsche und des Waschens hat für die Hausfrau während des Krieges neue Formen angenommen. Vor allem hat die Rationierung der Seife die Hausfrau vor die Notwendigkeit gestellt, mit diesem Reinigungsmittel auf das sparsamste zu verfahren, jede Verschwendung hintanzuhalten und mit dem vorhandenen Material den besten Effekt zu erzielen. Wenn die zugewiesenen Seifenmengen auch durchaus hinreichen, um bei normalem Wäscheverbrauch und rationeller Verwendung allen Geboten der Hygiene gerecht zu werden, so hat die pedantische Hausfrau doch auf manche liebgewonnene Gewohnheiten, die gewöhnlich mehr den ästhetischen Bedürfnissen als denen der Reinlichkeit entsprangen, verzichten müssen . . . Unter diesen geänderten Verhältnissen haben die Wäschereibetriebe für die Haushaltungen wesentlich an Bedeutung gewonnen . . ." (NWT, 26. 10. 1941, S. 7)
Zu den verschiedenen Maßnahmen, durch welche die Wäsche geschont und der Verbrauch an Reinigungsmitteln eingeschränkt werden sollte, kam im Mai 1943 sogar das Verbot, bezugsbeschränkte Gewebe zu besticken, um die Stoffe nicht unnötig zu strapazieren.

G.B.

Auch ein fleischloser Eintopf macht satt!

Die fehlenden Nährwerte gleicht man durch Migetti aus. Es ist nährstark! 60 g genügen pro Person. Migetti läßt man 10 Minuten in der kochenden Flüssigkeit quellen. Dieser Eintopf läßt sich rasch bereiten und gibt Kraft, denn Migetti nährt nachhaltig. 250-g-Paket RM —.35. Migetti die nährstarke Vollkost:

EIN Milei-ERZEUGNIS

WÄSCHE-WEISER 4
Niemals mit Gewalt!
Niemals mit Gewalt darf die Hausfrau versuchen, die Wäsche sauber zu bekommen. Im Kriege muß die Wäsche mehr geschont werden, als es in Zeiten des Überflusses notwendig war.
Starkes Kochen schadet!
Je weniger die Weiss- und Grobwäsche (W 1) gekocht wird, um so besser ist es. Um Wäsche hygienisch einwandfrei zu säubern, genügt es, sie langsam unter öfterem Umrühren zum Aufkochen zu bringen und sie dann noch 1/4 Stunde ziehen zu lassen.
Nicht reiben, zerren, bürsten, wringen!
Ist die Wäsche lange genug eingeweicht, so verschwinden vorhandene Schmutzstreifen schon bei leichterem Durchwaschen. Durch Reiben und Bürsten entstehen Gewebeschäden; zu heftiges Wringen verursacht Risse.
Fort mit Bürste und Waschbrett aus der Waschküche!
RVA
Näheres hierüber in der vom Reichsausschuß für Volkswirtschaftliche Aufklärung (RVA) Berlin NW 7, herausgegebenen „Kriegswaschfibel"
LAND WEHR MANN
Offsetdruck · Union Druckerei GmbH. Stuttgart

219

220

220 *Nippon's wilde Adler*
E: W
1942, 87x61 cm, P 13343

Am 7. Dezember 1941 bombardierten japanische Flugzeuge die in Pearl Harbor (Hawaii) liegende amerikanische Pazifikflotte. Daraufhin erklärten die USA und Großbritannien Japan den Krieg, Kriegserklärungen Deutschlands und Italiens ergingen unter Berufung auf den Dreimächtepakt an die USA. Gleichzeitig mit dem Angriff auf Pearl Harbor, der Japan mit einem Schlag die Seeherrschaft im Pazifik bringen sollte, begann eine großangelegte japanische Offensive. Bis Anfang 1942 wurden Malaya, Burma, Indonesien und vorgelagerte Inselgruppen Ozeaniens erobert. Ein gut organisiertes Zusammenwirken von japanischer Armee, Flotte und Luftwaffe und die Anwendung taktischer Überraschungseffekte machten derart rasche Erfolge möglich.

Die japanischen Siege bildeten im Winter 1941/42 den Hauptinhalt der deutschen Kriegspropaganda, da ja von deutscher Seite keine Erfolge zu melden waren und sich damit eine willkommene Gelegenheit bot, von der Krise an der Ostfront ablenken zu können.

Am 18. Dezember 1941 wurde im Propagandaministerium sogar die Einführung einer japanischen Fanfare für die Umrahmung von japanischen Siegesmeldungen im deutschen Rundfunk besprochen. Dem Einwand, daß dadurch die italienischen Verbündeten beleidigt werden könnten, wurde entgegengehalten, „daß eine entsprechende italienische Fanfare für den Fall eines italienischen Sieges vorgesehen sei". Ende Dezember 1941 erklärte Goebbels in einer seiner Mitarbeiterkonferenzen, daß in der innerdeutschen Propaganda darauf zu achten sei, daß im Zusammenhang mit dem „deutsch-japanischen Zusammengehen" in der deutschen Öffentlichkeit eine Diskussion über die Rassenfrage nicht aufkommen dürfe. In Deutschland sollte keinerlei Polemik entstehen, wodurch Japan beleidigt werden könnte: „Es sei also gut, diesen ganzen Fragenkomplex aus der innerdeutschen Diskussion in Presse, Rundfunk, Film usw. völlig auszuschalten" (Boelcke, S. 264). Im März des Jahres 1942 beklagte sich aber die Japanische Botschaft, daß im Reiche „verschiedentlich von der ‚gelben Gefahr' gesprochen werde". Goebbels veranlaßte die Herausgabe eines Rundschreibens an sämtliche Gauleitungen, das auf die „verheerende Wirkung des Geschwätzes von der gelben Gefahr" hinwies — jede Diskussion über diesen Begriff wurde verboten.
B.D.

Lit.: „Wollt Ihr den totalen Krieg?" Die geheimen Goebbels-Konferenzen 1939 bis 1943. Hrsg.: Willi A. Boelcke, München 1969, S. 258 f., 264, 290.

221 *Wiener Blut*
D: Berlin:
Deutscher Verlag
1942, 139x96 cm, P 13341

Der Alltag im Dritten Reich bot den Menschen wenig Gelegenheit zum Lachen — daher wurden Unterhaltungsfilme produziert, um die Bevölkerung von der tristen Gegenwart abzulenken.

„Wiener Blut" war neben „Leise flehen meine Lieder", „Maskerade", „Burgtheater" und „Operette" einer der erfolgreichsten Filme Willi Forsts. Die Kritik bezeichnete den Streifen als „musikumrauschte, ausgelassen-heitere Begebenheiten aus dem Wien der Kongreßzeit . . . Eine Wiener Komtesse bringt sich da aus einem deutschen Kleinstaat einen gräflichen Gatten heim. Während sie um seinetwillen ihr angeborenes Temperament verleugnen möchte, lernt er mit einer anderen die Wiener Luft schätzen. In diese Eheverstimmung platzt dann gar der bayerische Kronprinz hinein, zieht sich aber am Ende elegant aus der Affäre . . . Diese Synthese aus einem turbulent-urwüchsigen Buch und feinnerviger, pointenreicher Regiearbeit zeitigt, unter Verlagerung des Schwergewichtes vom

221

222

Besinnlichen zum Geräuschvollen hin, einen ungewöhnlichen Lacherfolg. Daran ist die Komikergarde ebenso maßgeblich beteiligt als der witzreiche und mundartlich anheimelnde Dialog. Es schadet wenig, daß man dem Operettenvorwurf nur schmissige Rhythmen und fast nichts an Handlungssubstanz entlehnte. Man sieht schicke Kostüme und behagliche Interieurs des Früh-Biedermeier und vermerkt ausgeglichene Bild- und Tontechnik.“ G.B.

Lit.: Paimann's Filmlisten, 10. 4. 1942, S. 27.

222 *Einmal der liebe Herrgott sein!*

E: Sten
D: Berlin: A. Scherl
1943, 87x61 cm, P 13342

Hier agierten Hans Moser, Fritz Odemar, Anton Pointner, Lotte Lang usw. in einem Lustspiel, das zwar viele alte Gags brachte, das aber durch die Schauspielkunst des Hauptdarstellers dennoch ein Erfolg wurde. Hans Mosers Leistung wurde von der Kritik auch besonders hervorgehoben: „Der langjährige Lohndiener eines großstädtischen Hotels träumt stets davon, einmal zum Portier vorzurücken. Als es endlich soweit, bringt er durch seine G'schaftlhuberei alles durcheinander und selbst einen Schützling in die tödlichste Verlegenheit. Daß dieser, eine engagementlose junge Schauspielerin, am Ende doch sein Glück findet und der Aushilfsportier der Held des Tages ist, verdanken sie nur einem Zufall, der einen langgesuchten Hoteldieb in die Falle gehen ließ . . . Ein Mosaik erprobter Situationen und gegensätzlicher Figuren, Stichwortbringer für Hans Moser, der allein die Handlung zu tragen hat und buchstäblich vom ersten bis zum letzten Meter auf der Szene ist.“ G.B.

Lit.: Paimann's Filmlisten, 15. 1. 1943, S. 3.

OP LICHTSPIELE GRABEN · 29

Täglich ab ½9 Uhr — Letzte Vorstellung 22 bis 23 Uhr.

ZUM 30. JÄNNER: Der Reichsmarschall spricht zur Wehrmacht — Reichsminister Dr. Goebbels spricht im Sportpalast

Bei unseren Soldaten in Tunesien

Die gewaltige Abwehrschlacht im Osten

Europa-Magazin — O. P.-SONDERSCHAU

Zwei Kulturfilme: Panzergrenadiere — Beschwingte Kunst auf spiegelntem Eis.

Urania, 1.	U 1 94 97:	Geheimnis Tibet *
Burg-Lichtspiele, 1.	B 2 03 99:	Reifende Mädchen. 3. Woche!
Elite-Lichtspiele, 1.	R 2 10 65:	Einmal der liebe Herrgott sein
Gartenbau, 1.	R 2 12 43:	Der Dschungel ruft, H. Piel*
Imperial-L., 1.	U 2 21 12:	Reifende Mädchen. 3. Woche!

223

223 *Freiheit das Ziel*
(= Parole der Woche, 1943, 3. Folge)
E: [René] Ahrlé
D: München: F. Eher
1943, 60x85 cm, P 7631

Während des Krieges wurde die „Parole der Woche“ in verschiedenen Formaten als Merkzettel, Flugblätter und, wie hier, als Wandzeitung verbreitet. Die Ausgabe vom 30. Jänner 1943 erinnerte an das zehnjährige Jubiläum der nationalsozialistischen „Machtergreifung“ in Deutschland. Zu diesem Zeitpunkt war gerade die Schlacht um Stalingrad im Gange, wobei sich schon deutlich eine gewaltige Niederlage der Deutschen Armee abzeichnete. Die Stimmung war dementsprechend gedämpft: Am 24. Jänner hatte Goebbels seinen Mitarbeitern mitgeteilt, daß er bereits die Wochenschau für den 30. Jänner geändert habe, weil er Fackeln und Erinnerungsfeiern „in diesem Augenblick“ nicht für angebracht hielte. Es gebe jetzt nur eine These, und das wäre auch die These des 30. Jänner: „Was wäre aus Deutschland und Europa geworden, wenn der Nationalsozialismus nicht zur Macht gekommen wäre!“ Deutschland stünde nun wie schon 1932 vor der Alternative „Bolschewismus oder Nationalsozialismus“.
Am 30. Jänner hielt der Reichspropagandaminister im Berliner Sportpalast eine Rede, in der er erklärte: „Wenn der Feind glaubte, uns durch einige Schläge entmutigen zu können, so irrt er sehr. Diese Schläge waren und sind für uns nur ein Alarmsignal zum totalen Krieg, zu dem wir nunmehr fest entschlossen sind. . . . Für uns aber war es ein seit jeher feststehender und unumstößlicher Grundsatz, daß das Wort Kapitulation in unserem Sprachschatz nicht existierte.“ Und weiter meinte er: „Wir glauben an den Sieg! Wir glauben daran, weil wir den Führer haben . . . Der Glaube versetzt Berge. Dieser bergeversetzende Glaube muß uns alle erfüllen.“
B.D.

Lit.: „Wollt Ihr den totalen Krieg?“ Die geheimen Goebbels-Konferenzen 1939 bis 1943. Hrsg.: Willi A. Boelcke, München 1969, S. 427, 433.

224 *Verdunkle gewissenhaft!*
(= RLB Nr. 52)
D: [Wien]
[1943], 50x43 cm, P 174

Ein höchstwahrscheinlich in Wien gedrucktes Plakat des Reichsluftschutz-

Wenn nun auch die Periodizität für das Plakat kein bestimmendes Merkmal ist, so ist damit nicht gesagt, daß es immer ohne Periodizität erscheint. Die NSDAP, aber auch andere geistige Organisationen publizieren in bestimmten Abständen regelmäßig Plakate, die gewöhnlich als „Wandzeitungen“ bezeichnet werden. Es sind dies tatsächlich keine Zeitungen, sondern es sind Plakate. Sie entbehren des bestimmenden Merkmals der Zeitung. Sie übermitteln nicht die Nachricht, sondern sie geben ihre Parole, wie es die „Wandzeitung“ der NSDAP selber trefflich charakterisiert in ihrer Zeile: „Die Parole der Woche.“

Lit.: Medebach, Friedrich: Das Kampfplakat, Frankfurt am Main 1941, S. 5.

Verdunkle gewissenhaft!

Wo Licht ist, ist Leben. Wo Leben ist, sind Wohnungen, Geschäfte, Werkstätten, Fabriken, Bauernhöfe, Stallungen – kurzum wichtigstes Volksvermögen. Dieses will der Feind bei seinen nächtlichen Angriffsflügen zerstören. Jeder Lichtschein im Dunkeln – schon ein aufflammendes Streichholz – kann viele Kilometer weit sichtbar sein, um wieviel mehr erst der Schein der aus einem erleuchteten Zimmer dringt.

Leben und Eigentum müssen geschützt werden.
Gebt dem Feind keine Anhaltspunkte!
Verdunkelt sorgfältig!

224

225

bundes, das zu einer sorgfältigen Durchführung der Verdunklung auffordert. Heute ist wohl das Bild einer völlig verdunkelten Großstadt schwer vorstellbar: es gab keine Straßenbeleuchtung, aus keinem Fenster, aus keinem Geschäftsportal durfte Licht scheinen. Schon zu Kriegsbeginn hatte es in Wien Probeverdunklungen gegeben, die allerdings von vielen noch als Spaß aufgefaßt wurden. Man ging „Verdunklung schau'n" — die Entgegenkommenden erkannte man nur am matten Leuchten von phosphoreszierenden Knöpfen, die man trug, um überhaupt gesehen zu werden. Im letzten Kriegsjahr wurden in Wien aber nicht nur die Verdunklungen, sondern auch die Bombenangriffe der Alliierten zur traurigen Gewohnheit. B.D.

225 *Das ist Kohlenklau!*
E: [Johannes] Landwehrmann
[1943], 120x85 cm, P 172

Wegen der völligen Blockade gegen die Achsenmächte Deutschland und Italien durch die Alliierten verschärfte sich der Rohstoffmangel und durch die verstärkte Rüstung auch der Mangel an Energie. Neben der Beschränkung des großen Verbrauchs durch amtliche Kontingentierung entfesselte die Propaganda eine umfangreiche Kampagne zur Einsparung von Energie. Das Plakat war nur ein Teil dieser umfassenden Werbekampagne, der „Kohlenklau" geisterte durch Flugschriften, Zeitungsannoncen und Kinowochenschauen. Der Bevölkerung wurde auf diesem Wege nahegebracht, wie durch den sparsamen Verbrauch von Brennmaterial jeder einen Beitrag zum militärischen Erfolg leisten könne.

Es ist typisch für die Zeit, daß man nicht versuchte, über eine positive Figur das Erwünschte zu erreichen, sondern dies wieder über den Weg eines Feindbildes anstrebte. Von Anfang an hatte der Nationalsozialismus das Böse personalisiert — hauptsächlich in der Gestalt des „Juden". Je mehr diese Bevölkerungsgruppe auf brutale Weise ausgeschaltet worden war, desto eher mußte die Propaganda „künstliche Feindfiguren", wie etwa den „Kohlenklau", erfinden.

Die Popularität des „Kohlenklaus" zeigte sich dann deutlich im Wiederaufleben verschiedener „Klaufiguren" in der Wahlwerbung der Zweiten Republik (vgl. Nr. 303). B.D.

Kohlenklau's Helfershelfer Nr. 13

Frau Düsterblick

Die mit dem „Es reicht nicht"-Komplex. Sieht sich dauernd vor dem Nichts. Chronisches Krisengefühl — gemeinschaftsblind: Rette sich, wer kann ... direkt zum Wirtschaftsamt ... ... für alle Fälle mit der Nachforderung, die andere erstens nicht nötig haben, weil sie die Anti-Kohlenklau-Gesetze rechtzeitig befolgt haben und ihren Wärmehaushalt richtig führen, und weil sie zweitens auch schon beim Strom- und Gassparen den nötigen Willen aufbrachten.

Also umkehren und umdenken, Frau Düsterblick! Der Staat sind wir alle. Es muß und es wird reichen, einer hilft dem anderen, besonders dann, wenn es gegen Kohlenklau geht!

Und jetzt mal Hand aufs Herz:

Halt' Dir den Spiegel vors Gesicht: Bist Du's oder bist Du's nicht?

218 *Feind hört mit!*
Abbildung auf S. 246

226 *Schweig!*
(= Plakat 44 der Reichspropagandaleitung H. A. Pro)
E: [René] Ahrlé
[1943], 84x59 cm, P 140

Die Warnung vor feindlicher Spionage war während des Zweiten Weltkrieges eine fast ständig laufende Aktion. Jedem Soldaten, jedem Zivilisten sollte der Slogan „Feind hört mit!" eingehämmert werden. Auf einem Textplakat zum gleichen Thema heißt es:
„Schweigen sollt Ihr, wenn über die Arbeit gesprochen wird! Ihr wißt es doch, der Feind hört mit! Er kann hinter Dir stehen oder neben Dir, ohne daß Du es bemerkst. Und so mag er oft mehr erfahren, als er wissen soll. Sorgt auch dafür, daß die anderen schweigen. Gerade jetzt!"
Jede kriegführende Macht suchte sich gegen Spionage zu schützen. Es gab auch in Deutschland immer wieder Sabotageakte, die von Widerstandsgruppen durchgeführt wurden, aber dies allein macht den großen Propagandaaufwand für die Spionageabwehr doch nicht ganz verständlich.
Militärische Nachrichtendienste bleiben meist auch nach den Kriegen recht schweigsam, es ist daher, außer durch einige Berichte über spektakuläre Ereignisse dieser Art, relativ wenig über ihre Tätigkeit bekannt. Was aber bekannt wurde, läßt darauf schließen, daß man der gezielten Arbeit von „Spezialisten" mehr Bedeutung zumaß als der Kleinarbeit, die sich aus dem Sammeln von Einzelnachrichten ergab. Die ständige Warnung davor, Tatsachen aus der eigenen Arbeitswelt oder über militärische Maßnahmen zu erzählen, hatte daher sicher auch andere Gründe als bloß die Angst vor fremden Geheimdiensten. Sie sollte wohl das Gefühl des Bedrohtseins durch einen „hinterlistigen Feind", dem kein Mittel zur Durchsetzung seiner Pläne zu schlecht war, entstehen lassen beziehungsweise verstärken. Die aus der Bedrohung entstehende Aggressivität konnte schließlich dann gegen den „bekannten" Feind gerichtet werden.
Das „Gebot des Schweigens" sollte aber wohl auch Kritik, die sich hätte artikulieren können, gar nicht erst aufkommen lassen. Und schließlich mußte ein Regime, unter dem so schreckliche Verbrechen geschahen, daran interessiert sein, daß jedermann über alles schwieg, was „verräterisch" sein konnte.
Bei den beiden Plakaten zu diesem Thema wird deutlich, um wieviel stärker das von einem wirklichen Könner gestaltete Bildplakat (Nr. 226) wirkt, als das auf die Gestaltung von Schrift basierende Plakat (Nr. 218). Die Angst vor dem Bedrohlichen, vor dem Unbekannten, nicht Greifbarem spiegelt sich eindrucksvoll im Gesicht des Mannes wider. Beängstigend wirkt auch die dunkle Umrahmung auf den Betrachter.
Während der nationalsozialistischen Herrschaft konnte eine unvorsichtige Bemerkung sehr leicht das Leben kosten. Besonders gefährlich war wegen der Möglichkeit einer strengen Ausle-

226

Todesstrafe für Volksverräter

Der Volksgerichtshof hat den 45 Jahre alten Leo Staatz aus Birresborg zum Tode verurteilt. Staatz suchte als Leiter einer Mineralwasserfabrik die Kantine einer Wehrmachtkaserne auf und versuchte, sich mit zersetzenden Gesprächen an Soldaten heranzumachen. Zwei mit hohen Orden ausgezeichnete Feldwebel, von denen einer schwer verwundet war, beschimpfte er in unflätiger Weise wegen ihres tapferen Fronteinsatzes. Die beleidigten Soldaten blieben dem Volksverräter die Antwort nicht schuldig. Die sofort erstattete Anzeige führte innerhalb weniger Wochen zur Verurteilung durch den Volksgerichtshof. Das Urteil ist inzwischen vollstreckt worden.

Wiener Kronen-Zeitung, 10. 2. 1944

gung der Paragraph 5 der Kriegssonderstrafrechtsverordnung vom 17. August 1938, in dem es unter anderem hieß: „Wegen Zersetzung der Wehrkraft wird mit dem Tode bestraft:
1. wer öffentlich dazu auffordert oder anreizt, die Erfüllung der Dienstpflicht in der deutschen oder einer verbündeten Wehrmacht zu verweigern, oder sonst öffentlich den Willen des deutschen oder verbündeten Volkes zur wehrhaften Selbstbehauptung zu lähmen oder zu zersetzen sucht;
2. wer es unternimmt, einen Soldaten oder Wehrpflichtigen des Beurlaubtenstandes zum Ungehorsam, zur Widersetzung oder zur Tätlichkeit gegen einen Vorgesetzten oder zur Fahnenflucht oder unerlaubten Entfernung zu verleiten oder sonst die Manneszucht in der deutschen oder einer verbündeten Wehrmacht zu untergraben;
3. wer es unternimmt, sich oder einen anderen durch Selbstverstümmelung, durch ein auf Täuschung berechnetes Mittel oder auf andere Weise der Erfüllung des Wehrdienstes ganz, teilweise oder zeitweise zu entziehen." B.D.

227 *Offizielle Wehrmachtsverkaufsstelle*
D: Wien:
Stockinger & Morsack
[1943], 126x95 cm, P 13346

Eines der wenigen Wirtschaftsplakate aus der Nazizeit: Möglicherweise wird manchem Betrachter der Vermerk „Offizielle Wehrmachtsverkaufsstelle" seltsam erscheinen, da doch für gewöhnlich der Soldat seine Uniform ausfaßt. Das stimmte nicht bei Offizieren, die bis zum Ende des Krieges ihre Uniformen, also auch die Reitstiefel, selbst kaufen mußten — zwar gegen Bezugsschein, aber nach Erhalt einer entsprechenden Bekleidungszulage.
In einer Gesellschaft, die regelrecht „uniformsüchtig" war, spielte natürlich die „Schönheit" der Uniform eine besondere Rolle.
Dazu ein Einblick in die kriegswirtschaftliche Verbrauchslenkung lebenswichtiger gewerblicher Erzeugnisse nach einem „Wegweiser durch die Verwaltung" aus dem Jahre 1942: „Die Verbrauchslenkung erfolgt entweder in Form von Karten (Reichskleiderkarte, Reichsseifenkarte, Zusatzseifenkarte, Tankausweiskarte und Reifenkarte) oder in Form von Bezugsscheinen (für Spinnstoffwaren bestimmter Art, für Schuhwaren, für Mineralöl und für Reifen). Die Karte ist eine Bescheinigung, die zum Bezug einer bestimmten Menge von Waren in Teilmengen für die jeweilige Versorgungsperiode berechtigt, der Bezugsschein hingegen wird nur beim Nachweis eines Bedarfes erteilt und gestattet nur den einmaligen Erwerb einer bestimmten Ware (Mantel, Schuhe usw.)." Für den Bezug von Schuhen gab es folgende Bestimmungen: „Der Bezugsschein für Schuhe wird von der Kartenstelle auf Grund einer strengen Bedarfsprüfung ausgefolgt. Ein Bedarf ist nur dann gegeben, wenn der normale Bestand, d. s. zwei Paar Schuhe, unterschritten ist. Die Schuhmacher führen in Wien eine eigene Kundenliste. Die Kunden werden ihnen vom Hauptwirtschaftsamt mit Hilfe der Schuhmacherinnung zugewiesen."
Dieses Plakat wurde ab dem 28. Dezember 1943 in Wien affichiert. B.D.

Beispiel für Verhalten des Soldaten beim Zusammentreffen mit einem Agenten.

Agent:
„Kamerad, wie geht es beim Kommiß? Wird strammer Dienst gemacht?"

Soldat:
„Natürlich, strammer Dienst wird vom Soldaten erwartet."

Agent:
„Wie stark ist jetzt eigentlich eine Kompanie, sie soll auch Maschinengewehre usw. haben?"

Soldat:
„Ich bedaure, darüber keine Auskunft geben zu können."

Agent:
„Die Frage ist doch harmlos, mich interessiert doch nur ....., weil ...... Hallo, Ober, dem Kameraden ein Bier!"

Soldat:
„Danke! Ich nehme keine Geschenke an ..."

Soldat:
„Herr Hauptmann, ich melde, daß ...... Wie mir der Wirt sagte, ist der Mann von Beruf ...... und wohnt ...... Er hat mich übermorgen ...... eingeladen."

„Wie verhält sich der Soldat, um Spione, Agenten und Landesverräter unschädlich zu machen", Reibert, Wilhelm: Der Dienstunterricht im Heere

227

Hilf siegen
als Luftnachrichtenhelferin
Auskunft erteilt jede Luftwaffendienststelle

228

228 *Hilf siegen als Luftnachrichtenhelferin*
E: Walter Biedermann
D: Berlin: Erasmusdruck [1943], 83 x 59 cm, P 195

Die Siegesparolen in der nationalsozialistischen Propaganda wurden umso dringlicher, je weniger von Siegen an den Fronten zu berichten war. Die deutschen Truppen hielten fast ganz Europa besetzt, wagten den Sprung nach Afrika und führten einen ungeheuer verlustreichen Kampf an der tausende Kilometer langen Ostfront. Die Rüstungsindustrie brauchte Menschen, man holte zum Teil Arbeitskräfte brutal aus den besetzten Gebieten. Für alle Bewohner des Reichsgebietes bestand ohnehin die Verpflichtung zur Arbeit, nur Frauen mit pflegebedürftigen Kindern waren davon ausgenommen.
Zur Luftwaffe gehörte nicht nur das fliegende Personal, sondern auch die „Flugabwehr", und viel Personal brauchte auch das Nachrichtennetz der Luftwaffe, die „Luftnachrichtentruppe". Zu deren Unterstützung warb man Frauen an, die nicht nur im Deutschen Reich, sondern auch in den besetzten Gebieten eingesetzt wurden.
Hauptaufgabe der Luftnachrichten war die möglichst frühe Warnung vor Luftangriffen. Österreich blieb relativ lange verschont. Der erste Angriff erfolgte am 13. August 1943 auf Wiener Neustadt. Diese Stadt litt dann auch in der Folge am stärksten von allen österreichischen Städten unter den Bombardierungen. Insgesamt gab es in Österreich 151mal Fliegeralarm, in Wien 101mal. In Wien wurden 52mal Bomben abgeworfen. Dabei gab es 8 769 Tote, 37 000 Wohnungen wurden total zerstört, 50 000 teilweise und 100 000 leicht beschädigt. Das Plakat wurde ab dem 1. Dezember 1943 in Wien affichiert. B.D.

229

229 *Ein schöner Tag*
E: Trick
D: Berlin: Deutscher Verlag 1943, 123 x 87 cm, P 13 345

Philipp Lothar Mayring drehte mit Gertrud Meyen, Christa Löck, Sabine Peters, Volker v. Collande und Günther Lüders diese anspruchslose Liebesgeschichte um drei Kriegsurlauber und ihre Erlebnisse. Die Handlung spielt in Berlin während des Zweiten Weltkrieges.
Der Film erhielt das Prädikat „volkstümlich wertvoll". Das Plakat wurde ab dem 8. 5. 1943 in Wien affichiert. G.B.

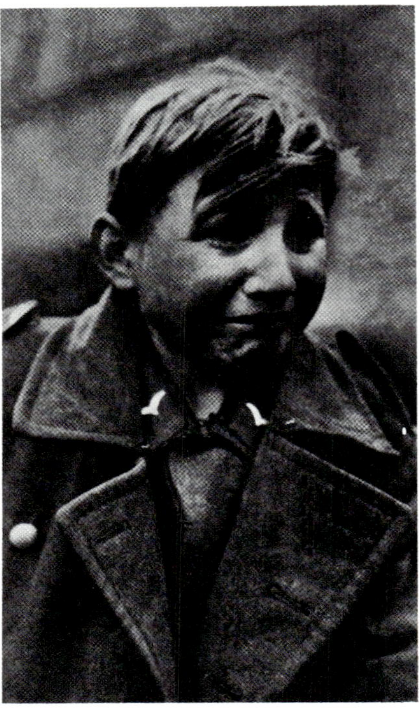

230

230 *Um Freiheit und Leben (= Plakat Nr. 50 der Reichspropagandaleitung Ha. Pro) E: Mjölnir [= Hans Schweitzer] [1944], 84x59 cm, P 138*

Am 18. Oktober 1944 wurde durch einen Erlaß die Aufstellung des „Volkssturms“ angeordnet, zu dem 16- bis 60jährige einberufen werden sollten.

Im Sommer 1943 hatte es an der Ostfront den letzten Versuch einer größeren deutschen Offensive gegeben, der allerdings scheiterte. Von da an lag die Initiative bei den Alliierten. Überall kam es zum Rückzug, im deutschen Wehrmachtsbericht — mehr als beschönigend — als „Frontbegradigung“ bezeichnet. Solche Rückzüge erfolgten immer erst im letzten Augenblick, wenn eine Stellung absolut nicht mehr zu halten war, sie waren daher mit schwersten Verlusten verbunden.

Im Sommer 1944, während einer großen sowjetischen Offensive, gelang den Amerikanern und Engländern am 6. Juni die Landung in der Normandie; bis zum Ende des Jahres wurde Frankreich zurückerobert.

Jugendliche waren auch schon vorher zum Waffendienst herangezogen worden. Die Schüler der Höheren Schulen wurden als „Luftwaffenhelfer“ bei der „Fliegerabwehr“ (Flak) eingesetzt. Dazu wurden sie in den Flakstellungen kaserniert; neben dem militärischen Dienst wurde der Schulunterricht fortgesetzt.

Der Volkssturm schließlich war aber wirklich ein „letztes Aufgebot“, in dem neben den Alten auch Jugendliche in die Schrecken des Krieges getrieben wurden.

In einem Erinnerungsbericht (Wiener Historische Kommission) eines ehemaligen Soldaten heißt es dazu:

„Es war im April 1945, Wien war schon in russischer Hand. Wir wurden von Mürzzuschlag aus in Marsch gesetzt, um ‚auf der Schanz‘ in Stellung zu gehen. Am Morgen mußte ich Kontakt zur Infanterie aufnehmen. Im Wald ober Fischbach fand ich sie, es war eine Volkssturmeinheit, eine HJ-Gruppe, ich glaube aus Hartberg. Es ging ihnen nicht sehr gut, sie saßen recht unglücklich in ihren Schützenlöchern, die Nacht war kalt gewesen. Ich fragte nach der Lage, einige antworteten, es wäre jetzt ruhig, nur unten in Fischbach stünden russische Geschütze, die von Zeit zu Zeit heraufgeschossen hätten. ‚Ja‘, sagte einer, ‚und zwei hat's erwischt.‘ ‚Was heißt erwischt, verwundet?‘ ‚Nein, tot.‘ Sie versuchten kühl zu wirken, möglichst erwachsen, aber der Schrecken und auch die Angst lag in ihren Augen. Als ich sie anschaute, würgte es mich im Hals, ich hätte am liebsten mit ihnen gemeinsam losgeweint, was seltsam war, ich war damals immerhin schon vier Jahre im Krieg und hatte viel Schreckliches erlebt. Aber dort neben den Leichen der beiden Buben ist mir der Wahnsinn des Krieges mit einem Schlag wieder zum Bewußtsein gekommen.“

B.D.

Lit.: Arnold, Friedrich: Anschläge, Ebenhausen/München 1977, S. 126.

1945

Ende und Anfang

„Wien ist zum Verteidigungsbereich erklärt worden. Frauen und Kindern wird empfohlen, die Stadt zu verlassen."
Mit diesem Plakataufruf wandten sich Anfang April 1945 die nationalsozialistischen Machthaber an die Bevölkerung.
Nur wenige Tage danach hatten die Wiener bereits die ersten von russischen Fliegern über der Stadt abgeworfenen Flugblätter in den Händen: „Bürger von Wien! Die Rote Armee versetzt den deutsch-faschistischen Truppen vernichtende Schläge. Sie steht bereits vor Wien . . . Um die Hauptstadt Österreichs, ihre geschichtlichen Denkmäler der Kunst und Kultur zu erhalten, stelle ich anheim: 1. Die Bevölkerung Wiens, die Stadt nicht zu verlassen, wenn ihr an der Erhaltung der Stadt gelegen ist . . ."
Und ebenfalls zur gleichen Zeit war hinter der kämpfenden Front, unweit von Wiener Neustadt, der ehemalige und neue Staatskanzler Dr. Karl Renner damit beschäftigt, Proklamationen, Aufrufe und Gesetzesentwürfe für den Wiederaufbau des selbständigen Staates Österreich zu entwerfen.
Diese drei Beispiele demonstrieren eindrucksvoll die hohe Bedeutung der militärischen und politischen Propaganda im Schicksalsjahr 1945. Bei den Plakaten dominierte angesichts der kriegsbedingten Umstände zwangsläufig das einfache Schriftplakat: Durchhalteparolen, Hinweise auf Luftschutzeinrichtungen und Warnungen vor Plünderungen markieren im Frühjahr 1945 das nahe Ende des nationalsozialistischen Regimes in Österreich. Maueraufschriften, ein dem Plakat verwandtes und aus der Not geborenes Propagandamittel, kündeten von der Existenz und der Aktivität eines österreichischen Widerstandes, der in den letzten Kriegstagen vorübergehend auch als Ordnungsfaktor in Erscheinung trat.
Die Einnahme von Wien durch die Truppen der Roten Armee war am 13. April 1945 abgeschlossen. Bereits seit Beginn des Monats hatte Marschall Tolbuchin, der Oberkommandierende der 3. Ukrainischen Front, eine Proklamation unter dem Titel „An die Bevölkerung Österreichs" in Form von Plakaten, Anschlägen und — hinter den deutschen Linien — auch durch Flugblätter verbreiten lassen. In dieser wurde ebenso wie in der eingangs erwähnten Proklamation an die Wiener Bevölkerung sowie auch in zahlreichen späteren Aufrufen der Roten Armee auf die Moskauer Deklaration vom 30. Oktober 1943 hingewiesen, in der die Wiedererrichtung Österreichs als ein Kriegsziel der Alliierten verkündet worden war. Eine ähnliche Thematik bildete auch den Inhalt der ersten von den Sowjets affichierten Bildplakate zur Befreiung Wiens — Darstellungen etwa des Stephansdomes oder des Parlaments sollten an das patriotische Empfinden der Österreicher appellieren und solchermaßen das Ziel der russischen Propaganda nach einer raschen Liquidierung der Überreste des nationalsozialistischen Systems unterstützen.
Am 18. April 1945 erfolgte durch den sowjetischen Militärkommandanten von Wien, General Blagodatow, in dessen „Befehl Nr. 3", die öffentliche Kundmachung, daß Theodor Körner zum provisorischen Bürgermeister der Stadt bestellt worden sei. Bereits am 27. April traten die Vorstände der drei wiedererrichteten politischen Parteien — ÖVP, SPÖ und KPÖ — mit der Proklamation über die „Wiedererrichtung der unabhängigen Republik Österreich" an die Öffentlichkeit. Die als Ergebnis dieser Proklamation gebildete „Provisorische österreichische Staatsregierung" unter der Führung von Karl Renner konstituierte sich zwei Tage später im Zimmer von Bürgermeister Theodor Körner im Wiener Rathaus. Vom Roten Salon aus begab sich die Regierung über die Ringstraße, um in feierlicher Form symbolisch vom Parlament Besitz zu nehmen.
Parteien und Regierung wandten sich bald auch mit programmatischen Aufrufen an die Bevölkerung. Dominierende Themen waren die Beseitigung des Nationalsozialismus, der Aufbau demokratischer Verhältnisse und die Bewältigung der katastrophalen wirtschaftlichen Lage, vor allem bei der Lebensmittelversorgung. Angesichts des allgemeinen Papiermangels und der kriegsbedingten Schäden im Druckereiwesen waren die propagandistischen Entfaltungsmöglichkeiten allerdings stark beschränkt, weshalb bei der Herstellung von Plakaten im Frühjahr und Sommer 1945 vielfach zu Notlösungen gegriffen werden mußte.
Nach dem Einmarsch der drei westlichen Alliierten — USA, Großbritannien und Frankreich — wurde im Juli 1945 Österreich in vier Besatzungszonen, Wien in vier Sektoren geteilt. Am 11. September trat in Wien erstmals der Alliierte Rat der vier Besatzungsmächte zusammen und verkündete in einer Proklamation seinen Anspruch, die oberste Gewalt in Österreich auszuüben. Am 1. Oktober wurde die Wiedereinführung der Pressefreiheit in Österreich beschlossen und am 20. Oktober die Regierung Renner vom Alliierten Rat anerkannt.
Eine wesentliche Voraussetzung für die Anerkennung bildete die Abhaltung mehrerer gesamtösterreichischer Länderkonferenzen. Deren wichtigstes Ergebnis war die Einigung über die Abhaltung von Nationalrats- und Gemeinderatswahlen in ganz Österreich am 25. November 1945. Einstimmig war auch beschlossen worden, den ehemaligen Nationalsozialisten — mit geringfügigen Ausnahmen — das Wahlrecht zu entziehen, wovon etwa 400 000 Österreicher betroffen waren.
Mit diesen Beschlüssen waren die Weichen für den ersten Wahlkampf der Zweiten Republik gestellt. Für alle wahlwerbenden Gruppen ergab sich in ihren propagandistischen Bemühungen das Problem, daß während des Nationalsozialismus die politische Propaganda eine bis dahin nicht gekannte Perfektion erreicht hatte und daß daher nach den schlechten Erfahrungen der Vergangenheit das Mißtrauen gegenüber politischen Aktivitäten überhaupt eine weitverbreitete Erscheinung war. ÖVP, SPÖ und KPÖ betonten ihren Patriotismus, präsentierten sich als Garanten des Wiederaufbaus und verzichteten zumindest in der ersten Phase des eher kurzen Wahlkampfes auf Angriffe auf den jeweiligen politischen Gegner. Wie jeder aufmerksame Beobachter der Plakatwände unschwer feststellen konnte, war die KPÖ bei der Papierzuteilung — dank der Fürsorge der So-

wjets — eindeutig begünstigt. Die Betonung der Hilfeleistung der Roten Armee für Österreich durch die kommunistische Propaganda verstärkte die Identifizierung der KPÖ mit der sowjetischen Besatzungsmacht in den Augen der Bevölkerung. Das Verhalten der russischen Soldaten hatte ja schon im Frühjahr trotz — oder gerade wegen — der krampfhaften propagandistischen Bemühungen um eine positive Eigendarstellung durch die Sowjets deren negatives Bild nachhaltig geprägt. In diesem Zusammenhang darf freilich auch der Einfluß und das Nachwirken der nationalsozialistischen Antibolschewismuspropaganda nicht unterschätzt werden. Diese vielfach gravierende Diskrepanz zwischen Anspruch und Realität wurde im Wahlkampf 1945 von ÖVP und SPÖ geschickt dazu benützt, um — mehr oder weniger unterschwellig — den Antikommunismus auf ihre Fahnen zu heften. Der ÖVP-Slogan „Mein und Dein sind Rechtsbegriffe" lag ganz auf dieser Linie, und das in Ostösterreich von unbekannter Hand affichierte Wahlplakat „Wer die Rote Armee liebt, wählt kommunistisch" bedurfte keines weiteren Kommentars.

Die Wahlkampflinie der SPÖ stand unter dem Motto „Wir sind wieder da!", wobei auf die Leistungen der Sozialdemokratie in der Ersten Republik verwiesen wurde. Als eine „neue", ja sogar als eine „revolutionäre" Partei präsentierte sich die ÖVP, die sich nur bedingt als eine Nachfolgerin der alten Christlichsozialen Partei bezeichnete.

Aufschlüsse über das Ausmaß dieser ersten Propagandaschlacht und den von den Parteien getätigten Aufwand können nur ungefähr aus jenen Angaben gewonnen werden, welche die SPÖ als einzige Partei später veröffentlichte. Im Zentralsekretariat der SPÖ wurde 1945 ein Referat „Presse und Propaganda" etabliert; innerhalb dieses Referates war ein eigenes Propagandaatelier für die künstlerische Überwachung der Parteipublikationen sowie für die Ausarbeitung von Plakatentwürfen zuständig.

In einem für den Parteitag bestimmten Rechenschaftsbericht des Zentralsekretariats über die Propagandatätigkeit der SPÖ im Jahre 1945 heißt es dazu:

„Die Gesamtauflage der Plakate und Flugschriften, die während des Wahlkampfes herausgegeben wurden, beläuft sich auf 12 521 608 Stück. Darunter befinden sich: 16 Textplakate, mit welchen schlagartig Antworten auf gegnerische Plakate gegeben wurden und aktuelle Ereignisse oder programmatische Erklärungen publiziert werden mußten. 28 Bildplakate, die zum Teil an die positiven Leistungen der Sozialdemokratischen Partei während der Jahre von 1918 bis 1934 anknüpften, wie zum Beispiel auf die Wohnbautätigkeit, Jugendfürsorge und die sozialen Rechte, zum Teil kritisch dem Klassengegner gegenüber Stellung bezogen. Es sei an die Plakate ‚Dem Kapital ist jede Tarnung recht', ‚Diese Vögel sind wir los' und ‚Schluß mit den Hüten' erinnert. Aber auch die Bildwerbung bei Bauern, Frauen und Jugend wurde nicht vergessen. . . . Für die Plakatpropaganda haben wir an Wien und an die Bundesländer 7000 Kilogramm Kleister abgegeben."

Groß war bei allen Parteien die Unsicherheit über das zu erwartende Ergebnis: Gegenüber den letzten Nationalratswahlen im Jahr 1930 gab es 671 627 weniger Wahlberechtigte, wobei neben den schon erwähnten, von der Wahl ausgeschlossenen ehemaligen Nationalsozialisten auch die hohe Zahl der Kriegsopfer, der Gefangenen und Vermißten sowie jene der Emigranten und Flüchtlinge zu berücksichtigen war. Hoch war mit 64 Prozent der Anteil der weiblichen Wähler, an die alle drei Parteien mit eigens auf diese Wählergruppe abzielenden Plakaten herantraten. Auch die einzelnen Berufsstände wurden von den Parteien mit spezifisch auf die einzelnen Gruppen abgestimmten Slogans bedacht. Trotz der Fülle der Themen wurden in graphischer Hinsicht bei der Plakatwerbung von den Parteien kaum neue Wege beschritten. Ebenso rückwärtsgewandt wie vielfach die Aussagen, präsentierte sich auch die bildliche Darstellung dem Betrachter. Vor allem in der letzten und härteren Phase des Wahlkampfes schreckte man nicht vor böswilligen Unterstellungen und persönlichen Verunglimpfungen zurück, Methoden, die nicht nur ein Bestandteil der Flüsterpropaganda waren, sondern auch auf den Plakatwänden ihren Niederschlag fanden.

Das mit Spannung erwartete Wahlergebnis vom 25. November bescherte der ÖVP und der SPÖ 85 beziehungsweise 76 Parlamentssitze, während die KPÖ mit nur 4 Mandaten eine vernichtende Niederlage erlitt. Der aus den Wahlen hervorgegangenen Bundesregierung gehörte neben Vertretern der ÖVP und der SPÖ auch ein Minister der KPÖ an. Nachdem die Kabinettsliste vom Alliierten Rat genehmigt worden war, trat die neue Regierung unter der Führung von Bundeskanzler Figl (ÖVP) und Vizekanzler Schärf (SPÖ) am 20. Dezember 1945 ihr Amt an.

Gegen Ende des Jahres 1945 waren also die ersten wichtigen Schritte zur Wiedererrichtung des demokratischen Lebens in Österreich im wesentlichen abgeschlossen. Noch weit von einer Lösung entfernt waren die wirtschaftlichen und sozialen Probleme, die sich gerade im Winter 1945/46 als besonders drückend erwiesen. Nicht gelöst waren auch alle jene Fragen, die sich aus der vierfachen Besetzung des Landes ergaben, wobei immer klarer wurde, daß sich die Alliierten auf eine längere Präsenz in Österreich einrichteten. J.L.

Lit.: Aichinger, Wilfried: Sowjetische Österreichpolitik 1943—1945, phil. Diss., Wien 1977; Aichinger, Wilfried/Gerhard Jagschitz/Gottfried Stangler: Die Stunde Null — Niederösterreich 1945, Wien 1975; Buchinger, Josef: Das Ende des 1000jährigen Reiches. 2 Bde., Wien 1972; Czeike, Felix: April und Mai 1945 in Wien, in: Wiener Geschichtsblätter, Sonderheft, Wien 1945, 30 (1975); Hölzl, Norbert: Propagandaschlachten, Wien 1974; Luger, Johann: Parlament und alliierte Besatzung 1945—1955, phil. Diss., Wien 1976; Rauchensteiner, Manfried: Krieg in Österreich 1945, Wien 1970; Rauchensteiner, Manfried: Nachkriegsösterreich, in: Österreichische Militärische Zeitschrift, Heft 6, Wien 1972; Reichhold, Ludwig: Geschichte der ÖVP, Graz 1975; Schärf, Adolf: Österreichs Wiederaufrichtung 1945, Wien 1960; Stourzh, Gerald: Die Regierung Renner, die Anfänge der Regierung Figl und die Alliierte Kommission für Österreich, September 1945 bis April 1946, in: Archiv für österreichische Geschichte 125 (1966).

WIEN
ist zum
Verteidigungsbereich
erklärt worden.

Frauen und Kindern
wird empfohlen, die Stadt
zu verlassen.

Der Reichsverteidigungs-Kommisar.

Wien, am 2. April 1945

231

231 *Wien ist zum Verteidigungsbereich erklärt worden*

D: Wien
1945, 88x62 cm, P 3 572

Am 2. April 1945 erfolgte durch den Reichsstatthalter und Reichsverteidigungskommissar Baldur von Schirach die Erklärung, daß Wien zum Verteidigungsbereich erklärt worden sei. Frauen und Kindern wurde empfohlen, die Stadt zu verlassen. Die Plakate wurden in der Nacht vom 2. auf den 3. April in Wien affichiert.

Ein im Historischen Museum der Stadt Wien erhaltenes Exemplar dieses Plakataufrufes trägt den handschriftlichen Bleistiftvermerk „Wohin?“. Diese Frage entbehrte nicht einer gewissen Berechtigung, denn in einem Zangenangriff hatten die sowjetischen Truppen Wien auch vom Westen her umschlossen. Viele, die sich aus der Stadt in Richtung Wienerwald abgesetzt hatten, trafen daher dort nicht nur mit den Scharen der Flüchtlingswelle aus dem Osten zusammen, sondern gerieten überhaupt in das unmittelbare Frontgebiet.

Die meisten Wiener zogen es vor, mit Notbetten und ihrer wichtigsten Habe in die oft feuchten und kühlen Keller zu ziehen. Nur geringe Resonanz fand unter diesen Umständen — die Russen hatten am 5. April bereits Kaiserebersdorf erreicht — ein Rundfunkaufruf Schirachs am 7. April an die Bediensteten der Stadt, sich bei ihren Dienststellen einzufinden. Am 8. April meldete die letzte nationalsozialistische Zeitung, die „Gemeinschaftsausgabe der Wiener Zeitungen“, daß Schirach seine Amtsgeschäfte an den Gauleiter-Stellvertreter Scharitzer übergeben habe. Er benützte am 9. April den praktisch einzigen noch offenen Fluchtweg über die Donau in Richtung Floridsdorf nach dem Norden, um in der Nähe des Bisamberges das Ende des Kampfes um Wien abzuwarten.

Zwischen dem 6. und dem 14. April rückten die Sowjettruppen in Wien ein. In der Zeit von Anfang März bis Ende Juni verließen knapp 200 000 Wiener die Stadt, wobei jedoch zu berücksichtigen ist, daß viele davon erst durch die Hunger- und Schreckenswochen nach dem Einmarsch der Roten Armee vertrieben worden waren. Im gleichen Zeitraum gab es in Wien über tausend Selbstmordfälle, besonders in Kreisen der NSDAP-Funktionäre, denen die Flucht nicht gelungen war. J.L.

Lit.: AZ-Journal, 29. 3. 1975; Buchinger, Josef: Das Ende des 1000jährigen Reiches, Wien 1972, 1. Bd., S. 280; Czeike, Felix: April und Mai 1945 in Wien, in: Wiener Geschichtsblätter, Sonderheft, Wien 1945, 30 (1975); Massiczek, Albert: Zeit an der Wand, Wien 1967, S. 136.

232 *Wieder frei!*

D: [Preßburg]
[1945], 97x56 cm, P 3571

Die Einnahme Wiens durch die Rote Armee in der ersten Aprilhälfte des Jahres 1945 war für die Sowjetunion weniger von militärischer als von politischer Bedeutung, da dieser Erfolg einen bedeutenden Prestigegewinn gegenüber den Westalliierten darstellte. Mit Stolz verwies die sowjetische Kriegsberichterstattung darauf, daß beim Kampf um Wien kulturelle Einrichtungen möglichst geschont worden waren, wie auch in den verschiedenen Aufrufen an die österreichische Bevölkerung wiederholt auf die Symbolkraft der österreichischen Bundeshauptstadt mit ihrer kulturellen Bedeutung verwiesen wurde.

Wohl nicht ohne Absicht zeigte das erste offizielle Bildplakat der Roten Armee zur Befreiung Wiens den Stephansdom mit der rotweißroten Fahne. Als ein Appell an die patriotischen Gefühle der Österreicher zielte dieses Plakat auch darauf ab, die Aufforderung der Sowjets an die Österreicher nach einer endgültigen Liquidierung des nationalsozialistischen Regimes propagandistisch zu verstärken.

Zeitlich fällt die Affichierung dieses Plakates mit dem erstmaligen Erscheinen des russischen Propagandablattes „Österreichische Zeitung — Frontzeitung für die Bevölkerung Österreichs“ am 15. April 1945 zusammen, welche auf ihrer Titelseite neben einem Aufruf

Wieder
frei!
Die Regierungen Grossbritanniens, der Sowjetunion und der Vereinigten Staaten von Amerika geben ihrem Wunsch Ausdruck, ein freies und unabhängiges Österreich wiederhergestellt zu sehen.
Aus der Deklaration der drei Mächte
über Österreich (Oktober 1943)

232

Österreichische Zeitung

No. 1 FRONTZEITUNG FÜR DIE BEVÖLKERUNG ÖSTERREICHS 15. April 1945

Erklärung der Sowjetregierung über Österreich

Die Rote Armee schlägt die deutsch-faschistischen Truppen und ist bei ihrer Verfolgung in Österreich einmarschiert. Wien, die Hauptstadt Österreichs, ist belagert.

Im Gegensatz zu den Deutschen in Deutschland widersetzt sich die Bevölkerung Österreichs der von den'Deutschen durchgeführten Evakuierung. Sie bleibt an ihren Plätzen und begrüsst die Rote Armee herzlich als Befreierin Österreichs vom Joch der Hitlerfaschisten.

Die Sowjetregierung hat nicht das Ziel, sich irgend einen Teil des österreichischen Territoriums anzueignen oder die gesellschaftliche Ordnung Österreichs zu ändern. Die Sowjetregierung steht auf dem Boden der Moskauer Deklaration der Verbündeten Mächte über die Unabhängigkeit Österreichs. Sie wird diese Deklaration in die Wirklichkeit umsetzen. Sie wird die Liquidierung des Regimes der deutsch-faschistischen Okkupanten und die Wiederherstellung demokratischer Zustände und Einrichtungen in Österreich unterstützen.

Das Oberkommando der Roten Armee gab den Sowjettruppen den Befehl, der Bevölkerung Österreichs in diesem Werk beizustehen.

An die Bevölkerung Österreichs

Die Rote Armee verfolgt die deutsch-faschistischen Truppen und ist in Österreich einmarschiert. Die Rote Armee hat den Boden Österreichs betreten, nicht um österreichisches Gebiet zu erobern. Ihr Ziel ist ausschliesslich die Zerschlagung der feindlichen deutsch-faschistischen Truppen und die Befreiung Österreichs von deutscher Abhängigkeit.

Die Rote Armee steht auf dem Boden der Moskauer Deklaration der Verbündeten Mächte vom Oktober 1943 über die Unabhängigkeit Österreichs. Die Rote Armee wird dazu beitragen, dass in Österreich die Zustände wiederhergestellt werden, die bis zum Jahre 1938 in Österreich bestanden haben.

Die Moskauer Deklaration der Regierungen der Sowjetunion, Grossbritanniens und der USA erklärte, dass sie ihrem Wunsch Ausdruck geben, „ein freies und unabhängiges Österreich wiederhergestellt zu sehen und dadurch dem österreichischen Volk selbst die Möglichkeit zu geben, diejenige politische und wirtschaftliche Sicherheit zu finden, die die einzige Grundlage eines dauerhaften Friedens ist." Zu gleicher Zeit heisst es in dieser Deklaration: „Österreich wird jedoch darauf aufmerksam gemacht, dass es für die Beteiligung am Kriege auf seiten Hitlerdeutschlands die Verantwortung trägt, der es nicht entgehen kann, und dass bei der endgültigen Regelung unvermeidlich sein eigener Beitrag zu seiner Befreiung berücksichtigt werden wird."

Entsprechend dem Wortlaut dieser Deklaration kämpft die Rote Armee gegen die deutschen Okkupanten, aber nicht gegen die Bevölkerung Österreichs.

Die Rote Armee kam nach Österreich nicht als Eroberungsarmee, sondern als Befreiungsarmee.

BÜRGER UND BÜRGERINNEN ÖSTERREICHS!

Unterstützt auf jede mögliche Weise die Truppen der Roten Armee, die auf österreichischem Boden operieren!

Bleibt an Euren Arbeits- und Wohnstätten! Setzt Eure friedliche Arbeit fort! Unterstützt die Rote Armee bei der Aufrechterhaltung der Ordnung und der Sicherung der normalen Arbeit der Industrie-, Handels- und Kommunalbetriebe, sowie sonstiger Unternehmungen!

Beobachtet gewissenhaft die vom Oberkommando der Roten Armee festgelegte militärische Ordnung! Vollführt alle Befehle und Anordnungen des Oberkommandos der Roten Armee, hervorgerufen durch die Notwendigkeit, Österreich möglichst bald von den deutsch-faschistischen Truppen vollständig und restlos zu säubern, ebenso von allen Behörden, Einrichtungen und Agenten des Hitlerregimes.

Unterstützt die Rote Armee bei der Dingfestmachung von Hitleragenten, Provokateuren, Spionen, Schädlingen und aller der Elemente, die die rascheste Säuberung Österreichs von den Deutschen verhindern und den Massnahmen der Roten Armee entgegenarbeiten.

Den Hitlerkreaturen und ihren Agenten ist kein Wort zu glauben!

Alle persönlichen Rechte und Eigentumsrechte österreichischer Staatsbürger, privater Gesellschaften und Vereine und das ihnen zugehörige Privateigentum bleiben unangetastet.

Bis zur Errichtung österreichischer Behörden auf demokratischem Wege durch das österreichische Volk selbst üben die Funktionen der zivilen Gewalt die von den Ortskommandanten der Roten Armee ernannten provisorischen Bürgermeister aus. Die provisorischen Bürgermeister werden der lokalen Bevölkerung entnommen.

Alle Industrie-, Handels-, Kommunal- und sonstigen Unternehmungen haben ihre normale Arbeit fortzusetzen.

Die nationalsozialistische Partei (NSDAP) wird aufgelöst. Die einfachen Mitglieder der nationalsozialistischen Partei werden nicht verfolgt, wenn sie sich den Sowjettruppen gegenüber loyal verhalten.

Die friedliche Bevölkerung Österreichs **hat nichts zu fürchten!**

Arbeiter und Gewerbetreibende! Geht an Eure Werkbänke in den Fabriken und in Eure Werkstätten!

Bauern und Bäuerinnen! Setzt fort Eure Frühjahrsaussaat und Eure landwirtschaftlichen Arbeiten!

Händler und Unternehmer! Angehörige der freien Berufe! Geht ruhig wieder Eurer normalen Arbeit nach!

Angestellte der Handels-, Industrie- und Kommunalbetriebe! Sichert die normale Weiterarbeit Eurer Betriebe!

Geistliche und Gläubige! Ihr könnt ungestört Eure religiösen Riten und Gebräuche ausüben!

ÖSTERREICHER!

Hitlerdeutschland hat den Krieg verloren und nichts kann es vor der völligen Zerschlagung retten. Die Stunde der Befreiung Österreichs vom deutschen Joch ist da.

Unterstützt, wo und wie Ihr nur könnt, die Rote Armee bei der Zerschlagung und Vernichtung der Hitlertruppen. Tragt durch eigene Leistung bei zur Befreiung Österreichs. Ihr werdet dadurch die volle Befreiung Österreichs beschleunigen, die Wiederherstellung seiner Freiheit und Unabhängigkeit.

Der Befehlshaber der Truppen der 3. Ukrainischen Front, Marschall der Sowjetunion

F. TOLBUCHIN.

Die Regierungen Grossbritanniens, der Sowjetunion und der USA geben ihrem Wunsch Ausdruck, ein freies und unabhängiges Österreich wiederhergestellt zu sehen

(Aus der Moskauer Deklaration der drei Mächte über Österreich vom Oktober 1943)

233

des Befehlshabers der 3. Ukrainischen Front, Marschall Tolbuchin, das gleiche Bildmotiv wie das Plakat zeigt.

Dieses Propagandamaterial — Zeitung und Plakat — war noch in Preßburg gedruckt und mit russischen Lastwagen nach Wien gebracht worden.

Im Textteil enthält das Plakat das Kernstück der Moskauer Deklaration über die Wiedererrichtung eines unabhängigen Österreich vom 30. Oktober 1943. Der Wortlaut dieser Erklärung wurde bereits während des Krieges von der Sowjetunion durch Flugblätter und Lautsprecher immer wieder verbreitet und mit dem Vormarsch der sowjetischen Armee in Österreich durch Anschläge und Aufrufe an die Bevölkerung kundgemacht.

Vielfach nicht in diesen Verlautbarungen enthalten war — so wie hier — die sogenannte „Kriegsschuldklausel" der Moskauer Deklaration, in der Österreich daran erinnert wurde, „daß es für die Teilnahme am Kriege an der Seite Hitler-Deutschlands eine Verantwortung trägt, der es nicht entrinnen kann". Dieser diskriminierende Passus bildete nach dem Krieg die Grundlage für sowjetische Forderungen an Österreich und spielte deshalb eine bedeutende Rolle im Rahmen der zukünftigen Staatsvertragsverhandlungen. J.L.

Lit.: Österreichische Zeitung, 15. 4. 1945, S. 1; Aichinger, Wilfried/Gerhard Jagschitz/Gottfried Stangler: Die Stunde Null — Niederösterreich 1945, Wien 1975, Nr. 254; Buchinger, Josef: Das Ende des 1000jährigen Reiches, Wien 1972, 2. Bd., S. 289.

233 *Es lebe die Rote Armee* *[1945], 69x84 cm, P 6 750*

Bereits während des sowjetischen Vormarsches in Österreich in der ersten Aprilhälfte des Jahres 1945 proklamierte die Rote Armee wiederholt in Maueranschlägen und Flugblattaufrufen, daß sie den Boden Österreichs betreten habe, „nicht um österreichisches Gebiet zu erobern. Ihr Ziel ist ausschließlich die Zerschlagung der feindlichen deutschfaschistischen Truppen und die Befreiung Österreichs von deutscher Abhängigkeit". Während sich die Sowjets also von Anfang an als Befreier deklarierten, affichierten Engländer und Amerikaner im Verlaufe ihres etwa einen Monat später erfolgten Einmarsches in Westösterreich ihre schon im Oktober 1944 vorbereiteten Plakate, wonach die „Alliierten Streitkräfte in Österreich als Sieger" einrückten.

Der große propagandistische Aufwand der Sowjets wurde erleichtert durch die Tatsache, daß den russischen Truppen im April 1945 die größte Wiener Druckerei, jene des ehemaligen „Neuen Wiener Tagblatts" am Fleischmarkt, in die Hände gefallen war. Im Juni 1946 wurde diese Druckerei endgültig von den Sowjets als sogenanntes „Deutsches Eigentum" beschlagnahmt.

Anläßlich der Einnahme Wiens durch die Rote Armee wurden in Moskau 24 Salven aus 324 Geschützen abgefeuert; für alle an der Schlacht um Wien betei-

Mobile Ordnungstruppe
der österreich. Freiheitsbewegung
VOLKSFRONT
(Kommunisten, Sozialdemokraten, Katholiken)

Wer plündert,
wird mit dem Tode bestraft!

234

ligten Sowjetsoldaten wurde später eine Medaille gestiftet, und mehr als 50 Einheiten der Roten Armee wurden mit dem Ehrennamen „Wiener" ausgezeichnet. Aus diesem Anlaß fand am 27. Mai 1945 eine große Parade sowjetischer Truppen im Wiener Stadion statt. Die massiven propagandistischen Bemühungen der Sowjetunion um einen positiven Eindruck standen allerdings vielfach in krassem Gegensatz zum tatsächlichen Verhalten der russischen Soldaten, deren Bild in den Augen der Öffentlichkeit vor allem durch Übergriffe und Willkürakte geprägt war. J.L.

Lit.: Aichinger, Wilfried/Gerhard Jagschitz/Gottfried Stangler: Die Stunde Null — Niederösterreich 1945, Wien 1975, Nr. 264; Rauchensteiner, Manfried: Der Sonderfall. Die Besatzungszeit in Österreich 1945 bis 1955, Graz 1979, S. 64; Rauchensteiner, Manfried: Krieg in Österreich 1945, Wien 1970, S. 148.

234 *Wer plündert, wird mit dem Tode bestraft!*

D: [Wien]
[1945], 26x35 cm, P 3 883

Vom Herbst 1944 bis zum März 1945 erfolgte die Sammlung der österreichischen Widerstandskräfte in Form einer gesamtösterreichischen Widerstandsbewegung gegen das nationalsozialistische Regime. Unter dem Zeichen 05 (= OE — mit dem fünften Buchstaben des Alphabetes, also Österreich), das damals immer wieder an Wiener Hauswänden auftauchte und sich beispielsweise an der Stephanskirche bis zum heutigen Tag erhalten hat, vereinigten sich immer mehr Einzelgruppen zu einer Organisation, die von Wien ins westliche Österreich übergriff.
Daneben und mit der 05 nur locker verbunden agierte gegen Kriegsende die „Österreichische Freiheitsfront". Als gemeinsame Organisation aller politischen Richtungen, in der jedoch eindeutig die Kommunisten dominierten, war sie vor allem in den westlichen Bezirken Wiens aktiv. Sie trat unter verschiedenen Bezeichnungen auf und organisierte im April 1945 eine eigene Ordnungstruppe.
Die Wiener Polizei war zum damaligen Zeitpunkt fast zur Gänze eingezogen, und die öffentliche Unsicherheit war groß. Angesichts der zahlreichen leerstehenden Wohnungen kam es wiederholt zu Plünderungen, wobei diese selbsternannten „Ordnungstruppen", denen auch viele unzuverlässige Elemente angehörten, oftmals eine höchst zweifelhafte Aktivität entwickelten. Nach dem Einmarsch der Roten Armee wurde sie als eine Art Hilfspolizei den sowjetischen Kommandanturen unterstellt, sie waren durch rote Armbinden mit dem Stempel der Kommandantur gekennzeichnet.
In einer Wahlkampfbroschüre der KPÖ vom Herbst 1945 werden diese Aktivitäten folgendermaßen erläutert:
„Zwei Hauptaufgaben waren in diesen Tagen zu lösen: der Schutz der öffentlichen Einrichtungen und des privaten Eigentums und die Dingfestmachung und Arbeitsheranziehung der Naziverbrecher. Fähige Männer aus dem Volk haben diese Aufgabe im Auftrag der Freiheitsbewegung übernommen und ohne Waffen die Autorität der Uniform zufriedenstellend durchgeführt."
Mit der Wiedererrichtung der politischen Parteien und der Ablehnung des Gedankens einer überparteilichen Einheitsfront durch SPÖ und ÖVP waren die Tage der „Österreichischen Freiheitsbewegung" gezählt. Auch die aus Moskau zurückgekehrten Spitzenfunktionäre der KPÖ wiesen bei der Konferenz der Österreichischen Freiheitsbewegung am 14. April in Wien darauf hin, daß die „Freiheitsfront nicht überorganisatorisch wirken" dürfe und erteilten letztlich den Proponenten dieser

Bewegung, die nach dem Ende der Kampfhandlungen spontan mit der Bildung von Volksfrontkomitees begonnen hatten, eine eindeutige Absage. J.L.

Lit.: Aichinger, Wilfried: Sowjetische Österreichpolitik 1943—1945, phil. Diss., Wien 1977, S. 179 f.

235 *Hausfrauen!*

D: Wien: Allein
1945, 21x31 cm, P 13347

Über die Lebensmittelversorgung zu Kriegsende berichtet Adolf Schärf in seinem Buch „April 1945 in Wien": „Während des Aprils wurde nur ein einziges Nahrungsmittel an die Bevölkerung abgegeben: nämlich Brot. Vor der Befreiung hatte der Normalverbraucher Anspruch auf 5,90 kg Schwarzbrot, 1,50 kg Weißbrot oder Mehl und 1,50 kg Weißgebäck für vier Wochen gehabt. Nach den Kämpfen, also vom 9. April bis zum Ende des Monats, hat jeder Bäcker in Wien bloß verkauft, was er von seinen Mehlvorräten abgeben konnte oder wollte. . . . Im Durchschnitt bekam man pro Kopf bis zum 20. April täglich 0,25 kg Brot, vom 20. April bis Ende Mai 0,50 bis 1 kg für die Woche!"
Besonders nachteilig auf die Brotversorgung Wiens wirkte sich die Tatsache aus, daß die Vorräte der Ankerbrotfabrik in Favoriten gegen Kriegsende durch Plünderungen der Zivilbevölkerung restlos ausgeräumt worden waren: 80000 kg Salz und 2 Millionen kg Mehl wurden verschleppt. Vorübergehend besetzten dann Einheiten der Roten Armee die Fabrik, so daß erst Anfang Juni 1945 die Arbeit wieder aufgenommen werden konnte. Eine gewisse Erleichterung der Lebensmittelversorgung brachte die sogenannte „Maispende" der Roten Armee (vgl. Nr. 237), bei der unter anderem 800 t Mehl an die Bevölkerung ausgegeben wurden.
Vor dem Hintergrund dieser prekären Situation erfolgte im Mai 1945 der Aufruf der Wiener Bäckerinnung an die Hausfrauen, Mehl zum Brotbacken abzuliefern. J.L.

236 *Bekenntnis aus Mauthausen!*

D: Wien: Krottner-Grögner
1945, 33x50 cm, P 3828

Hausfrauen!
Um die Brotversorgung zu erleichtern,
übernehmen wir Mehl zum Brotbacken.
Für 3/4 kg Mehl und 2 dkg Salz
erhalten Sie
beim Bäcker gegen Bezahlung von 15 Rpf
einen Laib Brot zu 1 kg.
Die Wiener Bäckerinnung.
Druck Allein, Wien 18., Eduardgasse 6.

235

Erlebnisberichte ehemaliger KZ-Häftlinge spielten nach dem Ende des Dritten Reiches eine bedeutsame Rolle im Rahmen der „Entnazifizierung". Der spätere SPÖ-Abgeordnete und Energieminister Dr. Alfred Migsch wurde 1944 wegen seiner aktiven Teilnahme am österreichischen Widerstand in das Konzentrationslager Mauthausen gebracht. Über die hier angekündigte Veranstaltung berichtet deren Organisator, der damalige Bezirksvorsteher von Döbling, Karl Mark:
„Schon im Mai hatte ich . . . in einer Versammlung im Kasino Zögernitz, zu der ich alle ehemaligen Nationalsozialisten hatte einladen lassen, den späteren Minister Dr. Alfred Migsch, der eben aus Mauthausen heimgekehrt war, und andere KZler über die grauenvollen Verhältnisse in den KZ berichten lassen und dann den Versammelten erklärt, daß sie verstehen müßten, warum gerade sie in erster Linie für den Wiederaufbau herangezogen würden."
Karl Mark war der erste kommunale Funktionär im befreiten Wien. Er wurde bereits am 11. April von den Sowjets als „Bezirksbürgermeister" eingesetzt und erwarb sich große Verdienste, indem er binnen kürzester Zeit für die Wiedererrichtung demokratischer Verhältnisse in diesem Bezirk Sorge trug.
Charakteristisch für die schwierigen Verhältnisse der damaligen Zeit ist die Tatsache, daß die Ankündigung dieser Veranstaltung auf der Rückseite eines NSDAP-Plakates gedruckt wurde. J.L.

Lit.: Mark, Karl: „Du Burgomistr!", AZ-Journal, 26. 4. 1975, S. 8 f.

236

Bekenntnis aus Mauthausen!
Ueber seine Erlebnisse im Konzentrationslager Mauthausen spricht unser soeben aus dem Lager zurückgekehrte Genosse Dr. Alfred Migsch
in einer allgemein zugänglichen
VERSAMMLUNG
am Samstag, den 26. Mai 1945, um 1/2 6 Uhr abends im großen Saale des Casino Zögernitz, Wien, XIX., Döblinger Hauptstraße 76.
Sozialistische Partei Oesterreichs
(Sozialdemokraten und Revolutionäre Sozialisten)
Bezirksorganisation Döbling
Karl MARK, Bezirksleiter
Josefa POPP, Bezirksleiter-Stellv.
Druck: Krottner-Grögner, Wien XIX.

Dankeskundgebung

am Donnerstag, den 7. Juni 1945
um 17 Uhr, XI., Herderplatz vor der Realschule

an die Sowjetunion

für die grosszügige Lebensmittelaktion

S.P.Ö. K.P.Ö. Ö.V.P.

237

237 *Dankeskundgebung*

D: [Wien]
1945, 44x62 cm, P 3 831

Am 1. Mai 1945 wurde seitens der Roten Armee die Ausgabe von Lebensmitteln an die österreichische Bevölkerung angekündigt. Diese Lieferung von 800 t Mehl, 7000 t Getreide, 1000 t Bohnen, 1000 t Erbsen, 300 t Fleisch, 200 t Zucker, 500 t Mais, 200 t Öl, 1000 t Sonnenblumenkernen, von Salz und anderen Lebensmitteln, die wohl überwiegend aus Beutebeständen der Roten Armee stammten, ging als die sogenannte „Maispende" oder „Stalinspende" in die österreichische Nachkriegsgeschichte ein.

Am 23. Mai 1945 wurden auf Befehl Stalins weitere Lebensmittellieferungen an die Wiener Bevölkerung verfügt. Diese umfaßten unter anderem die Ausgabe von 250 bis 350 g Brot pro Tag und Person, um die Versorgung Wiens vom Juni bis zum September zu sichern. Aus dieser zweiten Aktion resultierten später die sogenannten „Erbsenschulden" Österreichs an die Sowjetunion, die bei den Verhandlungen um den Abschluß des Staatsvertrages noch eine gewisse Rolle spielen sollten.

Auffallend an dem hier gezeigten Plakataufruf zu einer Dankeskundgebung für die sowjetische Hilfe ist die Tatsache, daß noch Anfang Juni 1945 die drei Parteien gemeinsam in Erscheinung traten, obwohl die Parteispitzen von ÖVP und SPÖ zum damaligen Zeitpunkt dem Gedanken von Aktionsgemeinschaften mit der KPÖ bereits äußerst distanziert gegenüberstanden.

J.L.

Lit.: Rauchensteiner, Manfried: Der Sonderfall, Graz 1979, S. 78 f.

238 *Im September*

D: [Wien:] Elbemühl
[1945], 62x87 cm, P 5 100

Angesichts der katastrophalen wirtschaftlichen Situation vor allem auf dem Gebiet der Lebensmittelversorgung war Österreich in der unmittelbaren Nachkriegszeit besonders auf ausländische Hilfsmittel angewiesen. Diesbezügliche Ersuchen an die vier Alliierten wurden oft mit dem Hinweis beantwortet, daß deren Länder selbst unter großen wirtschaftlichen Schwierigkeiten zu leiden hätten, und daß zuerst einmal von den Österreichern verstärkte Anstrengungen um den Wiederaufbau zu erwarten seien.

Aus der Sicht einer solchen Zwangslage ist die im Sommer 1945 einsetzende Kampagne der Provisorischen Staatsregierung zu verstehen, die Hände nicht in den Schoß zu legen und auf demonstrative Vergnügungen unter den Augen der Besatzungsmächte zu verzichten. Kritisch beschäftigt sich auch das „Neue Österreich" in einem Leitartikel am 1. August 1945 mit diesem Phänomen, wenn es schreibt: „In den Tanzdielen und Cafés ist eine Figur vorherrschend, für die der Wiener Volksmund den treffenden Ausdruck Schlurf geprägt hat . . . Es handelt sich um junge Menschen, die kräftig und gesund sind, aber keiner fruchtbaren Tätigkeit nachgehen, sondern in der heutigen, mitunter nicht ganz durchsichtigen Zeit dunkle Geschäfte tätigen. Sie treiben Schleichhandel, tätigen verbotene Tauschgeschäfte und verdienen sich so leicht viel Geld. Sie lachen über die Narren, die für 150 Mark im Monat im Schweiße ihres Angesichtes an einem beschädigten Haus oder an einer zerstörten Brücke arbeiten. Wenn sie schon schwitzen, dann höchstens im Jazzrhythmus. Sie tragen die Haare lang, gebärden sich mit schlaksigen Bewegungen und reden nur über die neuesten Tanzschlager." J.L.

238

IM SEPTEMBER

schauen wir Wiener nicht tatenlos in den Himmel!

Wir füllen nicht Kaffeehäuser und Tanzlokale
Wir stehen nicht stundenlang vor Kinokassen
Wir raunzen nicht, weil die anderen nichts tun
Wir warten nicht untätig auf auswärtige Hilfe
Wir packen selber zu!

WIR ARBEITEN!

Wir wollen Wien rein und gesund machen

Plakatdruck: Elbemühl, IX., Berggasse 31

Rechts:
Blick durch das zerstörte Dach der Staatsoper

239 *Pariser Widerstand und Befreiung*
E.: Troy
1945, 97x65 cm, P 7266

Mit dem Einmarsch der Westalliierten, der Aufteilung Österreichs in vier Besatzungszonen und der Etablierung des Alliierten Rates in Wien im Sommer 1945 wurde der Einfluß der Sowjetunion auf die Geschicke des wiedererrichteten Staates schrittweise zurückgedrängt. Als Widerpart der sowjetischen Besatzungsmacht traten vorerst besonders die Engländer in Erscheinung — eine Rolle, die sie erst im Laufe des Jahres 1946 an die politisch und vor allem ökonomisch stärkeren Amerikaner abgaben. Mangels entsprechender Möglichkeiten in dieser Hinsicht entwickelten die Franzosen besonders im kulturpolitischem Bereich bald eine starke Aktivität. Bereits am 28. August 1945 erfolgte auf französische Initiative die Eröffnung des „Europäischen College" in Alpbach in Tirol, und noch vor Abschluß eines österreichisch-französischen Kulturabkommens am 15. März 1946 wurde eine Fülle von Konzerten, Vorträgen und Theatervorstellungen veranstaltet.
Die Ausstellung „Pariser Widerstand und Befreiung" im Wiener Künstlerhaus war wohl nicht ohne Absicht in der Zeit des österreichischen Wahlkampfes im November 1945 angesetzt, in dessen Verlauf die Auseinandersetzung mit dem Faschismus einen Schwerpunkt bildete. Ehemalige Nationalsozialisten waren von der Teilnahme an den Wahlen ausgeschlossen, wobei bei den Verhandlungen über diese Frage im Alliierten Rat die Franzosen — neben den Sowjets — eine besonders kompromißlose Haltung eingenommen hatten. J.L.

Lit.: Kossatz, Horst Herbert: 50 Jahre Gewista, Wien 1971.

TROY
PARISER WIDERSTAND
UND BEFREIUNG
KÜNSTLERHAUS / 10.–28. NOVEMBER 1945

239

240

240 *Bahn frei!*
E: Fritz Linzer
D: [Wien]
[1945], 62x44 cm, P 715

Eine bestimmende Tendenz der Österreichischen Volkspartei im Wahlkampf 1945 bestand darin, sich als die „Partei der Zukunft" zu präsentieren und ansonsten mit eher allgemein gehaltenen Parolen möglichst breite Schichten anzusprechen. Hatte die Christlichsoziale Partei im Wahlkampf 1930 neben dem Hauptgegner Sozialdemokratie noch gegen acht weitere Konkurrenzparteien bürgerlicher Provenienz anzukämpfen, so verfügte die ÖVP 1945 im bürgerlichen Lager praktisch über eine Monopolstellung.
Der Slogan „Bahn frei!" und dessen bildliche Umsetzung als Ausblick aus einem Tunnel signalisiert den Weg aus einer dunklen Vergangenheit in eine neue, lichtvolle Zukunft. Trotz der geringen inhaltlichen Aussage entbehrte eine solche Darstellung in einem Land der zerstörten und durch Demarkationslinien vielfach zerschnittenen Verkehrswege nicht einer gewissen Symbolkraft. Dieses Bild wirkte zumindest moderner als ein ähnliches Plakatmotiv der SPÖ, das von dem bewährten Viktor Slama geschaffen wurde und auf dem sich mit dem Slogan „Wie 1918 — Wählt sozialistisch!" die SPÖ als jene Partei anpreist, die den (österreichischen) Karren wieder aus dem (faschistischen) Dreck zieht. So konkret wurde von der ÖVP kaum jemals auf die Vergangenheit Bezug genommen. Sie vermied es dadurch, all jene zu verärgern, die, obzwar selbst wahlberechtigt, der Nationalsozialisten-Gesetzgebung der Regierung ablehnend gegenüberstanden. J.L.

241 *Aufbau*
D: [Wien]
[1945], 61x43 cm, P 709

Das Thema Wiederaufbau bildete naturgemäß eine Konstante im ersten Nachkriegswahlkampf der Zweiten Republik. Auch hier gelang es der ÖVP, wie das vorliegende Plakat zeigt, sich ein modernes und zukunftsorientiertes Image zu geben.
„Wir schauen nicht hypnotisiert in eine glücklich überwundene Vergangenheit zurück, wir erfassen mit klarem Blick die Gegenwart und glauben an die Zukunft." Diese Parole war die Antwort der ÖVP auf die propagandistischen Bemühungen der SPÖ, an die Vergangenheit von ÖVP-Funktionären in der Dollfuß- und Schuschnigg-Ära zu erinnern. Die Betonung einer eigentumsfreundlichen Politik des allgemeinen Wohlstandes diente einer Abgrenzung gegenüber der KPÖ, wobei in der letzten und heißen Phase des Wahlkampfes Kommunisten und Sozialisten von der Flüsterpropaganda der ÖVP gern eine Gleichsetzung erfuhren. Insgesamt überwog jedoch, besonders auf den Plakatwänden, bei der ÖVP die Positivwerbung mit einer starken Akzentuierung wirtschaftspolitischer Aspekte. J.L.

242 *Die einen haben mehr Papier*
D: [Wien]
[1945], 44x62 cm, P 759

Dank der Fürsorge der Sowjetunion bei der Papierzuteilung war die KPÖ im Wahlkampf des Herbstes 1945 eindeutig bevorzugt. Die zahlreichen kommunistischen Plakatparolen dominierten vielfach gegenüber jenen der beiden anderen Parteien, ließen jedoch gerade in ihrer verwirrenden Vielfalt eine Schwerpunktbildung und damit eine klare Aussage über den geistigen Standort der KPÖ vermissen. Eine diesbezügliche Beschwerde der ÖVP in Plakatform vermied jede Erwähnung der sowjetischen Besatzungsmacht, die bereits mehrere ÖVP-Plakate hatte beschlagnahmen lassen, sondern konterte vielmehr mit dem Hinweis auf ihr „besseres Programm" und ihre stärkere Verankerung in der Bevölkerung.
Nach dem 25. November kam man in Wahlanalysen von sozialistischer Seite zu dem Ergebnis, daß die ÖVP deshalb die Wahlen gewonnen habe, weil es ihr gelungen sei, sich als die stärkere antikommunistische Partei zu präsentieren. Für die Zukunft zog die SPÖ daraus die Konsequenz, ihre Politik und auch ihre Propaganda mehr als bisher auf die eindeutige Ablehnung der KPÖ durch die überwiegende Mehrheit der österreichischen Bevölkerung zu orientieren. J.L.

Lit.: Hölzl, Norbert: Propagandaschlachten, Wien 1974, S. 25.

241

242

Die einen haben
mehr Papier und
mehr Plakate
die anderen aber ein
besseres Programm
und mehr Stimmen!
Darum wählt am 25. November
Österreichische Volkspartei!

243

244

Der erste Wahlkampf nach dem Krieg

243 *Vom Bauernsohn zum Staatskanzler*
D: Wien: Vorwärts
1945, 71x51 cm, P 606

Die institutionelle und personelle Kontinuität der sozialdemokratischen Bewegung von der Ersten zur Zweiten Republik wurde 1945 von der SPÖ besonders in den Vordergrund gestellt. Nach außen hin manifestierte sich diese Kontinuität — neben Seitz und Körner — vor allem in der Person des Staatskanzlers Dr. Karl Renner, des „Baumeisters zweier Republiken". Daß sein Konterfei in diesem Zusammenhang auf einem eigenen Porträtplakat im Wahlkampf eingesetzt wurde, war ein Novum in der Geschichte der österreichischen Sozialdemokratie, in deren Propaganda bisher stets programmatische Aussagen dominiert hatten.
Trotz seines hohen Alters besuchte Renner im Wahlkampf sämtliche Bundesländer; seine große Autorität war wohl auch ein Grund dafür, daß er nach den Wahlen von den Abgeordneten aller drei Parteien einstimmig zum Bundespräsidenten gewählt wurde. J.L.

Lit.: Aichinger, Wilfried/Gerhard Jagschitz/Gottfried Stangler: Die Stunde Null — Niederösterreich 1945, Wien 1975, Nr. 423.

244 *Arbeitsfrau*
E: J[ustine] Mytteis
D: Wien: A. Haase
[1945], 84x60 cm, P 629

Einen besonderen Unsicherheitsfaktor bildete 1945 das zu erwartende Abstimmungsverhalten der Frauen, welche — bedingt durch die Kriegsopfer und die Kriegsgefangenen — eine Mehrheit von 64 Prozent der Wahlberechtigten ausmachten. Naturgemäß standen bei dem Versuch aller drei Parteien, diese wichtige Zielgruppe anzusprechen, jene aus der besonderen Situation des Jahres 1945 resultierenden Probleme im Vordergrund, bei denen — wie etwa bei der Lebensmittellage oder in der Heimkehrerfrage — die Frauen die Hauptlast zu tragen hatten.
Eine gewisse Berühmtheit erlangte in diesem Zusammenhang das sogenannte „Sibirienplakat" der SPÖ, für welches deren später aus der Partei ausgeschlossene Zentralsekretär Erwin Scharf verantwortlich zeichnete. Dieses Plakat forderte den Austausch der in der Sowjetunion befindlichen österreichischen Kriegsgefangenen gegen ehemalige Nationalsozialisten, eine Parole, die rückblickend als ein Paradebeispiel für die verfehlte Einschätzung des öffentlichen Bewußtseins in einem Wahlkampf bezeichnet werden kann. Eine nicht unwesentliche Bedeutung erlangte dieses Plakat später nochmals bei den Wahlen 1949, als die ÖVP davon einen Faksimiledruck herstellen ließ, um sich selbst als Partei der Versöhnung mit den „Ehemaligen" zu präsentieren.
Unter dem Gesichtspunkt der künstlerischen Plakatgestaltung wesentlich interessanter ist das hier gezeigte „Frauenplakat" der SPÖ.
Es kann als einer der wenigen Versuche in der Wahlwerbung der Nachkriegszeit gewertet werden, in graphischer Hinsicht neue Wege zu beschreiten. Die flächige Darstellung signalisiert eine bewußte Abkehr von der in der Vergangenheit bis zum Überdruß strapazierten Zurschaustellung heroischer Frauen- und Müttergestalten. Jedoch blieben solche Experimente eine Ausnahme und konnten sich nicht durchsetzen. J.L.

245 *11 Jahre Faschismus!*
D: [Wien]
[1945], 62x44 cm, P 600

Als Gegenstück zu den Bemühungen der ÖVP-Flüsterpropaganda, die SPÖ der Nähe zu den Kommunisten zu verdächtigen, plakatierte die SPÖ Parolen, die auf der simplen Formel ÖVP = Ständestaat = Faschismus aufbauten. Das in der österreichischen Plakatwerbung damals noch eher seltene Mittel der Photocollage wurde eingesetzt, um dem Wähler gleichsam den direkten Weg vom zerschossenen Karl-Marx-Hof des Jahres 1934 zu den Millionen Opfern des nationalsozialistischen Regimes darzulegen. Auf der gleichen Linie lagen Angriffe der SPÖ auf das wohlwollende Verhalten der katholischen Bischöfe gegenüber dem „Anschluß" des Jahres 1938 (vgl. Nr. 201) und der Hinweis darauf, daß Kandidaten der ÖVP „Führer des Faschismus in den Jahren 1934 bis 1938 waren. Hinter ihnen warten die übrigen Volksschädlinge". Die ÖVP konterte mit der Erinnerung an Renners Anschlußbekenntnis und legte mit Wahlkampftexten wie: „Wer hat im Februar 1934 Unzählige zum Putsch aufgehetzt?" auch nicht gerade Zimperlichkeit an den Tag.
Charakteristisch für den im Wahlkampf 1945 so beliebten und zwangsläufig zumeist simplifizierenden Hinweis auf die Vergangenheit ist der damit stets verbundene belehrende Unterton und dessen erzieherische Komponente. Rückblickend mag es berechtigt erscheinen, die Fragwürdigkeit solcher Methoden — nicht nur im Hinblick auf deren Erfolgsaussichten — in einem Wahlkampf aufzuzeigen, doch sollte auch eine kritische Analyse nicht das Außergewöhnliche der Umstände, unter denen die ersten Wahlen der Zweiten Republik stattfanden, außer Betracht lassen. J.L.

Lit.: Hölzl, Norbert: Propagandaschlachten, Wien 1974, S. 21 f.

245

Frauen,
Mütter
IHR SEID ES EUREN
KINDERN SCHULDIG:
Nie wieder
FASCHISMUS!
Kämpft mit uns
FÜR DIE MORALISCHE WIEDERGEBURT,
FÜR DEN WIRTSCHAFTLICHEN WIEDERAUFBAU UNSERER HEIMAT!
KOMMUNISTISCHE PARTEI ÖSTERREICHS

246

Weihnachts-Verkaufsausstellung

Was die tüchtige Wiener Hausfrau selbst in diesen schweren Zeiten zu leisten imstande ist

Die Ausstellung wird veranstaltet vom Frauenbund der ÖVP in der Zeit vom 15. bis 22. Dezember 1945, von 10 bis 17 Uhr, Wien 1., Falkestraße 3, Parterre

Zur Ausstellung gelangen Gebrauchs- und Luxusgegenstände, Spielwaren, Bilderbücher und anderes mehr

Eintrittspreis 1 Schilling

247

246 *Frauen, Mütter*
D: [Wien]
[1945], 95x63 cm, P 558

Die Parole „Schlagt die Faschisten — wählt Kommunisten" war gleichsam die Leitlinie der KPÖ, die in zahlreichen Variationen im Wahlkampf 1945 immer wieder auftauchte.
Bei der bildlichen Umsetzung dieses Slogans griff die KPÖ vielfach zu drastischen Mitteln: Das Gespenst eines SS-Mannes, der sich drohend über eine Frau mit einem Kleinkind beugt, ist nur eines der zahlreichen Beispiele, mit denen die KPÖ an das Verantwortungsgefühl — hier der weiblichen Wähler — appellierte.
Im Zusammenhang mit ihren antifaschistischen Parolen verabsäumte es die KPÖ nicht, die Rolle der Roten Armee als „Befreierin vom Hitlerfaschismus" zu würdigen. Daß eine solche Wahlkampfkonzeption speziell der gegnerischen Flüsterpropaganda zahlreiche Angriffsflächen bot und vielfach eine gegenteilige Wirkung hervorrief, wurde auch in späteren Wahlanalysen von kommunistischer Seite kaum mehr bestritten. J.L.

KLEINER ANZEIGER

Tausche Spar-Koch- u. Heizofen mit Backrohr, Zimmerofen mit Platte 40X35 cm, für Kochzwecke geeignet, für Fahrrad oder Radio. A. Lechner, IX., Severingasse 8/4.

Tausche hübschen Ring für junges Mädchen, in Gold, mit Amethyst und Weißgoldauflage gegen 10 bis 15 m Wäscheseide. Ev. Wertausgl. Unt. „N 306" an den Verlag.

Gebe Kinderschaukel, Lederschuhe m. Schlittschuhen, Gr. 37, kanad. Eishockeyschlittschuhe, Gr. 11½, auf Schuhen, 1 Rodel und anderes. Suche komplette Herrengarderobe, auch Herrenschuhe, Gr. 44. Nur schriftl. Czermak, I., Herrengasse 6, 7. Stiege, T. 2.

Gebe Schaukelpferd, fast neu, suche 1 m Anzugfutter, doppelbreit od. 2 m einfachbreit, braun bevorzugt. Worell, IX., Nußdorferstraße 4/11/45.

Tausche Herrenweste (Schafwolle), 2 neue Kinderschürzerln (4 bis 5 J.), neues Seidenhängekleiderl (1 J.), Halbschuhe (2½ bis 3 J.) gegen guten Radioapparat, 220 V, Gleichstr. Unter „Christkind N 907" an den Verlag.

247 *Weihnachts-Verkaufsausstellung*
D: [Wien]
[1945], 45x61 cm, P 11 098

„Ich kann euch zu Weihnachten nichts geben. Ich kann euch für den Christbaum, wenn ihr überhaupt einen habt, keine Kerzen geben. Ich kann euch keine Gaben für Weihnachten geben. Kein Stück Brot, keine Kohle zum Heizen, kein Glas zum Einschneiden . . . Wir haben nichts. Ich kann euch nur bitten: Glaubt an dieses Österreich!"
Dieser Ausschnitt aus der Rundfunkrede Bundeskanzler Figls zum Weihnachtsfest des Jahres 1945 charakterisiert eindrucksvoll die triste Lage, mit der sich die Bevölkerung im ersten Nachkriegswinter konfrontiert sah. Ein Dokument von ähnlicher Aussagekraft stellt das Plakat dar, welches unter dem Motto „Was die tüchtige Wiener Hausfrau selbst in diesen schweren Zeiten zu leisten imstande ist" auf eine Weihnachts-Verkaufsausstellung des Frauenbundes der ÖVP hinweist.
Die Österreichische Frauenbewegung wurde am 20. Juni 1945 als eine Teilorganisation der ÖVP gegründet. J.L.

VERANSTALTUNGEN DER
MOSKAUER KÜNSTLER
MITTWOCH, DEN 1. AUGUST 1945, 17.30 UHR
Mittlerer Konzerthaussaal (Mozartsaal)
Sonaten-Abend
Professor
David Oistrach
Geige
Verdienstvoller Kulturschaffender, Träger des Stalin-Preises
Professor
Leo Oborin
Klavier
Träger des Stalin-Preises
PROGRAMM:
Beethoven, Prokovieff, Cèsar Franck
Plakatdruck: Elbemühl, Wien, IX., Berggasse 31

248

248 *Veranstaltungen der Moskauer Künstler*
D: Wien: Elbemühl
1945, 82x44 cm, P 6740

Das Wiener Musikleben war nur in den letzten Kriegsmonaten unterbrochen gewesen. Schon wenige Wochen nach dem Waffenstillstand beziehungsweise dem Einmarsch fremder Truppen traten wieder einheimische und auch viele fremde Solisten wie Ensembles, soweit diese nicht durch Gefallene oder Gefangene allzu stark dezimiert waren, auf. Präsentierten sich die westlichen Alliierten in diesem und in den folgenden Besatzungsjahren hauptsächlich durch ihre Militärkapellen oder Unterhaltungsbands, so schickte die Sowjetunion eine Reihe von „verdienten Künstlern" ihres Landes nach Wien. Als einer der ersten und sicher auch bedeutendsten Musiker spielte David Oistrach in dem von den Bomben verschonten Konzerthaus gemeinsam mit seinem oftmaligen Partner, dem Pianisten Lew Oborin. Auch das Programm Oistrachs, der später zum Doyen der Nachkriegsgeneration der Geiger werden sollte, ist signifikant gewesen: Neben Beethoven interpretierte er Prokovieff und Franck, Komponisten, die man in den vergangenen Jahren kaum zugelassen hatte. In Verfolgung der Programmgestaltung der sowjetischen Künstler kann überhaupt festgestellt werden, daß versucht wurde, dem Wiener Publikum die vielfach noch unbekannten zeitgenössischen russischen Komponisten zu präsentieren.

Doch nicht nur auf dem Gebiet der Kammermusik hatte es schon nach wenigen Wochen den Anschein, als wäre nicht gerade erst ein Weltkrieg zu Ende gegangen. Die Wiener Philharmoniker gaben ihr erstes außerordentliches Konzert schon am 27. April 1945 unter dem in Wien verbliebenen Dirigenten Clemens Krauss. Die Wiener Oper begann drei Tage später, am 1. Mai, ihre neue Saison und brachte in deutscher Sprache — als Neuinszenierung! — Mozarts „Die Hochzeit des Figaro" heraus. Das leere, aber spielbereite Stammhaus war am 30. März 1945 zerbombt worden, und man fand zunächst in der Volksoper, dann im Theater an der Wien ein Ausweichquartier. (Als letztes Werk vor der kriegsbedingten Schließung des Hauses an der Ringstraße hatte man übrigens am 30. Juni 1944, unbeabsichtigt doch bezeichnend, Richard Wagners „Götterdämmerung" gegeben.)

Die Wiener Philharmoniker nahmen dann im Herbst 1945 ihre Abonnementkonzerte wieder auf. Unter Josef Krips spielten sie ein Programm mit Werken von Weber, Strauss und Beethoven. Und zur selben Zeit begann das Orchester wieder neue Schallplatten zu produzieren. Karl Böhm, Erich Kleiber, Hans Knappertsbusch oder Herbert von Karajan dirigierten die Produktionen. Das Musikerhonorar bestand, wie auch bei manchen öffentlichen Konzerten, gelegentlich aus Eßwaren — manchmal auch nur aus einer größeren Portion Schmalz. Wie auch im Falle der zeitgenössischen russischen Komponisten gab es nach dem Ende des NS-Regimes viel nachzuholen. Man spielte wieder Werke von jüdischen und slawischen Meistern.
O.B.

Wie dumpfer Paukenwirbel eines fernen Orchesters donnerte es nach Wien. Die Stadt selbst war knappe vierzehn Tage befreit; an ihrer Peripherie tobte noch der Kampf gegen das letzte Atemholen der siebenjährigen Fremdherrschaft in Österreich. Es waren die schwersten Tage in der Geschichte Wiens. Das Herz der Stadt schien stillzustehen; aus tausend Wunden blutete ihr Körper, als am 27. April mit dem ersten Konzert der Philharmoniker der musikalische Pulsschlag in Wien von neuem begann.

Lafite, Peter: Österreichs musikalische Sendung, in: Österreichische Musikzeitschrift 1946/1, S. 1.

1946-1955

Besatzungszeit und Wiederaufbau

Wenngleich mit der Jahreswende 1945/46 eine erste Phase der Wiedererrichtung Österreichs abgeschlossen war, so waren doch die Wunden des Krieges noch lange nicht verheilt. Auf dem Gebiet des Plakatwesens prägten noch immer Aufrufe, Befehle der Alliierten und private Suchanzeigen das Bild, sonst gab es ja kaum etwas anzukündigen. Für solche Zwecke reichten die Hauswände und Mauerruinen; Plakatwände und Ankündigungsvitrinen sah man vorerst kaum, da Holz und Glas Mangelware waren und diese Materialien im Winter für Heizzwecke beziehungsweise zur Reparatur kaputter Fenster verwendet wurden. Zwar kam es schrittweise zu einer Normalisierung der Verhältnisse, aber da auf längere Sicht die Nachfrage das Angebot bei weitem überwog, bestand für eine Wirtschaftswerbung im eigentlichen Sinn weder eine Möglichkeit noch eine Notwendigkeit. Das Anlaufen des UNRRA-Programms im April 1946, die Care-Pakete-Aktion der USA und die Hilfe kleiner europäischer Staaten, wie beispielsweise der Schweiz und Schwedens, versorgten die notleidende Bevölkerung zumindest mit den dringendsten Bedarfsgütern und schufen nicht zuletzt auch dank ihrer moralischen Wirkung die Grundlagen für den Glauben an die Lebensfähigkeit des wiedererrichteten Staates. Unterstützt durch entsprechende Werbemaßnahmen der helfenden Länder vermittelten sie der österreichischen Bevölkerung das Gefühl, nicht von der Welt verlassen zu sein, wie dies etwa nach dem Ersten Weltkrieg der Fall war, wodurch eine Stimmung des wachsenden Hasses und der Verbitterung hervorgerufen worden war.

Besonders ausgeprägt waren die begleitenden propagandistischen Maßnahmen im Zusammenhang mit dem 1948 einsetzenden amerikanischen Hilfsprogramm im Rahmen des Marshallplanes, der den Beginn des eigentlichen und planvollen wirtschaftlichen Wiederaufbaus in Österreich markiert. Abgesehen von der Plakatwerbung wiesen auch groß aufgemachte Ankündigungstafeln auf die Bedeutung des Marshallplanes für die österreichische Wirtschaft hin, wenn ein Projekt, wie etwa der Straßenbau, aus dessen Mitteln gefördert wurde.

Das Plakatwesen blieb also vorerst, so wie hier, eine Domäne der Besatzungsmächte, der Gebietskörperschaften, der politischen Parteien und der Verbände. Dies galt nicht nur für den politischen und den ökonomischen Bereich, auch das kulturelle und sportliche Leben sowie — in bescheidenem Ausmaß — der Unterhaltungssektor entwickelten sich in diesem Umfeld. Dazu gehörte beispielsweise die Werbung für Produkte des Pressewesens, welches schon 1945 unter den Auguren der Alliierten und der Parteien wiedererrichtet worden war.

Nach Überwindung der ärgsten Papierknappheit entstand ein breites Spektrum von politisch oder kulturell orientierten Zeitungen und Zeitschriften, die, nach Jahren der Reglementierung der öffentlichen Meinung, trotz der allgemeinen Notlage ein relativ breites Absatzgebiet fanden.

Als Ausdruck eines gewissen Nachholbedarfes können die zahlreichen Ankündigungen für kulturelle und sportliche Veranstaltungen betrachtet werden, mit denen — in Ermangelung anderer Veranstalter mit ausreichender Kapitalkraft — Besatzungsmächte und Parteien in gleichem Maße um die Sympathie der Bevölkerung warben. Der Ruf nach „panem et circenses“ erklärt auch den Erfolg der Filmindustrie in der unmittelbaren Nachkriegszeit, wobei charakteristischerweise Themen, die, wie etwa die „Sissi“-Filme, in der scheinbar heilen Welt der Vergangenheit spielten, stärkeren Anklang fanden als Filme, die, wie „Der dritte Mann“, die triste Situation der Gegenwart zum Inhalt hatten.

Ehe die Produktwerbung ihre frühere Position zurückerobern konnte, dominierte nochmals die politische Propaganda auf den Plakatwänden: Nachdem die Parteien schon in der Zwischenwahlzeit bestrebt waren, mit plakatierten Hinweisen auf ihre jeweiligen Verdienste am Wiederaufbau ihre Basis zu erweitern, erlebte Österreich vor den Nationalratswahlen 1949 die erste große Propagandaschlacht in der Geschichte der Zweiten Republik. Im Gegensatz zum eher noch zurückhaltenden Wahlkampf des Jahres 1945 standen die Parteien nunmehr vor einem doppelten Dilemma:

Zum ersten ergab sich das Problem, die nach einer Amnestie wieder wahlberechtigte, fast eine halbe Million umfassende Gruppe der ehemaligen Nationalsozialisten in der Wahlwerbung entsprechend zu berücksichtigen. Zum zweiten sahen sich die Parteien nach den Erfahrungen vom Herbst 1945 mit der Tatsache konfrontiert, daß weder das Anknüpfen an die Propagandamethoden der Ersten Republik noch das Beschreiten neuer Wege in der graphischen Gestaltung der Wahlplakate sich als besonders zielführend erwiesen hatte. Offensichtlich war es unmöglich, daran vorüberzugehen, daß der Nationalsozialismus das System der politischen Propaganda in Form der Diffamierung des Gegners zwar nicht erfunden, wohl aber auf seine Weise perfektioniert und konsequent für Zwecke der Etablierung und Erhaltung seiner Herrschaft eingesetzt hatte. Diese Verunglimpfung des Gegners als einen „artfremden Volksschädling“, als minderwertig und kriminell, erhielt in den Hetzkampagnen des Nationalsozialismus ihre Vervollkommnung, eine Erscheinung, die in ihren Auswirkungen auf das Bewußtsein weiter Kreise als „latenter Faschismus“ dessen Niederlage vielfach überdauern sollte.

Nach 1945 waren die „Volksschädlinge“ die Kommunisten, durch deren Verhalten viele die antibolschewistische Propaganda des Nationalsozialismus bestätigt sahen. Auf Grund ihres Rückhaltes bei der unbeliebten sowjetischen Besatzungsmacht bildete die KPÖ weiterhin einen gewissen Machtfaktor, auch wenn sie seit ihrer vernichtenden Niederlage vom 25. November 1945 zumindest im Bereich demokratischer Spielregeln ein erledigter Gegner war. Ihre fortschreitende Isolierung reduzierte gewissermaßen die politischen Auseinandersetzungen auf einen Zweikampf zwischen den beiden Großparteien ÖVP und SPÖ, die im Kampf um die Vorherrschaft in der Wahl ihrer Mittel immer weniger wählerisch wurden und immer stärker zu einer Emotionalisierung des Wahlkampfes tendierten.

Diese ausführliche Vorgeschichte bildet die Voraussetzung zum Verständnis des ansonsten kaum zu erklärenden Phänomens, warum und wie es der Österreichischen Volkspartei im Wahlkampf 1949 mit der Idee der „Roten Katze“ gelang, einen Wahlschlager ersten Ranges zu landen: Angesichts des zu konstatierenden starken Antikommunismus in der Bevölkerung versuchte die ÖVP mit einer gezielten Propagandakampagne dieses Gefühl der Abneigung allgemein auf alle „Roten“ zu lenken und im Bewußtsein der Öffentlichkeit zu verankern. Die Wahlkampflinie der ÖVP ließ sich somit 1949 auf ein einfaches und konsequent durchgezogenes Modell reduzieren: Die Sozialisten wären „Verbündete der KPÖ“, „Wegbereiter der Volksdemokratie“, während sich die ÖVP als „antimarxistisches Bollwerk“ präsentierte und solchermaßen auch auf die Stimmen der ehemaligen Nationalsozialisten hoffen durfte.

Im eigentlichen Sinn war die „Rote Katze“ nicht Thema eines Plakates, sondern eine Konstruktion aus Holz und Papiermaché, die Mitte September vor dem Wiener Burgtheater — mit Blickrichtung auf das Rathaus — aufgestellt wurde: Diese Montage bestand aus einer Landkarte Österreichs, in deren Osten sich ein Sack befand, der mit den drei Pfeilen sowie mit Hammer und Sichel — den Parteisymbolen der SPÖ und KPÖ — gekennzeichnet war. „Aus diesem Sack“, so das ÖVP-Organ „Kleines Volksblatt“ in einem zeitgenössischen Kommentar, „springt in kurzen Zeitabständen eine rote Katze, die die Aufschrift ‚Volksdemokratie‘ trägt. In seiner Gesamtwirkung versinnbildlicht dieses Plakat die von allen Spielarten des Marxismus kommende Gefahr. Die Aufschrift ‚Kauf nicht die Katz’ im Sack‘ ist eine ebenso gut wie ernst gemeinte Warnung an alle, weder mit einem rosaroten noch mit einem roten Stimmzettel die Volksdemokratie mit in Kauf zu nehmen. Die Volkspartei, die bereits mit ihren anderen Großflächenplakaten gezeigt hat, daß sie auch in der Wahlwerbung neue Wege geht, hat mit diesem ‚lebenden‘ Plakat die Originalität ihrer Propaganda erneut bewiesen.“

Tatsächlich stellte die ÖVP 1949 mit ihren Großflächenplakaten, „lebenden“ Plakaten, Werbetürmen, Werbefilmen und in den letzten Tagen mit Ballons, Fallschirmen und Raketen eine perfekt organisierte Wahlkampagne auf die Beine. Mit der konsequent und in allen möglichen Varianten durchgezogenen Parole von der „Roten Katze“ wurde die Wahl auf eine Entscheidung zwischen „Volkspartei und Volksdemokratie“ reduziert.

Die SPÖ hatte ursprünglich gehofft, daß die Weichen für einen sozialistischen Wahlsieg längst gestellt seien: Seit der von sozialistischer Seite wohlwollend unterstützten Gründung des „Verbandes der Unabhängigen“ (VdU) als Auffangbecken für ehemalige Nationalsozialisten und als Konkurrenzpartei zur ÖVP hatte sich die SPÖ auf eine positive Wahlkampfführung eingestellt. Die in letzter Minute eingeleiteten Gegenmaßnahmen zur Bekämpfung der „Roten Katze“ erwiesen sich als zu spät und zuwenig effizient. Die ÖVP verlor zwar am 9. Oktober die absolute Mehrheit, aber auch die SPÖ mußte gewichtige Einbußen zugunsten des VdU hinnehmen, der mit 16 Mandaten in den Nationalrat einzog.

Die „Rote Katze“ als Synonym für die Gleichsetzung von Kommunisten und Sozialisten durch die ÖVP-Propaganda verdient deshalb besondere Beachtung, weil dieses Gruseltier — wenngleich in wechselnder Gestalt und auch mit wechselndem Erfolg — von der ÖVP nahezu in fast allen Wahlkämpfen der Nachkriegszeit eingesetzt wurde.

1953 versuchte die SPÖ mit den gleichen Mitteln zurückzuschlagen: Sie plakatierte die Figur des schwarzen „Rentenklau“, der seine Ähnlichkeit mit dem „Kohlen-

Kauf nicht die Katze im Sack

TAGESZEITUNG

ZENTRALORGAN der ÖSTERREICHISCHEN VOLKSPARTEI

Nr. 220 Mittwoch, 21. September 1949 5. Jahrg.

Kauf nicht die Katze im Sack!

„Was Sie haben die Katze noch nicht gesehen? Die Katze, die seit Tagen unermüdlich aus dem Sack springt? Jetzt schon, lange vor dem 9. Oktober! Zum Leidwesen derer, denen der Sack gehört. Wem der Sack gehört? Unseren österreichischen Marxisten natürlich, den Sozialisten und den Kommunisten zusammen. Und was für eine Katze aus dem Sack springt? Eine häßliche, eine scheußliche Katze! Und wie sie heißt, diese Katze? ‚Volksdemokratie‘ heißt sie, mein Lieber! ‚Volksdemokratie‘, jawohl! Und sie kommt aus dem roten Sack der Sozialisten und Kommunisten. Jede Minute springt sie neuerlich aus dem Sack, unermüdlich, diese häßliche Katze, damit sie jeder sieht, der über den Rathausplatz geht und am Burgtheater vorbeikommt. Ehrfurchtlos springt sie Tag und Nacht vor den gotischen Fenstern der Wiener Sachbesitzermehrheit aus dem roten Sack, von früh bis abends und mahnt von dem hohen Gerüst vor dem Burgtheater alle Wiener und Wienerinnen: ‚Kauf nicht die Katze im Sack! Wähle Oesterreichische Volkspartei!‘“ dg.

klau" der NS-Propaganda nur mühsam verbergen konnte. Da die wirtschaftlichen Gegebenheiten im Winter 1952/53 tatsächlich Auswirkungen auf die Sozialpolitik befürchten ließen, konnten diesmal die Sozialisten mit ihrer Angstwerbung einen Erfolg verbuchen. Allerdings nützten sich die „Klaufiguren" schneller ab als die „Rote Katze", wie die Zukunft zeigen sollte.
Trotz einiger Rückschläge hatte sich insgesamt in der Zwischenzeit auch die wirtschaftliche Lage einigermaßen gebessert: Bereits seit dem März 1948 war durch das Warenverkehrsgesetz eine Reihe von staatlichen Bewirtschaftungen aufgehoben; Fahrzeuge, Papierwaren, einige Chemikalien, Baustoffe, Glas, Eisenwaren, Porzellan, Geschirr, elektrische Geräte und Radioapparate sowie zum Teil auch fertige Textilwaren und Schuhe konnten ohne Bezugsschein erworben werden. Eine weitere Neuregelung der Wirtschaft im Frühjahr 1950 brachte eine wesentliche Vereinfachung des Handels mit sich. Allmählich entstand ein Verkäufermarkt, und auch die Werbung gewann einiges von ihrer früheren Bedeutung zurück. Damit waren die Voraussetzungen für immer buntere Plakatflächen geschaffen, von denen in Wien 1950 immerhin schon 90 000 Quadratmeter zur Verfügung standen. Die Produktewerbung wurde immer mehr zu einem gewohnten Anblick und kann als ein Indiz dafür angesehen werden, daß die Menschen nach Jahren der Entbehrung nunmehr die Früchte eines bescheidenen Wohlstandes genießen wollten.
Nachdem auf dem Gebiet der Wirtschaft und des Wiederaufbaus eine gewisse Konsolidierung eingetreten war, zeichnete sich auch in der internationalen Politik etwa ab 1953 eine Entspannung ab, die nicht ohne Auswirkungen auf Österreich bleiben sollte: Die fast ein Jahrzehnt hindurch — auch auf Plakatwänden — immer wieder erhobene Forderung nach einem Ende des Besatzungsregimes und dem Abschluß des Staatsvertrages ging nach zähen Verhandlungen 1955 schließlich in Erfüllung. Damit war Österreich endgültig frei und konnte sich anschicken, als unabhängiger und neutraler Staat seine Zukunft aus eigener Kraft zu gestalten.

J.L.

Lit.: Hölzl, Norbert: Propagandaschlachten, Wien 1974; Luger, Johann: Parlament und alliierte Besatzung, phil. Diss., Wien 1976; Massiczek, Albert: Zeit an der Wand, Wien 1967; Österreich. Die Zweite Republik. Hrsg. von Erika Weinzierl und Kurt Skalnik, 2 Bde., Graz 1972; Rauchensteiner, Manfried: Der Sonderfall, Graz 1979; Reichhold, Ludwig: Geschichte der ÖVP, Graz 1975; Reimann, Viktor: Die Dritte Kraft, Wien 1980; Schärf, Adolf: Österreichs Erneuerung 1945 bis 1955, Wien 1960; Schubert, Peter: Schauplatz Österreich, 1. Bd.: Wien, Wien 1976; Stourzh, Gerald: Geschichte des Staatsvertrages 1945 bis 1955, Graz 1980.

Achtung! Stalingrad-Kämpfer!

Wer kann Auskunft geben über
Gefr.-Panzergrenadier

Josef

Hauerstorfer

Geb. am 25. Dezember 1919 in Schwadorf a. d. Fischa. - Feldpost-Nummer **08122**

Nachrichten erbeten an die Eltern:

Hauerstorfer, Wirtschaftsbesitzer in Schwadorf a. d. Fischa 25

249

K. Z. ler!

Wer kann Auskunft geben über

OTTO FREUND

Schutzhäftling Nr. 98365 in Auschwitz, Block 6, Stube 2, geb. 15. I. 1895 in Wien. Ist am 12. od. 13. Jänner 1945 von Auschwitz mit Transport abgegangen, wohin unbekannt

Auskunft erbeten an:

Johanna Kautzky, Wien, III., Lothringerstraße Nr. 14/10

250

Welcher Heimkehrer
kann Auskunft geben über:

Flg.-Obgefr. **Heinrich Kollmann**	Gefreiter **Alfred Kollmann**
Vermißt am 23. Dezember 1944 bei Claumont (Chaumont) in Belgien. Letzte Feldpost-Nummer L 53267	Vermißt bei Bobruisk (Bezirk Minsk), vom 22. Juni bis 30. Juni 1944. Letzte Feldpost-Nummer 01481.

Um Nachricht bittet:

Martha Kollmann, Wien, VI., Köstlerg. 10/26

251

Hoch- u. Deutschmeister!

Wer weiß über den Verbleib des

Uffz. Harald Brosch

Feldpost-Nummer 42232-D - Geboren am 10. Februar 1924 - Vermißt seit 3. II. 1944 auf den Höhenzügen südwestlich des Cairo bei Cassino, Italien?

Auskunft erbeten an: Augustin Brosch
Wien, XXI., Bellgasse 22/3

252

249 *Achtung! Stalingrad-Kämpfer! D: [Wien]: Elbemühl [1946], 31x42 cm, P 3 425*

250 *K.Z.ler! D: [Wien]: Elbemühl [1946], 31x42 cm, P 3 408*

251 *Welcher Heimkehrer D: [Wien]: Elbemühl [1946], 30x43 cm, P 3 433*

252 *Hoch- u. Deutschmeister! D: [Wien]: Elbemühl [1946], 31x43 cm, P 3 415*

Private Suchanzeigen nach vermißten Familienangehörigen in Form von zumeist nur primitiv verfertigten handschriftlichen Zetteln gehörten nach Kriegsende zum alltäglichen Erscheinungsbild auf Hausmauern und den wenigen noch verbliebenen Plakatwänden. In Ermangelung eines organisierten Suchdienstes hofften anfangs manche

253

254

Frauen von zurückkehrenden Kriegsgefangenen auf den Bahnhöfen Auskunft über das Schicksal ihrer männlichen Angehörigen zu erhalten. Erst mit zunehmender Normalisierung der Verhältnisse wurden diese Methoden abgelöst durch Suchmeldungen in den Zeitungen und im Rundfunk oder sogar — wie die hier gezeigten Beispiele dokumentieren — durch Aufrufe in Plakatform.
Besonders schwierig gestaltete sich die Rückführung der Kriegsgefangenen aus der Sowjetunion. Erst 1949 wurden die regelmäßigen Heimkehrertransporte beendet; 488 419 Kriegsgefangene waren bis zu diesem Zeitpunkt nach Österreich zurückgekehrt. J.L.

253 *Wanta Ski in Vienna?*
E: Kessler Watzik
D: Wien
[1946], 56x41 cm, P 7 058

„Willst Du Schi laufen in Wien? Durch den Wiener Wald — Schilehrer vorhanden — Information beim Roten Kreuz", verkündet das Plakat des Special Service Vienna der US-Streitkräfte in Österreich. Das „Service", das den amerikanischen Besatzungssoldaten verschiedene Freizeitmöglichkeiten in Wien anbot, wollte diese auch am Wintersport in den damals noch populären Wiener Schigebieten teilhaben lassen. Für die Wiener selbst waren die Möglichkeiten, Schi zu laufen, allerdings gering. Abgesehen davon, daß viele andere Sorgen hatten, waren die meisten im Winter 1941/42 unter mehr oder weniger sanftem Druck der Aufforderung gefolgt, ihre Schiausrüstung für den Krieg im Osten abzugeben. B.D.

254 *Th. Plivier: Stalingrad*
E: [Ferdinand] Kora
D: Wien: Globus
[1946], 121x90 cm, P 13 355

Die Kesselschlacht um Stalingrad im Winter 1942/43 markierte die Wende des Zweiten Weltkrieges an der Ostfront. Von 284 000 eingeschlossenen Soldaten der deutschen 6. Armee konnten 34 000 noch ausgeflogen werden; es gab 146 000 Gefallene, 14 000 Soldaten sind verschollen und 90 000 gerieten in sowjetische Kriegsgefangenschaft, davon kehrten nur 6 000 zurück. Der Schock dieser Niederlage konnte auch durch die massiven Bemühungen der nationalsozialistischen Propaganda kaum abgeschwächt werden, wenngleich nähere Informationen über den eigentlichen Ablauf dieser Schlacht erst nach Kriegsende zugänglich waren.
Ein erster Bericht in Romanform stammt von dem Schriftsteller Theodor Plivier und wurde bereits 1945 in dessen Moskauer Exil geschrieben. Diese Aneinanderreihung von Augenzeugenberichten erschien Ende 1945 im Berliner Aufbau-Verlag. Analog dem Titelbild der Erstausgabe wurde auch das vorliegende Plakat gestaltet, welches auf den Abdruck dieses Romans in der in Wien erscheinenden, von der KPÖ herausgegebenen Zeitschrift „Die Woche" hinweist. Die Veröffentlichung erfolgte in Fortsetzungen ab dem 9. Juni 1946 und rief — wie die Leserbriefseite des Blattes zeigt — lebhafte Reaktionen hervor.
Zu Weihnachten 1946 erschien eine Lizenzausgabe von Pliviers Stalingradroman im Wiener Globus-Verlag.
Der Autor selbst löste bald danach seine Bindung zum totalitären Kommunismus und übersiedelte 1947 von Weimar nach Westdeutschland und später in die Schweiz.
„Die Woche", ein nur teilweise geglückter Versuch, auch von kommunistischer Seite ein eher boulevardmäßig aufgemachtes Blatt in Österreich herauszugeben, mußte 1954 ihr Erscheinen einstellen. J.L.

255 *Wiener Scheinwerfer Zapfenstreich*
E: W. N. Douglas
D: Wien: Ch. Reisser
[1946], 75x52 cm, P 6 961

Im Juni 1946 versammelten sich die Vereinigten Britischen Militärmusikkapellen sowie einige Pfeifer- und Trommlerkorps in Wien, um ein mehrtägiges Musik- und Showspektakel, ein sogenanntes Tattoo, in Wien aufzuführen. Besondere Beachtung innerhalb der Programmfolge, welche Platzkonzerte, Musikmärsche am Ring und vor dem Rathaus sowie nostalgische Regimentsdefilees umfaßte, fanden die Reiter- und Pantomimenvorführungen im Park des Schlosses Schönbrunn, die in den Tageszeitungen sogar als ein „Programm der Sensationen“ angekündigt worden waren. Im „Kleinen Volksblatt“ vom 25. Juni 1946 wird zusammenfassend berichtet: „Schon der Rahmen des grandiosen Schauspiels hätte nicht günstiger gewählt werden können. Auf dem Platz vor dem Schloß Schönbrunn sind stufenförmige Tribünen errichtet, Bühne sind die weiten Rasenflächen, im Hintergrund träumt der Neptunbrunnen und im milchweißen Licht der Scheinwerfer hebt die Gloriette ihre spitzenzarte Silhouette in den Himmel. Auf beiden Seiten begrenzen dichte, dunkle Bäume den lichtdurchfluteten Raum, der erfüllt ist von Romantik, Poesie und Tradition. Und Tradition ist es auch, die dem Goldstream-Regiment, das zu diesem Tattoo nach Wien gekommen ist, seine Eigenart verleiht. In ihren bunten historischen Uniformen reiten und marschieren die Männer auf mit einer Disziplin, die ihresgleichen sucht.

Eine rote Rakete knallt. Von beiden Seiten fahren Motorräder ein. Sie führen kunstvolle Figuren aus, steigern ihr Tempo und kreuzen mit beängstigender Geschwindigkeit und haarscharf die vielen Bahnen. Einzelne Soldaten fahren auf dem Sattel stehend, an einem Rad hängt eine ganze Traube von Soldaten in grotesken Stellungen, ein waghalsiger springt mit seinem Rad durch einen brennenden Reifen und über ein Personenauto, und Mann und Maschine scheinen in diesen atemberaubenden Szenen miteinander verwachsen.

Ein einsames kleines Haus hebt sich aus dem Dunkel. Spelunkenmusik und Schreie tönen ins Freie, wo Wirtshaustische und Bänke aufgestellt werden. Da — in malerischen Trachten sprengen johlende wüste Gesellen daher, die zwischen den Personengruppen reiten. Im Schatten des Waldes zieht friedlich eine Postkutsche dahin, die plötzlich von den grölenden Haufen der Banditen entdeckt wird. Jubelgeschrei — ein paar Schüsse knallen — schon sind die Passagiere überwältigt, die Koffer geraubt. Im rechten Augenblick erscheint auf dem Hügel eine kleine Schar von Soldaten. Hell funkeln die Lanzen, purpurrot leuchten die Uniformen. Im Nu sind sie zur Stelle und die überwältigten Räuber werden abgeführt. Ein riesiges Feuerwerk mit prachtvollen Kunstraketen folgt, Musikzüge marschieren auf, ein Schauturnen begeistert durch Eleganz und Präzision der Darbietungen und eine Parade moderner Truppen, und Soldaten in historischen Uniformen entfesseln Beifallsstürme —“

Dieses Schauspiel der Britischen Armee fand „zugunsten der Wiener Kinder“ statt, wie in den Programmen und auf den Plakaten mehrfach betont wurde. Zudem stand es unter der Patronanz der Kommandanten der alliierten Besatzungsmächte und des Wiener Bürgermeisters. Mit dieser Widmung brachte man 1946 allerdings nicht zum Ausdruck, daß man vielleicht gerade sein Herz für Kinder entdeckt hätte, sondern man begegnete einer brisanten sozialpolitischen Notwendigkeit. Aufgrund der Kriegswirren und des ersten Besatzungsjahres war insbesondere die Ernährungslage der oft halbverwaisten Kinder prekär. Landverschickungen und Care-Pakete schafften schon gewisse Erleichterungen, solche Hilfsmaßnahmen allerdings trafen hauptsächlich jene, die schon in politischen oder kirchlichen

255

256

Verbänden organisiert waren oder die sich aus persönlicher Schlauheit solcher Erleichterungen auch bedienen konnten.
Noch im Sommer 1946 fanden Ausspeisungen für Schüler statt, um manchen Kindern auch während der Ferien eine Tagesmahlzeit zu ermöglichen. Insbesondere die Fürsorgeorganisationen aus der Schweiz und die amerikanischen Quäker sind in diesen Monaten sehr aktiv gewesen. O.B.

256 *Stephansdom*
E: RK
D: [Wien]
1946, 95x63 cm, P 13 353

Noch während die Schlacht um Wien tobte, gelang es am 8. April 1945 österreichischen Widerstandskämpfern, am Turm der Stephanskirche eine rotweißrote Fahne zu hissen. Daraufhin nahm eine deutsche 8,8-cm-Flakbatterie vom Norden her den Turm unter Feuer, traf ihn aber — angeblich absichtlich — nicht. Am 11. April wurde das Dach des Domes ebenfalls von deutscher Artillerie in Brand geschossen. Die mit bescheidenen Mitteln ausgeführten Löscharbeiten scheiterten, tagelang brannte der Dom. Am 12. April griff das Feuer auch auf das Glockengerüst der Pummerin im hohen Turm über, um 15 Uhr stürzte die Glocke aus dem Gestühl, durchschlug die Decke des Seitenschiffs, zerschmetterte das Türkenbefreiungsdenkmal und zerschellte am Boden.
Zahlreiche Kunstgegenstände waren durch die Flammen zerstört worden, doch die tragenden Bauteile und der ausgebaute Turm hatten zum Glück dem Brand widerstanden. So begann noch 1945 der Wiederaufbau, und das Langhaus des Domes konnte, notdürftig restauriert, bereits am 19. Dezember

257

258

1948 durch Kardinal Innitzer feierlich wieder eröffnet werden.
Insgesamt betrugen die Kosten für die erste und wichtigste Phase des Wiederaufbaus bis zum Herbst 1948 neun Millionen Schilling. Um diesen Betrag aufzubringen, wurden weder Mittel aus Kirchenbeiträgen noch Steuergelder in Anspruch genommen. Die Grundlage für die Finanzierung bildeten vielmehr zahlreiche Spendenaktionen, die Herausgabe einer Wohltätigkeitsserie von Sonderbriefmarken sowie zwei Lotterien, für deren erste im Frühjahr 1946 das vorliegende Plakat geschaffen wurde. J.L.

Lit.: Flieder, Viktor/Franz Loidl: Stephansdom — Zerstörung und Wiederaufbau, Wien 1967.

257 *Todesmühlen*
[1946], 86,5x61 cm, P 13 348

1945 produzierte die US-Army in Deutschland unter der Regie des Deutschen Burger mit amerikanischen Kameraleuten diesen offiziellen Film der amerikanischen Anklagevertretung über den Nürnberger Prozeß.
Der Streifen hatte eine Dauer von 22 Minuten; in den amerikanischen Zonen wurde es den Menschen zur Pflicht gemacht, den Film anzusehen. G.B.

258 *Gericht der Völker*
E: N. Chomow
[1946], 99,5x69 cm, P 13 349

Im Verleih der Sovexportfilm erschien dieser russische Film über den Nürnberger Prozeß in den Wiener Kinos. „Verhaftung der politischen und militärischen Führer des Dritten Reiches, die mühselige Sichtung und Vorbereitung des Anklagematerials und der komplizierte Apparat des Weltgerichtshofes bilden einen wirksamen Auftakt zum fesselnden Geschehen des Verfahrens, das in der Urteilsverkündung und der Hinrichtung der Mehrzahl der Angeklagten seinen Kulminationspunkt erreicht. — Originalaufnahmen aus dem Gerichtssaal wechseln mit die Anklagereden illustrierenden Wochenschau-Aufnahmen, Totale mit Nah, alles geschickt geschnitten und von temperamentvollen, aber niemals pathetischen, ansprechend hochdeutschen Begleitworten unterstrichen." (Paimann's Filmlisten, 26. 3. 1947, S. 25) G.B.

259

260

259 *Besuchet die grosse antifaschistische Ausstellung*
E: [Heinrich] Sussmann
D: [Wien]
[1946], 96x63 cm, P 11 122

Bereits im Mai 1945 erhielt eine Gruppe antifaschistischer Wiener Künstler und Schriftsteller vom Amt für Kultur und Volksbildung der Stadt Wien mit Zustimmung der drei Parteien, SPÖ, ÖVP und KPÖ, den Auftrag, eine derartige Ausstellung zu gestalten.
Die künstlerische und organisatorische Gesamtleitung wurde dem Maler und erfolgreichen Schöpfer vieler Plakate, Victor Th. Slama, übertragen. Das einzige damals brauchbare Ausstellungsgebäude in Wien, das durch Kriegseinwirkungen schwer beschädigte Künstlerhaus, mußte erst wiederhergestellt werden. Über die Arbeit für die Ausstellung schrieb Slama im Katalog:
„Durch 15 Monate zog sich der Kampf um das Gebäude, welches seitens verschiedener Stellen als Lagerraum verwendet wurde, um die Beschaffung des notwendigen Rohmaterials wie Glas, Holz, Farbe, Gewebe, Papier, Nägel, Gips, Leim usw., hin. Der durch die schwere Ernährungslage und den Kohlenmangel bedingte ständige Ausfall von Arbeitskräften, der Mangel an Verkehrsmitteln behinderte ebenso den Fortgang der Arbeiten wie die Unmöglichkeit, in den Wintermonaten für die Arbeitsstätten Heizmaterial und Licht in ausreichendem Maße zu erhalten. Trotz geheimer und offener Widerstände wurde die Arbeit keinen Tag unterbrochen und die unfreiwilligen Verzögerungen ermöglichten es, die vorerst in bescheidenerem Umfang geplante Ausstellung weit interessanter und umfangreicher zu gestalten."
Tatsächlich gelang damals dem Ausstellungsgestalter ein neuer Stil in der Darbietung, den Slama in einer Reihe weiterer großer volksbildnerischer Ausstellungen fortführen konnte. Die Schau, die ab 14. September 1946 geöffnet war, besuchten zirka 840 000 Menschen. Allerdings wurde im Zusammenhang mit der Ausstellung eine Art politischer Umschulung für Nazis durchgeführt. Der wiederholte, bestätigte Besuch der Ausstellung wurde als Good-will-Einstellung der „Ehemaligen" betrachtet. Neben dem offiziellen, von Slama entworfenen Plakat, warb man auch mit weiteren Affichen, so wie hier mit einer von Heinrich Sussmann, für die Ausstellung. Obendrein wurde von der Post eine „Wohltätigkeits-Markenserie" zur Ausstellung herausgebracht, bei der jedoch zwei Marken auf Einspruch der Alliierten wegen Verwendung faschistischer Symbole nicht zur Ausgabe gelangten. Von dieser Serie wurden nur ganze Sätze in Verbindung mit der Eintrittskarte zur Ausstellung abgegeben.

B.D.

Lit.: „Niemals vergessen!" Ein Buch der Anklage, Mahnung und Verpflichtung, Wien 1946; Nie wieder Faschismus. Antifaschistische Widerstandsbewegung von gestern und heute im Spiegel der Plakate, Karl-Marx-Stadt 1973, S. 55.

261

260 *Sensationnel!*
D: Wien: Imprimerie National de France à Vienne
1946, 62x81 cm, P 7288

Die Zeitschrift „Wiener Sport in Bild und Wort" berichtete zu dem hier angekündigten Ereignis:
„Die rührige Kulturabteilung der französischen Besatzungstruppen bescherte den Wiener Radsportfreunden eine lange nicht gesehene Art von Rennen: Saalwalzenfahren auf der Bühne des Apollo! Was uns Wiener besonders daran freute, war das Wiedersehen mit dem größten österreichischen Rennfahrer Max Bulla. Auch bei dieser ungewohnten Betätigung konnte man seinen unnachahmlichen runden Tritt, seine meisterhafte Balance bewundern. Aber auch in puncto Schnelligkeit stand er seinen bedeutend jüngeren Konkurrenten Paul Maye, Louis Caput und Emile Bertignon nicht nach. Er hatte die größte Übersetzung von allen gewählt, und in den ersten beiden Bewerben setzten sich noch die wirbelnden Beine des ausgezeichneten französischen Meisters Caput durch, aber im abschließenden Wertungsfahren um den Pokal des ‚Wiener Sport' holte er sich nach hartem Kampf mit Caput unter dem dröhnenden Beifall der Zuschauer die letzte Wertung und damit den Gesamtsieg." (16. 12. 1946, S. 3) B.D.

261 *Straßenrennen am Gießhübl*
E: [Karl] Kren
D: [Wien]
1947, 96x84 cm, P 13351

Auf der 3,8 km langen Strecke von Maria-Enzersdorf bis Gießhübl siegte Leonhard Faßl mit einer Durchschnittsgeschwindigkeit von 90 Stundenkilometern. Nicht nur dieses Rennen, auch andere Motorradveranstaltungen waren gut besucht und brachten den Rennfahrern schöne Preise. So verdiente der Sandbahnspezialist Martin Schneeweiß, als er im Juli 1947 im Wiener Stadion aus einigen Läufen der Veranstaltung als Sieger hervorging, an einem Tag insgesamt 4800 Schilling.
Zum Vergleich hier einige Preisbeispiele (Stand: Juli 1947):
Der „Wiener Kurier" kostete 20 g, eine Postkarte 8 g, eine Bahnfahrt Wien—Mariazell 10 S 30 g.
Bereits im September folgten Preiserhöhungen — danach kostete der „Wiener Kurier" 35 g, die Postkarte 20 g, die Bahnfahrt Wien—Mariazell 17 S. Zusätzlich wurden noch die Posttarife und die Zigarettenpreise erhöht.
Welchen Wert 1947 ein Motorrad darstellte, mögen folgende Annoncen im „Wiener Kurier" verdeutlichen:
„ AJS 1000 cm^3 (1933) mit Beiwagen und Papieren, in fahrbereitem Zustand, zu tauschen gegen Eigengrund in Wien oder gegen Solomaschine 350 bis 500 cm^3 . . ." (24. 7. 1947)
„Tausche 500-er-Royal-Enfield oder 250-er Puch, Baujahr 1940, beide mit Beiwagen, gegen nur guten Kleinwagen." (13. 9. 1947)
„Suche dringend Motorrad bis 350 cm^3 mit Papieren, gebe Schnitt- oder Brennholz." (13. 9. 1947) M.K.

262 *Friede! Freiheit!*
Arbeit und Recht!
D: Wien: Waldheim-Eberle
[1947], 124x87 cm, P 13 352

Die Wochenzeitung „Die Furche" wurde 1945 von dem ehemaligen Chefredakteur der christlichsozialen „Reichspost" Friedrich Funder begründet. Nach 1945 sollte der österreichische Katholizismus herausfinden aus dem politischen Kampf, der nicht nur dem Ansehen der Kirche, sondern auch deren Glaubwürdigkeit geschadet hatte. Die österreichischen Katholiken sollten nicht mehr Barrikaden errichten, sondern die Aussöhnung mit dem Gegner von gestern suchen.

Zu den wichtigsten programmatischen Grundsätzen der „Furche" zählten demgemäß nach den Worten ihres Herausgebers „die Bejahung der schöpferischen Kräfte eines herzhaften Christentums" sowie „der unbesiegbare Glaube an Österreich und die leidenschaftliche Hingabe an sein Wesen, das sich nicht innerhalb eines gestrigen oder heutigen historischen oder staatsrechtlichen Begriffes erschöpft".

Dem bewußten Bekenntnis zur politischen Nation Österreichs und zu deren Eigenständigkeit in der Völkerfamilie entsprach die Gestaltung des vorliegenden Plakates mit der rotweißroten Fahne und dem Slogan: „Friede! Freiheit! Arbeit und Recht!" Es bildete die Grundlage für eine Abonnentenwerbekampagne um die Jahreswende 1946/47; als Vorlage für die abgebildete Titelseite diente die Ausgabe der Furche vom 2. November 1946.

Gedruckt wurde „Die Furche" im traditionsreichen katholischen Pressezentrum des Herold-Hauses im 8. Wiener Gemeindebezirk. Da im Herbst 1945 die geringen Papiermengen, die in Wien vor der Zerstörung hatten gerettet werden können, für die Wahlkampagnen der Parteien zur Verfügung gestellt werden mußten, konnte die erste Nummer der Furche erst mit Verzögerung am 1. Dezember 1945 erscheinen. J.L.

Lit.: Brandstaller, Trautl: Die zugepflügte Furche, Graz 1979.

262

Nach dem Krieg wurden viele Zeitungen wiederbelebt oder neu gegründet

263

Zeitung
240. Jahrg.

Preis 35 Groschen
Abend
Jahrgang 1947

ues Österreich
ORGAN DER DEMOKRATISCHEN EINIGUNG
Donnerstag, 23. Oktober 1947 3. Jahrgang (Nr. 247)

WIENER KURIER
PREIS 35 gr
HERAUSGEGEBEN VON DEN AMERIKANISCHEN STREITKRÄFTEN FÜR DIE WIENER BEVÖLKERUNG

Österreichische Zeitung
EINZELPREIS 35 GROSCHEN
Nr. 238 (693) ZEITUNG DER SOWJETARMEE FÜR DIE BEVÖLKERUNG ÖSTERREICHS Mittwoch, 15. Oktober 1947

WELTPRESSE Erste Ausgabe
Herausgeber: Britischer Informationsdienst
3. Jahrgang — Nr. 249 Preis: 35 Groschen Dienstag, 28. Oktober 1947

263 *Arbeiter-Zeitung*
D: Wien: Vorwärts
[1947], 86x62 cm, P 13 350

Die ersten Tageszeitungen, die 1945 erschienen, waren entweder Zeitungen der Besatzungsmächte oder Presseorgane der drei zugelassenen Parteien, ÖVP, SPÖ und KPÖ. Eine Sonderform bildete die Tageszeitung „Neues Österreich", welche von den drei Parteien gemeinsam herausgegeben wurde.
Von allen damals erscheinenden Tageszeitungen konnte — mit Ausnahme der amtlichen „Wiener Zeitung" — lediglich die sozialistische „Arbeiter-Zeitung" auf eine jahrzehntelange Tradition vor dem Zweiten Weltkrieg zurückblicken.
Am 5. August 1945 wiederbegründet, gelang es der „Arbeiter-Zeitung" zeitweise, eine tägliche Auflage von fast 200 000 Stück zu erreichen. Unter der Führung des aus der englischen Emigration zurückgekehrten Chefredakteurs Oscar Pollak konnte sie sich später vorübergehend selbst gegen die nicht parteipolitisch gebundenen Neuerscheinungen auf dem Zeitungsmarkt erfolgreich behaupten.
Wesentlich populärer als die hier gezeigte Plakatparole — „Die Zeitung, der man vertraut" — wurde bald der ebenfalls im Juni 1947 plakatierte Slogan: „Die Arbeiter-Zeitung, die Zeitung, die sich was traut!" Diesen Ruf erwarb sich die „Arbeiter-Zeitung" vor allem durch ihre offene Berichterstattung über Eingriffe und Übergriffe russischer Besatzungssoldaten.
Aus diesem Grund war die AZ auch häufig das Opfer von Beschlagnahmungen, denn selbst wenn nur von „Tätern in ausländischen Uniformen" oder von „Unbekannten" die Rede war, wußte doch jeder Leser, wer damit gemeint war.
Mit dem Abschluß des Staatsvertrages und dem Abzug der alliierten Truppen verlor die „Arbeiter-Zeitung" nach 1955 ihre Funktion als Stimme der Kritik und des Protestes gegen das Besatzungsregime. „Die Zeitung, der man vertraut", hatte oftmals Schwierigkeiten, sozialdemokratische Prinzipien mit den Erfordernissen der modernen Konsumgesellschaft zu vereinbaren. Charakteristisch für diesen Zwiespalt ist die mittlerweile in die österreichische Zeitungsgeschichte eingegangene seinerzeitige Aufforderung des Chefredakteurs Oscar Pollak an seine Leser, die Alkoholreklame im Anzeigenteil der „Arbeiter-Zeitung" nicht zu beachten. J.L.

Lit.: AZ, 12. 6. 1947, S. 3.

264 *Quer durch Österreich*
E: W[alter] Hofmann
1947, 84x60 cm, P 13 361

Das erste große Radrennen der Nachkriegszeit wurde im Juni 1947 vom Verlag der Zeitungen „Welt am Abend" und „Welt am Montag" gemeinsam mit dem Österreichischen Radfahrerbund veranstaltet und fand unter reger Anteilnahme tausender sportbegeisterter Zuschauer statt. Es waren 21 österreichische Fahrer sowie je eine Dreiermannschaft aus Frankreich, Ungarn und der Tschechoslowakei eingeladen. „Das schwerste bisher bei uns zur Durchführung gelangte Rennen wird eine Gesamtlänge von 791 km umfassen und in vier Tagesetappen von der Hauptstadt Vorarlbergs nach Wien führen", berichtete die „Welt am Abend" (6. 6. 1947, S. 5).

Für die Schlußetappe wurde in Wien der Verkehr von der Polizei stillgelegt, um den Fahrern die Route durch die Mariahilfer Straße über den Ring zum Rathaus freizuhalten. „Kopf an Kopf standen hier die Menschen, es mögen mehr als 10 000 gewesen sein. Unbeschreiblich war der Jubel, der die Spitze jener Fahrer begrüßte, die sich in diesen vier Tagen tatsächlich den Namen ‚Giganten der Landstraße' verdient hatten. Nach der Einfahrt auf dem Rathausplatz waren vom Ziel noch drei Runden zu fahren. Goldschmidt spurtete . . . und als es dann tatsächlich ums Ganze ging, hatte Illitch noch mehr Reserven in den Beinen und erspurtete sich den Etappensieg. Zweieinhalb Minuten später kamen Valenta und Menapace in Sicht und nun riß die Kette nicht mehr ab bis zum letzten der 24 Fahrer, die das Rennen beendeten . . . Eine besondere Energieleistung bot der Träger des ‚gelben Trikot', der schon auf der Mariahilfer Straße Hinterraddefekt erlitten hatte und von dort bis ins Ziel auf der Felge weitergefahren war. Um sage und schreibe neun Sekunden gewann er das Gesamtklassement . . . Abschließend kann ohne Uebertreibung festgestellt werden, daß der Verlag der ‚Welt am Montag' und der ‚Welt am Abend' mit diesem Quer durch Oesterreich Pionierarbeit für unseren Radsport geleistet hat. Es gab gewiß noch Kinderkrankheiten . . . das kann aber nichts daran ändern, daß dieses größte österreichische Straßenrennen ein Erfolg war, der selbst die Optimisten überraschte. Vielleicht wird man in absehbarer Zeit, wenn von den großen Rundfahrten Europas die Rede ist, von der Tour de France, der Tour de Suisse, der Giro d'Italia, der Spanienrundfahrt und der Tour de Romandie im gleichen Atemzug von der Tour d'Autriche sprechen. Dieses erste Quer durch Oesterreich soll der Grundstein dazu gewesen sein." (Welt am Montag, 16. 6. 1947, S. 14)

Es siegten die Franzosen Renonce und Illitch vor den Österreichern Valenta, Kühn und Schwamm. G.B.

265 *Wiener Kurier*
E: Gaspar
D: Wien: Waldheim-Eberle
[1948], 120x85 cm, P 13 357

Die Tageszeitung „Wiener Kurier" wurde ab dem 27. August 1945 von der amerikanischen Besatzungsmacht herausgegeben. Das hier gezeigte Plakat, welches auf die ausführliche Sportberichterstattung des Blattes hinweist, steht im Zusammenhang mit den Olympischen Sommerspielen 1948, die am 27. August in London eröffnet wurden. Die heute zur Selbstverständlichkeit gewordene Sportseite in den Tageszeitungen war damals in diesem Ausmaß noch nicht üblich; dafür gab es mehrere Sport-Montagzeitungen, um dem Infor-

264

265

266

mationsbedürfnis dieser Käuferschicht entgegenzukommen. Stammhaus des „Kurier" ist das ehemalige Verlagshaus Waldheim und Eberle, wo auch dieses Werbeplakat gedruckt wurde. In dem großen Druckereikomplex im 7. Wiener Gemeindebezirk war zwischen 1938 und 1945 die Wiener Ausgabe des „Völkischen Beobachters" hergestellt worden (vgl. Nr. 204). In der Nacht zum 23. April 1945 wurde hier als „Organ der demokratischen Einigung" die Tageszeitung „Neues Österreich" von Vertretern aller neuen Parteien gemeinsam erstmals herausgegeben. J.L.

Lit.: Schubert, Peter: Schauplatz Österreich, Wien 1976, 2. Bd., S. 138; 25 Jahre Kurier, Sonderbeilage vom 18. 10. 1979.

266 *60% Deiner Ration*
E: Atelier „Der Kreis"
D: [Wien]: Österreichische Staatsdruckerei
[1948], 67x50 cm, P 3 594

Um die katastrophale Lage auf dem Ernährungssektor zu lindern, wurde Österreich ab dem 24. August 1945 in die Hilfsaktion der UNRRA (United Nations Relief and Rehabilitation Administration) einbezogen. Diese Lebensmittelhilfe dauerte bis etwa Mitte 1947 und erreichte einen Wert von 137 Millionen US-Dollar. Am 2. Juli 1948 wurde das nach dem damaligen amerikanischen Außenminister benannte Marshallplan-Abkommen zwischen Österreich und den USA unterzeichnet, das den wirtschaftlichen Wiederaufbau sichern sollte (vgl. Nr. 270).
Um die Zeit zwischen dem Auslaufen der UNRRA-Hilfe und dem Wirksamwerden des Marshallplanes zu überbrücken, hatte man bereits am 25. Juni 1947 ein Hilfsabkommen zwischen den USA und Österreich vereinbart. Der Verkaufserlös der von den USA kostenlos gelieferten Güter aller Art durfte von der Regierung zum Wiederaufbau verwendet werden. Ein heftiger Protest der Sowjets gegen diese Art von „Amerikahilfe", durch welche ihnen die Unabhängigkeit Österreichs gefährdet erschien, wurde von der Bundesregierung am 17. Juli zurückgewiesen.
Ein weiteres „Interimshilfeabkommen" zu ähnlichen Bedingungen wurde zwischen Österreich und den USA am 2. Jänner 1948 abgeschlossen. Das Bestreben der amerikanischen Besatzungsmacht, diese Hilfsaktionen für eine Sympathiewerbung bei der österreichischen Bevölkerung zu nützen, führte im Jänner und Februar 1948 zu einem kurzen, aber heftigen Propagandakrieg in der sowjetisch besetzten Zone: Plakate, auf denen verkündet wurde, daß sechzig Prozent der Lebensmittel — auch in der Ostzone — unentgeltlich von Amerika beigesteuert wurden, durften auf Weisung der Sowjetkommandanten nicht affichiert beziehungsweise mußten wieder entfernt werden. Teilweise wurden die Bürgermeister sogar angewiesen, überhaupt alle Verlautbarungen, wie Plakate, Flugzettel, Zeitungen und Kinofilme, der Kommandantur zur Genehmigung vorzulegen. Mit relativ großem Aufwand hatten die Amerikaner mehrere verschieden gestaltete Plakate mit ähnlicher Aussage zu diesem Thema drucken lassen, die alle das Mißfallen der Sowjets erregten. Teilweise wurden diese Plakate auch durch ein anonymes, offensichtlich von kommunistischer Seite initiiertes Gegenplakat überklebt, auf dem die Amerikahilfe mittels einer aufgehaltenen Hand als ein Geschäft für

die Taschen der Amerikaner dargestellt wurde. Seinen Höhepunkt fand dieser „Plakatkrieg" durch ein „Gegen-Gegen-Plakat" amerikanischer Herkunft, auf dem die aufgehaltene Hand, die von der Amerikahilfe profitiert, mit Hammer und Sichel geschmückt war. Dahinter stand der von amerikanischer und auch von österreichischer Seite immer wieder erhobene Vorwurf, daß die Sowjets Österreich wirtschaftlich ausbeuten würden. „Rußland melkt die Kuh, die Amerika füttert!" lautete ein beliebter Vergleich, der auch mehrfach bildlich gestaltet wurde.
So heftig dieser Propagandakrieg Anfang 1948 geführt wurde, so war er insgesamt doch nicht mehr als ein Ausläufer jener internationalen Erschütterungen des Kalten Krieges, die so wie die kurz zuvor erfolgte kommunistische Machtergreifung in der Tschechoslowakei weltpolitisch eine verstärkte Nervosität hervorgerufen hatten. Auch in Österreich gab es Anfang März 1948 von der KPÖ initiierte Streiks und Demonstrationen, vor allem auf Grund der kritischen Ernährungslage besonders im Frühjahr und Sommer, da die österreichische Ernte zumeist nur für die wenigen Monate des Herbstes und des Winters reichte. Wenn sich nur ein einziger Schiffstransport mit Nahrungsmitteln aus den USA verzögerte, drohte die Versorgung schon zusammenzubrechen. Als nicht förderlich erwies sich ein solcher Zustand auf die Staatsvertragsverhandlungen, an die 1948 wieder verstärkte Erwartungen geknüpft wurden (vgl. Nr. 267). J.L.

Lit.: WZ, 10. 2. 1948, S. 1; Wiener Tageszeitung, 15. 2. 1948, S. 2; Rauchensteiner, Manfried: Der Sonderfall, Graz 1979, S. 227 f.

Die Ennsbrücke — wichtigster Übergang an der Demarkationslinie zwischen der russischen und der amerikanischen Besatzungszone

267 *1938—1948*
D: [Wien]
[1948], 122x86 cm, P 1 436

Zwischen dem 20. Februar und dem 6. Mai 1948 verhandelten die stellvertretenden Außenminister der vier Alliierten in London über den Abschluß eines Staatsvertrages mit Österreich. Zeitlich fiel diese Konferenzrunde zusammen mit dem zehnten Jahrestag des gewaltsamen „Anschlusses" Österreichs an das nationalsozialistische Deutschland im März 1938. Angesichts der Lasten des vierfachen Besatzungsregimes und der damit verbundenen Einschränkung der Souveränität seit 1945 war das Verhältnis Österreichs zu seinen einstigen Befreiern seit längerem bereits von einem eigentümlichen Zwiespalt gekennzeichnet, den Bundeskanzler Figl am 11. März 1948 in einer Rundfunkrede aus Anlaß dieses Jahrestages folgendermaßen charakterisierte:
„Mit überströmendem Gefühl dankten wir den Alliierten, wir begrüßten die Befreier und fanden die Besetzung durchaus natürlich als Übergangsstadium, bis wir unseren Staat wieder eingerichtet hatten. Leider kam hier die erste große Enttäuschung. Wir waren von der Nazidiktatur zwar befreit und haben unseren neuen Staat in kurzer Zeit wieder eingerichtet. Unsere alliierten Freunde dürfen sich nicht wundern, wenn die Begeisterung für sie nachgelassen hat. . . . Ich appelliere in dieser Stunde, da Österreich vor zehn Jahren seine Freiheit und Selbständigkeit verlor, an die in London versammelten Außenminister . . .: Befreit endlich unser Land! Gebt uns unsere Freiheit und Selbständigkeit!"
Seine graphische Umsetzung erhielt dieser Appell durch das vorliegende ÖVP-Plakat vom März 1948, auf dem der Verlust der Freiheit im Jahr 1938 in überaus eindrucksvoller Weise mit der Situation des Jahres 1948 in Beziehung gesetzt wird. Eine solche Darstellung, die letztlich auf eine generalisierende Gleichsetzung der alliierten Besatzungstruppen mit der nationalsozialistischen Okkupation hinauslief, bewegte sich knapp an der Grenze dessen, was den Alliierten an Kritik und Protest von österreichischer Seite zugemutet werden konnte.
Hinter den Kulissen war die Situation des Jahres 1948 allerdings noch etwas verworrener, als dies in offiziellen Stellungnahmen österreichischer Politiker und Parteien zum Ausdruck kam. Denn während sich in London zur allgemeinen Überraschung die Sowjets eher konzessionsbereit in Richtung auf einen Staatsvertragsabschluß zeigten, neigten nunmehr die Amerikaner — und zwar primär aus militärischen Überlegungen — dazu, den Preis für den Staatsvertrag in praktisch unerreichbare Höhen hinaufzulizitieren. Vor dem Hintergrund der turbulenten Frühjahrsmonate des Jahres 1948 — kommunistische Machtübernahme in der Tschechoslowakei und sowjetische Berlinblockade — und angesichts der wirtschaftlichen Abhängigkeit Österreichs vom Westen schloß sich auch die österreichische Bundesregierung nolens volens der amerikanischen Haltung an, ohne freilich nach außen hin eine solche Position zu vertreten. Die auf diesem Plakat zum Ausdruck kommende Klage über die vierfache Besetzung Österreichs richtete sich daher letztlich weniger an die Adresse der Besatzungsmächte, deren Haltung durch Plakataktionen ohnedies wohl kaum zu beeinflussen war, sondern in erster Linie — aus psychologischen Gründen — an die österreichische Bevölkerung: Es galt, einer Stimmung der Resignation oder gar der Gewöhnung an die Fortdauer der Besatzung mit allen propagandistischen Mitteln entgegenzuarbeiten, wobei sich die ÖVP mit dem hier gezeigten Plakat als die Hüterin und Wahrerin der österreichischen Interessen präsentierte. J.L.

Lit.: Das Kleine Volksblatt, 12. 3. 1948, S. 2; Kossatz, Horst Herbert: 50 Jahre Gewista, Wien 1971; Stourzh, Gerald: Geschichte des Staatsvertrages 1945 bis 1955, Graz 1980, S. 49f.

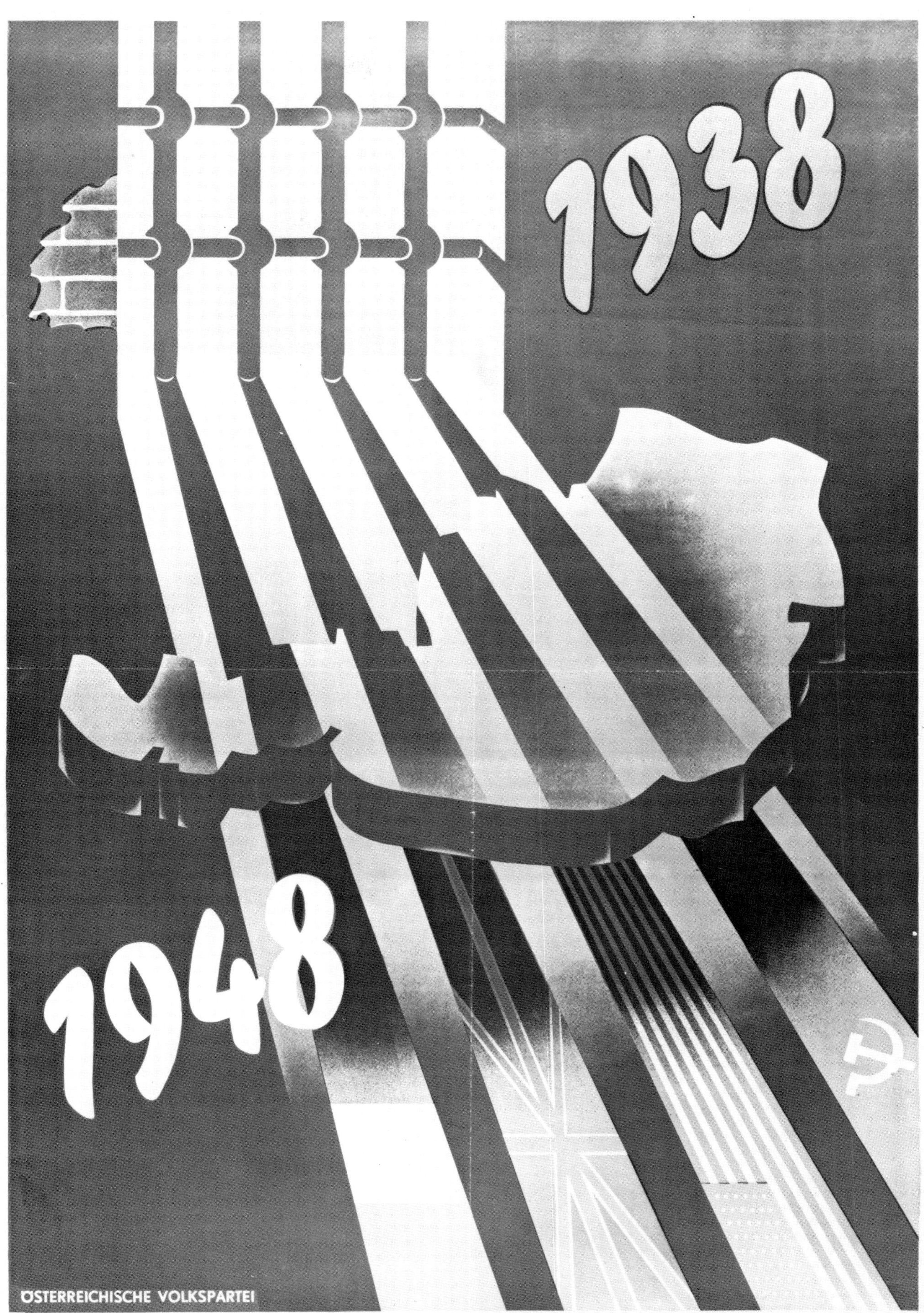

267

268 *Art Club*

E: P[aul] O[tto] H[aug]
D: Wien: E. Metten
[1948], 85x60 cm, P 13 356

„Wenige Monate nach Beendigung dieses Krieges, der auch ein Krieg der angeblichen Zukunft Europas gegen die wirkliche, eines auf jung geschminkten Alters gegen die natürliche Jugend, die Konterrevolution von der Revolution gewesen ist, gründeten Künstler verschiedener Nationalität und Richtung zu Rom den ersten Art-Club, die erste Internationale der bildenden Kunst." Diese Worte von Albert Paris Gütersloh stammen aus dem Katalogvorwort zu der 1. Jahresausstellung des Art Club, „Internationaler unabhängiger Künstlerverband, Sektion Wien", in der Wiener Kunsthalle vom 3. bis 30. April 1948. Gütersloh, der seit 1945 Professor an der Akademie der bildenden Künste in Wien war, hatte 1947 mit einigen seiner Schüler den Wiener Art-Club nach römischem Vorbild gegründet. Die Öffentlichkeit war nun durch diese Schau das erstemal nach dem Krieg wieder mit moderner österreichischer Kunst konfrontiert. So mag auch das Plakat für die Ausstellung in der herkömmlichen Bildwelt der Reklame doch sehr auffallend und für die Mehrzahl der Leute, die keine Ausstellungen besuchte, die erste Begegnung mit moderner Kunst gewesen sein. Der Art-Club ist insofern auch für die österreichische Kunstentwicklung sehr bedeutsam, als daraus — unter der Betreuung von Prof. Gütersloh — mit Erich Brauer, Ernst Fuchs, Wolfgang Hutter, Rudolf Hausner und Anton Lehmden die Vertreter des Wiener „Phantastischen Realismus" hervorgegangen sind.

Einer der ersten Käufer bei der Ausstellung war das Kulturamt der Stadt Wien in der Person des damaligen kommunistischen Stadtrates Dr. Viktor Matejka. Ihm wird heute noch zugebilligt, daß in jener Zeit die eigentliche Kunstförderung in Wien hauptsächlich durch ihn erfolgt sei.

Zu Inhalt und Ausrichtung der Ausstellung sei wieder A. P. Gütersloh, der Präsident des Art-Club, zitiert: „Wenn die gegenwärtige Ausstellung, die erste große von der österreichischen Sektion des Art-Club in Österreich veranstaltete, nur Werke jungen Geistes zeigt — desselben Geistes, auch wenn ältere Hände sie hervorgebracht haben — und der verschiedensten heute herrschenden Richtungen — wenn auch nicht aller —, so erfolgen diese beiden Tatsachen aus zwei anderen Prinzipien des Art-Club: aus der Intransigenz gegen alles bewußt und betont, mit polemischer Absicht vorgetragene Gestrige, und aus der allen wahrhaft zeitgenössischen Bestrebungen, so einander widersprechend sie sein oder scheinen mögen, zu erweisenden Toleranz, sofern nur über jeden Zweifel erhaben ist, daß hinter den Werken Urheber stehn, die das künftig zu Erreichende höher schätzen als das zu diesem Augenblick Erreichte. Der Akzent liegt auf dem Morgen!" B.D.

Lit.: Katalog der 1. Jahresausstellung des Art-Club, Wien 1948; Kudrnofsky, Wolfgang: Vom Dritten Reich zum Dritten Mann, Wien 1973, S. 213 ff.

268

269 *Internationale Plakatausstellung*

E: W[alter] Hofmann
D: Wien: Globus
1948, 115,5x84cm, P11 169

Am 20. August 1948 wurde vor dem Künstlerhaus eine Ausstellung eröffnet, in der rund 2 000 Plakate aus 18 Ländern sowie eine Karikaturenschau gezeigt wurden. Unter der Leitung von Victor Th. Slama und mit maßgeblicher Förderung der Stadt Wien war eine Unzahl in- und ausländischer Plakate zusammengetragen worden, um „einen Blick in die Welt zu tun. Die Plakate eines jeden Landes tragen ihr eigenes Gesicht, differenziert nach der Wahl der graphischen Ausdrucksmittel, nach dem Standard der Reproduktionstechnik, ja, nach der psychologischen Auffassung vom Wesen der Plakatkunst schlechthin . . . Alle Kunstrichtungen sind vertre-

269

270

ten: Naturalismus, Realismus, Surrealismus und wie sie alle heißen mögen, die Groteske ebenso wie die Karikatur. Wer an Werbung und Propaganda, an Massenwirkung interessiert ist, der wird viel Lehrreiches und manche Anregung finden. Zumal ein spezieller Teil der Ausstellung der österreichischen Plakatkunst in der Entwicklung der letzten 20 Jahre gewidmet ist und diese ebenso wie eine Zusammenstellung eines Plakatwettbewerbes dokumentieren, daß auch österreichische Künstler . . . befähigt sind, auf dem Gebiet Hervorragendes zu leisten". (WZ, 21. 8. 1948, S. 3)

„Der vom schöpferischen Willen besessene Künstler erobert immer wieder neue Bereiche des Lebens als Arbeitsgebiete. Dem Gebrauch Dienendes wächst in seinen leidenschaftlich gestaltenden Händen zum Kunstwerk ohne Minderung seines Gebrauchswertes . . . Als Eroberer eines neuen Wirkungsbereiches der Kunst sind sie Pioniere der vordersten Front. Dort, wo Merkantilismus, Trivialität und vulgäre Beschränktheit sich hoffnungslos ausbreiten, in diesem Ödland moderner Zivilisation, wo jedwede künstlerische Regung schon im Keime zu ersticken scheint, in diese amusische Seelenwüstenei wagen sie sich vor und zaubern sie blühende Oasen. Farbe, Witz, Form, Einfall, Charme sind die Werkzeuge, mit welchen sie die lockenden, rufenden, schreienden, beschwörenden Kunstwerke schaffen . . . Schwer wird ihnen die Beweisführung gemacht, daß diese Willenslenkung durch künstlerisches Formen ihrer Werke leichter erreicht wird. Noch schwerer ist für sie, die Trivialität des Auftrages zu überwinden, ihm die künstlerische Formung aufzuzwingen und durch diese Formung die Argumente in ihrer überzeugenden Wirkung zu steigern." G.B.

Lit.: Slama, Viktor: Das Plakat als Kunstwerk, in: Internationale Plakatausstellung, Wien 1948, S. 17f.

270 *Auch Sie müssen die schönsten ERP-Plakate sehen!*

D: Wien: Waldheim-Eberle [1948], 85x60 cm, P 11 178

Am 2. Juli 1948 wurde das Marshallplan-Abkommen zwischen Österreich und den USA in Wien unterzeichnet. Bis zu dessen Auslaufen im Juli 1953 erhielt Österreich durch diese direkte Wirtschaftshilfe der USA insgesamt 960 Millionen Dollar. Unter der offiziellen Bezeichnung ERP (European Recovery Program) wurden Österreich Hilfsgüter überlassen, aus deren Erlös die österreichische Regierung der Wirtschaft entscheidende Impulse — zum Beispiel durch günstige Kredite — vermitteln konnte.

Zweifellos waren es nicht nur uneigen-

271

Karikatur aus dem „Kleinen Blatt", 11. 9. 1948

nützige Motive, die die USA zu solcher Großzügigkeit veranlaßten. Für die amerikanische Politik war dieser Schritt von mehrfacher Bedeutung: Der Marshallplan ermöglichte es, den enormen Zahlungsbilanzüberschuß der USA gegenüber Europa abzubauen, sein Einsatz brachte den USA einen verstärkten Einfluß auf Wirtschaft und Politik der europäischen Teilnehmerstaaten, und — last not least — durfte man sich von diesem Hilfsprogramm einen gewaltigen Sympathieeffekt für die amerikanische Politik bei der Bevölkerung erhoffen.

Dem zuletzt genannten Ziel diente es, wenn im ERP-Abkommen ein eigener Artikel die österreichische Regierung verpflichtete, der Marshallhilfe jegliche Publizität angedeihen zu lassen. Vor dem Hintergrund dieser massiven propagandistischen Bemühungen ist auch der von der Tageszeitung „Wiener Kurier" im Herbst 1948 veranstaltete Plakatwettbewerb zu sehen, bei dem die besten ERP-Plakate ermittelt werden sollten.

Insgesamt beteiligten sich über 6 000 Maler, Graphiker und Amateure an dieser Aktion. Die 400 besten Entwürfe wurden von einer sechsköpfigen, amerikanisch-österreichischen Jury ausgewählt, der auch der bedeutende Plakatkünstler Victor Slama angehörte. Schließlich wurden aus den beiden Plakatgruppen der Berufsgraphiker und

Frauenhaare
aller Art
werden wirklich zu höchsten Preisen
nur von
Haarhandlung J. Johnscher
Wien I, Fleischmarkt 26 Tel. R 20231
gekauft.

272

der Amateure noch je zehn Hauptgewinner mit Preisen zwischen 10 000 und 500 Schilling nominiert. Der erste Preis bei den Berufskünstlern ging an Susanne Storck-Rossmanit, eine Assistentin an der Akademie für angewandte Kunst; bei den Amateuren siegte der junge Beamte Ernst Solt.
Die 400 besten Plakatentwürfe wurden vom 22. bis zum 31. Dezember 1948 in der Kunsthalle Zedlitzgasse der Öffentlichkeit präsentiert. Zu diesem Anlaß wurde das hier gezeigte Plakat geschaffen. J.L.

Lit.: Rauchensteiner, Manfried: Der Sonderfall, Graz 1979, S. 242 ff.; Wiener Kurier, 31. 12. 1948, (Bildbeilage).

271 *3 Jahre ÖVP*
D: Wien: F. Adametz
1948, 87x124 cm, P 5 197

Der November 1948 wurde von der Landesorganisation Wien der Österreichischen Volkspartei zum Propagandamonat erklärt. Unter dem Titel „3 Jahre ÖVP — 3 Jahre Fortschritt" lief vier Wochen hindurch in den beiden ÖVP-Blättern „Das Kleine Volksblatt" und „Wiener Tageszeitung" eine Artikelserie über die sozialen, wirtschaftlichen und politischen Leistungen der Volkspartei seit 1945. Bereits ein Jahr vor den Nationalratswahlen 1949 waren alle Mandatare, Funktionäre und Propagandisten im Einsatz, um unter Hinweis auf die geleistete Aufbauarbeit das noch immer weitverbreitete politische Desinteresse abzubauen und vor allem in den Kreisen der „Müden, Vorsichtigen und Vornehmen", wie es in einer Parteiaussendung hieß, neue Mitglieder zu werben.
In dieser nach einem einheitlichen Konzept durchgezogenen Kampagne hatte auch die Plakatwerbung ihren festen Platz. Ähnlich den Comic strips sollten bildliche Vergleiche der Situation von 1945 mit jener des Jahres 1948 die Aufwärtsentwicklung Österreichs in der Ära des Bundeskanzlers Figl veranschaulichen. Diese Bildgeschichten verlangten dem Betrachter ein relativ hohes Maß an Aufmerksamkeit ab, auch wenn sie durch Übernahme von Elementen der kommerziellen Werbung auf ein einfaches „Vorher-Nachher-Schema" reduziert waren. Insgesamt entwickelte sich die Tendenz auch auf dem Gebiet der politischen Plakatwerbung jedoch zunehmend in Richtung auf klare und eindeutige Aussagen, wie sie dann später im harten Wahlkampf 1949 — oft verbunden mit einem gehörigen Schuß Demagogie — diese eher bieder wirkenden Zeichnungen ablösen sollten. J.L.

Lit.: Das Kleine Volksblatt, November 1948; Wiener Tageszeitung, November 1948.

272 *Frauenhaare*
[1948], 43x62 cm, P 13 358

Die Notwendigkeit, Perücken herzustellen, um entweder der Haarmode folgen zu können oder für verlorengegangenes Haupthaar Ersatz zu schaffen, bedingte zu allen Zeiten einen lebhaften Handel mit menschlichem Haar.
Langes, volles Haar war seit jeher der oft unerreichbare Wunschtraum der Menschen, und wenn die Mode Haartrachten vorschrieb, die jene von der Natur in dieser Hinsicht Benachteiligten nicht mitmachen konnten, mußte eben mit künstlichen Mitteln nachgeholfen werden. Die Herstellung einer Perücke ist eine sehr aufwendige Angelegenheit. 1948 betrug der Verkaufspreis von zehn Dekagramm Haaren nur zehn Schilling, während ein fertiges Lockenstück für den Nacken mit sechs Dekagramm etwa 300 Schilling kostete. Unter anderem gehörten Bühnen und Filmateliers zu den Abnehmern künstlicher Haarteile und Perücken. „Der Großteil der . . . Haare wandert in die Friseursalons und wird dort zu wallenden Locken oder üppigen Flechten verarbeitet. Ist das Haar in Farbe und Beschaffenheit dem der Trägerin so ähnlich, daß man nicht merkt, wo die Natur aufhört und der ‚Schwindel' beginnt, dann ist dies das größte Lob für den Meister." (Weltpresse, 17. 1. 1948, S. 5) G.B.

273

> *Wenn man bedenkt, daß der 50jährige Film bereits eine bedeutende Literatur zum Zweck einer wissenschaftlichen und technischen Interpretation und Weiterbildung ins Gefolge gezogen hat, so fällt es auf, daß das Plakat im allgemeinen über fast noch keine Literatur verfügt, die über die Fachleute hinausgreift . . .*
> *Eine wissenschaftlich gründliche Auswahl wird aber erst möglich sein, wenn in allen Ländern das Plakat systematisch gesammelt und gesichtet, gemessen und bewertet wird, wenn alle Sammelstellen in den einzelnen Ländern zur Zusammenarbeit sich entschließen. Die Plakatologie wird zur Wissenschaft als Kenntnis und Erkenntnis, als Lehre und Forschung, wenn die Plakatkunde die entsprechenden umfassenden Sammlungen und Sichtungen vorgenommen haben wird . . .*
> *Auch die geschichtliche Entwicklung des Plakates, als Spiegelbild der allgemeinen geschichtlichen Entwicklung nicht weniger als der Kulturgeschichte im besonderen, könnte zum Thema von Darstellungen und Ausstellungen gemacht werden . . .*
>
> *Matejka, Viktor: Kultur des Plakats, in: Internationale Plakatausstellung, Wien 1948, S. 14ff.*

273 *Schmoll Pasta*
E: [Leo] Dreiseitel
D: Wien: Waldheim-Eberle
[1948], 85x60 cm, P 13 354

Nach dem Zweiten Weltkrieg, nach einer langen Zeit, in der Ersatzmittel für alles und jedes sowie Produkte schlechter Qualität verwendet werden mußten, spielten Bezeichnungen wie „Friedensprodukt“ und „Vorkriegsqualität“ eine wichtige Rolle in der Werbung. Mit einem einzigen Wort wurde hier ausgedrückt, daß nicht verfälschtes, minderwertiges Zeug, sondern gute Ware angeboten würde. G.B.

274 *Aufbauanleihe*
E: [Wilhelm] Donnhofer
[1949], 85x60 cm, P 13 359

Die Aufbauanleihe 1949 wurde von der österreichischen Bundesregierung zum Zweck der Bedeckung außerordentlicher Ausgaben und zur Konsolidierung schwebender Schulden beschlossen. Diese erste Anleihe der Zweiten Republik wurde mit jährlich fünf Prozent verzinst und lag ab dem 6. Juli 1949 zur Zeichnung auf.
In einem Appell des Bundespräsidenten Renner hieß es dazu: „Da es sich hier um eine Maßnahme handelt, die dem Wiederaufbau unserer Republik dient und gleichzeitig auf die Stärkung der wirtschaftlichen Eigenkraft unseres Landes abzielt, rechne ich mit Zuversicht darauf, daß alle Österreicher, denen eine glückliche Zukunft ihres vielgeprüften Vaterlandes am Herzen liegt, nach Maßgabe ihrer Leistungsfähigkeit dazu beitragen werden, diese, auch für den Zeichner vorteilhafte Anleihe, zu einem vollen Erfolg zu gestalten.“
Eine umfangreiche Werbekampagne des Finanzministeriums im Sommer und Herbst 1949 sollte das gesteckte Ziel erreichen helfen. Mit der graphischen Gestaltung der Inserat- und Plakatwerbung wurde das Atelier Donnhofer beauftragt, das sich auf dem Gebiet der Wirtschaftswerbung bereits bald nach dem Krieg einen Namen gemacht hatte.
Die Idee einer Anleihe zur Finanzierung des Wiederaufbaus, wie sie auch von anderen europäischen Ländern nach 1945 entwickelt wurde, stieß bei der österreichischen Öffentlichkeit eher auf eine gewisse Skepsis, da man angesichts der tristen wirtschaftlichen Lage befürchtete, die hiefür notwendigen Mittel nicht im Inland aufbringen zu können.
Die abschließende Bilanz von insgesamt

274

275

321 Millionen Schilling — nach Ende der Zeichnungsfrist am 30. November 1949 — sollte jedoch zeigen, daß diese negativen Erwartungen nicht berechtigt waren. J.L.

275 *Sie reden vom ewigen Frieden...*
D: [Wien]
[1949], 86x124 cm, P 1 456

Den größten Unsicherheitsfaktor der Nationalratswahlen 1949 bildeten jene 912 210 Wahlberechtigten, die erstmals zur Urne schritten. Das waren die große Anzahl der zurückgekehrten Kriegsgefangenen und anderer Heimkehrer sowie vor allem die etwa eine halbe Million umfassende Gruppe der sogenannten Minderbelasteten unter den ehemaligen Nationalsozialisten, die im Gegensatz zu 1945 nunmehr wahlberechtigt waren.

Diese wahlentscheidende Zielgruppe wurde angesprochen, als sich die ÖVP in einem Wahlaufruf „verpflichtete, sich für den Abbau des NS-Gesetzes bis zu seiner Liquidation einzusetzen und die Gleichberechtigung aller Staatsbürger zu erreichen". Die graphische Umsetzung dieses Versöhnungsgedankens im „Biblia pauperum-Stil" (Norbert Hölzl) war da noch um einiges deutlicher: Die ÖVP in Gestalt eines Jünglings schiebt einem „Ehemaligen" ein rotweißrotes Brett — Symbol der Gleichberechtigung — über einen Fluß zu, der die Österreicher in solche erster und zweiter Klasse teilt. Eine Verstärkung erfährt diese symbolträchtige Darstellung durch die gemeinsame Aktion von SPÖ und KPÖ in Gestalt von zwei Rowdies, die nichts Besseres zu tun haben, als diesen Akt der Versöhnung durch das Werfen von rotem Dreck zu stören. „Sie reden vom ewigen Frieden . . . und wollen den ewigen Haß!" lautete der begleitende Slogan, mit dem es der ÖVP gelang, Sympathiewerbung in Richtung der ehemaligen Nationalsozialisten mit Agitation gegen die „beiden Linksparteien", als welche SPÖ und KPÖ von der ÖVP gern apostrophiert wurden, zu verbinden.

In einer graphischen Variante dieses Plakates ging die ÖVP sogar noch einen Schritt weiter: Dort sind die bösen Buben SPÖ und KPÖ mit deutlich gekrümmter Nase als abschreckendem Rassenmerkmal dargestellt. Es ist dies einer der ganz seltenen Fälle nach 1945, wo antisemitische Momente von der Ebene der Flüsterpropaganda emporgehoben und in der offiziellen Plakatwerbung eingesetzt wurden.

Ebenfalls mit drastischen Mitteln wandte sich die ÖVP an die Gruppe der Heimkehrer. Da aber auch die SPÖ-Werbung einen ausgemergelten Kriegsgefangenen mit dem Slogan: „Hört auf uns!" auf Plakatwänden zum Einsatz brachte, kam es sogar zu einem Plagiatsprozeß zwischen den beiden Großparteien. Noch aufsehenerregender war der Konflikt zwischen ÖVP und SPÖ, der sich daraus ergab, daß die Volkspartei das berüchtigte „Sibirien-Plakat" der SPÖ von 1945 als Faksimiledruck plakatierte, auf dem der Austausch der Kriegsgefangenen gegen ehemalige Nationalsozialisten gefordert worden war. Aufgrund dieses zeitweise würdelosen Buhlens um die Stimmen der „Ehemaligen" und der Heimkehrer gestaltete sich der Wahlkampf im Oktober 1949 zu einem der härtesten in der österreichischen Nachkriegsgeschichte überhaupt. Trotz eines Wahlübereinkommens zwischen ÖVP und SPÖ waren Schläge unter die Gürtellinie an der Tagesordnung.

Zwischen nächtlichen Plakatierungstrupps kam es wiederholt zu tätlichen Auseinandersetzungen, die rückblikkend wohl mit einiger Berechtigung als die dem Niveau der damaligen Propagandaparolen adäquate Form der Konfliktaustragung bezeichnet werden können. J.L.

Lit.: Hölzl, Norbert: Propagandaschlachten, Wien 1974, S. 46.

276 *... wähle*

D: Wien: Elbemühl [1949], 172x123cm, P1503

Während die ÖVP in ihrer Wahlwerbung um die Heimkehrer und die ehemaligen Nationalsozialisten angesichts der starken und ungewohnten Konkurrenz einer neuen Partei in Form des VdU noch aus einer defensiven Position heraus — und dementsprechend aggressiv — agitierte, gelang ihr bei einer anderen Thematik ihrer Propaganda gewissermaßen der große Coup: Gemeint ist die Erfindung der „Roten Katze", mit deren Hilfe die ÖVP ihre Wahlkampfparole „Volkspartei oder Volksdemokratie" eindrucksvoll und wirksam untermauerte. Obwohl diese „Rote Katze" als Symbol der „marxistischen Einheitsfront zwischen SPÖ und KPÖ", wie in der Einleitung bereits erwähnt, nur in einer einfachen Ausführung als Montage existierte, gab es doch gleichzeitig zahllose Plakate, die mehr oder weniger einfallsreich dieses Thema abwandelten. Die nahezu generelle Ablehnung der Kommunisten durch die österreichische Bevölkerung sollte allgemein auf die „Roten", also auch — oder besser gerade — auf die SPÖ gelenkt werden.

Die Gleichsetzung von SPÖ und KPÖ als „Wegbereiter der Volksdemokratie", wie sie im Wahlkampf 1945 nur unterschwellig eingesetzt worden war, wurde 1949 zur zentralen Aussage der ÖVP-Propaganda auf Plakatwänden, Flugblättern und in der Parteipresse.

Das hier gezeigte Plakat bildete nur eines der zahllosen Beispiele. Es wurde vom Österreichischen Wirtschaftsbund, einem der drei Bünde der ÖVP, herausgegeben und zählt in graphischer Hinsicht zu den eindrucksvollsten Darstellungen dieser Thematik. Konnte man der „Roten Katze" selbst oder dem ebenfalls im Wahlkampf eingesetzten und ihr artmäßig verwandten roten Polypen noch eine gewisse humoristische Note abgewinnen, so wurde hier eindeutig mit Angstparolen gearbeitet. In chronologischer Hinsicht stammt dieses Plakat aus der letzten Phase des Wahlkampfes — das Schlagwort von der „SPÖ als Wegbereiter des Kommunismus" hatte offensichtlich schon so tief gegriffen, daß es möglich war, die Wahlen ohne jede nähere Erläuterung zu einer schicksalhaften Entscheidung über „Freiheit oder Zwang" hochzustilisieren.

Die zur Verdeutlichung dieser Absicht von der ÖVP-Werbung eingesetzte geballte Faust findet sich in ähnlicher Form auch noch auf einem anderen ÖVP-Plakat, welches sich gegen den VdU richtete: „Ein Dolchstoß gegen Österreich — jede 4. Partei" warnte der Plakattext, mit dem die ÖVP ihren bisher unangefochtenen und nunmehr gefährdeten Alleinvertretungsanspruch für das bürgerliche Lager zu verteidigen suchte. J.L.

276

277

278

277 *Damit dies nicht Dein Schicksal sei — D: Wien: Waldheim-Eberle [1949], 44x31 cm, P 1 472*

Zwei Plakate der ÖVP zum Thema „Volksdemokratie" erhielten im Wahlkampf 1949 ihre besondere Stellung dadurch, daß sie am 28. September von den Sowjets in deren Besatzungszone verboten wurden. Bei dem ersten handelte es sich um die Darstellung eines roten Polypen, der seine Fangarme vom Osten her gegen Österreich vorstreckt. „Erkenne die Gefahr!" lautete der begleitende Slogan, mit dem die Wahlentscheidung wieder einmal auf die Alternative „Volkspartei oder Volksdemokratie" reduziert wurde.
Das zweite, hier gezeigte Plakat, das die Mißbilligung der Sowjets erfuhr, bereicherte den Wahlkampf durch die Abbildung eines Arbeiters, der — ähnlich dem kreuztragenden Christus auf Kreuzwegstationen — Hammer und Sichel auf seinen Schultern trägt. „Damit dies nicht Dein Schicksal sei — wähl Österreichische Volkspartei" hieß es dazu. Thematisch korrespondierte dieses Plakatbild — wohl nicht ohne Absicht — mit dem Schriftplakat der Katholischen Aktion („Wollt Ihr Christenverfolgung wie in Ungarn, Jugoslawien, in der CSR? . . . Wählt als Katholiken!"), mit welchem sich die katholische Kirche dem Vorwurf der einseitigen Parteinahme von seiten der SPÖ aussetzte (vgl. Nr. 278).
Gereizt auf den mit Hammer und Sichel beladenen Arbeiter der ÖVP reagierte auch die kommunistische „Volksstimme", die unter der Schlagzeile „Mißbrauch des Kreuzes" plötzlich ihre Liebe zur katholischen Symbolik entdeckte. Als „Gegenplakat" affichierte die KPÖ ebenfalls einen schwer tragenden Arbeiter, diesmal aber beladen mit Säcken mit den Aufschriften: „Schillingumtausch", „Lohn-Preis-Pakt" und „Steuererhöhungen". „Damit dies nicht Dein Schicksal bleibt — wählt Linksblock!" war der erläuternde Text, mit dem auf die in den Augen der KPÖ unsoziale Politik der von der ÖVP dominierten Koalitionsregierung angespielt wurde.
Solche Plakatkriege waren in den Wahlkämpfen der unmittelbaren Nachkriegszeit keine Einzelerscheinungen; erst in der jüngsten Vergangenheit verschwand diese Form der Auseinandersetzung, da die moderne Wahlwerbung nicht durch das Eingehen auf die propagandistische Argumentation des politischen Gegners diesem eine zusätzliche Publizität verleihen möchte. J.L.

Lit.: Gläser, Eleonore: Die Propaganda für die österreichischen Wahlen 1949, phil. Diss., Wien 1951, S. 169 ff.

278 *Katholiken Österreichs! D: Wien: E. Ketterl [1949], 83x61 cm, P 1 439*

Im Vergleich zu anderen europäischen Staaten, wie beispielsweise Italien, und auch im Vergleich zur Ersten Republik zog sich die katholische Kirche in Österreich nach dem Zweiten Weltkrieg zunehmend von der Tages- und Parteipolitik zurück. 1945 erneuerten die österreichischen Bischöfe ihr schon 1933 erlassenes Verbot der politischen Betätigung durch den Klerus.
In der unmittelbaren Nachkriegszeit war diese Trennung zwischen Kirche und Parteipolitik nicht immer ganz eindeutig, da besonders die Organisation und die Stellung des kirchlichen Laienwesens längere Zeit hindurch ungeklärt waren. Das während der nationalsozialistischen Ära stark zersplitterte katholi-

279

279 *Figl*

D: Wien: Chwala
[1949], 87x62 cm, P 1 443

Beide Großparteien zogen 1949 mit gezeichneten Porträtplakaten ihres Spitzenkandidaten in den Wahlkampf. In zeitlicher Hinsicht stand das ÖVP-Plakat mit Bundeskanzler Figl am Ende der Wahlschlacht: Nachdem die Volkspartei mit der Angstwerbung von der „Roten Katze" und deren zahlreichen Variationen die SPÖ erfolgreich in die Defensive gedrängt hatte, konnte sie in der letzten Phase gewissermaßen auf Positivwerbung umschalten, indem sie dem Wähler das Bild ihres populären Parteivorsitzenden präsentierte.
Die damit verbundene Personalisierung des Wahlkampfes, ein Phänomen, das in den folgenden Jahrzehnten immer stärker in Erscheinung trat, darf freilich im konkreten Zusammenhang mit den „Schicksalswahlen" 1949 nicht überbewertet werden: Gerade für die von der ÖVP so sehr umworbenen Wählergruppen der ehemaligen Nationalsozialisten, der Heimkehrer und der Liberalen war das tiefkatholische, betont österreichische Image des ehemaligen KZ-Häftlings Figl nur wenig attraktiv. Der Slogan „Alles für Österreich!" in Verbindung mit dem großen „Ö" als Partei- und Wahlemblem entsprach zwar dem Bewußtseinsstand der ÖVP-Kernschichten, aber zur Gewinnung zusätzlicher Stimmen reichten die Parolen der „45er-Gesinnung" der Volkspartei nicht mehr. Trotz mancher Abstriche von der Ideologie ihrer Gründerzeit war die ÖVP im Wahlkampf 1949 noch nicht soweit, schon die entsprechenden Konsequenzen zu ziehen. Erst der Ver-

sche Organisations- und Vereinsleben wurde nach dem Krieg zu reorganisieren versucht. 1949 wurde die Katholische Aktion als eine nach Natur- und Berufsständen gegliederte Arbeitsgemeinschaft der katholischen Laien gegründet.
Am 10. September 1949 veröffentlichte die Katholische Presseagentur einen Aufruf des Präsidiums der Katholischen Aktion — im Einvernehmen mit dem österreichischen Episkopat — zur Nationalratswahl, dessen Aussage sich unter dem Titel „Katholiken, wählt als Katholiken!" zusammenfassen läßt. Besonders in der verkürzten Form dieser Richtlinien auf dem im Wahlkampf herausgegebenen Schriftplakat der Katholischen Aktion wurde dieser Aufruf von den anderen Parteien als eine indirekte Wahlempfehlung für die ÖVP interpretiert und sollte deshalb einige Zeit hindurch die Beziehungen der SPÖ zur katholischen Kirche stark belasten.
Verschärft wurden diese Spannungen durch die Tatsache, daß nach einer Reihe von christlichsozialen Wahlerfolgen in einigen europäischen Ländern die ÖVP hoffte, mit weltanschaulichen Argumenten Stimmen zu gewinnen: „Die Welt erwartet wie nie zuvor, daß auch Österreich am 9. Oktober dieses Bekenntnis zur christlich-abendländischen Kultur erneuert", erklärte Bundeskanzler Figl in einem Aufruf, der nicht gerade dazu beitrug, das Verhältnis der Kirche zu den politischen Parteien zu entkrampfen. J.L.

Lit.: Hölzl, Norbert: Propagandaschlachten, Wien 1974, S. 35, 47.

Illustration aus einer Wahlbroschüre der ÖVP

lust der absoluten ÖVP-Mehrheit nach dem 9. Oktober markierte den Anfang jener innerparteilichen Entwicklung, an deren Ende die dominierende Persönlichkeit eines Julius Raab durch die Integration zusätzlicher Wählerschichten in die Volkspartei diese zu neuen Erfolgen führen sollte. J.L.

Lit.: Hölzl, Norbert: Propagandaschlachten, Wien 1974, S. 36.

280

280 *So oder so*
E: [Walter Harnisch]
D: Wien: Vorwärts
[1949], 60x43 cm, P 1 251

Die SPÖ hatte den Wahlkampf 1949 überwiegend in Richtung auf positive Aussagen konzipiert, wobei in der Plakatwerbung Parolen der Arbeitsplatzsicherung, des Wohnbaus und der sozialen Fürsorge im Mittelpunkt standen. Die optimistischen Erwartungen der Sozialisten in bezug auf das Wahlergebnis schienen berechtigt, da man auf Grund der Kandidatur einer zweiten bürgerlichen Partei, des Verbandes der Unabhängigen (vgl. Nr. 287), mit beträchtlichen Stimmenverlusten der ÖVP rechnete und somit die Weichen für einen sozialistischen Wahlsieg schon lange vor Beginn des eigentlichen Wahlkampfes gestellt schienen.

Vor dem Hintergrund dieser zuversichtlichen Stimmung wurde von der SPÖ eine Reihe graphisch einheitlich gestalteter Plakate im Wahlkampf eingesetzt, die in bildlicher Form die wichtigsten Aussagen des sozialistischen Aktionsprogrammes zusammenfaßten. Vergleichende Darstellungen zwischen der Not und dem Elend der Vergangenheit und einer lichtvollen Zukunft unterstrichen diese Parolen:

„So oder so! Für gesundes Wohnen!
So oder so! Für Arbeiterurlaub!
So oder so! Für das Glück unserer Kinder!
So oder so! Für allgemeine Altersversorgung!"

Das hier gezeigte Plakat „So oder so! Für Vollbeschäftigung!" entsprach jenem Abschnitt des SPÖ-Wahlaufrufes, der darin den breitesten Raum einnimmt. Dieser Slogan wurde nicht nur zur Wahl-, sondern auch — so wie hier — zur Mitgliederwerbung eingesetzt. Durch intensive Werbeaktionen konnte die SPÖ ihren Mitgliederstand zwischen 1945 (357 818) und 1949 (615 841) beträchtlich erweitern.

Welch triste Alternativen zur Vollbeschäftigungspolitik die anderen Parteien nach Auffassung der SPÖ anzubieten hatten, brachte ein themenverwandtes Plakat zum Ausdruck:

„Stimmt gegen das Arbeitsdienstgesetz der ÖVP!
Stimmt gegen den Soldatenschinder VdU!
Stimmt gegen den volksdemokratischen Arbeitsdienst der KPÖ!
Wählt die Sozialistische Partei!"

Dieser Versuch, auf einem einzigen Plakat alle gegnerischen Parteien gleichzeitig zu attackieren, deutete bereits an, daß der Wahlkampf sich zusehends verschärfte. Nicht zuletzt dank des Erfolges der ÖVP-Propaganda mit der „Roten Katze" war die SPÖ gezwungen, entsprechend zu reagieren und konnte deshalb ihr ursprüngliches Konzept der konstruktiven Aussagen nicht zur vollen Entfaltung bringen. J.L.

Lit.: Gläser, Eleonore: Die Propaganda für die österreichischen Wahlen 1949, phil. Diss., Wien 1951, S. 169 ff.; Hölzl, Norbert: Propagandaschlachten, Wien 1974, S. 40.

281 *Wie lange noch?*
E: [Andreas] H[emberger]
D: Wien: Vorwärts
[1949], 85x60 cm, P 1 255

Zum Thema Wohnbau hieß es in dem am 27. August 1949 veröffentlichten Wahlaufruf der SPÖ:

„Wohnungen für das Volk! Raum für unsere Kinder!
Die erste Aufgabe des Wiederaufbaues war, die Betriebe wiederherzustellen, in denen die Güter, die wir brauchen, erzeugt werden können.
Die dringendste Aufgabe ist nun, die Wohnstätten neu zu schaffen, die Faschismus und Krieg zerstört haben, und die Gesundheit unseres Volkes, die körperliche und die seelische, wiederaufzubauen. Erhaltung des Mieterschutzes, sozialer Wohnbau und Ausbau der sozialen Fürsorge, Sportplätze für unsere Jugend, Gesundheit und eine gute Schule für unsere Kinder — das vertreten die Sozialisten!"

Da am 9. Oktober nicht nur Nationalrats-, sondern auch Gemeinderatswahlen abgehalten wurden, trat die Wiener Landesorganisation der SPÖ am 7. September mit einem eigenen Programm — unter dem bezeichnenden Titel „Der

281

282

Bauplan für ein neues Wien" — an die Öffentlichkeit.
Fragen des Wohnbaus und des Mieterschutzes hatten schon in der Ersten Republik stets einen zentralen Bestandteil der sozialdemokratischen Propaganda gebildet (vgl. Nr. 163). Nach 1945 war dieses Thema in Wien besonders aktuell, da 103 000 kriegsbeschädigte Wohnungen — davon 23 000 völlig zerstörte — wiederhergestellt werden mußten. Mehrere SPÖ-Plakate beschäftigten sich 1949 mit diesem Problem:
„Was die Großväter geplant — Haben die Väter gebaut — Wir Söhne und Enkel planen und bauen weiter." „Nie wieder ein Wochenlohn für die Miete. Seit 30 Jahren kämpfen die Sozialisten für den Mieterschutz und sozialen Wohnbau." „Da haben wir gebaut — Wir wollen weiterbauen!"
Das hier gezeigte Beispiel richtete sich speziell an die verheirateten Jungwähler, von denen viele damals in Ermangelung einer eigenen Wohnung noch bei ihren Eltern wohnen mußten. In graphischer Hinsicht ist dieses Plakat bemerkenswert durch die weitgehende Abstrahierung der Darstellung, die sich auf das Bild einer Wohnungstür mit zwei Namensschildern beschränkt. Seine Aussagekraft wird durch die nüchterne Gestaltung eher verstärkt als vermindert, wodurch es sich auf interessante Weise von den ansonsten bei allen Parteien üblichen gezeichneten Propagandaklischees abhebt. J.L.

Lit.: Gläser, Eleonore: Die Propaganda für die österreichischen Wahlen 1949, phil. Diss., Wien 1951, S. 169 ff.; Hölzl, Norbert: Propagandaschlachten, Wien 1974, S. 39f.

282 *Vizekanzler Dr. Adolf Schärf*

D: Wien: Waldheim-Eberle [1949], 87x61 cm, P 1 256

Das gelockerte Listenwahlrecht mit der Möglichkeit des Reihens und Streichens bei den Wahlen 1949 veranlaßte die SPÖ, die Porträts ihrer prominentesten Parteifunktionäre von den Plakatwänden blicken zu lassen. Vizekanzler Schärf, Innenminister Helmer, Bürgermeister Körner und — wohl nicht ohne Absicht — der Wiener Wohnungsstadtrat Novy traten in Konkurrenz mit dem Porträtplakat des Bundeskanzlers Figl (vgl. Nr. 279). Damit waren die Weichen der Wahlwerbung der beiden Großparteien endgültig in die Richtung auf eine Personalisierung des Wahlkampfes gestellt. Ähnlich wie die ÖVP ergänzten auch die sozialistischen Wahlstrategen diese Porträts durch das Parteiemblem im Hintergrund, wenngleich sich die drei roten Pfeile in Kombination mit den Politikerköpfen als wenig dekorativ erwiesen.
Die ÖVP reagierte auf die plakatierte SPÖ-Spitze mit einer Variante der bewährten Roten Katze, wie dies deren Generalsekretär Felix Hurdes folgendermaßen formulierte: „Wer die SPÖ wählt, wählt die Unsicherheit. Er wählt nicht nur jene Männer, die wir heute auf den Plakaten der SPÖ sehen, der wählt vielmehr auch Dunkelmänner, die heute noch nicht so groß aufgemacht sind. Die österreichischen Arbeiter werden sich nicht die Katze im Sack aufschwätzen lassen . . ."
Mit der Bezeichnung „Dunkelmänner" nahm Hurdes fast wörtlich die „Kapuzenmänner" der ÖVP-Propaganda vorweg, die im Wahlkampf 1970 — allerdings mit geringem Erfolg — eingesetzt werden sollten. J.L.

Lit.: Hölzl, Norbert: Propagandaschlachten, Wien 1974, S. 31.

283

283

weder so . . . noch so . . .
(= Trau, schau, wem, Nr. 33)
E: [Victor Slama]
D: Wien: F. Repper
[1949], 82x67 cm, P 1 183

Als größte und geschlossenste Aktion des Wahlkampfes stellte die SPÖ eine eigene Wahlausstellung unter dem Titel „Trau, schau, wem" zusammen, die ab dem 15. Juli 1949 in 4 000 Orten Österreichs gezeigt wurde. Eine transportable Plakatreihe mit insgesamt 36 Bildern, die von Victor Slama und Walter Harnisch gemeinsam geschaffen wurden, sollte das Aktionsprogramm der SPÖ der Bevölkerung nahebringen. Die Erläuterungen über den Sinn und Zweck dieses Unternehmens, wie sie vom Zentralsekretariat für die sozialistischen Funktionäre ausgegeben wurden, enthalten einige auch allgemein für das Wesen der politischen Propaganda bemerkenswerte Überlegungen: „Was die Propaganda bedeutet, hat uns der Faschismus gelehrt. Das Wort von der ‚Aufklärung der Massen' hat nicht an Gewicht verloren, im Gegenteil, es ist immer entscheidender geworden, weil sich unsere Gegner die Vernebelungspropaganda des Faschismus zurechtgelegt haben . . . Und so haben wir mit Absicht unsere Ausstellung ‚Trau, schau, wem' genannt. ‚Schau dir die Partei an, der du deine Stimme gibst, prüfe nicht nur ihre Worte, prüfe ihre Taten, ihre wahre Gesinnung!' — das rufen wir den Menschen zu. Deshalb muß das ganze Volk unsere Ausstellung kennenlernen . . ."

Ein ganzes Kapitel österreichischer Zeitgeschichte verbirgt sich hinter dem hier als Beispiel gezeigten Plakat Nr. 33 dieser Serie: 1947 hatte Bundespräsident Renner die Fortdauer der alliierten Besatzung in Österreich mit dem plastischen Bild von den „vier Elefanten in einem Ruderboot" charakterisiert. Im gleichen Jahr war in dem damals veröffentlichten neuen Parteiprogramm der SPÖ die Forderung nach einer Neutralität Österreichs erhoben worden. In Abwandlung der „So-oder-so!"-Plakate (vgl. Nr. 280) wurde 1949 für die Wahlausstellung auf dieses Bild zurückgegriffen: Die Gefahren der österreichischen Außenpolitik werden durch das von den vier Elefanten überladene Ruderboot („weder so . . .) beziehungsweise durch ein Boot im Schlepptau der nach verschiedenen Richtungen ziehenden Elefanten („noch so . . .") veranschaulicht. Drei dieser Dickhäuter streben nach dem Westen, einer nach dem Osten, während die auf dem Boot erkennbare Gestalt Renners verzweifelt die Arme hebt. Diese Interpretation des Rennerzitates illustriert den Wunsch, angesichts der Bedrohungen durch den kalten Krieg nicht in die Auseinandersetzungen der Großmächte hineingezogen zu werden, „sondern ein freies, unabhängiges, sozialistisches Österreich" zu verwirklichen.

Die Plakatgeschichte der immer wieder zitierten „vier Elefanten im Ruderboot" ist damit allerdings noch nicht zu Ende: Nach dem Abschluß des Staatsvertrages am 15. Mai 1955 ließ die SPÖ dieses

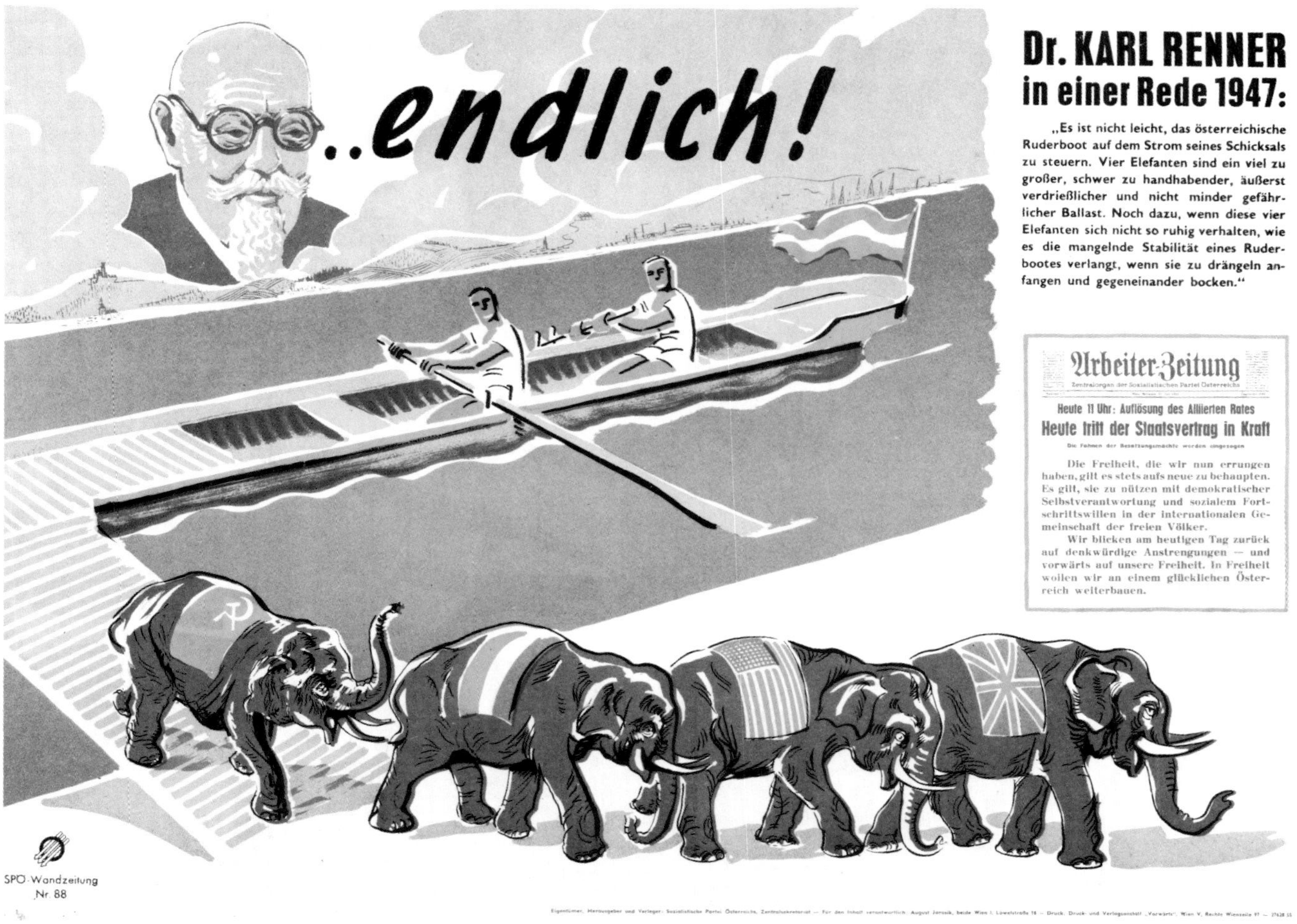
..endlich!
Dr. KARL RENNER
in einer Rede 1947:
„Es ist nicht leicht, das österreichische Ruderboot auf dem Strom seines Schicksals zu steuern. Vier Elefanten sind ein viel zu großer, schwer zu handhabender, äußerst verdrießlicher und nicht minder gefährlicher Ballast. Noch dazu, wenn diese vier Elefanten sich nicht so ruhig verhalten, wie es die mangelnde Stabilität eines Ruderbootes verlangt, wenn sie zu drängeln anfangen und gegeneinander bocken.“
Arbeiter-Zeitung
Zentralorgan der Sozialistischen Partei Österreichs
Heute 11 Uhr: Auflösung des Alliierten Rates
Heute tritt der Staatsvertrag in Kraft
Die Fahnen der Besatzungsmächte werden eingezogen
Die Freiheit, die wir nun errungen haben, gilt es stets aufs neue zu behaupten. Es gilt, sie zu nützen mit demokratischer Selbstverantwortung und sozialem Fortschrittswillen in der internationalen Gemeinschaft der freien Völker.
Wir blicken am heutigen Tag zurück auf denkwürdige Anstrengungen — und vorwärts auf unsere Freiheit. In Freiheit wollen wir an einem glücklichen Österreich weiterbauen.
SPÖ-Wandzeitung
Nr. 88

Thema ebenfalls von Victor Slama nochmals in Form einer Wandzeitung gestalten: Man erblickt darauf die vier Elefanten, wie sie soeben friedlich das österreichische Ruderboot verlassen, während aus den Wolken ein glücklich lächelnder Karl Renner auf diese Szene herniederblickt. Die Erinnerung an den mittlerweile berühmt gewordenen Ausspruch des verewigten Bundespräsidenten durch die SPÖ-Propagandisten erfolgte wohl nicht ohne eine tiefere Absicht: Nach den außenpolitischen Erfolgen für den „Staatsvertragskanzler“ Raab und Außenminister Figl galt es, an die Verdienste der sozialistischen Politik im zehnjährigen Kampf gegen das vierfache Besatzungsregime zu erinnern. Während das zweite Plakat von 1955 später überaus bekannt und auch wiederholt reproduziert wurde, ist interessanterweise dieses frühere und — im historischen Zusammenhang — wesentlich bedeutsamere Bild von 1949 weitgehend in Vergessenheit geraten. J.L.

Lit.: SPÖ-Vertrauensmann, 1949, S. 238 f; Wahlen 1949, WStLB (C 126 884).

Hier sehen wir die vier bekannten
für uns zu großen Elefanten,
und sagen es in allen Ehren:
Die könnten wir nun schon entbehren.
keinesfalls soll's so geschehen
wir dabei zugrunde gehen.
soll das Staatsschiff weiter lenken
der, dem wir Vertrauen schenken.

Trau schau wem
Du weißt, was auf dem Spiele steht,
Du weißt nun auch, worum es geht.
Wer zu den Klugen will sich zählen,
muß daher sozialistisch wählen!
Eigentümer, Herausgeber u. Verleger: Soz. Partei Österreichs — Verantwortl.:
Josef Kratky, Wien I, Löwelstraße 18 — Druck: „Vorwärts“, Wien V — 4881/49

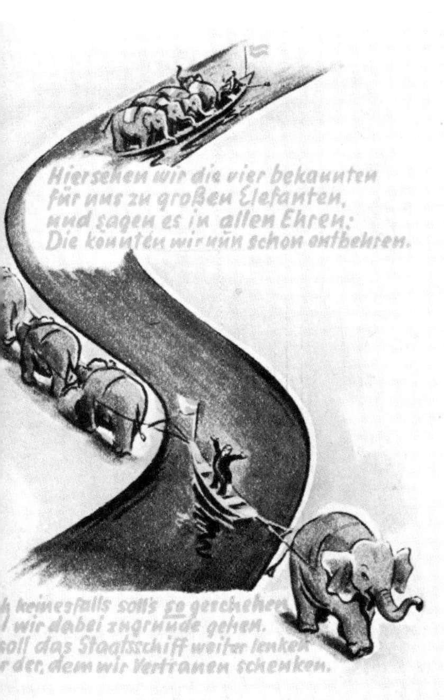

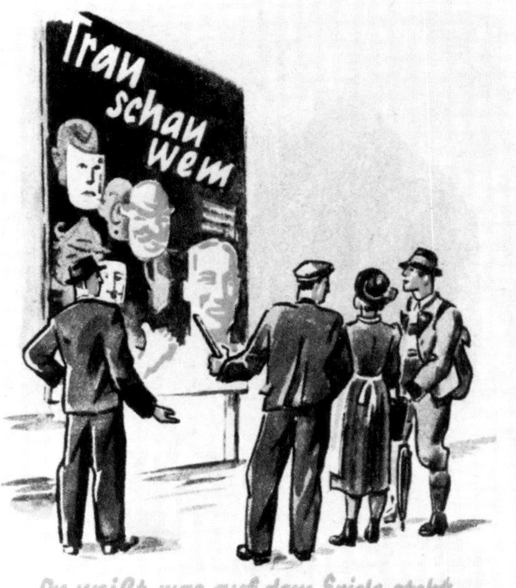

Wandzeitung der SPÖ aus dem Jahr 1955 (oben)

Aus dem Katalog zur Wanderausstellung „Trau, schau, wem“ (links)

284

Sonderausgabe

Erscheint täglich mit Ausnahme von Montag
Redaktion u. Verwaltung: Wien 5, Rechte Wienzeile Nr. 97, Tel. B 29-510
Anzeigenannahme: Wien 5, Rechte Wienzeile 97, und Stadtbüro, Wien 1, Schulerstraße 7

Arbeiter-Zeitung

Zentralorgan der Sozialistischen Partei Österreichs

Einzelpreis 35 Groschen
Wochenabonnement in jeder Verschleißstelle S 1·80
Monatsabonnement S 7·80 auch durch die Post

Nie mit den Kommunisten!

Eine Erklärung der Sozialistischen Partei

An alle Wählerinnen und Wähler!

284 *Der Kater läßt das Mausen nicht —*
E: [Victor] Slama
D: Wien: Vorwärts
[1949], 60x43 cm, P 1290

Der Wahlschlager der ÖVP, die „Rote Katze“, traf die sozialistischen Propagandastrategen relativ unvorbereitet. Erst am 2. Oktober 1949 veröffentlichte die Parteivertretung der SPÖ unter dem Titel „Nie mit den Kommunisten“ eine Erklärung, deren Kernsätze lauteten:
„Die Sozialistische Partei Österreichs wird niemals mit der totalitären und die Diktatur einer Partei anstrebenden Kommunistischen Partei ein Bündnis oder eine Einheitsfront abschließen oder gar sich mit ihr vereinigen.
Wir erklären feierlich, daß die Sozialistische Partei Österreichs niemals ein volksdemokratisches Regime oder irgendeine andere Form der Diktatur einführen oder unterstützten wird.“
Etwa zur gleichen Zeit, also erst eine Woche vor dem Wahltermin, schlug die SPÖ auch auf den Plakatwänden hart zurück: Unter dem Slogan „Der Kater läßt das Mausen nicht — Die ÖVP — das Lügen nicht!“ wurde Bundeskanzler Figl als struppiger schwarzer Kater abgebildet. Diese auch als Flugblatt verbreitete Karikatur sollte die im Textteil als „ÖVP-Lügen“ apostrophierten Behauptungen von den Sozialisten als den Verbündeten und Wegbereitern des Kommunismus ins Lächerliche ziehen. Eine nicht unwesentliche Verstärkung erfuhr die wenig schmeichelhafte, von manchen als diffamierend empfundene Darstellung des ÖVP-Vorsitzenden vor allem durch dessen nicht übersehbare rote Nase. Sie konnte als eine böswillige Anspielung auf dessen mangelnde Widerstandskraft gegenüber dem Alkohol aufgefaßt werden, die Figl des öfteren nachgesagt wurde. Der schwarze Kater bedrohte eine Maus, deren Schwanz der Schöpfer des Plakates, Victor Slama, geschickt mit seiner Signatur verband.
Tatsächlich gerieten wegen dieses Plakates nicht nur die Sozialisten, sondern auch Slama selbst in die Schußlinie der ÖVP. In einer Versammlung der Volkspartei am 3. Oktober 1949 wandte sich der für seine scharfen Wahlreden bekannte ÖVP-Vizebürgermeister Weinberger gegen Künstler und Intellektuelle, welche die SPÖ unterstützten: „Einer von diesen Geistigen, das Protektionskind der Gemeinde Wien, Slama, hat übrigens durch sein Tierplakat mit dem Kopf des Bundeskanzlers nachgewiesen, wes ‚Geistes‘-Kind er ist.“
Figl selbst dürfte diese Karikatur seiner Person mit wesentlich mehr Humor ge-

tragen haben: Verbürgt ist eine Äußerung des damaligen Bundeskanzlers gegenüber Victor Slama — allerdings erst nach den Wahlen — in dem Sinn, daß ihn das struppige Aussehen des schwarzen Katers wesentlich mehr gestört habe als die rote Nase. J.L.

Lit.: Hölzl, Norbert: Propagandaschlachten, Wien 1974, S. 36 f.; Massiczek, Albert: Zeit an der Wand, Wien 1967, S. 147; Wahlen 1949, WStLB (C 126 884).

285 *Und wenn sie sich*
E: [Victor] Slama
D: [Wien]
[1949], 170x123cm, P 1 223

285

Ein Kuriosum des Wahlkampfes 1949 war der sogenannte „Herzerlkrieg“, der Wochen hindurch unter Beteiligung fast aller Parteien mit Plakaten und Flugblättern ausgetragen wurde. Den Ausgangspunkt für diese Auseinandersetzungen bildete die Tatsache, daß die SPÖ als ihr „Markenzeichen“ nicht das offizielle Parteisymbol, den Kreis mit den drei Pfeilen, sondern das von der sozialistischen Kinderfreundebewegung übernommene rote Herz mit dem Ring einsetzte und es auch in großer Zahl und in den verschiedensten Variationen plakatierte. Dahinter stand wohl die Überlegung, daß die drei Pfeile auf Grund ihrer etwas aggressiven Wirkung für eine Sympathiewerbung nur wenig geeignet waren und noch dazu dem politischen Gegner eine Fülle von Möglichkeiten boten, dieses Zeichen und damit die „Pfeilkreisler“ zu karikieren und lächerlich zu machen.
„Mit Herz und Verstand wählt unser Land!“, „Alle roten Herzen stimmen für uns!“, „Rote Herzen wählen für Österreichs Kinder!“ oder „Denkt daran! Rote Herzen sind sozialistisch!“ lauteten die mit dem roten Herzen garnierten Parolen der SPÖ. Die Antwort der ÖVP ließ nicht lange auf sich warten: In Verbindung mit dem Sprichwort „Alte Liebe rostet nicht!“ plakatierte sie das rote Herz als Zeichen inniger Eintracht zwischen SPÖ und KPÖ. Diesen Spruch griff wiederum die KPÖ auf, um mit ihrer Variante des Herzplakates auf die ÖVP-SPÖ-Koalition („Zwei Herzen — ein Sinn!“) hinzuweisen (vgl. Nr. 286).
Jetzt war wieder die SPÖ am Zug, wobei es naheliegend war, nach einem Sujet zu suchen, mit dem man zugleich Volkspartei und Kommunisten treffen konnte. Die Grundlage hiefür lieferte die bereits in die österreichische Nachkriegsgeschichte eingegangene „Figl-Fischerei“ vom Frühjahr 1947, in deren Verlauf Spitzenpolitiker von ÖVP und KPÖ gemeinsame Überlegungen im Hinblick auf eine Eindämmung des SPÖ-Einflusses in der Regierung angestellt hatten. Das Platzen dieser Gespräche bescherte der Zweiten Republik ihren ersten großen innenpolitischen Skandal und bot den Sozialisten die wiederholt propagandistisch genutzte Möglichkeit, der Volkspartei eine „naturwidrige Bettengemeinschaft mit erwiesenen Pseudodemokraten“ (Ernst Koref) vorwerfen zu können. Eine graphische Gestaltung dieses Themas erfolgte nunmehr durch den bewährten Victor Slama in der Form, daß sich zwei eindeutig als ÖVP und KPÖ zu identifizierende Köter gemeinsam am Ring des roten Herzens die Zähne ausbeißen.
Eine zusammenfassende Bilanz des „Herzerlkrieges“ von 1949 führte zu dem Ergebnis, daß der ursprünglich rein auf Positivwerbung zielende Effekt des Roten Herzens durch diese Auseinandersetzung der Plakate und Gegenpla-

Wiener Herzen
wählen die
Sozialistische
Partei

286

kate nicht erreicht und auch hier die SPÖ in die Defensive gedrängt wurde.

J.L.

Lit.: Gläser, Eleonore: Die Propaganda für die österreichischen Wahlen 1949, phil. Diss., Wien 1951, S. 169 ff.; Hölzl, Norbert: Propagandaschlachten, Wien 1974, S. 38; Luger, Johann: Parlament und alliierte Besatzung, phil. Diss., Wien 1976, S. 92.

286 *Denkt daran: Alte Liebe*
D: Wien: Globus
[1949], 119 x 168 cm, P 1 409

Im Beitrag der KPÖ zum „Herzerlkrieg" (vgl. Nr. 285) wurden graphische und Schriftelemente der Plakatwerbung der beiden Großparteien montiert und zu der Aussage „Zwei Herzen — ein Sinn!" verarbeitet. Diese Attacke auf die ÖVP/SPÖ-Koalition lag ganz auf der Linie der Kommunisten, die den Wahlkampf 1949 unter der Devise „Beide sind schuld!" bestritten. Nach dem niederschmetternden Wahlergebnis von 1945 und dem Ausscheiden der KPÖ aus der Dreierkoalition 1947 warb die kleine Oppositionspartei 1949 unter der Bezeichnung „Linksblock" um die Stimmen Unzufriedener, sofern sie nicht — so wie hier — auf die Nennung eines Parteinamens überhaupt verzichtete.

Obwohl der Linksblock erstaunlich viel Material in die Wahlschlacht geworfen hatte, mußte man doch befürchten, im Papierkrieg gegen die beiden Großparteien den kürzeren zu ziehen. In einem aufschlußreichen Wahlplakat beklagte die KPÖ diesen Zustand:

„Dafür ist Geld da! Die Regierungsparteien haben mit einer Flut von Wahlplakaten alle Plakatwände und Bretterzäune überschwemmt und täglich kommen sie mit neuen, noch größeren, noch kostspieligeren Plakaten heraus. Dieser Plakatkrieg kostet Millionen Schilling. Das alles verrät nur ihre Nervosität!

Je weniger sie zu sagen haben, desto mehr plakatieren sie — Je kleiner ihre Wahlaussicht wird, desto größer werden ihre Wahlplakate. Wir lassen die Regierungsparteien aufgeregt brüllen. Die

Aus einer Wahlzeitung der Sozialistischen Partei

Wahrheit wird siegen! Der Feind steht rechts! Das Volk wählt links!"
Ähnlich, nur kürzer, argumentierte die KPÖ auch auf einem weiteren Schriftplakat:
„Erst stehlen sie uns das Geld aus den Taschen, jetzt lügen sie auf teuren Plakaten."
Zeitweise trat die KPÖ im Wahlkampf 1949 auch unter der Bezeichnung „Kommunisten und Linkssozialisten" auf. Dieser Name ergab sich aus der Unterstützung, die den Kommunisten durch den 1948 aus der SPÖ ausgeschlossenen Erwin Scharf und einer kleinen Gruppe Gleichgesinnter zuteil wurde. Für die Geschichte der politischen Werbung in der Zweiten Republik ist der „Fall Scharf" insofern von Interesse, als dieser als ehemaliger SPÖ-Zentralsekretär in der unmittelbaren Nachkriegszeit auch für die SPÖ-Propaganda verantwortlich zeichnete, deren Gestaltung — etwa im Wahlkampf 1945 — parteiintern höchst umstritten war.
Obwohl die KPÖ diesen Schritt Erwin Scharfs in ihrer Wahlwerbung entsprechend ausschlachtete, war ihr damit kein dauerhafter Erfolg beschieden. Als Partei, welche die sowjetische Politik nahezu bedingungslos verteidigte und die durch den — ebenfalls plakatierten — Vorwurf der „Russenhetze" an die Adresse der beiden Großparteien dieses Nahverhältnis nur noch unterstrich, geriet die KPÖ in eine immer stärkere Isolierung, der sie auch durch einen noch so großen Propagandaaufwand nicht entrinnen konnte.
Dieses Plakat wurde ab dem 20. August 1949 in Wien affichiert. J.L.

Lit.: Hölzl, Norbert: Propagandaschlachten, Wien 1974, S. 43.

287 *Recht — Sauberkeit — Leistung*

D: Wien: Wicho
1949, 84x59 cm, P 1510

Der „Verband der Unabhängigen" (VdU) wurde am 5. Februar 1949 in Salzburg gegründet. Seiner Zulassung als wahlwerbende Gruppe beim Urnengang im Herbst dieses Jahres gingen heftige innenpolitische Auseinandersetzungen voraus, in die sich auch die Besatzungsmächte einschalteten. Die schließlich gestattete Kandidatur als „Wahlpartei der Unabhängigen" (WdU) betrachtete die ÖVP als eine ernsthafte Gefährdung ihrer bisherigen Monopolstellung im bürgerlichen Lager.
Die „Unabhängigen" richteten ihre Werbung deutlich auf die wahlentscheidende Zielgruppe der erst seit kurzem amnestierten 482 000 „Minderbelasteten" aus.
Dieser Konkurrenzkampf um die Stimmen der „Ehemaligen" (vgl. Nr. 275) bescherte dem VdU auch die entsprechende Publizität und einen relativ starken Zustrom bei Wahlversammlungen. Daher konnte man hoffen, die auf Grund der geringen finanziellen Möglichkeiten gegebene mangelnde Präsenz in der Materialschlacht mehr als ausgleichen zu können. „Sie plakatieren, wir siegen!" lautete die optimistische Parole des VdU, der mit nur einem — eher nichtssagenden — Bildplakat in den Wahlkampf zog. Dessen graphisch nicht sehr einfallsreiche und in der Aussage auch nicht auf den ersten Blick durchschaubare Gestaltung signalisierte ebenfalls die Zuversicht, daß vom VdU eine magnetische Wirkung auf die Wählermassen ausgehen würde. „Recht — Sauberkeit — Leistung" waren schließlich Begriffe, die unterschwellig an die bereits mancherorts zu konstatierende Unzufriedenheit über die „Koalitionspackelei" der beiden Großparteien appellierten.
Das Wahlziel der neuen Partei, die absolute Mehrheit der ÖVP zu brechen, wurde jedenfalls durch die 489 273 Stimmen, die der VdU am Abend des 9. Oktober verbuchen konnte, erreicht. Auf längere Sicht erwies sich jedoch dieser Erfolg — nicht zuletzt auf Grund bald auftretender innerparteilicher Differenzen — als nicht wiederholbar. Die

287

288

besondere Situation des Jahres 1949 läßt jedenfalls für die Geschichte und das Wesen der politischen Propaganda den Schluß zu, daß die Plakatwerbung stets nur einen — und nicht unbedingt den entscheidenden — Faktor für den Erfolg im Kampf um Wählerstimmen ausmacht. J.L.

Lit.: Gläser, Eleonore: Die Propaganda für die österreichischen Wahlen 1949, phil. Diss., Wien 1951, S. 169 ff; Reimann, Viktor: Die Dritte Kraft, Wien 1980, S. 140.

288 *Ello Mixer*

E: Atelier Trigar Wirtschaftswerbung Matz-Sattler [1949], 119x84 cm, P 13 360

Nachdem bereits Ende der zwanziger Jahre eine Art elektrische Universal-Küchenmaschine mit Vorrichtungen zum Faschieren, Reiben, Passieren, Schneiden, Rühren usw., aber auch kleine Geräte, wie elektrische Kaffeemühlen und Rührwerke, zum erstrebenswerten Inventar einer gut eingerichteten Küche gezählt wurden, verging noch eine lange Reihe von Jahren, bis die Hausfrau einer Normalfamilie daran denken konnte, sich mit Hilfe der Technik die Arbeit in der Küche zu erleichtern.
Ende der vierziger Jahre kam dieses durch den Druck des Leitungswassers angetriebene Modell auf den Markt. Damit wurde eine Entwicklung eingeleitet beziehungsweise weitergeführt, in deren Verlauf der Besitz eines Mixers oder eines Kühlschrankes nicht nur als ein wichtiges Hilfsmittel im täglichen Leben, sondern auch als Statussymbol angesehen wurde. G.B.

289 *Der dritte Mann*

D: Wien: F. Adametz [1950], 123x87 cm, P 13 362

Die Außenaufnahmen für den Film „Der dritte Mann" begannen im Frühjahr 1948 in Wien. Die Atelieraufnahmen wurden im Herbst und Winter 1948/49 in London durchgeführt. Da der Film ursprünglich in englischer Sprache gedreht wurde, lief die deutsch synchronisierte Fassung erst im Frühjahr 1950 in den Kinos an.
In Wien, dem Schauplatz des Filmes, erfolgte die festliche Uraufführung am 10. März 1950 im Apollo-Kino.
Anläßlich der Filmpremiere veranstaltete die von der britischen Besatzungsmacht herausgegebene „Weltpresse" ein eigenes Preisausschreiben, und auch sonst wurde die Werbetrommel kräftig gerührt.
Auf dem Filmplakat ist die geheimnisvolle und bedrohliche Atmosphäre dieses perfekt gemachten Thrillers meisterhaft wiedergegeben: Die Hauptfigur, der Penicillinschieber Harry Lime, der sich durch einen vorgetäuschten Unfall den Nachforschungen der Polizei entziehen will, ist als mächtiger Schatten dargestellt. Auch im Film ist die Gestalt Limes und dessen ständige Präsenz oft nur angedeutet: Bei seinem ersten Auftritt aus dem Dunkel sieht man zunächst nur seine Füße. Die Kamera arbeitet geschickt mit Licht und Schatten und erzeugt dadurch — in Verbindung mit dem Zitherspiel des Wieners Anton Karas — eine ständige Stimmung der Ungewißheit und der lastenden Bedrohung.
Durch den Film „Der dritte Mann" wurde dessen Produzent und Regisseur Carol Reed weltberühmt. Als einer der größten Erfolge des englischen Films kursierten über den Inhalt bald zahlreiche tiefgründige Interpretationen, die in dem Film sogar mythische Elemente entdecken wollten.
Im Gegensatz zu diesen Deutungen steht jedoch die Aussage des Autors Graham Greene über die beabsichtigte Wirkung des Films auf die Zuschauer: „Wir wollten sie einfach unterhalten, sie ein wenig

Heute sucht ganz Wien den Dritten Mann

„Weltpresse" und „Sascha-Film" veranstalten, wie bekanntgegeben, ein großes Preisausschreiben anläßlich der am 10. März im Apollo stattfindenden Premiere des als besten Film des Jahres preisgekrönten Carol-Reed-Films „Der dritte Mann". Seit heute 10 Uhr geht der geheimnisvolle Fremde, der in dem London-Film „Der dritte Mann" von einem Großaufgebot österreichischer und alliierter Polizei gejagt wird, durch die Straßen Wiens. Sein Gang führt ihn durch den 1., 2., und 6. Bezirk. Wer ihn erkennt und mit den Worten anspricht: "Sie sind der Dritte Mann", erhält von ihm eine Bestätigungskarte, die der Empfänger, mit Namen und Anschrift versehen, an die Redaktion der „Weltpresse", Wien V, Rechte Wienzeile 97, einzusenden hat. Für die Einsender sind 60 Preise im Gesamtwert von 4000 Schilling ausgeschrieben, die in Gegenwart eines Notars unter den fähigen Detektiven verlost werden. Der erste Preis beträgt 1500, der zweite 1000 und der dritte Preis 500 Schilling.

289

Die Popularität des Filmes „Der dritte Mann" spiegelt sich in verschiedenen Werbeaktionen wider:
Oben: Werbung der „Weltpresse"
Rechts: Wahlwerbung der KPÖ

erschrecken, sie zum Lachen bringen!" In Wien selbst hatte „Der dritte Mann" geteilte Reaktionen zur Folge: 1950 — zum Zeitpunkt des Anlaufens des Filmes, der selbst in der unmittelbaren Nachkriegszeit spielt — waren zumindest die ärgsten Kriegsschäden beseitigt, und Wien schickte sich an, sein äußeres Erscheinungsbild wieder für den internationalen Tourismus attraktiv zu machen. Bei aller Anerkennung der filmischen Meisterleistung befürchtete man von der düsteren Schilderung der besetzten und geteilten Stadt negative Auswirkungen auf den durch den Krieg ohnedies stark gesunkenen Ruf Wiens im Ausland.

Immerhin wurde „Der dritte Mann" so populär, daß die KPÖ im Wahlkampf 1953 auf Plakaten und Flugblättern mit diesem Begriff operierte: Hinter den Karikaturen von Figl und Schärf erblickte man als „dritten Mann" die verdächtige Figur des VdU, die mit den beiden anderen Gestalten gemeinsame Sache macht. J.L.

Lit.: Kudrnovsky, Wolfgang: Vom Dritten Reich zum Dritten Mann, Wien 1973, S. 257ff.; Krusche, Dieter: Reclams Filmführer, Stuttgart 1973, S. 550 f.; Wahlen 1953, WStLB (B 131 085).

290

schlag 1893), „Wie hieß der österreichische Außenminister, dessen Vater ebenfalls Außenminister gewesen war?" (Andrássy), „War die ‚Lustige Witwe' Franz Lehárs erste Operette?" (Nein, 1902 waren der ‚Rastelbinder' und ‚Wiener Frauen' entstanden) usw.
Der Hauptgewinn wurde von Mitarbeitern der „Presse" getestet und dessen Qualitäten begreiflicherweise besonders hervorgestrichen: „Der Jowett Javelin gehört zu den elegantesten Wagen der mittleren Hubraumklasse, er ist nicht empfindlich und kann trotzdem mit einer sehr beachtlichen Leistung aufwarten . . . Dem Fachmann wird sofort auffallen, daß es sich um eine sehr flache Verbrauchskurve handelt und daß man sich also auch bei schärfster Fahrweise nicht vor einem übermäßig hohen Verbrauch zu fürchten hat. Dies bewiesen zwei Langstreckenversuche, welche einmal mit ruhiger Fahrweise 8,3 Liter und einmal bei möglichst hohem Tempo und schlechten Straßenverhältnissen, Bergen und Aufenthalten 10,9 Liter je 100 km ergaben. Der Verbrauch des Javelin ist also denkbar niedrig. Jetzt zur Höchstgeschwindigkeit, einem großen Plus des Javelin. Unter den drei in die Prüfung gezogenen Wagen waren nach der Uhr (!) kein einziger langsamer als 125 km/h. Das ist zwar mehr, als zu erwarten war, der Jowett konnte aber darüber hinaus noch mit einer besonders liebenswerten Eigenschaft aufwarten, und zwar mit besonderer Elastizität: er läßt sich im vierten Gang anstandslos bis auf 17 km/h herunterfahren und auch dann wieder beschleunigen, ohne auch nur ein bißchen zu rupfen oder zu hacken . . . Es steht schon dafür, sich um den Jowett Javelin zu bewerben." (Die Presse, 26. 2. 1950, S. 11) G.B.

290 *Die Presse*
E: [Wilhelm] Donnhofer
D: [Wien]
[1950], 120 x 84 cm, P 13 363

Ab 26. Jänner 1946 wurde die „Presse" zuerst wöchentlich, ab 19. Oktober 1948 täglich von Dr. Ernst Molden, später von dessen Sohn, herausgegeben. Der Ruf dieses seriösen Blattes wurde durch die politische Berichterstattung und den umfangreichen Wirtschaftsteil begründet, dem die Sparten „Kultur" und „Sport" in keiner Weise nachstanden. Durch wohlfundierte Beiträge bedeutender Persönlichkeiten versuchte das Blatt, die Tradition der „Neuen Freien Presse" fortzusetzen.
Am 26. Februar 1950 startete die „Presse" ein Preisausschreiben, das sich über mehrere Wochen hinzog, denn 24 Kupons, auf denen insgesamt 22 Preisfragen beantwortet werden mußten, sollten gesammelt und eingeschickt werden. Preise im Gesamtwert von mehr als 75 000 Schilling waren ausgesetzt; der Hauptgewinn war ein Auto, ein Jowett Javelin im Werte von 40 000 Schilling, es folgten ein Kühlschrank, ein Musikschrank, eine elektrische Nähmaschine, eine Küchenmaschine, ein Schlauchboot, ein Radioapparat usw.
Die Preisfragen konnten beantwortet werden, wenn man einen bestimmten Artikel der vorangegangenen Nummer der „Presse" aufmerksam gelesen hatte, zum Beispiel: „Wo fand das erste österreichische Skirennen statt?" (Mürzzu-

291 *Wiener internationale Automobilausstellung*
E: [Franz] Schaupp
D: Wien: Piller
1950, 87x60 cm, P 11 277

Zum Zeitpunkt der „Wiener Internationalen Automobilausstellung 1950" war in Österreich folgender Kraftfahrzeugbestand gegeben: 43 500 PKW, 40 000 LKW und 116 000 Motorräder. Damit wurde der Vorkriegsbestand von 28 000 PKW, 13 800 LKW und 65 000 Motorrädern ganz wesentlich überschritten. Dabei waren die Kraftfahrzeugbesitzer gerade in den letzten Wochen vor der Automobilausstellung finanziell außerordentlich belastet worden: Die Haftpflichtversicherungen waren um 50 Prozent und der Benzinpreis um 27 Prozent erhöht worden. Durch Einführung neuer Zollsätze verteuerte sich zum Beispiel der Tatraplan von 42 500 Schilling auf 49 500 Schilling und der Skoda von 27 800 Schilling auf 32 400 Schilling.
Über den Zustand der österreichischen Straßen schrieb „Die Presse" am 21. Mai 1950: „Wenn auch die großen, von Wien ausgehenden Transversalverbindungen zum überwiegenden Teil als modern angesprochen werden können und zumeist mit gutem Straßenbelag versehen sind, liegen die Verhältnisse bei den übrigen Straßen wesentlich ungünstiger. Selbst von dem Bundesstraßennetz von 7 000 km sind 3 000 km ohne staubfreien Belag. Noch schlechter ist der Zustand der Landstraßen. Während in den westlichen Bundesländern von den Landesbehörden viel zur Verbesserung getan wird, was nicht zuletzt auf die Erfordernisse des Fremdenverkehrs zurückzuführen ist, sind die Straßen in Niederösterreich und im Burgenland

291

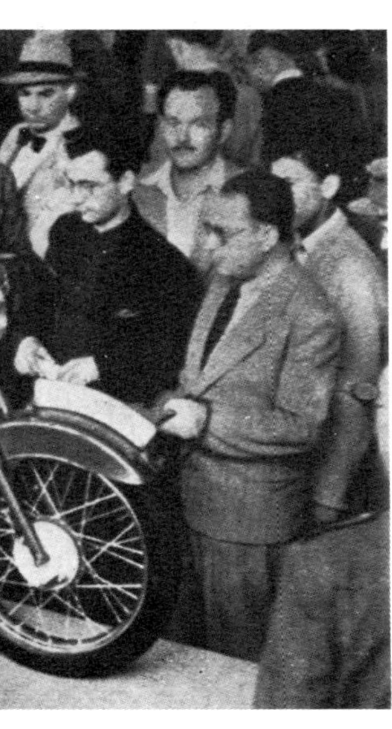

Die neue Puch 125 ccm hat die Herzen der Motorradfreunde in ihren Bann geschlagen. Hier handelt es sich nicht einfach um ein „neues Modell", sondern um eine wahrhaft revolutionierende Änderung der ganzen Konstruktion. Die neue Schalenbauweise wird sicherlich das Gesicht des zukünftigen Motorrades ganz entscheidend beeinflussen.

Wiener Illustrierte, 27. 4. 1950

vielfach in einem miserablen Zustand. Die österreichischen Nebenstraßen sind vor allem in der Anlage zumeist veraltet. Das Befahren der engen kurvenreichen und steilen Straßen ist zeitraubend und gefährlich. Noch schlimmer wirkt sich der schlechte Belag aus, den man auf Schritt und Tritt antrifft, sobald man sich von den großen Verkehrsadern entfernt. Am letzten Sonntag fand eine Voralpenwertungsfahrt statt, die vom Wienerwald bis in die Mariazeller-Gegend und zurück führte. Die Teilnehmer waren sich darüber einig, daß es eine der schwierigsten Strecken war, die jemals befahren wurden. Man findet derartige Strecken außer auf dem Balkan heute nur noch in Österreich. Was dies für den Verschleiß an Kraftfahrzeugen bedeutet, bedarf keiner weiteren Erläuterung. Eine eindrucksvolle Illustration dafür lieferte die erwähnte Wertungsfahrt, bei der ein enorm hoher Prozentsatz von Autos und Motorrädern bestbekannter Marken durch Bruch und Schaden ausfiel.“ M.K.

Mit Riesenplakaten warb die SPÖ für ihren Kandidaten

292 *Österreicher — Euer Vertrauen*

E: [Victor] Slama
D: Wien: Vorwärts
[1951], 60x43 cm, P 1 575

Am 31. Dezember 1950 starb Bundespräsident Renner. Die Regelung der Nachfolgefrage sollte gemäß der Verfassung von 1929 laut einem Beschluß des Ministerrates erstmals durch eine Volkswahl erfolgen. Als Kandidaten wurden von den Parteien der oberösterreichische Landeshauptmann Heinrich Gleißner (ÖVP), der Wiener Bürgermeister Theodor Körner (SPÖ), der Chirurg Burghard Breitner (VdU) und ÖGB-Vizepräsident Gottlieb Fiala (KPÖ) nominiert, zu denen sich noch zwei parteilose Kandidaten gesellten.

Zwischen ÖVP und SPÖ kam am 9. März 1951 ein Abkommen über die Propagandatätigkeit der beiden Großparteien für die Präsidentenwahl zustande. Der Wahlkampf sollte auf 14 Tage beschränkt werden, jede Partei nur ein Standardplakat und ein Flugblatt — oder eine Flugschrift — herausgeben, und schließlich sollte die Propaganda für den Präsidentschaftskandidaten von jeder Partei positiv für den eigenen Kandidaten geführt werden, ohne den Gegenkandidaten herabzusetzen. Tatsächlich wurde der Wahlkampf in seiner ersten Phase verhältnismäßig milde und fair geführt, und beide Parteien hielten sich im großen und ganzen an die geschlossenen Vereinbarungen.

Beim Wahlgang am 6. Mai erzielte Landeshauptmann Gleißner zwar die meisten Stimmen, nicht aber die notwendige absolute Mehrheit; Bürgermeister Körner lag stimmenmäßig knapp hinter ihm. Aus diesem Grund war eine Stichwahl zwischen den Kandidaten der ÖVP und der SPÖ notwendig, ohne daß jedoch diesmal eine Parteienvereinbarung über die Methoden des Wahlkampfes abgeschlossen wurde.

Damit entbrannte abermals der Kampf um die Hofburg, aber in einer Form, die „wie kaum ein anderes Ereignis den Schlamm unausgegorener Ressentiments und vergangener Aggressionen von neuem aufwühlte“, wie der Historiker Ludwig Reichhold wohl zu Recht feststellte. Da es nunmehr galt, auch die Anhänger der kleineren Parteien anzusprechen, hielten sich die nominierenden Parteien ÖVP und SPÖ eher im Hintergrund und waren noch mehr als zuvor bestrebt, ihren jeweiligen Kandidaten als Vertreter des ganzen Volkes zu präsentieren. Zwar gab es — wohl angesichts der Kürze der Frist — keine neuen Plakate, aber durch Reden und Flugblätter wurde die Stimmung merklich angeheizt. Nachdem die KPÖ sich in einer Wahlempfehlung für Körner ausgesprochen hatte, versuchte die ÖVP die im Wahlkampf 1949 so erfolgreiche „Rote Katze“ gegen den SPÖ-Kandidaten einzusetzen, wofür sich die Sozialisten mit Hinweisen auf Gleißners politische Tätigkeit im Ständestaat revanchierten. Der VdU empfahl seinen Anhängern zwar, beim zweiten Urnengang ungültig zu wählen; Parteivorsitzender Kraus erklärte jedoch drei Tage vor dem Wahltermin demonstrativ, „Ich wähle Gleißner!“ und verstärkte damit zusätzlich die Ungewißheit über den Wahlausgang.

Für viele überraschend, brachte das Ergebnis der Stichwahl vom 27. Mai eine Mehrheit für Körner, der damit zum ersten vom Volk gewählten Staatsoberhaupt Österreichs wurde. Ausschlaggebend für dieses Resultat war wohl nicht zuletzt die Tatsache, daß sich Körner durch sein respekteinflößendes Auftreten während seiner Amtszeit als Wiener Bürgermeister — vor allem auch gegenüber der sowjetischen Besatzungsmacht — die Anerkennung und das Vertrauen weiter Kreise der Bevölkerung erworben hatte und das Wahlschlagwort vom „Bürgermeister aller Österreicher“ auf fruchtbaren Boden gefallen war. J.L.

Lit.: Kollmann, Eric C.: Theodor Körner, Wien 1973, 344 ff.; Reichhold, Ludwig: Geschichte der ÖVP, Graz 1975, S. 205 ff.; Plakatausstellung Victor Th. Slama, Wien 1975, Nr. 131; Bundespräsidentenwahlen 1951, WStLB (B 129 311).

Österreicher –
Euer Vertrauen
ist mir heiligste
Verpflichtung!
Körner
Eigentümer, Verleger und Herausgeber: Sozialistische Partei Österreichs. Für den Inhalt verantwortlich: August Jerosik – Beide Wien I, Löwelstraße 18 – Druck: „Vorwärts", Wien V -

292

293 *2. Sommerkonzert*
D: Wien: Piller
[1951], 124x85 cm, P 7085

Die Wiener Tradition der öffentlichen Sommer- und Platzkonzerte, die sich aus dem 19. Jahrhundert ableitet und deren Träger so berühmte Musiker wie Strauß (Vater), Strauß (Sohn), Fahrbach, Lehár, Kremser, Müller oder Ziehrer gewesen sind, wurde wenige Tage nach dem Ende des Zweiten Weltkrieges und nach der Besetzung der Stadt weitergeführt.
Ein Ensemble der Roten Armee spielte als erste Militärmusikkapelle bereits am 29. April 1945 auf. Musiziert wurde auf dem Platz vor dem Parlament — und zwar schon ab 9 Uhr vormittag. Während der Besatzungszeit veranstalteten die Mächte dann häufig öffentliche Konzerte ihrer Militärkapellen, wobei die einzelnen Staaten gelegentlich auch mit ihren Musikdarbietungen zu wetteifern schienen.
Die 2. Sommerkonzerte der „US Air force band" auf dem Rathausplatz fanden am 13./14. Juli 1951 statt. Man gab amerikanische Märsche und spielte — als Verbeugung vor Wien — auch österreichische Komponisten. Das Luftwaffenorchester war allerdings keine militärische Truppe mehr, sondern schon ein Profiensemble ausschließlich mit Musikaufgaben. Es machte 1951 eine Welttournee, hatte zuvor Irland, Holland, Luxemburg, Deutschland und in Österreich bereits Salzburg besucht, und befand sich nach den Wiener Darbietungen auf dem Weg nach Norditalien und in die Levante, wo man in Tripolis Konzerte veranstaltete.
Ab 1956 übernahmen das österreichische Bundesheer die Ausführung der publikumswirksamen Zapfenstreiche sowie die Kapellen von Interessens- und Berufsverbänden die Sommer- und Blasmusikkonzerte. So wurden beispielsweise im Rahmen des Musikalischen Sommers 1964 in Wien allein 72 Platzkonzerte registriert.
Und schließlich: Die Produktionen der österreichischen Heeresmusikkorps bei Angelobungen, Gedenkfeiern und sogenannten Heldenehrungen bilden auch heute noch einen fixen Bestandteil des Paradereglements und faszinieren viele Passanten wie ehedem die Bandas oder die Bands. O.B.

293

294 *Die 4 im Jeep*
E: SchoKro
D: Wien: Piller
[1951], 85x120 cm, P 13364

Im Jahre 1951 hatte der von dem Wiener Leopold Lindtberg gedrehte Film, der die Verhältnisse in Österreich während der Besatzungszeit zur Grundlage der Handlung nahm, Premiere. „Die vier sind William Long aus den Vereinigten Staaten, Harry Stuart aus England, Marcel Pasture aus Frankreich und Wassilij Woroschenko aus der Sowjetunion . . . Woroschenko, der Sowjetsoldat, ist der eigentliche Held des Films ‚Die vier im Jeep'. Die Handlung, in deren Mittelpunkt ein vom russischen Geheimdienst verfolgtes Wiener Ehepaar steht, wird wohl von Long, Pasture und Stuart bestritten. Die drei gefallen uns, wir verstehen sie, aber wir brauchen nicht weiter über sie nachzudenken. Woroschenko aber erschüttert uns. Da kämpft ein Mensch, in dessen tiefstem Herzen Güte und Großzügigkeit wohnen, einen erbitterten Kampf mit sich selbst, um zweifach loyal bleiben zu können: gegen die Prinzipien seines Landes, die ihm als die einzig richtigen erscheinen, und gegen die Kameraden und die von ihnen verteidigte Sache, deren Gerechtigkeit er erahnt . . . Lindtberg, der nach der Schweiz emigrierte Wiener, hat sich in diesem Film, für den Richard Schweizer das Drehbuch und verblüffend echt klingende Dialoge schrieb, wieder als Regisseur erwiesen, der die Wirklichkeit zur Kunst gestaltet und dessen Wirkungen keine bewußt aufgesetzten Knalleffekte, sondern die selbstverständlichen Lösungen natürlicher Situationen sind. Alles an diesem Film ist echt" (AZ,

294

10. 10. 1951, S. 5). Die Darstellung eines Heimkehrerschicksals wird gleichsam überlagert durch die Schilderung der Mentalität und der unterschiedlichen Empfindungen und Handlungen der vier verschiedenen Nationen angehörigen Soldaten, welche die Besatzung eines derartigen Jeeps bildeten.

Der Streifen erhielt allgemein gute Kritiken und wurde als Symbol des Verständnisses und der Toleranz der Menschen untereinander betrachtet. „Ein Heimkehrer im Netz der Besatzungsverhältnisse . . . Daß hier persönliche Schicksale die Mißverständnisse unter den Großen der Welt symbolisieren, . . . gibt auch diesem Film seine Note und beachtliche Wirkung.“ (Paimann’s Filmlisten, 11. 10. 1951, S. 106)

„Ein ehrlicher, wenngleich allzu optimistischer Film, der angesichts der politischen Konfrontation zu seiner Entstehungszeit menschliches Verständnis als Heilmittel beschwor. Der nüchterne Realismus im Detail galt damals als bemerkenswerte Leistung und bewahrte den Film auch vor dem Abgleiten in unkontrollierte Sentimentalität.“ G.B.

Lit.: Krusche, Dieter: Reclams Filmführer, 2. Aufl., Stuttgart 1973, S. 585.

Alliierte Militärpolizei beim Appell

295

295 *Der welterprobte Wirkstoff Sechsagamm*

E: [Joseph Wilhelm] Farnik
D: Wien: J. Eberle
[1951], 170x122cm, P 13 365

Seit Jahrhunderten waren die Menschen bestrebt, wirksame Abwehrmaßnahmen gegen die Ungezieferplage zu finden. Immer wieder tauchten Leute auf, die „ein vortreffliches Mittel wider die Wanzen oder Wandläuse erfunden, auch dasselbe schon an verschiedenen Orten mit großem Nutzen angewendet" hatten. (WZ, 28. 6. 1769)
Auch das 20. Jahrhundert brachte keine Erleichterung, umso schlimmer war es, als in der Nachkriegszeit eine Verknappung der Bekämpfungsmittel eintrat und die Plage unerträglich wurde: „Wien ist zur Zeit zum Entsetzen tausender Hausfrauen eine sehr ungezieferreiche Stadt, und Bekämpfungsmittel sind nicht immer leicht zu bekommen . . . Ungeziefer ist ein gefährlicher Krankheitsüberträger. Vor allem kann es die Gesundheit von Säuglingen ernstlich schädigen . . . Ungeziefer gibt es heute in allen Bevölkerungsschichten und in jedem Stadtteil. Auch die Villenviertel blieben, nach den Aufträgen der Raumdurchgasungsfirmen zu schließen, nicht verschont. Wanzen in der Wohnung sind heutzutage also keine Schande — wenn man sie entsprechend bekämpft." (Welt am Montag, 1. 9. 1947, S. 3)
Die Erlösung von diesen gesundheitsschädlichen und ekelerregenden „Diwanbienen" und anderem Ungeziefer erfolgte erst durch das DDT. Nach dem Zweiten Weltkrieg wurde es insbesondere gegen Krankheitsüberträger und Fraßschädlinge mit großem Erfolg eingesetzt. Die sofort und nachhaltig eintretende Wirkung blieb jedoch auch beim Menschen nicht ohne Folgeerscheinungen. Die schädlichen, langfristig nicht behebbaren Nebenwirkungen des „Wundermittels DDT" wurden erst in jüngster Vergangenheit bekannt und haben insoweit ein Umdenken bewirkt, daß man heute derartige Produkte langwierigen Tests unterzieht und möglichen, derzeit noch nicht überschaubaren Nebenwirkungen kritisch gegenübersteht. G.B.

296 *ein guter Griff*

E: Motter
(Vbg Graphik Hard)
D: Wien: J. Eberle
[1951], 171x85 cm, P 13 366

Dieses Werbeplakat wurde vom Magistrat der Stadt Wien nach dem Schmutz- und Schundgesetz mit Verbreitungsverbot belegt. In der Begründung hieß es, daß das Werbeplakat geeignet sei, die geistige und sittliche Entwicklung jugendlicher Personen durch „Reizung der Lüsternheit" schädlich zu beeinflussen, wie das Bekritzeln und Beschmieren einer Reihe von Plakaten durch obszönste Zeichnungen beweise.
Diese Maßnahme war vielen unverständlich; die „Volksstimme" widmete dem Ereignis eine eigene Glosse: „Über Witz läßt sich natürlich streiten, aber ich finde das Plakat lustig und im Vergleich mit den schwülen . . . Badetrikot-Plakaten, ausgesprochen keusch. Jedenfalls, der Magistrat war anderer Meinung und verbot die schwarze Tatze auf der Hose. Die Firma überpickte also die inkriminierte Darstellung mit einem Streifen, darauf stand: ‚In Ihrem Fachgeschäft' . . .
Der gute, aber überpickte Griff erregte begreiflicherweise die Neugierde jener Leute, die das unzensurierte Plakat gar nicht beachtet hatten. Gar mancher Lausbub begann auf dem Oberteil der Mädchenhose herumzukletzeln. Und zum Vorschein kam wieder die schwarze Hand. Das gab zum Nachdenken Anlaß. Warum war die schwarze Hand überpickt worden? ‚Ja, Vatti, warum haben sie denn das Papierl über die Hand vom Rauchfangkehrer gepickt?' fragte mich mein kleiner Bub. ‚Weil der Rauchfangkehrer das nicht hätte tun

dürfen!‘ sagte ich voll moralischer Entrüstung. ‚Warum, Vatti?‘ fragte mein Bub gespannt weiter. Ich antwortete: ‚Bevor man was angreift, muß man sich doch die Hände waschen, nicht wahr?‘ Das leuchtete ihm ein. Seine Moral und vor allem seine Achtung vor den Herren im Magistrat waren gerettet.“ (26. 11. 1951, S. 7) G.B.

Lit.: Rathaus-Korrespondenz 17. 10. 1951, Bl. 1858 f.

297 *Kajak Badedress*
E: [Paul] Aigner
D: Wien: Piller
(1952), 261 x 120 cm, P 13 367

Das vorliegende Plakat für Kajak-Bademoden stammt von Paul Aigner, sicherlich einem der interessantesten Gebrauchsgraphiker der Nachkriegszeit. Die Verwendung des Motivs des Pin-up-Girls nach amerikanischem Muster ist in diesem Fall im Hinblick auf das Produkt einigermaßen begründet. Doch bereits zwei Jahre später mußte Kurt Moldovan in einer Betrachtung zur Situation der österreichischen Gebrauchsgraphik deren Einfallslosigkeit beklagen: „Graphisch ausgetragene ‚Konfektion‘ schleppt sich an der österreichischen Plakatwand hin und versucht, gleich dem alten König im Märchen, sich an jungen ‚pin-up‘-Girls erwärmend zu verjüngen. Trotz der bunten Vielfalt an den Wänden ist es im Grunde immer dieselbe Dame, deren Sex-Appeal Zahnpasten, Eisschränke, Einfamilienhäuser, Seifen, Ferienreisen, Trikotagen, Margarinen — kurzum alles ‚geradezu erotisch‘ begehrenswert machen soll! Die Damen sind ebensowenig voneinander zu unterscheiden wie die Produkte. Der Sinn der Werbung,

296

297

zu wählen, geht verloren. Die ‚Werbefähigkeit' der Erotik wird von der Industrie für ihre Erzeugnisse überschätzt." (plakat, 1954/1, S. 5) B.D.

298 *7 Jahre schon!*
(= Plakatzeitung der Solidarität, Nr. 4)
E: [Victor] Slama
D: Wien: Piller
[1952], 170x125 cm, P 8 166

Vor dem Hintergrund des Kalten Krieges gestaltete sich die Zeit zwischen dem Jahr 1950 und dem Frühjahr 1953 zu einer Phase des Einfrierens der Verhandlungen um den Abschluß eines Staatsvertrages mit Österreich. Einzelne Bemühungen von alliierter wie von österreichischer Seite, die festgefahrenen Gespräche wieder in Gang zu bringen, brachten in der Sache selbst kaum Fortschritte und blieben in ihrer Bedeutung zumeist auf ihre propagandistische Wirkung beschränkt.

Einen naheliegenden Anlaß, um das Thema der Fortdauer der Besatzung zur Sprache zu bringen, boten stets die Frühjahrsmonate März und April, jene Monate, in welche die Gedenktage an die deutsche Okkupation Österreichs im Jahre 1938 und an den Beginn der Besatzungszeit im Jahre 1945 fielen. Wohl nicht ohne Absicht richteten beispielsweise die drei Westmächte ausgerechnet am 13. März 1952, dem Jahrestag des „Anschlusses", an die Sowjetunion die Aufforderung, über einen neuen Staatsvertragsentwurf zu verhandeln.

Österreichischerseits wurde wenige Wochen später ein spektakulärer Schritt gesetzt, um gegen die Fortdauer der Besatzung zu protestieren: Im Rahmen einer eindrucksvollen Kundgebung verabschiedete am 2. April der Österreichische Nationalrat eine Resolution gegen die „völkerrechtswidrige Fortsetzung der Besetzung Österreichs durch fremde Armeen". Unterstrichen wurde die Demonstration des Freiheitswillens der österreichischen Bevölkerung einen Tag später durch gleichzeitige Protestsitzungen aller Landtage der Bundesländer, die sich dem Appell des Nationalrates anschlossen.

Auch der Österreichische Gewerkschaftsbund meldete sich zu Fragen der Viermächtebesatzung mehrfach mit Resolutionen und Protesten zu Wort. Das hier als eines der zahlreichen Beispiele gezeigte Plakat stammt ebenfalls vom Frühjahr 1952 und entstand unter außergewöhnlichen Begleitumständen: Die Nummer 4 der regelmäßig vom ÖGB herausgegebenen Plakatzeitung „Solidarität" erschien im März in zwei verschiedenen Varianten, die beide Victor Slama gestaltet hatte. Das eine Plakat zeigte eine vierfach geknotete rotweißrote Fahne, das andere zwei gefesselte Hände als Ausdruck der Unfreiheit Österreichs. Diesen aussagekräftigen Zeichen des Protestes wurde durch die auf beiden Plakaten enthaltene Frage „7 Jahre schon! Wie lange noch?" Nachdruck verliehen.

Der öffentliche Anschlag der beiden Plakate wurde durch die sowjetische Besatzungsmacht in Niederösterreich und im Burgenland verboten. Als Reaktion

298

Plakatvariante

299

300

darauf und wohl auch, um diesem Willkürakt der Sowjets eine erhöhte Publizität zu verleihen, veröffentlichte der Gewerkschaftsbund beide Plakate in der Gewerkschaftszeitung „Solidarität" vom 24. März 1952. In Form eines Preisausschreibens wurden die Mitglieder aufgefordert, der Redaktion mitzuteilen, welche der beiden Darstellungen als die wirksamere angesehen werden könne.
Wie aus einem Bericht der „Solidarität" vom 21. April hervorgeht, entschieden sich von 3 283 Einsendern 2 590 — also eine überwiegende Mehrheit — für das zweite Plakat mit den gebundenen Händen, das vor allem vom Standpunkt der Augenfälligkeit als das eindrucksvollere bezeichnet wurde.
Auch rückblickend kann gesagt werden, daß dieses Werk Slamas zweifellos zu den bemerkenswertesten Zeugnissen auf dem Gebiete der Plakatkunst — zum Thema Viermächtebesatzung — zu zählen ist. J.L.

Lit.: Solidarität, 24. 3. 1952, S. 4; Luger, Johann: Parlament und alliierte Besatzung, phil. Diss., Wien 1976, S. 136 ff.; Massiczek, Albert: Zeit an der Wand, Wien 1967, Nr. 151; Plakatausstellung Victor Th. Slama, Wien 1975, Nr. 124; Stourzh, Gerald: Geschichte des Staatsvertrages 1945 bis 1955, Graz 1980, S. 109 ff.

299 *Millionen verwenden Philishave*
E: [Georg] Mally
[1952], 85x59,5 cm, P 13 368

Die Firma Philips hatte bereits 1939 einen elektrischen Rasierapparat auf den Markt gebracht, das Modell „Stahlbart". Die Produktion lief bis 1947 und wurde dann durch den noch heute bekannten „Philishave" ersetzt. Zwischen 1948 und 1952 wurde der Typ mit einem Kopf, einstellbar auf 110 oder 225 Volt, erzeugt, von 1951 bis 1959 gab es auch ein Modell mit zwei Scherköpfen.
Bis zum Ende des Jahres 1950 wurden von der Firma Philips insgesamt rund zwei Millionen Stück Elektrorasierer fabriziert. G.B.

300 *Hallo Dienstmann*
E: [Paul] Aigner
D: Wien: Piller
[1952], 121x83 cm, P 13 369

Paul Hörbiger, Hans Moser, Harry Fuß, Maria Andergast, Waltraut Haas, Susi Nicoletti, Annie Rosar lautete das Staraufgebot für diesen Film, den Franz Antel 1952 drehte. Die „AZ" schrieb darüber: „‚Hallo Dienstmann', ein österreichisches Lustspiel, will nichts als zwei Stunden lang anspruchslos unterhalten, und dieser Zweck wird vollkommen erreicht, ohne daß sich selbst der künstlerisch anspruchsvollere Kinobesucher ärgern muß. Vor allem lachen wir über Hans Moser, der im Schmuck des Dienstmannkäppchens wirklich hinreißend komisch ist. Paul Hörbiger überzeugt uns als alkoholisierter Kollege Mosers mehr denn als Professor der Akademie. Maria Andergast, hübsch und schick, Waltraut Haas, jung und frisch, Harry Fuß, eine Idee zu schmalzig, Annie Rosar, bewährt als Hausbesorgerin, Rudolf Carl, Richard Eybner und die äußerlich und im Spiel bezaubernde Susi Nicoletti sind in den weiteren Rollen zu sehen. Hans Lang schrieb wieder zwei gängige Schlager, deren Popularität durch ihre Interpreten Moser, Hörbiger und Andergast von vornherein gesichert ist." (10. 2. 1952, S. 6)
Der Streifen wird heute noch manchmal gezeigt, auch die verschiedenen Präsentationen im österreichischen Fernsehen wurden vom Publikum sehr positiv aufgenommen. G.B.

301

Wiener Kurier, 10. 2. 1953

301 *260. Runde*
D: [Wien]
[1953], 172x120 cm, P 7 197

Ab dem Jänner 1947 beschäftigte sich abwechselnd in London und in Paris ein aus Vertretern der USA, der Sowjetunion, Großbritanniens und Frankreichs gebildetes Gremium der sogenannten „Sonderbeauftragten" mit der Frage des österreichischen Staatsvertrages. Niemand konnte damals voraussehen, daß diese Verhandlungen — nach mehreren, oft langen Unterbrechungen — erst mit der 260. Sitzung vom 9. Februar 1953 zu Ende gehen würden, und das, ohne ein endgültiges Ergebnis gezeitigt zu haben.
Diese letzte Sitzung wurde abgebrochen, nachdem der sowjetische Delegierte Gromyko es zum wiederholten Male abgelehnt hatte, über den von den Westmächten seit dem Frühjahr 1952 zur Diskussion gestellten „Kurzvertrag" zu verhandeln und dessen Zurückziehung gefordert hatte. Bei der Initiative des „Kurzvertrages" dürften, wie der Historiker Gerald Stourzh feststellt, zwei Überlegungen eine Rolle gespielt haben: „Einmal sollte den Sowjets klargemacht werden, daß sie die 1949 in einer bestimmten Situation — in der Hoffnung einer unmittelbar bevorstehenden Räumung Österreichs — zugestandenen Konzessionen ‚nicht unbegrenzt im diplomatischen Eiskasten frisch erhalten könnten', wie Karl Gruber in seinen Memoiren bemerkt. Und dann sollte wohl auch die Verantwortung für die Ablehnung des Vertragsabschlusses, ja auch für die Ablehnung weiterer Verhandlungen, eindeutig der Sowjetunion zugeschoben werden."
Dieses stark von propagandistischen Überlegungen bestimmte große „Schwarze-Peter-Spiel" um die Verantwortung für den Verzug des Staatsvertrages fand im konkreten Fall seinen Ausdruck in diesem vom rührigen US-Informationsdienst in Wien herausgegebenen Plakat, in dem die Amerikaner den Sowjets die Schuld am Abbruch der Verhandlungen gaben. Auch in ihren Zeitungen und in Flugschriften beschuldigten die USA und die Sowjetunion die jeweils andere Seite, letztlich gar keinen Staatsvertrag zu wollen. Zeichnerisch wurde dieses Thema mehrfach in ähnlicher Weise — als unvollständig besetzter Verhandlungstisch — gestaltet. Der Propagandakrieg der Großmächte wurde mit allen Mitteln geführt, wobei es für die Österreicher, um die es ja letztlich ging, vielfach schwer war, Dichtung und Wahrheit voneinander zu unterscheiden.
Wohl zu Recht hat der ehemalige österreichische Botschafter in Moskau, Norbert Bischoff, die Zeit zwischen dem Mai 1950 und dem März 1953 als eine „Periode der völligen Blockierung" für die Staatsvertragsverhandlungen bezeichnet. Die wenigen Treffen der Alliierten in dieser Zeit hatten zumeist nur deklamatorischen Charakter. Erst im April 1953 wurde diese politische „Eiszeit" abgelöst durch eine „Periode der Auflockerung", die — nach den zeitlich nahe beisammen liegenden Ereignissen des Todes Stalins und des Regierungsantrittes von Bundeskanzler Raab (vgl. Nr. 305 und Nr. 308) — neue Hoffnungen auf einen baldigen Abschluß des Staatsvertrages weckte.

J.L.

Lit.: Stourzh, Gerald: Geschichte des Staatsvertrages 1945 bis 1955, Graz 1980, S. 75ff.

302 *Unser Kamitz*

D: Wien: E. Metten
[1953], 85x60 cm, P 2 215

302

Abgesehen von der Frage des Staatsvertrages wurde die Propagandaschlacht für die dritten Nationalratswahlen der Zweiten Republik am 22. Februar 1953 nahezu ausschließlich mit wirtschaftspolitischen Parolen geführt. Den Anlaß hiefür bildete nicht zuletzt die umstrittene Wirtschaftspolitik von Finanzminister Reinhard Kamitz, der seit seinem Amtsantritt am 23. Jänner 1952 als enger Vertrauter von Julius Raab immer stärker in den Vordergrund trat.

Julius Raab, schon immer der „starke Mann im Hintergrund", hatte als Folge des für die Volkspartei ungünstigen Wahlergebnisses bei der Bundespräsidentenwahl am 6. Mai 1951 Bundeskanzler Figl am 1. August 1951 als Parteiobmann abgelöst und hatte begonnen, die ÖVP einer grundlegenden Reform — nicht nur in ihren wirtschaftspolitischen Zielsetzungen — zu unterziehen.

Kamitz trat sein Amt unter ungünstigen Bedingungen an: Das Auslaufen des Marshallplanes und ein deutliches Abflauen der Konjunktur führte fast zu einer Krisensituation; mit 200 000 Arbeitslosen wurde um die Jahreswende 1952/53 ein bisher einmaliger Tiefpunkt erreicht. Für das kommende Jahr prognostizierte Finanzminister Kamitz in der Budgetschlacht vom Herbst 1952 einen spürbaren Rückgang der Staatseinnahmen. Die Budgetforderungen der Sozialisten für ihre Ressorts — vor allem für das Verkehrs- und Sozialministerium — wurden von der ÖVP mit der Begründung abgelehnt, daß eine Erhöhung der Staatsausgaben inflationistische Tendenzen zur Folge hätte.

An diesen hier nur sehr verkürzt und vereinfacht dargestellten Differenzen scheiterten die Budgetverhandlungen, weshalb sich die Notwendigkeit von Neuwahlen ergab. Nun galt es, in der Wahlargumentation dem Staatsbürger diese komplizierten und für den wirtschaftlichen Laien kaum durchschaubaren Sachverhalte zu verdolmetschen. Die Volkspartei hatte um Verständnis für die Neuorientierung ihrer wirtschaftspolitischen Theorien zu werben, wobei sie sich vielfach — und namentlich Kamitz selbst — einer zu abstrakten und dadurch unverständlichen Sprache bedienten.

Sowenig sich ökonomische Erläuterungen für zündende Wahlreden eigneten, so schwierig war es auch, für diese Themen auf den Plakatwänden die entsprechenden Ausdrucksformen zu finden: Wohl ausgehend von der Annahme, daß bei der überwiegenden Mehrheit der Österreicher das Interesse für wirtschaftliche Fragen eher gering, jenes für den Fußballsport jedoch sehr hoch zu veranschlagen sei, plakatierte die ÖVP einen als Tormann gewandeten Kamitz in voller Aktion, der die Gefahr des von den gegnerischen SPÖ-Spielern abgegebenen Inflationsballes in kühnem Sprung abwehrt. In Anlehnung an den damals überaus populären Schlager „Der Theodor, der Theodor, der steht bei uns im Fußballtor . . .", gesungen von Theo Lingen, wurde der dazu passende Plakattext formuliert: „Unser Kamitz, der hält, der hält . . . daher wähle am 22. Feber Österr. Volkspartei!"

Inflation und Milliardendefizite waren die Schreckgespenster, welche die ÖVP für den Fall eines sozialistischen Wahlsieges an die Wand malte, Drohungen, die sich jedoch als ebensowenig erfolgreich erweisen sollten wie die abermals eingesetzte, nunmehr aber schon etwas abgenützte „Rote Katze", die den eher flauen ÖVP-Wahlkampf des Jahres 1953 nur wenig zu beleben vermochte.

J.L.

Lit.: Reichhold, Ludwig: Geschichte der ÖVP, Graz 1975, S. 211 ff.; Hölzl, Norbert: Propagandaschlachten, Wien 1974, S. 60f.

303

303 *Wehrt Euch gegen Rentenraub*
E: [Victor Slama]
D: Wien: Vorwärts
[1953], 85x60 cm, P 2 222

Im Gegensatz zur ÖVP gelang es den Sozialisten 1953, ihre Aussagen auf einige handfeste Parolen zu reduzieren. Den Hauptangriffspunkt ihrer Attacken richtete die SPÖ gegen den neuen ÖVP-Bundesparteiobmann Raab und vor allem gegen die geplanten Budgetkürzungen von Finanzminister Kamitz. Dessen Programm sah vor, beim Sozialministerium 100 Millionen für den sozialen Wohnbau und beim Verkehrsministerium 108 Millionen für Investitionen zu streichen; außerdem wurde dem „Dr. Kannix", wie er von der sozialistischen Mundpropaganda gern apostrophiert wurde, die Absicht unterstellt, eine Kürzung des Budgetzuschusses für die Renten und Pensionsversicherungen von 30 auf 25 Prozent vornehmen zu wollen. Besonders das zuletzt genannte Vorhaben sollte die SPÖ auf Wochen hinaus reichlich mit Wahlkampfmunition versorgen: „Irgendwo in Wien, von uns nicht mehr feststellbar, flog das Wort vom ‚Rentenklau' auf", teilte bereits im Dezember 1952 eine Vertrauenspersonen-Information der SPÖ mit. Bald darauf erschien dieser „Rentenklau" auch als ÖVP-Gruselfigur auf Wahlplakaten der SPÖ, die damit einen Wahlschlager ersten Ranges landete. Allerdings erinnert dieses Bild des schwarzen Mannes, der mit dem Sack die Renten wegträgt, an den „Kohlenklau" (vgl. Nr. 225), es war also nur sehr bedingt als eine originelle Erfindung der Nachkriegszeit zu bezeichnen. Diese engen verwandtschaftlichen Beziehungen zwischen dem „Kohlen-" und dem „Rentenklau" dürften damals nur wenigen aufgefallen sein. Selbst die ÖVP, die ja daraus unmittelbar Kapital hätte schlagen können, kam erst sechs Jahre später — im Wahlkampf 1959 — auf die Idee, den Sozialisten den Vorwurf von Anleihen bei der nationalsozialistischen Propaganda zu machen.

Dafür plakatierte die ÖVP selbst bei den nächsten Nationalratswahlen im

Jahr 1956 eine rote Klaufigur in Form eines dicken Männchens, welches einen Sack Volksvermögen über die Schulter und einen Erdölturm unter dem Arm eingeklemmt trug. „Schluß mit dem Königreich Waldbrunner!“ und „Waldbrunner will alles wegschleppen — Wehr Dich, wähl ÖVP!“ lauteten die begleitenden Parolen, mit denen die Volkspartei die Verstaatlichungspolitik der SPÖ attackierte. Dem roten „Öl-klau“ der ÖVP folgte postwendend ein von den Sozialisten plakatiertes Schreckgespenst in Schwarz: „Wähler, schützt Österreichs Reichtum — schützt

ZENSUR

Hier befand sich ein Wahlplakat der Sozialistischen Partei. Es mußte auf Weisung der Alliierten Stadt-kommandanten überklebt werden

Für ein freies Österreich wählt SPÖ

304

das Eigentum des Volkes — wählt die Sozialistische Partei!“ hieß es dazu, womit der ÖVP Bestrebungen nach einer Reprivatisierung der Erdölindustrie vorgeworfen wurden. Offensichtlich hatte sich die Methode der Klaufiguren jedoch totgelaufen, denn beide Plakate fanden 1956 nur mehr wenig Anklang.
1953 war der „Rentenklau“ noch so erfolgreich, daß er bald Gesellschaft in der Gestalt des „Hungerraab“ erhielt. Inmitten einer kahlen Winterlandschaft sah man einen Raben, der eine Arbeitslosenkarte im Schnabel hielt: „Elend und Not regiert — wo die ÖVP diktiert. Wehrt Euch! Wählt SPÖ!“ hatten sich die SPÖ-Propagandisten im Zusammenhang mit der besonders hohen Arbeitslosenrate im Winter 1952/53 dazu einfallen lassen.
Die offensiv geführte SPÖ-Wahlpropaganda brachte insgesamt eine Umkehrung der Verhältnisse im Vergleich zum Wahlkampf 1949. War damals die ÖVP erfolgreich bestrebt, die Sozialisten mit dem Schreckgespenst der „Roten Katze“ in die Defensive zu drängen, so gelang es diesmal der SPÖ, mit den Gruselfiguren „Rentenklau“ und „Hungerraab“ den Wähler unmittelbar anzusprechen, ohne daß die Volkspartei eine wirksame Gegenstrategie entwickeln konnte. J.L.

Wildes Plakatieren im Wahlkampf 1953

Lit.: Hölzl, Norbert: Propagandaschlachten, Wien 1974, S. 54 f.; Plakatausstellung Victor Th. Slama, Wien 1975, Nr. 73.

304 *Zensur*
D: Wien: Vorwärts
[1953], 120x85 cm, P 2 245

Im Wahlkampf 1953 gelang es den Sozialisten — im Gegensatz zu 1949 — erstmals, sich als die überzeugendere Kraft gegen den Kommunismus zu profilieren. Den Höhepunkt dieser antikommunistischen Kampagne bildete das Anfang Februar affichierte sogenannte „Galgenplakat" der SPÖ: Eine Collage von Zeitungsausschnitten informierte über kommunistische Säuberungen und Fälle von politischem Terror in Osteuropa. Der Kopf des KPÖ-Organs „Volksstimme" sowie ein gezeichneter Galgen mit einem Strick vervollständigten das Werk, dessen Slogan lautete: „Niemand braucht den Galgen wählen — unsere Wahlen sind geheim. Sichert Freiheit — sichert Leben — wählt SPÖ!"
Dieses Plakat wurde nicht nur von der sowjetischen Besatzungsmacht, sondern, zur großen Empörung der SPÖ, am 4. Februar auch von der Interalliierten Kommandantur des gemeinsam verwalteten ersten Wiener Gemeindebezirkes verboten. Begründet wurde dieser Schritt damit, daß die Kommandanten das „Galgenplakat" als eine Beleidigung für eine Besatzungsmacht betrachtet hätten. Den turnusweise geregelten Vorsitz in diesem Viermächtegremium führte zum damaligen Zeitpunkt der britische Vertreter; zusammen mit den beiden anderen Kommandanten der Westmächte argumentierte er, sie hätten nur eine diplomatische Gepflogenheit beachtet, damit auch das russische Element in ähnlichen Fällen gegen einen Angriff auf westliche Alliierte einschreite. Diese Vorgangsweise erregte beträchtliches Aufsehen, da in der Vergangenheit gerade die Sozialisten sich stets um ein gutes Verhältnis zu den Engländern bemüht hatten.
Als Reaktion darauf ließ die SPÖ in der Inneren Stadt an den Stellen, wo das verbotene Plakat affichiert war, ein neues anbringen, dessen Text den Protest gegen diese Zensurmaßnahme geschickt mit dem Ziel der Wahlwerbung verband:
„Zensur — Hier befand sich ein Wahlplakat der Sozialistischen Partei. Es mußte auf Weisung der Alliierten Stadtkommandanten überklebt werden. Für ein freies Österreich — wählt SPÖ."
Auch dieses offensichtlich als Provokation empfundene Textplakat wurde von der Stadtkommandantur verboten. Spätestens von diesem Zeitpunkt an wurde das „Galgenplakat" gerade durch diese Maßnahmen und durch die Berichterstattung in den Medien für viele Menschen zu einem Begriff und wahrscheinlich zu einem größeren propagandistischen Erfolg, als dies ohne die alliierte Zensur der Fall gewesen wäre.
Nur als Kuriosum am Rande sei erwähnt, daß die ÖVP an diesen Erfolg anzuknüpfen versuchte und auf Flugblättern eine eigene Variante des Galgenthemas verbreitete: Drei Galgen in Form der drei Pfeile der SPÖ, verziert mit Hammer und Sichel, erhielten den drohenden Begleittext: „Unter diesem Zeichen vereinigen sich die Proletarier aller Länder!" Die „Rote Katze" feierte damit ihre fröhliche Auferstehung, wenngleich sie 1953 schon viel von ihrer Wirksamkeit eingebüßt hatte. J.L.

Lit.: Hölzl, Norbert: Propagandaschlachten, Wien 1974, S. 52; Wahlen 1953, WStLB (B 131 085).

TRAUERMEETING
ZUM TODE
J.W. STALIN

SONNTAG,
DEN 8. MÄRZ 1953
16 UHR
STALINPLATZ

KOMMUNISTISCHE PARTEI ÖSTERREICHS

305

305 *Trauermeeting*
D: Wien: Globus
[1953], 120x83 cm, P 5 850

Am 5. März 1953 starb der sowjetische Staats- und Parteichef Josef Stalin. Aus diesem Anlaß rief die KPÖ für den 8. März zu einer Trauerkundgebung auf dem Stalinplatz, wie ein Teil des Wiener Schwarzenbergplatzes während der Besatzungszeit offiziell hieß, auf.
„Von unsagbarem Schmerz erfüllt, haben sich die Wiener Kommunisten und mit ihnen das arbeitende und fortschrittliche Wien auf dem Platz versammelt, der den Namen Stalins trägt, um ihrer tiefen Trauer über den Tod des Mannes Ausdruck zu geben, der den arbeitenden Menschen der ganzen Welt Freund und Lehrer war", hieß es dazu

in einem Beileidstelegramm der KPÖ an das Zentalkomitee der KPdSU.
Berichten der kommunistischen „Volksstimme“ zufolge lauschten an diesem Tag dichtgedrängt „zehntausende Menschen in tiefer Ergriffenheit“ den Trauerreden. Von sowjetischer Seite hatten sich der stellvertretende sowjetische Hochkommissar, Generalmajor Kraskewitsch, der politische Vertreter der Sowjetunion, Kudrjawzew, und der Wiener Stadtkommandant, Generalmajor Borejko, eingefunden. Die Abordnung der KPÖ stand unter der Führung des Wiener Gemeinderates Josef Lauscher, der in seiner Ansprache den Verstorbenen als einen „Riesen an Geist, Festigkeit, moralischer Reinheit und Entschlossenheit“ würdigte. Stalin habe „zum erstenmal in der Geschichte der Menschheit eine Gesellschaftsordnung ohne Ausbeutung und Unterdrückung aufgebaut, geschützt und gesichert“. „Das Leben Stalins war ein Vorbild nicht nur für jeden Kommunisten, sondern für jeden Menschen, der zum Großen, zum Besseren strebt“, erklärte Lauscher, dessen Rede in einer Würdigung der sowjetischen KP gipfelte: „Mehr denn je sind wir in diesen Tagen mit der großen Partei Lenins und Stalins, mit der Kommunistischen Partei der Sowjetunion, verbunden. Diese Partei hat Stalin so stark gemacht, daß sie entschlossen und sicher auf dem Weg vorwärtsschreitet, den Stalin vorgezeichnet hat. Mit dieser Partei und unter ihrer Führung werden die Kommunisten aller Länder der Erde marschieren. Noch fester, stahlhart und unerschütterlich wird die große Einheit des Kommunismus sein. Der Name Stalin wird fortleben über die Jahrhunderte, weil sein Werk unsterblich ist, weil seine Sache siegreich ist auf der ganzen Welt.“ J.L.

Lit.: Volksstimme, 10. 3. 1953, S. 4 f.

306 *Sport braucht Frieden*
E: F. Ebner
D: Wien: Globus
1953, 120x43 cm, P 6 853

Am 5. Juli 1946 verfügte der sowjetische Hochkommissar in Österreich, Generaloberst Kurassow, die Beschlagnahme des gesamten ehemaligen „Deutschen Eigentums“ in der russisch besetzten Zone an die Sowjetunion. In der Sowjetzone wurden damit rund 300 Industriebetriebe in den USIA-Konzern übernommen, wobei die Russen dann ihre Betriebe den Auswirkungen der Verstaatlichungsgesetze von 1946 und

306

307

1947 entzogen. Ihre Propaganda hingegen war bemüht, die Vorteile darzulegen, die man als Arbeiter oder Angestellter eines USIA-Betriebes hatte. So veranstaltete das Kulturreferat der Sowjetbetriebe alljährlich ein Betriebssportfest, bei dem alle Werktätigen Gelegenheit hatten, sich in verschiedenen Sportarten wettkampfmäßig zu betätigen. Bei dem Fest im Jahr 1953 traten über 5 000 Betriebssportler zu den Wettkämpfen an. Der kommunistischen „Volksstimme" gab das Ereignis Gelegenheit, allgemeine Betrachtungen über die Sportförderung der Sowjets in Österreich anzustellen: „Die sowjetisch verwalteten Betriebe haben in wenigen Jahren viele Millionen Schilling zur Pflege des Körpersports in den Betrieben ausgegeben.

In Wien wurden fünf, in Niederösterreich 13 neue Fußballplätze gebaut. Zahlreiche private Vereine erhielten durch die Betriebe Unterstützungen, damit sie ihre vom Krieg verwüsteten Sportanlagen wieder instand setzen und neue Ausrüstungen anschaffen konnten. In Wien und Niederösterreich erbauten sie auch 38 Volleyballplätze, mehrere Tennisplätze und fünf Schwimmbäder. Für alle Sportzweige sind die zur Ausübung notwendigen Sportutensilien beigestellt worden. Den Segelflug- und Modellbaugruppen wurden 23 Werkstätten eingerichtet und 27 Segelflugzeuge übergeben.

Nebst den Kunst- und Kulturgruppen sind die Sportgruppen der Betriebe heute nicht nur von größtem Wert für die Gesundheitspflege, sondern sie bieten den Erwachsenen und der Jugend eine angenehme Zerstreuung und Entspannung nach der Tagesarbeit." (4. 7. 1953, S. 8) B.D.

307 *. . . leicht gemacht mit Haas Backpulver*
E: [Gerhard] Brause
D: Hötzenberger Druck
[1954], 171x119cm, P13 370

Nach der langen, entbehrungsreichen Kriegs- und Nachkriegszeit und der damit verbundenen Bewirtschaftung von Lebensmitteln und Gebrauchsgütern stand den Wiener Hausfrauen etwa ab dem Beginn der fünfziger Jahre endlich wieder ein erweitertes Warenangebot zur Verfügung.

Bereits im September 1949 meldeten die Zeitungen, daß infolge der guten Versorgungslage in den Gaststätten ab sofort markenfreies Essen zu haben sei. Im „Kleinen Volksblatt" stand zu lesen: „Nur für Fleisch müßten auch weiterhin Marken abgegeben werden. Es bestehe jedoch Aussicht, daß auch darauf bald verzichtet werden könne . . . An eine Herausnahme des Zuckers aus der Bewirtschaftung werde erst nach Beginn der Kampagne gedacht werden können. Nur Reis könne voraussichtlich schon früher aus der Bewirtschaftung herausgenommen werden. Ferner bleiben noch Fleisch, Fett, Milch und zum Teil Weizenmehl bewirtschaftet." (10. 9. 1949, S. 5) Auch die Bewirtschaftung aller Erzeugnisse aus Brotmehl wurde eingestellt.

Die Wiener konnten nun endlich wieder daran denken, nicht nur ausreichendes, sondern sogar in der Qualität verbessertes Essen zu bekommen. Feines Gebäck in Friedensqualität war eine durch die Verbesserung des Kuchenmehles erreichbare Delikatesse geworden. Allerdings traten noch Jahre später andere Schwierigkeiten auf, die das Backen sehr erschwerten: „In den letzten Dezemberwochen hat sich die bedauerliche Erscheinung gezeigt, daß die verbilligten Fettsorten (Margarine, Kunstspeisefett und ERP-Schmalz) von einzelnen bedenkenlos gehamstert wurden, so daß jene Konsumenten, die nicht genügend Zeit haben, und nicht über soviel Mittel verfügen, um von Geschäft zu Geschäft zu gehen und einzukaufen, keine Möglichkeit hatten, die ihnen zukommende Menge an billigem Fett zu erhalten. Auf diese Weise wurde schon vor den Feiertagen künstlich eine Fettverknappung geschaffen, obwohl die in den Verkehr gebrachte Gesamtmenge an billigem

Fett sich gegenüber dem Vormonate nicht verringert hatte . . . Es wird daher ein Teil des Bedarfes mit verbilligtem Fett auf Marken und der darüber hinausgehende Bedarf durch freien Bezug gedeckt werden." (WZ, 30. 12. 1950, S. 1)
Erst Mitte der fünfziger Jahre hatte sich die Lage soweit gebessert, daß die Wiener die Zeit des Erbsenstrudels und der aus Kaffeesud gefertigten „Mohnstrudel" und „Mohntorten" endgültig aus ihrem Gedächtnis verdrängen und der ihnen seit alters her nachgesagten Vorliebe für beste Qualität der Lebensmittel wieder freien Lauf lassen konnten.

G.B.

308

308 *Unter Raab*
D: Wien: E. Metten
[1954], 85x60 cm, P 2 045

1954 war ein sogenanntes „kleines Wahljahr". Am 17. Oktober fanden in Wien, Niederösterreich, Salzburg und Vorarlberg Landtagswahlen statt. Das besondere Interesse galt den Wahlen im sowjetisch besetzten Ostösterreich, wobei auch bundespolitische Aspekte eine Rolle spielten. Seit dem Amtsantritt von Bundeskanzler Raab am 2. April 1953 hatte sich dieser um eine Lockerung der verhärteten österreichisch-sowjetischen Beziehungen bemüht, wofür es auch seitens der neuen Kremlführung nach dem Tod von Josef Stalin manche positive Anzeichen gab: Am 9. Juni 1953 erfolgte die Aufhebung der Personenkontrolle an den Demarkationslinien, Ende Juli gaben die Sowjets bekannt, daß sie ab dem 1. August die Besatzungskosten selbst übernehmen würden, und am 11. August erfolgte die Aufhebung der Postzensur in der russischen Zone.
Bereits im Juni 1953 prägte Raab den vielzitierten Satz: „. . . es nützt nichts, wenn man den russischen Bären, der mitten im österreichischen Garten drinsteht, durch laut tönende Sonntagsreden in den Schwanzstummel zwickt." Diese vom Bundeskanzler bewußt betriebenen Entspannungsbestrebungen und besonders seine Dankesbezeugungen gegenüber der Sowjetunion stießen bei den Sozialisten auf heftige Kritik an dem „russophilen" Raab und sorgten damit vorübergehend auch für innenpolitischen Zündstoff.
Tatsächlich brachte die neue Taktik vorerst nicht, wie erhofft, auch einen Fortschritt in den Verhandlungen um den Staatsvertrag, dessen Abschluß nach dem Scheitern der Berliner Außenministerkonferenz vom Februar 1954 abermals in weite Ferne gerückt schien. Die im Anschluß daran zu konstatierende abermalige Verhärtung in den sowjetisch-österreichischen Beziehungen fand ihren Ausdruck unter anderem in der Affichierung eines ÖVP-Plakates zur Berliner Konferenz, auf dem ein großes „Njet" zu sehen war. Die sowjetische Besatzungsmacht fühlte sich provoziert, und Polizei und Gendarmerie wurden angewiesen, dieses Plakat wieder zu entfernen.
Insgesamt konnte jedoch der außenpolitische Rückschlag der Berliner Konferenz und der damit verbundene Propagandakrieg nichts daran ändern, daß die gelockerte Haltung der sowjetischen Besatzungsmacht für die Bevölkerung Ostösterreichs eine fühlbare Erleichterung bedeutete. Darüber hinaus war es gerade der niederösterreichischen ÖVP, der Raab ja entstammte, im Laufe der Zeit gelungen, ihr Verhältnis zu den sowjetischen Machthabern im Lande spürbar zu entkrampfen. Diese Erfolge waren einer der größten Aktivposten, welche die ÖVP aufzuweisen hatte, und es war daher naheliegend, die Werbung für die niederösterreichischen Landtagswahlen danach auszurichten.
1955 war Julius Raab dann tatsächlich der „Staatsvertragskanzler", als welchen ihn eine — wie sich erweisen sollte, zu Recht — optimistische ÖVP in die nächsten Nationalratswahlen schickte.

J.L.

Lit.: Rauchensteiner, Manfried: Der Sonderfall, Graz 1979, S. 360; Stourzh, Gerald: Geschichte des Staatsvertrages 1945 bis 1955, Graz 1980, S. 81 ff.

309

309 *damit Wien wieder Weltstadt werde*
E: [Andreas] H[emberger]
D: Wien
[1954], 246 x 170 cm, P 1 994

310 *Der Schlüssel zu einem großen*
E: [Alfred] Kreiser
D: Wien: Waldheim-Eberle
[1954], 258 x 122 cm, P 2 035

Am 17. Oktober 1954 gab es in Wien Wahlen zum Landtag und zum Gemeinderat. Mehr als neun Jahre lang dauerte schon die Besatzungszeit — von der Befreiung bis zur Freiheit Österreichs war es ein langer Weg.
Die Österreicher hatten ihre Lehren aus der Vergangenheit gezogen, sie hatten zueinandergefunden; nicht nur die politischen, auch die sozialen Gegensätze wurden — im Gegensatz zur Ersten Republik — viel eher auf dem Verhandlungsweg ausgetragen. Und wenn auch die propagandistische Auseinandersetzung noch nach dem Krieg einige Härte gezeigt hatte, so hatte man dabei doch nie den Willen zum Konsens in Frage gestellt. Ebenso war auch die einstmals vorhandene Spannung zwischen Wien und den anderen Bundesländern stark gemildert.
Die Abkehr von der verhängnisvollen „Verteufelung" des politischen Gegners zeigt sich auch auf diesen Wahlplakaten, die beide als Positivwerbung zu werten sind. Die ÖVP, der kleinere Koalitionspartner der SPÖ in der Bundeshauptstadt, bot sich als Schlüssel zu einem schönen und freien Wien an, die SPÖ wollte Wien wieder zur Weltstadt machen. Dieser Slogan war übrigens ziemlich werbewirksam, sowohl positiv wie auch negativ. Bei jeder Kritik an der Stadtverwaltung galt als Maß der Beurteilung, ob sie schon „Weltstadtniveau" erreicht hätte.
Die Anforderungen an die Lebensqualität haben sich seither stark verändert. Damals glaubte niemand daran, jenen Stand erreichen zu können, der heute selbstverständlich erscheint. Man war sich allerdings nicht der vielen Umweltbelastungen bewußt, die sich aus dem sozialen und technischen Fortschritt ergeben. B.D.

310

Anhang

Zur näheren Bezeichnung eines Plakates wird in der Objektbeschreibung jeweils der Textbeginn wiedergegeben. Falls bekannt, werden in den folgenden Zeilen der Entwerfer (E) und Druckort und Drucker (D) angeführt. Das Datum bezieht sich auf das Erscheinungsjahr des Plakates, das Format ist Höhe mal Breite zu verstehen. Zuletzt werden der Standort und die Signatur des Objekts (z. B. P 7 807) in der Plakatsammlung der Wiener Stadt- und Landesbibliothek genannt. Alle Angaben in eckigen Klammern sind auf den Plakaten nicht angeführt, sondern wurden erschlossen.
Unter der Literatur zu den einzelnen Beschreibungen scheinen in erster Linie Publikationen auf, in denen das betreffende Plakat beschrieben oder zumindest abgebildet ist. Dabei werden manchmal auch zeitgenössische Zeitungen genannt, in denen das Plakat bloß erwähnt wird, was insofern wichtig ist, als derartige Zeitungsnotizen oft der einzig sichere Anhaltspunkt für eine genaue Datierung sind. Darüber hinaus wird auch weiterführende Literatur zum Thema angegeben.

VERZEICHNIS DER ABKÜRZUNGEN

AZ	Arbeiter-Zeitung
D	Druckort, Drucker
E	Entwurf
fl	Gulden
IWE	Illustriertes Wiener Extrablatt
K	Krone
NFP	Neue Freie Presse
NWJ	Neues Wiener Journal
NWT	Neues Wiener Tagblatt
RP	Reichspost
SA	Sonderabdruck
VB	Völkischer Beobachter
WStLB	Wiener Stadt- und Landesbibliothek
WZ	Wiener Zeitung

DATEN ZUR GESCHICHTE ÖSTERREICHS 1848 BIS 1955

1848 *6. bis 12. März:* Revolution: Zusammentritt des niederösterreichischen Landtages in Wien, Demonstrationen, Besetzung des niederösterreichischen Landhauses, Zusammenstöße zwischen Militär und Demonstranten fordern 50 Todesopfer, Rücktritt von Staatskanzler Fürst Metternich.

18. Mai: Eröffnung der Deutschen Nationalversammlung in der Paulskirche in Frankfurt am Main.

6. Oktober: Oktoberrevolution in Wien.

31. Oktober: Einnahme Wiens durch die kaiserlichen Truppen unter Windischgrätz und Jellačić, 2 000 Tote bei den Revolutionären.

2. Dezember: Abdankung Kaiser Ferdinands I., der erst 18jährige Kaiser Franz Joseph I. von Österreich übernimmt die Regierung.

1852 *1. Jänner:* Wiedereinführung des absolutistischen Systems durch das „Silvesterpatent". Pressefreiheit, öffentliche Gerichtsverfahren, Gemeindeverfassungen werden wieder abgeschafft.

1853 Beginn des Krimkrieges (bis 1856).

1854 *2. Dezember:* Österreich tritt dem Bündnis der Westmächte gegen Rußland bei, was das Ende der traditionellen Freundschaft mit Rußland bedeutet.

1856 *29. April:* Beschluß des Wiener Gemeinderats zur Errichtung der Stadtbibliothek

1858 *29. März:* Beginn der Abtragung der Stadtbefestigungen von Wien.

1859 *25. April:* Einmarsch österreichischer Truppen in Piemont nach Ablehnung eines österreichischen Ultimatums durch Sizilien.

4. Juni: Niederlage österreichischer Truppen bei Magenta.

24. Juni: Schlacht bei Solferino. Die österreichische Armee erleidet gegen die französisch-italienischen Heere eine schwere Niederlage.

10. November: Friede von Zürich — Österreich tritt die Lombardei ab.

1866 *3. Juli:* Schlacht bei Königgrätz. Schwere Niederlage der österreichischen Armee gegen Preußen.

23. August: Friede zu Prag zwischen Österreich und Preußen. Österreich stimmt der Auflösung des Deutschen Bundes und der Neugestaltung Deutschlands ohne Österreich zu und tritt seine Rechte in Schleswig-Holstein an Preußen ab.

3. Oktober: Friede von Wien zwischen Österreich und Italien. Österreich anerkennt das Königreich Italien und tritt Venetien ab.

1867 *15. März:* Österreichisch-ungarischer Ausgleich: Teilung des Reiches in eine österreichische und ungarische Reichshälfte mit eigenen Regierungen und Parlamenten. Gemeinsame Angelegenheiten bleiben die Außenpolitik, das Heerwesen und die Finanzen. Die beiden Reichshälften (Cis- und Transleithanien) sind durch eine Währungs- und Zollunion verbunden.

1872 *25. Mai:* Erster Spatenstich zur Errichtung des Rathauses an der Wiener Ringstraße.

1873 Beginn der Elektrizitätswirtschaft in Österreich.

1. Mai: Eröffnung der Wiener Weltausstellung, Dauer bis 2. November.

9. Mai: Börsenkrach — „Schwarzer Freitag".

22. Oktober: Drei-Kaiser-Bündnis zwischen Österreich-Ungarn, Rußland und dem Deutschen Reich.

24. Oktober: Eröffnung der Ersten Wiener Hochquellenleitung.

1874 *5. April:* Gründung der Sozialdemokratischen Arbeiterpartei Österreichs in Neudörfl (Burgenland).

1. November: Eröffnung des Wiener Zentralfriedhofes.

1878 *13. Juni bis 13. Juli:* Berliner Kongreß. Österreich-Ungarn erhält das Besetzungsrecht über Bosnien, die Herzegowina und den Bezirk Novi Pazar.

29. Juli: Beginn der Besetzung Bosniens und der Herzegowina durch Österreich-Ungarn, die erst im Herbst des Jahres abgeschlossen ist.

1879 *7. Oktober:* „Zweibund": Verteidigungsbündnis zwischen Österreich-Ungarn und Deutschland gegen Rußland.

1881 *8. Dezember:* Brand des Ringtheaters in Wien, 386 Tote.

1882 *20. Mai:* Dreibundvertrag zwischen Österreich-Ungarn, Italien und dem Deutschen Reich.

2. Juni: Georg Ritter von Schönerer gründet den „Deutschnationalen Verein".

1883 *27. Oktober:* Erste Dampftramway in Wien auf der Strecke Hietzing-Perchtoldsdorf.

1887 *7. März:* Gründung des „Christlichsozialen Vereins" in Wien.

1888 *30. Dezember bis 1. Jänner 1889:* „Einigungsparteitag" der Sozialdemokratie in Hainfeld.

1889 *30. Jänner:* Selbstmord des Kronprinzen Rudolf von Österreich im Jagdschloß Mayerling.

12. Juli: Die erste Nummer der „Arbeiter-Zeitung", des Zentralorgans der Sozialdemokratischen Partei, erscheint.

6. Dezember: Der Wiener Gemeinderat beschließt, die alten Versorgungssteuergrenzen am Linienwall (Gürtel) aufzuheben und die Eingemeindung von 43 Vororten durchzuführen.

1890 *1. Mai:* Erste Maifeier der Arbeiter Wiens.

19. Dezember: Erweiterung Wiens auf 19 Bezirke, die Grundfläche wird damit verdreifacht, die Bevölkerungszahl steigt auf 1 365 000 Einwohner.

1895 Die Arbeit von Kindern unter 14 Jahren und die Nachtarbeit für Frauen und Jugendliche werden verboten, der Arbeitstag mit 11 Stunden und die 24stündige Sonntagsruhe werden eingeführt.

17. September: Beginn der Wahlen zum Wiener Gemeinderat, sie dauern bis 26. und bringen der Christlichsozialen Partei die Zweidrittelmehrheit.

1897 *2. April:* An der Wiener Universität wird die erste Frau zum „Doktor der gesamten Heilkunde“ promoviert.

8. April: Dr. Karl Lueger wird zum viertenmal seit 1895 vom Gemeinderat zum Bürgermeister von Wien gewählt. Erstmals bestätigt Kaiser Franz Joseph I. Lueger als Bürgermeister von Wien.

3. Juli: Das Riesenrad im Wiener Prater wird in Betrieb genommen.

1898 *11. Mai:* Die erste Teilstrecke der Wiener Stadtbahn — von Heiligenstadt nach Penzing — wird dem Verkehr übergeben.

1899 *1. April:* Die erste Nummer der von Karl Kraus herausgegebenen Zeitschrift „Die Fackel“ erscheint.

Ende Dezember: „Die Traumdeutung“ von Sigmund Freud erscheint in Wien.

1900 *1. Jänner:* Die Kronenwährung wird eingeführt.

1902 *29. Jänner:* Elektrifizierung der letzten Wiener Pferdestraßenbahnlinie.

1905 *19. März:* Erster Torlauf der Welt auf dem Muckenkogel bei Lilienfeld, Organisator ist der Schipionier Matthias Zdarsky.

1907 *14. bis 24. Mai:* Erste Wahlen nach dem allgemeinen, gleichen und direkten Wahlrecht für Männer in Österreich.

1908 *5. Oktober:* Annexion Bosniens und der Herzegowina durch Österreich-Ungarn, Rückgabe des Sandschaks Novi Pazar an die Türkei als Entschädigung.

1911 *17. September:* Hungerdemonstrationen in Wien.

1914 *28. Juni:* Ermordung des Thronfolgers Erzherzog Franz Ferdinands und seiner Gemahlin in Sarajewo.

23. Juli: Ultimatum Österreich-Ungarns an Serbien.

28. Juli: Kriegserklärung Österreich-Ungarns an Serbien, Beginn des Ersten Weltkrieges.

1915 *Jänner bis März:* Winterschlacht in den Karpaten.

26. April: Londoner Pakt zwischen Italien und der Entente. Für den Kriegseintritt Italiens auf seiten der Entente werden ihm Südtirol bis zum Brenner, Istrien und Dalmatien versprochen.

23. Mai: Kriegserklärung Italiens an Österreich-Ungarn.

Juni bis Juli: Erste Isonzoschlacht.

1916 *21. Oktober:* Ermordung des österreichischen Ministerpräsidenten Graf Stürgkh durch Dr. Friedrich Adler.

21. Oktober: Kaiser Franz Joseph I. stirbt, sein Großneffe wird als Karl I. Kaiser von Österreich und als Karl IV. König von Ungarn.

1917 *24. Oktober bis 2. Dezember:* 12. Isonzoschlacht: Offensive österreichisch-ungarischer und deutscher Truppen bei Flitsch und Tolmein, Durchbruch bis an die Piave, letzter großer Sieg der Monarchie.

7. Dezember: Kriegserklärung der USA an Österreich-Ungarn.

1918 *8. Jänner:* Verkündung der „14 Punkte“ des amerikanischen Präsidenten Woodrow Wilson.

14. bis 20. Jänner: Streiks in österreichischen Industriegebieten und in Wien. Die Arbeiter fordern die Beendigung des Krieges.

28. Oktober: Ausrufung der Tschechoslowakischen Republik.

30. Oktober: Annahme einer provisorischen Verfassung durch die am 21. Oktober 1918 konstituierte Provisorische Nationalversammlung, Bildung einer Provisorischen Regierung unter Staatskanzler Dr. Karl Renner.

3. November: Abschluß des Waffenstillstandes zwischen der k. u. k. Armee und den alliierten und assoziierten Mächten in Villa Giusti bei Padua.

11. November: Verzicht Kaiser Karls I. auf „jeden Anteil an den Staatsgeschäften“.

12. November: Ausrufung der Republik Deutschösterreich.

1919 *16. Februar:* Wahlen zur Konstituierenden Nationalversammlung, die Sozialdemokraten erhalten die relative Mehrheit.

15. Mai: Regierung Renner II gebildet.

3. April: Die Nationalversammlung spricht die Landesverweisung und Enteignung des Hauses Habsburg-Lothringen aus. Gleichzeitig wird der Adel verboten und die Todesstrafe abgeschafft.

4. Mai: In Wien finden die ersten Gemeinderatswahlen statt, die nach dem Prinzip des allgemeinen, gleichen, direkten und geheimen Wahlrechts ohne Unterschied des Geschlechts durchgeführt werden.

22. Mai: Jakob Reumann wird der erste sozialdemokratische Bürgermeister Wiens.

10. September: Unterzeichnung des Staatsvertrages von St.-Germain: Verbot des Anschlusses an Deutschland, Verlust der sudetendeutschen und südsteirischen Gebiete, Festlegung der Brennergrenze, Volksabstimmung in Kärnten unter internationaler Kontrolle, Gewinnung des Burgenlandes, Reparationszahlungen.

17. Oktober: Bildung der Regierung Renner III.

21. November: Gesetz über die Umbenennung der „Republik Deutschösterreich“ in „Republik Österreich“ gemäß dem Vertrag von St.-Germain.

1920 *12. Mai:* Gründungsversammlung der Tiroler Heimwehr.

7. Juli: Erste Regierung Mayr, Proporzregierung aus allen Parteien.

7. September: Gründung der Großdeutschen Volkspartei.

10. Oktober: Volksabstimmung in Kärnten. 59 Prozent der Zone A, südlich der Drau, stimmen für Österreich.

17. Oktober: Nationalratswahlen in Österreich — die Christlichsozialen werden stärkste Partei.

20. November: Regierung Mayr II gebildet, Sozialdemokraten in der Opposition.

16. Dezember: Österreich wird in den Völkerbund aufgenommen.

1921 *21. Juni:* Regierung Schober I gebildet.

11. September: Erste „Wiener Messe“ eröffnet.

30. September: Der Gemeinderat beschließt die Errichtung einer Firma „Gemeinde Wien, städtische Ankündigungsunternehmung“ (Gewista).

14. bis 16. Dezember: Volksabstimmung im Raum Ödenburg ergibt Mehrheit für Ungarn.

1922 *1. Jänner:* Wien wird von Niederösterreich abgetrennt und selbständiges Bundesland.

31. Mai: Regierung Seipel I.

4. Oktober: Genfer Protokolle unterzeichnet, Österreich erhält Völkerbundanleihe.

18. November: Beginn der Seipelschen Sanierungsmaßnahmen mit Stillegung der Banknotenpresse.

1923 *1. Februar:* Die neue Wohnbausteuer wird in Wien eingeführt.

12. April: Republikanischer Schutzbund als Selbstschutzorganisation der Sozialdemokratischen Partei zugelassen.

21. September: Der Wiener Gemeinderat beschließt sein erstes Wohnbauprogramm: 25 000 Wohnungen sollen in den folgenden fünf Jahren gebaut werden.

21. Oktober: In Österreich Nationalratswahlen, gleichzeitig in Wien Landtagswahlen.

13. November: Karl Seitz wird Bürgermeister von Wien.

20. November: Seipel wird wieder Bundeskanzler.

1924 *1. Juni:* Attentat auf Bundeskanzler Seipel, der dabei schwer verletzt wird.

20. September: Gründung der RAVAG (= Radio Verkehrs AG) in Wien.

20. November: Regierung Ramek tritt ihr Amt an.

12. Dezember: Schilling als neue Währung in Österreich eingeführt.

1926 *20. Oktober:* Regierung Seipel IV tritt ihr Amt an.

3. November: „Das Linzer Programm“ wird auf dem Sozialdemokratischen Parteitag in Linz beschlossen.

1927 *30. Jänner:* Bei einem Zusammenstoß zwischen Schutzbündlern und Mitgliedern der faschistischen Frontkämpfervereinigung in Schattendorf (Burgenland) werden zwei Menschen von Frontkämpfern erschossen.

2. März: Waffensuche des Bundesheeres nach sozialdemokratischen Waffen im Wiener Arsenal.

24. April: Nationalratswahlen, gleichzeitig in Wien wieder Landtagswahlen.

19. Mai: Regierung Seipel V.

14. Juli: Urteilsverkündung im „Schattendorfer Prozeß“, Freispruch der Angeklagten auch in der Frage der Notwehrüberschreitung.

15. bis 16. Juli: Arbeiterdemonstrationen gegen das Urteil im Schattendorfer Prozeß münden in schwere Ausschreitungen, Brand des Justizpalastes, das gewaltsame Vorgehen der Exekutive fordert 90 Todesopfer und zirka 1100 Verwundete.

1928 *7. Oktober:* Gleichzeitiger Aufmarsch von Heimwehr und Schutzbund in Wiener Neustadt. Die Exekutive steht bereit, es kommt zu keinen Zwischenfällen.

1929 *4. Mai:* Regierung Streeruwitz — Koalitionsregierung, gebildet aus Vertretern von Christlichsozialen, Großdeutschen und Landbund.

18. August: Zusammenstoß zwischen Schutzbündlern und Heimwehrmännern in St. Lorenzen (Steiermark), drei Tote, rund 250 Verletzte.

26. September: Regierung Schober III.

Oktober: Zusammenbruch der Bodencreditanstalt und deren Übernahme durch die Creditanstalt.

25. Oktober: Kurssturz an der New Yorker Börse, Beginn der Weltwirtschaftskrise.

7. Dezember: Reform der Bundesverfassung, Erweiterung der Rechte des Bundespräsidenten.

1930 *18. Mai:* „Korneuburger Eid“, die Heimwehren bekennen sich zu einem faschistischen Programm.

2. September: Ernst Rüdiger Starhemberg wird Bundesführer des gesamten österreichischen Heimatschutzes.

30. September: Der bisherige Heeresminister Carl Vaugoin bildet eine Minderheitsregierung unter Beteiligung der Heimwehr.

12. Oktober: Der „Karl-Marx-Hof“ wird feierlich eröffnet.

9. November: Nationalratswahlen: Sozialdemokraten werden mit 71 Mandaten stärkste Partei.

5. Dezember: Regierung Ender (Christlichsoziale, Großdeutsche, Landbund).

1931 *19. März:* Unterzeichnung des deutsch-österreichischen Zollunionsvertrages.

12. Mai: Kunden stürmen die Bankschalter der Creditanstalt nach Bekanntwerden eines Sanierungsplanes für die Bank.

28. Mai: Nationalrat erteilt der Regierung die Vollmacht, die Haftung für die Schulden der Creditanstalt zu übernehmen.

20. Juni: Regierung Buresch.

19. bis 26. Juli: Die 2. Arbeiterolympiade findet in Wien statt.

3. September: Außenminister Schober erklärt in Genf den Verzicht Österreichs auf eine Zollunion mit Deutschland.

13. September: Mißglückter Putschversuch des steirischen Heimatschutzführers Pfrimer.

1932 *29. Jänner:* Regierung Buresch II (Minderheitsregierung aus Christlichsozialen und Landbund).

24. April: Landtagswahlen in Niederösterreich, Salzburg und Wien. Stimmengewinne der Nationalsozialisten auf Kosten der Rechtsparteien.

20. Mai: Regierung Dollfuß I.

15. Juli: Lausanner Anleihe unterzeichnet.

20. September: Univ.-Prof. Dr. Theodor Innitzer wird Erzbischof von Wien.

30. September: Schlägerei im Wiener Gemeinderat zwischen Sozialdemokraten und Nationalsozialisten — 3 Sozialdemokraten und 5 Nationalsozialisten verletzt.

16. Oktober: Zusammenstoß zwischen Nationalsozialisten und dem Republikanischen Schutzbund in Wien-Simmering (3 Tote, 64 Verletzte).

1933 *30. Jänner:* Adolf Hitler wird deutscher Reichskanzler.

15. Februar: Höchststand der Arbeitslosigkeit in Österreich mit 402 000 unterstützten Arbeitslosen, zusammen mit den nichtgezählten „Ausgesteuerten"rund 600 000 Arbeitslose.

1. März: Eisenbahnerstreik — Bahnhöfe werden vom Bundesheer besetzt.

4. März: Sogenannte „Selbstausschaltung des Parlaments" nach Rücktritt der drei Nationalratspräsidenten; die bestehenden verfassungsmäßigen Möglichkeiten zur Beilegung der Parlamentskrise werden nicht genützt.

5. März: Christlichsoziale Führer sprechen sich dafür aus, vorerst ohne Nationalrat (autoritär) zu regieren.

7. März: Der Ministerrat beschließt, mit Hilfe des „Kriegswirtschaftlichen Ermächtigungsgesetzes" ohne Parlament zu regieren.

20. Mai: Gründung der Vaterländischen Front.

27. Mai: Verhängung der „Tausend-Mark-Sperre" durch die deutsche Reichsregierung gegen Österreich.

11. September: Programmatische „Trabrennplatzrede" von Bundeskanzler Dollfuß.

10. November: Wiedereinführung der Todesstrafe in Österreich.

1934 *8. Februar:* Waffensuche in sozialdemokratischen Arbeiterheimen.

9. Februar: Versöhnliche Rede des christlichsozialen Leopold Kunschak im Wiener Gemeinderat.

12. bis 15. Februar: Waffensuche im Linzer Arbeiterheim löst bewaffneten Widerstand des sozialdemokratischen Schutzbundes aus. Bürgerkrieg: Verhängung des Standrechtes, Auflösung der Sozialdemokratischen Partei, standrechtliche Hinrichtung von 9 Schutzbündlern.

17. März: Abschluß der „Römischen Protokolle" durch Österreich, Italien und Ungarn zur Förderung der Zusammenarbeit der drei Staaten auf wirtschaftlichem Gebiet.

1. Mai: Proklamation des Ständestaates und der neuen autoritären Verfassung.

25. Juli: Nationalsozialistischer Putschversuch: Bundeskanzler Dollfuß wird ermordet.

29. Juli: Kurt Schuschnigg wird zum Bundeskanzler ernannt und mit der Bildung einer neuen Regierung betraut.

8. August: Trauerfeier der Vaterländischen Front für Dollfuß auf dem Wiener Heldenplatz: rund 150 000 Teilnehmer.

1936 *März:* Sozialistenprozeß, Anklage wegen Hochverrats gegen illegale sozialdemokratische Parteifunktionäre.

11. Juli: „Juliabkommen" zwischen Österreich und Deutschland. Österreichs Souveränität anerkannt. Amnestierung der Nationalsozialisten in Österreich.

1937 *10. Oktober:* In Wien wird die Reichsbrücke dem Verkehr übergeben.

1938 *12. Februar:* Schuschnigg bei Hitler. Angesichts der Einmarschdrohungen von Hitler sieht sich Schuschnigg gezwungen, das sogenannte „Berchtesgadner Abkommen" zu unterzeichnen, Beteiligung der Nationalsozialisten an der Regierung.

9. März: Schuschnigg kündigt Abhaltung einer Volksbefragung über die Aufrechterhaltung der Unabhängigkeit Österreichs für den 13. März an.

11. März: Deutsches Ultimatum auf Absetzung der Volksbefragung wird erfüllt, Seyß-Inquart wird mit der Regierungsbildung betraut.

12. März: Einmarsch deutscher Truppen in Österreich, Hitler in Linz.

15. März: Adolf Hitler spricht auf dem Wiener Heldenplatz.

10. April: Volksabstimmung über den Anschluß, Ergebnis: 99,73 Prozent Ja-Stimmen.

1. Oktober: Deutscher Einmarsch im Sudetenland.

8. Oktober: Sturm der Hitlerjugend auf das Erzbischöfliche Palais in Wien.

9. November: „Reichskristallnacht": Judenverfolgungen, Tempelbrände und Geschäftsplünderungen in Wien.

1939 *16. März:* Nachdem auch der Rest der Tschechoslowakei von deutschen Truppen besetzt wurde, wird das „Reichsprotektorat Böhmen und Mähren" errichtet.

14. April: „Ostmarkgesetz" — Umwandlung der Länder in Reichsgaue.

1. September: Deutscher Angriff auf Polen — Beginn des Zweiten Weltkrieges.

1940 *7. Juli:* Reichsjugendführer Baldur von Schirach übernimmt das Amt des Gauleiters und Reichsstatthalters von Wien.

1941 *16. Dezember:* Erste interalliierte Konferenz erklärt Wiederherstellung Österreichs zu einem der Kriegsziele.

1943 *2. Februar:* Kapitulation der deutschen Truppen bei Stalingrad.

10. Juni: Landung der Amerikaner auf Sizilien.

1. November: Moskauer Deklaration über die Wiedererrichtung eines unabhängigen Staates Österreich.

1944 *10. Mai:* Hinrichtung der österreichischen Widerstandskämpfer Karl Roman Scholz und Karl Lederer.

6. Juni: Landung der Alliierten in Frankreich.

20. Juni: Attentat auf Hitler durch Oberst Stauffenberg und Putschversuch, neue Verhaftungswelle auch in Österreich.

18. Dezember: Gründung des „Provisorischen Österreichischen Nationalkomitees" in Wien.

1945 *28. März:* Russische Truppen überschreiten die ungarisch-österreichische Grenze bei Güns.

5. bis 13. April: Schlacht um Wien.

17. April: Theodor Körner wird zum Bürgermeister von Wien bestellt.

27. April: Proklamation der Wiederherstellung der Republik Österreich durch die drei „antifaschistischen" Parteien ÖVP, SPÖ und KPÖ, Konstituierung einer Provisorischen Staatsregierung unter Dr. Karl Renner.

29. April: Das Burgtheater gibt seine erste Vorstellung im Ronacher.

8. Mai: Kapitulation Deutschlands.

4. Juli: Erstes Kontrollabkommen der vier Alliierten (USA, UdSSR, Großbritannien, Frankreich).

17. Juli bis 2. August: Potsdamer Konferenz, die Alliierten beanspruchen das ehemalige Deutsche Eigentum.

9. August: Österreich wird in vier Besatzungszonen eingeteilt, Wien wird Viersektorenstadt.

11. September: Anerkennung der politischen Parteien ÖVP, SPÖ und KPÖ durch den Alliierten Rat.

24./25. September: Erste Länderkonferenz in Wien. Erweiterung der Provisorischen Regierung durch Repräsentanten der westlichen Bundesländer.

20. Oktober: Die Provisorische Staatsregierung wird von allen vier Besatzungsmächten anerkannt.

25. November: Nationalratswahlen: 85 ÖVP, 76 SPÖ, 4 KPÖ.

13. bis 20. Dezember: Erste Währungsreform: Wiedereinführung der Schillingwährung.

20. Dezember: Amtsantritt der Regierung Figl, die Provisorische Nationalregierung tritt offiziell zurück, Dr. Karl Renner wird von der Bundesversammlung zum Bundespräsidenten gewählt.

1946 *8. März:* Beginn des Hilfsprogramms der UNRRA.

28. Juni: Das Zweite Kontrollabkommen der Alliierten bringt eine Erweiterung der Befugnisse von Parlament und Regierung.

5. Juli: Die sowjetische Besatzungsmacht verfügt die Beschlagnahme des sogenannten Deutschen Eigentums (300 Industriebetriebe, 100 000 ha Ackerland, die DDSG, Erdöl).

10. Juli: Verzicht der USA, Großbritanniens und Frankreichs auf das Deutsche Eigentum in ihren Besatzungszonen.

26. Juli: Erstes Verstaatlichungsgesetz.

5. September: Gruber-De-Gasperi-Abkommen über Südtirol.

3. Dezember: Herabsetzung der Besatzungskosten (15 Prozent des Staatsbudgets).

1947 *11. Jänner:* Teilweise Einstellung des Personenverkehrs auf den Österreichischen Bundesbahnen wegen Kohlenmangels.

10. März bis 24. April: Moskauer Außenministerkonferenz, ergebnislose Verhandlungen über einen österreichischen Staatsvertrag.

1. August: Abschluß des ersten Lohn- und Preisabkommens.

25. August: Grundsteinlegung für die Per-Albin-Hansson-Siedlung — Wiederbeginn des kommunalen Wohnbaues in Wien.

12. September: Der erste Heimkehrertransport von Kriegsgefangenen aus der Sowjetunion trifft ein.

20. November: Ausscheiden des einzigen kommunistischen Ministers aus der Regierung, Beginn der „Großen Koalition" von ÖVP und SPÖ.

1948 *2. Juli:* Marshallplan-Abkommen.

1949 *11. Jänner:* Aufhebung der Brot- und Mehlrationierung.

5. Februar: Gründung des Verbandes der Unabhängigen (VdU).

9. Oktober: Nationalratswahlen: 77 ÖVP, 67 SPÖ, 16 VdU, 5 KPÖ.

9. November: Regierung Figl II.

27. November: Ende der regelmäßigen Heimkehrertransporte aus der UdSSR.

1950 *11. Mai:* Aufhebung der amerikanischen Zonenkontrolle.

31. August: Ende der Lebensmittelkarten.

26. September: Viertes Lohn- und Preisabkommen, daraufhin Aufruf der KPÖ zum Generalstreik (Oktoberstreik).

4. Oktober: Höhepunkt der Streikbewegung, welche jedoch am Widerstand von Regierung und Gewerkschaft scheitert.

1951 *Mai:* Die ersten Wiener Festwochen nach dem Krieg.

6. Mai: Erste Bundespräsidentenwahl durch das Volk, am 27. Mai gewinnt Theodor Körner die Stichwahl gegen Heinrich Gleißner.

23. Juni: Franz Jonas wird Wiener Bürgermeister.

22. September: Eröffnung der Hauptstufe des Tauernkraftwerkes Kaprun.

1952 *26. April:* Der Stephansdom wird wiedereröffnet, die Pummerin in die Kirche gebracht.

14. Dezember: Die Bahnstrecke Wien—Bregenz ist voll elektrifiziert.

20. Dezember: Resolution der UNO mit der Aufforderung an die Großmächte, sich über den österreichischen Staatsvertrag zu einigen.

1953 *22. Februar:* Nationalratswahlen: 74 ÖVP, 73 SPÖ, 14 VdU, 4 KPÖ.

2. April: Bildung der Regierung Raab I, Beginn des „Raab-Kamitz-Kurses".

9. Juli: Aufhebung der Zonenkontrolle durch die Sowjets.

14. August: Aufhebung der alliierten Postzensur.

1954 *18. Februar:* Scheitern der Staatsvertragsverhandlungen auf der Berliner Außenministerkonferenz trotz der Bereitschaft Österreichs zur Neutralität.

17. Juli: Erster Spatenstich für den Bau der Autobahn Salzburg—Wien.

1955 *24. März:* Einladung an Bundeskanzler Raab zu Staatsvertragsverhandlungen nach Moskau.

12. bis 15. April: Erfolgreiche Verhandlungen der österreichischen Regierungsdelegation (Raab, Schärf, Figl, Kreisky) in Moskau („Moskauer Memorandum").

15. Mai: Unterzeichnung des Staatsvertrages im Schloß Belvedere in Wien.

1. August: Die erste Fernsehsendung in Österreich.

7. September: Beschluß des Wehrgesetzes im Nationalrat (Allgemeine Wehrpflicht von 9 Monaten).

25. Oktober: Abzug der letzten Besatzungstruppen.

26. Oktober: Beschluß der immerwährenden Neutralität Österreichs durch den Nationalrat (Neutralitätsgesetz).

14. Dezember: Aufnahme Österreichs in die UNO.

LITERATUR

Jedlicka, Ludwig: Vom alten zum neuen Österreich. Fallstudien zur österreichischen Zeitgeschichte. 1900 bis 1975, St. Pölten 1975
Kleindel, Walter: Österreich Chronik, Daten zur Geschichte und Kultur, Wien 1878
Österreich und der 30jährige Friede, Katalog der Ausstellung, Wien 1975
Patzer, Franz: Streiflichter auf die Wiener Kommunalpolitik (1919 bis 1934), Wien 1978 (= Wiener Schriften 40)
Wiener Zeitung

BILDQUELLENNACHWEIS

Bei Seiten, deren gesamtes Bildmaterial aus ein und derselben Quelle stammt, entfallen die näheren Hinweise (oben, unten etc.)

Croy, Otto R.: 257, 278
Haas, Ernst: 265, 279
Hausmann, Franz: 317
Historisches Museum der Stadt Wien: 29, 44 links, 49, 56, 74
Kirchner, Klaus (Verlag D + C): 233, 239 rechts
Lessing, Erich: 324
Österreichischer Bundesverlag, Archiv: 255
Bildarchiv der Österreichischen Nationalbibliothek: 11, 44 oben, 51, 66 oben, 117, 140 rechts, 184 unten, 205, 206, 219, 220 links, 221 oben, 222, 223 unten, 235, 282, 290
Österreichisches Institut für Zeitgeschichte (Wien), Bildarchiv: 147, 168 unten, 215, 216, 218, 221 unten, 223 oben, 225, 230, 232, 234, 236, 240, 257
Votava, Wiener Presse-Bilddienst: 267, 268, 270, 275, 312
Wiener Stadt- und Landesbibliothek: 20, 24, 28, 33, 37, 39, 44 unten, 46, 50, 61, 62, 64, 66 unten, 70, 72, 78, 80, 84, 89, 91, 93, 98, 108, 110, 111, 113, 115, 116, 118, 122, 123, 125, 127, 130, 131, 133, 135, 136, 140 links, unten, 144, 148, 149, 151, 154, 157, 162, 165, 168, 184 oben, 185, 188, 198, 202, 204, 210, 239 unten, 246, 249, 251, 262, 273, 294, 305, 308, 320, 322

BIBLIOGRAPHIE ZUM PLAKAT- UND REKLAMEWESEN

Ackerl, Isabella: Die Propaganda der Vaterländischen Front für die geplante Volksbefragung vom 13. März 1938, in: Wien 1938 (= Forschungen und Beiträge zur Wiener Stadtgeschichte, 2. Bd.), Wien 1978, S. 18ff.

Albachary, Jaques: Plakathandbuch. Albacharys Führer durch das Plakatwesen, Berlin 1922 ff.

Anzeigenwerbung, hrsg. v. Peter Nusser. Ein Reader für Studenten und Lehrer der deutschen Sprache und Literatur, München 1975 (= Kritische Information, 34. Bd)

Argauer, Karl: Untersuchungen über die Streuung der Plakatreklame in Wien, Diss., Wien 1937

Arnold, Friedrich: Anschläge. Politische Plakate in Deutschland 1900—1970, 3. Aufl., Ebenhausen/München 1977

Barnicoat, John: Das Poster, München-Wien-Zürich 1972

Bartholl, Max/Reiner Diederich/Richard Grübling: Die rote Gefahr. Zur Geschichte der antisozialistischen Propaganda 1918—1976, Hamburg 1976

Behre, Gustav: Malerei, Schrift, Graphik in der Praxis der Werbegestaltung, Ulm 1953

Bense, Max: Artistik und Engagement, Köln-Berlin 1970

Bense, Max: Plakatwelt, Stuttgart 1952

Berckenhagen, Ekhart: Stiftung Preußischer Kulturbesitz, Staatliche Museen, Kunstbibliothek. Frühe Berliner Plakate 1850—1930. Bestandsverz. u. Katalog der Ausstellung Juli bis Oktober 1963, Berlin 1963

Bergsträsser, Gisela: Plakate um 1900. Katalog des Hessischen Landesmuseums, Darmstadt 1962

Berlepsch, H. E.: Plakate, in: Westermann Monatshefte 41, 1897, S. 199ff.

Bleis, Jürgen: Gegenwart und Zukunft der Außenwerbung, Frankfurt am Main 1969

Borbé, Tasso: Text und Bild bei Wahlplakaten, in: wiener linguistische gazette 1977, 15. H., S. 69

Breiner-Neckel, Ilse: Das Plakat der Wiener Secession. Ein Beitrag zur Untersuchung der Entwicklungsgeschichte des Plakates, phil. Diss., Wien 1958

Brendel, Rolf: Das Schweizer Plakat, Diss., Berlin 1956

Brinckmann, Justus: Plakatausstellung im Hamburger Museum für Kunst und Gewerbe, Hamburg 1896

Brunner, Friederike Maria: Die deutschsprachige Flugblatt- und Plakatpropaganda der österreichisch-ungarischen Monarchie im Ersten Weltkrieg 1914—1918, phil. Diss., Wien 1971

Buchheim, Lothar-Günther: Jugendstilplakate, Feldafing 1969

Burkhardt, Hermann: Politische Plakate, Stuttgart 1974 (= Klett Schulgalerie 5, Lehrerhilfen)

Büsch, Kurt: Von der Reklame des Kaufmanns, Hamburg 1910 (= Hamburger Handelsbücher, 2. Bd.)

Casson, Herbert N.: Wirksame Werbung, Berlin 1927

Cronau, Rudolf: Buch der Reklame, Ulm 1887

Cronau, Rudolf: Das Buch der Reklame, Leipzig 1889

Debelak, Georg: Verzeichnis der besten Plakate Wiens aus den Jahren 1951—1970. Aktion „Galerie der Straße", maschinschriftl. vervielf., Wien 1972, WStLB B 168 268

Denscher, Bernhard: „Hinaus mit dem Asiaten aus Wien!" Hugo Breitner — Zielscheibe politischer Haßtiraden in den Wahlkämpfen von 1927 und 1930, in: wien aktuell 1978/8/9, S. XXXVIff.

Denscher, Bernhard: Nationalsozialistische Propaganda zur „Volksabstimmung" am 10. April 1938, in: Wien 1938 (= Forschungen und Beiträge zur Wiener Stadtgeschichte, 2. Bd.), Wien 1978, S. 89ff.

Denscher, Bernhard: Der erste Wahlkampf, in: wien aktuell 1978/3, S. 11ff.

Denscher, Bernhard: Wahlplakate in der Ersten Republik. Die Wahl für die konstituierende Nationalversammlung 1919 und die Nationalratswahlen 1920—1930, Diplomarbeit, Wien 1978

Donnhofer, Wilhelm: Plakate, Wien 1949

Dürrenmatt, Friedrich: Heimat im Plakat, Zürich 1963

Duvigneau, Volker: Ludwig Hohlwein, ein Meister der deutschen Plakatkunst, München 1970

Duvigneau, Volker/Gude Suckale-Redlefsen: Plakate in München 1840—1940, Eine Dokumentation zu Geschichte und Wesen des Plakats in München aus den Beständen der Plakatsammlung des Münchner Stadtmuseums, München 1978

Endlicher, Robert: Die Entwicklung des öffentlichen Plakatanschlages in Wien, in: Werbung 1971, 7./9. Heft

Nie wieder Faschismus. Antifaschistische Widerstandsbewegung von gestern und heute im Spiegel der Plakate, Karl-Marx-Stadt 1973

Feil, Hans Dieter: Das Werbeplakat als Unterrichtsmodell, Ravensburg 1977

Feldhaus, F. R.: Zur Geschichte der Plakatsäule, in: Das Plakat, 1918

Feuchtinger, Heinz Werner: Plakatkunst des 19. und 20. Jahrhunderts, Hannover 1977 (= Materialien für die Sekundarstufe II)

Fiege, Gertrud: Politische Plakate 1916—1930, Württembergischer Kunstverein, Stuttgart 1975

Figlhuber, Hellmuth: 25 Jahre Milchwerbung in Österreich 1953—1978, Wien 1978

Filmplakate. Katalog zur Ausstellung in der Neuen Sammlung, München 1965

Die Fläche. Entwürfe für decorative Malerei, Placate, Buch und Druck, Ausstattung, Vorsatzpapier, Umschläge, Menu u. Geschäftskarten, Wien

Flugschriften, hrsg. v. Deutschen Museum für Kunst in Handel u. Gewerbe. Fortgesetzt unter dem Titel: Monographien deutscher Reklamekünstler, in 5 weiteren Heften (Klinger, Bernhard, Behrens, Gipkens, Preetorius) 1912—1914

Frenzel, H. K.: 25 Jahre deutsches Plakat, in: Gebrauchsgraphik 1925/26, 4. H., S. 4

Frisch, Justinian: Das Wiener Straßenbild gesehen vom Standpunkt des Reklamers, Wien-Berlin-Leipzig 1928 (= Die Straßenreklame der Weltstädte, 1. Bd.)

Gagel, Hanna: Studien zur Motivgeschichte des deutschen Plakats 1900—1914, phil. Diss., Berlin 1971

Galerie der Straße. 10 Jahre Plakatwertungsaktion des Kulturamtes der Stadt Wien, Wien 1961

Gallo, Max: Geschichte der Plakate, Herrsching 1975

Garritano, Giuseppe: Plakate der russischen Revolution, Berlin 1966

Gebrauchsgraphik. Monatsschrift zur Förderung künstlerischer Reklame, Berlin 1924ff.

Der 100. Geburtstag des Plakats, in: Internationale Sammler-Zeitung 1928, 19. H., S. 178

Gehrig, Oskar: Plakatkunst und Revolution, Berlin 1919 (= Wasmuths Kunsthefte, 5. H.)

Gläser, Eleonore: Die Propaganda für die österreichischen Wahlen 1949, phil. Diss., Wien 1951

Grauthoff, Otto: Das moderne Plakat am Ende des 19. Jahrhunderts, Leipzig 1899

Growald, Ernst: Katalog der Ausstellung von Geschäftsausstattung und Reklame, Berlin 1908

Growald, Ernst: Plakat-Spiegel. Erfahrungssätze für Plakatkünstler und Besteller, Berlin 1904

Grulich, R./J. Hampel: Politische Plakate der Gegenwart, München 1971

Gugitz, Gustav: Das Placat, in: Ver sacrum 1898/11, S. 15ff.

Hagner, Annemarie: Das Plakat im Jugendstil, phil. Diss., Freiburg im Br. 1958

Hagner, Annemarie: Plakat, in: Jugendstil. Der Weg ins 20. Jahrhundert. Hrsg. v. Helmut Seling, Heidelberg-München 1959

Haider, Manfred: Experimentelle Analyse der Plakatwirkung, Wien 1959

Handbücher der Reklamekünstler. Hrsg. v. Verein der Plakatfreunde E. V. 4. Bde., Berlin 1919/1920

Hannich, Rudolph: Die Werbe Mappe, Wien 1920

Hawkins, G. H. E.: Poster Advertising, Chikago 1910

Hellweg, Werner: Die Außenreklame in Stadt und Land, Hamburg 1919

Helošovsky, Karel: Sezessionistische Plakatkunst in Böhmen, in : Alte und moderne Kunst 1967, 94. H., S. 29—35

Hillier, Bevis: Plakate, Hamburg 1969

Hillier, Bevis: Hundert Jahre Plakate, Berlin 1972

Hillmann, Hans/Günter Rambow (Hrsg.): „Ein Plakat ist eine Fläche, die ins Auge springt." Plakate der Kasseler Schule, Frankfurt am Main 1979

Hoffmann, Wilhelm: Kunstanstalt für moderne Plakate, Katalog, Dresden 1900

Höglinger, Klaus: Das österreichische Plakat 1873—1914, phil. Diss., Wien 1980

Hölzl, Norbert: Propagandaschlachten. Die österreichischen Wahlkämpfe 1945 bis 1971, Wien 1974

Hummrich, Günther: Plakate, München 1974

Hundhausen, Carl: Die Sprache als Element des Ausdrucks im Plakat, Essen 1961

Jessen, Peter: Die Kunst im Plakatwesen, in: Kunstgewerbeblatt 1896, S. 82

Kaindl. J. J.: Das Buch der Reklame, Wien 1913

Kaindl, J. J.: Künstlerlexikon — Maler, Malerinnen, Graphiker, Zeichner, die auf dem Gebiet der Reklame usw. tätig sind, Wien 1920

Kassak, Ludwig: Die Reklame, in: Kunst und Volk 1930

Katalog der Firma Hollerbaum & Schmidt, Berlin ca. 1900

Katalog der Plakatausstellung des Oberlausitzer Kunstgewerbevereins, Görlitz 1903

Katalog der Vereinigten Druckereien und Kunstanstalten GmbH. Schuh & Cie., München ca. 1900

Klinger, Julius: Das Chaos der Künste. Vortrag gehalten am 21. Dez. 1924, Wien 1924

Klinger Julius: 12 Klinger Plakate, Wien 1923

Klinger Julius: Plakate und Inserate, in: Jahrbuch des Deutschen Werkbundes 1913, S. 110

Knauff, Dietmar: Die Werbeträger der Plakatierung, Diss., Köln 1964

Kohte, Wolfgang: Bundesarchiv. 50 Jahre deutsche Geschichte 1907—1957 in Plakaten und Flugblättern. Ausstellung im Deutschherrenhaus 10.—29. Sept., Koblenz 1957

Politische Kommunikation durch das Plakat. Hrsg. v. Heinrich Spies, Bonn 1975
Kossatz, Horst Herbert: Beeinflussung durch Plakate, in: Sozialistische Erziehung 1973/3, S. 19f.
Kossatz, Horst Herbert: 50 Jahre GEWISTA. Ein halbes Jahrhundert im Spiegel des Plakates. Ausstellung Rathausplatz ab 30. Okt. 1971, Wien 1971
Kossatz, Horst Herbert: Die graphischen Künste und die Photographie. Ein Beitrag zum Verständnis des 19. Jahrhunderts, in: Alte und moderne Kunst, 1969, 104. H., S. 15ff.
Kossatz, Horst Herbert: Das Wiener Plakat. Ornamentaler Jugendstil und Sachlichkeit der zwanziger Jahre. Ausstellungskatalog, Wien-München 1970
Kossatz, Horst Herbert: Plakate des Jugendstils im Österreichischen Museum für angewandte Kunst, in: Alte und moderne Kunst, 1969, 102. H., S. 53ff.
Kossatz, Horst Herbert: Neuentdeckte Plakate, in: Albertina-Information 1969, 3. H., S. 4ff.
Kossatz, Horst Herbert: Ornamentale Plakatkunst. Wiener Jugendstil 1897—1914, Salzburg 1970
Kossatz, Horst Herbert: Unbekannte Wiener Reklame-Plakate, in: Alte und moderne Kunst 1968, 100 H., S. 28ff.
Kossatz, Horst Herbert: Spiegel der Demimonde. Plakate der Jahrhundertwende brachten Kunst auf die Straße, in: Die Presse, 18./19. 4. 1970, S. III
Kraus, Karl: Die Welt der Plakate, in: Die Fackel, Nr. 283—284, 1909, S. 19ff.
Kropff, Hanns: Wie werde ich Reklame-Chef? Wien-Essen-Leipzig 1926
Kunst im Alltag, Plakate und Gebrauchsgraphik um 1900, Katalog Kunsthalle Bremen 1977

Landsberg, Hans: Die künstlerische Bedeutung des Plakats, in: Propaganda, Berlin 1898, S. 487ff.
Lang, Berthold: Das Cirkus- und Clown-Museum in Wien, ein Museumsführer, Wien 1977
Lehrs, Max: Ausstellung künstlerischer Plakate, Königliches Kupferstichkabinett, Dresden 1896
Lemcke, Johannes: Handbuch der Reklame, Berlin 1901
Linhardt, Hanns: Das Plakat der politischen Parteien, Bonn 1972
Literatrubel 1900. Plakat und Buch der Jugendstil-Zeit. Eine Ausstellung des Museums für Kunst und Gewerbe, 17. 1.—25. 2. 1979, Hamburg 1979
Loenartz, Marianne/Thomas Trupp: Plakate in Archiven — Funktionswandel, Erschließung und Benutzung einer publizistischen Quelle. Entwicklungsstand in Theorie und Praxis, in: Der Archivar 1973, 4. H.
Lotz, Erwin: Wirtschaftswerbung durch Plakatanschlag, jur. Diss., Darmstadt 1934
Lüthy, Wolfgang: Schweizer Plakatkunst, Zürich 1969
Lux, Josef August: Der Geschmack im Alltag. Ein Buch zur Pflege des Schönen, Dresden 1908
Lux, Josef August: Das neue Kunstgewerbe in Deutschland, Leipzig 1908
Lux, Josef August: Das moderne Plakat, in: Die Fläche, 8. H., S. 113

Maindron, Ernest: Les Affiches illustrées, Paris 1886
Maindron, Ernest: Les Affiches illustrées (1886—1895), Paris 1896
Malhotra, Ruth: Manege frei. Artisten- und Zirkusplakate von Adolph Friedländer, Dortmund 1979
Mascha, Ottokar: Künstlerplakate und Plakatkünstler, in: Internationale Sammler-Zeitung 1913/17, S. 249ff.
Mascha, Ottokar: Die internationale Plakatausstellung in der Wiener „Secession", in: Internationale Sammler-Zeitung 1912/4, S. 3
Mascha, Ottokar: Österreichische Plakatkunst, Wien 1915
Massiczek, Albert: Zeit an der Wand. Österreichs Vergangenheit 1848—1965 in den wichtigsten Anschlägen und Plakaten, Wien-Frankfurt-Zürich 1967
Mataja, Viktor: Menschen und Tiere als Reklamemittel, in: Österreichische Rundschau, 1907 Okt.—Dez., S. 320f.
Mataja, Viktor: Die Reklame. Eine Untersuchung über Ankündigungswesen und Werbetätigkeit im Geschäftsleben, 4. Aufl., Leipzig 1929
Medebach, Friedrich: Das Kampfplakat. Aufgabe, Wesen und Gesetzmäßigkeit des politischen Plakats, nachgewiesen an den Plakaten der Kampfjahre von 1918—1933, Frankfurt am Main 1941
Medebach, Friedrich: Plakat, Flugblatt, Flugschrift, in: Handbuch der Publizistik, hrsg. v. Emil Dovifat, 3. Bd., 2. Teil, Berlin 1969, S. 5
Meister des sowjetischen Plakats, Wien 1948
250 Meisterwerke der Plakatkunst 1896—1900. Vollst. Katalog der Sammlung „Les Maîtres de l'Affiche", Gütersloh
Mellinghoff, Frieder: Aufbruch in das mobile Jahrhundert. Verkehrsmittel auf Plakaten, Dortmund 1981
Mellinghoff, Frieder: Kunst-Ereignisse. Plakate zu Kunst-Ausstellungen. Dortmund 1978
Messeplakat-Wettbewerb in Österreich, Wien 1962
Metz, Herbert: Bogenanschlag — Stiefkind der Mediaplanung? Frankfurt am Main 1969
Moliné, Marcal: Werbung, Motive, Märkte, Medien, Reinbek/Hamburg 1978
Mourlot, Fernand: Kunst im Plakat der Pariser Schule, Paris 1959
Mrazek, Wilhelm: 50 Jahre Kosel-Plakate. Katalog, hrsg. vom Österreichischen Museum für angewandte Kunst N.F. 12, Wien 1971
Mroszczak, Józef: Polnische Plakatkunst, Düsseldorf 1962
Müller, Gerd: Das Wahlplakat, Tübingen 1978
Müller, Robert: Zur Geschichte des genehmigten Plakatanschlags, in: Außenwerbung-Information 1980/1, S. 18ff.; 1980/2, S. 12ff.
Müller-Brockmann, Josef/Shizuko Müller-Brockmann: Geschichte des Plakates, Zürich 1971

Niggli, Arthur: Internationales Plakatjahrbuch, 15. Bd., Niederteufen 1971
Norden, J.: Das moderne Plakat, in: Propaganda. Zeitschrift für Reklame-, Inseraten-, Plakate-, Ausstellungs-, Offerten-, Adressen- und Zeitungswesen, Berlin 1898, S. 29ff.

Paneth, Erwin: Entwicklung der Reklame vom Altertum bis zur Gegenwart. Erfolgreiche Mittel der Geschäfts-, Personen- und Ideenreklame aus allen Zeiten und Ländern, München-Berlin 1926
Peters, Heinz: Französische Plakate, Düsseldorf 1956
Peters, Louis Ferdinand: Kunst und Revolte. Das politische Plakat und der Aufstand der französischen Studenten, Köln 1968
Pikolon, Karl: Die Ankündigungsunternehmen, in: Das neue Wien, 4. Bd., Wien 1928, S. 135ff.
Pilz, Johann: Österreichs größte Plakatsammlung, in: Internationale Sammler-Zeitung 1927/24, S. 219f.
Das Plakat. Ausstellung, Zürich 1953
Plakat. Monatsfachschrift. Österreichs Werberundschau, Wien 1954—1955
Das Plakat. Offsetsonderheft des Archivs für Buchgewerbe und Gebrauchsgraphik (= Archiv für Buchgewerbe, Leipzig 1923, 60. Bd., 1. H.)
Das Plakat. Zeitschrift des Vereines der Plakatfreunde E.V. Berlin-Charlottenburg 1910—1921
Das frühe Plakat in Europa und den USA. Ein Bestandskatalog. Hrsg. v. Klaus Popitz, Axel von Saldern, Heinz Spielmann, Stephan Waetzoldt, Berlin
1. Bd.: Großbritannien und Vereinigte Staaten von Amerika, 1973
2. Bd.: Frankreich und Belgien, 1977
3. Bd.: Deutschland, 1980
Das internationale Plakat. Amtlicher Katalog der Ausstellung, München 1929
Das Plakat als Kunstwerk. Internationale Ausstellung, Katalog der Ausstellung „Hagenbund" 81, Wien 1934
Das politische Plakat, Berlin-Charlottenburg 1919
Das politische Plakat der Welt. Ausstellungskatalog Deutsches Plakat-Museum, Essen 1973
Das Schweizer Plakat. L'affiches suisse. The Swiss Poster.
Wanderaustellung der AG „Pro Helvetia", Zürich 1950
Das Plakat als Werbemittel und Kunstprodukt. Hrsg.: Hermann Wündrich, Düsseldorf 1979
Plakatausstellung, Secession, Wien 1912
Internationale Plakatausstellung, Künstlerhaus, Wien 1948
Internationale Plakatausstellung. Katalog zur Ausstellung, Kassel 1965
Plakatausstellung Victor Th. Slama, Künstlerhaus Wien, 2. Sept.—5. Okt. 1975, Wien 1975
Die besten Plakate des Jahres 1966. Katalog der 16. Ausstellung im Kulturamt der Stadt Wien, 27.4.—19.5.1967, Wien 1967
Plakate in München 1840—1940. Eine Dokumentation zu Geschichte und Wesen des Plakats in München aus den Beständen der Plakatsammlung des Münchner Stadtmuseums. Ausstellung 16. Okt. 1975—6. Jan. 1976, München 1978
Österreichische Plakate. Austrian Posters. Affiches autrichiennes 1890—1957. Hrsg. v. Bund Österreichischer Gebrauchsgraphiker, Wien-München 1957
Plakate im Spiegel der Zeit, 6. Mai — 17. Juni 1951. Sammlung Schneckenburger, Düsseldorf 1951
Plakatkatalog der Annoncen-Expedition M. Dukes, Wien 1913
25 Jahre Berliner Plakatkunst 1897—1922, Berlin 1922
Plakatkunst im Klassenkampf 1924—1932. 24 politische Plakate der Weimarer Republik. Hrsg. in Zusammenarbeit mit dem Museum für Deutsche Geschichte, Berlin
Plakat- und Buchkunst um 1900. Ausstellungskatalog des Museums für Kunst und Gewerbe, Hamburg 1963
Platzhoff-Lejeune: Die Reklame. Kunst und Kultur, Stuttgart 1909
Popitz, Klaus: 25 Jahre Filmplakate in Deutschland 1950—1975. Ausstellung in der Kunstbibliothek, Berlin 1975
Popitz, Klaus: Plakate der zwanziger Jahre aus der Kunstbibliothek Berlin, 2. Aufl., Berlin 1978 (= Bilderhefte der Staatlichen Museen Preußischer Kulturbesitz Berlin, 30/31. H.)
Prakke, Hendrikus Johannes: Bild und Plakat, Assen 1963

Rademacher, Hellmut: Das deutsche Plakat. Von den Anfängen bis zur Gegenwart, Dresden 1965
Rademacher, Hellmut: Deutsche Plakatkunst und ihre Meister. Hanau/M., Leipzig 1965
Rasch, Heinz: Gefesselter Blick. 25 Monographien und Beiträge über neue Werbegestaltung, Stuttgart 1930
Redlich, Fritz: Reklame, Stuttgart 1935
Reimann, Horst: Wahlplakate. Die politische Affiche in der „Weimarer Zeit". Wahlplakate als parteipropagandistisches Mittel (= Mitteilungen der Vereinigung der Studentenschaft der Uni Heidelberg, 30. Bd., Dez. 1961)
Österreichische Reklamepraxis. Zeitschrift für Werbung, Wirtschaft und Verkauf, Wien 1934—1937

Rennert, Jack: Hundert Jahre Circus Plakate, Stuttgart-Zürich 1975
Rennert, Jack: Fahrrad-Plakate, Berlin 1974
Rennert Jack/Walter Terry: Tanz und Ballett. Plakate aus 100 Jahren, Zürich-Stuttgart 1976
Rennert, Jack: Buffalo Bill's West. 100 Plakate, Berlin 1976
Reynolds, Charles/Regina Reynolds: Magic Posters, Berlin 1976
Richter, Mil: Moderne Reklamekunst, Wien 1901
Riepenhausen, Axel: Blechplakate. Die Geschichte der emaillierten Werbeschilder, Münster 1919
Ritter, Heinz: Was bedeuten die Reichweitenuntersuchungen beim Plakatanschlag für den Media-Planer, Frankfurt am Main 1968
Rochowanski, Leopold Wolfgang: Formwille der Zeit in der angewandten Kunst, Wien 1922
Rochowanski, Leopold Wolfgang: Ein Führer durch das österreichische Kunstgewerbe, Leipzig-Wien-Troppau 1930
Rogers, W. S.: A Book of the Poster, London 1901
Roloff, Hans Paul: Experimentelle Untersuchung der Werbewirkung von Plakatentwürfen, Leipzig 1927
Rotzler, Willi: Meister der Plakatkunst. Ausstellungskatalog der Plakatsammlung des Kunstgewerbemuseums, Zürich 1959
Ruben, Paul: Die Reklame — Ihre Kunst und Wissenschaft, Berlin 1913

Sachs, Hans: Anleiheplakate der kriegführenden Länder, in: Mitteilungen des Verbandes deutscher Kriegssammlungen, Berlin, Jg. 1918, 1. H.
Sachs, Hans: Die Kriegsplakatsammlung, in: Mitteilungen des Verbandes deutscher Kriegssammlungen, Berlin, Jg. 1918, 2. H.
Sachs, Hans: Zwanzig Jahre deutsche Plakatkunst 1895—1915, in: Archiv für Buchgewerbe, Leipzig 1915, S. 238
Sachs, Hans: Die Plakatsammlung, in: Exlibris, Magdeburg 1908, 2. H.
Sachs, Hans: The World's Largest Poster Collection 1896—1938. How it came about . . . disappeared from the Face of the Earth, New York 1957
Sachs, Hans: Soldatenwerbung durch Bildplakate, in: Mitteilungen des Verbandes deutscher Kriegssammlungen, Berlin, Jg. 1918, 4. H.
Sailer, Anton: Das Plakat. Geschichte, Stil und gezielter Einsatz eines unentbehrlichen Werbemittels, München 1971
Schadt, Jörg: Mannheim in Plakaten 1900—1933. Stadtarchiv Mannheim, Mannheim 1979
Schardt, Hermann: Paris 1900. Französische Plakatkunst, Stuttgart 1968
Scheele, Walter: Zwischen Kauf und Verkauf lauert die Sünde. Jahrhunderte der Werbung in Geschichten und Bildern, Stuttgart 1979
Schifner, Kurt: Deutsche Plakatkunst — Studienmaterial für die künstlerischen Lehranstalten, 3. H., Berlin 1956
Schindler, Herbert: Monographie des Plakats, München 1972
Schmalenbach, Fritz: Ein Beitrag zu Theorie und Geschichte der Flächenkunst, Würzburg 1935
Schmid, Max: Katalog der Ausstellung deutscher Plakate im Suermondt-Museum, Aachen 1897
Schmidt, Rudolf: Das Wiener Künstlerhaus. Eine Chronik 1861—1951, Wien 1951
Schockel, Erwin: Das politische Plakat, München 1939
Schönberger, Moriz: Wie schreibe ich Schaufensterschilder und Plakate? Wien 1924
Schubert, Walter F.: Das deutsche Künstlerplakat, in: Velhagen & Klasings Monatshefte 1910 u. 1911, 2. Bd., S. 521
Schubert, Walter F.: Die deutsche Werbegraphik, Berlin 1927
Schultze-Pfältzer: Propaganda, Agitation, Reklame, Berlin 1923
Seidels Reklame. Das Blatt für Werbewesen und Verkaufstechnik, 10. Jg. 1927
Servis, Franz: Künstlerlithographien, in: Ver sacrum 1898, 1. Bd., 9. H., S. 3f.
Singer, Hans: Plakatkunst, in: Pan 1895, S. 239ff.
Soini & Co. Wiener Ankündigungs-Institut für die städtischen Plakat-Säulen und 2500 Plakat-Tafeln in Wien, Wien 1910
Sommer, Richard: Graphik, Druck und Reproduktion, Wien 1927
Sponsel, Jean Louis: Das moderne Plakat, Dresden 1897
Die Wiener Stadt- und Landesbibliothek, Wien 1980. Ein kleiner Führer durch eine große Sammlung. Hrsg. von Franz Patzer
Stotz, Hermann/Hermann Wündrich: Die Verleihung der Ernst-Litfaß-Medaille an die Firma Henkel & Cie GmbH, Düsseldorf, Frankfurt am Main 1976
Sturminger, Alfred: 3000 Jahre politische Propaganda, Wien 1959
Swoboda, Friedrich: Von der Affiche zum Poster, in: Bericht 22. Werbewissenschaftliche Tagung, Wien 1975

Volger, Bruno: Moderne Reklamekunst, Stuttgart 1907
Volland, Ernst: Karikaturen und Plakate, Fischerhude 1978

Waentig, Heinrich: Wirtschaft und Kunst, Jena 1909
Wäscher, Hermann: Das deutsche illustrierte Flugblatt, 2 Bde., Dresden 1955/56
Wellmann, Walter: Das Tagebuch des Plakates, Düsseldorf 1965
Der Weltkrieg im Maueranschlag. Naturgetreue Nachbildung der Originale von Bekanntmachungen und Aufrufen während des Krieges 1914—1916, 6 Hefte, Straßburg-Leipzig o. J.
Wember, Paul: Die Jugend der Plakate. 1887—1917, Krefeld 1961
Werbung mit Plakaten von gestern bis heute, Düsseldorf 1978 (= Schriften des Werksarchives der Henkel KGaA, Düsseldorf, 8. H.)
Die Wiener Werkstätte, 1903—1928, Modernes Kunstgewerbe und sein Weg, Wien 1929
Westheim, Paul: Die Plakatkunst, in: Zeitschrift für Ästhetik, 3. Bd., Stuttgart 1907
Westheim, Paul: Historische Plakatkunst, in: Neue Revue 1908
Wündrich, Hermann: Marketing in der Plakatwerbung, Frankfurt am Main 1967

Zankl, Ludwig: Erfolgreich plakatieren, Düsseldorf-Wien 1969
Zeitschrift für moderne Reklame, Berlin 1902—1904
Zeitschrift für das Reklame-, Inseraten-, Plakat- und Zeitungswesen, Berlin 1897—1900
Zuckerkandl, Berta: Zeitkunst. Wien 1901—1907, Wien-Leipzig 1908
Zur Westen, Walter: Moderne Arbeiten der angewandten graphischen Kunst in Deutschland, in: Zeitschrift für Bücherfreunde 1902, 1903
Zur Westen, Walter: Reklamekunst, Bielefeld-Leipzig 1903 (= Sammlung illustrierter Monographien, 13. Bd.)
Zur Westen, Walter: Reklamekunst aus zwei Jahrtausenden, Berlin 1924
Zur Westen, Walter: Vor 25 Jahren, in: Das Plakat, 1920, S. 231

PLAKATINDEX (Die Zahlen beziehen sich auf die Nummern der Plakate)